ROBERT FAURISSON

# ÉCRITS RÉVISIONNISTES

## VOLUME II

ROBERT FAURISSON
(1929-2018)

*Écrits révisionnistes*
*Volume II*
*1984-1989*

Publié par
Omnia Veritas Ltd

www.omnia-veritas.com

**1984** **11**

QUELQUES RÉFLEXIONS À PROPOS DE LA THÈSE D'HENRI ROQUES ET DE SON ÉDITION CRITIQUE DES « CONFESSIONS » DE KURT GERSTEIN 11

*Des extraits du Droit de vivre de décembre 1978 à mars 1984 (nº 441 à 499)* *14*

PRÉCISIONS SUR CÉLINE DEVANT LE MENSONGE DU SIÈCLE 21

*Communiqué à l'Agence France-Presse* *26*

RÉPONSE AUX QUESTIONS DE M. MUGARZA (ESPAGNE) 27

*Additif aux cent deux questions* *59*

*LES CHAMBRES À GAZ, SECRET D'ÉTAT* OU LES THÉOLOGIENS DE LA MAGIQUE CHAMBRE À GAZ 61

PRÉFACE DE *DER AUSCHWITZ MYTHOS* DE WILHELM STÄGLICH 68

**1985** **73**

COMBIEN EST-IL MORT DE JUIFS DURANT LA SECONDE GUERRE MONDIALE ? 73

*Au 1er janvier 1981, 4.344.378 victimes percevaient de l'argent de la RFA* *74*

AUX ÉTATS-UNIS, LA PUISSANCE POLITICO-FINANCIÈRE DE LA COMMUNAUTÉ JUIVE 76

DEUX ANCIENS GAZÉS D'AUSCHWITZ : HENRI KRASUCKI ET SIMONE VEIL 77

LETTRE À M. LE DIRECTEUR RESPONSABLE DE LA PUBLICATION *AL-YOM ASSABEH*, PARIS 80

*Texte en droit de réponse* *81*

LE VRAI MOTIF D'ANGOISSE DE L'ÉTAT D'ISRAËL : LE RÉVISIONNISME HISTORIQUE 82

*La thèse révisionniste* *82*

*Cris d'alarme* *84*

*L'effondrement de la thèse du génocide des juifs De Pierre Vidal-Naquet :* *85*

*Simone Veil a peur* *86*

*Additif du 12 mai 1997* *89*

ENCORE UN HISTORIEN QUI NE MENTIONNE PLUS LES CHAMBRES À GAZ 89

OÙ SONT PASSÉES LES CHAMBRES À GAZ ? 92

LE TÉMOIN N° 1 DE CLAUDE LANZMANN DANS *SHOAH* (FILM ET LIVRE) 93

HISTOIRE ET DROIT 96

BILAN DES NEUF PREMIERS MOIS DE 1985 98

*Michel Polac refuse d'aborder le sujet des chambres à gaz dans son émission télévisée « Droit de réponse »* *100*

LETTRE À M. DAVID MCCALDEN 101

COMMENT S'EXPLIQUE LE SUCCÈS DES FAUX TÉMOIGNAGES 105

*Un « grand témoin » des chambres à gaz* *106*

*Conclusion sur Léon Poliakov* *107*

*Conclusion générale sur le témoignage de Gerstein* *108*

LE DÉSARROI DES HISTORIENS OFFICIELS 109

CAMPS DE LA GUERRE DE SÉCESSION, DE LA GUERRE DES BOERS, DE LA DERNIÈRE GUERRE MONDIALE : PSYCHOSES ET RÉALITÉS 109

*Extrait d'un livre d'Yves-Marie Bercé sur les horreurs d'un camp où les Sudistes avaient concentré des Nordistes* *111*

*Extraits du livre de John Dickson Carr sur les horreurs des camps où les Anglais avaient concentré des femmes et des enfants boers* *119*

**1986** **122**

« La rafle du Vel' d'hiv' » (16-17 juillet 1942) 122
Mesures de répression contre le révisionnisme historique 123
Affaire Roques : l'aveu de Serge Klarsfeld 126
*Mensonges et appels au meurtre dans L'Indépendant (de Perpignan)* *131*
*L'affaire Roques* *133*
*Lettre à Jean Planchais (Le Monde)* *137*
*Critique de Textes et Documents R. Faurisson* *141*
Le mythe de la chambre à gaz ou des chambres à gaz de Mauthausen (Autriche) 149
*I. Devant le TMI* *149*
*II. Devant d'autres tribunaux que le TMI* *160*
*III. Dans les ouvrages d'historiens spécialisés* *160*
*IV. Sur place* *162*
*V. Conclusion générale* *163*
Préface à une traduction en arabe du mémoire de Marie-Paule Mémy et de mon *Mémoire en défense* 163
Don Quichotte chez les juifs 167
ILLUSTRATIONS : Le mythe d'Auschwitz en images Une extermination improbable, invraisemblable, impossible, fictive 168
*I. Une extermination improbable* *168*
*II. Une extermination invraisemblable* *172*
*III. Une extermination impossible* *175*
*IV. Une extermination fictive* *184*
Introduction à la réédition, en brochure, de l'interview à *Storia Illustrata* 188

**1987** **190**

Ce sont les nazis qui ont inventé le mensonge des chambres à gaz ! 190
L'historien juif anglais Martin Gilbert est un falsificateur 191
Comment les Britanniques ont obtenu les aveux de Rudolf Höss, commandant d'Auschwitz 194
*Révélations de Höss en Pologne, sur sa première confession (doc. NO-1210 du 14 ou 15 mars 1946)* *197*
*Révélations, en 1983, sur les tortionnaires britanniques de R. Höss* *200*
*Le témoignage de Moritz von Schirmeister* *204*
*Un autre aveu signé de R. Höss* *205*
*– Conclusion –* *206*
Le savon juif 206
*Questions aux historiens* *211*
Le mythe de l'extermination des juifs 213
*Les historiens exterminationnistes* *213*
*Le « mensonge d'Auschwitz »* *214*

*Interviews de Pierre Vidal-Naquet, Georges Wellers et de quelques autres dans Zéro* 214
*Naissance de la légende d'Auschwitz* 220
*Pierre Vidal-Naquet juge Élie Wiesel* 222
*Libres propos d'un révisionniste* 224
*Au procès Barbie, faux et usage de faux* 226
*SHOAH*, FILM DE CLAUDE LANZMANN VERS UN KRACH DU SHOAH-BUSINESS... 237
*Ni ordre, ni plan, ni budget* 238
*Faire ce film avec du rien* 239
*Un salon de coiffure dans la chambre à gaz* 240
*Un témoin sauvé par de jeunes beautés nues* 242
*Treblinka : rien de secret* 244
*Une fédération groupant plus de deux mille journalistes français demande aux autorités judiciaires de faire taire le professeur Faurisson* 245
LE RÉVISIONNISME HISTORIQUE VU PAR LE JOURNAL *LE MONDE* (DU 12 MAI AU 9 JUILLET 1987) 247
*Note de lecture Dachau : l'heure du vengeur* 249
LETTRE À M. JACQUES CHANCEL 252
LE PROFESSEUR FAURISSON TIENT ALBIN CHALANDON POUR UNE « CANAILLE POLITIQUE » 255
LETTRE À JACQUES WILLEQUET 257
LETTRE À MME BERGOUGNAN, JUGE D'INSTRUCTION À AUCH 260
LETTRE À RENÉ RÉMOND 269
LES RÉVISIONNISTES PROPOSENT UN DÉBAT PUBLIC 272
*Que disent les révisionnistes ?* 273
*Un sujet de réflexion pour les historiens – Les récentes révélations du document Müller* 275
*Questions à propos du document Müller* 276
*Autour des révisionnistes* 278
*L'argumentation et les découvertes révisionnistes* 281
*Les concessions grandissantes faites au révisionnisme* 283
*L'inexorable essor du révisionnisme* 287

**1988** **290**

UNE ENQUÊTE DU *MONDE DIPLOMATIQUE* SUR LES CHAMBRES À GAZ (MARS 1988) 290
*I. Les Aveux des nazis* 291
*II. Les chiffres de gazés* 295
*III. Les anomalies de cette enquête* 296
*IV. Une photographie de chambre à gaz* 299
*V. Le nombre des morts d'Auschwitz* 300
*Conclusion* 301
LE RÉVISIONNISME AU CANADA : LES PROCÈS ZÜNDEL 302
*Déjà François Duprat* 303
*Pierre Viansson-Ponté* 303
*Sabina Citron contre E. Zündel* 304

*Le premier procès (1985)* *304*
*Leur expert : Raul Hilberg* *305*
*Le témoin Arnold Friedmann* *306*
*Le témoin Rudolf Vrba* *306*
*Le second procès Zündel (1988)* *307*
*La « notification judiciaire » du juge R. Thomas* *308*
*R. Hilberg refuse de comparaître à nouveau* *309*
*Christopher Browning, expert de l'accusation* *310*
*Charles Biedermann* *311*
*Pas de « survivants » pour l'accusation* *312*
*Les témoins et les experts de la défense* *313*
*Un coup de théâtre : le rapport Leuchter* *315*
*David Irving* *316*
*La victoire d'E. Zündel* *317*
*Préface au Rapport Leuchter sur Auschwitz* *318*
RAUL HILBERG EXPLIQUE MAINTENANT LE GÉNOCIDE PAR LA TÉLÉPATHIE ! 323
LE DOUBLE JEU DES PERSÉCUTEURS DU RÉVISIONNISME 326
CONCLUSIONS EN DÉFENSE 328
*I. Les cinq fragments pris un à un n'ont rien de diffamatoire* *331*
*II. La thèse générale (critique du Shoah-business et de ses prétentions totalitaires) n'a rien de diffamatoire* *349*
*III. Les tribunaux français admettent la légitimité des recherches et des publications révisionnistes* *370*
*EN CONCLUSION* *383*
PRIX STALINE À GUY HONTARRÈDE 386
*** 387
UNE CORRESPONDANCE WELLERS-FAURISSON 387
LETTRE À ROGER BRUGE 389

**1989** **391**

LE RÉVISIONNISME FRANÇAIS APRÈS LE RAPPORT LEUCHTER 391
*Par son importance historique ce rapport est comparable au rapport Khrouchtchev.* *391*
1989 MARQUERA-T-IL L'AN I DE LA RÉVOLUTION RÉVISIONNISTE ? 395
*Est-il normal qu'en France les révisionnistes ne puissent pas tenir de réunion publique ?* *395*
*Lettre à Henri Amouroux* *397*
*Les écritures d'Anne Frank* *399*
LE RÉVISIONNISME DEVANT LES TRIBUNAUX FRANÇAIS PREMIÈRE PARTIE : 1979-1983 402
*I. Le procès civil* *404*
*II. le procès pénal intenté par L. Poliakov (affaire Gerstein et Baron von Otter)* *427*
*III. Le procès pénal contre mon résumé de soixante mots* *433*
*IV.– Quelques événements en marge des trois procès* *437*

*Conclusion* 450
*Annexes* 453
POUR QUI NE CROIRAIT PAS AUX CHAMBRES À GAZ : LA PRISON ! 456
AUX ÉTATS-UNIS, UN UNIVERSITAIRE JUIF S'ENGAGE DANS LA VOIE RÉVISIONNISTE 459
*Un ami de Pierre Vidal-Naquet* 460
*Les chambres à gaz ? Des sources rares et douteuses* 460
*Plus de morts naturelles que de morts non naturelles* 462
*Deux suggestions pour l'avenir* 463
*Progrès en dix ans* 464
LETTRE À MGR ALBERT DECOURTRAY 465
PÉTITION 466
LETTRE À *RIVAROL* 467
[AUTRE] LETTRE À *RIVAROL* 468
*Le révisionnisme, la droite et la gauche* 468
LETTRE À MAX CLOS DU *FIGARO* (NON PUBLIÉE) RÉPONSE À MES INTERROGATEURS ALLEMANDS 469
*Juifs de France* 470
*Juifs européens* 471
*Les arguments révisionnistes* 472
*Lettre de R. Faurisson parue dans Le Figaro du 1er novembre 1989, page 2* 473
*Lettre à Marc Laudelout, éditeur du Bulletin célinien* 474
*Identités successives du ghetto-boy, de 1960 à 1982 :* 476
AGRESSÉ EN SEPTEMBRE, LE PROFESSEUR FAURISSON PERSISTE : « POUR ME FAIRE TAIRE, IL FAUDRA ME TUER » 476
*Arrêt de mort* 478
*Dialogue impossible* 479
*Simone Veil dans la nasse* 480

# 1984

25 janvier 1984

## QUELQUES RÉFLEXIONS À PROPOS DE LA THÈSE D'HENRI ROQUES ET DE SON ÉDITION CRITIQUE DES « CONFESSIONS » DE KURT GERSTEIN

Il faut relire : Louis Havet, *Manuel de critique verbale appliquée aux textes latins*, Hachette, 1911, un fort volume de XIV-481 pages, *L'Histoire et ses méthodes,* Encyclopédie de la Pléiade, volume publié sous la direction de Charles Samaran, Gallimard, 1961, XVIII-1774 p.

Louis Havet parle d'une « pathologie des textes ». Il veut dire que les textes souffrent généralement de toutes sortes de maladies et de transformations abusives entre le moment où ils sont rédigés ou publiés à l'origine et le moment où ils nous parviennent. Tout le monde sait cela chez les universitaires d'aujourd'hui mais tout le monde n'agit pas en conséquence. Même d'éminents spécialistes en arrivent à commettre l'erreur de gloser sur des textes qu'ils n'ont pas vraiment pris la peine d'établir avec scrupules. Jean Richer a édité dans la collection de la « Bibliothèque de la Pléiade » dix-sept sonnets de Nerval connus sous le titre de *Chimères* (titre d'origine) et sous le titre d'*Autres Chimères* (titre inventé) ; il s'est apparemment soucié de bien établir ces textes ; c'est ce que laisse croire l'apparat critique ; en réalité, il a commis environ cent fautes ; la plupart sont bénignes ; quelques-unes sont graves. J. Richer a édifié une construction quasi philosophique sur le nom de George Sand. Une reproduction dactylographiée donnait avec deux fautes d'orthographe : « À Geo-ges Sand ». Il en a conclu que Nerval voulait ainsi affirmer « la prédominance de la terre » dans un nom où pouvaient se lire, d'une part, « Geo » qui, en grec, signifie « terre » et, d'autre part, « Sand » qui, dans les langues germaniques, veut dire « sable ». En réalité, le malheur veut que, si la copie dactylographiée présente entre l'o et le g un très léger espacement que, sans en avertir le lecteur, J. Richer a cru devoir noter par un tiret, cet espacement n'est dû, ainsi qu'en témoigne le reste du texte, qu'à un défaut de la machine à écrire où l'o est toujours décalé sur sa gauche.

Philippe Pinel avait inscrit en marge d'une épreuve d'imprimerie : « Il faut guillemeter avec soin tous les alinéas » et l'imprimeur imprima dans le texte même de l'article de Pinel : « Il faut guillotiner avec soin tous les aliénés. »[1] À intervalles réguliers, on découvre que des textes qui paraissent avoir été établis pour toujours nous ont été transmis avec de graves erreurs de lecture. Lucrèce, poète latin du 1er siècle avant Jésus-Christ, auteur du *De rerum natura*, exposé didactique et lyrique du système d'Épicure, a fait l'objet d'innombrables commentaires. Or, en 1978, paraissait aux éditions de Minuit un livre intitulé *La Raison de Lucrèce* écrit par Mayotte Bollack. S'il faut en croire un compte rendu de Christian Delacampagne[2], une équipe de latinistes de l'université de Lille-III, parmi lesquels Mayotte Bollack, a découvert un nombre stupéfiant d'erreurs dans les textes de Lucrèce, tels qu'ils nous avaient été jusqu'ici livrés. Il y avait d'abord eu les erreurs des copistes médiévaux ; puis, celles des commentateurs de la Renaissance ; enfin, les corrections, rarement bien inspirées, des philologues du XIXe et du XXe siècle :

> « Chaque fois qu'un érudit ne comprenait pas le sens d'un vers, il en modifiait le texte ; et, pour se justifier, les glossateurs forgeaient toutes sortes de légendes sur le poète latin : tantôt on disait que Lucrèce était fou, tantôt que son œuvre était inachevée ou qu'elle avait été remaniée par d'autres. [...] »

Si ces latinistes ont raison, le cas de Lucrèce serait tout de même exceptionnel. Les pages comporteraient seulement quelques lignes du texte de Lucrèce et une foule d'annotations en bas de page sur les différentes variantes et explications jusqu'ici données par les scoliastes ou les commentateurs. Pour reprendre une expression du journaliste du *Monde*, dans cette édition « l'appareil critique semble dévorer le texte », ce qui est une sorte d'anomalie pathologique. Dans le cas des « confessions » de Gerstein, nous avons affaire à une curiosité encore plus aberrante. Ce n'est plus de la pathologie, c'est une production tératologique. Un éditeur qui voudrait éditer les textes de Gerstein comme on édite Homère ou Virgile, aurait à résoudre de difficiles problèmes typographiques. À supposer qu'on prenne pour texte de référence le document PS-1553, l'appareil critique occuperait tant de place que, parfois, une seule ligne du texte nécessiterait, dans le format habituel de l'édition Budé, plus d'une page de variantes. Cela s'explique

[1] D'après Roland Jaccard, « Psychologie en miettes », *Le Monde*, 7 mars 1980, p. 2.
[2] « Restaurer Lucrèce. Une rude leçon de lecture Une histoire de contresens. »

en partie, mais seulement en partie, par le fait que les textes de Gerstein sont écrits non pas en une seule langue, mais en deux langues : l'allemand et le français. En outre, Gerstein maîtrise mal le français et, par conséquent, plus il écrit de textes en français, plus le nombre de fautes – et donc, de variantes – s'accroît nécessairement. Toutefois, le nombre exorbitant des variantes et le caractère souvent contradictoire de celles-ci trouvent leur explication dans des raisons beaucoup plus graves : Gerstein ne paraît pas avoir eu tous ses esprits et il ne semble pas avoir vu ce qu'il décrit ; il fabule ; ni la raison, ni les faits ne sont là pour lui tracer une voie. Enfin, et c'est là le point le plus déconcertant de l'histoire de ses textes, Léon Poliakov et les imitateurs de ce dernier se sont délibérément livrés à des manipulations et à des fabrications. En quelques années et non pas en l'espace de plusieurs siècles, il s'est ainsi constitué un texte qui est entré dans l'histoire sous le nom de « document Gerstein ». Ce « document » devrait figurer en bonne place dans tous les manuels de textologie. L'École des Chartes devrait l'accueillir comme un spécimen tératologique de l'histoire des textes et documents. Le « document Gerstein » ne manque certes pas d'intérêt pédagogique : il enseigne ce qu'est le dérangement de l'esprit chez son auteur et ce qu'est l'absence de scrupule scientifique chez les commentateurs ; il enseigne donc, à sa façon, ce que peut être chez un auteur la cohérence de l'esprit et ce que doit être chez les commentateurs la recherche de l'exactitude scientifique.

L'historien du XXe siècle retiendra que ce document a servi de pièce principale dans l'édification du mythe monstrueux des chambres à gaz et que des historiens, des chercheurs, des hommes de sciences l'ont cautionné de toute leur autorité. En France, le Centre national de la recherche scientifique a sa part de responsabilité dans la promotion de ce « document ». Par ailleurs, c'est un haut magistrat français – le procureur Charles Dubost, à Nuremberg – qui a attaché son nom au lancement de ce produit, trouvé dans les archives américaines, mais dont le procureur américain ne voulait pas entendre parler. Par la suite, le « document Gerstein », sous les formes les plus diverses, a eu cours forcé. Cent historiens, cent magistrats à travers le monde y ont eu recours tout comme dans les siècles passés leurs prédécesseurs avaient eu recours à des textes sacrés ou profanes dont personne n'avait songé jusqu'à l'époque moderne à vérifier la forme et le contenu.

Le contenu du « document Gerstein » est monstrueux et la forme, ici, se trouve correspondre au contenu : elle est monstrueuse. Louis Havet, dans son manuel de critique verbale appliquée aux textes latins, parlait, ainsi qu'on l'a vu de « pathologie des textes ». Dans le cas du « document Gerstein », cette pathologie est celle du cancer. Voici, dans le

*Dictionnaire* en trois volumes de Larousse (1965), la description du tissu cancéreux ; quiconque s'est plongé dans l'étude du « document Gerstein » croira à une description dudit document :

> « Le tissu [...] est formé par des divisions cellulaires anormales, qui lui confèrent une structure anarchique où aucune régularité de disposition ni de rapports n'existe plus. Ce tissu [...] pénètre par de multiples effractions les tissus voisins qu'il envahit. Enfin, certains tissus se détachent de la masse tumorale, passent dans les vaisseaux sanguins ou lymphatiques et vont se greffer à distance, formant des métastases, dont la structure reproduit celle de la tumeur primitive. »

***

Mars 1984

## *Des extraits du* Droit de vivre *de décembre 1978 à mars 1984 (n° 441 à 499)*

**N° 441 de décembre 1978 (vingt-deux mentions de « Faurisson ») :**

- Première page non numérotée du dossier : « ... la LICA... en accusant les faussaires. De Rassinier à Darquier, de Faurisson à Brigneau... ... ces hommes animés de haine raciale... »
- p. VII, titre : « R. Faurisson devrait être poursuivi pour mensonges sur les camps de concentration ... » 4e colonne : « ...manipulation de l'histoire faite par les professeurs... entorses faites à l'histoire par M. Faurisson... »
- p. 23, Faurisson non nommé mais désigné par le contexte et considéré comme un émule de Darquier : « Darquier sera extradé. Ceux qui marcheront sur ses traces ne feront pas d'aussi vieux os. Tôt ou tard, ils trouveront les antiracistes sur leur route. »

**N° 442 de janvier 1979 (six mentions de « Faurisson ») :**

- p. 9, 2e colonne : « ... Faurisson... mon propos s'adresse aux hommes et aux femmes... qui risquent... de prêter l'oreille aux dénigrements et aux affirmations fallacieuses des apologistes du nazisme. »

- même page : « En réponse aux affirmations mensongères de Darquier (de Pellepoix), de Faurisson qui s'est fait le chantre des contre-vérités historiques... »

**N° 443 de février 1979 (cinq mentions de « Faurisson ») :**

- p. 4, 1re colonne : « ... l'esprit étroit de M. Faurisson... qui n'hésite pas à pousser l'ignominie jusqu'à remettre en cause l'authenticité du Journal d'Anne Frank ».
- p. 31, 3e colonne : « Alors, M. Faurisson, M. Darquier..., où est la falsification ? »

**N° 444 de mars 1979 (dix-neuf mentions de « Faurisson ») :**

- Couverture : « Pour falsification de la vérité historique reprise par *Minute*, le Professeur Faurisson est assigné... »
- p. 4, 2e colonne : « pseudo-historien Faurisson... les falsifications de l'histoire des Rassinier et autres Faurisson... »
- p. 9, 1ère colonne : « Pour répondre à ces provocations remettant en cause la vérité établie... tronquant les textes... que fallait-il faire ? [L'article lui étant consacré, Faurisson n'est pas nommé mais désigné] ... M. Faurisson, chef de file des détracteurs de l'Histoire ... manqué de prudence et de sérieux... pas fait preuve d'honnêteté intellectuelle et de rigueur... conclusions historiques sont fausses... »
- p. 9, 2e colonne : « ... a travesti la vérité pour tromper l'opinion... en faussant l'histoire... ... M. Faurisson... ne doit plus être autorisé à poursuivre l'œuvre malfaisante qu'il a entreprise pour dénaturer les faits... »
- p. 25, 2e colonne : Dans un article intitulé « La Fraude historique dénoncée au cours d'un dîner-débat à Lille » : « ... M. E. Dejonghe, maître-assistant à l'université de Lille-III... en soulignant le rôle de Rassinier, d'Harwood et, aujourd'hui, de Faurisson... démontrer le mécanisme de la fraude historique... »
- p. 35, 4e colonne : « ... à cause des Faurisson et autres nostalgiques... »

**N° 447 de juin 1979 (trois mentions de « Faurisson ») :**

– p. 23, 1ère colonne : « Pour faire éclater la vérité sur le génocide ordonné par Hitler, la LICA poursuit M. Faurisson devant les tribunaux où il aura à répondre de ses tentatives de falsification de l'histoire. »

**N° 449 de septembre 1979 (six mentions de « Faurisson ») :**

- p. 4, 3e colonne : « … les thèses défendues par l'"historien" Faurisson… »

**N° (453 ?) de janvier 1980 ? (Au moins deux mentions de « Faurisson ») :**

- Dans un appel de Jean Pierre-Bloch : « … pour réduire au silence une propagande mensongère… Faurisson… »

**N° 461 d'octobre 1980 (deux mentions de « Faurisson ») :**

- p. 4 : « Si prochainement la justice doit avoir à se prononcer sur les affirmations mensongères du pseudo-historien Faurisson, ce sera parce que la LICRA a déposé une plainte contre ce professeur, qui aura ainsi l'occasion de s'expliquer sur sa façon de réécrire l'histoire en puisant dans la documentation qu'il a consultée tout ce qui allait dans le sens de sa thèse, oubliant intentionnellement le reste, c'est-à-dire le plus important. »
- p. 15, 2e colonne : « … ou Faurisson, autre exemple avec ses travaux pseudo-historiques. »

**N° 462 de novembre 1980 (trois mentions de « Faurisson ») :**

- p. 4, 2e colonne : « … unissent leurs voix à celles des faussaires de l'histoire pour nier les chambres à gaz et les victimes du nazisme… Avec Faurisson et Thion, ils osent prétendre… »

**N° 463 de décembre 1980 (Extrait : une mention de « Faurisson »)**
**N° 464 de janvier 1981 (neuf mentions de « Faurisson ») :**

- p. 3, 2e colonne : « … falsification de l'histoire des camps de concentration… pseudo-historien Robert Faurisson… pour lui interdire de jouer avec la vérité historique et de pécher par omission volontaire pour développer ses thèses… »

- p. 5, 2e et 3e colonne : « … le pseudo-historien… ceux qui… – c'est le cas Faurisson – jouent avec la vérité historique en utilisant seulement les documents qui justifient ses thèses passant volontairement sous silence ceux qui, au contraire, pourraient réduire à néant ses affirmations péremptoires. »

**N° 465 de février 1981 (9 mentions de « Faurisson ») :**

- p. de couverture : « … l'objet du procès… soumettre à l'appréciation du juge civil un certain nombre de fautes telles que le tronquage de citations, l'"oubli" de documents, la fausseté de traductions etc. qui… » « Le glissement que Faurisson s'efforce d'opérer quant à l'objet du procès est révélateur… » « Il n'accepte pas de se battre en défendant la qualité et l'honnêteté de son travail, combat sans doute trop difficile !… démasquer les procédés fautifs de Faurisson. Car qui va vérifier les citations et s'apercevoir de leur tronquage : ou qui a les connaissances historiques, lexicales ou chimiques pour mettre à nu l'habile mécanisme falsificateur de Faurisson ?… démasquer l'imposture… De ce procès-là, Faurisson ne veut pas. »
- p. 16, 3e colonne : Dans une lettre d'Alain de Rothschild au *Monde* citée dans *D.D.V.* : « … procès Faurisson… polémiques d'où les… falsificateurs de l'Histoire sortent toujours gagnants. »

**N° 466 de mars 1981 (six mentions de « Faurisson ») :**

- p. 4, 2e colonne : « Prétendant avoir fait œuvre d'historien, abusant de sa qualité d'universitaire…, M. Faurisson aura à répondre de l'imperfection de ses travaux, de ses citations tronquées ou incomplètes, des conclusions auxquelles il a abouti dans le but délibéré de falsifier une page dramatique de l'histoire du monde… la vérité qu'il a volontairement malmenée… »

**N° 468 de mai 1981 (trois mentions de « Faurisson ») :**

- p. 21, 2e colonne : « … le procès Faurisson n'a qu'une base : celle d'une jurisprudence concernant des informations fausses. »

**N° 469 de juin 1981 (cent-six mentions de « Faurisson ») :**

- p. 17, titre : « Faussaire de l'Histoire du génocide hitlérien Faurisson est confondu par les avocats de la LICRA… son "œuvre historique"… s'est livré à des manipulations de textes… mensonges… la perversion intellectuelle de l'"historien"… »
- p. 17, 1e colonne : « … manipulations de témoignages et documents authentiques… tentative de falsification… » 2e colonne : « … mensonge… »
- p. 18, 1e colonne : « … mensonge… Mais ces faits, Faurisson et ses amis les ont, soit niés, soit falsifiés. Avec des faussaires, on ne débat pas, on saisit la justice et on les fait condamner… aligner des mensonges… »
  2e colonne : « … allégations mensongères… Faurisson est un homme malhonnête qui cultive, de manière systématique, le mensonge… »
  3e colonne : « … mensonge de l'accusé … l'embarras de cet imposteur… son mensonge… »
  4e colonne : « … la flagrante imposture commise par Faurisson »
- p. 19, 3e colonne : « N'est-ce pas là une manipulation ? »
  4e colonne : « … le faussaire… thèses pseudo-scientifiques … fabriquer une histoire fallacieuse… »
- p. 36, 3e colonne : (Selon le DDV) « Il [Otter] réfuta à la barre les fausses affirmations de Faurisson ».

**N° 470 de juillet-août 1981 (soixante-neuf mentions de « Faurisson ») :**

- p. de couverture : « Faurisson condamné par les tribunaux pour falsification de l'histoire… »
- p. 8, titre : « M. Robert Faurisson disqualifié » Sous-titre : « La LICRA le fait condamner pour provocation à la haine raciale et pour falsification de l'histoire du génocide et des chambres à gaz »… « M. Faurisson… disqualifié… malhonnêteté intellectuelle… discours politique de M. Faurisson qui reposait sur des faux, des omissions calculées, des silences complices, des truquages et des tronquages de documents… »
- p. 9, 1e colonne : « … celui qui prétend faire œuvre d'historien »
  3e colonne : « … ce faussaire de l'histoire… »

4e colonne : « … Faurisson a commis une faute grave en faussant, truquant, tronquant des documents retenus par les instances judiciaires… un chercheur peu sérieux aux méthodes trop partiales pour être honnêtes… »

**N° 471 de septembre 1981 (deux mentions de « Faurisson ») :**

- p. 22, 3e colonne : « … Faurisson … distinguer la vraie de la fausse [monnaie spirituelle]… »

**N° 472 d'octobre 1981 (une mention de « Faurisson »)**
**N° 473 de novembre 1981 (neuf mentions de « Faurisson »)**
**N° 474 (numéroté 475) de décembre 1981 (quatre mentions de « Faurisson »)**
**N° 475 de janvier 1982 (trois mentions de « Faurisson ») n° 476 de février 1982 (trois mentions de « Faurisson ») n° 477 de mars 1982 (onze mentions de « Faurisson »)**

- p. 18, 5e colonne : « … Robert Faurisson… On est en pleine falsification de l'histoire… »
- p. 28, 5e colonne (article intitulé « Les Faussaires ») : « … processus mensonger… mensonge orchestré … » « les faussaires du type Faurisson… »

**N° 478 d'avril 1982 (deux mentions de « Faurisson ») n° 479 de mai 1982 (trois mentions de « Faurisson »)**
**N° 480 de juin 1982 (vingt-deux mentions de « Faurisson »)**

Couverture : La falsification de l'histoire … les manipulations pseudo-scientifiques (p. 6)… après sa condamnation l'an passé pour falsification de l'histoire… »

- page 6, 1e colonne : « … Robert Faurisson… le pseudo-historien… chef de file d'une pseudo-scientifique école "révisionniste"… Faurisson n'est pas plus un historien que les médecins d'Auschwitz n'étaient des soignants… C'est un diffamateur et un provocateur… ses élucubrations meurtrières… »

**N° 481 de juillet-août 1982 (six mentions de « Faurisson »)**

- p. 4, 1e colonne : « … M. Faurisson… pour falsifier les faits historiques… en insultant la mémoire des véritables victimes … »

- p. 5, 2e et 3e colonnes : « … les thèses mensongères et diffamatoires d'un professeur d'université française, M. Robert Faurisson… le pseudo-historien »
- p. 16, 2e colonne : « les falsifications de l'histoire dont le chef de file, M. Robert Faurisson, a fait l'objet de poursuites… »

**N° 485 de décembre 1982 (quatre mentions de « Faurisson »)**
**N° 486 de janvier 1983 (deux mentions de « Faurisson »)**

- p. 2, 4e colonne : « … Une nouvelle fois, les avocats de la LICRA, Me Charles Kormann et Me Bernard Jouanneau, ont fait la démonstration que l'accusé [Faurisson] avait écarté avec légèreté de nombreux éléments… »

**N° 488 de mars 1983 (quatre mentions de « Faurisson ») :**

- p. 2, 3e et 4e colonnes : titre : « L'Affaire du Faussaire Faurisson (suite) » « … l'‘‘historien''… pour falsification de l'histoire… »

**N° 490 de mai 1983 (sept mentions de « Faurisson ») n° 491 de juin 1983 (onze mentions de « Faurisson ») :**

- p. 11, 1e colonne : « … le "savant" Faurisson, l'infatigable "chercheur de la vérité, vérité, vérité, rien que vérité"… »
- même page, 3e colonne : « … l'"historien"… l'imprudent, l'impudique, le grotesque Faurisson ! »

**N° 492 de juillet 1983 (huit mentions de « Faurisson ») :**

- p. 3, 1e colonne : « … l'‘‘historien"… »

**N° 494 d'octobre 1983 (neuf mentions de « Faurisson » à ne pas compter) :**

- p. 6, 2e et 3e colonne : premier droit de réponse de M. Faurisson, suivi d'une réplique : « le mot de la fin… M. Faurisson [a tenté de faire état de] faux grossiers [les prétendus carnets d'Adolf Hitler]. »

**N° 495 de novembre 1983 (trois mentions de « Faurisson »)**

**N° 496 de décembre 1983 (une mention de « Faurisson »)**

– p. 9, 5e colonne : (« … Barbie-Faurisson même combat »)

**N° 497 de janvier 1984 (cinq mentions de « Faurisson »)**

– p. 4, 1e colonne : « … "historien" à ses heures, condamné par les tribunaux pour ses travaux consacrés aux camps de concentration où, selon l'expression de Darquier de Pellepoix, on ne gazait que les poux… le "travail historique" auquel s'était livré M. Faurisson… chef de file français du courant dit "révisionniste" dont les buts sont d'interpréter l'histoire de la dernière guerre de façon à occulter les crimes nazis… l'"historien"… »

**N° 499 de mars 1984 (huit mentions de « Faurisson », à ne pas compter) :**

– p. 5, 2e et 3e colonnes : second et – à ce jour – dernier droit de réponse de M. Faurisson, suivi d'une N.D.L.R.

*REMARQUE : Le nom du professeur Faurisson a été mentionné au moins 382 fois. Dans ce décompte n'apparaissent pas les 17 mentions des n° 494 et 499 puisque, aussi bien, il s'agit, dans ces deux numéros, de textes en droit de réponse envoyés par le professeur au* DDV. *Un certain nombre d'exemplaires du* DDV *n'ont pu être examinés : la collection des archives consultables de la LICRA est incomplète ainsi que la collection de la Bibliothèque nationale (annexe de Versailles).*

***

Mars 1984

# PRÉCISIONS SUR CÉLINE DEVANT LE MENSONGE DU SIÈCLE

J'ai consacré deux articles à Céline devant le mensonge des chambres à gaz hitlériennes.[3] Les deux Américains Stanford L.

[3] *Le Bulletin célinien*, n° 3, p. 4-8, et n° 4, p. 5-6.

Luce et William K. Buckley viennent de rendre compte de ces deux articles dans leur bibliographie critique.[4]

Ils ont commis des erreurs qui sont dues en partie à une lecture trop rapide et en partie à la nécessité de s'exprimer le plus brièvement possible.

Traduit de l'anglais, leur compte rendu du premier article se lit ainsi :

> « [Faurisson] qualifie de « mensonge du siècle » l'affirmation selon laquelle il a existé des chambres à gaz en Allemagne. Il parle de Céline en rapport avec ce "mensonge". »

Je pense qu'il aurait été plus exact de dire :

> « [Faurisson] qualifie de *"mensonge du siècle"* l'affirmation selon laquelle les Allemands auraient utilisé des chambres à gaz *homicides* à la fois en Allemagne et hors d'Allemagne. Il relève que Céline a détecté que, soudain (le 19 août 1960), la vérité officielle a opéré discrètement un étonnant repli : pour elle, il n'y avait pas eu de chambres à gaz homicides en Allemagne même : Buchenwald, Dachau, etc. »

Le compte rendu du second article se lit ainsi :

> « [Faurisson] présente des extraits de lettres de Céline à Paraz (1950-1951), où Céline se rend compte que sa vie est mise en danger à cause des "magiques" chambres à gaz des nazis. Faurisson recueille le mot de "magique" [et] se demande si quelque sioniste américain a inventé le concept de génocide. Il suggère (*suggests ?*) que les chambres à gaz d'Auschwitz sont des attrapes pour touristes [et] qu'il n'y a pas de preuve réelle de leur existence durant la guerre : elles sont des objets "magiques" tout comme les soucoupes volantes. »

Je pense qu'il aurait été plus exact de dire :

> « [Faurisson] présente des extraits de lettres de Céline à Paraz (1950-1951), où Céline dit que, si on l'assassinait, son meurtrier serait acquitté sous prétexte que lui, Céline, a été du côté de ceux qui ont utilisé les monstrueuses chambres à gaz. Il ne croit plus à « la chambre à gaz ». Il qualifie cette invention de "magique" :

[4] Luce et Buckley, *A Half-Century of Céline,* page 124, aux cotes 737 et 73.

> « *C'était tout, la chambre à gaz ! Ça permettait TOUT !* » Faurisson tient cet adjectif pour le plus approprié à une invention sans consistance réelle (avec truquages pour touristes à Auschwitz et ailleurs). On a fabriqué un mot, celui de "génocide", pour qualifier un crime qui n'a pas plus existé que l'arme spécifique de ce crime ; le fabricateur de ce mot *est* un sioniste américain (Raphaël Lemkin). »

Dans mon article, je n'avais pas cru nécessaire de nommer Raphaël Lemkin. Rassinier en avait parlé ainsi que de l'ouvrage de ce dernier : *Axis Rule in Occupied Europe.* Lemkin avait rédigé son ouvrage en 1943 et l'avait publié en 1944. Le *Publishers Weekly* du 10 novembre-10 décembre 1944 en avait fait le « Livre juif du mois » (*Jewish Book of the Month*). Je renvoie sur ce sujet à « Raphael Lemkin and the Invention of "Genocide" », par Dr James J. Martin.[5]

Je voudrais éclairer de quelques remarques complémentaires la perspicacité de Céline sur ce sujet.

Il parle de « la chambre à gaz » au singulier. Ce singulier est judicieux. Il implique que nous avons affaire non pas à des réalités physiques et diverses mais à une représentation mentale stéréotypée qui, si on l'analyse en psychologue ou en sociologue, apporte de précieuses informations sur la manière dont se constitue une croyance personnelle ou un mythe collectif. Edgar Morin, sociologue, d'origine juive, a fort bien saisi, lui le spécialiste des phénomènes de rumeurs, que les révisionnistes avaient décelé là un type de rumeur. Aussi a-t-il écrit, en utilisant, lui aussi, le singulier : « Il importe à mon avis de revérifier la chambre à gaz dans les camps nazis ».[6]

Mme Simone Veil a, bien involontairement, apporté sa contribution à ce que Céline appelait, dès 1950, le caractère magique de la chambre à gaz. Le 26 avril 1983, la première chambre de la cour d'appel de Paris rendait son arrêt sur la plainte pour « dommage par falsification de l'Histoire » qu'avaient déposée contre moi neuf associations de juifs, de résistants, d'anciens déportés parce que je contestais l'existence des chambres à gaz de Hitler. L'arrêt faisait justice des accusations de légèreté, de négligence, d'ignorance délibérée et de mensonge portées contre moi. Contre le vœu le plus cher de ces associations, la cour concluait : « La valeur des conclusions défendues par M. Faurisson relève donc de la seule appréciation des experts, des historiens et du public. »

---

[5] James J. Martin a ensuite publié une étude sous forme de livre, *The Man who invented 'Genocide'. The Public Career and Consequences of Rafael Lemkin.* [N.d.é]

[6] E. Morin, *Pour sortir du* XX e *siècle,* p. 192.

J'étais néanmoins condamné pour « dommage à autrui », si j'ai bien compris, pour manque de cœur. Deux semaines après cet arrêt, S. Veil, dont l'un des fils avait plaidé pour ces associations, adoptait la position de repli suivante :

> « Au cours d'un procès intenté à Faurisson pour avoir nié l'existence des chambres à gaz, ceux qui intentent le procès [ont été] contraints d'apporter la preuve formelle de la réalité des chambres à gaz. Or, chacun sait que les nazis ont détruit ces chambres à gaz et supprimé systématiquement tous les témoins. »[7]

On peut se demander par quelle *magie* les Allemands ont réalisé cette prouesse et où sont les preuves de cette nouvelle affirmation de S. Veil. Que doit-on désormais penser des innombrables preuves et témoins qu'on nous présente depuis quarante ans à l'appui de la thèse de l'existence des chambres à gaz ? Enfin, s'il n'y a ni preuve, ni témoin, devant quoi se trouve-t-on, sinon devant une croyance de caractère religieux ?

Voici une autre remarque sur la perspicacité de Céline. Grâce à la magique chambre à gaz, tout est permis, y compris la persécution, le vitriolage et l'assassinat.

En Allemagne, la persécution se fait de plus en plus cynique contre les auteurs révisionnistes. Je ne pourrais plus dire le nombre de gens soit rétrogradés dans leur fonction, soit exclus de leur profession, soit jetés en prison, soit condamnés à de lourdes amendes pour avoir osé dire que les chambres à gaz de Hitler n'ont pas existé. Parmi tous ces cas, je prendrai celui du Dr Wilhelm Stäglich. Ce magistrat de Hambourg s'est vu contraindre à prendre une retraite anticipée (avec privation d'un cinquième de sa retraite pendant cinq ans) et son titre de docteur en droit lui a été retiré par l'université de Göttingen de qui il l'avait obtenu en 1951 ! Son gros ouvrage (*Der Auschwitz-Mythos. Legende oder Wirklichkeit ?*) a été saisi ainsi que les plombs de composition. En Allemagne, des ouvrages de ce genre, quand ils ne sont pas saisis, sont mis à l'index officiel (*Indizierung*).

En France, Michel Caignet, en février 1981, a été atrocement vitriolé par un Yves Aziza dont le nom a été connu dans l'heure mais qui n'a été arrêté ni à ce moment-là, ni plus tard et, en février 1984, la malheureuse victime ne parvient toujours pas à obtenir de l'appareil judiciaire que ce dernier s'occupe vraiment de son affaire.

[7] *France-Soir Magazine*, 7 mai 1983, p. 47.

En Allemagne, une étudiante juive vient d'assassiner à Cologne le professeur Hermann Greive. Cela s'est passé le 25 janvier 1984. Pas un mot dans la presse française. À une exception près qui vaut la peine d'être citée pour la manière, le ton et le contexte. Il s'agit d'un article de Jean-Paul Picaper, envoyé spécial du *Figaro* en Israël, publié sous le titre : « Kohl-Shamir : le courant est passé ».[8] On notera que le professeur H. Greive, loin d'être un révisionniste, avait seulement le tort d'être allemand et d'enseigner la théologie judaïque. Sous l'intertitre « Rassurer », on pouvait lire ces lignes, dont je souligne intentionnellement quelques mots :

> « Cependant la journée [de visite de Kohl à Shamir] a été endeuillée par le drame de l'Institut Martin Buber de l'université de Cologne : une étudiante en théologie judaïque, qui a fait feu sur des professeurs d'origine non-juive, a tué l'un des grands spécialistes allemands du judaïsme, le professeur Hermann Greive. Ce dernier avait découvert les trois lettres inédites de Théodore Herzl que M. Kohl a offertes aujourd'hui au mémorial dédié au souvenir du fondateur du mouvement sioniste. L'étudiante, auteur de l'attentat, **aurait été fanatisée,** apprend-on ici [en Israël], par un séjour dans une communauté juive orthodoxe de Jérusalem. Ce **malheur** ne semble pas devoir ébranler la confiance – **bien au contraire** – que le chancelier a tenté de communiquer à ses hôtes [israéliens]. Il les a **rassurés** en leur expliquant que les Allemands n'avaient nullement l'intention de se soustraire à leur responsabilité historique [etc.] »

Les céliniens ont droit à ce type d'information pour mieux mesurer ce qu'il y avait chez Céline d'aigu, de pénétrant et de prophétique. Son antithèse : le philosophe Jean-Paul Sartre, ni « dansant » ni « flûtant » à coup sûr, ni clairvoyant le moins du monde.

[Publié dans *Le Bulletin célinien*, Bruxelles, n° 18, mars 1984, p. 5-7. Voy. aussi, plus haut, les deux premiers articles sur ce sujet au troisième et au quatrième trimestre 1982, p. 315-322 et 322-324.]

***

26 avril 1984

[8] *Le Figaro*, 26 janvier 1984, p. 4.

# *Communiqué à l'Agence France-Presse*

Transmis le 26 avril 1984 à 21 h.

Le professeur Faurisson proteste contre l'usage captieux fait par les journalistes Ludi Boeken et Annette Lévy-Willard de son image et d'une séquence très courte enregistrée lors de la cinquième conférence révisionniste internationale qui s'est tenue cette année à Los Angeles, en présence d'historiens et de chercheurs de nombreux pays.

Cette réunion était si peu clandestine qu'elle est annuelle, annoncée dans les publications de l'Institute For Historical Review, que les différentes communications sont publiées dans la revue trimestrielle *The Journal of Historical Review* et l'enregistrement magnétique des communications, diffusé.

Le commentateur va jusqu'à dire, en parlant du professeur Faurisson : « Il veut que personne ne puisse prouver qu'il était ici », alors que la participation de Robert Faurisson était annoncée depuis plusieurs mois et que sa communication est maintenant disponible.

Tous les renseignements sur cette conférence ont été fournis à Annette Lévy-Willard par l'éditeur de Faurisson et celui-ci avait d'abord envisagé d'accepter une interview, qu'il a ensuite refusée lorsqu'il s'est aperçu que la journaliste, contrairement à ce qu'elle avait d'abord prétendu, ne cherchait aucunement à informer le public sur les travaux historiques de la cinquième conférence révisionniste, mais cherchait quelques clichés ou brèves déclarations pour réaliser exactement le type de montage que les téléspectateurs peuvent maintenant juger.

Le professeur envisage de porter plainte pour dommage par falsification et amalgame.

Le juge des référés, qui a visionné les parties de la bande où l'on peut voir le professeur Faurisson, n'a pas estimé qu'il y avait lieu à saisie, mais a ordonné qu'un enregistrement intégral soit remis gratuitement au professeur pour lui permettre de faire valoir ses droits auprès du juge du fond.

L'image physique du professeur Faurisson ayant été rendue publique contre sa volonté et dans un cadre qui ne lui permettait pas de faire connaître la réalité de ses recherches historiques et documentaires, et donc multiplie les risques d'agression qu'il encourt, le professeur tient à la disposition des chaînes de télévision une vidéo-cassette de soixante-quinze minutes où il expose l'essentiel de ses recherches. Cette cassette, réalisée à l'intention de la cour d'appel de Paris, dans le cadre du procès civil clos par l'arrêt du 26 avril 1983, est maintenant à la disposition du public.[9]

[Ce communiqué, que l'AFP n'a apparemment pas fait circuler, se rapporte à une émission de télévision, diffusée le 26 avril 1984 dans la soirée, intitulée « L'Espion qui venait de l'extrême-droite ». Elle a fait l'objet par la suite de diverses analyses, en particulier dans les *Annales d'histoire révisionniste,* n° 3, p. 11-47, sous la plume de P. Pithou et dans l'ouvrage de Serge Thion, *Une Allumette sur la banquise*, au chapitre 4. N.d.é]

***

18 juin 1984

# RÉPONSE AUX QUESTIONS DE M. MUGARZA (ESPAGNE)

*1. Où et quand êtes-vous né ? Avez-vous des frères et sœurs ?*

1. J'étais l'aîné d'une famille de sept enfants : quatre garçons et trois filles. L'une de mes sœurs est morte en 1979.

*2. Quand vous êtes-vous marié ? Avez-vous des enfants ?*

2. Je me suis marié en 1951 à Paris. J'ai trois enfants : une fille, née en 1951, un garçon, né en 1961 et un garçon, né en 1963.

*3. Quelles études avez-vous faites ?*

3. J'ai fait des études classiques à base de français, de latin et de grec. J'ai obtenu l'agrégation des lettres et le doctorat ès-lettres et sciences humaines.

*4. Étiez-vous pro-allemand pendant la guerre mondiale ?*

4. Pendant la guerre mondiale, j'ai été farouchement anti-allemand ; j'ai été élevé dans ce sentiment qui n'avait aucun fondement rationnel ni même politique.

*5. Quel était votre travail à l'université de Lyon ?*

5. Je détiens à l'université Lyon-II une chaire de professeur. Mes spécialités sont la littérature française du XXe siècle ainsi que la critique de textes et documents. Cette critique se donne pour but d'apprendre à discerner le sens et le contresens, le vrai et le faux dans des documents de toute nature. Elle est fondée sur la constatation suivante que tout le monde peut faire dans la vie : nous ne savons pas lire, nous ne savons pas

[9] *La Question des chambres à gaz* par le professeur Robert Faurisson, vidéocassette de 75 mn, standard VHS, disponible à La Vieille Taupe, 500 F. franco de port.

écouter, nous ne savons pas témoigner, nous ne savons pas raisonner, nous parlons sans savoir, nous commentons des « faits » qui ne sont pas même établis, nous répugnons à commencer par le commencement et à nous dire : « Mais que signifient ces mots ? Que dit ce texte ? De quoi est-il au juste question ? » Nous savons tous qu'il faut réfléchir avant de parler, mais dans la pratique nous ne prenons pas le temps de réfléchir. Nous savons qu'il faut vérifier et contrôler, mais nous ne nous donnons guère la peine de vérifier et de contrôler. Nous ne nous méfions pas assez des erreurs, des supercheries, des contrefaçons.

*6. Quelle attitude ont prise les universités de la Sorbonne et de Lyon au sujet de vous ?*

6. Tous les universitaires français, à de rares exceptions près, se sont comportés comme des universitaires, c'est-à-dire sans courage. Je prétends qu'il était plus facile pour un universitaire français d'entrer dans la résistance en 1944 contre les Allemands et de faire acte de rébellion à ce moment-là que de manifester en 1978 un appui quelconque à un homme qui, comme cela a d'abord été mon cas, était désigné par la presse entière comme un nazi. L'universitaire français est terrifié à l'idée qu'il pourrait être accusé de défendre un nazi. Un nazi n'est pas un homme, paraît-il, il est un monstre, il n'a pas droit à la protection des lois, on peut l'assassiner, ou le lyncher, ou le vitrioler, impunément ou presque impunément. Je ne suis nullement nazi mais, au commencement de mon affaire, j'ai été désigné comme tel. Il faut beaucoup de courage pour défendre un homme désigné comme nazi.

*7. En quelle année avez-vous commencé votre recherche sur les KZ allemands ? Et pourquoi ?*

7. En 1960, à la suite d'une lecture peut-être d'un livre de Rassinier, peut-être d'un article sur un livre de Rassinier. Sur le moment, je n'ai pas prêté une grande attention à cette lecture. Mais, à partir de ce jour, l'idée que les chambres à gaz nazies n'avaient peut-être pas existé a cheminé dans mon esprit.

*8. Pourquoi poursuivez-vous votre recherche ? Êtes-vous un nouveau Galilée ?*

8. Je poursuis mes recherches comme l'oiseau chante et comme la feuille pousse. C'est un mouvement naturel. Je ne suis pas un nouveau Galilée. Rassinier a été un nouveau Galilée. Je ne fais que développer certains points de ses découvertes.

*9. Avez-vous et votre famille eu des difficultés ou attentats à cause de votre lutte pour la vérité ?*

9. Des difficultés, oui, et même plus ; des attentats, non. J'ai été physiquement agressé. En une circonstance, j'estime avoir échappé de justesse à un lynchage par un groupe de juifs.

*10. Où et à quelle date Cohn-Bendit a-t-il écrit : « Battons-nous pour qu'on détruise ces chambres à gaz que l'on montre aux touristes dans les camps où l'on sait maintenant qu'il n'y en eut point » ?*

10. Dans le numéro du journal *Libération* du 5 mars 1979.

*11. Combien de procès avez-vous souffert ? Qu'est-ce que vous en avez appris ?*

11. On m'a intenté trois procès. Le marathon judiciaire a duré quatre ans. En première instance, mes adversaires criaient victoire. Après l'arrêt en appel, ils se sont tus. Leurs victoires n'ont été que des victoires à la Pyrrhus. Ils m'avaient en particulier, intenté un procès pour « dommage à autrui » ; ils prétendaient que je leur avais causé ce dommage par une tentative de falsification de l'histoire. Même en première instance, ce motif a été repoussé et en appel, les magistrats sont allés jusqu'à rendre hommage à la qualité de mes travaux sur les chambres à gaz. Ils ont déclaré que je n'avais fait preuve ni de légèreté, ni de négligence, ni d'ignorance délibérée. Ils ont dit qu'ils n'avaient trouvé chez moi ni mauvaise foi, ni mensonge. Ils ont tiré de tout cela une conclusion qui est terrible pour nos adversaires ; ils ont en effet prononcé :

« La valeur des conclusions défendues par M. Faurisson (au sujet des chambres à gaz) relève donc de la seule appréciation des experts, des historiens et du public ». Autrement dit, par cette décision qui date du 26 avril 1983, ces magistrats ont garanti à tout citoyen français le droit de nier, le cas échéant, l'existence des chambres à gaz. Cette décision n'a pas été prise au nom du besoin d'assurer la liberté d'expression ; elle a été prise au vu du sérieux de nos arguments. Les magistrats ont bien senti que l'existence de ces chambres à gaz se heurtait à un ensemble impressionnant d'impossibilités physiques, chimiques, médicales, topographiques, etc. Ils ont bien vu que je n'avais pas du tout négligé les témoignages mais qu'au contraire je les avais méticuleusement étudiés et que j'avais montré à quel point ils étaient inacceptables.

Ces magistrats ont déclaré tout cela à contrecœur, je suppose. Car, dans la suite de l'arrêt, ils ont cherché à me critiquer sur des points sans importance véritable et, surtout, ils m'ont reproché mon absence de cœur et ma dangerosité. Ils m'ont condamné pour la forme, pour le ton, pour des motifs sentimentaux ou pour des raisons d'ordre public.

Ces procès ne m'ont rien appris sur la justice. Je savais déjà que le premier devoir d'un magistrat n'est pas de rendre la justice dans l'absolu, mais de préserver l'ordre public. Je trouble l'ordre public.

*12. Quelle a été la sentence et les conséquences de votre procès en juin 1982 ?*

12. Le « procès de juin 1982 » ne touchait pas à la question de fond. J'avais prononcé à la radio une phrase de soixante mots, longuement

préparée, soupesée, méditée. Je savais les risques que je courais à prononcer cette phrase. Je l'ai néanmoins prononcée. En première instance, cela m'a valu une condamnation comme il n'en avait encore jamais existé dans les annales de la justice française. J'ai été condamné pour diffamation raciale (ce qui n'est pas trop grave) et pour incitation à la haine raciale (ce qui est grave) à trois mois de prison avec sursis, à des amendes, à payer la publication du jugement dans un certain nombre de journaux et, surtout, à payer la lecture à la télévision (une fois) et à la radio (deux fois) de ce même jugement. Cela se passait en juin 1981.

À cette époque, le total des sommes à verser aurait été de 3.600.000 francs nouveaux, c'est-à-dire 360 millions d'anciens francs. Croyez-vous que quelqu'un se soit indigné de voir ainsi frapper au portefeuille un professeur sans fortune ? Seul le journal *Libération* a protesté. Un an plus tard, en juin 1982, en appel, le motif d'incitation à la haine raciale était écarté, la prison avec sursis et les amendes, maintenues, mais aucune publication d'aucune sorte n'était demandée. Mes adversaires se sont alors pourvus en cassation. L'arrêt a été maintenu. C'est là une de leurs défaites.

*13. Existe-t-il une justice impartiale en France au sujet des questions juives ou de la Résistance ?*

13. Il n'existe pas de justice impartiale dans l'absolu. Quand il s'agit des juifs ou de la Résistance, les magistrats défendent l'ordre public, c'est-à-dire l'ordre établi, autrement dit ce que les gouvernants et les médias soutiennent de mythes et de fictions qui paraissent recevoir l'agrément de la plupart des Français. L'antisémitisme passe pour être le pire des racismes. Ce n'est pas mon opinion, mais c'est l'opinion qu'on cherche à imposer et à maintenir. La Résistance n'a pas grand crédit dans la population française ; mais tous les hommes politiques font de la surenchère pour défendre la Résistance. C'est une convention.

*14. Pouvez-vous me parler sur les lois françaises d'aujourd'hui répressives de l'antisémitisme ?*

14. L'antisémitisme est réprimé avec la dernière énergie. Il semble qu'il soit beaucoup plus grave de faire une réflexion désobligeante sur un juif que de se moquer des Arabes ou des Noirs ou des catholiques.

*15. Est-ce que vous êtes antisémite ?*

15. Auprès de certains, mon indifférence à la question juive peut passer pour de l'antisémitisme. Je revendique le droit à cette indifférence.

*16. Avez-vous des amis juifs ?*

16. Je n'ai pas de juifs parmi mes quatre ou cinq amis, mais j'ai quelques juifs parmi mes relations. Jacob Assous et Claude Karnoouh ont eu le courage de dire devant un tribunal qu'ils étaient entièrement d'accord avec ce que je disais sur les chambres à gaz et sur le génocide.

*17. Un renommé intellectuel de la gauche, Noam Chomsky, petit-fils d'un rabbin, a prologué votre livre* Mémoire en défense. *Pourquoi ?*

17. Noam Chomsky n'a pas écrit une préface pour mon livre. Il avait écrit un texte où il prenait ma défense au nom de la liberté d'expression. Pierre Guillaume a placé ce texte en avant-propos du livre. Il en a prévenu Chomsky qui, je crois, n'y a pas vu d'inconvénient sur le moment. Puis, quand certains amis français de Chomsky ont dit à ce dernier que ce serait un scandale si ce texte était maintenu, Chomsky a écrit à Guillaume pour lui dire qu'il préférait voir ce texte publié à part. Il a ajouté qu'il était peut-être trop tard pour faire cela. Il était, en effet, trop tard. Très crânement, Chomsky a déclaré que, somme toute, il ne regrettait pas la parution de son texte en avant-propos de mon *Mémoire en défense*.

*18. Pourquoi niez-vous la prétendue mort de six millions de juifs pendant la Seconde guerre mondiale ?*

18. Même un Broszat (le comble de l'historien de cour) a admis en 1979 devant un tribunal allemand que ce chiffre était « symbolique ». En bon français cela veut dire : faux.

*19. On vous accuse de ce que vos recherches pourraient réhabiliter le IIIe Reich. Qu'est-ce que vous en pensez ?*

19. Je cherche à rétablir la vérité – si malmenée, si méprisée, si galvaudée – sur un point très limité de l'histoire de la seconde guerre mondiale. Je ne cherche nullement à réhabiliter le IIIe Reich. Cependant, je suis heureux de disculper des gens accusés à tort d'un crime abominable. Pour moi, cela confirme que les nazis sont des êtres humains ; il faut les traiter comme tels et non pas comme une race de monstres et de sous-hommes. Je disculpe Pie XII et la Croix-Rouge et Staline et Churchill et Roosevelt de n'avoir pas dénoncé l'existence de ces crimes.

*20. Voulez-vous faire l'apologie du national-socialisme avec vos recherches ?*

20. Le national-socialisme ne pourra être jugé sereinement que dans cent ans peut-être. Pour l'instant, je le juge sévèrement mais je ne désire pas préciser pourquoi. On n'insulte pas un vaincu, en tout cas.

*21. Quels sont vos ennemis les plus sots et les plus intelligents ? Vidal-Naquet ? Langbein ? Et le faussaire exterminationniste le plus imaginatif et amusant ?*

21. Mon ennemi le plus sot est probablement Georges Wellers, membre du CJDC de Paris et directeur du *Monde Juif*. Il passera à la postérité pour avoir écrit un ouvrage intitulé : *Les chambres à gaz ont existé*. C'est toujours l'ouvrage que je conseille de lire avant tout autre quand j'ai affaire à quelqu'un qui croit que les chambres à gaz ont existé. Ce livre est un excellent repoussoir. Plus bête que Georges Wellers, il y

aurait peut-être Adalbert Rückerl, le responsable d'un organisme allemand situé à Ludwigsburg et spécialisé dans la recherche des « criminels de guerre » nazis et des documents propres à les charger. Rückerl souffre d'une forme de bêtise que les Français qualifient d'allemande, une bêtise pontifiante, extrêmement lourde, tout à fait décourageante. La devise de Rückerl est en quelque sorte la suivante : « Ce qu'un procureur antinazi a dit est la vérité, partout et toujours ». Il écrit des livres où presque toutes les références renvoient à ce qu'un procureur a dit dans tel ou tel procès. Comme il est lui-même procureur, cette façon d'en appeler aux affirmations de ses collègues fait penser au mot du poète latin Horace : « Deux haruspices ne peuvent se rencontrer sans rire ». Ils ne le peuvent pas parce qu'ils savent bien qu'ils mentent l'un et l'autre. Mais Rückerl est si bête que, rencontrant l'un de ses confrères, je suppose qu'il ne doit pas rire, mais le saluer gravement, à l'allemande. Mon adversaire le plus intelligent est Raul Hilberg, sociologue, professeur à l'université de Vermont (États-Unis) et auteur d'un gros ouvrage : *The Destruction of the European Jews*, publié pour la première fois en 1961. Cependant, Hilberg a une forme d'intelligence rabbinique ou cléricale : une intelligence qui ne sait pas aller droit à la difficulté qu'il faut résoudre. Vidal-Naquet traite dans l'abstrait de sujets qui sont concrets. Il me fait penser à ces intellectuels qui ont du mépris pour ce qui est matériel. Il est comme un historien de l'Antiquité qui parlerait longuement du forum romain en tant que haut lieu de la démocratie et qui n'irait même pas voir sur place quelles sont les dimensions de ce forum. Ce forum est dans la réalité si exigu qu'il oblige l'historien à se rendre compte que l'exercice de la démocratie romaine ne pouvait être que très relatif. Vidal-Naquet est un historien de l'Antiquité. Je parierais qu'il n'a aucune notion d'archéologie. Hermann Langbein est le type même du juif qui, ayant collaboré étroitement avec les Allemands, fait ensuite de la surenchère dans l'antinazisme. Il semble avoir eu d'excellents rapports à Auschwitz avec le Dr Wirths (qui s'est suicidé après la guerre). Langbein ne devrait pas parler des souffrances des autres détenus. Il n'a pas partagé ces souffrances. Il devrait se contenter de nous parler en détails de ce qu'a été sa vie à Auschwitz jour après jour : que mangeait-il, où dormait-il, quel était son travail ? Aussi longtemps que *L'Album d'Auschwitz* n'a pas été publié, Langbein a osé dire que cet album contenait des photos de « gazages » (*Vergasungen*). *L'Album* a été publié en 1980 (puis en 1981, puis en 1983). Je demande à Langbein de nous montrer les photos qui, pour lui, sont des photos de gazages.

Le plus amusant des exterminationnistes est Élie Wiesel. Le professeur Butz dit que Jimmy Carter, ayant à choisir un président pour sa « Commission présidentielle de l'Holocauste », n'a pas pris un historien, mais un histrion. Ce terme convient à Wiesel. Il s'est campé dans un rôle qu'il n'est pas prêt de quitter : celui d'un raconteur d'histoires propres à vous tirer des larmes et de l'argent. Sa devise pourrait être : « Plus je pleure, plus je palpe ; plus je palpe, plus je pleure » (*The more I cry, the more I make money ; the more I make money, the more I cry*). C'est un étrange témoin qui a rencontré d'étranges témoins. Dans *Paroles d'étranger*, il parle de Babi-Yar. C'est à cet endroit que les Allemands ont procédé à des exécutions de juifs et de non-juifs. Wiesel, qui n'a pas froid aux yeux, a l'aplomb d'écrire ceci : « Plus tard, j'appris par un témoin que, pendant des mois et des mois [après une exécution], le sol n'avait cessé de trembler ; et que, de temps en temps, des geysers de sang en avaient giclé. »[10]

Les contorsions, les pantalonnades et les trémolos d'Élie Wiesel ne m'amusent cependant que comme ceux et celles d'un mauvais acteur, d'un histrion. J'aimerais connaître la fortune et les revenus de cette star de l'Holocauste, perpétuellement pleurante et gémissante.

*22. Qu'est-ce que la vérité pour vous ?*

22. La vérité, c'est ce qui est vérifiable.

*23. Sont-elles puissantes en France des organisations juives comme la LICA ou le CDJC (Centre de Documentation juive contemporaine, de Paris) ?*

23. Ces organisations juives ou à dominante juive sont très puissantes. Elles reçoivent toutes sortes de cautions ou d'aides de la part des pouvoirs publics. François Mitterrand est membre de la LICRA.

*24. Avez-vous connu F. Duprat, mort dans un attentat ? Qu'est-ce que vous pensez sur lui ? Qui l'a tué ?*

24. Je n'ai pas connu François Duprat. Je ne sais pas qui l'a tué. D'après les journaux, l'attentat qui l'a tué et qui a très grièvement blessé sa femme était probablement l'œuvre de professionnels. Peu après sa mort, une lettre a été publiée dans *Le Monde* disant que Duprat avait pris de graves responsabilités en diffusant l'ouvrage de R. Harwood : *Y a-t-il eu vraiment six millions de morts ?* L'auteur de la lettre – un ami de Serge et Beate Klarsfeld concluait : « Il y a des responsabilités qui tuent ». C'est une façon de dire que, si vous niez le prétendu holocauste et si vous êtes assassiné pour cela, ce n'est que justice. Le fait qu'un journal comme *Le Monde* ait pu publier une pareille phrase en dit long sur la toute-puissance des « justiciers ».

*25. Quel avenir a l'école révisionniste sur la seconde guerre mondiale ?*

[10] É. Wiesel, *Paroles d'étranger*, éd. franç., p. 86.

25. L'école révisionniste a un brillant avenir, qui sera fait de terribles épreuves aussi.

*26. Avez-vous essayé de visiter les archives de la Croix rouge internationale à Genève ?*

26. Je n'ai pas essayé de visiter les archives du Comité international de la Croix-Rouge à Genève, mais j'ai été en rapport avec ce comité soit directement, sous mon nom, soit par personnes interposées.

*27. Lesquels étaient les premiers camps de concentration de l'âge contemporain ?*

27. On s'accorde généralement à dire que les premiers camps de concentration de l'âge contemporain sont les camps de concentration de la guerre de Sécession. Il existe d'ailleurs à ce propos une curieuse similitude entre le mythe d'Andersonville et le mythe de Bergen-Belsen. Les Américains parlent encore des horreurs d'Andersonville comme d'horreurs concertées par les Sudistes. Les spécialistes de la question savent qu'en fait ces horreurs étaient dues à des épidémies provoquées par l'usage de vaccins avariés (à cause du blocus, les Sudistes n'avaient pu se procurer en quantités suffisantes des vaccins frais). Les Nordistes ont instruit le procès du médecin responsable du camp d'Andersonville. Ils l'ont condamné à mort et exécuté. Quarante ans après, le malheureux a été réhabilité. C'est peut-être ce qui arrivera au Dr Klein, de Bergen-Belsen. Le Dr Klein, manifestement battu par ses gardiens britanniques, puis obligé à se faire photographier sur une masse de cadavres de typhiques, a été exécuté. Il sera peut-être un jour réhabilité.

*28. Avec quelle intention (propos) a installé Hitler les camps de concentration ?*

28. Hitler a institué les camps de concentration dans son pays comme Napoléon III avait institué le bagne de Cayenne (Guyane française). Napoléon III trouvait que les prisons étaient une abjection et il croyait que les prisonniers vivraient d'une vie plus saine et pourraient se réhabiliter par le travail si on les envoyait dans des « colonies pénitentiaires ». Hitler faisait visiter Dachau, avant la guerre, comme une sorte d'institution supérieure à la prison. Napoléon III et Hitler étaient, à ce point de vue, des naïfs. Ils oubliaient que les hommes sont comme les pommes : plus on les entasse, plus ils pourrissent, que ce soit dans des prisons ou dans des bagnes à l'air libre.

*29. Quelle était en chiffres la population habituelle des KZ [camps de concentration] allemands avant et pendant la guerre 1939-1945 ?*

29. Je ne sais pas les chiffres de la population habituelle des KZ allemands avant et pendant la guerre de 1939-1945. Ces chiffres étaient très variables d'une année à l'autre. Il y avait des libérations et des transferts. Il est très difficile de répondre à votre question. Posez cette

question au Service international de recherches d'Arolsen (Allemagne). Je publierai les chiffres de Dachau. Ils sont très intéressants. Ils prouvent que la courbe de mortalité était en rapport étroit avec les épidémies.

*30. Quels camps de concentration allemands connaissez-vous ?*

30. J'ai visité le Struthof-Natzweiler, Dachau, Auschwitz et Birkenau, Majdanek, le château de Hartheim et Mauthausen.

*31. Hitler croyait-il vraiment dans le plan Madagascar comme « solution finale » du problème juif ?*

31. Le plan de Madagascar avait fait l'objet de sérieuses études dans le cadre de la solution finale. Les Français eux-mêmes, avant la guerre, avaient, semble-t-il, examiné la possibilité d'installer les nouveaux arrivants juifs à Madagascar.

*32. Que pensez-vous sur le plan Madagascar ?*

32. Je pense que le plan de Madagascar n'aurait pas eu auprès des juifs beaucoup plus de succès que la création de l'arrondissement autonome juif de Birobidjan en URSS.

*33. Hitler a-t-il vraiment ordonné l'extermination du peuple juif ?*

33. Non. Hitler n'a jamais ordonné l'extermination du peuple juif. Ce qui est vrai de Hitler à ce point de vue est également vrai de Goering, Goebbels, Himmler, Heydrich. Je ne connais aucun ordre d'extermination du peuple juif.

*34. Vous avez dit : « Hitler n'a jamais fait tuer une seule personne en tant que juive ». Qu'entendez-vous dire exactement avec cette phrase ?*

34. Hitler a fait exécuter des juifs, par exemple, en représailles d'attentats. Ou il en a fait déporter à ce titre-là. Il n'a jamais dit : « Si vous rencontrez un juif, tuez-le ». J'ai donné des exemples de soldats ou d'officiers allemands condamnés en cour martiale et exécutés ou emprisonnés à la suite d'assassinats de juifs.

*35. Croyez-vous que la cause des exterminationnistes est désormais perdue ?*

35. La cause des exterminationnistes a encore de beaux jours devant elle ; il existe toutes sortes de moyens pour maintenir en vie un moribond ; plus cette cause sera en péril, plus le tapage publicitaire pour faire croire qu'elle est encore forte s'accroîtra. L'industrie et le commerce de l'« Holocauste » ne connaîtront ni chômage, ni faillite dans un avenir prévisible. « *There is no business like Shoah business* ». « Shoah » est un mot juif qui signifie catastrophe et qu'on emploie comme synonyme d'holocauste ; en français, on l'écrit « Choa ».[11]

---

[11] Jusqu'à cette mode récente, le Choa se contentait d'être une province ou, selon les époques, un royaume au sein de l'empire abyssin ou éthiopien. La capitale du Choa est Addis Abéba, qui est devenu capitale de l'Éthiopie sous Ménélik, à la fin du siècle dernier. [N.d.é]

*36. Quelle est la raison ou cause fondamentale où s'enracine la légende du génocide juif ?*

36. La légende du génocide des juifs a des racines profondes dans l'ensemble des croyances juives, et donc dans les croyances chrétiennes aussi. Les juifs et les chrétiens font grand usage des idées de faute, de péché, de souffrance, de torture, de maladie, de martyre.

*37. Combien de personnes sont morts dans tous les KZ allemands de 1939 à 1945 ? Combien d'elles étaient juives ?*

37. Je pense que le total des personnes mortes dans tous les KZ allemands de 1933 à 1945 doit se situer entre deux cent mille et trois cent soixante mille. Je ne suis pas capable de dire combien d'entre elles étaient juives. C'est aux accusateurs de l'Allemagne de donner des chiffres précis et de fonder ces chiffres. Ils le pouvaient depuis longtemps. Ils ne l'ont pas encore fait parce que les chiffres « symboliques » sont pour l'instant substitués aux chiffres vrais.

*38. Combien de juifs polonais, hollandais et allemands sont morts entre 1939 et 1945 ?*

38. Il doit être très facile de déterminer combien de juifs hollandais et allemands sont morts ; pour les juifs polonais, cela doit être plus difficile, à cause de l'amour du secret et du mensonge chez les Soviétiques et leurs amis.

*39. Combien de juifs français ont été déportés ? Et combien sont morts pendant la guerre ?*

39. On s'accorde généralement à dire qu'en 1939 la France comptait trois cent cinquante mille juifs de toute origine : juifs français, juifs étrangers, juifs apatrides. Environ soixante-seize mille ont été déportés. Mais ce chiffre comprend aussi des gens qui avaient été arrêtés pour d'autres motifs que leur origine raciale. En quatre ans, les Allemands ont déporté, par conséquent, entre un quart et un cinquième des juifs établis en France, ce qui veut dire que le nombre des juifs qui n'ont pas été déportés se situe entre trois quarts et quatre cinquièmes. Sur le nombre de ces soixante-seize mille déportés, il est tout à fait possible de dire combien sont morts et combien ont survécu, mais nul n'a fait de recherches sérieuses sur ce point et surtout pas Serge Klarsfeld dont *Le Mémorial de la Déportation des Juifs de France* (avec ses trois additifs) n'apporte aucune réponse sérieuse à cette question.

*40. On parle encore du savon que l'on aurait fabriqué avec des cadavres juifs ? C'est un mensonge ? Y a-t-il encore des personnes qui ont vu de ces savons ?*

40. Beaucoup de juifs célèbres ont tenté d'accréditer le mythe du savon fabriqué à partir de cadavres juifs : par exemple, le rabbin Stephen Wise (président du Congrès juif mondial) et Simon Wiesenthal. En Israël,

on a enterré en grande cérémonie des barres de savon censées avoir été fabriquées avec de la graisse juive.[12]

*41. Que pensez-vous du Journal d'Anne Frank ?*

41. Le *Journal* d'Anne Frank est une supercherie littéraire fabriquée par le père d'Anne Frank. En plus de cela, sur le plan littéraire, ce journal est, pour moi, d'une qualité nulle ; c'est l'œuvre d'un autodidacte particulièrement maladroit. Comme beaucoup d'œuvres qu'on nous dit inspirées par l'amour de l'homme, le *Journal* d'Anne Frank est un ferment de haine. Simon Wiesenthal a dit de ce journal qu'il avait plus d'importance que le procès de Nuremberg. Il voulait dire que cette œuvre a été plus précieuse que n'importe quoi pour la diffusion des idées et des sentiments de Simon Wiesenthal. C'est probablement exact. Les professeurs qui recommandent à leurs élèves la lecture de ce livre feraient bien de le relire les yeux ouverts. Comme le père Frank a en quelque sorte écrit et fait écrire deux œuvres différentes sous le même titre (le *Journal* sous sa forme hollandaise et le *Journal* sous sa forme allemande), je trouve piquante l'idée que, dans la « Fondation Anne Frank », se retrouvent, pour discuter de leur idole, de jeunes Hollandais et de jeunes Allemands : l'Anne Frank des Hollandais est niaise, bébête, sosotte ; l'Anne Frank des Allemands est une sorte de féministe bas-bleu, une adulte aux mœurs incertaines, une femme incroyablement cultivée si l'on doit en croire ce qu'elle nous raconte à propos de ses connaissances en littérature ou en musique.

*42. Avez-vous connu personnellement Paul Rassinier ?*

42. J'ai correspondu avec Paul Rassinier peu de temps avant sa mort. Je posais les mêmes questions à Paul Rassinier et à ses adversaires. Rassinier me répondait vite, bien et précisément. Ses adversaires, quand ils me répondaient, le faisaient mal et cherchaient à esquiver mes questions.

*43. Que signifient pour vous les œuvres de recherche historique de Paul Rassinier ?*

43. Ce que j'admire chez Rassinier, c'est qu'il savait lire les textes avec l'attention et la simplicité d'un instituteur. Il cherchait à comprendre tous les mots, à suivre le raisonnement, à voir ce que signifiaient les chiffres. Ses insuffisances sont celles de tout pionnier.

*44. Qu'est-ce que vous pensez des livres de Butz, Stäglich et Christophersen au sujet des KZ ?*

44. J'appelle Butz « Mister Genius ». Par moments, il a même des intuitions prophétiques. Relisez ce qu'il écrivait en 1975 sur les usines d'Auschwitz. Il affirmait que l'aviation alliée avait forcément surveillé

---

[12] Voy. *Paris-Match*, 3 novembre 1956, p. 93.

de très près ce qui s'y passait durant la guerre. Les Alliés ne pouvaient pas ne pas chercher à savoir où les Allemands en étaient du point de vue de la fabrication de l'essence synthétique ou du caoutchouc synthétique. Quatre ans, plus tard, en 1979, la CIA publiait ses photos aériennes d'Auschwitz et ces photos confirmaient pleinement que les camps d'Auschwitz et de Birkenau n'avaient rien à voir avec des usines d'extermination. Aucune trace des bâtiments gigantesques et des feux et fumées de la légende exterminationniste : des camps banals. Les photos de *L'Album d'Auschwitz*, quelques années plus tard, allaient le confirmer.

Le livre de Stäglich est notamment remarquable pour son analyse de procès comme celui de Francfort. Le monde moderne a écrit là l'une des pages les plus honteuses de l'histoire de l'humanité. Le procès de Francfort a été un abject procès de sorcellerie. Personne, même chez les accusés ou les avocats, n'a osé contester le dogme des chambres à gaz homicides. Tout le monde a fait comme si ces dernières avaient existé. Quel est le sorcier qui, dans les siècles passés, aurait osé aggraver son cas en contestant l'existence du diable et de ses sulfureuses diableries ? Trop souvent, un accusé a intérêt à se faire tout petit et à paraître consentant. C'est ce qui s'est passé au procès de Francfort et dans cent autres procès. Quant au témoignage de Christophersen, il est une bouffée d'oxygène : un court témoignage, un peu maladroit et d'une aveuglante sincérité.

*45. Sont de confiance les renseignements et chiffres du Service international de recherches d'Arolsen ? Qu'est ce service ?*

45. Le Service international de recherches d'Arolsen (Allemagne) est rattaché au Comité international de la Croix-Rouge de Genève. Ce service possède des millions de documents sur les personnes qui ont été en camps de concentration, en camps de travail, en camps de personnes déplacées, etc. Ce service respecte et protège les tabous des vainqueurs, mais on peut dire qu'il possède à peu près tous les éléments qui permettraient à des chercheurs indépendants d'évaluer le nombre réel des juifs morts dans les camps de concentration. Au 31 décembre 1983, le nombre des morts recensés dans tous les camps pendant toute leur existence était de 373.468. Il faudrait une étude cas par cas de ces 373.468 noms pour savoir combien d'entre ces morts sont dues aux bombardements des Alliés (bombardements des trains, des routes, des camps, des usines, etc.). Les autorités de ce Service international insistent sur le fait qu'on ne peut tirer de leur chiffre aucune conclusion sur le nombre total des morts en camps de concentration. Elles sous-entendent que le nombre total pourrait être bien plus élevé, surtout si les chambres à gaz homicides ont existé. Cependant, quand on considère que le SIR travaille depuis tant d'années sur le sujet et quand on voit que le nombre des morts pour un camp comme celui d'Auschwitz était fixé à 53.606 au

31 décembre 1982 et qu'un an plus tard, il était fixé à 53.633, soit à vingt-sept unités de plus, on voit que ce Service remarquablement équipé, ne trouvera jamais la trace d'un million, sinon de quatre millions de personnes qu'on dit avoir été tuées à Auschwitz. Une telle disproportion entre ce qu'il a effectivement trouvé et ce qu'il aurait trouvé s'il y avait des millions de morts, est invraisemblable. Il est vraisemblable que le SIR a atteint pour Auschwitz un chiffre qui est déjà à peu près le chiffre total des morts.

*46. Y avait-il des différences entre camps « d'extermination » et camps « de concentration » selon l'administration allemande ? Ou bien est-ce une invention d'après la guerre ?*

46. L'expression de « camp d'extermination » est une invention de la propagande de guerre. Le mot d'extermination à propos des juifs existait peut-être déjà avant la guerre.[13]

*47. Quelles sont les deux ou trois plus importantes contradictions ou incohérences de la propagande exterminationniste ?*

47. Les incohérences les plus flagrantes de la propagande exterminationniste sont les suivantes : *Il y a une foule de preuves* – Les Allemands ont détruit toutes les preuves. *Il y a une foule de témoins* – Les Allemands ont tué tous les témoins. *Tout le monde savait que les juifs étaient promis à l'extermination* – Personne ne savait que les juifs étaient promis à l'extermination.

Remarquez qu'en 1979, pour Georges Wellers, il y avait « abondance de preuves » de l'existence des chambres à gaz. Quatre ans plus tard, Simone Veil, en 1983, une quinzaine de jours après la fin du plus important de mes procès, a déploré le fait qu'on ait osé demander aux avocats de la LICRA et des autres associations des preuves et des témoins de l'existence des chambres à gaz. Elle a ajouté : « Chacun sait que les nazis ont détruit ces chambres à gaz et supprimé systématiquement tous les témoins. »[14] Cette réflexion en dit long sur le désarroi des exterminationnistes. Simone Veil remplace une accusation sans preuves (les chambres à gaz ont existé) par une autre accusation sans preuves (les Allemands ont fait disparaître preuves et témoins). Enfin, s'il n'y a ni preuve, ni témoins, devant quoi se trouve-t-on, sinon devant une croyance d'ordre mystique ?

---

[13] L'expression d'« *extermination camps* » semble avoir été d'un usage banal chez les Américains pendant la guerre ; en juillet 1944, les Polonais et les Soviétiques ont parlé de camp d'extermination au sujet de Majdanek (voy. document de Nuremberg PS-325, du 26 septembre 1944, où les Allemands disent que la propagande soviétique parle à propos de ce camp de « *Vernichtungslager* »).

[14] *France-Soir Magazine*, 7 mai 1983, p. 47.

*48. Où avez-vous trouvé les documents les plus dignes de foi sur les camps de concentration allemands ?*

48. Les documents les plus dignes de foi sur les camps de concentration allemands et les plus révélateurs sont d'abord les innombrables registres et documents qu'on a trouvés dans tous les camps qui étaient encore en fonction au moment de l'arrivée des Alliés (y compris l'arrivée des Russes) et qui n'ont été détruits ni par les Allemands ni par leurs vainqueurs. Mais j'accorde une importance particulière aux photos aériennes d'Auschwitz et aux photos de *L'Album d'Auschwitz*. Le registre de la serrurerie d'Auschwitz est une pièce très importante : c'est là qu'on constate notamment que le mot de « Gaskammer » désignait toujours une chambre à gaz de désinfection (dans d'autres cas ce pouvait être une chambre à gaz pour entraîner les recrues au port du masque à gaz). Les Israéliens possèdent sur Auschwitz des photographies qu'ils n'ont pas encore voulu publier.

*49. Où et quand a-t-on inventé la légende des chambres à gaz ?*

49. La légende des chambres à gaz paraît avoir pris naissance vers la fin de 1941 et le début de 1942 dans certains cercles de juifs slovaques ou polonais. Il faut être très prudent sur le sujet. On ne sait que rarement comment, où et quand d'aussi énormes rumeurs prennent naissance.

*50. Avec quelles intentions politiques ou économiques est née la légende des chambres à gaz ?*

50. Je pense que l'exploitation politique de la légende des chambres à gaz n'a commencé à prendre forme qu'en 1944 dans les milieux juifs américains (voyez, dans le livre de Butz, l'histoire de la fondation du *War Refugee Board*). Cette légende a certainement contribué à faciliter la création de l'État d'Israël. Quant à l'exploitation financière de la légende, elle n'a vraiment pris forme que vers 1948-1950 : Nahum Goldmann et Ben Gourion ont été les artisans de la gigantesque escroquerie financière aboutissant aux Accords de Luxembourg (réparations financières versées par la RFA à l'État d'Israël au nom des six millions et des chambres à gaz). Nahum Goldmann a lui-même qualifié d'« astronomiques » les sommes versées par la RFA.[15]

*51. Existe-t-il un rapport résultant d'une expertise officielle des Alliés sur les chambres à gaz ?*

51. Les Alliés ont rédigé de très nombreux rapports sur les camps de concentration allemands. Par exemple, les troupes qui allaient s'emparer de Dachau avaient été prévenues qu'elles devaient éviter tout dégât pour

[15] « Profil : Nahum Goldmann, » Interview télévisée, *TF1*, 18 août 1981, 22 h : « Ce sont des sommes astronomiques du point de vue de l'histoire juive, qui ont été très importantes pour le développement d'Israël. L'Israël d'aujourd'hui aurait été impossible sans les réparations allemandes. »

que les commissions *ad hoc* puissent faire immédiatement leur enquête sur ce camp. Il est remarquable que, parmi tous ces rapports, il n'en existe pas un seul qui ait le caractère d'une expertise technique établissant que telle pièce était une chambre à gaz homicide. Il a existé des rapports affirmant, sans aucune preuve technique, que telle pièce était une chambre à gaz homicide. Notamment pour Dachau. Or, à Dachau – on a fini par le reconnaître – il n'y a jamais eu de gazage. Il n'existe aucun rapport d'autopsie établissant que tel cadavre était le cadavre d'une personne empoisonnée par un gaz.

*52. Pourquoi n'a-t-on jamais fait en général aucune expertise d'une chambre à gaz ?*

52. La raison pour laquelle on n'a jamais établi de rapport technique tient peut-être à ce que tout le monde s'imaginait que n'importe quelle pièce pouvait être utilisée comme une chambre à gaz. Il y a là une énorme erreur. De toutes les armes, le gaz est la plus délicate à manier et il faudrait une extraordinaire installation technique pour gazer des milliers d'hommes sans courir le risque de se gazer soi-même ou de gazer son entourage, surtout au moment de pénétrer dans la place pour en retirer les cadavres de gazés.

*53. Les tribunaux du procès d'Auschwitz ou d'autres procès récents sur les camps de concentration ont-ils ordonné des expertises techniques sur les chambres à gaz ? Sinon, pourquoi ?*

53. Ni au procès de Francfort, ni dans aucun autre procès, on n'a rédigé ni même demandé de telles expertises techniques. Au procès de Francfort, l'accusation cherchait seulement à savoir si tel accusé s'était trouvé un jour sur le quai de débarquement des trains de déportés. Si l'accusé s'était trouvé là, les juges admettaient implicitement qu'il avait envoyé des gens à la mort dans les bâtiments des crématoires… qui étaient proches de ces quais. Quant à ces bâtiments, il était implicitement admis… qu'ils possédaient des chambres à gaz homicides. Qu'au XXe siècle on puisse ainsi raisonner en justice est consternant.

Il y a eu des expertises concernant le Zyklon B. Il semble bien que Gerhard Peters, responsable de la Degesch, ait pu se tirer d'affaire devant un tribunal allemand, parce que les experts avaient montré que ce que disaient les témoins sur l'utilisation du Zyklon était inconciliable avec certaines propriétés du Zyklon.

*54. Depuis combien d'années faites-vous des recherches sur les chambres à gaz ?*

54. Je me suis intéressé à la question des chambres à gaz à partir des années soixante mais c'est seulement dans les années soixante-dix que je l'ai vraiment étudiée. C'est dans ces années-là que j'ai subitement découvert que je n'avais pas commencé mon enquête par le

commencement. La première question que j'aurais dû me poser mais qui ne m'est venue à l'esprit que très tardivement est la suivante : « À supposer qu'une chambre à gaz ait existé, qu'est-ce d'abord qu'une chambre à gaz ? » C'est à partir du moment où je me suis posé cette question sur la nature physique d'une chambre à gaz que j'ai découvert combien une chambre à gaz était nécessairement très compliquée. Mon premier mouvement aurait dû être de me renseigner sur les chambres à gaz existantes, celles des pénitenciers américains. Le Zyklon B, c'est de l'acide cyanhydrique ; or, dans les pénitenciers américains possédant une chambre à gaz, il se trouve que c'est précisément avec de l'acide cyanhydrique qu'on exécute le condamné. Au début des années soixante-dix, je me suis renseigné sur le mode d'exécution utilisé par les Américains ; j'ai rassemblé une importante documentation, mais c'est seulement en 1979 que je suis allé visiter l'une de ces chambres à gaz ; c'était au pénitencier de Baltimore, Maryland. J'aurais pu m'épargner dix ans de recherches, si j'avais commencé par le commencement.

*55. Pourquoi niez-vous l'existence des chambres à gaz ?*

55. Je nie l'existence de chambres à gaz homicides chez les Allemands principalement à cause du nombre impressionnant d'impossibilités physiques, chimiques, médicales, topographiques, etc., auquel se heurte l'existence de ces chambres à gaz.

*56. Comment démontrez-vous que les chambres à gaz sont mythiques ?*

56. On nous dit qu'il y a des preuves, des témoins, des aveux qui permettent de conclure à l'existence des chambres à gaz allemandes. Mais il faut tout examiner de près : les preuves, les témoins et même les aveux. Il faut les vérifier. Vérification faite, il n'y a aucune preuve, aucun témoin et les aveux sont si vagues et inconsistants qu'ils n'ont pas de valeur.

*57. Il n'y a pas eu de camions qui fonctionnaient comme petites chambres à gaz ?*

57. La question des camions gazeurs est très différente. *En principe*, les camions gazeurs ont pu exister. Il est possible de tuer des gens avec de l'oxyde de carbone (CO) comme celui que fournit en grande quantité un moteur à explosion et il est facile d'aérer un endroit qui a été rempli d'oxyde de carbone : on peut sans danger pénétrer dans cet endroit et en retirer les cadavres. Je n'exclus donc pas, *en principe*, que de tels camions aient existé. Mais une chose me frappe : à ma connaissance, on n'a jamais publié la photo de l'un de ces camions (sinon des photos de camions présentés naïvement comme étant des camions à gaz), ni un plan de ces camions, ni un ordre de construction, ni le mode d'emploi, ni rien de concret. Dans le procès qui m'a été intenté, mes adversaires ont fourni

deux petits dessins de prétendus camions gazeurs, des dessins que je qualifierais d'enfantins. Il faudrait étudier de près le procès Pradel-Wentritt pour voir si l'accusation a pu apporter des preuves concrètes de la construction et de l'utilisation de tels camions. On examinerait ensuite si les pièces signées de Walter Rauff sont authentiques et quelle est leur signification exacte. Là encore, les aveux ne suffisent pas ; les aveux, comme le rappelle le Dr Stäglich, doivent toujours être vérifiés. Les histoires qu'on nous raconte ici ou là sur des moteurs Diesel servant à asphyxier des gens sont invraisemblables ; un moteur Diesel fournit surtout du gaz carbonique ($CO_2$) et peu d'oxyde de carbone (CO) ; il fournit plus de CO, s'il est déréglé. Or, le $CO_2$ n'est pas toxique comme le CO. Il provoque la mort dans la mesure où il finit par se substituer à la longue à l'oxygène dont nous avons besoin pour respirer. Les récits de Gerstein sont pleins d'invraisemblances : l'une de ces invraisemblances est qu'à Belzec, pendant des années, on aurait tué des centaines de milliers de gens avec un vieux moteur Diesel !

Même l'oxyde de carbone a des inconvénients. Ce gaz ne se répand pas de façon homogène dans un lieu donné. Il suit les courants d'air. Supposons un camion ou seraient enfermées plusieurs personnes à gazer. Le résultat pourrait être le suivant : selon le parcours de l'oxyde de carbone, certaines personnes seraient tuées, d'autres seraient simplement rendues malades, d'autres enfin seraient indemnes.

Les Allemands possédaient-ils tellement d'essence qu'ils pouvaient en consommer de cette manière ?

*58. Existe-t-elle quelque personne qui ait vu fonctionner ou en arrêt une chambre à gaz pendant la guerre ?*

58. Il n'existe personne qui ait vu fonctionner une chambre à gaz. Dans le procès qui m'a été intenté, j'attendais qu'on me présente un témoin. Aucun témoin ne m'a été présenté, pas même l'un de ces nombreux prétendus témoins qu'on a vus défiler à la barre dans bien d'autres procès. Nous avons seulement eu la déposition chez un notaire de Paris, en 1980, d'Alter Fajnzylberg, alias Stanislas Jankowski, juif stalinien ; ce témoin avait fait parler de lui dès 1945. Dans la déposition qui nous a été remise, ce témoin dit qu'il a fait partie de l'équipe spéciale *(Sonderkommando)* des crématoires et des chambres à gaz. Il précise que ce sont les Allemands qui gazaient les victimes et il ajoute que les Allemands enfermaient le *Sonderkommando* dans la cokerie pour que personne ne soit témoin de leur crime ! Puis, une fois que les Allemands avaient gazé leurs victimes, ils rouvraient la porte de la cokerie, ils délivraient ainsi le *Sonderkommando* et ils chargeaient ce dernier de brûler les cadavres ! Ce récit est comique. Songez que, pour nos

adversaires, ce témoin est pourtant le meilleur témoin qu'ils aient pu trouver : un témoin qui, enfermé dans des cokeries, n'a rien pu voir.

*59. Combien de témoins faux sur les chambres à gaz avez-vous connus ?*

59. J'ai cherché des témoignages écrits car les écrits restent et les paroles s'envolent. J'ai rencontré, sans le vouloir, quelques personnes qui se disaient témoins : par exemple, Louise Alcan et Georges Wellers. Au bout de quelques secondes, ces gens reconnaissaient que, personnellement, ils n'avaient jamais vu de gazages. Ils ajoutaient : « Si j'en avais vu, je ne serais pas là pour vous en parler ». Alors, de quel droit ces personnes se présentent-elles en témoins ? Prenons ces deux « témoins ». Qu'ont-ils vécu personnellement ? Louise Alcan raconte son expérience d'Auschwitz dans un petit livre publié juste après la guerre (*Sans armes et sans bagages*) ; elle dit qu'à Auschwitz il lui arrivait de jouer au bridge et de faire de délicieuses promenades dans la campagne pour se rendre à l'endroit où elle se faisait soigner les dents. Elle ajoute : « Et dire que pendant ce temps-là les Allemands gazaient les gens par milliers ! » Elle s'indigne de la duplicité allemande. Quant à Georges Wellers, il reconnaît qu'il n'a jamais été frappé par un Allemand et qu'il était, en tant qu'infirmier, un privilégié. C'est pourtant lui que, pour le procès Eichmann, on a envoyé à Jérusalem pour déposer devant le tribunal à titre d'expert : il a été le seul témoin venu de France ! Il était « le meilleur témoin possible ».

Jusqu'à ces dernières années, on voyait en France, de façon chronique, un homme ou une femme propulsés au premier rang de l'actualité comme « seul témoin rescapé des chambres à gaz ». Les trois derniers auront été un certain Maurice Benroubi, Fania Fénelon et Martin Gray. Le premier était un simple d'esprit ; Fania Fénelon, une bavarde incohérente ; Martin Gray, lui, réalise le type du pur escroc ; de même qu'il avait fait fortune autrefois en vendant aux Américains de fausses antiquités (il s'en vante dans *Au nom de tous les miens),* de même il a réalisé une fortune en vendant des mémoires où il raconte qu'à Treblinka il déchargeait les chambres à gaz ; il raconte que, quand il trouvait un enfant encore vivant, il l'étranglait de ses propres mains ; or, Martin Gray n'a jamais mis les pieds à Treblinka.

*60. Existe-t-il une photo truquée de corps dans une chambre à gaz ?*

60. J'ai vu au musée du Struthof-Natzweiler une photo représentant le corps d'un petit enfant mort. La légende disait qu'il s'agissait d'une photo prise dans une chambre à gaz. Si la photo avait été considérée comme authentique par les exterminationnistes, ceux-ci l'auraient reproduite à des millions d'exemplaires et c'est ce petit enfant qu'on nous montrerait partout au lieu du « ghetto-boy » de Varsovie avec sa casquette.

*61. Qu'est et comment fonctionne le Zyklon B ?*

61. Le Zyklon B est un absorbat d'acide cyanhydrique sur base poreuse inerte ; le Zyklon B contient un produit stabilisateur et, parfois, mais pas toujours, une substance d'avertissement. Il a été créé vers 1917, vendu pour la première fois vers 1922. Il est aujourd'hui utilisé dans le monde entier, y compris aux États-Unis et dans les pays de l'Est. C'est un produit dangereux et inflammable. On s'en sert surtout pour la désinfection des bâtiments, des trains, des silos, des navires. On l'emploie aussi pour la désinfection des vêtements mais dans des chambres à gaz d'environ 10 $m_3$ à circuit fermé.

*62. Combien d'heures exige le Zyklon B pour son évaporation ?*

62. Il faut une vingtaine d'heures pour aérer un local désinfecté avec du Zyklon B.

*63. Combien de temps faut-il attendre pour entrer dans une chambre où on a utilisé du Zyklon B ?*

63. Seuls des spécialistes entraînés peuvent utiliser le Zyklon B. Pour entrer dans une pièce désinfectée avec du Zyklon B, il faut porter un masque à gaz avec un filtre particulièrement sévère ; il faut ouvrir les fenêtres ; puis, on attend une vingtaine d'heures ; puis, on rentre à nouveau dans la pièce avec un masque et on procède à un test pour voir s'il reste du gaz. S'il n'en reste pas, on peut réintégrer librement la pièce, mais la première nuit il faudra dormir la fenêtre ouverte.

*64. Avec quelle finalité a été installé le camp d'Auschwitz ?*

64. Le camp d'Auschwitz a d'abord été un camp de concentration où l'on enfermait soit des criminels, soit des politiques, soit des suspects ; son annexe de Birkenau a d'abord été conçue comme un camp de prisonniers de guerre russes. Peu à peu, le camp d'Auschwitz et ses quelque quarante annexes ont été occupés par des prisonniers employés dans les multiples industries et activités de cette région de Haute-Silésie. Le camp de Birkenau lui-même a surtout été un camp de transit, de quarantaine, de malades.

*65. Quelle population avait le camp d'Auschwitz ?*

65. La population du camp d'Auschwitz, et de ses principales annexes semble avoir atteint un maximum de cent à cent trente mille personnes.

*66. Combien d'internés sont morts à Auschwitz ? Quel pourcentage de morts juifs ?*

66. De 1940 au 27 janvier 1945 (date de la libération du camp par les Soviétiques), il a dû mourir cinquante mille personnes.

*67. Dans quelle période y a-t-il eu plus de morts à Auschwitz ?*

67. Il est mort un grand nombre de gens durant l'épidémie de typhus de l'été et de l'automne 1942. Parmi ces morts, il y a des Allemands qui

étaient médecins, officiers ou soldats, civils (même des femmes et des enfants appartenant aux familles des gardiens).

*68. De quoi mouraient les internés d'Auschwitz ?*

68. Il semble que les internés soient surtout morts du typhus, de la fièvre typhoïde, de la dysenterie, de la malaria.

*69. Combien de fois avez-vous été à Auschwitz ?*

69. Je n'ai été que deux fois à Auschwitz. Une très courte visite suffit pour se rendre compte que les prétendues chambres à gaz n'étaient pas des chambres à gaz.

*70. Qu'est-ce que vous avez vu d'intéressant à Auschwitz et dans son musée ?*

70. Ce que j'ai vu de plus intéressant à Auschwitz, c'est le Krema 1 ou *Altes Krema* (vieux crématoire). Jusqu'en juin-juillet 1943, il s'agissait d'un bâtiment constitué de deux parties. La première partie contenait des fours, une cokerie et une salle pour les urnes. La seconde partie, en cul-de-sac, était une *Leichenhalle* (dépositoire pour les cadavres), une pièce d'eau (*Waschraum*) et une salle de mise en bière (*Aufbahrungsraum*). Puis, cet ensemble a été transformé. La première partie a été désaffectée et la seconde partie est devenue un abri anti-aérien : dans cet abri, il y avait, d'une part, une salle d'opération chirurgicale, et, d'autre part, de petites salles séparées par des cloisons disposées en quinconce. Cette disposition en quinconce était prévue pour atténuer le souffle éventuel des bombes. Les murs ont été renforcés. Une porte a été ouverte sur l'extérieur de telle sorte qu'on entrait par une petite antichambre, puis dans les petites pièces. Il semble que c'est en avril 1944 que ces travaux ont été terminés. L'hôpital SS était situé à vingt mètres de là. Aujourd'hui les cloisons séparant les petites pièces ont été abattues pour laisser croire aux touristes qu'il y avait là une chambre à gaz et les Polonais ont conservé la nouvelle porte d'entrée et son antichambre pour nous faire croire que les futures victimes des gazages entraient par ce côté.

À Birkenau, les ruines des quatre nouveaux bâtiments contenant les fours crématoires ne sont pas moins instructives. On possède un certain nombre de plans de ces bâtiments et un certain nombre de photos. L'ensemble permet de confondre ceux qui osent prétendre qu'il y avait là des chambres à gaz homicides. Le tout est lilliputien par rapport à ce que les récits légendaires pouvaient laisser croire. Il est à remarquer qu'on ne montre jamais ces ruines aux visiteurs officiels (ni au pape Jean-Paul II, ni aux chefs d'État). On amène ces derniers vers un vaste monument proche des crématoires et jamais les visiteurs officiels ne s'arrêtent et ne se recueillent devant ce qui, en principe, devrait être les hauts lieux de la souffrance humaine : ces prétendues chambres à gaz. Le cas est le même pour tous les camps de concentration.

Le point le plus intéressant du musée d'Auschwitz est le pavillon d'exposition n° 4. Les Polonais y ont édifié une grande maquette pour montrer comment les victimes pénétraient dans l'un des grands crématoires de Birkenau, se déshabillaient dans une salle, puis étaient gazées dans une autre salle. Les impossibilités techniques sautent aux yeux des visiteurs qui sont capables de réflexion. Par exemple, l'entassement de deux mille cadavres dans un espace de 210 $m_2$ est tel qu'on ne voit absolument pas où les Allemands auraient entreposé ces deux mille cadavres pour les faire brûler dans les quinze fours et pour libérer la prétendue chambre à gaz en vue de nouveaux gazages. Il fallait au moins une heure et demie pour brûler un cadavre, ce qui fait qu'on aurait eu besoin de huit à neuf jours pour brûler deux mille cadavres. En huit ou neuf jours, ils auraient, de plus, pourri sur place.

*71. Vous avez visité les « chambres à gaz » d'Auschwitz. Pouvez-vous m'en parler ?*

71. (Déjà répondu)

*72. Pourquoi le rapport de la Croix-Rouge sur la visite à Auschwitz en 1944 ne parle pas de chambre à gaz ?*

72. En septembre 1944, un délégué de la Croix-Rouge, le $D_r$ Rossel, a rendu visite à la Kommandantur d'Auschwitz-I (le camp principal). Puis il a été en contact avec des internés. Auparavant, il était passé à Teschen (à cinquante kilomètres au sud d'Auschwitz). À Teschen, l'homme de confiance principal britannique (il y avait des prisonniers britanniques) a demandé au $D_r$ Rossel s'il était au courant d'un bruit : un bruit selon lequel il existerait au camp d'Auschwitz une (et une seule) salle de douches très moderne où les détenus seraient gazés en série. Le Britannique avait, par l'intermédiaire de son Kommando d'Auschwitz, essayé d'obtenir confirmation de ce bruit. Il avait été impossible de rien prouver. Quant aux détenus mêmes d'Auschwitz, ils n'en ont pas parlé. Le $D_r$ Rossel note ces faits en passant et n'y accorde pas plus d'attention. Il est manifeste que, pour lui, il s'agit de l'une de ces rumeurs comme il en courait tant pendant la guerre.

En général, les rumeurs sur un camp viennent de l'extérieur de ce camp. Pour le camp du Struthof-Natzweiler, situé en Alsace, il semble bien que la rumeur parlant d'une chambre à gaz homicide au Struthof soit partie de Strasbourg, située à une cinquantaine de kilomètres du camp lui-même. Une parente des fermiers qui vivaient tout près de la prétendue chambre à gaz avait l'habitude chaque semaine de quitter Strasbourg pour monter à la ferme du Struthof. J'ai retrouvé cette personne. Elle m'a confié qu'un jour à Strasbourg on lui a dit : « Vous savez, il y a une chambre à gaz au Struthof où les Allemands tuent des gens ». Elle a répondu : « J'habite tout à côté. Il me semble que, si cela existait, j'aurais été la première à le savoir ».

*73. Quel texte ou témoignage est le premier ou l'origine sur les prétendus gazages d'Auschwitz ? Le document de Nuremberg, URSS008 ?*

73. Je suis incapable de dire quel est le premier texte ou le premier témoignage qui ait parlé d'une ou de plusieurs chambres à gaz à Auschwitz. Les Soviétiques ont publié leurs premiers communiqués sur la libération du camp dans la *Pravda* du 1er et dans celle du 2 février 1945. C'est à peine s'ils y parlent de chambres à gaz. Ils insistent plutôt sur le fait que les Allemands se servaient d'*électricité* pour tuer leurs victimes. C'est seulement trois mois plus tard qu'ils abandonneront cette accusation et ne parleront plus que de gazages.[16]

*74. Pouvait-il y avoir des gazages à petite quantité à Auschwitz ?*

74. Des gazages de petits groupes d'hommes posent autant de problèmes que des gazages de groupes importants : des problèmes techniques que les Américains ont eu de grosses difficultés à résoudre pour l'exécution d'un seul homme.

*75. Les photos aériennes d'Auschwitz, prises par les Américains pendant la guerre, sont-elles d'importance historique ou non ?*

75. (Déjà répondu sur les photographies aériennes).

*76. Souvent on regarde des photos de soldats américains dans le prétendu crématoire d'Auschwitz. Est-ce qu'il y avait parfois des soldats américains là ?*

76. S'il existe des photos représentant des soldats américains dans un crématoire d'Auschwitz, ces photos ne peuvent être que des montages. Les photos authentiques les plus connues sont celles d'un soldat américain casqué devant les chambres à gaz de désinfection de Dachau et celles de deux soldats américains en bonnet de police devant l'inscription « *Brausebad* » (douche), toujours à Dachau. Il existe également une photo montrant des personnalités américaines qui regardent avec gravité le plafond de cette salle de douches, comme s'il s'agissait d'une chambre à gaz déguisée en salle de douches.

*77. C'est vrai que Simone Veil est ressuscitée miraculeusement après son gazage à Auschwitz ? Sa mère est morte là du typhus ou gazée ?*

77. Jusqu'à ces dernières années on considérait qu'une certaine Simone Jacob, née le 13 juillet 1927 à Nice, avait été gazée à son arrivée à Auschwitz-Birkenau en même temps que toutes les femmes du même convoi parti de Drancy le 13 avril 1944. Et puis, un jour, on s'est aperçu

---

[16] Document de Nuremberg URSS-008 en date du 6 mai 1945.

que cette Simone Jacob n'était autre qu'une femme célèbre devenue Simone Veil par son mariage. Simone Veil fait partie de l'immense cohorte des faux gazés. Je ne sais pas quel jour la mère de Simone Veil est morte à Auschwitz, mais il doit être facile de trouver une réponse à cette question au Service international de recherches d'Arol sen.

*78. Croyez-vous dans le prétendu témoignage de Rudolf Höss ?*

78. Le témoignage de Rudolph Höss sur les gazages d'Auschwitz est plein d'absurdités. Par exemple, il dit qu'immédiatement après la mort des victimes, on mettait en marche un appareil d'aération et que les membres du *Sonderkommando* venaient négligemment retirer les cadavres en mangeant et en fumant. C'est impossible. Personne n'aurait pu entrer sans masque à gaz dans une pièce contenant deux mille cadavres encore pleins d'acide cyanhydrique. Les murs et le sol auraient été également imprégnés d'acide cyanhydrique. Le témoignage écrit de Rudolph Höss est détenu par les communistes polonais qui n'en ont laissé publier que des fragments. Personne n'a procédé à un examen d'authentification de ces papiers censés avoir été écrits par Rudolf Höss.

*79. Quelle est votre opinion sur l'œuvre de Nyiszli ?*

79. Paul Rassinier a démontré que *Médecin à Auschwitz* est une œuvre fabriquée par un certain Tibère Kremer qui l'a attribuée à un certain Dr Miklos Nyiszli. Tibère Kremer a publié des versions gravement contradictoires de ce qu'il appelle les mémoires de Nyiszli.

*80. Qu'est-ce que vous pensez de Filip Müller et son livre Trois ans dans une chambre à gaz ?*

80. Filip Müller a fait rédiger par un Allemand (Helmut Freitag) un livre de mémoires intitulé *Sonderbehandlung*. Traduit en anglais, ce livre a été intitulé : *Eyewitness Auschwitz. Three Years in the Gas Chambers*. Traduit en français, il a été intitulé : *Trois ans dans une chambre à gaz d'Auschwitz*. La comparaison entre les trois versions montre d'étranges divergences qui ne peuvent pas être dues à des fantaisies de traducteur. Le menteur Filip Müller a varié dans ses mensonges. J'aurais souhaité qu'il vienne témoigner contre moi à mon procès. Je suppose que ce que j'ai écrit sur lui dans mon *Mémoire en défense* l'a rendu très prudent. Les récits de Filip Müller sont les récits – les plus fous – et parfois les plus comiques – que je connaisse. Je signale en particulier les deux épisodes suivants :

- l'épisode où il décide de mourir dans la chambre à gaz avec un groupe de belles jeunes filles nues. Ces belles jeunes filles lui disent qu'il doit survivre pour témoigner. Comme il résiste, elles l'empoignent et le jettent à la porte de la chambre à gaz ;
- l'épisode où il raconte que les victimes se mettent à chanter dans la chambre à gaz l'hymne tchécoslovaque et l'hymne juif ; pour

écrire cela, Filip Müller s'est inspiré, sans le dire, d'un récit dû à un « auteur inconnu » et publié dans les *Hefte von Auschwitz* en 1972 ; mais, dans le cas de « l'auteur inconnu », l'hymne était polonais et, à la fin, l'hymne polonais et l'hymne juif se terminaient par l'Internationale chantée en chœur par toutes les victimes dans la chambre à gaz. C'est du réalisme socialiste.

*81. Connaissez-vous le témoignage sur Auschwitz du prisonnier Wieslaw Kielar (Spiegel, février-mars 1979) ? Qu'en pensez-vous ?*

81. Wieslaw Kielar est-il l'auteur d'*Anus Mundi ?* Je n'ai ici sous la main, ni son livre, ni l'article de *Der Spiegel* et je ne peux pas en parler de mémoire. Je vous signale que l'expression « *anus mundi* » est empruntée à un passage du journal – authentique – du professeur Johann-Paul Kremer qui a été médecin pendant quelques mois à Auschwitz, en 1942, en service commandé. Cette expression est manifestement la traduction, pour de chastes oreilles, de l'expression allemande « *Arsch der Welt* » (le cul du monde). Or, cette expression servait à désigner ce qu'en français on nomme « un trou impossible », c'est-à-dire un endroit où le soldat voudrait bien ne plus rester parce qu'il le juge « invivable ». En portugais, on dit dans le même sens, « le cul de Judas ». Donc « Anus Mundi » n'a pas le sens terrible que Kielar et d'autres cherchent à donner à cette expression familière.

*82. Quelle importance ou valeur a le Journal de J.-P. Kremer, médecin à Auschwitz ?*

82. Le Journal de Johann-Paul Kremer est d'une importance capitale. Il prouve qu'il n'y avait pas de gazages homicides à Auschwitz. Les aveux de Kremer n'ont aucune valeur. D'ailleurs – ainsi que je l'ai appris récemment – Kremer, à son retour de Pologne où il avait passé dix ans en prison, est revenu sur ses aveux. De retour à Münster, il a dit qu'à son procès en Pologne « seule la haine avait eu droit à la parole ». Aussi, a-t-on suscité contre lui un nouveau procès à Münster, procès qui a permis de lui retirer sa chaire de professeur d'anatomie ainsi que tous ses diplômes. Kremer, à partir de ce moment-là, est devenu une pauvre marionnette. À l'âge de quatre-vingts ans, on l'a obligé à se rendre au procès de Francfort (1963-1965) pour y bredouiller quelques mots extrêmement vagues sur les gazages. À la fin de son procès de Münster, ce vieillard avait fait une déclaration pathétique dont voici les termes :

> « Si, en vertu des critères humains, j'ai accompli quelque chose de mal, je ne puis que prier de prendre en considération mon âge et mon tragique destin. Je n'ai connaissance d'aucune faute dans le sens juridique et pénal. Je confie au juge suprême de tous les

mondes le soin de trancher un dilemme qui n'est pas simple pour l'entendement humain. »[17]

S'il avait été prouvé qu'il avait pris part à des gazages homicides en série, jamais Kremer n'aurait pu tenir de tels propos devant un tribunal allemand. Le sort de Johann-Paul Kremer a été tragique. Son impuissance a été celle de tous les accusés allemands. Son impuissance est celle de l'Allemagne incapable de « trancher un dilemme qui n'est pas simple pour l'entendement humain ».

*83. Pouvez-vous me parler sur le procès d'Auschwitz à Francfort ?*

83. Le procès de Francfort a été une ignominie que le Dr Wilhelm Stäglich analyse de façon convaincante et profonde dans son livre : *Der Auschwitz-Mythos.*

*84. Qu'est-ce que vous savez sur Richard Baer ? A-t-il été empoisonné dans sa prison ?*

84. Richard Baer a été l'un des trois commandants successifs d'Auschwitz. C'est un terrible malheur qu'il soit mort en prison juste avant le procès de Francfort. Certains disent qu'il a été empoisonné. Là-dessus, voyez encore le livre du Dr Wilhelm Stäglich. Pour moi, je n'en sais rien. Ce que je sais, c'est que si, dans ses interrogatoires, Richard Baer avait admis l'existence de gazages homicides à Auschwitz, il aurait en même temps donné une foule de détails sur ces gazages, puisqu'il était le commandant et le premier responsable de ce camp. Et, dans ce cas-là, le président du tribunal de Francfort, ainsi que le ministère public, ainsi que la partie civile, auraient fait état de ces aveux et de ces explications. Or, ils n'ont fait état d'aucune déclaration de ce genre. C'est qu'une telle déclaration n'a pas existé. Si elle avait existé, elle serait aujourd'hui diffusée à des millions d'exemplaires.

*85. Que pensez-vous sur H. Langbein, écrivain professionnel sur Auschwitz depuis 1949, et témoin dans les procès contre « criminels de guerre » ?*

85. (Déjà répondu sur Hermann Langbein).

*86. Broszat, directeur de l'Institut d'histoire contemporaine de Munich, a écrit en 1960 que dans tout l'ancien Reich il n'y a eu de chambres à gaz, mais seulement en quelques points de Pologne. A-t-il démontré l'existence de ces chambres à gaz de Pologne ?*

86. Broszat n'a rien démontré du tout. Il s'est contenté d'affirmations. Il a affirmé qu'il n'y avait pas eu de gazages homicides à Dachau, à Buchenwald ou à Bergen-Belsen et il a, en revanche, affirmé qu'il y avait eu de tels gazages à Auschwitz-Birkenau, à Sobibor-sur-Bug, à

[17] *Anthologie* (bleue) *d'Auschwitz,* version française, t. I, p. 258.

Treblinka, à Chelmno et à Belzec. Vous remarquerez qu'il ne cite ni Majdanek, ni Auschwitz-I. Jamais il ne nous a dit pourquoi il ne fallait plus croire aux preuves, aux témoignages, aux aveux concernant les camps d'Allemagne et pourquoi il fallait continuer de croire aux preuves, aux témoignages, aux aveux concernant les camps de Pologne.

*87. Avez-vous été à Treblinka, Majdanek, Chelmno et Belzec ? Qu'est-ce que vous avez vu là ?*

87. Je suis allé à Majdanek où je n'ai trouvé que des chambres à gaz de désinfection situées juste à l'entrée du camp. Je ne suis pas allé à Treblinka et à Belzec parce que je savais qu'il n'y avait rien à y voir : les Allemands sont censés avoir détruit les chambres à gaz de ces camps. Je ne suis pas allé à Chelmno parce qu'il n'y avait, là non plus, rien à voir : les Allemands sont censés avoir utilisé là deux ou trois camions à gaz dont on n'a jamais trouvé la trace.

*88. C'est vrai que Treblinka, et Belzec étaient des camps d'extermination ?*

88. Il n'existe pas la moindre preuve que Treblinka, Sobibor et Belzec aient été des camps d'extermination. Je ferais une remarque à propos de Treblinka et une remarque à propos de Belzec.

On oublie aujourd'hui qu'au procès de Nuremberg, Treblinka a été présenté comme un camp où les juifs étaient non pas gazés mais tués par de l'eau bouillante ! Voyez le document PS 3311, sixième charge contre le gouverneur général de Pologne Hans Frank.[18]

Hans Frank, dont la sincérité et même l'extraordinaire repentance ne sauraient être mises en doute (il se chargeait lui-même comme à plaisir) a dit aux juges de Nuremberg qu'il n'avait jamais entendu parler de gazages et, à Nuremberg, il considérait donc qu'il avait été dupé par Hitler et qu'on lui avait menti. De plus, il a fait aux juges le récit suivant : « Un rapport m'annonça un jour qu'il se passait quelque chose à Belzec, où je me rendis le lendemain. Globocznik *(sic)* me montra un fossé immense qu'il faisait creuser comme clôture de protection et sur lequel travaillaient des milliers d'ouvriers, apparemment des juifs. Je m'entretins avec quelques-uns d'entre eux, leur demandai d'où ils venaient, depuis combien de temps ils étaient là. Globocznik *(sic)* me dit : « Ils travaillent ici maintenant ; ils viennent du Reich ou de France, et lorsqu'ils auront fini, on les enverra plus à l'Est. Je cessai mon enquête dans cette région. »[19]

*89. Qu'est-ce qu'il arriva réellement à Majdanek ? Selon les Polonais là sont morts un million et demi de personnes. Avez-vous suivi le développement du procès en 1979 à Düsseldorf ?*

---

[18] *TMI*, XXXII, p. 154-158.
[19] *TMI*, XII, p. 24-25.

89. À Majdanek, le touriste est traité peut-être plus que partout ailleurs comme un idiot. C'est le camp où l'on fait voir le plus grand nombre de chaussures comme si c'était la preuve que des centaines de milliers de gens avaient été exterminés dans ce camp. En fait, le camp de Majdanek contenait de nombreux ateliers de pelleteries, des ateliers de fabrication de chaussures, etc.

À ce propos, j'aimerais insister sur une supercherie qui est très courante dans l'histoire de la déportation. On montre avec complaisance des amas de lunettes, de cheveux, de prothèses, de valises, de chaussures et on laisse entendre qu'il s'agissait là d'objets appartenant à des morts. La vérité est toute différente : à travers toute l'Europe en guerre (et en semi-blocus), on procédait à la « récupération » de tout, même des cheveux et même des bouts de ficelle. Dans des centaines de milliers de dépôts, il y avait ainsi des millions d'objets récupérés. Certains de ceux-ci étaient distribués aux personnes qui avaient été victimes de bombardements ; d'autres étaient démontés pour en recueillir, par exemple, les métaux non ferreux ; d'autres étaient utilisés, comme les cheveux, par exemple, pour en faire des tapis, des peluches. Il est normal que, dans des camps où on employait une nombreuse main-d'œuvre au tri et à la fabrication d'objets divers, on ait rassemblé tant de matériel « récupéré ». À Auschwitz beaucoup de touristes sont subjugués par une vitrine derrière laquelle on voit de beaux cheveux de femmes. Il est possible que ces cheveux proviennent de détenues qui, à leur arrivée, étaient quasiment rasées non pour les humilier mais par mesure d'hygiène, là où régnaient tant de poux divers. Mais il est également possible que ces cheveux aient été apportés d'une usine de tapis et de peluches située à Kietrz. J'ai un document qui prouve que le juge d'instruction Jan Sehn a recommandé au directeur du musée d'Auschwitz de prendre possession de ces cheveux pour les exposer dans son musée. Il est probable que le juif polonais Jan Sehn était de bonne foi. Découvrant des cheveux dans cette usine, il en avait déduit, dans l'atmosphère hystérique de l'époque, qu'il ne pouvait s'agir que de cheveux de victimes des Allemands.

J'ai suivi le procès de Düsseldorf où étaient jugés d'anciens gardiens et gardiennes du camp de Majdanek. J'ai écrit à l'un des avocats pour lui dire que les chambres à gaz du camp n'étaient que des chambres de désinfection et que je pouvais le prouver. Il ne m'a pas répondu. À ma connaissance, aucun avocat de ce long procès n'a jugé bon de lever ce lièvre. Chacun entendait défendre son propre client contre des accusations de brutalité. Je pense d'ailleurs que ni le tribunal, ni les avocats, ne croyaient à l'existence des chambres à gaz homicides dans le camp de Majdanek.

*90. Pouvez-vous me parler de la chambre à gaz de Mauthausen ?*

90. La chambre à gaz de Mauthausen est une pièce où l'on se serait gazé en libre-service ! Les manettes des tuyauteries se situent à l'intérieur de la pièce ! À Mauthausen, on ne trouve pas de carte postale représentant la chambre à gaz, « parce que ce serait trop cruel » (réponse de la vendeuse). L'exterminationniste Yehuda Bauer a attendu 1982 pour admettre qu'il n'y avait pas eu de gazage à Mauthausen.[20] Je rappelle que Franz Ziereis, commandant du camp, est censé avoir confessé sur son lit de torture et de mort qu'il y avait eu des gazages dans son camp. Ziereis a été interrogé de six à huit heures de suite avec trois balles de fusil dans le corps. Il a expiré au bout de six heures à huit heures de « confessions ».

*91. Parlez-moi de la fausse chambre à gaz de Dachau.*

91. Le mensonge de Dachau est particulièrement riche d'enseignements. De 1945 à 1960, la thèse officielle voulait qu'une chambre à gaz homicide ait fonctionné dans ce camp. D'innombrables preuves et témoignages allaient en ce sens. Parmi les témoins se distinguaient, en particulier, les gens d'Église. Puis, soudainement, en 1960, la thèse officielle devenait la suivante : les Allemands avaient commencé en 1942 la construction d'une chambre à gaz déguisée en douche (*Brausebad*) mais, en 1945, ils n'avaient toujours pas terminé cette construction. Le résultat en est que personne n'a jamais été gazé à Dachau. Aujourd'hui, les touristes entrent dans une pièce qui porte à l'extérieur l'inscription « Brausebad » et, à l'intérieur, on peut lire sur un panneau mobile une inscription rédigée en cinq langues et qui dit en un français approximatif : « *Chambre à gaz* « chambre à douche » camouflée – ne fut jamais utilisée ». Autrement dit, les autorités n'ont pas eu le courage de reconnaître leur erreur et d'admettre que cette pièce, qui avait longtemps passé pour être une chambre à gaz, n'était qu'une simple douche.

Je me suis donc adressé à ces autorités, c'est-à-dire aux responsables de l'ensemble musée-archives-bibliothèque de Dachau et au Comité international de Dachau à Bruxelles. Je leur ai posé la question suivante :

> « Sur quoi vous fondez-vous pour affirmer que la pièce présentée aux touristes est une "chambre à gaz" ? »

Je demandais sur quelle expertise on se fondait.

Je voulais savoir par quel miracle ces gens pouvaient savoir qu'une construction encore inachevée allait devenir, une fois achevée, une chose

[20] Y. Bauer, *A History of Holocaust*, p. 209.

qu'ils n'avaient encore jamais vue de leur vie : une chambre à gaz homicide pour tuer des groupes de victimes.

Les sujets les plus macabres peuvent provoquer le rire. Si vous voulez rire, lisez dans mon *Mémoire en défense* les diverses réponses que durant *dix-huit mois* on s'est efforcé de donner à mes questions. Pendant dix-huit mois, Bruxelles m'a renvoyé à Dachau et Dachau à Bruxelles. Les gens de Bruxelles et de Dachau m'ont promis de se rencontrer pour résoudre la question. Puis, ils n'ont pas pu se rencontrer ou bien ils se sont rencontrés mais n'ont pas eu le temps de s'occuper de l'affaire. On m'envoyait des documents sur le crématoire alors que je demandais des documents sur la chambre à gaz. Le 16 novembre 1978, éclatait dans la presse française et internationale l'affaire Faurisson. Six jours plus tard, le Dr Guérisse, président du Comité international de Dachau, m'envoyait de Bruxelles une lettre stupéfiante par son cynisme dans le mensonge. Cette lettre accompagnait vingt-cinq documents sur… le crématoire. Le Dr Guérisse osait écrire :

> « Ces documents prouvent à suffisance que l'intention des SS en faisant construire la chambre à gaz était de la faire fonctionner. Sans doute, ont-ils eu de bonnes raisons de porter leur choix sur le château de Hartheim à quelques kilomètres entre Dachau et Mauthausen pour gazer les prisonniers de ces camps. »

Inutile, je pense, de préciser que pas un de ces vingt-cinq documents ne laisse deviner la moindre trace d'une « chambre à gaz » homicide. Quant au château de Hartheim, il est situé à… deux cents kilomètres de Dachau. On n'y trouve pas non plus la moindre trace d'une chambre à gaz, sinon une grossière attrape pour touristes.

*92. Vous connaissez le KZ de Struthof-Natzweiler, dans l'Alsace. Qu'est-ce que vous avez vu là ?*

92. La prétendue chambre à gaz homicide du Struthof-Natzweiler (Alsace) était une chambre à gaz rudimentaire pour l'entraînement des recrues au port du masque à gaz. Josef Kramer (à ne pas confondre avec Johann-Paul Kremer) a confessé y avoir tué des gens en versant de l'eau sur des granulés ( ?) : le gaz tuait les victimes en une minute ! Jusqu'en 1978, on nous montrait le trou par lequel Kramer était censé avoir introduit son entonnoir. Personne ne nous dit comment faisait Kramer pour ne pas se gazer lui-même. J'ai révélé en 1978 que cette chambre à gaz présentée par une inscription comme étant « en état d'origine » avait été « remise en état » par une entreprise de Saint-Michel-sur-Meurthe. J'ai également découvert que Kramer avait fait non pas une confession (absurde) mais deux confessions contradictoires (et également absurdes).

Après la guerre, une expertise avait été faite pour prouver que des cadavres trouvés dans le formol à l'institut médicolégal de Strasbourg étaient des cadavres de gens tués par le gaz cyanhydrique au Struthof. Le doyen Fabre, de la faculté de Pharmacie de Paris, expert-toxicologue, avait conclu qu'il n'y avait de trace de gaz cyanhydrique ni dans les cadavres ni dans les produits de raclement des murs de la chambre à gaz. Depuis 1979, on ne peut plus visiter la chambre à gaz du Struthof ! Les Français ont honte de leur « chambre à gaz » pourtant classée comme « monument historique ».

*93. Que pensez-vous sur le poêle employé pour produire des vapeurs mortelles dans le camp de Struthof-Natzweiler ? (photo dans la page 23 de Storia illustrata, sept.79)*

93. Pour le poêle, veuillez vous reporter à ce que j'en ai dit dans un numéro ultérieur de *Storia Illustrata*.[21]

*94. Quelle est votre opinion sur le rapport Gerstein et la chambre à gaz de Belzec ?*

94. Les confessions de Gerstein constituent un ensemble stupéfiant d'aberrations en tous genres. Essayez de mettre vingt-huit à trente-deux personnes debout dans un espace d'un seul mètre carré, sous un plafond situé à un mètre quatre-vingts du sol. Le document PS-1553 n'est qu'une toute petite partie de ce que Gerstein a écrit. Léon Poliakov a manipulé les textes qu'il a publiés. Comme Gerstein parlait à deux reprises de sept cent cinquante à huit cents personnes debout sur 25 $m_2$ et dans 45 $m_3$, Poliakov a eu l'aplomb de remplacer 25 $m_2$ par 93 $m_2$ et de supprimer les 45 $m_3$. Un Français a rédigé une thèse sur les confessions de Gerstein, thèse qui devrait être soutenue à la fin de 1984.[22] Un Italien, Carlo Mattogno, a, de son côté, rédigé une étude de quatre cents pages sur les confessions de Gerstein et le mythe de Belzec. Il cherche un éditeur. Les conclusions du Français et de l'Italien rejoignent les conclusions de Paul Rassinier qui a été le premier à montrer le caractère totalement invraisemblable de toute cette histoire. Pour moi, jusqu'à nouvel ordre, je pense que les écrits de Gerstein sont dans leur majorité des écrits authentiques : ils sont bien de Gerstein mais Gerstein était à la fois un illuminé et un mystificateur : un esprit très intéressant à étudier.

*95. Avez-vous connu Höttl ? Croyez-vous dans son témoignage sur les six millions de juifs ?*

95. C'est le 14 décembre 1945 au matin que le procureur-adjoint Walsh a fait état d'une déclaration sous serment de Wilhelm Höttl. D'après cette déclaration, Eichmann aurait dit à Höttl que 6 millions de

[21] *Storia Illustrata,* octobre 1979, p. 33.

[22] La thèse d'Henri Roques sur les « confessions » de Gerstein a été soutenue en juin 1985 à Nantes ; elle a donné lieu à l'« affaire Roques ».

juifs avaient été tués. Sur le moment, l'avocat allemand Kauffmann n'a pas réagi. Mais le même jour, dès 14 heures, à l'ouverture de la séance de l'après-midi, Kauffmann a demandé que Höttl comparaisse en personne. C'était facile : Höttl était détenu à Nuremberg. Walsh est intervenu pour demander que Höttl ne comparaisse pas ! Il a ajouté que la lecture sous serment n'avait été faite que dans le but de montrer le nombre approximatif de juifs qui, selon Höttl, étaient morts ! Et c'est ainsi que la presse du monde entier a présenté la mort de 6 millions de juifs comme un *fait* établi et vérifié par les juges du tribunal de Nuremberg.

*96. Vous avez correspondu avec le Dr Servatius, avocat d'Adolf Eichmann dans le procès de Jérusalem. Croyait-il dans l'existence des chambres à gaz ? Et Eichmann ?*

96. Le Dr Servatius m'a parlé dans une lettre du 21 juin 1974 des « personnes prétendument gazées à Auschwitz » (« *die in Auschwitz angeblich vergasten Personen* ») et dans une lettre du 22 février 1975 de « prétendu gazage » (« *der behaupteten Vergasung* »). Il précisait qu'Eichmann avait expliqué qu'il n'avait jamais vu de chambre à gaz et qu'il n'avait jamais eu connaissance de rapports à leur sujet. Les sténogrammes du procès de Jérusalem prouvent qu'Eichmann n'a apparemment rien su des chambres à gaz, sinon ce qu'il en avait lu en prison dans la « confession de Höss » ou dans les livres de Léon Poliakov.

*97. Quelle était la cause de la mort des internés du camp de Landsberg (photo en page 27 de Storia Illustrata, sept. 79) ? Famine, typhus ou bombardement aérien ?*

97. Je crois qu'il s'agit de victimes d'un bombardement aérien, mais ce point est à vérifier. Je n'ai qu'un vague souvenir de cette photo et de cette affaire.

*98. Savez-vous quelque chose sur les renseignements du Vatican et la Croix-Rouge à propos des chambres à gaz ou sur les KZ allemands ?*

98. Je suppose que le Vatican était admirablement renseigné sur tout ce qu'il se passait en Pologne. Je suppose que pendant la guerre il a dû être inondé de rapports où, parmi bien d'autres inventions de la propagande de guerre, figuraient les chambres à gaz. S'il n'a jamais parlé des chambres à gaz, c'est qu'il était capable de vérifier qu'il s'agissait là d'une rumeur non fondée. Le Vatican a dénoncé des persécutions contre les juifs. Il ne fait aucun doute qu'après la libération de Rome, le 4 juin 1944, il aurait eu toute liberté de dénoncer la monstruosité de l'existence de ces abattoirs humains si précisément ces abattoirs avaient existé. Le Comité international de la Croix-Rouge était également fort bien renseigné.

Le Vatican et le CICR ont agi exactement comme Churchill, Roosevelt, Staline, de Gaulle, Bénès et tous les dirigeants des gouvernements qui étaient du côté des Alliés : ils n'ont jamais prononcé le mot de chambres à gaz. Tous ces responsables politiques laissaient leurs offices de propagande répandre ces ignominies ; c'était leur basse besogne ; pour eux-mêmes, ces responsables politiques ne voulaient pas cautionner de tels mensonges. Ils ne voulaient pas passer à la postérité pour des gens qui auraient dit : « Les chambres à gaz ont existé ».

*99. Pourquoi Poliakov et les autres qui sont à l'origine de la « déclaration des trente-quatre historiens » ne veulent-ils pas d'un débat sur les chambres à gaz ?*

99. Ils ne veulent pas d'un débat sur les chambres à gaz parce que ce débat leur paraîtrait sacrilège. Je pense qu'une bonne partie de ces 34 historiens croyait de bonne foi à l'existence des chambres à gaz. Notez qu'aucun d'eux, sauf Poliakov, n'était un spécialiste de la période en question. Aujourd'hui, en 1984, une telle pétition serait impensable. Le doute sur l'existence des chambres à gaz s'est infiltré, je crois, chez tous les universitaires français.

*100. C'est vrai que Simon Wiesenthal a été une victime des Allemands pendant la guerre ? Que pensez-vous de lui ?*

100. Simon Wiesenthal prétend, selon les cas, qu'il est passé à travers quatre camps de la mort, ou onze, ou treize camps de la mort. Autrement dit, Hitler l'a mis dans un premier camp de la mort et il a oublié de le faire tuer. Il l'a ensuite mis dans un autre camp de la mort et il a de nouveau oublié de le tuer, etc.

S. Wiesenthal a été libéré, ainsi que sa femme, à Mauthausen. Pour obtenir une indemnité, il a fait valoir qu'un jour un prisonnier de droit commun lui avait fait tomber une grosse pierre sur un pied. Un chirurgien allemand avait dû amputer ce pied d'un orteil. Simon Wiesenthal a également fait valoir que cette infirmité l'avait empêché de reprendre son métier d'architecte et son indemnité s'en est trouvée accrue.

S. Wiesenthal ment avec un extraordinaire sang-froid. Il a contribué après la guerre à répandre le mythe du savon fait avec de la graisse de juif. Dans son livre sur Mauthausen figure un dessin représentant trois déportés en tenue rayée qui viennent d'être fusillés au poteau d'exécution. En réalité, S. Wiesenthal a inventé cette triple exécution en s'inspirant d'une photographie parue dans *Life* en décembre 1944 et représentant trois soldats allemands fusillés par les Américains. Il dit que je lui ai rendu visite à Vienne en juin 1978 et qu'il m'a mis à la porte. Il est bien vrai que je lui ai rendu visite dans son bureau de Vienne. Après une conversation où il n'a cessé de se vanter de son pouvoir auprès de tous les grands de ce monde, il m'a raccompagné avec une politesse toute viennoise. En juin 1978, il ne savait encore rien de moi. J'étais venu lui poser une question à propos de l'affaire Anne Frank.

J'ai visité à Los Angeles le centre Simon Wiesenthal et je me suis fait présenter au rabbin Marvin Hier, directeur de ce centre. Le rabbin Hier a été très perturbé par cette visite ; je lui ai remis le texte de l'arrêt du 26 avril 1983 où la Cour de Paris, tout en me condamnant, rend hommage à la qualité de mon travail sur les chambres à gaz. En 1984, le rabbin Marvin Hier est venu au moins deux fois à Paris : il a rendu visite à Me Robert Badinter qui, avant de devenir ministre de la justice, avait plaidé contre moi comme avocat de la LICRA. Avec violence et haine, Me Robert Badinter m'avait accusé d'être un falsificateur. L'arrêt de la Cour a dû beaucoup le contrarier. Tout récemment, Marvin Hier a remis au président F. Mitterrand le prix Simon Wiesenthal. Ce qui est intéressant, c'est que F. Mitterrand, dans son discours de remerciement a dit que les juifs n'avaient pas le monopole de la souffrance et que l'intolérance était une maladie qui sévissait par toute la terre. Je pense que Simon Wiesenthal en a conçu du dépit.

*101. Dans quel livre sur les KZ allemands avez-vous trouvé plus de mensonges ?*

101. Dans celui de Filip Müller.

*102. Quelle est votre opinion sur le film* Holocaust *?*

102. Le film *Holocaust* a peut-être eu, en France, l'effet d'une overdose. Les Français sont un peu moins crédules que les Américains ou les Allemands. On nous annonce pour octobre 1984 la projection du film *Au nom de tous les miens,* en huit épisodes d'une heure chacun. Martin Gray reviendra sur le devant de la scène. Un Australien a récemment enregistré une interview où il demande à Martin Gray ce qu'il pense de l'épisode de la chambre à gaz dans le film *Au nom de tous les miens*. L'escroc a répondu qu'à ce moment-là il avait fermé les yeux ! Le même Australien lui a fait remarquer que, dans son livre, Martin Gray disait avoir fabriqué de fausses antiquités pour les vendre aux Américains. L'escroc a répondu que le livre avait été rédigé par Max Gallo et qu'il ne l'avait pas lu : un livre qu'il a vendu à des millions d'exemplaires, dont il a signé des milliers de dédicaces, sur lequel il fait des conférences ! Tel est du moins le rapport qu'on m'a fait de cette interview que j'écouterai dès que mon travail m'en laissera le temps.

## *Additif aux cent deux questions*

18 juillet 1984

Je viens seulement d'apprendre que le 4 juillet, jour anniversaire de l'Indépendance américaine, un incendie criminel a détruit les locaux de notre Institute for Historical Review à Torrance (Californie). Au Canada, le livre d'Arthur R. Butz vient d'être banni comme « ouvrage immoral ». Toujours au Canada, James Keegstra, professeur de collège et maire d'une petite ville de l'Alberta, a été démis de son poste de professeur et de sa charge de maire ; il n'a reçu aucune indemnité ; la police lui confisqué quatre-vingts ouvrages de sa bibliothèque et il est l'objet d'un procès écrasant. Encore au Canada, à Toronto, Ernst Zündel est l'objet de nombreuses attaques. Il est accusé à la fois par une association de survivants de l'Holocauste juif et par le ministère public de « répandre de fausses nouvelles » (*spreading false news*) parce qu'il a diffusé l'ouvrage de Richard Harwood, *Did Six Million Really Die ?* Son procès aura probablement lieu en janvier 1985. Le Dr Stäglich, en Allemagne, n'a pas pu plaider sa cause auprès de l'université de Göttingen, laquelle a décidé de lui retirer son titre de docteur en droit. L'historien David Irving aurait été refoulé d'Autriche où il venait donner une conférence. En France, M. Jean Pierre-Bloch, responsable de la LICRA, avait obtenu ma condamnation le 26 avril 1983 au paiement de soixante mille francs pour la publication de l'arrêt de la cour d'appel de Paris dans trois périodiques : *Historia, Le Monde* et *Le Matin de Paris.* En octobre 1983 il a fait publier ce texte de l'arrêt dans *Historia* mais en le falsifiant. J'ai refusé de payer. Il a demandé au tribunal de Vichy d'ordonner une « saisie-arrêt » sur mon salaire de professeur. Il vient d'obtenir satisfaction. J'ai interjeté appel. Dans un livre de mémoires récemment publié, il m'a traité de faussaire. Il n'en a pas le droit depuis l'arrêt du 26 avril 1983. Je l'ai poursuivi en justice pour diffamation. J'ai également poursuivi le journal communiste *L'Humanité* pour le même motif. La XVII$_e$ chambre correctionnelle de Paris (Président : Cabié) vient de me débouter dans les deux cas. Elle a déclaré qu'il y avait « injure » et non pas « diffamation ». J'ai interjeté appel. Dans *Le Droit de Vivre,* organe de la LICRA, M. Pierre-Bloch vient, à nouveau, de m'accuser de « falsifications perverses ». Il n'en a pas le droit. Je vais le poursuivre en justice.

En Allemagne et au Canada, se préparent des lois spécifiques contre la négation de l'Holocauste juif. Aux États-Unis, le Président Reagan ne semble pas hostile à une limitation au « Premier Amendement » dans ce sens-là.

[Le texte original de cet entretien n'a été publié que dans sa version espagnole, « Las Camera de gas… », *Cedade*, Buenos Aires, n° 164, mars 1989, interview de Bernardo Gil Mugarza, p. 13-39.]

***

Septembre 1984

# *LES CHAMBRES À GAZ, SECRET D'ÉTAT* OU LES THÉOLOGIENS DE LA MAGIQUE CHAMBRE À GAZ

La religion de la chambre à gaz se porte de plus en plus mal. Elle vient, par réaction à ceux qui la mettent en doute, de tomber dans un intégrisme forcené. Le spectacle est divertissant. J'en donnerai un avant-goût dès à présent et dans quelques mois, je publierai une étude plus détaillée. À cette étude je joindrai, pour plus de divertissement encore, les pieux articles que la presse française consacrera, pour l'édification générale, au livre que viennent de publier les éditions de Minuit et Jérôme Lindon sous le titre de : *Les Chambres à gaz, secret d'État* (juillet 1984, 304 p., 79 F.)

Le 9 décembre 1983, j'avais annoncé la parution de cet ouvrage.[23] Je donnais les références de l'édition originale allemande :

Eugen Kogon, Hermann Langbein, Adalbert Rückerl et autres, *NS-Massentötungen durch Giftgas* (gazages en masse sous le régime national-socialiste), S. Fischer, 350 p., 1983.

La version française se présente comme une traduction de la version allemande. En réalité, le texte a été modifié çà et là : ces modifications sont toutes savoureuses. Je ne m'y attarderai pas ici.

Kogon, Langbein et Rückerl sont de vieux chevaux de retour de la littérature exterminationniste. Pas moins de vingt et une personnes se sont jointes à ces grands-prêtres pour célébrer à leur façon le culte de la magique chambre à gaz : magique, car, immatérielle et insaisissable, elle se joue de toutes les lois de la physique et de la chimie. D'ailleurs, comme les entités métaphysiques, elle n'a pas d'image.

Sur le sujet tabou des mystérieuses chambres à gaz de Hitler, qui auraient été un « secret d'État », ce livre constitue… une prouesse : Une sorte de « *nec plus ultra* » de l'esprit ascientifique ou anti-scientifique. Tout au long de ce pauvre bréviaire de la croyance exterminationniste règne une atmosphère d'auto-persuasion en une même foi que les méchants, venus de l'extérieur et imperméables au « langage codé », mettent diaboliquement en péril. Ces vingt-quatre auteurs ont serré les

---

23 R. Faurisson, « Les Tricheries de l'Album d'Auschwitz », reproduit dans le volume I à la page 434.

rangs pour venir nous dire d'un seul cœur qu'ils croient aux chambres à gaz et pour nous adjurer d'y croire à notre tour, sans poser de questions embarrassantes et sans formuler de remarques impertinentes.

Ils affectent d'ignorer les arguments de la partie adverse, ce qui nous oblige ici, avant tout examen de leurs arguments, à rappeler quelques-uns des nôtres. Rappelons d'abord, une fois de plus, des vérités humbles et concrètes qu'on a trop tendances à perdre de vue quand on discute de gazages homicides.

Gazer autrui sans courir le risque de se gazer soi-même ou de gazer son entourage est très difficile, surtout quand le gaz utilisé se trouve être de l'acide cyanhydrique. Les Allemands passent pour avoir tué des millions de victimes avec ce gaz sous la forme commerciale du produit de désinfection appelé Zyklon B. Il est déjà surprenant qu'une nation moderne, connue pour la valeur de ses chimistes, n'ait rien trouvé de mieux qu'un désinfectant pour un tel propos. Mais laissons ce point de côté.

Aux États-Unis, pour exécuter, non pas des millions de gens mais un seul condamné à mort, on utilise précisément l'acide cyanhydrique en tant que tel. J'ai montré que cette forme d'exécution exige une infinité de précautions, de longs préparatifs, et, surtout, ce qu'on pourrait appeler une véritable petite usine. On a recours à des moyens élaborés pour manier le poison et l'introduire dans la chambre, pour s'assurer de la mort effective du condamné, pour aspirer le gaz hors de la chambre en direction d'un barboteur où s'effectue la neutralisation de l'acide, pour rejeter le mélange obtenu au moyen d'une cheminée placée au plus haut point de la prison, pour – moment fatidique – pénétrer avec masque à gaz dans l'habitacle afin de laver le cadavre de toute trace d'un acide qui pénètre peau et muqueuses.

Dans l'évangéliaire exterminationniste, le témoin principal que nous sommes priés de croire sur le chapitre des gazages en masse que les Allemands et lui-même auraient pratiqués sur des millions d'hommes est Rudolf Höss (à ne pas confondre avec Rudolf Hess). Rudolf Höss, avant d'être pendu par les communistes polonais, aurait laissé à ses geôliers une tout à fait libre confession dont le texte n'a jamais été authentifié mais qui raconte ceci : dès qu'une fournée de deux mille victimes ne laissait plus entendre signe de vie dans la chambre à gaz, on mettait en marche un appareil d'aération et une équipe entrait prendre possession des cadavres. Les équipiers vaquaient à leur besogne en mangeant ou en fumant, ce qui veut dire : sans masque à gaz. C'est radicalement impossible. L'acide cyanhydrique adhère longuement aux surfaces et il est explosible. Même avec des masques à gaz, le travail aurait été impossible pour des raisons que j'ai exposées ailleurs et sur lesquelles je ne reviendrai pas ici. Le gaz cyanhydrique, partout présent dans les corps et entre les corps, sur les murs, sur le sol, au plafond, aurait provoqué rapidement la mort des équipiers. Or, dans le livre de nos vingt-quatre auteurs, c'est bien pourtant le « témoignage » de Höss qui occupe la place centrale. On se demande, à ce compte, ce que peut bien valoir le reste de l'œuvre. Faut-il être à court de ressources pour se contenter d'un pareil témoin !

Un autre témoin invoqué est Kurt Gerstein. Gerstein est en passe d'être béatifié. Cela ne l'a pas empêché d'accumuler en diverses confessions, toutes plus folles les unes que les autres, les plus fantastiques inepties. Le livre de nos vingt-quatre auteurs a délibérément tronqué la plus connue de ces confessions et en a fabriqué une mouture *ad usum Delphini.* Ainsi aucun lecteur ne saura-t-il que Gerstein affirme à deux reprises que, dans les chambres à gaz de Belzec, les victimes se pressaient les unes au pied des autres sur un espace de vingt-cinq mètres carrés et au nombre de sept à huit cents personnes. Autrement dit, Gerstein, dit et répète qu'il a vu, de ses yeux vu, de vingt-huit à trente-deux personnes debout sur un mètre carré ! Il débite bien d'autres sornettes encore. Par exemple, à Belzec et à Treblinka, les Allemands auraient gazé des millions de victimes avec, dans chaque camp, un moteur diesel emprunté à un vieux char russe. Un diesel fournit plus de gaz carbonique (non toxique) que d'oxyde de carbone (toxique). Un moteur à explosion aurait bien mieux convenu ! Mais pour tuer des millions ! Ou même quelques milliers ! Et que dire de la montagne de vêtements haute de trente-cinq ou quarante mètres vue par le même Gerstein ? Comment procédait-on pour aller placer des vêtements à une hauteur de dix à douze étages ? Si les Allemands avaient construit des chambres à gaz pour y assassiner des millions de victimes, les traces matérielles de ce massacre aux proportions industrielles auraient été innombrables. Or, *il n'existe aucune trace matérielle*. Pas plus qu'on n'a retrouvé un ordre de Hitler ou de quiconque prescrivant de tuer les Juifs, on n'a trouvé un vestige physique ou un document attestant de l'existence de ces magiques chambres à gaz. *Pas une expertise* n'a été rédigée par les innombrables commissions d'enquête alliées qui prouve ou tende à prouver que tel local, soit indemne, soit en ruine, ait été une chambre à gaz. *Pas un rapport d'autopsie* n'établit que tel cadavre était le cadavre d'une personne tuée par un gaz-poison. Les Allemands auraient eu à ordonner et à préparer des études. Il aurait fallu réunir des ingénieurs, des architectes, des toxicologues. Il aurait fallu payer ces gens-là. Il y aurait eu des procès-verbaux ou des études ou des plans de toutes sortes. Il aurait surtout fallu obtenir des matériaux contingentés. Même les dotations de fil barbelé étaient du ressort du ministre Speer. Le registre de la serrurerie d'Auschwitz, qu'on a conservé, mentionne jusqu'à la moindre pièce fournie pour la construction des bâtiments contenant les fours crématoires (et, paraît-il, des chambres à gaz homicides). Or, pas le plus faible indice n'apparaît de la construction de ces chambres alors qu'on sait tout sur les crématoires.

L'idée directrice de l'ouvrage de nos vingt-quatre théologiens est celle du « langage codé ». Les Allemands, prétendent-ils, prenaient soin de s'exprimer en un langage destiné à cacher-la-réalité-tout-en-étant-transparent-pour-les initiés. Par exemple, « action spéciale » ou « traitement spécial » aurait signifié « action de tuer » ou de « gazer ». C'est absurde. Comme toute les polices du monde, la police allemande usait d'euphémismes pour éviter *parfois* les mots d'exécution ou de rafle, mots, qui, dans un contexte différent, pouvaient avoir un tout autre sens. Par exemple, ainsi qu'il a été démontré par la défense allemande au grand procès de Nuremberg, « traitement spécial » pouvait tout aussi bien désigner le traitement de faveur dont bénéficiait des prisonniers de marque. D'ailleurs, admettons un instant que Hitler ait effectivement pris la décision de massacrer des millions de gens. Imagine-t-on qu'il se serait dit : « Cet immense massacre passera inaperçu si nous employons des mots codés » ? Assez décodé !

Nos théologiens n'ont pas résisté à la tentation de parler une fois de plus de la lettre de Goering sur la « solution finale » (par émigration ou évacuation) ou du procès-verbal de la réunion de Wannsee : arguments éculés dont même le colloque de la Sorbonne (29 juin – 2 juillet 1982), présidé par Raymond Aron et François Furet, n'a plus voulu.

Ces théologiens ont une horreur du concret que révèle bien la partie documentaire de leur livre. Ils ne présentent que six documents ou photos. Le premier document représente une « note secrète » sur les camions à gaz (ces fameux camions dont on ne semble avoir retrouvé aucun spécimen, aucun fragment, aucun dessin, aucune étude) ; cette note est pour le moins abstruse. Puis vient un « plan du camp d'extermination de Sobibor » mais rien ne nous précise qu'en réalité il s'agit d'un dessin fait sur mesure par un « témoin » (*sic*) de l'accusation. La même remarque est valable pour le camp de Treblinka. Le plan du crématoire-II à Auschwitz est reproduit de telle sorte que le lecteur aurait bien du mal à déchiffrer que ce qu'on lui présente comme une chambre à gaz porte, en fait, en allemand la désignation de « *Leichenkeller* » (morgue enterrée). Le « bunker 2 » a été dessiné par un témoin à charge et ressemble de façon frappante à une batterie de chambres à gaz de désinfection. Le document, authentique et non suspect celui-là, d'une firme privée allemande qui utilise le mot de « *Gasskammer* » (pour

*Gaskammer*) concerne une… chambre à gaz de désinfection.[24] On n'a pas osé nous présenter des photos des chambres à gaz dites homicides qu'on fait visiter à des foules de touristes à Auschwitz, à Majdanek, à Mauthausen, à Hartheim. On n'a surtout pas osé montrer la « chambre à gaz » du Struthof (Alsace) dite « en état d'origine » et classée « monument historique ». À ce propos, on se débarrasse par un tour de passe-passe des inepties contenues dans les diverses et gravement contradictoires confessions de Josef Kramer sur cette prétendue chambre à gaz homicide.

Une autre idée chère à nos théologiens est que tous les SS sont passés à confesse et qu'aucun n'a jamais osé nier l'existence des chambres à gaz homicides. Et d'énumérer quelques noms seulement sans jamais nous rapporter fidèlement les paroles prononcées. On nous parle du journal de Johann-Paul Kremer et de ses confessions aux Polonais. On mêle les deux choses, si bien que le lecteur est amené à croire que c'est dans son journal que Kremer parlait de gazages homicides. On ne nous révèle pas que, revenu en Allemagne, Kremer avait rétracté ses confessions aux Polonais et que, pour l'en punir, « certains cercles » avaient obtenu que Kremer repasse en justice dans son propre pays, soit à nouveau condamné, puis privé de sa chaire de professeur et de ses titres et, vieillard pitoyable, contraint d'aller déposer au procès de Francfort où il n'a pu prononcer que des propos extrêmement vagues sur les « sélections ».

Les pages sur l'euthanasie ne comportent pas une seule preuve que les Allemands aient utilisé des chambres à gaz pour donner la mort à des infirmes ou à des impotents qui auraient été bien en peine de se tenir debout pour recevoir une serviette et un savon destinés à leur faire croire qu'ils allaient à la douche !

Des textes et des documents sont falsifiés ainsi que des traductions de l'allemand. J'en donnerai ultérieurement des exemples, en particulier à propos d'un document Dannecker concernant le général Kohl.

Pas un mot n'est dit de la révision déchirante des années soixante où l'on a vu des historiens exterminationnistes renoncer progressivement à toutes les prétendues chambres à gaz situées hors de Pologne. Dieu sait pourtant si l'on possède des témoignages, tous « bouleversants » et « criants de vérité » sur les gazages de Buchenwald, de Dachau, de Neuengamme, d'Oranienburg-Sachsenhausen, de Mauthausen et de Ravensbrück. Le trait le plus frappant est celui de l'origine sociale et de la formation intellectuelle de ces faux témoins : des prêtres, des pasteurs, des frères en religion, un évêque, des médecins, des savants, des professeurs (de l'université de Strasbourg et d'ailleurs). Nos vingt-quatre

---

[24] R. Faurisson, « Les Tricheries de l'Album d'Auschwitz », reproduit dans le volume I à la page 434.

intégristes ont fait fi de tous ces progrès de l'esprit critique qui avaient amené un Raul Hilberg, une Olga Wormser-Migot, un Yehuda Bauer à dire que tous ces gazages-là étaient mythiques ; ils ont « réintégré » dans leur corps de doctrine Mauthausen, Oranienburg-Sachsenhausen, Neuengamme et même Ravensbrück. Germaine Tillion fait partie de ces vingt-quatre intégristes. Voyez son livre sur Ravensbrück : la chambre à gaz atteint ici à la réalité des fantômes, à tel point que, dans le plan qu'elle donne du camp, G. Tillion n'ose pas même faire figurer l'emplacement de ladite chambre à gaz.

G. Tillion passe pour être le type de la « belle conscience » et un fleuron du CNRS. Voilà une personne au moins qui sait que des SS ne voulaient pas reconnaître l'existence d'une chambre à gaz dans leur camp. Elle est venue les charger devant un tribunal militaire français. Ils sont passés aux aveux. On les a exécutés ou ils se sont suicidés.

Il existait jusqu'à présent quatre catégories d'exterminationnistes. Avec nos vingt-quatre théologiens il vient de s'en créer une cinquième.

Voici la liste des quatre premières catégories :

1. Ceux pour qui la question de l'existence des chambres à gaz ne se pose pas pour la bonne raison… qu'elle ne se pose pas. Je renvoie ici à la « déclaration » de trente-quatre historiens. Dans *Le Monde* du 21 février 1979 on a pu, en effet, lire la déclaration suivante, signée de grands et petits noms de la science historique, dont le point commun, il faut le dire, est qu'à l'exception de Léon Poliakov aucun d'entre eux n'était un spécialiste de la période considérée :

> « Il ne faut pas se demander comment, *techniquement,* un tel meurtre de masse a été possible. Il a été possible techniquement puisqu'il a eu lieu. Tel est le point de départ obligé de toute enquête historique sur le sujet. Cette vérité, il nous appartenait de la rappeler simplement : il n'y a pas, il ne peut y avoir de débat sur l'existence des chambres à gaz »[25]

2. Ceux pour qui il faut bien convenir qu'il n'existe ni preuve, ni témoins de ces chambres à gaz, ce qui n'empêche pas ces chambres à gaz d'avoir existé ! Telle est la conclusion à laquelle devait aboutir Simone Veil au terme de quatre années de réflexion avec l'un de ses fils, avocat. Deux semaines après la publication de l'arrêt de la Cour d'Appel de Paris où un

[25] Poliakov et Vidal-Naquet, « Les camps nazis et les chambres à gaz… ».

hommage était rendu à mes travaux sur le sujet, Simone Veil déclarait en effet :

« Au cours d'un procès intenté à Faurisson pour avoir nié l'existence des chambres à gaz, ceux qui intentent le procès [ont été] contraints d'apporter la preuve formelle de la réalité des chambres à gaz. Or, chacun sait que les nazis ont détruit ces chambres à gaz et supprimé systématiquement tous les témoins. »[26]

3. Ceux pour qui tout ce qui concerne les chambres à gaz situées hors de la Pologne est, en fin de compte, faux, tandis que presque tout ce qui concerne les chambres à gaz situées en Pologne resterait vrai (avec de fortes hésitations sur Majdanek-Lublin et des hésitations commençantes pour Auschwitz). C'est le cas de l'ensemble des historiens exterminationnistes, aujourd'hui, au terme d'une lente évolution qui a commencé en 1960 ;
4. Ceux pour qui il n'est pas exclu que toutes ces histoires de chambres à gaz ne soient, en définitive, qu'une rumeur de guerre. C'est le cas d'Edgar Morin qui écrivait en 1981 :

« Il importe, à mon avis, de revérifier la chambre à gaz dans les camps nazis. »[27]

La cinquième et dernière catégorie des auteurs exterminationnistes est constituée par les vingt-quatre auteurs qui ont produit : *Les Chambres à gaz, secret d'état*. Pour eux les chambres à gaz sont un dogme. Un dogme doit être tenu à l'abri de tout examen critique. Aucun vérification ou révision n'est permise. Un dogme s'accepte ou se rejette tout entier. Aux yeux de ces intégristes, on s'était engagé dans une voie dangereuse en ce qui concernait de nombreuses chambres à gaz ou des camions gazeurs. Il faut se ressaisir et retrouver la foi intégrale des années d'après-guerre. Il faut fermer les yeux sur les récentes modifications de la foi, de peur d'imaginer d'autres modifications dans l'avenir. C'est à ce prix qu'on sauvera ce qu'il reste de croyance en la magique chambre à gaz.

On ne peut évidemment pas aller plus loin. Déjà Georges Wellers, en publiant *Les chambres à gaz ont existé*, avait involontairement porté un terrible coup à la croyance.

---

[26] *France-Soir-Magazine*, 7 mai 1983, p. 47.
[27] E. Morin, *Pour sortir du XXe siècle*, p. 192.

***

1984

# PRÉFACE DE *DER AUSCHWITZ MYTHOS* DE WILHELM STÄGLICH

Bien que je n'approuve peut-être pas en tous points les opinions émises dans *Der Auschwitz Mythos*, je dois dire qu'il s'agit là d'un ouvrage profond, en particulier dans son analyse du « procès de Francfort » (1963-1965) où l'auteur met en lumière le phénomène humain, si obscur et si inquiétant, du désir ou de la volonté de croire.

À ce procès comparaissaient des officiers et de simples gardes du camp d'Auschwitz. À en croire la thèse officielle qu'on trouve à la base des accusations portées contre ces Allemands, Auschwitz-I possédait un crématoire [Krematorium-I] pourvu d'une chambre à gaz homicide qui aurait fonctionné de l'automne 1941 à la fin de 1942. Le camps d'Auschwitz-Birkenau possédait, lui, quatre crématoires [Krematoriums-II et III ainsi que Krematoriums-IV et V], pourvus, nous dit-on, de chambres à gaz homicides qui auraient fonctionné en gros du printemps ou de l'été 1943 à l'automne 1944, c'est-à-dire, selon le crématoire en cause, pendant une période de dix-sept à dix-neuf mois.

Aujourd'hui, on présente aux touristes le Krematorium-I comme un bâtiment « partiellement » reconstruit mais, en réalité, il ne s'agit que d'une fraude due aux autorités polono-communistes. Les quatre crématoires de Birkenau sont à l'état de ruines qu'avec une remarquable circonspection les exterminationnistes se sont bien gardés d'examiner. Pour moi, j'ai examiné ces cinq crématoires à tous les points de vue possibles à la fois sur place et à partir des nombreux plans de construction allemands que j'ai découverts en 1976. Ma conclusion est qu'aucun des crématoires d'Auschwitz-I ou de Birkenau n'a possédé de chambre à gaz homicide.

En réalité, le Krematorium-I a possédé jusqu'en juillet 1943 une chambre froide pour cadavres (*Leichenhalle*) qui, à partir de cette époque, fut transformée en un abri anti-aérien (*Luftschutzbunker*) avec plusieurs pièces dont une salle d'opération chirurgicale pour l'hôpital SS (*Kranken-Revier*). Les Krematoriums-II et III possédaient des chambres froides semi-enterrées (*Leichenkeller*). Les Krematoriums-IV et V possédaient, chacun, plusieurs petites pièces ; deux d'entre elles étaient pourvues d'un poêle à charbon. Toutes ces pièces auraient été manifestement inappropriées pour des exécutions massives par gaz.

Au procès de Francfort, l'existence de ces prétendues chambres à gaz aurait dû constituer le point central de toute la procédure. Le tribunal aurait dû exiger la production de tous les plans, dessins, photographies et documents, qu'il lui aurait été facile de se procurer en grand nombre si seulement les juges d'instruction, les juges du siège et les avocats les avaient recherchés au début des années soixante avant le procès comme je l'ai fait moi-même, avec succès, en 1976. Le ministère public et les avocats de la défense auraient dû, tous, exiger ces informations. Il ne se produisit rien de tel. Dans ce procès, personne n'examina la prétendue arme du prétendu crime ; l'arme ne fut pas même présentée. Pourtant, durant le procès, le tribunal et plusieurs avocats procédèrent à des investigations *in situ* à Auschwitz mais celles-ci ne portèrent jamais sur les chambres à gaz elles-mêmes.

Il est possible que les participants du procès de Francfort aient cru que n'importe quelle pièce aurait pu servir pour des gazages homicides. C'est une erreur. Par exemple, l'agent prétendument utilisé à Auschwitz et à Birkenau pour administrer la mort dans ces chambres à gaz était l'acide cyanhydrique (sous la forme du pesticide appelé dans le commerce Zyklon B), c'est-à-dire l'agent utilisé dans certains pénitenciers américains pour procéder à des exécutions de condamnés à mort. J'ai étudié les chambres à gaz américaines et j'ai découvert que l'exécution d'un seul prisonnier par ce moyen était extrêmement compliquée et qu'elle exigeait une grande expertise technique. Tout cela échappait au tribunal, qui n'envisagea pas d'ordonner un rapport d'expertise afin de déterminer si, à Auschwitz et Birkenau, telle ou telle pièce pouvait avoir servi de chambre à gaz homicide.

Pour établir qui, parmi les accusés, avait participé aux prétendus gazages, le tribunal choisit seulement de déterminer si l'accusé se trouvait sur la rampe de débarquement quand les déportés descendaient des trains. Nous en arrivons là à un mode de raisonnement par postulats et suppositions qu'on ne peut qualifier que de totalement abstrait et même d'aberrant.

Le tribunal établit que, si l'accusé s'était simplement trouvé sur le quai de débarquement, celui-ci devenait coupable de participation au crime de « sélection ». La « sélection » était *supposée* avoir consisté en la division entre, d'une part, ceux qui allaient survivre et, d'autre part, ceux qui étaient *supposés* aller au « gazage ». Certains de ceux qui étaient *supposés* aller au « gazage » prenaient une route *supposée* finir entre les Krematoriums-II et III tandis que le reste prenait une route *supposée* finir entre les Krematoriums-IV et V ; le tribunal ne prit pas la peine de remarquer que les deux routes, une fois les crématoires passés, se rejoignaient pour aboutir aux entrées du Sauna central où, en fait, on passait à la douche et désinfectait les déportés. Comme le tribunal avait *postulé* que les crématoires possédaient des chambres à gaz, il *postulait* maintenant que les déportés qui étaient *supposés* avoir été « sélectionnés » pour les « gazages » ne poursuivaient pas leur chemin entre les crématoires jusqu'au Sauna central mais étaient entassés dans les *supposées* chambres à gaz à l'intérieur des crématoires.

Ainsi, au terme d'une série de présomptions et au prix d'un « raisonnement » totalement arbitraire, le tribunal *postulait* que les Allemands qui se trouvaient sur le quai de débarquement à l'arrivée des déportés étaient coupables de complicité de gazages homicides.

Nous ne devrions pas, me semble-t-il, accuser le système judiciaire allemand de partialité, de couardise ou d'incompétence. En théorie et dans l'abstrait, on peut tenir le raisonnement du tribunal pour irréprochable. Mais, si l'on se rappelle que la topographie et les réalités matérielles sont importantes pour prouver un crime qui, par, définition, était concret et matériel, le raisonnement du tribunal était absurde. Je dirais plutôt qu'en la circonstance les juges allemands ainsi que les avocats et bien d'autres personnes impliquées dans ce procès ont été victimes d'une forme d'aveuglement et de naïveté qui se rencontrent souvent dans certaines croyances d'ordre religieux. Voilà donc des juges qui, chaque soir après l'audience du jour, réintégraient leurs confortables demeures où ils s'endormaient la conscience tranquille. On aurait provoqué chez ces hommes une vive surprise si on leur avait dit alors que, dans la journée, ils avaient observé exactement le comportement de leurs prédécesseurs durant les procès de sorcellerie du XVIe, du XVIIe et même du XVIIIe siècle.

En ces temps-là, on accusait des hommes et des femmes d'avoir rencontré Satan, par exemple, au sommet d'une colline, au milieu de feux et de fumées, avec l'accompagnement de cris et d'appels ainsi que d'odeurs particulières. Si, à ce procès de sorcellerie, l'accusé avait objecté : « Mais je n'ai pas vu Satan parce que Satan n'existe pas », il aurait brisé un tabou et, par là, signé son propre arrêt de mort. En fait, il ne pouvait sauver sa vie qu'en admettant que, certes, il avait aperçu, ainsi que l'attestaient certains, de loin, au sommet de la colline, les feux et les fumées de Satan, il avait entendu les cris des victimes et il avait remarqué d'étranges et de terrifiantes odeurs mais en ajoutant que, pour sa part, il s'était trouvé placé au pied de la colline et n'avait personnellement rien eu à faire avec tout cela.

De même au procès de Francfort. L'accusé n'allait pas contester ce que les témoins affirmaient à propos des feux, des fumées, des cris et des odeurs au sommet du camp de Birkenau, là où se trouvaient les quatre crématoires avec leurs prétendues chambres à gaz. Ces accusés confessaient avoir été au milieu du camp, sur le quai de débarquement où ils accueillaient des foules de gens qui, ensuite, se rendaient à trois cents ou cinq cents mètres plus loin, là où les suppôts de Hitler étaient supposés se livrer à leur criminelle besogne ; les accusés de Francfort faisaient valoir que, personnellement, ils n'encouraient aucune responsabilité directe dans ces horreurs.

Cet ensemble caractéristique de feux, de fumées, de cris, d'appels et d'odeurs particulières constitue une sorte de cliché qui trouve son origine non pas dans l'imagination de tel ou tel individu mais dans des traditions et des craintes ancestrales. On y rencontre au surplus un trait remarquable du faux témoignage : quand le prétendu témoin *n'a pas clairement vu* ce qu'il prétend avoir vu et quand *il n'a pas touché* ce qu'il dit avoir vu, alors se développe une sorte de *compensation sensorielle* où *l'ouïe, le goût et l'odorat* se portent au secours d'une *vue* claire et d'un *toucher* réel. On n'a pas touché, on n'a pas réellement vu mais, par un phénomène de compensation, on est supposé avoir entendu, senti et goûté. Mieux : si on n'a pas réellement vu, c'est pour une excellente raison : les yeux étaient aveuglés par les flammes et les fumées offusquaient la vue. Ajoutons enfin les circonstances : le témoin était si bouleversé par les horreurs d'Auschwitz et de Birkenau, qu'en fin de compte il ne pouvait pas les fixer du regard.

Un dicton français veut que « plus cela change, plus c'est la même chose ». Pourquoi des peurs et des superstitions ataviques disparaîtraient-elles ? Seule change leur forme. Le XXe siècle a connu des quantités de procès de sorcellerie aussi bien dans le monde « libre » que dans le monde communiste. Le procès de Francfort a constitué, si l'on veut, un procès de sorcellerie dans toute sa perfection, sans aucun rapport d'expertise sur les chambres à gaz et avec une procédure où un quart de preuve + un quart de preuve + une demi preuve équivalaient à une preuve. Le procès, mené dans une salle de théâtre, fut conduit selon un rite de caractère religieux. Les participants communiaient en l'évocation d'une horreur sacrée. Il est significatif que, dans le prétoire, l'emplacement même de l'horreur était représenté de manière symbolique, presque abstraite, par des plans d'Auschwitz et de Birkenau où l'on pouvait à peine discerner l'emplacement de l'arme du crime par excellence : ces horribles abattoirs pour hommes, femmes et enfants. Si incroyable que cela puisse paraître, aucun dessin, aucun croquis de caractère technique, aucune photographie des chambres à gaz ne furent exposés dans cette vaste salle d'audience, une salle de théâtre, encore une fois ; seul un plan du camp était exposé où les crématoires (sans mention des chambres à gaz) étaient représentés par de tout petits rectangles. Personne ne se risqua à poser des questions sur ces ridicules taches noires. Elles étaient tabou. Quiconque aurait poussé l'audace jusqu'à y regarder de plus près, serait apparu comme un hérétique, un adepte de Satan, un « Nazi ».

Tout cela se déroula à Francfort, au milieu du XXe siècle, dans un pays réputé jouir d'une constitution démocratique et d'un appareil judiciaire indépendant, avec une presse censément libre et aussi dans un pays riche de tant d'esprits connus pour leur amour de la science et leur goût du détail précis. Les historiens allemands doivent la plus grande part de leurs informations à des procès de ce genre ; d'où le caractère vague, immatériel et magique de leurs assertions quant aux chambres à gaz et au génocide.

À leur façon, les accusés et leurs défenseurs contribuèrent, tous ensemble, à donner à ce long procès son caractère religieux, soit parce qu'ils croyaient effectivement à l'existence des magiques chambres à gaz, soit parce que, par prudence, ils préféraient éviter de déclencher un scandale en demandant d'aller y voir de plus près en la matière. Jusqu'au bout, toutes les parties respectèrent le rituel.

Wilhelm Stäglich, juge lui-même, eut l'héroïsme de publier son livre sur Auschwitz en 1979. Mais alors se produisit un autre phénomène qu'on avait cru disparu à la fin du XVIIIe siècle. L'université de Göttingen, au prix d'une longue procédure judiciaire, obtint d'un tribunal la révocation du grade de docteur en droit que cette célèbre université allemande avait conféré en 1951 à W. Stäglich. Je ne vais pas énumérer ici tout ce que cet honnête homme par excellence, que j'admire, a eu de plus à souffrir. Qu'il me suffise de dire que W. Stäglich, juge et historien allemand, a sauvé l'honneur des juges et des historiens allemands. Il a tout perdu, fors l'honneur.

[Ce texte a été publié en allemand en préface à une réédition, faite en Angleterre, de *Der Auschwitz Mythos*, ouvrage de W. Stäglich dont la première édition datait de 1979, chez Grabert à Tübingen ; voy. : *Der Auschwitz Mythos*, Historical Review Press, 1984, p. 492-496. Il a été également publié an anglais mais sous une forme différente ; voy : "A Revised Preface to *Auschwitz : A Judge Looks at the Evidence*", *The Journal of Historical Review*, Summer 1990, 10, 2, p. 187-193.]

***

# 1985

26 février 1985

## COMBIEN EST-IL MORT DE JUIFS DURANT LA SECONDE GUERRE MONDIALE ?

Cette question est souvent posée aux révisionnistes par les exterminationnistes. C'est renverser les rôles. C'est aux exterminationnistes, c'est-à-dire aux accusateurs de l'Allemagne qu'il revient normalement de préciser leurs accusations. Pendant longtemps ils ont accusé l'Allemagne d'avoir provoqué la mort de six millions de juifs. Ce chiffre n'était fondé sur aucune recherche. Il a été progressivement abandonné par les historiens. Il a même été qualifié de « **symbolique** »[28] par le Dr Martin Broszat, directeur de l'Institut d'histoire contemporaine de Munich et défenseur de la thèse exterminationniste. « Symbolique » est une façon de dire : **faux**.

Quel est donc le **vrai** chiffre ? Ce vrai chiffre est relativement facile à trouver. Mais on ne **veut** pas le rechercher. Dès les années cinquante on aurait été en mesure de fournir une bonne approximation. Dans les années soixante, grâce au nombre croissant de juifs réclamant des indemnités de différentes natures à la République fédérale d'Allemagne, il était possible de contrôler ou de corriger cette approximation. En 1970, les exterminationnistes eux-mêmes étaient obligés d'admettre qu'on aurait **déjà** dû « dresser un bilan de quelque valeur ». Dans une revue française, *Le Patriote Résistant*, on lisait :

> « Lorsque les générations nouvelles qui ne manquent pas déjà, et ne manqueront pas demain, de s'interroger sur l'effroyable tragédie, poseront la question de savoir combien d'êtres humains ont été déportés, combien sont morts, il serait dérisoire de devoir leur répondre qu'à l'époque des ordinateurs électroniques, au moment où la statistique est en train de devenir une science exacte,

[28] "Eine symbolische Zahl" : expression employée le 3 mai 1979 devant un tribunal de Francfort dans le procès 50 Js 12 828/78 919 contre Erwin Schönborn.

personne n'a été en mesure de dresser un bilan de quelque valeur. »[29]

Un homme qui disparaît laisse derrière lui des traces de son existence. Dans le cas des juifs et des déportés, ces traces sont nombreuses. Il n'y a guère que les non-chercheurs pour s'imaginer le contraire.

Il existe deux sources principales pour déterminer le nombre des juifs qui sont morts durant la seconde guerre mondiale : le Service international de recherches, dépendant du Comité international de la Croix-Rouge de Genève, mais situé à Arolsen (RFA), et l'ensemble des administrations allemandes chargées de procéder aux versements au titre des « restitutions », des « indemnisations » et des « réparations ». Toutes ces instances sont fermées aux chercheurs indépendants. En particulier, le Service international de recherches s'entoure de précautions depuis qu'il constate que les révisionnistes s'intéressent à ses quarante millions de fiches.

## *Au 1er janvier 1981, 4.344.378 victimes percevaient de l'argent de la RFA*

Au 1er janvier 1981, soit trente-cinq ans après la fin de la guerre, 4.344.378 personnes dans le monde percevaient des pensions de la RFA, soit à titre de victimes directes des persécutions national-socialistes, soit à titre d'ayants droit. Parmi ces bénéficiaires, 40 % vivaient en Israël, 20 % en RFA et 40 % dans le reste du monde. Il serait intéressant de déterminer, parmi eux, le nombre total des juifs. Beaucoup de juifs, après la guerre, ont quitté la Pologne et l'Europe centrale pour s'installer en France, en Grande-Bretagne, aux États-Unis, au Canada, en Argentine, en Afrique du Sud. Peut-être pourrait-on déterminer là aussi les nombres approximatifs par l'étude des dossiers d'indemnisations diverses.

Pour ce qui est des juifs (français, étrangers ou apatrides) déportés de France pendant l'occupation, leur nombre s'élèverait, d'après *Le Mémorial*... de Serge Klarsfeld à environ 75.721. Autrement dit un quart des juifs établis en France aurait été déporté et les trois autres quarts n'auraient pas été déportés. Pour déterminer le nombre probable des morts, il suffirait d'aller consulter à Arolsen les fiches nominales les concernant un échantillon de sept cent cinquante personnes (par exemple, les personnes classées n° 1, n° 100, n° 200, n° 300, etc., dans ce total d'environ soixante-quinze mille *déportés*). J'ai souvent rencontré des

[29] *Histoire d'un crime. L'impossible oubli. Pourquoi ?* (Supplément au *Patriote Résistant*), p. 98.

personnes qui me disaient : « J'ai perdu x membres de ma famille. » Quand le nombre « x » me paraissait élevé, et il l'était toujours, j'ai fourni à ces personnes mon nom, mon adresse et un timbre pour qu'elles m'envoient leur liste de morts (morts du fait des Allemands ou de leurs alliés, bien entendu). Je n'ai jamais reçu de telles listes.

***Canadian Jewish News*, 11 décembre 1981, p. 4 :**

Thousands of Jews accross Canada, and in other countries as well, receive monthly cheques in various amounts from the Federal Republic of Germany. These restitution payments – or *Wiedergutmachung* – are designed to compensate the victims of Nazi persecution.

Eligible for compensation are those Jews and Christians who were persecuted for political, religious, racial or ideological reasons.

According to data supplied by the German Information Centre of New York, 99, 8 % of all claims had been settled by Jan. 1, 1981. The number of successful claimants is 4,344,378. Payments have reached 50.18 billion German marks.

About 40 % of the victims live in Israël, 20 % in West Germany, and 40 % elsewhere.

The funds they get are the results of laws enacted in the 1950s. In the last two years, further legislation providing compensation has been passed by the Bundestag. In 1979, 400 million marks were allocated to Jews whose health was damaged but who, because they were unable to comply with deadline or residency requirements, had not been able to obtain restitution. This year, the Bundestag granted an amount up to 100 million marks for non-Jewish victims of Nazism.

West Germany regards restitution as a "most important and urgent" moral obligation. But it has no illusions that compensation payments can atone for Nazi crimes against humanity. As a government bulletin puts it: "No matter how large the sum, no amount of money will ever suffice to compensate for National Socialist persecution."

Des milliers de juifs à travers le Canada, aussi bien que dans d'autres pays, reçoivent chaque mois des chèques d'un montant variable de la République fédérale d'Allemagne. Ces versements de restitution – *Wiedergutmachung* – sont destinés à dédommager les victimes de la persécution nazie.

Ont droit à ces compensations, les juifs et les chrétiens qui avaient été persécutés pour des raisons politiques, raciales ou idéologiques.

Selon les données fournies par le « Centre d'Information allemand » de New York, 99,8 % de toutes les requêtes avaient été réglées au 1er janvier 1981. Le nombre des personnes dont les demandes ont été satisfaites s'élève à 4.344.378. Les paiements se sont élevés à 50,18 milliards de marks.

Environ 40 % des victimes vivent en Israël, 20 % en Allemagne de l'Ouest et 40 % ailleurs.

Les fonds obtenus résultent de lois promulguées dans les années cinquante. Durant ces deux dernières années, le *Bundestag* a voté d'autres lois encore pour les compensations. En 1979, quatre cents millions de marks ont été alloués à des juifs dont la santé s'était altérée mais qui, incapables de satisfaire aux limites dans le temps ou aux exigences de résidence, n'avaient pas pu obtenir des versements de restitution. Cette année, le *Bundestag* a accordé un montant de cent millions de marks à des victimes non juives du nazisme.

L'Allemagne de l'Ouest considère les versements de restitution comme une obligation morale « particulièrement importante et urgente ». Mais elle n'entretient pas l'illusion que les versements compensatoires puissent racheter les crimes contre l'humanité commis par les nazis. Ainsi que l'exprime un bulletin gouvernemental allemand : « Peu importe l'importance de la somme, aucune somme d'argent ne suffira jamais à compenser la persécution national-socialiste. »

***

6 mars 1985

## AUX ÉTATS-UNIS, LA PUISSANCE POLITICO-FINANCIÈRE DE LA COMMUNAUTÉ JUIVE

L'American Jewish Congress (Parlement juif américain) a commandité une étude intitulée : *The Political Future of American Jews*.

Un article du *Washington Post* en date du 6 mars 1985 rapporte quelques conclusions de cette étude rédigée par Earl Raab et Seymour Martin Lipset :

1. l'antisémitisme aux États-Unis est au point le plus bas qu'il ait atteint en ce siècle ;
2. les organisations juives montrent une tendance inquiétante à se renfermer d'elles-mêmes en une sorte de ghetto spontané (*selfghettoization*) pour ne s'intéresser qu'à quelques sujets restreints tels que la sécurité de l'État d'Israël ;
3. les juifs resteraient encore fidèles dans leur majorité au Parti démocrate (celui de Jimmy Carter) mais ils s'inquiètent de la présence et de l'importance dans ce parti du leader noir Jesse L. Jackson ;
4. la contribution financière des juifs aux deux grands partis politiques est disproportionnée par rapport au nombre des juifs qui vivent aux États-Unis ; ceux-ci versent au Parti démocrate **plus de la moitié** de ses fonds et au Parti républicain (Ronald Reagan) **jusqu'au quart** de ses fonds.

***

Mars 1985

# DEUX ANCIENS GAZÉS D'AUSCHWITZ : HENRI KRASUCKI ET SIMONE VEIL

À mesure que se disloque le mythe des chambres à gaz hitlériennes, on découvre comment ce mythe s'est constitué et comment il s'est perpétué pendant plus d'une génération.

Encore au début des années soixante, les responsables du CDJC (Centre de documentation juive contemporaine) de Paris pouvaient mentir sans trop de risques. C'est ainsi que sans vergogne ils créaient de toutes pièces des listes de juifs de France gazés à Auschwitz. Ils envoyaient ces listes aux responsables du musée d'Auschwitz, en Pologne, une institution communiste.

Munie de ces listes, Danuta Czech, conservateur du musée, établissait son fameux « Calendrier des événements survenus au camp de concentration d'Auschwitz-Birkenau ». Tous les convois de déportés s'y trouvent mentionnés. La plupart du temps sont également précisés le lieu et la date de départ de chaque convoi, sa date d'arrivée à Auschwitz, le nombre des déportés, puis, parmi ces derniers, le nombre des personnes sélectionnées pour le travail et le nombre des gazés. À aucun moment on ne nous dit clairement de quelle façon le nombre des gazés a pu être établi. Il semble toutefois que la méthode employée ait consisté à tenir pour gazées toutes les personnes qui ne paraissaient pas avoir obtenu un numéro d'immatriculation à leur arrivée.

Aussi longtemps que personne ne songeait à regarder ces listes de près, tout allait bien pour le CDJC, à Paris, et pour l'institution communiste polonaise. Mais du jour où il est devenu possible, grâce à des documents allemands, de connaître l'identité de chaque déporté juif de France pour chaque convoi, la supercherie est apparue au grand jour.

En 1978, Serge Klarsfeld a publié ces listes établies par les Allemands en 1942-1944. Il les a reproduites dans son *Mémorial de la déportation des juifs* de France (édité et publié par Beate et Serge Klarsfeld).

Il suffit de comparer le calendrier de Danuta Czech et le *Mémorial* de Serge Klarsfeld. On y découvre des milliers de cas où des gens qui ont été comptabilisés comme gazés… n'ont jamais été gazés. Je m'en tiendrai à deux exemples, celui d'Henri Krasucki et celui de Simone Veil. H. Krasucki est le responsable actuel de la CGT et membre éminent du parti communiste français. S. Veil a présidé l'Assemblée des communautés européennes. Ils n'ont jamais été gazés et ils continuent en 1985 de se bien porter selon toute apparence. Et pourtant…

D. Czech, sur la foi des renseignements fournis par le CDJC, écrivait en 1961 que le 26 juin 1943 il était arrivé à Auschwitz un convoi de mille quatre-vingt-trois juifs en provenance de Drancy. Et elle ajoutait

> « Am gleichen Tag wurden alle vergast. »[30]

Or, dans le livre de Klarsfeld, fondé sur les documents allemands, ce convoi (n° 55) comprenait Henri Krasucki, né le 24 septembre 1924 à Wolodin (Pologne) !

De la même façon, D. Czech écrivait en 1964 que, le 16 avril 1944, il était arrivé à Auschwitz un convoi de mille cinq cents juifs en provenance de Drancy. Et elle ajoutait :

> « Nach der Selektion lieferte man 165 Männer als Häftlinge ins Lager ein, sie bekamen die Nr. 184097184261. Die Übrigen wurden vergast. »[31]

Or, dans le livre de Klarsfeld, ce convoi (n° 71) comprenait Simone Jacob, née le 13 juillet 1927 à Nice ; par son mariage avec Antoine Veil, Simone Jacob est par la suite devenue Simone Veil !

[30] *Hefte von Auschwitz*, n° 4, p. 110 : « Le jour même tous étaient gazés. »

[31] *Hefte von Auschwitz*, n° 7, p. 88 : « Après sélection, 165 *hommes* furent remis au camp comme détenus avec les numéros 184097-184261. Toutes les autres personnes furent gazées. »

Il faut lire les pages 9 et 10 du livre de Klarsfeld pour voir avec quelle légèreté ou quel manque de scrupules le CDJC a fabriqué des convois imaginaires de gazés. Là où il n'y avait qu'un convoi, le CDJC en a compté deux ; là où il n'y en avait pas du tout, on en a créé de toutes pièces ; ailleurs, le CDJC et D. Czech, constatant que deux convois partis de Drancy n'avaient laissé aucune trace d'immatriculation à Auschwitz, en avaient profité pour en faire deux convois entièrement gazés ; en réalité ces deux convois avaient été envoyés à Majdanek! Ailleurs encore trois convois de prétendus gazés étaient en fait allés à Kaunas-Reval ! Ailleurs enfin (voy. p 12), 3.056 déportés comptabilisés comme gazés étaient allés à Kosel!

Klarsfeld, qui est plus un justicier qu'un historien, mérite bien des reproches du même genre. Le titre de son ouvrage n'est pas très honnête. « Mémorial » donne à entendre qu'il s'agirait d'une liste de morts, alors qu'il s'agit de listes de déportés. J'ai montré par ailleurs[32] que Klarsfeld avait établi le nombre des morts d'une façon qui n'est pas plus scientifique que celle du CDJC ou de Danuta Czech.

Du *Mémorial* de Klarsfeld, dans ses éditions française et américaine, il ressort que les Allemands ont déporté pendant la guerre un quart des juifs de France (juifs français, étrangers et apatrides) : entre 75.721 et 76.500 sur un total de trois cent mille.

En 1984, Serge Klarsfeld a publié une monographie intitulée *Les enfants d'Izieu, une tragédie juive*. Pas une seule fois dans cet ouvrage il ne nous dit comment il est arrivé à la conclusion que ces quarante-trois enfants de moins de dix-sept ans ont été « gazés » ou « assassinés » à Auschwitz.

Je le répète une fois de plus : il est inadmissible qu'à notre époque aucun accusateur de l'Allemagne n'ait entrepris une recherche de caractère scientifique pour déterminer exactement le nombre des juifs disparus. Grâce à l'abondance des documents que nous possédons et grâce aux ordinateurs, il devrait être facile pour les associations juives, françaises et internationales, de répondre à la question souvent posée :

« Que sont-ils devenus ? »

Un quart des juifs de France ont été déportés et les trois quarts n'ont pas été déportés. Voilà déjà un fait difficile à concilier avec une prétendue politique d'extermination de la race juive par Hitler. Nous voulons savoir, à la fin des fins, combien parmi ce quart de déportés sont morts du fait des Allemands ou des alliés de l'Allemagne.

Note : *dans mon prochain livre je ne me contenterai pas de traiter de l'*Album d'Auschwitz *(le document le plus important avec la publication*

---

[32] R. Faurisson, « Les Tricheries de l'Album d'Auschwitz » (reproduit dans le présent volume à la page 434.)

*des photographies aériennes d'Auschwitz) et de* Chambres à gaz, secret d'État *(le livre le plus ascientifique et le plus abstrait qu'on ait publié sur la question)... je traiterai aussi de divers ouvrages dont la nouvelle édition en trois volumes de* The Destruction of the European Jews, *de Raul Hilberg et, s'il est paru d'ici là, du livre de Serge Klarsfeld et Jean-Claude Pressac sur les chambres à gaz. Mais je parlerai surtout de l'extraordinaire procès Zündel à Toronto (7 janvier-25 mars 1985) qui continue d'agiter tous les médias du Canada ; les associations juives attaquent la presse canadienne parce qu'elle a tenté de rendre compte assez impartialement des arguments révisionnistes. Les Canadiens ont été stupéfaits de la solidité de ces arguments et de la fragilité des témoignages ou des « expertises » exterminationnistes. Ils ont pu voir à quel point ces histoires de chambre à gaz et de génocide étaient fondées sur des convictions de nature religieuse. L'« Holocauste » est une religion (ainsi qu'une industrie, un commerce, un instrument politique). Il est le mythe fondateur de l'État d'Israël. Il est « l'arme n° 1 de la propagande » de ce pays ainsi que l'a dit le professeur W. D. Rubinstein (Deakin University, Australie). Il menace ruine, d'où l'hystérie actuelle.*

Note de l'automne 1984 : *l'Israélien Abba Eban est le narrateur d'un film en neuf épisodes intitulé : « Heritage : Civilization and the Jews ». Il y parle longuement de l'« Holocaust » mais pas une seule fois il n'est question de « chambres à gaz » ni de « camions à gaz ». Il n'est pas le premier à considérer qu'il est « inutile » d'entrer dans ces détails.*

*« He described how the Jews were holocausted but not what they were holocausted* in. » (Prima Facie (publication révisionniste américaine), *février 1985, p. 6.)*

***

Mardi 9 avril 1985

# LETTRE À M. LE DIRECTEUR RESPONSABLE DE LA PUBLICATION *AL-YOM ASSABEH*, PARIS

Monsieur le Directeur,

En dernière page de votre livraison du 11 mars 1985, je suis nommé et mis en cause dans un article signé de M. Tahar Ben Jelloun.

Je vous demande, en conséquence, de publier le texte ci-dessous, sans aucune déformation, dans les délais et dans les conditions ordinaires du « droit de réponse », en application de l'article 13 de la loi du 29 juillet 1881.

Veuillez recevoir, je vous prie, mes salutations distinguées.

## *Texte en droit de réponse*

M. Tahar Ben Jelloun critique vivement les historiens révisionnistes et dit que les Arabes et, en particulier, *Radio Tiers Monde*, ne devraient pas s'intéresser aux thèses de ces historiens, inspirés, dit-il, par l'antisémitisme.

En fait, les révisionnistes pensent qu'il n'est plus possible de décrire les Allemands tout en noir et les juifs tout en blanc. Il faut se débarrasser des légendes de la dernière guerre mondiale. Les Allemands ont certes utilisé des camps de concentration mais ils n'ont été ni les premiers, ni les derniers à le faire. Dans ces camps ils employaient des fours crématoires pour y brûler des cadavres, ce qui n'a rien de criminel. Mais c'est un mensonge que d'ajouter qu'ils utilisaient des chambres à gaz homicides : il n'a jamais existé de tels abattoirs humains, même à Auschwitz. De la même façon, il est vrai que Hitler a traité les juifs en ennemis, mais il est faux qu'il ait donné l'ordre d'un génocide ou d'un holocauste, c'est-à-dire d'une extermination systématique. S'il l'avait fait, il n'y aurait plus de juifs européens. Le prétendu « holocauste des juifs » est une imposture historique. Le chiffre de six millions de victimes juives est « symbolique ». Peut-être est-il mort un million de juifs *par tout fait de guerre* comme il est mort quarante millions d'autres personnes *par tout fait de guerre,* de 1939 à 1945.

Le mythe de l'Holocauste est le mythe fondateur de l'État d'Israël. Il a permis à cet état de percevoir de l'Allemagne des réparations financières que même Nahum Goldmann, président du Congrès juif mondial, a qualifiées d'« astronomiques ». Très inquiet des progrès du révisionnisme historique, le professeur W. D. Rubinstein, de Deakin University, a écrit en 1979 : « Si l'Holocauste venait à apparaître comme une imposture, l'arme n° 1 de l'arsenal de la propagande israélienne disparaîtrait. »

N.B. (à ne publier que si vous le jugez bon) : *La déclaration du professeur Rubinstein a été faite dans* Nation Review, *21 juin 1979, p. 639, et celle de Nahum Goldmann dans l'émission télévisée « Profil : Nahum Goldmann »,* Antenne 2, *18 août 1981, 22 h. De son côté, le professeur israélien Saul Friedländer a déclaré en 1980 : « L'école des historiens révisionnistes, ceux qui disent que l'Holocauste n'a jamais existé, que c'est une invention juive, est plus inquiétante que les positions politiques des États. »*[33]

*Un exposé, en langue arabe, de la thèse révisionniste peut se lire dans la livraison du 27 avril 1983 de* Kol Al Arab.

***

24 avril 1985

# LE VRAI MOTIF D'ANGOISSE DE L'ÉTAT D'ISRAËL : LE RÉVISIONNISME HISTORIQUE

Depuis quelques mois il se manifeste dans les journaux, à la radio et à la télévision une véritable fièvre d'antinazisme. On croirait que les nazis sont de retour. Je suppose que le grand public assiste à ce phénomène avec une perplexité croissante. Peut-être pense-t-il que cette fièvre est due à l'approche du quarantième anniversaire du 8 mai 1945, date de la capitulation sans condition du IIIe Reich.

Si le grand public pense vraiment cela, il se trompe. Cette effervescence ne va pas retomber après le 8 mai, ni même à la fin de 1985. Au contraire, elle va s'accroître. Son vrai motif n'a rien à voir avec ce qu'il s'est passé il y a quarante ans. Son vrai motif se trouve dans l'actualité la plus brûlante. Les organisations juives ou sionistes, à travers le monde, sont en train de vivre un drame. Un mythe, dont elles ont cherché à tirer profit, est en train de se dévoiler : le mythe du prétendu « holocauste des juifs durant la seconde guerre mondiale ».

## *La thèse révisionniste*

Les historiens révisionnistes sont les responsables actuellement d'une interrogation qui porte, dans l'ensemble, sur l'histoire de la dernière guerre et, en particulier, sur l'histoire des camps de concentration utilisés par les Allemands du temps de Hitler.

Les révisionnistes n'ont jamais nié l'existence de ces camps. Ils font toutefois remarquer que les Allemands n'ont été ni les premiers, ni les derniers à utiliser de tels camps. Il n'y a donc pas là un crime spécifique du nazisme.

---

[33] *Australian Jewish News,* 3 octobre 1980, p. 13.

Ils admettent aussi que, dans certains de ces camps, il y avait des fours crématoires. Dans ces fours on brûlait des cadavres. Ce n'est pas un crime. On constate qu'aujourd'hui même, dans bien des pays modernes, l'incinération tend à remplacer l'inhumation.

Les Allemands utilisaient dans tous les camps de concentration des chambres à gaz de désinfection. Ce n'était pas un crime là non plus ; c'était une nécessité d'hygiène. Le désinfectant employé était parfois de l'acide cyanhydrique. Sous sa forme commerciale il s'appelait « Zyklon » ou « Zyklon B ».

Le vrai crime des Allemands aurait été, d'après ce qu'on nous répète inlassablement depuis quarante ans, d'avoir employé d'énormes chambres à gaz spécialement conçues pour y tuer des hommes et, en particulier, des juifs. Ces chambres à gaz *homicides* auraient constitué l'arme spécifique d'un crime spécifique, lui-même appelé « génocide », c'est-à-dire extermination systématique d'une race.

Et c'est là que les révisionnistes interviennent pour nous dire : les prétendues chambres à gaz homicides de Hitler et le prétendu génocide des juifs forment un seul et même mensonge historique. Pour les révisionnistes, ce prétendu génocide et ces prétendues chambres à gaz sont des inventions de la propagande de guerre. Ces inventions auraient dû normalement disparaître peu à peu après 1945. Si elles ont survécu jusqu'à nos jours avec une telle vigueur, c'est en raison de leur utilité pour certains, en particulier pour permettre la création de l'État d'Israël en 1948. Les sionistes, dès la fin de la guerre, faisaient valoir que les juifs n'avaient pas seulement été persécutés par Hitler (ce que personne ne met en doute) mais qu'ils avaient été les victimes d'un crime abominable, sans précédent dans l'Histoire, à la fois par la qualité et la quantité des massacres perpétrés : une qualité particulièrement affreuse et une quantité particulièrement gigantesque. En effet, rien ne pourrait se comparer en qualité d'horreur au fait d'utiliser des sortes d'abattoirs dans lesquels on aurait fait entrer des hommes, des femmes, des enfants pour la simple et unique raison qu'ils étaient de race juive. Rien non plus ne pourrait se comparer en quantité d'horreur au fait d'éliminer ainsi environ six millions d'êtres humains.

Les révisionnistes estiment que, s'il y avait eu un génocide, il n'y aurait plus eu de juifs européens après la guerre. Il n'y en aurait plus eu en Europe même et il n'y aurait pas eu de juifs européens pour émigrer vers les États-Unis, le Canada, l'Argentine, l'Afrique du Sud, l'Australie, la Palestine… S'il y avait eu de la part de Hitler un ordre d'exterminer les juifs, comme on nous le répète sans cesse, on aurait retrouvé soit cet ordre même, soit des documents qui auraient prouvé l'existence d'un tel ordre. Par-dessus tout les révisionnistes ont apporté la preuve que les fameuses chambres à gaz homicides n'avaient pas pu exister pour tout un ensemble de raisons précises d'ordre physique, chimique, topographique, médical… Ils ont dévoilé les diverses supercheries employées à Auschwitz ou ailleurs pour donner à croire que les Allemands avaient eu recours à des chambres à gaz homicides.

Les révisionnistes ne disent pas que les juifs ont forgé le mensonge des chambres à gaz. Ils constatent que ce mensonge existait dans l'arsenal de la propagande de guerre des Alliés et qu'après la guerre les sionistes en ont tiré bénéfice. C'est ainsi que cette arme des Alliés, au lieu d'être abandonnée à la fin de la guerre, semble être devenue progressivement l'arme n° 1 de l'arsenal de la propagande israélienne.

Le mythe de l'Holocauste, c'est-à-dire essentiellement du prétendu génocide et des prétendues chambres à gaz homicides, est le mythe fondateur de l'État d'Israël. Il a permis à cet État de percevoir de l'Allemagne de l'Ouest des « réparations » financières que même Nahum Goldmann, l'ancien président du Congrès juif mondial et de l'Organisation sioniste internationale, a qualifiées d'« astronomiques ». Cela ne signifie pas qu'aux yeux des révisionnistes les sionistes aient mis au point une escroquerie. Là encore ils ont tiré parti d'une situation de fait.

## *Cris d'alarme*

Le vrai motif d'angoisse de l'État d'Israël tient aux progrès des idées révisionnistes.

Le 18 avril 1985, l'ancien premier ministre Menahem Begin est sorti de son silence pour dénoncer le danger que constitue à ses yeux la thèse révisionniste.

Aux États-Unis, Simon Wiesenthal et Elie Wiesel manifestent une inquiétude croissante et lancent des campagnes désespérées en vue de sauvegarder le mythe de l'Holocauste. Le président Reagan en personne, vraisemblablement sous l'effet d'intenses pressions, en est arrivé à formuler une mise en garde contre le révisionnisme quand il a dit dans le discours d'ouverture du « Rassemblement des survivants juifs de l'Holocauste » le 11 avril 1983 :

> « Nous devons veiller à ce que l'incommensurable souffrance de l'Holocauste ne soit pas déshumanisée, à ce qu'*elle ne soit pas examinée cliniquement et sans passion*, à ce que sa signification ne soit pas perdue pour cette génération ou pour les générations futures. »

Mais, précisément, ce que tout historien devrait se proposer de faire c'est d'étudier toute question historique sans passion et comme le ferait un clinicien !

On peut prévoir, sans grand risque de se tromper, que des hommes politiques américains et, en particulier, le président Reagan seront conduits à prendre la défense de l'Holocauste avec plus de force et de netteté encore dans les mois ou les années qui viennent. Il leur importera peu que la religion de l'Holocauste enferme de plus en plus les jeunes générations juives dans un ghetto psychologique et moral.

***

26 avril 1985

## *L'effondrement de la thèse du génocide des juifs De Pierre Vidal-Naquet :*

> « J'ai souvent entendu des personnes bien intentionnées me dire : "Mais enfin, en admettant que ces fameuses chambres n'aient pas existé, en quoi cela diminuerait-il la responsabilité des nazis ? Que les juifs et les Tsiganes soient "morts dans ces chambres ou qu'ils aient été victimes du typhus ou de telle autre forme de l'"enfer organisé", en quoi la responsabilité des nazis est-elle diminuée ?" Qu'ils me pardonnent, mais c'est là capituler en rase campagne. Le point capital en effet est la volonté de détruire. Sans doute cette volonté s'exprime-t-elle aussi dans les actions nazies menées par les *Einsatzgruppen* en territoire soviétique, les groupes d'action qui rassemblaient la population juive et les commissaires soviétiques et les fusillaient après leur avoir fait creuser leurs propres tombes. Mais ces actions gardaient quelque chose d'anarchique, d'émotionnel et de rudimentaire. La décision froide d'exterminer tout un groupe humain supposait un instrument spécifique, et ce fut la chambre à gaz. »[34]

P. V.-N. À tout à fait raison : sans chambre à gaz la thèse du génocide s'effondrerait.

---

[34] P. Vidal-Naquet, « Le Secret partagé », rendant compte du livre *Chambres à gaz, Secret d'État* (titre à méditer : n'attendez pas de véritables preuves car c'était le plus grand des secrets !).

[Légende d'une photo représentant la prétendue] CHAMBRE À GAZ DU CAMP DE MAIDANEK : La mort mobile ou la mort lente ?

Photo publiée à l'appui de l'article de P. V-N, en provenance du CDJC de Paris (photo à méditer : même le musée de Majdanek-Lublin reconnaît depuis quelques années qu'il s'agit d'une salle de douches).

> **Nazisme : Le choc de « Shoah »**
>
> « Les nazis ont failli réussir à effacer les traces les plus terribles du génocide : il n'existe aucune photographie des chambres à gaz et les cadavres sont partis en fumée. Mais il reste des témoins. Pendant dix ans, avec passion, Claude Lanzmann a recherché les survivants du massacre et les bourreaux embourgeoisés. Il les a fait parler, leur a fait revivre l'horreur devant sa caméra. Au total : trois cent cinquante heures de tournage. Cette semaine, dans deux salles parisiennes : un film de neuf heures et demie, d'une force inouïe. Catherine David et Claude Roy l'ont vu. »[35]

Sept mois après nous avoir présenté une « photographie » de « chambre à gaz », le magazine de Jean Daniel déclare : « il n'existe aucune photographie des chambres à gaz ». Il ne nous dit pas ce qu'il faut penser des photographies de chambres à gaz qu'on nous a présentées à des millions d'exemplaires pendant quarante ans, y compris dans *France-Observateur* ou *Le Nouvel Observateur*. Il ne nous dit pas non plus ce qu'il faut penser des chambres à gaz « en état d'origine » ou à l'état de ruines que des millions de personnes ont visitées et visitent encore au Struthof (Alsace), à Dachau (RFA), à Mauthausen ou à Hartheim (Autriche), à Majdanek (!) ou à Auschwitz ou à Birkenau (Pologne)... Il ne nous parle pas des milliers d'autopsies pratiquées sur des cadavres et qui n'ont révélé aucune mort par gaz. Quant à *Shoah*, « film sans documents et seulement avec des témoignages », c'est bien un film fait « avec du rien ».[36]

***

8 mai 1985

## *Simone Veil a peur*

---

[35] *Le Nouvel Observateur*, 26 avril 1985, p. 33, présentant *Shoah,* film de Claude Lanzmann.

[36] *Id.*, p. 74.

Voici ce qu'elle vient de déclarer à Dachau :

***Le Monde*, 8 mai 1985, p. 2**
**Savoir affronter le passé**

*[Nous reproduisons ci-dessous la fin de l'allocution prononcée par Mme Simone Veil à Dachau, le 28 avril dernier.]*

« Se souvenir, c'est aussi tirer la leçon de l'histoire pour que de telles catastrophes ne puissent se reproduire. Aussi, je suis convaincue d'être fidèle à la mémoire des morts en luttant contre toute résurgence d'idéologies propres à susciter le renouvellement d'événements semblables. Cela est si vrai que les associations d'anciens déportés et de leurs familles militent au premier rang des défenseurs des droits de l'homme.

» Tirer la leçon de l'histoire, c'est refuser la falsification. On connaît bien les arrière-pensées de ceux qui cherchent à nier la réalité des chambres à gaz ou à contester le nombre des victimes, se bornant à dire qu'il n'en existe aucune preuve et que d'ailleurs un massacre d'une telle importance aurait été matériellement impossible. Les preuves et les témoins existent, incontestables, si nombreux que le débat en lui-même est absurde ; nous devons catégoriquement refuser d'y participer.

» Presque plus grave et plus dangereux, parce que communément répandu : certains n'hésitent pas à mettre sur le même plan Auschwitz, Dresde, Hiroshima, les disparus d'Argentine et plus récemment Sabra et Chatila.

» Ces comparaisons ou ces assimilations ne sont pas neutres : si tout le monde est coupable, cela revient à dire que personne ne l'est. Si Auschwitz n'a été qu'un épisode effroyable d'une guerre qui, comme toutes les guerres, a connu ses excès et ses horreurs, Auschwitz n'est plus qu'une tragédie parmi d'autres, Auschwitz n'existe plus.

» Ce n'est pas diminuer l'horreur d'Hiroshima que de refuser l'amalgame ; il faut continuer à dénoncer Auschwitz et l'extermination des juifs et des Tziganes comme une spécificité qui tient à la mise en œuvre d'une théorie politique tendent à la totale élimination des peuples en question.

» Il est nécessaire donc de mettre en lumière les concepts racistes au nom desquels ces génocides ont été perpétrés, d'étudier l'enchaînement des faits, le passage de la théorie à la pratique, comment des personnes apparemment normales ont conçu de tels projets, comment d'autres ont accepté, sans protester, de les mettre en œuvre.

» Disant cela, je ne parle pas dans un souci de revanche, de délectation morbide et de désespérance, je cherche seulement à contribuer à une réflexion nécessaire et salutaire.

» Car ma présence ici, rescapée d'Auschwitz mais également ancien président du Parlement européen, se veut un hommage aux victimes mais aussi un geste d'espoir pour l'avenir.

» Cet espoir, c'est en l'Europe que je le place, une Europe qui a surmonté la haine et la barbarie pour s'engager dans la voie de la démocratie et de la solidarité entre les peuples qui la composent.

» Cette démarche commune doit se faire sans arrière-pensée mais sans arrière-pensée ne veut pas dire sans mémoire, sans esprit de revanche ne veut pas dire l'oubli, car nous pensons qu'une véritable démocratie ne peut être fondée que sur la dénonciation totale d'un système abominable. Chercher à en nier certains aspects, à excuser les responsables, à banaliser les fautes serait une erreur profonde pour l'amitié entre les peuples européens et l'avenir de l'Europe.

» Le seule façon de conjurer le passé est de savoir l'affronter. L'Europe ne peut être construite sur des faux-semblants et des échappatoires. J'observe que, dans nos populations, les plus européens sont ceux qui ont le plus souffert.

» La fidélité à la mémoire de ceux qui ne sont plus trouve aujourd'hui son expression dans un inlassable combat pour la liberté et la paix. »

Simone Veil sait que les révisionnistes ne cessent de proposer un débat sur les chambres à gaz et les six millions. Mais ce débat jusqu'à présent a été obstinément refusé par les tenants de la légende. S. Veil dit que les témoins et les preuves sont en si grand nombre qu'il faut catégoriquement refuser de participer au débat. Quel est ce raisonnement ?

Il y a deux ans elle déclarait :

« [...] au cours d'un procès intenté à Faurisson pour avoir nié l'existence des chambres à gaz, ceux qui intentent le procès sont contraints d'apporter la preuve formelle de la réalité des chambres à gaz. Or chacun sait que les nazis ont détruit ces chambres à gaz et supprimé systématiquement tous les témoins. »[37]

[37] « On risque de banaliser le génocide », *France-Soir Magazine*, 7 mai 1983, p. 47.

J'avais alors demandé où étaient les preuves que les Allemands auraient réalisé la prouesse d'effacer ainsi toute trace d'un énorme crime. Que fallait-il désormais penser des chambres à gaz présentées ici et là aux touristes et des innombrables témoins à la Filip Müller ou Rudolf Vrba ? Et s'il n'y avait ni preuves, ni témoins, devant quoi se trouvait-on ?

## *Additif du 12 mai 1997*

Je constate que S. Veil se contredit du tout au tout en déclarant maintenant :

« Les preuves et les témoins existent, incontestables, si nombreux que le débat en lui-même est absurde ».

Il en va de même dans les procès que m'intentent notamment des organisations juives. En première instance, leurs avocats claironnent qu'il existe abondance de preuves et de témoins ; je prends alors la parole pour démontrer au tribunal qu'il n'existe en fait ni preuves ni témoins ; aussi, en appel, mes adversaires en viennent-ils à soutenir qu'il n'y a ni preuve, ni témoins parce que les Allemands ont pris la précaution de supprimer tout ce qui pouvait les charger ! Au procès suivant, même manœuvre de leur part.

Je ne crois pas qu'ils agissent ainsi par cynisme. La vérité est qu'à ces procès ils ne savent que dire ni que faire. Ils perdent pied, s'affolent, tournent à tout vent, cherchent la sortie et ne la trouvent pas. Cela se constate jusque dans leur comportement physique. C'est en ce sens que chacun des procès qu'ils m'intentent leur est un supplice, dont ils osent se plaindre. Ils ont peur. Comme S. Veil.

***

15 mai 1985

# ENCORE UN HISTORIEN QUI NE MENTIONNE PLUS LES CHAMBRES À GAZ

Dans *Le Figaro* du 6 mai 1985 (p. 5), l'historien Jacques Delaunay publiait un long article intitulé : « Historique de l'univers concentrationnaire ». Il n'y faisait mention ni des chambres à gaz, ni des camions à gaz. L'article ci-dessous, intitulé « Camps de la mort » est paru dans *Ouest-France* le 15 mai 1985. *Ouest-*

*France* est le quotidien qui connaît, je crois, la plus grande diffusion en France. Cet article est signé du professeur Michel de Boüard, ancien doyen de la faculté des lettres de l'université de Caen, ancien membre du Comité d'histoire de la deuxième guerre mondiale et déporté de la Résistance. Il n'y est fait mention ni des chambres à gaz, ni des camions à gaz. L'auteur, tout en insultant les révisionnistes, va jusqu'à reprendre ce que j'avais révélé il y a cinq ans dans mon *Mémoire en défense* (p. 198-199) sur le fait que le Comité de la DGM refusait de publier ses statistiques de la déportation « pour éviter des heurts possibles avec certaines associations de déportés » et parce que cette publication, disait-il, « risquerait de susciter des réflexions désobligeantes pour les déportés. » Ces chiffres confidentiels, je les ai publiés en 1982.[38]

**_Ouest-France_, 15 mai 1985 Points de vue par Michel de Boüard, déporté de la Résistance**
***Camps de la mort.***
***La mémoire vivante des témoins***

Quarante ans sont passés depuis que s'est effondré, avec le IIIe Reich, le système concentrationnaire qu'il avait engendré. On se tromperait si l'on pensait qu'il faut attendre encore quelques décennies pour en écrire l'histoire. Quand auront disparu les survivants de la déportation, les archivistes de l'avenir tiendront peut-être en mains quelques papiers aujourd'hui cachés mais la principale source leur fera défaut : la mémoire vivante des témoins. Encore faut-il que ceux-ci connaissent les exigences de l'enquête historique.

Entre 1933 et 1945, le monde concentrationnaire a présenté divers aspects et, à une même date, il y eut entre les camps de concentration d'assez fortes dissemblances ; l'historien doit se garder de faire l'amalgame. Il faudrait aussi publier sans plus de retard les statistiques savamment et patiemment élaborées par le comité d'histoire de la Deuxième guerre mondiale. Parce qu'elles faisaient apparaître des taux de mortalité inférieurs à ce que l'on croyait, le comité en ajourna la divulgation pour le motif suivant : « Dans les conditions actuelles (1973), il n'est pas opportun d'envisager une publication ; les associations de déportés sont réticentes ».[39]

Or, faute d'avoir passé outre ces réticences, on a laissé le champ libre à la perfide propagande de ceux qui nient la réalité

[38] R. Faurisson, *Réponse à P. Vidal-Naquet*, p. 31.
[39] Citation inexacte édulcorante. [NdA]

concentrationnaire et le génocide juif : il leur est facile de réfuter les simplifications et les généralisations systématiques auxquelles cèdent nombre d'écrivains, souvent anciens déportés. Et dans cinquante ans, que concluront les historiens lorsqu'ils auront à choisir entre les deux thèses ?

On ne peut douter aujourd'hui du caractère intrinsèquement pervers du système concentrationnaire nazi. Nombre de documents prouvent que ce caractère inhumain, que l'intention d'avilir les hommes en les provoquant à s'entre-déchirer, ont été programmés par les plus hautes autorités du IIIe Reich ; les subalternes n'ont fait qu'appliquer avec haine les consignes reçues. Ainsi défini et appliqué, ce système atteignit le bas-fond de l'ignominie. Il disposait de moyens techniques de contrainte dont peuvent user, aujourd'hui, s'ils le veulent, la plupart des États ; beaucoup d'entre eux, d'ailleurs, ne se privent pas d'en faire ce sale usage. Le cri des rescapés de la déportation, lancé en 1945 et souvent repris depuis lors était : « Plus jamais ça ! ». Hélas, longue est la liste des pays où « ça » s'est reproduit depuis quarante ans. C'est à coup sûr l'un des plus graves périls qui menacent l'homme.

Mais l'affreuse expérience concentrationnaire nazie nous apporte à cet égard, en même temps qu'un avertissement, un message d'espoir. Car, en définitive, dans les camps nazis, les forces du mal n'ont pas réussi à réduire l'homme à l'état de bête. Il y eut certes des défaillances mais la plupart sont demeurés fiers, fraternels, courageux et calmes devant la mort. On ne le redira jamais assez, surtout dans nos pays développés où sévit un individualisme débilitant, d'autant plus dangereux qu'il s'abrite souvent derrière le noble mot de « liberté ».

À cet égard comme à beaucoup d'autres, redoutable est l'écart qui s'accroît entre les progrès galopants des techniques et l'érosion des valeurs humaines, entre les facilités qu'offrent à beaucoup les sociétés de consommation et le sens des responsabilités. L'appel naguère lancé par Emmanuel Mounier aux valeurs personnalistes et communautaires est plus que jamais d'actualité. Si, dans les camps de concentration, l'homme, en fin de compte, a vaincu la bête, c'est qu'il a trouvé en lui les forces morales contre lesquelles ne peut prévaloir durablement aucune oppression.

Puissent en prendre conscience nos compatriotes, et particulièrement nos éducateurs et nos législateurs.

***

21 juin 1985

# OÙ SONT PASSÉES LES CHAMBRES À GAZ ?

On ne les nomme plus du tout, ou on ne les nomme guère, ou on les nomme pour exprimer un doute sur leur existence…

Le jour viendra où un quelconque Klarsfeld écrira qu'elles ont existé « en tant que symboles » ou « en tant que métaphores » de l'indicible « Shoah ». Il passera pour courageux et se fera beaucoup d'argent. Il sera comme cette intelligentsia qui, après nous avoir tant menti sur les vertus du communisme international et après avoir couvert de boue ceux qui avaient été les premiers à dénoncer l'imposture, se présentent aujourd'hui en héros de l'anticommunisme ; ils devraient se taire et ils parlent ; plus ils parlent, plus ils palpent.

**Le courrier des lecteurs, (*Ouest-France*, 21 juin 1985) :**
**De l'existence des « chambres à gaz homicides »**

Dans notre édition du 4 juin, nous avons, à propos des camps de concentration, cité la lettre d'un jeune Normand de dix-sept ans qui écrivait : « Quelques documents et un peu d'intelligence m'ont convaincu rapidement que les chambres à gaz n'ont jamais existé : c'est un mythe ». Nous avions fait suivre cette citation du paragraphe suivant : « Cette lettre n'est pas isolée. Ceux qui pensent que les écrits d'un certain M. Faurisson[40] sont négligeables en raison même de leur énormité, ont tort de croire que « la bête immonde », selon le mot de Brecht est morte. Elle sommeille et son ventre est toujours fécond. De sottise autant que de méchanceté ».

Un lecteur des Côtes-du-Nord, M. J. D., nous fait vivement grief d'avoir « diffamé » M. Faurisson :

« Pour ma part, j'estime, qu'entraîné par une persécution odieuse, ce professeur consciencieux, privé de sa chaire par le fait du prince, a tenu des propos contestables sur la volonté de génocide ou la politique israélienne. Mais sa critique des témoignages sur la question précise des chambres à gaz n'a reçu à l'heure actuelle aucune réfutation sérieuse – et elle a d'ores et déjà fait avancer la vérité historique : il y a des légendes que plus personne n'ose

[40] Robert Faurisson, universitaire lyonnais qui s'est illustré en niant l'existence des « chambres à gaz homicides » en affirmant que « le prétendu génocide des juifs » est une imposture.

> soutenir ; M. Vidal-Naquet a lui-même condamné les livres commerciaux de Bernadac ou de R. Steiner sur Treblinka. »

Je ne connais aucun de ces deux lecteurs. Aucun ne m'a écrit.

Le magazine *L'Express* de cette semaine (21-27 juin 1985) contient un long article de Jacques Derogy sous le titre : « Nazis – Mengele en enfer. » Les mots de « chambre à gaz », de « gazés », de « gazages » n'y apparaissent pas. On relève seulement : « 300.000 à 400.000 victimes de Mengele, dont les corps furent réduits en cendres »[41] et « 74 sélections [...]. À gauche les bouches inutiles, vouées à la mort immédiate. »[42] On ne dit ni comment ces chiffres énormes ont été établis, ni comment mouraient ceux qui étaient voués à la mort immédiate.

Si on ne nous les falsifie pas, les écrits de Mengele vont porter un coup fatal au mensonge historique des chambres à gaz et du génocide.

***

30 juin 1985

## LE TÉMOIN N° 1 DE CLAUDE LANZMANN DANS *SHOAH* (FILM ET LIVRE)

Le magazine de Jean Daniel *Le Nouvel Observateur* a récemment consacré un dossier au film de Claude Lanzmann intitulé *Shoah* (en hébreu : catastrophe). *Shoah* est présenté comme un film sans documents. Mais il y a des témoins. Le témoin n° 1, pour qui a vu le film et lu le livre, est incontestablement un coiffeur israélien du nom d'Abraham Bomba. C'est pourquoi, ayant à choisir parmi les témoignages, *Le Nouvel Observateur* a eu raison de retenir celui de ce coiffeur. A. Bomba dit que pendant la guerre il a été coiffeur au camp de Treblinka (à quatre-vingt-dix kilomètres à l'est de Varsovie). Les Allemands, dit-il, l'ont forcé à couper les cheveux des femmes qui allaient être gazées. C'est dans la chambre à gaz même que les cheveux étaient coupés. Bomba parle toujours de *la* chambre à gaz comme s'il n'y avait eu à Treblinka qu'une chambre à gaz : celle précisément où il travaillait en tant que coiffeur parmi un ensemble de seize ou dix-sept coiffeurs, tous des professionnels.

---

[41] J. Derogy, « Nazis... », p. 52.

[42] *Id.*, p. 53.

L'essentiel du témoignage de Bomba se lit aux pages 76 et 77 du magazine qui reproduisent, avec des inexactitudes négligeables, les pages 125 à 130 du livre[43]. En voici quelques extraits tirés du livre :

> « [Nous avons travaillé dans la chambre à gaz] durant une semaine ou dix jours [...] une pièce de quatre mètres sur quatre environ.[44]
>
> [Les femmes et les enfants entraient ; les femmes] Complètement nues. Toutes les femmes et tous les enfants.[45]
>
> [Les Allemands] avaient besoin des cheveux des femmes qu'ils expédiaient en Allemagne [...] seulement des bancs et seize ou dix-sept coiffeurs [...]. Chaque coupe prenait environ deux minutes, pas plus [...]. En une fournée... à peu près... soixante à soixante-dix femmes [...]. Quand on en avait fini avec le premier groupe, le suivant entrait : il y avait alors cent quarante ou cent cinquante femmes.[46]
>
> Et ils s'en occupaient aussitôt. [Les Allemands] nous ordonnaient de quitter la chambre à gaz pour quelques minutes, cinq minutes environ : ils envoyaient alors le gaz et les asphyxiaient à mort [...] il y avait un commando qui sortait déjà les cadavres : toutes n'étaient pas encore mortes. Et en deux minutes, même pas deux minutes, en une minute... tout était nettoyé, tout était propre : l'autre groupe pouvait entrer et subir le même sort [...]. Les Allemands voulaient les cheveux, ils avaient leurs raisons [...] travailler jour et nuit parmi les morts, les cadavres. »[47]

Cette partie du témoignage de Bomba peut se résumer ainsi : dans une pièce de seize mètres carrés se trouvaient seize (ou dix-sept ?) coiffeurs et des bancs ; soixante ou soixante-dix femmes nues environ entraient dans cette pièce avec un nombre indéterminé d'enfants ; on leur coupait les cheveux en huit minutes environ ; personne ne quittait la pièce ; entrait alors un nouveau groupe de soixante-dix ou quatre-vingts femmes avec, à nouveau, un nombre indéterminé d'enfants ; la durée de la coupe était de dix minutes environ. Le total des personnes présentes dans ces seize mètres carrés était alors de cent quarante-six (16 + 60 + 70) ou de

[43] C. Lanzmann, *Shoah.*
[44] *Id.*, p. 126.
[45] *Id.*, p. 127.
[46] *Id.*, p. 128.
[47] *Id.*, p. 129.

cent soixante-sept (17 + 70 + 80) environ, sans compter les enfants. Et il y avait des bancs. C'est impossible. C'est même du pur non-sens.

Les coiffeurs, ainsi comprimés, travaillaient sans une minute de répit. Puis, ils s'arrêtaient cinq minutes environ et reprenaient alors leur travail. Claude Lanzmann ne demande pas à Bomba combien d'heures de jour ou de nuit durait ce travail.

Les Allemands envoyaient alors le gaz. Quel gaz ? Par où ? Et comment procédait-on à la dispersion du gaz pour permettre aux coiffeurs de réintégrer la chambre à gaz ? Claude Lanzmann ne pose pas ces questions. Il faudrait un gaz à l'effet foudroyant. Même le gaz cyanhydrique ne s'y prêterait pas. D'ailleurs, il s'incruste partout, adhère fortement aux surfaces, se mêle aux humeurs du corps, pénètre la peau, exige, dans le simple cas d'un local à désinsectiser, une aération naturelle d'une vingtaine d'heures. Et il ne faut surtout pas se tenir à proximité de ce local pendant ces heures-là. Kurt Gerstein dit qu'on gazait au gaz d'échappement d'un moteur Diesel (!!!). Le document officiel de Nuremberg (PS-3311) dit qu'on tuait les juifs avec de la vapeur d'eau bouillante. D'autres sources disent qu'on électrocutait les juifs (première version donnée par les Soviétiques à propos d'Auschwitz quelques jours après la libération du camp).

En une minute, les membres du commando auraient tiré de la chambre à gaz de seize mètres carrés un ensemble de cent trente ou de cent cinquante cadavres environ, sans compter les cadavres des enfants. Ils auraient ramassé les cheveux dans lesquels tout le monde aurait piétiné et qui se seraient mêlés aux cadavres. Ils auraient enfin tout nettoyé au point que tout aurait été propre.

Alors une nouvelle fournée de femmes et d'enfants aurait pénétré dans ce local de seize mètres carrés ainsi que les seize ou dix-sept coiffeurs chargés de faire croire à tout ce monde qu'il n'y avait rien à craindre et que si on le comprimait là c'était pour une coupe de cheveux.

La crédulité humaine n'a pas de fond. À force de lavage de cerveau, à force de propagande pendant plusieurs générations sur le compte de la barbarie allemande ou nazie, on peut tout gober, on peut tout faire gober.

L'exemple de Mengele est intéressant. De ce médecin d'Auschwitz, on dit couramment qu'il est responsable de l'assassinat de trois cent à quatre cent mille personnes et qu'il torturait les enfants. On ne fournit aucune preuve. On nous montre quelques photos, en effet pitoyables, d'enfants typhiques, cachectiques ou infirmes, mais on oublie qu'il est né à Auschwitz au moins trois mille enfants. À la libération d'Auschwitz, parmi les sept à huit mille personnes que les Allemands avaient laissées sur place parce qu'elles ne risquaient pas d'être enrôlées dans l'armée ou dans l'industrie de leurs ennemis, il y avait certes des malades mais il y avait aussi – les films soviétiques sont là pour en témoigner – des enfants et des vieilles femmes visiblement en bonne santé. Il y avait, en particulier, de ces « jumeaux d'Auschwitz » qui ont récemment constitué une association appelée CANDLES.

Certaines jumelles, qui devaient avoir cinq ans à la libération du camp, sont venues témoigner à Jérusalem en 1985, lors d'un show-procès, des horreurs commises par Mengele. Des journalistes du monde entier, y compris dans des journaux comme *Le Monde*, ont, sur la foi de ces témoignages, écrit que Mengele avait tapissé les murs d'une pièce d'une quantité d'yeux épinglés comme des papillons. Voilà où en sont nos médias à quinze ans de l'an 2000 !

***

Septembre 1985

# HISTOIRE ET DROIT

*M. Robert Faurisson, s'estimant mis en cause par les articles de Jean-Denis Bredin et de Georges Kiejman (Le Débat, n° 32) et usant de son droit de réponse, nous prie d'insérer le texte suivant :*

Monsieur le Directeur,

Dans votre livraison n° 32 (p. 92-125), vous publiez une étude de J.-D. Bredin et une étude de G. Kiejman où se trouve longuement évoquée ce que vous appelez l'« affaire Faurisson ». Je rappelle qu'en 1979, sur plainte de la LICRA et de huit autres associations, j'avais été assigné en justice pour dommage à autrui parce que j'avais écrit dans *Le Monde* que l'existence de prétendues chambres à gaz homicides à Auschwitz ou dans d'autres camps n'était à l'origine qu'une rumeur de guerre. Le 8 juillet 1981, j'étais condamné par un jugement du TGI de Paris. Le 26 avril 1983, la Cour de Paris confirmait ce jugement mais non sans le réformer sensiblement sur le fond.

Sur l'étude de J.-D. Bredin je ferai cinq remarques :

1. selon lui, j'aurais cherché à esquiver mes responsabilités en disant que je **n**'étais **qu**'un critique de textes et documents et non un historien ; en réalité, par unique souci de précision, j'avais dit que j'étais critique de textes et documents et non historien ; il n'y a jamais eu de **ne** ... **que ;**
2. l'accusation portée contre moi n'était pas en substance celle que J.-D. Bredin rapporte aux pages 100-101 ; j'étais en fait accusé de

« *falsification de l'Histoire » ;* or, les juges ont d'emblée repoussé cette accusation ;
3. il ne mentionne aucun de mes moyens de défense ;
4. il ne dit pas que, dans ce débat d'histoire, sept personnes (de la gauche libertaire) dont J.-G. Cohn-Bendit, P. Guillaume et S. Thion étaient volontairement intervenues au litige pour m'apporter leur soutien ;
5. il traite du jugement sans mentionner l'arrêt qui, sur une partie importante du fond, rendait ce jugement caduc.

Les points 2, 3 et 4 peuvent s'expliquer par le fait qu'au lieu de se reporter au texte original du jugement, M. Bredin s'en est remis au texte donné par le « Dalloz-Sirey » ; or, ce texte-là est entaché d'omissions et d'erreurs fautives qui ont valu au « Dalloz-Sirey » d'être condamné par un jugement civil du TGI (23 novembre 1983), confirmé par un arrêt de la cour de Paris (8 mars 1985).

G. Kiejman, lui, traite du jugement et de l'arrêt. Il dit que « Faurisson se voit condamné en tant qu'historien parce qu'il [...] essaie de diffuser une prétendue vérité qui viole l'évidence » (p. 123). Il n'en est rien. G. Kiejman a passé sous silence les considérants finaux de l'arrêt, là où, selon l'usage, la Cour articule les griefs les plus graves ; or, ces griefs sont que : « M. Faurisson, qui s'indigne de ce qu'il nomme "la religion de l'Holocauste", n'a jamais su trouver un mot pour marquer son respect aux victimes en rappelant (persécutions, déportations, millions de morts) » et la Cour, à l'instar du tribunal, dénonce ce qu'elle trouve de dangereux dans mes écrits. Jamais la Cour ne m'a reproché « mille artifices » (*ibid.*). Son « mais *considérant* » n'aurait pas dû être remplacé par un « et *considérant* » (ligne 11) qui fausse le sens. G. Kiejman parle avec insistance de la « ruse » des magistrats. Pour moi, point de ruse, mais une grande clarté. Comme elle le dit elle-même, la Cour a vu qu'il y avait un « problème historique », celui de ces chambres à gaz qui, dit-elle, « à en croire de multiples témoignages, auraient été utilisées (par les Allemands) ». Elle a répondu à mes accusateurs qu'elle n'avait trouvé chez moi ni légèreté, ni négligence, ni ignorance délibérée, ni mensonge ; elle a vu que pour moi, selon ses propres termes, « l'existence des chambres à gaz, telles que décrites habituellement depuis 1945, se heurte à une impossibilité absolue, qui suffirait à elle seule à invalider tous les témoignages existants ou à tout le moins à les frapper de suspicion ». Au vu de mes travaux elle a prononcé : « La valeur des conclusions défendues par M. Faurisson (sur les chambres à gaz) relève donc de la seule appréciation des experts, des historiens et du public. »

En Allemagne et en Afrique du Sud il est interdit de mettre en doute l'existence des chambres à gaz. En France, nous en avons le droit depuis cet arrêt du 26 avril 1983. Voilà qui me semble digne d'intérêt à la fois pour « Le droit, le juge et l'historien » (titre de l'étude de M. Bredin), pour « L'histoire devant ses juges » (titre de l'étude de M. Kiejman) et pour un dossier du *Débat* intitulé « Histoire et droit ».

[Publié dans *Le Débat*, septembre 1985, p. 190-191.]

***

5 octobre 1985

# BILAN DES NEUF PREMIERS MOIS DE 1985

Énorme travail exigé par le procès Zündel à Toronto (Canada). Très important retentissement dans la presse canadienne de langue anglaise. Déroute de Raul Hilberg (le pape de l'exterminationnisme) et de Rudolf Vrba (personnage-clé à l'origine du mythe). Plusieurs livres sont en préparation sur cette affaire. Notre Institute for Historical Review vient de publier de Michael A. Hoffman II : *The Great Holocaust Trial.*

Notre Institut est parvenu à éviter le dangereux procès Mermelstein moyennant un versement de quatre-vingt-dix mille dollars et un court mot d'excuse qui est sans conséquence. L'Institute a repris force et vie. Il vient de publier une traduction en anglais de *Campagne de Russie, 1941-1945* de Léon Degrelle.

Claude Lanzmann a manqué son opération *Shoah*, du moins en France. Nous ne sommes pas pour rien dans cet échec.

Henri Roques a soutenu avec succès la première thèse révisionniste qu'on ait jamais présentée au sein d'une université française. La soutenance a eu lieu le 15 juin devant l'université de Nantes. Elle portait sur les « confessions » de Kurt Gerstein qui constituent la pierre angulaire de la légende de Belzec, Treblinka (et Sobibor). Nous nous apprêtons à diffuser la nouvelle dans les milieux scientifiques et journalistiques.

Depuis le 8 juillet je suis attelé à la correction d'une mauvaise traduction en français de l'admirable livre de Stäglich. Nous avons trouvé un peu d'argent. Le livre sortira en 1986.

Une traduction en flamand de mon travail sur le journal d'Anne Frank a été diffusée en Belgique et n'est pas passée inaperçue de la presse. Cela nous a permis de publier dans la presse belge des textes en droit de réponse. Les actuels détenteurs des manuscrits Anne Frank sont en mauvaise posture. Ils remettent d'année en année la publication « authentique » qu'ils nous promettent depuis 1980.

J'ai publié des textes en droit de réponse dans *Témoignage chrétien*, dans *Le Débat* et surtout dans *Ouest-France* qui a le plus fort tirage de tous les journaux de France. Des gens sont intervenus dans le débat, de notre côté. Le cas du professeur de Boüard est particulièrement intéressant.

Au Sénat et à l'Assemblée Nationale, le révisionnisme a provoqué des levées de boucliers ; voy., dans *Le Journal Officiel,* les interventions Badinter, Lederman, Goldet, Rabineaux, Charzat.

Dans de récents numéros du *Journal of Historical Review* j'ai publié des articles qui ne sont pas parus en français : « A Challenge to David Irving » et environ quarante pages intitulées « Revisionism on Trial in France, 19791983. »

Éric Delcroix est parvenu à faire condamner le *Dalloz-Sirey* en première instance et en appel ; l'honorable revue a dû publier le jugement la condamnant. On en a parlé jusque dans *Les Petites Affiches lyonnaises*. Cassation ?

Éric Delcroix est parvenu aussi à faire condamner la LICRA dans l'affaire *Historia.*

Pour ce qui est de notre procès contre *L'Humanité* et de notre procès contre Pierre-Bloch (cette fois pour un article dans *Le Droit de Vivre*), nous avons perdu en première instance. Plaidoiries d'appel les 11 et 19 décembre.

La grave affaire des sommes qui me sont réclamées par la LICRA est l'objet d'une série de procédures compliquées. Le Trésor Public a opéré une saisie de cinquante-huit mille francs environ sur mon salaire. La LICRA me réclame encore environ quatre-vingt mille francs.

Pierre Guillaume est poursuivi par le ministère public pour avoir eu le courage de distribuer un tract à l'entrée du cinéma du Quartier latin où était projeté *Shoah.* Il poursuit *Le Nouvel Observateur* pour refus d'insertion d'un texte en droit de réponse.

Un révisionniste italien, Carlo Mattogno, dont la qualité de travail est exceptionnelle, devrait être en mesure de publier en 1986 ses recherches sur Filip Müller, sur Nyiszli et, d'une façon générale, sur le grand mensonge.

Henri Roques est en rapport avec un éditeur parisien qui pourrait publier un petit livre sur Gerstein mais à l'usage du grand public. La thèse elle-même va être reproduite en exemplaires photocopiés et envoyés à un certain nombre de centres de recherches historiques en France et à l'étranger.

Ma *Réponse à un historien de papier* va être publié dans le *Journal of Historical Review.*

Mon interview de *Storia*... ainsi que d'autres textes de moi devraient paraître en flamand.

Nous publierons probablement la lettre d'un ancien déporté qui a vécu quarante-sept mois à Mauthausen et qui dénonce le mythe de la chambre à gaz de ce camp.

Du point de vue de la recherche historique, l'événement le plus important de cette année sera sans doute… la dissimulation des journaux et écrits de Mengele. Nous en savons la teneur : Mengele a écrit ou déclaré que ce qu'on disait de lui ou d'Auschwitz n'était que propagande et mensonge.

***

26 octobre 1985

## *Michel Polac refuse d'aborder le sujet des chambres à gaz dans son émission télévisée « Droit de réponse »*

Extrait d'un entretien avec Michel Polac paru dans *Télé-7 Jours*, semaine du 26 octobre au 1er novembre 1985, p. 126 :

> Q. Y-a-il des sujets que vous vous refusez d'aborder ?
>
> R. J'en vois trois. La question des chambres à gaz dont certains ont scandaleusement contesté l'existence : trop douloureux (NDLR : le père de Michel Polac est mort en déportation). Le suicide : trop dangereux de donner la parole à ceux qui prônent cette "solution". Le Moyen-Orient, le Liban, les Palestiniens : trop brûlant ; il y a tant de passions, de rancœurs et de haine chez les gens concernés par le sujet qu'un débat risque de paraître dérisoire et indécent, sans compter qu'il peut se terminer par des coups de revolver !

D'une certaine manière, les trois sujets que Michel Polac refuse d'aborder pourraient bien avoir un point commun…

Un débat sur le suicide ne pourrait s'organiser qu'autour du livre *Suicide, mode d'emploi* ; or, les deux auteurs de ce livre, Claude Guillon et Yves Le Bonniec, avaient favorablement parlé de R. Faurisson. Ils avaient écrit en particulier :

> « Après Rassinier (dont l'appréciation des chambres à gaz est plus nuancée), Faurisson présente l'intérêt d'avoir, dans le même

> temps où il prétend dénoncer un mensonge vieux de quarante ans, effectivement révélé de *nombreux mensonges*, et suscité parmi ses contradicteurs l'une des plus formidables productions de nouveaux mensonges de la décennie. Les historiens officiels reconnaissent eux-mêmes que, là où l'on fait encore visiter aujourd'hui une chambre à gaz, il n'y en eut jamais, ce qui devrait, à les suivre, entamer en rien le crédit accordé à d'autres "vérités historiques". »[48]

Depuis la publication de leur livre en 1982, les deux auteurs n'ont cessé d'avoir de graves ennuis dont le point de départ se trouve dans des plaintes déposées contre eux par des parents de suicidés. Yves Le Bonniec, aux toutes dernières nouvelles, vient d'être placé sous mandat de dépôt, sur la demande d'un procureur. L'intelligentsia pétitionnaire ne s'en est pas émue…

***

Jeudi 26 décembre 1985

# LETTRE À M. DAVID MCCALDEN

Vous m'avez demandé mon témoignage en ce qui concerne le reportage d'Annette Lévy-Willard : *L'Espion qui venait de l'extrême droite*.

Voici ce témoignage :

Du 3 au 5 septembre 1983, s'est tenu à Los Angeles, Californie, exactement au dernier étage du « Grand Hotel » d'Anaheim, le cinquième congrès international de notre « Institute for Historical Review ».

J'étais l'un des conférenciers annoncés, parmi d'autres universitaires ou chercheurs.

La date du congrès, les noms des conférenciers, les sujets de certaines conférences avaient été, comme d'habitude, annoncés plusieurs mois à l'avance. Comme d'habitude aussi, le nom de la ville ou de la région avait été annoncé mais l'emplacement exact avait été tenu caché pour des raisons évidentes de sécurité et pour prévenir toute tentative d'intimidation auprès des responsables des emplacements choisis (universités, hôtels, etc.).

---

48 C. Guillon et Y. Le Bonniec, *Suicide, mode d'emploi*, p. 204-205.

En juin 1983, soit trois mois avant la date de la conférence, une journaliste d'extrême-gauche, Madame Annette Lévy-Willard cherchait à me joindre au téléphone à mon domicile. On lui indiquait que j'étais alors à Paris chez mon éditeur, Pierre Guillaume. Elle m'y téléphonait ainsi qu'à Pierre Guillaume. Elle nous faisait savoir qu'elle comptait se rendre à Los Angeles à notre conférence avec une équipe de la télévision française. Elle comptait obtenir une interview de moi. Je lui faisais alors, en présence de Pierre Guillaume, la réponse suivante :

- je n'accorderais pas d'interview si la conférence allait être troublée d'une façon quelconque ;
- j'accorderais **peut-être** une interview dans le cas contraire, mais ce serait à la fin de la conférence.

Mme L.-W. n'était pas satisfaite de ma réponse. Elle me faisait valoir qu'il lui serait difficile de déplacer toute une équipe de télévision jusqu'à Los Angeles pour une interview hypothétique. Je l'invitais pourtant à venir de toute façon.

Arrivé à Los Angeles, j'apprenais de Tom Marcellus, directeur de notre institut, qu'une équipe de la télévision française désirait m'interviewer. Je tombais d'accord avec T. Marcellus pour révéler à A. L.-W. que la conférence se tenait à Anaheim au dernier étage du « Grand Hôtel ».

À la fin de notre conférence, j'apercevais dans le couloir menant à la salle de conférence une équipe de télévision dirigée par une femme. Je m'approchais sans me faire connaître. Je m'apercevais immédiatement, par la nature des questions posées aux personnes sortant de la salle, que la dame (A. Lévy-Willard sans doute) était animée par des sentiments hostiles au révisionnisme historique. J'aurais pu alors rentrer chez moi sans accorder d'interview. Au lieu de cela je décidais de me présenter à cette dame et de lui dire que j'étais « le professeur Faurisson ».

Je lui dis que j'avais écouté les questions posées et que je n'étais nullement disposé à répondre à des questions qui n'avaient pas de rapport étroit avec nos recherches historiques. De plus, constatant que son équipe s'efforçait de se glisser sans autorisation dans la salle de conférence et d'y surprendre des conversations privées, je lui notifiais l'interdiction de pénétrer dans cette salle. Cette interdiction était immédiatement confirmée par M. Tom Marcellus.

Une longue discussion allait s'ensuivre entre Mme L.-W., un membre de son équipe et moi-même. Je posais mes conditions : j'acceptais d'être filmé à la condition de pouvoir faire seulement une courte déclaration et à la condition que ce fût dans un endroit neutre de l'hôtel. Je voulais un endroit neutre parce que je sais trop comment il est possible à des *cameramen* de créer un contexte artificiel (par exemple, filmer une interview avec, en arrière-fond, une vue sur Disneyland qu'on peut apercevoir par les fenêtres du « Grand Hotel »). Je prévenais Mme L.-W. du contenu de ma « déclaration d'une minute ». J'y donnerais aux téléspectateurs français une information dont les avait délibérément privés la télévision française. En France, les médias avaient à maintes reprises présenté le « professeur Faurisson » comme un menteur, un falsificateur de l'histoire. Ils avaient mené grand tapage sur le fait que de nombreuses associations, juives en particulier, m'avaient poursuivi en justice pour « falsification de l'histoire » et pour « dommage à autrui » parce qu'à l'exemple d'un nombre croissant de chercheurs j'avais conclu qu'il n'a pas existé une seule chambre à gaz homicide dans les camps de concentration allemands mais seulement des chambres de désinfection ainsi que des fours crématoires. Je l'avais écrit dans le journal *Le Monde*. L'émotion suscitée alors avait été de caractère hystérique, non sans de graves conséquences pour ma femme, pour mes enfants et pour moi-même. Dès que les tribunaux ont été saisis de l'affaire, une grande gêne est devenue perceptible chez mes accusateurs. Le procès qu'ils m'intentaient allait tourner à leur confusion. Le jugement rendu en première instance écartait l'accusation de mensonge ou de falsification de l'histoire mais, habilement sollicité, il pouvait apparaître comme un relatif succès pour mes accusateurs. Les médias s'en faisaient l'écho. J'interjetais appel. Le 26 avril 1983, la première chambre (section A) de la cour d'appel de Paris rendait son arrêt. J'avais montré que l'existence des prétendues chambres à gaz homicides se heurtait à des impossibilités physiques, chimiques, médicales et topographiques. Dans son arrêt, la cour, selon ses propres termes voyait bien qu'il y avait eu là, pour nous autres révisionnistes,

> « une impossibilité absolue qui suffirait, à elle seule, à invalider tous les témoignages existants ou, à tout le moins, à les frapper de suspicion. »

La cour de Paris allait jusqu'à répondre à mes accusateurs qu'elle n'avait trouvé dans mes écrits (articles et livres) sur la question des chambres à gaz ni mauvaise foi, ni légèreté, ni négligence, ni ignorance délibérée, ni **mensonge**. Tout en me condamnant pour « dommage à autrui », elle concluait :

> « La valeur des conclusions défendues par M. Faurisson relève donc de la seule appréciation des experts, des historiens et du public. »

En France, la justice avait tranché : les Français avaient désormais le droit, garanti par la prestigieuse première chambre de la cour d'appel de Paris, de nier l'existence de ces affreux abattoirs, née d'une rumeur de guerre et officialisée par les quatre juges de Nuremberg. La justice française avait pris cette décision non en vertu de la défense de la liberté d'opinion mais, ainsi que l'indique sa phrase de conclusion, au vu du sérieux des travaux révisionnistes.

Les médias allaient faire le silence sur cet arrêt d'une importance historique, à quelques rares exceptions près, en particulier celle du journal *Le Monde.*

C'est à cause de ce silence que je déclarais à Mme L.-W. et à son équipe :

> « Je refuse de répondre à des questions. Je ferai une déclaration d'une minute. Pour les téléspectateurs, ce sera une information que vous leur avez cachée. Ils apprendront comment s'est terminé le procès qui m'avait été intenté pour falsification de l'histoire. Ce que vous n'avez pas dit, je le dirai. »

Après bien des tergiversations, Mme L.-W. prenait *l'engagement formel* de se contenter de ma déclaration d'une minute.

Il nous a ensuite fallu environ un quart d'heure pour trouver un emplacement neutre. Les cameramen voulaient le plus de lumière possible. C'est ainsi que, d'un commun accord, nous avons tous ensemble choisi au rez-de-chaussée de l'hôtel, en un endroit sans trop de passages, un hall d'entrée fermé d'une grande porte de verre. Les techniciens ont fait les préparatifs nécessaires à la prise de vue et à la prise de son. Quand tout a été prêt, Mme L.-W., manquant à son engagement formel, m'a demandé *ex abrupto* pourquoi je l'avais empêchée d'entrer dans la salle de conférences. Elle m'a posé la question à trois reprises. Mes trois réponses ont été les suivantes :

- « Pas de réponse. »
- « Pas de réponse. »
- « Vous vous répétez. »

Et je suis parti en disant que c'était fini.

Quelque temps plus tard, j'étais dans le lobby de l'hôtel en train de parler avec Tom Marcellus. Un bruit nous a alertés. C'était Mme L.-W. qui, marchant à grand pas et se heurtant à des fauteuils, criait à mon adresse une phrase du genre de :

> « Vous le paierez cher, M. Faurisson, je me vengerai ; vous verrez, je me vengerai. »

Je traduisais ces propos en anglais à Tom Marcellus et à quelques personnes émues et amusées par la violente colère de la dame.

La vengeance de cette personne allait prendre la forme de ce reportage télévisé contre les effets duquel encore aujourd'hui il nous faut lutter, Pierre Guillaume et moi-même, avec des moyens disproportionnés par rapport à ceux d'une émission télévisée à une heure de grande écoute. Il est extrêmement grave qu'un reportage aussi mensonger ait été, en plus, diffusé à l'étranger.

Je vous demande de protester en mon nom contre une telle diffusion où vous êtes vous-même calomnié et d'obtenir réparation du préjudice qui nous a été causé et qui continue de nous être causé.

P.J. : « La Télévision par Françoise Giroud : Coup de pied dans un nid de serpents », *Le Nouvel Observateur*, 4 mai 1984, p. 49.

Mon texte « en droit de réponse », *Le Nouvel Observateur*, 21 juin 1984, p. 29.

***

1985

# COMMENT S'EXPLIQUE LE SUCCÈS DES FAUX TÉMOIGNAGES

Les lexicographes sont l'objet d'une surveillance constante. Ils se voient contraints de participer à l'œuvre d'endoctrinement généralisé des esprits et, en premier lieu, des jeunes esprits. Ils mettent plus ou moins de zèle dans l'accomplissement de cette besogne. Pour sa part, dans son édition de 1985, le *Micro-Robert* saisit toutes les occasions de rappeler à ses lecteurs les leçons du jour. Voici les définitions de quatre mots où se trouve évoquée, comme s'il s'agissait d'une évidence historique, « l'extermination des juifs ». La définition du dernier de ces mots, celui de « vérité », fait ingénument l'apologie du pieux mensonge.

> **camps :** « [...] — *camps d'extermination*, où furent affamés, suppliciés et exterminés certains groupes ethniques (Juifs), politiques et sociaux [...] »
>
> **exterminer :** « [...] Les nazis tentèrent d'exterminer les Juifs [...]. L'extermination d'un peuple, d'une race (V. Génocide). »
>
> **génocide :** « Destruction méthodique d'un groupe ethnique. L'extermination des juifs par les nazis est un génocide. » **vérité :** « [...]

> 5° Le réel. V. Réalité. *Tout ce qu'on peut dire des camps d'extermination est au-dessous de la vérité.* [...] »

« Tout ce qu'on peut dire des camps d'extermination est au-dessous de la vérité ». Le *Micro-Robert* le déclare, qui, bien sûr, jamais ne se trompe. Ainsi s'explique la crédulité générale en ce qui concerne les faux témoignages sur le sujet des « chambres à gaz » et du « génocide ».

***

Décembre 1985

## *Un « grand témoin » des chambres à gaz*

Kurt Gerstein est cet officier SS dont le témoignage a joué un rôle capital pour accréditer la thèse des exterminations massives en chambres à gaz situées dans les camps de concentration de Pologne. Arrêté en Allemagne en avril 1945 par la Sécurité militaire française, Gerstein avait été retrouvé pendu dans sa cellule de la prison du Cherche-Midi, à Paris, trois mois plus tard.

Dans les années soixante on s'était beaucoup servi de son témoignage pour accabler le pape Pie XII en l'accusant d'avoir, pendant la guerre, su mais tu l'existence des chambres à gaz.

Paul Rassinier, historien et ancien déporté, avait été le premier à mettre en doute l'authenticité et la véracité du témoignage de l'officier allemand et il s'était interrogé sur les étranges variations que tout le monde peut constater entre les différentes moutures que, de publications en publications, Léon Poliakov, auteur du *Bréviaire de la haine*, nous proposait de ce témoignage. Dans les années soixante-dix, tour à tour, l'Anglais Richard Harwood, l'Américain Arthur Robert Butz, le Suédois Ditlieb Felderer et le Français Robert Faurisson avaient, chacun à sa façon, repris pour l'essentiel la thèse de Paul Rassinier.

En France, plus récemment, le 15 juin 1985, Henri Roques avait soutenu devant l'université de Nantes une thèse de doctorat d'université intitulée : *Les Confessions de Kurt Gerstein. Edition critique.* Ce travail, de caractère technique, qui avait valu à son auteur la mention « très bien », exposait avec minutie les raisons pour lesquelles le témoignage de Gerstein, y compris dans les versions imprimées dues à L. Poliakov, était jugé irrecevable.

Deux ans auparavant, l'historien Alain Decaux, qui en 1983 avait pris connaissance de l'essentiel des travaux de M. Roques, avait écrit dans son ouvrage : *L'Histoire en question-2 :* « Même si [M. Roques] tire de ses recherches des conclusions qui ne sont pas toujours les miennes, j'estime que tous les chercheurs devront désormais tenir compte de ses travaux. »

Or, voici qu'en Italie, Carlo Mattogno vient de publier : *Il rapporto Gerstein : anatomia di un falso (Il "campo di sterminio" di Belzec)*, soit : Le rapport Gerstein : anatomie d'un faux (le « camp d'extermination » de Belzec). Cet ouvrage d'érudition apporte de nombreuses confirmations à la thèse des révisionnistes. Il se termine sur deux pages de conclusion consacrées à la manière dont L. Poliakov a publié les textes de K. Gerstein et sur une page de conclusion générale. Voici la traduction de ces trois pages.

## *Conclusion sur Léon Poliakov*

p. 229 : Il est donc démontré de façon irréfutable que les trois versions du PS-1553 publiées par Poliakov sont profondément manipulées. Dans chacune d'elles il a commis près de quatre cents altérations du texte original, par des interpolations, par des falsifications, par des omissions, par des corrections.

Il a introduit de longs passages tirés du document T1313-a, non seulement sans en citer la source, mais en inventant froidement l'histoire complètement fausse d'une prétendue version originale en allemand qui aurait été traduite en anglais par les interrogateurs Evans et Haught, cela dans le but évident de cacher au public l'existence du T-1313-a, et par conséquent celle du rapport français du 6 mai 1945, en contradiction manifeste avec celui du 26 avril.

Il a introduit en outre – sans indication et sans citer la source – d'autres passages tirés du document T-1310.

Il a falsifié le nombre des personnes qui composaient le premier transport (« plus de six mille » au lieu de « six mille sept cents ») et la superficie des « chambres à gaz » (93 $m_2$ au lieu de 25 $m_2$), oubliant cependant dans *Le Dossier Kurt Gerstein* de falsifier aussi le volume (45 $m_3$), si bien qu'on obtient pour ces chambres une hauteur de 4 cm !

Il a omis, sans le signaler, plusieurs passages du texte original, certains d'entre eux étant d'une importance capitale.

En particulier, il a systématiquement supprimé le passage dans lequel sont indiquées les dimensions des « chambres à gaz » et il falsifié et tronqué les deux autres passages dans lesquels sont mentionnés leur surface et leur volume.

En outre, il a éliminé d'autres contradictions (comme celle qui concerne le grade de Pfannenstiel) et invraisemblances (comme celle du bambin juif DE 4 ANS qui distribue des bouts de ficelle aux victimes).

Enfin, il a corrigé l'orthographe de noms propres et de noms géographiques, car il semblait évidemment inadmissible à L. Poliakov que K. Gerstein ne connût même pas l'orthographe exacte du prétendu « camp d'extermination » !

p. 230 : Tout cela prouve que Poliakov lui-même n'a pas accordé de valeur au rapport Gerstein du 26 avril 1945.

D'où le pathétique de la sentence du Tribunal français qui a condamné le Professeur Faurisson dans le procès que lui intentait Poliakov pour diffamation.

Ce Tribunal a déclaré que Poliakov avait été « animé du désir passionné et légitime d'informer le public sur un danger et des faits particulièrement tragiques de l'histoire contemporaine » et que Poliakov avait « pu, sur des points de détail, manquer de rigueur scientifique sans qu'il soit cependant permis d'affirmer qu'il est un manipulateur ou un fabricateur de textes » !

## *Conclusion générale sur le témoignage de Gerstein*

p. 231 : De notre étude on retiendra les conclusions suivantes :

1) le « témoignage oculaire » de Kurt Gerstein est un amas d'absurdités, de contradictions internes et externes, de falsifications historiques, d'erreurs de tous genres, d'exagérations fantastiques et d'invraisemblances surprenantes ;
2) l'unique confirmation écrite d'un tel « témoignage oculaire », datée antérieurement au 26 avril 1945, est suspecte et présente en outre des contradictions importantes par rapport aux versions de 1945 ;
3) les « témoins » principaux de Gerstein, le baron von Otter et le Professeur Pfannenstiel, ne doivent pas être retenus ;
4) la technique d'« extermination » décrite par Gerstein est en contradiction absolue avec celle rapportée par d'autres « témoins oculaires » ;
5) l'unique « témoin oculaire » qui confirme l'ensemble des déclarations de Kurt Gerstein – Rudolf Reder – l'a purement plagié ;
6) Léon Poliakov lui-même a démontré, en en publiant trois versions manipulées, que le texte original du rapport Gerstein du 26 avril 1945 ne pouvait être retenu.

Par conséquent, le « témoignage oculaire » de Kurt Gerstein, du point de vue de la véracité, est un vulgaire faux.

S'il en est réellement l'auteur, on peut en rechercher l'origine dans « l'aspect schizoïde de la personnalité de Gerstein. »[49]

## LE DÉSARROI DES HISTORIENS OFFICIELS

On peut appeler « historiens officiels » les auteurs qui persistent encore aujourd'hui à défendre la thèse selon laquelle les Allemands auraient commis un crime sans précédent appelé le « génocide des juifs » et se seraient servis pour cela d'une arme elle-même sans précédent, les fameuses « chambres à gaz » homicides. Ce caractère officiel vient d'être confirmé en France par la création au sein du Secrétariat chargé des anciens combattants d'une « Direction de l'Information historique » qui, aux frais du contribuable, s'efforce de propager une histoire sainte de la déportation et recherche des preuves de l'existence des chambres à gaz. En perdant le témoignage de Gerstein, cette histoire officielle subit une lourde perte. À titre d'exemple, il faut savoir que le nom de Gerstein apparaît vingt-trois fois dans l'ouvrage de base de la thèse officielle : *The Destruction of the European Jews*, par l'Américain Raul Hilberg (1961).

***

1985

## CAMPS DE LA GUERRE DE SÉCESSION, DE LA GUERRE DES BOERS, DE LA DERNIÈRE GUERRE MONDIALE : PSYCHOSES ET RÉALITÉS

Les camps de ces trois guerres ont connu bien des horreurs. Mais, à côté des horreurs vraies, il y a eu des horreurs de pure fiction inventées par la psychose qui est toujours prête à se développer dans des lieux d'enfermement (psychose obsidionale, psychose carcérale, etc.). Malgré la haine organisée qui s'est donnée libre cours à leur sujet, la situation dans laquelle on a trouvé ces différents camps dépendait, semble-t-il, largement de facteurs étrangers à la volonté et au comportement des gardiens.

---

[49] S. Friedländer, « Le Mystère de Kurt Gerstein », p. 27.

Dans le cas de la guerre de Sécession on a beaucoup parlé des horreurs d'Andersonville, en Géorgie. Des Sudistes y tenaient prisonniers des soldats nordistes. Après une parodie de procès, le médecin principal du camp, le capitaine Henry Wirz (d'origine helvétique) fut pendu le 10 novembre 1865 dans la prison du vieux Capitole de Washington. Il fut en quelque sorte réhabilité par l'érection d'un monument à sa mémoire le 12 mai 1909 à Andersonville même.[50] On a écrit de nombreux livres sur « la tragédie d'Andersonville ». Pour un Français, le plus simple est de se reporter à : Yves-Marie Bercé, *Le Chaudron et la lancette, Croyances populaires et médecine préventive (1798-1830)*.[51]

Ainsi qu'on pourra le constater, le rapprochement avec les horreurs de Bergen-Belsen (prétendu responsable : Dr Klein) et celles d'Auschwitz (prétendu responsable : Dr Wirths) s'impose de lui-même pour qui connaît le sujet de ces deux camps allemands.

Pour ce qui est de la vérité sur les camps des Boers, on en percevra quelques éléments dans : John Dickson Carr, *La Vie de sir Arthur Conan Doyle*.[52]

P.J. :

- Extrait du livre d'Yves-Marie Bercé.
- Extrait du livre de John Dickson Carr.
- Signalons l'article de Jacques Gandebeuf : « Les fantômes d'Andersonville – Il y a cent quinze ans, un Suisse allemand émigré en Amérique inventait le camp d'extermination », *Le Républicain Lorrain*, 30 novembre 1980. Le journaliste croit à la culpabilité du Suisse *allemand,* de même qu'il croit à l'existence de camps d'*extermination allemands.* Il s'en prend aux « universitaires dévoyés » (qui osent écrire que les fours crématoires n'ont jamais existé). Le journaliste fait erreur : personne ne nie qu'il ait existé des fours crématoires dans les camps de concentration allemands ; incinérer un cadavre n'est pas un crime surtout en temps de guerres et d'épidémies ; ce que les auteurs révisionnistes nient, c'est l'existence de chambres à gaz homicides ; il y a eu des camps de concentration dans de nombreux pays (et il en reste encore aujourd'hui), mais il n'y a pas eu de « camps d'extermination ».

N.B. : Pour qui connaît la langue anglaise, se reporter à Mark Weber, "The Civil War Concentration Camps", The Journal of Historical Review, Summer 1981, p. 137-153, où l'auteur démontre la ressemblance

[50] "Wirz Monument Unveiled Today", *The Constitution,* Atlanta, 12 mai 1909 ; voy. aussi 13 mai 1909.

[51] Y.-M. Bercé, *Le Chaudron et la lancette…*, p. 320-325.

[52] J. D. Carr, *La Vie de sir Arthur Conan Doyle,* p. 256-259.

entre les mensonges de la propagande de haine, qu'il s'agisse des camps de la guerre civile américaine ou des camps allemands de la seconde guerre mondiale.

## *Extrait d'un livre d'Yves-Marie Bercé sur les horreurs d'un camp où les Sudistes avaient concentré des Nordistes*

### Les horreurs d'Andersonville

Pendant le déroulement de la guerre de Sécession qui ensanglanta les États-Unis de 1861 à 1865, une puissante épidémie de variole traversa l'Amérique du Nord. Les armées opposées de l'Union (les vingt-trois États nordistes) et de la Confédération (les onze États sudistes) furent amenées à organiser des vaccinations massives parmi leurs soldats et aussi dans leurs camps de prisonniers. L'urgence des opérations et les circonstances dramatiques provoquèrent des erreurs et des imprudences de la part des praticiens, et des paniques chez les patients. Le nombre des complications après vaccin fut considérable, culminant dans le camp d'Andersonville, au point qu'on peut considérer ces collections d'accidents comme l'épisode le plus sinistre qu'aient connu les annales de la médecine préventive. Grâce aux enquêtes minutieuses menées après le retour de la paix, il est possible de suivre avec assez de précision le tour des événements.

Dès le début des hostilités et des mobilisations d'hommes, les médecins militaires avaient entrepris de vacciner les recrues. La variole était loin d'être éteinte. L'obligation vaccinale portée par les règlements militaires n'était appliquée qu'aux engagés. Une bonne part des populations rurales n'avait jamais été vaccinée. Effectivement, les recensements des régiments nordistes montrent que lors de ces opérations d'incorporation 34,7 % des sujets développaient une réaction normale prouvant qu'ils n'étaient pas jusqu'alors immunisés, c'est-à-dire que 17,9 % ne portaient pas de trace de vaccin antérieur, tandis que d'autres, 16,7 %, avaient besoin d'une revaccination, leur immunité ayant disparu avec le temps. Durant les premiers mois, aucune défaillance technique ne dérangea l'entreprise. Dans l'année 1861, l'Eastern Dispensary de New York envoya aux régiments cinquante mille doses de vaccin frais.

Du côté sudiste, l'administration et la réglementation militaires [321] devaient être entièrement improvisées. C'est seulement à l'automne 1862, alors que les cas de variole se multipliaient du fait des concentrations et mouvements de troupes, que Preston Moore, chirurgien général des armées de la Confédération, donna une consigne de vaccination générale. La variole existait, semble-t-il, dans les théâtres d'opérations de l'année 1862 en Maryland et Virginie. Portée par les soldats, elle refluait vers le Sud et atteignait Richmond, la capitale des États du Sud, en octobre ; elle y frappait surtout les malades des hôpitaux et la population civile. Un an plus tard, on la rencontrait partout du Mississippi à l'Atlantique. Dans les seuls hôpitaux militaires de Virginie, pendant la durée de la guerre, on compte deux mille cinq cent treize cas, dont mille vingt décès soit, avec un taux de mortalité de 40,5 %, une épidémie plutôt plus meurtrière que la moyenne (30 à 32 % à l'hôpital St. Pancras de Londres, sur cinquante ans). Au total, le nombre des cas pourrait avoir été très supérieur à dix mille ; si l'on tient compte de l'énorme rassemblement d'hommes, plus d'un million au Nord, plus de cinq cent mille au Sud, auxquels s'ajoutaient les déplacements de populations civiles dans les zones sudistes ravagées, il semble que la protection vaccinale ait été relativement efficace. Effectivement, on a estimé qu'à travers tous les États, dans la période la plus contagieuse, durant l'automne 1863 et l'hiver 1864, l'Amérique du Nord connut la plus intense campagne de vaccination qu'elle ait jamais subie jusqu'alors.

Dans les territoires confédérés, la production de vaccin frais s'avéra vite insuffisante. Le blocus maritime rigoureux imposé par la marine unioniste empêchait un approvisionnement en provenance d'Europe ; le transport de vaccin et de médicaments était assimilé à une contrebande de guerre. La protection de la population civile était plus difficile du fait de la ruralité de l'habitat et de sa dispersion en plantations.

En raison de ces contraintes passagères, les médecins sudistes avaient l'habitude de recueillir, de conserver et de réactiver des croûtes vacciniques. James Bolton, médecin de Richmond, accomplit ainsi une tournée d'un mois dans le cœur des comtés ruraux pour vacciner des petits enfants noirs et collecter leurs croûtes, qu'il distribuait ensuite aux médecins des régiments. Malgré tous les efforts de Moore, Bolton, Joseph Jones et Paul F. Eve, principaux responsables de la politique vaccinale de la Confédération, les fournitures de vaccin, liquide ou en croûtes, furent vite tragiquement inférieures aux besoins immenses de l'armée.

Lorsque des cas de variole survenaient dans une unité et qu'un baraquement d'hôpital était construit pour isoler les malades, le médecin régimentaire était aussitôt assailli de demandes de vaccin et l'affolement gagnait toute la troupe. Sans trop regarder à l'origine et aux intermédiaires, on employait alors la première souche venue. Sans attendre les opérations réglementaires, les hommes s'inoculaient les uns les autres. Ils se transmettaient un fluide incertain, prélevé et communiqué avec n'importe quelle pointe, aiguille ou canif ; l'incision la plus large et la plus forte inflammation étaient considérées comme les plus sûres. Dès janvier 1863, des médecins de Richmond s'alarmèrent des ulcérations de plaies vacciniques. Les cas se multiplièrent par la suite par centaines et par milliers, dans l'armée confédérée mais aussi dans les régiments nordistes et dans les unités engagées à l'Ouest en Tennessee et Missouri. La variole ne s'interrompit pas avec le retour de la paix, car l'arrivée dans les villes de foules d'anciens esclaves sortis des plantations apportait [322] à l'épidémie un nouveau contingent humain non immunisé. Les paniques de chasse au vaccin continuèrent donc en 1865 avec les mêmes accidents.

Les victimes de ces graves infections du site vaccinique avaient généralement des abcès plus ou moins étendus, douloureux et très longs à disparaître. L'opinion commune, tant celle des patients que celle des médecins, attribuait leur origine à des contaminations du vaccin par des intermédiaires syphilitiques. Le traitement prescrit, si l'on en avait par extraordinaire le temps et les moyens, était celui réservé aux porteurs de chancres vénériens, à base d'iodure de potassium. Sans doute, dans certains cas, il s'agissait bel et bien de syphilis vaccinale, mais dans beaucoup d'autres, les médecins affirmaient ne rencontrer par après aucun symptôme de syphilis secondaire. Même, il avait été plusieurs fois remarqué qu'après les habituelles paniques de vaccinations sauvages et la multiplication des abcès au bras, la variole survenant frapperait aussi bien les prétendus vaccinés que les autres. Bref, le fluide inoculé n'avait depuis longtemps plus rien à faire avec le vaccin et n'avait pas la moindre vertu immunitaire. Ce qu'on transmettait de bras à bras n'était qu'une infection purulente, avec sa nocivité spécifique.

Dans les camps de prisonniers, les mêmes événements survenaient, mais y prenaient un tour plus dramatique. De chaque côté, le style de la guerre avait provoqué un grand nombre de captures. La diversification des théâtres, les caprices des lignes de front, l'importance de la cavalerie et la pratique des raids sur les arrières multipliaient les occasions d'amasser des prisonniers. Dans le pré carré du Sud, sans cesse réduit et parcouru à partir de la sanglante offensive fédérale du printemps 1864, la masse de plus de cinquante mille prisonniers nordistes représentait une charge insupportable, alors que la Confédération avait peine à nourrir ses propres troupes et ses grandes villes. Elle avait cru trouver une solution en installant à Andersonville, au cœur de la Géorgie, loin des raids nordistes, un camp de tentes et de palissades. L'enclos avait vingt-six acres (10,4 ha) et devait recevoir dix mille prisonniers. De février 1864 à avril 1865, en treize mois le camp vit défiler quarante ou cinquante mille hommes. Il y en aurait eu au maximum, en août 1864, près de trente-trois mille à la fois. La mortalité y fut effrayante, évaluée, selon les textes, de neuf mille quatre cents à treize mille sept cents, soit de 23 à 27 %. L'hôpital consistait en groupes de tentes de quatre à huit personnes sur une langue de terre entre deux marécages empuantis par les déjections du camp. L'hôpital contint parfois jusqu'à deux mille hommes littéralement entassés, ne disposant que de quelques centaines de lits de camp et de couvertures. Les hommes étaient accablés de faim, de soif, de chaleur et de myriades de mouches. Pendant l'été 1864, il fallait enlever chaque jour une centaine de cadavres.

La variole était apparue à Andersonville dès l'arrivée des premiers captifs, transportés des prisons de Richmond. Il y eut au printemps cent dix-neuf cas de variole ou varioloïde dont soixante-huit morts (57,1 %). Les quelque quinze médecins du camp, praticiens locaux tirés des milices des proches comtés, vaccinèrent en dix jours deux à trois mille hommes et arrêtèrent la contagion En fait, les milliers de morts du printemps et de l'été moururent avant tout de dysenterie et de scorbut. Les rations alimentaires étaient théoriquement les mêmes que pour les soldats sudistes, à base de viande salée, riz et pain. Une relative liberté dans l'enceinte entraînait [323] des trafics et des rançonnements où succombaient les plus pauvres et les plus faibles. En outre, le pain complet de maïs, auquel les nordistes n'étaient pas accoutumés, provoquait des troubles intestinaux. Surtout, l'absence de légumes et de fruits condamnait les hommes au scorbut, aussi sûrement que des matelots embarqués dans une interminable traversée. Dans le délabrement scorbutique, la moindre blessure, griffure, écorchure, piqûre d'insecte s'envenimait et se gangrenait. Presque toutes les interventions chirurgicales se terminaient par la gangrène et la mort.

Dans ces conditions affreuses, beaucoup de sujets vaccinés furent victimes de phlegmons développés après l'inoculation, nécrosant tout le bras, obligeant à l'amputation, qui ne retardait la mort que d'un jour ou deux. Comme dans tout milieu obsidional, les rumeurs les plus folles et les nouvelles les plus angoissantes trouvaient crédit. Le bruit se répandait que les gardes du camp et les médecins avaient trouvé ce moyen pour exterminer les prisonniers et que le vaccin était empoisonné.

Lorsque, après la capitulation du général Lee au nom de la Confédération, le 9 avril 1865, la guerre civile prit fin, les troupes sudistes furent simplement désarmées et dispersées. Les autorités fédérales voulurent donner à l'opinion des éléments de vengeance et d'humiliation du Sud rebelle. L'horreur d'Andersonville offrait la meilleure opportunité pour un procès expiatoire. Le directeur du camp, le capitaine Henry Wirz, un officier obscur, d'origine suisse, fut arrêté et présenté à un tribunal militaire pour crimes contre les lois de la guerre. Parmi les charges, le procureur avait effectivement retenu la conspiration pour empoisonner les prisonniers au moyen d'un vaccin.

Beaucoup d'officiers nordistes étaient persuadés de l'intention meurtrière des Confédérés. Le major général Wilson, qui pénétra en Alabama et en Géorgie au début de 1865, affirmait avoir trouvé des campagnes bien éloignées de la famine et prétendait que des approvisionnements auraient pu être dirigés vers les camps. Les mémoires et témoignages, publiés aussitôt après l'événement en 1865 et 1866, accusaient les « rebelles » d'outrages à l'humanité et à la civilisation chrétienne. Un certain Atwater, ancien prisonnier d'Andersonville, employé aux écritures, croyait à un plan d'extermination, ou d'exténuation des prisonniers pour les empêcher de reprendre du service. On aurait entendu le général Winder, responsable des camps, se flatter « de tuer plus de Yankees que vingt régiments de l'armée de Lee ». Il aurait envisagé le marasme des prisonniers comme un moyen commode de désencombrer les camps et de réduire leur charge.

L'enquête fit témoigner des dizaines de survivants d'Andersonville. Les prisonniers employés comme fossoyeurs auraient entendu le capitaine Wirz s'exclamer ironiquement : « *God damn them*, nous leur donnons la terre qu'ils voulaient conquérir. » Un autre, affecté au service des médecins du camp, prétendait qu'en plaisantant après boire ils comptaient le nombre de « Yankees empoisonnés » dans la journée.

Grâce aux multiples interrogatoires, l'épisode de la vaccination et des accidents consécutifs peut être reconstitué. Elle fut effectuée en 1864 en dix jours sur les hommes qui déclaraient volontairement n'avoir pas été vaccinés. Deux prisonniers infirmiers inspectaient chaque jour les tentes pour reconnaître les varioleux, mais aucun examen n'avait porté sur le vaccin. Des sergents de la garde se contentaient [324] d'appeler les candidats au portail sud où on les faisait ranger en file et remonter leur manche de chemise pour les inoculer. Très vite, on s'aperçut que la scarification vaccinale, loin de se cicatriser, se transformait souvent en plaie infectée. On observait un abcès en développement, recouvert d'une large croûte noire et suppurant, s'étendant sur le haut du bras, nécrosant les tissus en profondeur. Les médecins appliquaient du nitrate d'argent pour tenter d'arrêter la gangrène, puis se résignaient à l'amputation. Il y aurait eu, sur deux à trois mille vaccinés, plusieurs centaines d'ulcérations graves (10 à 15 %) ; on aurait compté au moins deux cent huit morts et une centaine d'amputés ayant survécu à l'opération. La nouvelle avait fait le tour du camp et les vaccinés des derniers jours s'empressaient de courir au ruisseau et de laver leur vaccin à l'eau et au savon.

Les témoins cités par la défense établirent la liberté entière des prisonniers de se présenter ou non au lieu de vaccination. Le docteur Bates, médecin militaire sudiste, appelé à visiter le camp en septembre 1864, déclarait qu'en dépit des dangers d'infection du vaccin, le péril variolique dans un camp surpeuplé justifiait l'opération, même si on n'avait dû sauver par ce moyen qu'un homme sur dix ou sur cent.

Le réquisitoire retint pourtant l'entreprise de vaccination de masse comme médicalement inutile et délibérément criminelle. Le capitaine Henry Wirz fut pendu le 10 novembre 1865 dans la prison du vieux Capitole de Washington.[53]

En fait, l'idée d'une conspiration des Confédérés pour anéantir leurs prisonniers relevait, bien sûr, de la psychose. La meilleure réfutation tient dans les récits lamentables exactement symétriques décrivant la survie dans les camps où étaient regroupés les prisonniers « rebelles », les « gris ». Le dépôt de Rock Island dans le Nord de l'Illinois enfermait douze mille hommes. La variole avait pénétré dans le camp et devait y faire deux cent quatre-vingt-

[53] Heinrich-Hartmann Wirz (1823-1865) était issu d'une bonne famille zurichoise de négociants et pasteurs. Un monument de réparation à sa mémoire fut dressé à Andersonville le 12 mai 1909.

dix-huit morts. Une inoculation générale fut alors exécutée en urgence. Les cas d'ulcérations apparurent immédiatement, avec leurs séquelles extrêmes de gangrène et d'amputations. Les prisonniers étaient tellement terrifiés par les dangers du vaccin qu'il fallait les conduire et les opérer de force. On compta mille cinq cent quatre-vingts exemples d'ulcérations graves (13,1 %). En mars 1865, après plusieurs mois d'accidents, alors que les cas de variole diminuaient, les médecins du camp renoncèrent aux vaccinations et s'en tinrent à un très strict isolement des varioleux. Dans le camp d'Elmira, dans l'État de New York, enfermant neuf mille hommes, on rencontre les mêmes circonstances. Les vaccins distribués massivement à l'automne 1864 entraînaient inflammations, abcès et parfois amputation. Partout, le surpeuplement, la malnutrition et les mauvais traitements débilitaient les prisonniers. Partout, les hommes souffraient de scorbut. L'origine scorbutique des accidents vacciniques était mise en évidence à Rock Island par le docteur John H. Grove, chirurgien du camp. Il a employé les mêmes croûtes vacciniques pour inoculer les prisonniers sudistes et les soldats de la garnison ; chez les prisonniers l'ulcération était presque générale, alors qu'aucun accident n'apparaissait sur les soldats. Pour ultime preuve de l'inanité de la conspiration des vaccinateurs sudistes, on peut noter encore le nombre des morts de prisonniers [325] dans les deux camps : vingt-cinq mille neuf cent soixante-seize sudistes moururent dans les camps fédéraux, et trente mille deux cent dix-huit nordistes dans les camps du Sud. Les horreurs d'Andersonville étaient avant tout attribuables à l'effondrement effroyable de l'économie et de la société sudistes à compter du printemps 1864.

Des commissions médicales militaires étudièrent rétrospectivement les faits. Des conclusions méthodiques furent déduites. On remarqua notamment l'absence du typhus à Andersonville, comme dans toutes les autres prisons militaires. Que, malgré l'entassement des hommes, leur saleté, leur sous-alimentation, et leur désespoir – toutes circonstances qui entouraient les épidémies de typhus décrites par les classiques –, cette fièvre n'ait pas sévi, permettait aux rapporteurs d'opiner que le typhus ne naissait pas spontanément de la putréfaction animale et que son origine dépendait de la présence d'un poison spécifique.

On tint pour assuré que le scorbut était responsable, plus ou moins directement, des neuf dixièmes de morts de prisonniers. Aucun médicament, opium ou autre drogue, ne sauvait ces malheureux, alors que, en contraste, les prisonniers sur parole, autorisés à aller et venir hors des camps, profitant de lait et de légumes frais, restaient en parfaite santé.

L'expérience de la guerre, concluait-on, portait sur plus de deux millions de soldats. Elle enseignait que les recrues devaient être vaccinées obligatoirement immédiatement après leur incorporation. Elle démontrait surtout l'existence de graves contre-indications comme le scorbut. II aurait fallu refuser les propagations de bras à bras et n'employer que des souches fraîches et sûres. La guerre de Sécession avait donné des exemples très nombreux et documentés d'accidents après vaccin, soit par les vaccinations sauvages effectuées par les soldats sur eux-mêmes, soit par les vaccinations de scorbutiques dans les camps de prisonniers. Elle avait ainsi constitué un terrible et spectaculaire laboratoire des techniques, des précautions nécessaires et des dangers menaçant la pratique de la médecine immunitaire.

*Bibliographie*

Raker, Raymond F., *Andersonville. The Story of a Civil War Prison Camp*, Washington, 1972.

Chipman, général N.P., *The Tragedy of Andersonville*, San Francisco, 1911.

Futch, Ovid L., *History of Andersonville Prison*, Univ. of Florida Press, 1968.

Jones, Joseph, *Researches upon Spurious vaccination in the confederate Army*, Nashville, 1867 (exemplaire à l'Acad. de médecine, Paris).

Mc Elroy, John, *This was Andersonville*, N.Y., 1879, éd. révisée, 1957.

Stevenson, Randolph, *The Southern side, or Andersonville Prison*, Baltimore, 1876 (R.S. était chirurgien-chef de l'hôpital d'Andersonville).

*The Trial of Henry Wirz*, Executive Document, n° 23. House of Representatives, 40th. Congr., Washington, 1865.

US. Sanitary Commission Memoirs, 1867 (Rapports des docteurs Elisha Harris, Austin Flint, etc.)

Je dois des remerciements très vifs au prof. Steven L. Kaplan, de l'université Cornell, à l'amitié duquel je dois la plus grande partie de cette documentation.

# *Extraits du livre de John Dickson Carr sur les horreurs des camps où les Anglais avaient concentré des femmes et des enfants boers*

## Chapitre XIII
## Dilemme : comment un champion refusa d'être fait chevalier, et ce qu'il en advint

[256] « Tenez-vous en aux faits et ne mentez pas ! Écrire des petits romans de quatre sous est davantage dans votre ligne. »

« Pour l'amour de Dieu, cessez de défendre l'assassinat de 12.000 bébés dans les camps ! La vérité est plus chère que l'argent. »

« Vous me rappelez le gentleman dont Sheridan disait qu'il tirait les faits de son imagination et les chimères de sa mémoire. »

Voilà trois des cartes postales qu'il reçut, parmi les centaines de lettres qu'il décachetait chaque jour après la parution de *The War in South Africa : its Cause and Conduct.* (La guerre en Afrique du Sud : ce qui la provoqua, comment elle fut conduite) vers le milieu de 1902. Mais ce genre de commentaires généralement anonymes comptait à peine pour le centième de 1 % du flot d'un courrier dont le leit-motiv était : « Dieu merci, voici enfin quelqu'un qui dit un mot pour nous ! »

L'éditeur de *The War : its Cause and Conduct,* au prix de six pence, vendit trois cent mille exemplaires en six semaines. Cinquante mille autres partirent pour les États-Unis et le Canada. Mais le plus urgent était de le [257] traduire en langues étrangères. Les lecteurs qui écrivaient pour témoigner leur gratitude envoyaient des dons pour les traductions, depuis le « loyal Anglais » qui annonça une offrande de cinq cents livres jusqu'à des mandats-postes d'une demi-couronne ou d'un shilling.

À propos du « loyal Anglais », nous trouvons une lettre du directeur de la succursale d'Oxford Street de la *Capital and Counties Bank.* (Oui, la Capital and Counties Bank – Banque de la capitale et des comtés – existait réellement ; elle n'a pas été inventée, comme certains l'ont cru, pour les besoins de Sherlock Holmes : c'était la propre banque de Conan Doyle.)

« Je vous informe, écrivait le directeur, que la somme de cinq cents livres en coupures a été encaissée hier ; elle a été versée par un inconnu qui n'a pas voulu dire son nom au compte du Fonds pour le Livre de Guerre. »

Cet incident a de quoi émoustiller l'imagination. On songe à un personnage masqué, mystérieux, un doigt sur les lèvres, se glissant hors d'un fiacre dans le brouillard et ne retirant son masque que devant le directeur de la banque. De quoi ravir le Robert Louis Stevenson des *New Arabian Nights* (Nouvelles nuits d'Arabie) ! En fait, ce fut le moyen qu'employa le Foreign Office pour représenter le roi Édouard VII. Les seules autres contributions élevées qu'on relève sur les longues listes de Smith et Elder émanèrent de Lord Rosebery et de A. H. Harman, avec cinquante livres chacun ; plus, un certain A. Conan Doyle qui arriva à égalité avec eux : cinquante livres lui aussi. Mais, par petites ou grosses sommes, le fonds prit de l'ampleur.

Car *The War : its Cause and Conduct* n'était pas un livre qui essayait de blanchir le camp de l'auteur. Là résidait l'effet de surprise. À peine peut-on le qualifier de pamphlet, ce que firent pourtant les lecteurs et l'auteur : il est long de soixante mille mots. Lorsqu'un fait était susceptible de provoquer des commentaires hostiles, l'auteur le signalait. Tout en approuvant la nécessité de [258] la politique militaire de la terre brûlée, il insistait énergiquement pour que toutes les fermes qui avaient été incendiées au nom de cette politique fussent reconstruites et des indemnités de compensation versées à l'ennemi.

Mais les accusations de brutalités, de pillages, de rapts et de viols étaient de plats mensonges qu'il ne s'attarda guère à discuter. Au lieu d'argumenter, il consacra de nombreuses pages à citer des témoignages de première main, parmi lesquels des bourgeois boers, des femmes boers, des officiers boers, des juges boers, des pasteurs boers, l'attaché militaire américain, l'attaché militaire français, le général autrichien Hubner et le chef de l'Église Réformée hollandaise à Pretoria.

« Qui devons-nous croire ? demanda-t-il. L'ennemi sur place ou les journalistes de Londres ? »

À propos des camps de concentration, quels étaient les faits ? Les autorités anglaises, ayant décidé de rassembler les femmes et les enfants parce qu'il n'y avait rien d'autre à en faire, devaient les nourrir et prendre soin d'eux. Ces femmes et ces enfants étaient-ils enfermés pour être mis à la torture ?

« J'ai l'honneur, écrivait Lord Kitchener en réplique à une fanatique protestation de Schalk Burger, de vous informer que toutes les femmes et tous les enfants qui se trouvent actuellement dans nos camps et qui désirent les quitter seront remis aux bons soins de Votre Honneur, et je serai heureux d'être informé de l'endroit où vous souhaitez que nous vous les remettions. »

L'offre ne fut pas acceptée. Les commandos boers ne tenaient nullement à recevoir les femmes et les enfants ; ils étaient bien heureux d'être déchargés de cette responsabilité. Les « rations de famine » dans les camps (chiffres cités par les pro-Boers, pas par les Anglais) consistaient en un approvisionnement quotidien pour chaque personne d'une demi-livre de viande, de trois quarts de livre de farine, d'une demi-livre de pommes de terre, de deux onces de sucre, de deux onces de café ; [259] pour tous les enfants âgés de moins de six ans, un quart de litre de lait.

De nouveau l'auteur fit défiler ses témoins. Personne ne pouvait nier la terrifiante généralisation des maladies, ni le taux élevé de la mortalité infantile. Mais ces maladies n'étaient ni le typhus, ni la diphtérie, qu'auraient provoqués des conditions de vie malsaines : c'était la rougeole, la varicelle, la coqueluche. Les mères s'accrochaient en hurlant à leurs enfants et se refusaient à s'en séparer quand les médecins ou les infirmières essayaient de leur faire entendre raison. Pour une douzaine d'exemples, le même témoignage revenait :

« Beaucoup de femmes ne voulaient pas ouvrir leurs tentes afin de laisser passer de l'air frais, et, au lieu de donner les médicaments fournis par l'armée, elles préféraient administrer leurs remèdes de bonne femme. Les mères ne voulaient pas lotionner leurs enfants… La cause du fort pourcentage des décès est due au fait que les femmes laissaient sortir leurs enfants dès que l'éruption de la rougeole diminuait. Elles s'obstinaient à donner aux enfants de la viande et d'autres aliments indigestes, même quand nous le leur défendions. » Ce que les bruyants du type Stead oubliaient de dire, c'est que les réfugiés anglais de Johannesburg avaient vécu depuis le début de la guerre dans des camps exactement semblables.

Sur d'autres accusations Conan Doyle continua à faire le point : son accumulation méticuleuse de faits contrastait singulièrement avec la colère qu'il ressentait dans son for intérieur. Vingt mille traductions de *The War* furent dispersées à travers l'Allemagne. Vingt mille furent expédiées en France. Le livre fut lu en Hollande, en Russie, en Hongrie, en Suède, au Portugal, en Italie, en Espagne, en Roumanie. En Angleterre même, une édition spéciale de dix mille exemplaires fut traduite en gallois. Pour l'édition norvégienne, une partie du livre fut diffusée pour les éditeurs par héliographe de pic en pic.

# 1986

14 avril 1986

## « LA RAFLE DU VEL' D'HIV' » (16-17 JUILLET 1942)

D'après Serge Klarsfeld, les chiffres seraient les suivants[54] :

- 28.000 nombre des fiches retirées du fichier juif de la préfecture de police de Paris en vue de l'opération.
- 20.000 à 22.000 nombre des arrestations visées par l'opération.
- 12.884 nombre des arrestations après deux jours.
- 13.152 nombre des arrestations après trois jours (18 juillet ?).
- 4.115 nombre des enfants arrêtés (« Les enfants de deux à quinze ans doivent être confiés à l'Assistance publique, puis à l'Union générale des Israélites de France. Les juifs visés sont apatrides. »).

Par la suite, les enfants seront en fait déportés et cela sur l'insistance des autorités françaises : ne pas disloquer les familles ; Klarsfeld ne révèle pas ce motif.

Klarsfeld dit que « les trois photos » représentent des « collabos ». Il se garde bien de parler de la 4e photo de l'AFP qui, si elle avait été publiée, aurait laissé soupçonner qu'il ne pouvait s'agir de juifs. Je dois cette remarque au livre de Gérard Le Marec, *Les Photos truquées. Un siècle de propagande par l'image*, p. 124 pour l'« oubli » de Klarsfeld et p. 126 pour la photo n° 2185 de l'AFP.

Klarsfeld ne dit pas combien de personnes ont été parquées au Vel' d'hiv' pendant cinq ou six jours avant d'être évacuées sur les camps de Pithiviers et de Beaune-la-Rolande. Georges Wellers en évalue le nombre à plus de six mille :

> « plus de 4.000 jeunes enfants et 2.000 adolescents et adultes [...] une foule de plus de 6 000 personnes. »

Wellers écrit cela dans l'ouvrage intitulé tendancieusement *L'Étoile jaune à l'heure de Vichy*[55] ; dans la zone dépendant de « Vichy », les juifs

[54] S. Klarsfeld, « Anniversaire – Il y a quarante ans, la libération des camps ».
[55] G. Wellers, *L'Étoile jaune...*, p. 84.

n'ont pas eu à porter d'étoile sur leurs vêtements. Klarsfeld, dans sa page du *Monde*, parle cependant d'« apposition obligatoire de la mention "juif" sur les titres d'identité et sur la carte d'alimentation » comme de l'une des « mesures de Vichy » ; il faudrait voir ce qu'il en a été dans les faits.

Yann Moncomble m'a fait remarquer que la plaque du Vel' d'hiv' parle de TRENTE MILLE juifs parqués le 16 juillet 1942[56]. Il me revient qu'en 1974 G. Wellers m'avait parlé de cet « exemple d'exagération à rectifier ». En portant trente mille au lieu de six mille, la plaque multiplie la réalité des chiffres par cinq. Le chiffre de six millions pourrait être considéré comme le résultat d'une multiplication par cinq de… un million deux cent mille !

***

16 avril 1986

# MESURES DE RÉPRESSION CONTRE LE RÉVISIONNISME HISTORIQUE

En 1948, Maurice Bardèche publiait *Nuremberg ou la Terre promise,* livre qui allait lui valoir une condamnation à un an de prison et cinquante mille francs d'amende. À partir de 1950, Paul Rassinier allait, à son tour, connaître la répression pour ses écrits. Cette répression s'est ensuite exercée sans interruption sur un nombre croissant de révisionnistes dans un nombre croissant de pays : Afrique du Sud, États-Unis, Canada, Australie, France, Suède, Belgique, Suisse, Autriche et surtout en RFA. Elle a connu toutes sortes de formes : condamnation judiciaire, assassinat, incendie criminel, destitution, renvoi, démission forcée, attentat contre la personne ou les biens…

Déjà en 1960, la police allemande intervenait pour protéger le mythe du génocide et des chambres à gaz. Paul Rassinier avait voulu, en mars 1960, donner une conférence à Hambourg. Dans un article très hostile à l'auteur du *Mensonge d'Ulysse*, le journal *La Libre Belgique* rapportait :

> « Rassinier n'ayant pas reçu l'autorisation de pénétrer sur le territoire de Hambourg, c'est l'éditeur Priester, de Wiesbaden, qui lut le manuscrit à sa place. Lorsqu'il en fut arrivé au passage qui

[56] Photo dans *Guide juif de France*, p. 84.

> affirme que les exécutions dans les chambres à gaz sont des mensonges, la police fit évacuer la salle. »[57]

Il serait fastidieux d'établir une liste des actions menées en RFA contre le révisionnisme par les autorités judiciaires et policières, parfois conjointement avec les autorités universitaires. Pour ne prendre qu'un exemple récent, un ancien magistrat, Wilhelm Stäglich, qui avait publié *Der Auschwitz-Mythos* en 1979, a d'abord été condamné pour la publication de cet ouvrage (lequel est interdit et a été saisi, y compris les plombs de composition qui ont été détruits) ; puis, l'université de Göttingen, qui lui avait attribué en 1951 le grade de docteur en droit, a demandé le retrait de ce grade en vertu d'une loi du temps de Hitler et a obtenu ce retrait en première instance judiciaire (sous appel actuellement). En décembre 1985, lors d'une perquisition à son domicile, la police a saisi le seul exemplaire que possédait l'auteur d'une nouvelle édition imprimée en Grande-Bretagne. Le 8 avril, la police est revenue à son domicile pour essayer d'y trouver le vidéo-film de R. Faurisson : « Le Problème des chambres à gaz ». W. Stäglich, qui ne possède pas de lecteur de cassette, ne possédait pas d'exemplaire de ce vidéo-film ; la police s'est rabattue sur des copies de plans des crématoires d'Auschwitz que

R. Faurisson avait remis à W. Stäglich en 1976 et les lui a confisqués. Le 28 janvier, sur ordre du parquet de Munich, la police avait saisi chez le général Otto-Ernst Remer un exemplaire de cette vidéo-cassette. Le même parquet a obtenu du parquet de Bruxelles une enquête chez un couple belge, en date du 13 mars. Le 25 mars, Ernst Römer, de Hambourg, a été perquisitionné. La police lui a demandé compte d'une commande de dix exemplaires de la brochure *Es gab keine Gaskammern* (« Il n'a pas existé de chambres à gaz »). Cette brochure de R. Faurisson avait été publiée en 1978 et avait été mise à l'index (*Indizierung*) en 1980. Comme E. Römer ne se souvenait pas de pareille commande, la police lui a mis sous les yeux une carte de commande qu'il avait rédigée en 1978 auprès d'un libraire de Homberg (à ne pas confondre avec Hambourg). On peut donc supposer que la police allemande avait aussi perquisitionné dans cette librairie jusqu'à retrouver une commande de 1978. Les deux exemplaires qui restaient chez Ernst Römer ont été saisis ainsi qu'un tract de la Vieille Taupe (ce dernier point sous réserve de confirmation). Un enseignant de Coblence – Rudolf Koch – passe en ce moment en justice pour avoir « nié l'Holocauste ». Depuis 1979, il est interdit en Allemagne de nier l'Holocauste ou de mettre en doute l'existence des chambres à

---

[57] « La “fable” des camps de concentration nazis », 28 mars 1960.

gaz sous peine de poursuites judiciaires. Il va de soi que Römer, Remer, Stäglich et probablement bien d'autres personnes sont l'objet de poursuites pour la simple détention soit du vidéo film, soit de la brochure. La police allemande est allée jusqu'à déclencher en un seul et même jour des perquisitions dans sept cents foyers à la fois pour une affaire identique.

Cette répression va, selon toute vraisemblance, gagner en fréquence mais perdre en efficacité. Contrairement à ce qu'on pouvait constater jusqu'à ces dernières années, les victimes commencent à se rebiffer. Ce changement d'attitude peut être dû à l'excès même de la répression judiciaire. Il est devenu graduellement clair qu'il est difficile de répondre par des arguments aux arguments révisionnistes. À ce point de vue, le procès Zündel à Toronto (Canada), qui a duré sept semaines (janvier-mars 1985), a été important : les médias canadiens n'ont pu dissimuler le désarroi et la déroute soit des témoins, soit des spécialistes sur lesquels l'accusation comptait pour prouver l'existence d'un plan d'extermination des juifs et l'existence de chambres à gaz homicides dans les camps de concentration allemands. Les médias européens ont, dans l'ensemble, entièrement passé sous silence cet étonnant procès mais Zündel est allemand et, au moins en Allemagne et en Autriche, la rumeur a filtré : dans beaucoup de milieux on a appris à la fois que Zündel avait été condamné pour divulgation de littérature révisionniste et que, paradoxalement, les historiens et les témoins de l'accusation avaient subi un cuisant échec. Pour éviter le renouvellement d'une telle épreuve une revue juridique canadienne préconise le huis-clos pour des procès de ce genre abusivement dénommés « procès pour haine raciale ».[58]

Dans les milieux scientifiques officiels, la crise s'était déjà ouverte en 1982 au colloque de la Sorbonne (29 juin-2 juillet 1982) et elle s'était aggravée avec le colloque de Stuttgart (3-5 mai 1984). Deux écoles d'historiens se sont formées : celle des « intentionnalistes » et celle des « fonctionnalistes ». En l'absence de toute preuve d'une intention ou d'un ordre de Hitler d'exterminer les juifs, les premiers pensent néanmoins qu'il a *dû* exister un tel ordre tandis que les seconds estiment que l'extermination des juifs (posée par eux en principe acquis) a *dû* se produire sans l'intervention de Hitler et résulter d'un ensemble d'initiatives locales et individuelles. Quand des historiens en sont ainsi à verser dans des querelles théologiques, c'est le signe d'un profond malaise.

---

[58] *Saskatchewan Law Review,* vol. 49, p. 312.

***

29 mai 1986

# AFFAIRE ROQUES : L'AVEU DE SERGE KLARSFELD

L'avocat Serge Klarsfeld et le pharmacien Jean-Claude Pressac avaient publié en 1983 *L'Album d'Auschwitz*. Parmi bien d'autres tricheries, ils avaient habilement tronqué le plan du camp d'Auschwitz-Birkenau : ils avaient coupé en deux endroits la route que prenaient les femmes et les enfants à leur descente du train de déportation. Cette route menait, derrière la zone des crématoires-II et III, à un vaste bâtiment de douches et de désinfection appelé « Zentralsauna ». Klarsfeld et Pressac avaient coupé la route des douches de manière à faire croire que cette route aboutissait, en cul-de-sac, aux crématoires et donc à la mort.[59]

Cette tricherie avait été signalée en son temps aux éditions du Seuil par R. Faurisson, le 9 décembre 1983. S. Klarsfeld a toujours agi en homme pour qui les chambres à gaz homicides des camps de concentration allemands ont été une réalité scientifiquement prouvée. En 1979, il a assigné en justice R. Faurisson pour dommage par « falsification de l'Histoire » parce que ce dernier affirmait qu'on ne possédait pas la moindre preuve de l'existence desdites chambres.

S. Klarsfeld, dans son *Mémorial de la déportation des Juifs de France*, ne cesse de parler de chambres à gaz et de gazés.

Jean-Claude Pressac est l'auteur de la thèse surprenante selon laquelle, à bien considérer les plans des crématoires, leur architecture, leurs ruines actuelles, il est manifeste que ces bâtiments n'ont pas été conçus ni construits pour avoir des chambres à gaz homicides. Ces bâtiments n'étaient que des... crématoires. Mais, ajoute J.-C. Pressac, les Allemands ont sûrement procédé dans une période ultérieure à des bricolages pour faire de ces crématoires de gigantesques abattoirs pour l'extermination systématique des juifs. Ces bricolages auraient été d'ailleurs absurdes ou étonnamment maladroits, en un mot tout à fait dignes de la bêtise foncière des SS. Cette thèse est développée principalement dans un article du *Monde Juif* et dans *L'Album d'Auschwitz*. L'article du *Monde Juif* ne concernait que les crématoires-IV et V d'Auschwitz-Birkenau. Il aurait dû avoir une suite. Il n'en a

[59] Pour tout détail, voy. W. Stäglich, *Le Mythe d'Auschwitz*, p. 510, document IV.3.a.

jamais eu. G. Wellers s'est débarrassé de J.-C. Pressac, lequel a été recueilli par S. Klarsfeld. Sur les références de cet article et sur la réponse de R. Faurisson, on peut lire de ce dernier : « Le mythe des "chambres à gaz" entre en agonie ».[60]

Dans une interview publiée par le magazine *VSD* le 29 mai 1986, Serge Klarsfeld fait un aveu de taille :

**SERGE KLARSFELD :**
**« LA PREUVE ? NOUS L'AVONS. »**

**Comment peut-il y avoir matière à discussion sur l'existence des chambres à gaz ?**

Tout simplement parce que personne ne pensait après la guerre qu'un jour on en viendrait à nier leur existence. Personne ne s'est préoccupé de rassembler des preuves matérielles. De plus, les camps avec chambres à gaz, dont le plus sinistrement célèbre est Auschwitz-Birkenau, sont situés en territoire polonais et ont été inaccessibles pendant vingt ans.

**Mais il existait des milliers de témoignages ?**

Des témoignages, oui. Mais aux yeux des « révisionnistes », ça ne suffisait pas. Un monomaniaque comme Faurisson explique que les récits des juifs survivants ont été dictés par les communistes polonais et les aveux des SS obtenus par la torture. La stratégie des faurissonniens, c'est de brandir la moindre imprécision pour réduire à néant les témoignages. C'est pourquoi nous nous apprêtons à éditer un ouvrage monumental de J.-C. Pressac sur Auschwitz-Birkenau, ce camp qui a été le plus grand abattoir jamais inventé et où ont été gazés quelque 1,3 million de juifs. Le livre représente sept ans de recherches et constituera enfin la preuve des preuves.

**Parce qu'il n'y avait pas encore de vraies preuves ?**

Il y avait des débuts de preuves qui embarrassaient les faurissonniens, mais ne les avaient pas encore réduits au silence. Notamment deux lettres analysées par Georges Wellers, et datant de 1943, qui parlaient l'une d'une cave à gazage, l'autre de trois portes étanches au gaz à poser dans les crématoires. Seulement, face à des gens aussi pointilleux que les révisionnistes, il faut des documents imparables.

**Et cette preuve des preuves, Jean-Claude Pressac l'a trouvée ?**

---

60 R. Faurisson, *Réponse à Pierre Vidal-Naquet*, 2e éd., p. 67-83 ; ce texte est reproduit, dans le volume I à la page 325.

Oui. En fait, au total il a trouvé trente-sept preuves dont une définitive de l'existence d'une chambre à gaz homicide dans le crématoire 3 de Birkenau. Il s'agit de la liste descriptive des fournitures annexées au bordereau de livraison et signée par le chef de la direction des constructions SS à Auschwitz. Un document qui mentionne à la fois une porte étanche au gaz et quatorze pommes de douche. Alors, soyons logiques, s'il s'agit d'une salle de douches, pourquoi cette porte étanche au gaz ? La démonstration est imparable.

*Propos recueillis par Philippe Lemoine*
*Sur ce bordereau de réception du crématoire n° 3 signé par le directeur du camp d'Auschwitz, on lit en tête des deux dernières colonnes : 14 douches (« brausen »), 1 porte étanche au gaz (« gazgedichtetur »).*

S. Klarsfeld reconnaît que jusqu'ici « personne ne s'est préoccupé de rassembler des preuves matérielles » de l'existence des chambres à gaz. Il admet que jusqu'ici il n'y avait que des « débuts de preuves » mais pas encore de « vraies preuves ». Puis, après ce constat, il promet que de vraies preuves vont être publiées par Pressac. Selon Klarsfeld, qu'il faut bien croire ici sur parole, Pressac

> « a trouvé trente-sept preuves dont une définitive de l'existence d'une chambre à gaz homicide dans le crématoire 3 de Birkenau. »

Pressac aurait donc trouvé trente-six preuves non définitives et une preuve définitive de l'existence d'une chambre à gaz à Auschwitz. Lesdites trente-six preuves ne risquent-elles pas de s'apparenter à celles du procès des sorcières de Salem où le juge, à en croire le film célèbre qu'on a tiré de ce drame, se livre à des opérations du type : « 1/4 de preuve + 1/4 de preuve + 1/2 preuve = 1 preuve » ?

Quant à la seule preuve qualifiée de définitive, elle nous est proposée sous la forme d'un bordereau de réception de matériel pour le crématoire-III, portant signature du chef de la direction des constructions à Auschwitz. Il s'agit d'un formulaire extrêmement banal, ronéotypé, où sont indiqués une vingtaine d'articles. Sous chaque rubrique il suffit d'indiquer par un chiffre le nombre d'articles désirés. Quatre colonnes supplémentaires permettent d'inscrire éventuellement des articles complémentaires. Sur ce bordereau, on voit qu'ont été fournis au crématoire-III (autre dénomination : Krematorium-II) des lampes et des robinets pour un certain nombre de pièces et, pour la pièce appelée d'un nom générique « *Leichenkeller* » (morgue en sous-sol), douze lampes, deux robinets, quatorze pommes de douche et, en complément, une porte étanche au gaz (« *gasdichte Tür* »). S. Klarsfeld nous dit : « Alors, soyons logique, s'il s'agit d'une salle de douches, pourquoi cette porte étanche au gaz ? »

La réponse est qu'avant et pendant la guerre les Allemands ont fabriqué en quantités industrielles des portes de ce genre. Celles-ci étaient adaptées à tout local qui, en dehors de son usage habituel ou par sa nature même, pouvait servir de refuge en cas de guerre des gaz. Dans les ouvrages techniques allemands, ces portes étaient dites « *gassichere* » ou « *gasdichte* ». Les Anglais avaient, eux, des portes « *gas proof* » ou « *gastight* ». Tous les crématoires possédaient des salles de douches ou des salles d'eau. L'eau chaude venait en général de la salle des crématoires ou de la salle d'incinération des ordures. Les prisonniers affectés soit à la crémation, soit à l'incinération, et le personnel d'encadrement avaient besoin de se laver. Ces prisonniers faisaient partie d'une « équipe spéciale » (*Sonderkommando*) portant un insigne métallique avec l'étoile juive, le mot « *Sonderkommando* » et leur numéro de section. Ils se déplaçaient ainsi dans tout le camp pour leurs besognes respectives.

Ajoutons que tout « *Leichenkeller* », étant bâti en sous-sol, pouvait servir d'abri antiaérien. À Auschwitz-I, la « Leichenhalle » était bâtie en surface et, pour pouvoir servir d'abri anti-aérien, avait été transformée et renforcée.

Quelques jours avant cette interview de Klarsfeld, Pressac, pour sa part, avait, lui aussi, déclaré :

> « On avait jusqu'ici des témoignages et seulement des témoignages. »[61]

En résumé, selon S. Klarsfeld et J.-C. Pressac, les experts, les historiens et le grand public ne disposent encore en mai 1986, c'est-à-dire quarante ans après la fin de la guerre en Allemagne, d'aucune « vraie preuve » de l'existence des chambres à gaz homicides. On nous annonce et on nous promet des preuves. Pour nous faire patienter, on nous en présente une : la meilleure, vraisemblablement. Or, que vaut cette preuve « définitive » pour un crématoire d'Auschwitz-Birkenau ? **Rien**.

Il se confirme que les révisionnistes avaient raison quand ils affirmaient qu'en quarante ans pas un seul tribunal n'avait cherché à établir l'existence et le fonctionnement d'une seule chambre à gaz réputée homicide. Tous les tribunaux se sont inspirés de l'exemple donné

---

[61] *Le Matin de Paris*, 24-25 mai 1986, p. 3.

par le Tribunal militaire international (TMI). Le TMI avait tenu pour acquise l'existence de ces chambres à gaz. L'article 21 de son statut l'autorisait à procéder ainsi : « Le Tribunal tiendra pour acquis les faits de notoriété publique et ne demandera pas que la preuve en soit rapportée. » C'est ce que le droit anglo-saxon désigne par l'expression : « to take judicial notice. »

Bruno Tesch et Karl Weinbacher, responsables d'une firme distributrice de Zyklon B, ont été pendus pour avoir distribué un produit dont, selon la cour, ils ne pouvaient pas ignorer l'usage criminel qui en avait été fait à grande échelle. Combien d'autres Allemands ou de leurs alliés n'ont-ils pas été exécutés à cause de ces chambres à gaz de l'existence desquelles on n'avait et on n'a toujours aucune preuve ?

« Abondance de preuves » : c'est là le titre même que G. Wellers donnait, en 1978, à sa tentative de réfutation d'un article de R. Faurisson.

En 1979, trente-quatre historiens français affirmaient que l'existence des chambres à gaz constituait un fait historique tellement bien établi qu'il n'y avait pas même lieu à débat. Ayant à choisir un témoignage, ils choisissaient celui de… Kurt Gerstein. Ils ne présentaient aucune preuve et leur déclaration se terminait ainsi :

> « Il ne faut pas se demander comment, *techniquement*, un tel meurtre de masse a été possible. Il a été possible techniquement puisqu'il a eu lieu. Tel est le point de départ obligé de toute enquête historique sur ce sujet. Cette vérité, il nous appartenait de la rappeler simplement ; il n'y a pas, il ne peut y avoir de débat sur l'existence des chambres à gaz. »[62]

Fred Kupferman vient de rappeler cette déclaration. Il la fait sienne. Il en reproduit les deux dernières phrases en conclusion d'un article de *L'Express* : « Holocauste : les blanchisseurs du nazisme ».

De telles prises de position témoignent d'un profond désarroi. Aujourd'hui, avec les récents aveux de J.-C. Pressac et de S. Klarsfeld, on mesure encore mieux l'extraordinaire aplomb dont faisaient preuve Léon Poliakov, Georges Wellers, Pierre Vidal-Naquet, Serge Klarsfeld lui-même et ces historiens pétitionnaires quand ils se permettaient de condamner les révisionnistes en proclamant que l'existence des chambres à gaz était une vérité historique, cent fois prouvée par une « abondance de preuves ».

---

[62] *Le Monde,* 21 février 1979, p. 23.

R. Faurisson demandait « une preuve, une seule preuve de l'existence d'une seule chambre à gaz homicide dans les camps de concentration allemands ». Il en est toujours à attendre cette preuve.

***

29 et 30 mai 1986

## *Mensonges et appels au meurtre dans* L'Indépendant *(de Perpignan)*

Dans *L'Indépendant* du 29 mai 1986, en page 3, Gérard Bonet dénonce les révisionnistes en général et Henri Roques en particulier. Il écrit : « Les chambres à gaz n'ont pas existé. C'est ce que tend à démontrer un homme de 66 ans, Henri Roques, dans une thèse qu'il a soutenue le 15 juin à la faculté des lettres de Nantes et qui a été honorée de la mention "très bien". – Ce travail nous ne l'avons pas lu. [...] »

Deux photographies surmontent l'article du journal. L'une a pour légende : « La chambre à gaz de Maidanek, l'une des deux seules qu'on puisse visiter aujourd'hui ». L'autre a pour légende : « Un soldat américain devant la porte d'une chambre à gaz ».

Mais *L'Indépendant* semble ignorer que la première photographie représente une pièce qui, depuis longtemps, est désignée par les autorités du musée national de Majdanek comme étant une simple salle de douches. Un panneau installé dans la pièce en prévient les visiteurs. Quant à la seconde photographie, elle représente l'une des quatre chambres à gaz de désinfestation de Dachau, désignée comme telle, depuis bien des années, par les autorités du musée de Dachau. Une inscription en prévient les visiteurs.

L'article de G. Bonet est suivi d'un témoignage intitulé : « René Depretz : les verrous étaient déjà tirés » où le personnage en question n'hésite pas à raconter comment « à Bergen-Belsen [il] a miraculeusement échappé à la chambre à gaz ».

Mais *L'Indépendant* semble ignorer que, depuis bien longtemps, les autorités du Musée de Bergen-Belsen et les historiens de l'« Holocauste » ont admis qu'il n'avait pas existé de chambre à gaz homicide à Bergen-Belsen.

Les propos de R. Depretz, recueillis par G. Bonet, se terminent sur un appel à tuer le révisionniste H. Roques : « Ce type, il faudrait le tuer. »

Dans sa livraison du 30 mai 1986, en page 3, le même journal présente la suite de l'enquête de G. Bonet. Cette fois-ci, le témoignage invoqué est celui de Roger Baraffe et le camp en question est celui de Mauthausen. G. Bonet demande : « Avez-vous vu les chambres à gaz en fonctionnement ou tout au moins après la libération ? » Le témoin répond bizarrement : « Bien sûr, on les a vues, mais lorsque j'y suis retourné quelques années après. [...] J'ai vu les corps de gazés, des derniers qui ont été gazés ; c'était en mai 1945, par là. » Il ajoute : « Vous savez que dans les chambres à gaz ils tassaient les gens le plus possible et au début de mes visites – maintenant on a repeint un peu pour entretenir – il y avait des traces dans le béton, les traces des ongles des gens qui ne voulaient pas mourir ! Il faut le faire, dans le béton ! Ils [les Allemands] mettaient le gaz par une cheminée, un dérivé du cyanure et ça demandait dix à douze minutes, quinze minutes parfois pour avoir la mort totale. Après, ils aéraient la chambre à gaz et les sonderkommandos extrayaient les corps, qui étaient destinés à la fouille pour enlever les dents en or, etc. »[63]

Ce témoin joue de malchance : il y a beau temps que les autorités du musée de Mauthausen ont abandonné, après la thèse de l'arrivée du gaz par les pommes de douche, celle de l'arrivée du gaz par la cheminée pour présenter finalement aux visiteurs la thèse de l'arrivée du gaz par une mince tubulaire (inexistante !) percée de trous et située à hauteur des hanches des victimes dans le coin droit de la pièce ; cette pièce est toute carrelée et donc dépourvue de ce béton[64] où on aurait vu des traces d'ongles, traces qu'on aurait effacées quand on avait, dit-il, « repeint un peu » (repeint le carrelage ?). Tout cela ressemble un peu trop à l'histoire de la cage de fer en bois.

À l'exemple des propos de R. Depretz, ceux de R. Baraffe se terminent sur un appel à tuer les révisionnistes : « de véritables ordures, des ordures et des pourritures, j'estime qu'on devrait leur placer 50 kg de plastic au cul. »

On le voit, dans cette enquête de *L'Indépendant*, ignorance, mensonge, haine et appel au meurtre font bon ménage.

***

Le 12 juin 1986

---

[63] Il aurait été impossible de pénétrer ainsi dans un océan d'acide cyanhydrique pour en toucher et extraire des cadavres eux-mêmes pénétrés d'acide cyanhydrique et donc intouchables. La pièce étant située en sous-sol et tout dispositif de ventilation étant inexistant, le gaz se serait répandu partout à l'ouverture des portes.

[64] Il n'y a de béton qu'au plafond de cette douche et ce plafond n'a pas été repeint.

# *L'affaire Roques*

Henri Roques, 65 ans, ingénieur retraité, a rédigé une thèse de doctorat d'université sur « Les Confessions de Kurt Gerstein ». La soutenance de cette thèse a eu lieu le 15 juin 1985 à l'université de Nantes et elle a obtenu la mention « très bien ».

Cette thèse consiste en une étude critique des différents textes qui sont de Kurt Gerstein ou qui lui sont attribués. Ces textes sont généralement considérés comme l'une des preuves essentielles de ce que les Allemands auraient, dit-on, utilisé des chambres à gaz homicides, notamment à Treblinka et à Belzec. Dans *The Destruction of the European Jews*, Raul Hilberg mentionnait vingt-trois fois le nom de Gerstein.

Au terme de ses analyses, H. Roques a conclu que, notamment en raison des invraisemblances, des non-sens et des variations de ses différents récits, le témoignage de Kurt Gerstein n'a aucune valeur scientifique. H. Roques a montré, par ailleurs, combien tous ceux qui avaient utilisé les confessions de Gerstein avaient gravement manipulé les textes, en particulier Léon Poliakov. En conséquence, il n'a pas caché qu'il *doute* aujourd'hui de l'existence des chambres à gaz.

En 1985, la presse française et la presse allemande avaient été informées de la thèse d'Henri Roques, de son contenu, de ses conclusions et de l'attribution à celui-ci de la mention « très bien ». Mais elles n'en avaient pas parlé.

En avril 1986 est paru un article de Georges Wellers dans *Le Monde Juif*, revue trimestrielle du Centre de documentation juive contemporaine (numéro daté de janvier-mars 1986, p. 1-18). Cet article était violemment hostile à H. Roques.

Alors éclatait en France la « bombe à retardement » de l'affaire Roques. À partir d'avril et mai 1986 s'est déclenchée dans les journaux, dans toutes les radios et sur toutes les chaînes de télévision une importante campagne contre « la thèse scandaleuse de Nantes », « la thèse qui nie les chambres à gaz », « la thèse antisémite qui a reçu la mention très bien ».

De très nombreux hommes politiques sont intervenus dans cette campagne. En signe de protestation contre cette thèse, l'Assemblée nationale a observé une minute de silence à la mémoire des déportés morts. Des universitaires français ont signé une pétition. Les syndicats ont manifesté leur indignation. Des universitaires et des hommes politiques allemands ont envoyé des messages de protestation au président Mitterrand, au ministre français de l'Éducation nationale et au président de l'université de Nantes. La Knesset aurait envoyé un message au président Mitterrand.

Le point culminant de cette campagne a été atteint le 23 mai, de 18 h à 20 h, lors d'une émission très populaire de la station de radio *Europe n°1* : « Découvertes ». H. Roques et son avocat, Éric Delcroix, se sont trouvés opposés à neuf personnes, sans compter le responsable de l'émission : J.-P. Elkabbach. Parmi ces neuf personnes, il y avait notamment G. Wellers et C. Lanzmann, auteur du film *Shoah*, ainsi que, sur intervention téléphonique, Simone Veil et deux ministres. H. Roques a dit qu'il doutait de l'existence des chambres à gaz tandis qu'Éric Delcroix a dit qu'il ne croyait pas à leur existence. Tous deux ont donné leurs raisons. Du côté de ceux qui disaient croire à l'existence des chambres à gaz, il n'y a guère eu d'arguments mais il y a eu surtout des sermons moralisateurs, des outrages et des injures. C. Lanzmann a lancé à l'adresse d'H. Roques : « Fermez votre sale gueule de rat ! » À la fin de l'émission, Jacques Tarnero a dit : « On s'est fait piéger. » H. Roques a répliqué que les révisionnistes étaient bien forts s'ils avaient réussi, étant deux, à piéger tant de personnes.

Des millions de Français ont pu, s'ils ont fait preuve d'attention, assister ainsi à l'agonie « en direct » du mythe des chambres à gaz homicides. De la bouche même de Claude Lanzmann, ils ont appris qu'il ne fallait pas confondre, comme un ministre venait de le faire, fours crématoires et chambres à gaz. Lanzmann a dit et répété qu'il n'y avait eu aucune chambre à gaz homicide en Allemagne, ni à Mauthausen (Autriche), mais seulement en quelques points de Pologne.

Plus tard, dans une interview reproduite dans le magazine *VSD*, S. Klarsfeld a dit :

> « [Jusqu'ici] personne ne s'est préoccupé de rassembler des preuves matérielles [des chambres à gaz homicides] ».

À la question : « Parce qu'il n'y avait pas encore de vraies preuves ? » il a répondu : « Il y avait des débuts de preuves qui embarrassaient les faurisonniens mais ne les avaient pas encore réduits au silence. »

Et, là-dessus, il a promis qu'il allait enfin publier de vraies preuves avec la collaboration d'un pharmacien, J.-C. Pressac. L'échantillon de preuve « définitive » qu'il a offert est un bon de réception de quatorze pommes de douche et d'une porte étanche au gaz pour la salle de douches du crématoire-III d'Auschwitz-Birkenau.[65] S. Klarsfeld semble ignorer que les Allemands ont fabriqué avant et pendant la guerre, en quantités industrielles, des portes étanches au gaz pour tous les locaux pouvant servir de refuge éventuel, en cas de guerre des gaz. Ces portes n'ont pas

---

[65] *VSD*, 29 mai 1986, p. 3.

plus **de signification criminelle** que… des masques à gaz ! Dans les bâtiments des crématoires, il y avait très souvent des douches dont l'eau chaude provenait soit de la salle de crémation des cadavres, soit de la salle d'incinération des ordures. Quant à Pressac, il avait déclaré quelques jours auparavant : « On avait jusqu'ici des témoignages et seulement des témoignages »[66] et il a fait la même promesse que Serge Klarsfeld.

Certains journaux ont modéré leurs attaques quand ils se sont aperçus de la solidité de la position révisionniste. Certains ont même osé publier des lettres favorables à H. Roques. Mais tout le monde paraissait oublier que, depuis un arrêt de la cour d'appel de Paris, en date du 26 avril 1983, il était expressément permis à tout Français d'affirmer, de nier ou de mettre en doute l'existence des chambres à gaz. La cour avait pris cette décision au terme de la bataille judiciaire, longue de quatre ans, qui avait opposé neuf associations à Robert Faurisson. La cour avait même expliqué que, si elle avait pris cette décision, c'était à cause du sérieux du travail de Robert Faurisson sur la question.

Des personnes de droite et des personnes de gauche ont pris, avec des nuances diverses, la défense d'Henri Roques. Les personnes de droite ont tendance à voir dans le révisionnisme une sorte de réaction contre les idées de gauche tandis que des personnes de gauche y discernent une forme de révolution contre les idées reçues de l'*establishment*.

À droite, des députés du Front national (parti de Jean-Marie Le Pen) ont exprimé quelques doutes sur la réalité du génocide des juifs et ils se sont déclarés plus sensibles à un autre « génocide », celui des chrétiens au Liban. Quant à J.-M. Le Pen, il a fait remarquer que le chiffre total des victimes juives de la seconde guerre mondiale était l'objet de controverses historiques. Il a ajouté :

> « Quant aux chambres à gaz, je m'en tiens aux historiens officiels, qui pensent *aujourd'hui* [souligné par moi] qu'elles n'ont fonctionné qu'en Pologne. »[67]

Mais en France, on le sait depuis l'exemple donné par Paul Rassinier, le révisionnisme est aussi de gauche. À l'émission d'*Europe n°1*, H. Roques a pu faire état, avec sa permission, du soutien que lui apportait Michel de Boüard. Ce dernier, qui a soixante-seize ans, est un homme de gauche qui a été déporté au camp de Mauthausen comme interné « N.N. ». C'était un résistant actif, très proche des communistes. Sa haute formation universitaire (c'est un ancien élève de l'École des Chartes) lui

---

[66] *Le Matin de Paris*, 24-25 mai 1986, p. 3.
[67] *National Hebdo*, 5 juin 1986, p. 6.

a permis de finir sa carrière comme doyen de la faculté des lettres et sciences humaines de l'université de Caen. Fait capital : il a été membre du Comité d'histoire de la deuxième guerre mondiale, organisme directement rattaché au Premier ministre. Il connaît les chiffres exacts de la déportation en France (à l'exception des déportés de Paris et de la région parisienne) et il déplore que le Comité n'ait pas voulu publier en 1974 le résultat d'une enquête qui avait duré vingt ans et qui portait sur le nombre des déportés et des survivants de la déportation. Le Comité craignait, en cas de publication de cette enquête, des incidents notamment avec certaines associations de déportés. Michel de Boüard est membre de l'Institut de France, une fondation qui rassemble des personnalités érudites du monde des sciences, des arts et des lettres.

Mais, à gauche, le révisionnisme le plus actif se trouve du côté de Pierre Guillaume et de ses amis de la Vieille Taupe. Pierre Guillaume a littéralement miné l'édifice holocaustique par une inlassable activité à Paris et en province et par des initiatives personnelles d'un extrême courage. Il a publié les ouvrages de Paul Rassinier, de Robert Faurisson, la traduction en français du *Mythe d'Auschwitz* (de l'Allemand Wilhelm Stäglich) et un ouvrage dont il est l'auteur : *Droit et Histoire* où il adopte une position entièrement révisionniste. Toujours à gauche, se situe le dessinateur humoristique « Konk », très connu en France. Celui-ci vient de publier une bande dessinée : *Aux Voleurs !* L'ensemble des dessins qui composent le recueil tourne en dérision les escrocs et les jobards et ses trois dernières pages illustrent d'une façon particulièrement claire et pertinente l'escroquerie du mythe des chambres à gaz. Ces trois pages mériteraient d'être reproduites à des millions d'exemplaires pour être distribuées dans toutes les écoles de France. « Konk » écrit : « On a été éduqué pour croire d'office à tout ce qui est monstrueux. »

Mais le gouvernement français, inquiet des progrès du révisionnisme, semble décidé à utiliser tous les moyens pour venir en aide au mythe défaillant. La France possède depuis l'année dernière un service officiel appelé « Direction de l'information historique » et rattaché au secrétariat d'État auprès des anciens combattants. Cet organisme, digne de « Big Brother », est chargé de lutter contre le révisionnisme, avec l'argent du contribuable, notamment auprès de la jeunesse. Des membres de l'Institut d'histoire du temps présent demandent l'annulation de la thèse maudite et le recours à la répression judiciaire contre H. Roques. Des enquêtes administratives ont été lancées contre les membres du jury qui a accordé à la thèse de ce dernier la mention « très bien ».

Le hasard veut que, l'année même où H. Roques a soutenu sa thèse en France, Carlo Mattogno ait, en Italie, publié *Il rapporto Gerstein. Anatomia di un falso. Il « campo di sterminio » di Belzec*.

La thèse d'H. Roques : *Les Confessions de Kurt Gerstein. Étude comparative des différentes versions,* se présente sous la forme de deux volumes dactylographiés d'un total de trois cent soixante-et-onze pages. Il peut être commandé à La Vieille Taupe, BP 9805, 75224 Paris cedex 05, contre la somme de trois cents francs (frais d'envoi compris).

***

Jeudi 12 juin 1986

## *Lettre à Jean Planchais* (Le Monde)

Cher Monsieur,

Vous avez bien voulu me recevoir avant-hier pendant une heure dans votre bureau du *Monde*. Je vous en remercie.

Vous avez pu constater que, si je vous ai dit la vérité, il s'est produit, surtout entre 1982 et 1986, une évolution considérable chez les historiens officiels du génocide des juifs. Les principales étapes ont été, en 1982, le colloque de la Sorbonne (29 juin-2 juillet), en 1984, le congrès de Stuttgart (3-5 mai), en 1985, la longue déposition et le contre-interrogatoire de R. Hilberg au procès Zündel de Toronto (7 janvier-26 février). Les historiens officiels – je me permets d'appeler ainsi ceux auxquels les organismes officiels font référence sur le sujet – se sont scindés en intentionnalistes et en fonctionnalistes. Les premiers disent qu'il a *dû* exister une volonté et un ordre de Hitler d'exterminer les juifs ; les seconds (Broszat, Mommsen...) disent que l'extermination des juifs a dû se produire, en dehors de tout ordre ou de toute volonté exprimée de Hitler, par le fait d'initiatives locales et individuelles. Il est évident qu'une telle controverse n'existerait pas s'il existait des documents prouvant que Hitler a donné l'ordre d'exterminer les juifs.

Les historiens officiels en sont venus à concéder aux révisionnistes qu'ils n'ont trouvé ni un ordre de Hitler ou de *quiconque*, ni un plan, ni trace d'un budget pour l'extermination des juifs. Ils admettent qu'il n'existe non plus aucune expertise de l'arme – privilégiée – du crime : expertise d'un local ou de ruines d'un local baptisé chambre à gaz homicide ou camion à gaz homicide. Ils admettent également qu'aucune des innombrables autopsies conduites sans doute dès 1943 (procès de Kharkov) ne semble avoir déterminé que tel cadavre était le cadavre d'une personne tuée par les Allemands au moyen d'un gaz–poison.

Voilà pour le crime, pour l'arme du crime et pour la victime du crime.

Entre-temps, les historiens officiels ont publié des ouvrages comme *Les Chambres à gaz ont existé* (1981), *Chambres à gaz, secret d'État* (version française en 1984, traduction manipulée de l'originale allemande de 1983), *L'Album d'Auschwitz* (version française en 1983, extraordinairement manipulée par rapport aux deux versions américaines originales de 1980 et 1981), *L'Allemagne nazie et le génocide juif* (1985) (ensemble de textes parfois totalement différents de ceux qu'il prétend reproduire du colloque de la Sorbonne en 1982), *Der Mord an den Juden in Zweiten Weltkrieg* (1985) : ensemble de textes qui prétendent reproduire, peut-être à juste titre, les communications du congrès de Stuttgart de 1984. J'ajouterais la réédition en trois volumes, en 1985, de l'ouvrage de référence par excellence : *The Destruction of the European Jews* de Raul Hilberg, si profondément remaniée par rapport à la première édition, ce qui serait normal puisque la première datait de 1961, mais ce qui déroute, tant l'auteur a modifié sa position sur certains points. Je ne tiens pas compte de l'édition, lamentable, en français, de *Der Staat Hitlers* (1970), de Broszat, sous le titre *L'État hitlérien* (1985), malgré le grand intérêt des maigres pages consacrées au génocide.

Tous ces ouvrages, sans exception, marquent une évolution dans le sens du révisionnisme. Le « procès-verbal de Wannsee », on l'admet, n'impliquait que l'évacuation des juifs vers l'Est ; la date du commencement de l'extermination des juifs n'est pas déterminable non plus que la date de la fin ; l'« opération Reinhardt » n'était pas une opération d'extermination mais une opération de confiscation des biens ou des terres. Auschwitz n'était que partiellement un camp d'extermination. Le transfert qui s'était opéré des camps de l'Ouest vers celui d'Auschwitz s'opère, surtout depuis le film *Shoah*, vers les camps de l'extrême-Est, Treblinka, et on renonce tout doucement à Majdanek.

Les exterminationnistes n'expliquent pas plus qu'auparavant tous les textes qui tendent à prouver qu'il n'y avait pas d'intention d'exterminer les juifs.

On abandonne peu à peu chambres à gaz ou camions à gaz pour poser des questions du genre de : « Mais que sont alors devenus les juifs ? » Question désarmante parce qu'elle marque le désarroi. Les révisionnistes n'ont cessé de répondre à cette question et on feint de ne pas les entendre parce que c'est peut-être là que se révèle malheureusement le mieux l'aspect le plus fâcheux du mensonge historique : l'escroquerie aux faux morts ; au 31 décembre 1980, 4.340.000 personnes indemnisées (victimes ou ayants cause) dont 40 % en Israël, 20 % en RFA, 40 % dans le reste du monde ; d'innombrables associations d'anciens déportés : 18 pour Auschwitz et les camps de Haute-Silésie ; les « Candles » dont je vous ai parlé ; les ex-enfants d'Auschwitz dont nous parlons dans nos livres.

Hitler a traité les juifs en ennemis déclarés. Cette guerre a été pleine de déportations ou de déplacements de populations civiles, de femmes et d'enfants. Dans les deux camps. Que les minorités allemandes aient disparu de Pologne, en grande partie, ne signifie pas qu'elles aient été exterminées. De même pour les juifs : des morts et des survivants. L'État d'Israël n'existait pas en 1945 ! L'émigration polonaise a été considérable. La Bulgarie, qui n'a pas connu une seule déportation des juifs bulgares, avait cinquante mille juifs. Presque dès le lendemain de la guerre il en restait cinq mille. Il n'y avait pas eu quarante-cinq mille exterminés, mais quarante-cinq mille émigrés.

Ce qui est odieux, c'est la création de deux classes de déportés : les juifs et les autres. Les juifs auraient été les victimes d'un *crime sans précédent* (avec les magiques chambres) et les autres, les résistants, les communistes, les témoins de Jehovah, etc., auraient été les victimes d'un *crime banal* (sans les magiques chambres ou camions).

L'aveuglement de tous est tel que dans le journal *Le Monde* on imprime des récits d'atrocités dont même pendant la guerre de 1914 on n'aurait pas voulu, sans que personne en remarque le caractère de complète forgerie. Voyez aujourd'hui Langelier ou Yankovitch. Quand je vous rappelais que Langelier avait raconté à propos de Mengele l'histoire des yeux épinglés comme des papillons, vous avez sursauté. Vous étiez de bonne foi. Vous ne pouviez pas croire que cela avait été : 1/ écrit par un journaliste, 2/ pris en considération par l'ensemble des rédacteurs ou le chef de la rédaction, 3/ imprimé, 4/ probablement suivi d'aucune réaction de lecteur. Eh bien, lisez *Le Monde* du 10-11 février 1985, p. 4. Cela commence ainsi :

> *Jérusalem* – Des yeux morts. Plusieurs dizaines d'yeux humains « épinglés comme une collection de papillons » sur un mur du « labo » d'Auschwitz. Ils regardent la petite fille qui tremble d'épouvante et jamais n'oubliera.

Mais lisez la suite. C'est à l'avenant : « Blagues à tabac confectionnés en peau de testicules », « autopsie » sur un gamin encore vivant, « enfant à peine sorti du ventre de sa mère et [jeté] dans un four. »

Et puis est venue l'affaire Roques.

L'obnubilation a été telle que vous-même – vous avez eu le mérite et la franchise de me le confier – vous avez écrit votre fameux article contre Roques et son jury sans avoir lu la thèse de Roques ! Vous vous étiez fié à des gens « sérieux » de l'Institut d'histoire du temps présent. Vous avez cru qui ? François Bédarida. Vous avez demandé au diable ce qu'il pensait du saint ou du saint ce qu'il pensait du diable. Et vous avez cru. Vous êtes même presque tombé à genoux. Quand, longtemps après, *Le Monde* a publié un texte du président du jury, ce texte était amputé de toute une partie qui aurait informé le lecteur de bien des points que *Le Matin de Paris*, lui, a bien vu qu'on ne pouvait pas supprimer sans dénaturer ce texte.

L'affaire Roques est un révélateur.

Roques a fait un travail de chartiste. Il a pris la deuxième meilleure preuve de nos exterminationnistes : le Rapport Gerstein. Il l'a examiné. Ce n'était pas de l'or, c'était du plomb. Au lieu de lui répondre, on l'a agoni d'injures. Comment voulez-vous que son scepticisme et le scepticisme du Français moyen ne s'accroissent pas, par voie de conséquence, devant ces historiens des chambres à gaz : « Jamais tant de juifs que depuis qu'ils ont été exterminés » (réflexion entendue). Le 23 mai de 18 h à 20 h sur *Europe n°1* un auditeur attentif pouvait percevoir en direct l'agonie du mythe. Le lendemain matin, un lecteur attentif de certains journaux pouvait avoir, en un saisissant raccourci, en même temps qu'une sorte d'accéléré, le processus de fabrication du mythe. Ce qui le 23 mai au soir était encore un four crématoire vu par Michel Noir à Mauthausen devenait des chambres à gaz le lendemain matin dans une partie de la grande presse, tout comme les cornets de journaux avec de la cendre dedans, vus par le doyen Malvy en 1945 en Pologne, étaient devenus en l'espace d'un jour des chambres à gaz vues par le même doyen Malvy en Pologne en 1945. Des journaux ont publié des photos de salle de bains ou de portes de chambres à gaz de désinfection en disant : chambres à gaz [homicides]. Or, le 26 avril 1985, le *Nouvel Observateur* avait admis : il n'existe pas de photographies des chambres à gaz. Une date, là encore !

Je vous dis, moi, que la situation de 1986 n'a que peu à voir avec celle de 1978. L'hystérie à répétition, cela use les nerfs, les yeux et les cerveaux. Je considère qu'aujourd'hui, malgré encore certaines apparences contraires, la situation est *débloquée*. Le charme maléfique est brisé. Les trente-quatre historiens (du moins les survivants) ne répondent plus au numéro où on les appelle. Et Decaux a dit : rien à déclarer. Et Amouroux a dit : je n'ai pas encore lu la thèse de M. Roques. Et il y a les autres. Il y a Michel de Boüard, d'un côté, et, de l'autre côté… Konk. Lisez *Aux Voleurs !*, Albin Michel, juin 1986. Je vous recommande en particulier les quatre dernières pages.

Il est temps que *Le Monde* refuse systématiquement la honteuse pornographie du nazisme de sex-shop. Il est temps qu'il tienne compte de la profonde évolution que connaît l'histoire du prétendu génocide et que jamais, plus jamais, il n'insulte les chercheurs qui travaillent pendant que tout autre ne travaille pas. C'est surtout cela : le travail, le bon travail méticuleux, celui qui fait ricaner ceux qui ne savent pas pourquoi on s'acharne à ce point sur son établi.

Les choses ont changé et, en ce moment, les gens changent. *Le Monde* doit changer, en douceur.

P. S. Tout le monde a peur des mémoires et papiers de Josef Mengele : voilà un témoin à interroger !

Phrase de Konk : « On a été éduqué pour croire d'office à tout ce qui est monstrueux. »

***

## *Critique de Textes et Documents R. Faurisson*

18 juin 1986

### *Pastiche de sujet d'examen universitaire*

Article paru dans *Libération* le mercredi 18 juin 1986, p. 33 :

**Ulysse : presque rien que du faux !**

On sait que le roman de Joyce, *Ulysse,* se déroule en une seule journée à Dublin, le 16 juin 1904 très précisément. Quatre-vingt-deux ans plus tard et jour pour jour, les éditions Penguin à Londres publient en collection de poche une nouvelle version revue et corrigée d'*Ulysse.* C'est un professeur de philosophie de Munich, Hans Walter Gabler, aidé de plusieurs experts, qui propose le nouveau texte : il leur a fallu sept ans et un ordinateur pour corriger une moyenne de sept omissions ou erreurs par page commises dans l'édition originale de 1922. Il faut savoir en effet que cette première édition était le fait d'imprimeurs français qui ne parlaient pas l'anglais. Aucun éditeur anglais n'avait en effet accepté de publier le manuscrit. L'écriture de Joyce était illisible, il modifiait continuellement son manuscrit, sa vue baissait et il avait du mal à relire les épreuves.

La nouvelle édition a l'avantage de clarifier beaucoup d'erreurs qui avaient donné lieu à des gloses infinies. Par exemple, la phrase « The paper the beard was wrapped in » (« le papier dans lequel la barbe était enveloppée ») était en réalité, après transposition d'une lettre, « The paper the bread was wrapped in » (« le papier dans lequel le pain était enveloppé ») ! Si tout est à l'avenant, on peut s'attendre à des révisions déchirantes.

*– Pour candidats au C2 de « Critique de textes et documents » –*

(Université Lumière, ex-Lyon-II)

À supposer que l'information ci-dessus reproduite soit exacte dans l'ensemble et dans le détail, rédigez un commentaire en trois points.

Montrez d'abord, en un style aussi simple que celui de Konk (voy. *Aux Voleurs !,* Albin Michel, juin 1986), que nous avons affaire ici à une nouvelle illustration de l'histoire de la dent d'or et que la jobardise, notamment universitaire, n'est pas triste ; rappelez qu'il faut, en toute circonstance, d'abord aller y voir de près, puis retourner sur ses pas, y voir d'encore plus près, vérifier, revérifier, au besoin réviser les évidences à la manière des révisionnistes de tout temps en histoire, en littérature, en sciences, en médecine ; bref, montrez qu'il faut travailler.

Puis, ressaisissez-vous ; affirmez en un style vulgaire que cette information n'a aucune importance, qu'elle ne remet rien en cause ni dans le cas particulier considéré ni en ce qui regarde soit la traduction, soit la critique, soit tant et de si belles thèses ; là, montez le ton et exprimez-vous dans le style requis pour faire sérieux : « lecture plurielle », « sémiotique littéraire » et n'hésitez pas à « décoder ».

Enfin, manifestez votre émotion devant cette nouvelle atteinte portée à la mémoire des vivants et des morts ; empruntez le style d'Harlem Désir (« Les potes sont horrifiés… ») ; rappelez que « le ventre est fécond d'où est sorti la bête immonde » ; découvrez là un effet pervers du révisionnisme international (Paul Rassinier n'avait-il pas déjà publié *Le Mensonge d'Ulysse* et récidivé avec *Ulysse trahi par les siens ?*) ; voilez-**nous** la face ; exercez pleinement votre droit de juger ce genre de livres sans les lire et en interdisant aux autres de les lire ; appelez-en à la Loi et à l'Ancien Testament, à l'Institut d'histoire du temps présent, à la Direction de l'information historique, au Centre de documentation juive contemporaine. Bref, rassurez-**nous** en faisant montre d'un cœur gros comme ça, plein de force, de courage et de générosité. Glissez discrètement un appel en direction des coffres de l'État et de la tirelire du Français moyen.

***

Printemps 1986

## *Un grand faux témoin : Élie Wiesel*

Élie Wiesel a reçu en 1986 le prix Nobel de la Paix. Il est généralement présenté comme un témoin de l'« Holocauste » des juifs et, plus particulièrement, comme un témoin de l'existence des prétendues chambres à gaz homicides. Dans *Le Monde* du 17 octobre 1986, en première page, sous le titre « Un Nobel éloquent », on souligne que cette attribution du prix Nobel à Elie Wiesel vient à point car :

> « On a vu ces dernières années, au nom d'un prétendu "révisionnisme historique", s'élaborer des thèses, notamment françaises, visant à remettre en cause l'existence des chambres à gaz nazies et, peut-être au-delà, le génocide juif lui-même. »

Mais en quoi Élie Wiesel serait-il un témoin des chambres à gaz ? De quel droit exigerait-il que nous croyions un seul instant à ce mode d'extermination ? Dans le livre autobiographique censé rapporter son expérience d'Auschwitz et de Buchenwald, il ne mentionne nulle part les chambres à gaz.[68] Il dit bien que les Allemands exterminaient les juifs mais... par le feu, en les jetant vivants dans des fournaises en plein air au vu et au su de tous les déportés ! Pas moins ! Le faux témoin Wiesel n'a pas eu de chance. Ayant à choisir entre plusieurs mensonges de la propagande de guerre des Alliés, il a choisi de défendre le mensonge du feu au lieu de celui de l'eau bouillante, du gaz ou de l'électricité. En 1956, date à laquelle il a publié son témoignage en yiddish, le mythe du feu restait encore vivace dans certains milieux. Il est à l'origine du terme *Holocauste.* Aujourd'hui il n'y a plus un seul historien pour l'accréditer. Le mythe de l'eau bouillante et celui de l'électricité ont, eux aussi, disparu. Reste le gaz.

Le mensonge du gaz a été accrédité par les Américains : voyez le *War Refugee Board Report* publié en novembre 1944. Le mensonge des juifs tués à l'eau bouillante ou à la vapeur d'eau (précisément à Treblinka) a été accrédité par les Polonais : voyez le document de Nuremberg PS-3311. Le mensonge de l'électricité a été accrédité par les Soviétiques : voyez l'article de la *Pravda* du 2 février 1945, p. 4, sur « Le combinat de la mort à Auschwitz ».

---

[68] Une seule allusion, extrêmement vague et fugace à la page 109 : Élie Wiesel, qui aime bien prendre Dieu pour interlocuteur, lui dit : « [ces hommes-ci] que Tu as laissés torturer, égorger, **gazer**, calciner, que font-ils là ? Ils prient devant Toi ! »
Dans sa préface, F. Mauriac mentionne « la chambre à gaz et le crématoire ». Les quatre pages cruciales du « témoignage » d'Élie Wiesel sont reproduites en fac-similé dans : P. Guillaume, *Droit et Histoire*.

Le mensonge du feu est d'origine indéterminée. Il est en quelque sorte vieux comme la propagande de guerre ou de haine. En 1958, Wiesel a publié sous le titre *La Nuit* la version française de son témoignage, avec une préface de

François Mauriac. Il dit qu'à Auschwitz il y avait une fosse incandescente pour les adultes et une autre pour les bébés. Il écrit :

> « Non loin de nous, des flammes montaient d'une fosse, des flammes gigantesques. On y brûlait quelque chose. Un camion s'approcha du trou et y déversa sa charge : c'étaient des petits enfants. Des bébés ! Oui, je l'avais vu, de mes yeux vu... Des enfants dans les flammes. (Est-ce donc étonnant si depuis ce temps-là le sommeil fuit mes yeux ?) »[69]

Un peu plus loin, il y avait une autre fosse à flammes gigantesques où les victimes pouvaient « agoniser durant des heures dans les flammes ».[70] La colonne dont faisait partie Wiesel fut conduite par les Allemands à « trois pas » de cette fosse, puis à « deux pas ». « À deux pas de la fosse, on nous ordonna de tourner à gauche, et on nous fit entrer dans une baraque. »[71] Témoin exceptionnel, Wiesel assure avoir rencontré d'autres témoins exceptionnels. À propos de Babi-Yar, localité d'Ukraine où les Allemands ont exécuté des Soviétiques et, parmi ceux-ci, des juifs, Wiesel écrit :

> « Plus tard, j'appris par un témoin que, pendant des mois et des mois, le sol n'avait cessé de trembler ; et que, de temps en temps, des geysers de sang en avaient giclé. »[72]

Ces mots n'ont pas échappé à l'auteur dans une minute d'égarement : une première fois, il les a écrits, puis un nombre indéterminé de fois (au moins une) il a bien dû les relire sur épreuves ; enfin ces mots ont été traduits dans diverses langues comme tout ce qu'écrit cet auteur.

S'il a personnellement survécu, c'est bien entendu par miracle. Il dit qu'à Buchenwald les Allemands envoyaient « chaque jour dix mille personnes à leur mort. J'étais toujours parmi les derniers cent près de la porte de sortie. Ils nous arrêtaient là. Pourquoi ? »[73]

---

[69] É. Wiesel, *La Nuit*, p. 57.
[70] *Id.*, p. 58.
[71] *Id.*, p. 60.
[72] É. Wiesel, *Paroles d'étranger*, p. 86.
[73] É. Wiesel, « Author, Teacher, Witness », *Time*, 18 mars 1985, p. 79.

Germaine Tillion a analysé en 1954 le « mensonge gratuit » à propos des camps de concentration allemands. Elle a alors écrit :

> « Ces personnes [qui mentent gratuitement] sont, à vrai dire, beaucoup plus nombreuses qu'on ne le suppose généralement, et un domaine comme celui du monde concentrationnaire – bien fait, hélas, pour stimuler les imaginations sado-masochistes – leur a offert un champ d'action exceptionnel. Nous avons connu [c'est G. Tillion qui continue de parler ici] de nombreux tarés mentaux, mi-escrocs, mi-fous, exploitant une déportation imaginaire ; nous en avons connu d'autres – déportés authentiques – dont l'esprit malade s'est efforcé de dépasser encore les monstruosités qu'ils avaient vues ou dont on leur avait parlé et qui y sont parvenus. Il y a même eu des éditeurs pour imprimer certaines de ces élucubrations, et des compilations plus ou moins officielles pour les utiliser, mais éditeurs et compilateurs sont absolument inexcusables, car l'enquête la plus élémentaire leur aurait suffi pour éventer l'imposture. »[74]

G. Tillion n'a pas eu le courage de donner des exemples et des noms. Mais c'est l'usage. On convient qu'il y a de fausses chambres à gaz qu'on fait visiter aux touristes et aux pèlerins, mais on ne nous dit pas où. On convient qu'il y a de faux « grands témoins » mais on ne nomme en général que Martin Gray, escroc notoire dont Max Gallo, en toute connaissance de cause, a fabriqué sur commande le bestseller *Au nom de tous les miens.*

On nomme parfois aussi Jean-François Steiner. Son best-seller *Treblinka* avait été présenté comme une œuvre dont chaque détail était garanti par des témoignages écrits ou oraux ; en réalité, il s'agissait d'une fabrication due, au moins en partie, au romancier Gilles Perrault.[75] Marek Halter a, de son côté, publié en 1983 *La Mémoire d'Abraham ;* comme souvent à la radio, il y fait état de son expérience du ghetto de Varsovie ; or, s'il faut en croire un article de Nicolas Beau, pourtant très favorable à l'auteur[76], le petit Marek, âgé d'environ trois ans, et sa mère ont quitté Varsovie en octobre 1939 et non en 1941, c'est-à-dire avant la constitution du ghetto par les Allemands. Son livre aurait été vraisemblablement écrit par un nègre : Jean-Noël Gurgan. Filip Müller est l'auteur de *Trois ans dans une chambre à gaz d'Auschwitz,* préface de Claude Lanzmann, prix 1980 de la LICRA (Ligue internationale contre

---

[74] G. Tillion, « Le Système concentrationnaire allemand (1940-1944) », p. 18, note 2.
[75] *Le Journal du Dimanche,* 30 mars 1986, p. 5.
[76] *Libération,* 24 janvier 1986, p. 19.

le racisme et l'antisémitisme, dirigée par Jean-Pierre Bloch) ; ce bestseller nauséabond est le résultat du travail d'un nègre allemand, Helmut Freitag, qui n'a pas hésité devant le plagiat ; voyez Carlo Mattogno, « The Filip Müller's Plagiarism » repris dans *Auschwitz, un caso di plagio*. La source du plagiat était *Médecin à Auschwitz,* autre best-seller fabriqué de toutes pièces par un certain Miklos Nyiszli. Ainsi toute une série d'ouvrages présentés comme des documents authentiques ne sont que des compilations dues à différents nègres : Max Gallo, Gilles Perrault, Jean-Noël Gurgan ( ?), Helmut Freitag…

On aimerait savoir ce que G. Tillion pense aujourd'hui d'Élie Wiesel. Chez ce dernier le mensonge n'est certes pas gratuit. Il se dit plein d'amour pour l'humanité. Il ne recule pourtant pas devant l'appel à la haine. À son avis :

> « Tout juif, quelque part en lui, devrait se ménager une zone de haine – une haine saine et virile – pour ce que l'Allemand personnifie et pour ce qui persiste dans l'Allemand. Agir autrement serait trahir les morts. »[77]

Au début de l'année 1986, quatre-vingt-trois députés du Bundestag avaient pris l'initiative de proposer Élie Wiesel pour le prix Nobel de la Paix : ce serait, avaient-ils affirmé, « un grand encouragement pour tous ceux qui concourent activement à la réconciliation »[78]. C'est ce que l'on appelle « passer du national-socialisme au national-masochisme ».

Jimmy Carter avait besoin d'un historien pour présider sa Commission présidentielle de l'Holocauste. Comme le dit si bien Arthur Robert Butz, il choisit donc un « histrion » : Élie Wiesel. Même le journal *Le Monde*, dans l'article susmentionné, est obligé de faire allusion au caractère histrionique que certains déplorent chez Élie Wiesel. Il le fait en ces termes :

> « Naturellement, même parmi ceux qui approuvent la lutte de l'écrivain juif américain découvert jadis par le catholique François Mauriac, il en est qui lui font grief d'avoir trop tendance à transformer en « dolorisme » la douleur juive ou d'être devenu le grand prêtre d'une "gestion planifiée de l'Holocauste". »

---

[77] É. Wiesel, « Rendez-vous avec la haine ».

[78] RFA, *The Week in Germany,* 31 janvier 1986, p. 2.

Il n'est pas de business qui vaille le Shoah-business. Il y a cinq ans déjà Léon A. Jick écrivait :

> « La plaisanterie dévastatrice selon laquelle "il n'est pas de meilleur business que le Shoah-business" représente, c'est triste à dire, une vérité reconnaissable. »[79]

Élie Wiesel lance des appels alarmés et enflammés contre les auteurs révisionnistes. Il sent la partie lui échapper. Il va lui devenir de plus en plus difficile de maintenir la croyance délirante selon laquelle les juifs ont été exterminés ou ont fait l'objet d'une politique d'extermination, notamment par le recours à de prétendues chambres à gaz homicides. Serge Klarsfeld vient d'admettre que jusqu'ici on n'a pas encore publié de vraies preuves de l'existence de ces chambres à gaz ; il promet des preuves ; il donne son meilleur échantillon ; cet échantillon est grotesque.[80] Sur le plan scientifique, c'en est fini du mythe des chambres à gaz. À vrai dire, ce mythe a expiré lors du colloque de la Sorbonne (29 juin-2 juillet 1982) tenu, il y a quatre ans, sous la présidence de Raymond Aron et de François Furet. Reste à faire connaître la nouvelle au grand public. Cependant, pour Élie Wiesel, il importe au plus haut point de cacher cette nouvelle. D'où le fracas médiatique, qui ira en s'amplifiant. Plus les journalistes parlent, plus les historiens se taisent.

Mais il y a aussi des historiens qui osent élever la voix contre le mensonge et la haine. C'est le cas de Michel de Boüard, ancien résistant, déporté à Mauthausen, membre du Comité d'histoire de la deuxième guerre mondiale de 1945 à 1981 (date de son intégration dans l'Institut d'histoire du temps présent), membre de l'Institut de France. Il faut lire sa poignante interview dans *Ouest-France,* 2-3 août 1986. Au passage, il reconnaît courageusement que, pour propre part, il a, en 1954, dans une étude scientifique, cautionné l'existence d'une chambre à gaz là où, en définitive, il n'a pas pu en exister : à Mauthausen.

Le respect dû aux souffrances de toutes les victimes de la seconde guerre mondiale et, en particulier, aux souffrances des déportés exige de la part des historiens un retour aux méthodes de routine de la critique historique.

Robert Faurisson

---

[79] L. A. Jick, « The Holocaust: its Use and Abuse… », p. 316.

[80] Voy. *VSD,* interview, 29 mai 1986, p. 37.

Quelques mois après une première publication et une diffusion importante de ce texte de R. Faurisson, P. Vidal-Naquet déclarait : « Le rabbin Kahane, cet extrémiste juif [...] est moins dangereux qu'un homme comme Élie Wiesel qui raconte **n'importe quoi...** Il suffit de lire certaine description de *La Nuit* pour savoir que certaines de ses descriptions ne sont pas exactes et qu'il finit par se transformer en marchand de Shoah... Eh bien lui aussi porte un tort, et un tort immense, à la vérité historique. »[81]

### Lettre de Mme Esther Grossmann, Holon (Israël)

En visite en Allemagne, j'ai vécu avec une grande émotion la discussion relative à *Holocaust.* J'ai réussi à cette époque-là à échapper à l'enfer des années terribles. Le temps que j'ai passé à Buchenwald et Auschwitz reste gravé dans ma mémoire d'une manière indélébile. Au cours de près de trois années de détention, j'ai vu l'homme à son stade primitif : la démesure d'hommes, qui détenaient un pouvoir sur des hommes jusqu'à la brutalité folle ; mais aussi les trésors de tolérance et la grande âme de mon peuple. Comme la vérité est indivisible, je dois dire également qu'en ces temps difficiles j'ai reçu de beaucoup d'Allemands aide et réconfort et que je n'ai ni vu ni entendu parler de chambres à gaz, mais que je n'ai appris leur existence qu'après ma libération. Sur ces sujets, je suis comme beaucoup d'Allemands, et je comprends donc le doute si souvent exprimé maintenant et j'estime qu'il est important que soit fait un examen complet par des gens qui n'ont pas participé du tout à ces événements ; car seule la vérité peut nous aider à parvenir à un accord entre nous – maintenant – et dans les générations futures. »

[Cette lettre, publiée initialement dans *Die Realschule*, Hanovre, 88e année, n° 11, novembre 1980, p. 678, a été publiée en français comme supplément au n° 1 des *AHR*, printemps 1987.]

***

12 novembre 1986

[81] *Zéro*, avril 1987, p. 57.

# LE MYTHE DE LA CHAMBRE À GAZ OU DES CHAMBRES À GAZ DE MAUTHAUSEN (AUTRICHE)

## *I. Devant le TMI*

*Source* : Procès des grands criminels de guerre devant le TMI (Tribunal militaire international), Nuremberg, 14 novembre 1945 – 1er octobre 1946, édité à Nuremberg (Allemagne), 1947-1949, 42 volumes, texte officiel en langue française). Il est à noter que les Français n'ont pas publié le volume XXIII : index des matières et liste des *errata*. Je ne possède pas la version américaine (*IMT*). Je possède la version en langue allemande (*IMG*). Dans le volume XXIII de cette dernière version, ce qui se rapporte à Mauthausen figure, aux pages 65-66, sous la rubrique générale « *Konzentrationslager* » dans la section « Mauthausen ». À la différence de sections comme « Auschwitz » ou « Treblinka », on ne trouve dans la section « Mauthausen » aucune mention de « *Gaskammern* » (chambres à gaz) ou « *Vergasung* » (gazage). Pourtant, soit dans les documents utilisés par le TMI, soit au cours des débats du TMI, il a été question de chambre[s] à gaz homicides ou bien de gazages homicides à Mauthausen. Il en a été question de façon vague, confuse ou contradictoire. Dans les deux cent quatre-vingt-sept pages du jugement (*TMI*, I, p. 181-367), il est fait mention de chambres à gaz homicides à Auschwitz ou à Treblinka mais non à Mauthausen.

### *– Documents du TMI –*

Document PS-2430 : film américain. Entre le 1er mars et le 8 mai 1945, des cinéastes américains ont enregistré quatre-vingt mille pieds de film sur les camps de concentration nazis. Seuls six mille pieds de cet ensemble ont été projetés dans l'enceinte du tribunal le 29 novembre 1945. Dans une petite fraction du film il est question de « Mauthausen Concentration Camp ». Un homme y déclare :

> « I am Lt. (senior grade) Jack H. Taylor, U.S. Navy, from Hollywood, California. »

Cet homme dit qu'il a été interné à Mauthausen, camp dans lequel soit un, soit deux officiers américains auraient été « exécutés par gaz ». Il emploie les cinq mots suivants : « executed by gas [...] by gas »[82] Cet homme n'a pas comparu devant le tribunal et n'a donc pas pu y être interrogé et contre-interrogé.

Document PS-2285 : affidavit commun de deux officiers français. Le 13 mai 1945, le lieutenant-colonel Guivante de Saint-Gast et le lieutenant Jean Veith ont signé un affidavit (déclaration sous serment) rédigé en anglais. Ces hommes disent qu'ils ont été internés à Mauthausen, camp dans lequel les Allemands auraient exécuté une certaine catégorie de prisonniers soit par balles, soit par gaz. Ils déclarent :

> « The K prisoners were taken directly to the prison where they were uncloathed and taken to the "bathrooms". This bathroom (*sic*) in the cellars of the prison building near the crematory was specially designed for executions (shooting and gassing). [...] If a transport consisted of too many "K" prisoners, instead of losing time for "measuration", they were exterminated by gas sent into the bathroom instead of water. »[83]

Le lieutenant-colonel n'a pas comparu devant le tribunal. Le lieutenant a comparu le 28 janvier 1946 mais il a parlé de Mauthausen sans souffler mot de gazages homicides. Ni le procureur français qui l'avait convoqué comme témoin, ni les avocats allemands des accusés n'en ont parlé.[84]

Document PS-2753 : affidavit d'Alois Hoellriegl. Le 7 novembre 1945, le soldat SS Hollriegl, gardien à Mauthausen de janvier 1940 jusqu'à la fin de la guerre, déclare dans un texte très court qu'au printemps 1942 (sans autre précision de temps) il a vu un jour Ernst Kaltenbrunner et le commandant du camp Franz Ziereis pénétrer dans la chambre à gaz. Il déclare :

> « Bei einer Gelegenheit, ich glaube es war im Herbst 1942, besuchte Ernst KALTENBRUNNER Mauthausen. Ich hatte damals Wachdienst und sah ihn zweimal. Zusammen mit dem Kommandanten des Lagers, ZIEREIS, ging er in die Gaskammer hinunter, zu einem Zeitpunkt da Gefangene vergast wurden. Das den Vorgang der Vergasung begleitende Geraeusch war mir wohl bekannt. Ich hoerte, dass die Vergasung waehrend der Anwesenheit Kaltenbrunners vor sich ging.

---

82 *TMI*, XXX, p. 468.
83 *TMI*, XXX, p. 142.
84 *TMI*, VI, p. 240-251.

> « Ich sah Kaltenbrunner von dem Gaskeller heraufkommen, nachdem die Vergasung beendet worden war. »[85]

Le 2 janvier 1946, le lieutenant-commander Samuel Harris, substitut du procureur général américain, lit cet affidavit dont voici la traduction officielle :

> « À l'automne 1942, je crois, Ernst Kaltenbrunner visita Mauthausen. J'étais de garde à ce moment et je le vis à deux reprises. Il descendit même dans la chambre à gaz avec Ziereis, commandant du camp, à un moment où l'on était en train de gazer des prisonniers. Les bruits qui accompagnaient l'opération m'étaient bien connus. Je compris que la chambre fonctionnait. Kaltenbrunner était présent. J'ai vu Kaltenbrunner remonter de la cave où se trouvait la chambre à gaz, quand tout fut terminé. »[86]

Deux jours plus tard, le 4 janvier 1946, Alois Hoellriegl comparaît devant le tribunal à titre de témoin. Il est interrogé par le colonel John Harlan Amen, procureur adjoint américain. Voici le passage portant sur la chambre à gaz de Mauthausen :

> « Colonel Amen. — Donc, vous avez eu l'occasion d'assister à l'extermination des détenus par fusillades, gaz, etc.
>
> Témoin. — Oui, j'ai vu tout cela.
>
> Colonel Amen. — Avez-vous fait une déclaration sous serment disant que vous aviez vu Kaltenbrunner dans ce camp ?
>
> Témoin. — Oui.
>
> Colonel Amen. — Et sur le fait qu'il avait vu et connaissait les chambres à gaz ?
>
> Témoin. Parfaitement. »[87]

Trois mois plus tard, l'accusé Ernst Kaltenbrunner est interrogé comme témoin par son avocat, le Dr Kurt Kauffmann. Voici le passage portant sur la chambre à gaz de Mauthausen :

> « Dr Kauffmann. — Avez-vous, comme l'affirme Hoellriegl, vu des chambres à gaz en fonctionnement ?

[85] *TMI*, XXXI, p. 93.
[86] *TMI*, IV, p. 302.
[87] *TMI*, IV, p. 399.

Accusé. — Jamais je n'ai vu une chambre à gaz, ni en fonctionnement ni à aucun autre moment. »[88]

L'avocat répétera sa question et l'accusé, sa réponse. L'accusé précisera :

« Je n'ai jamais mis les pieds dans le centre de détention de Mauthausen. J'ai été à Mauthausen, mais pas dans le camp de travail. »[89]

Document PS-3846 : interrogatoire du détenu Johann Kanduth. Les 30 novembre et 3 décembre 1945, le détenu Johann Kanduth est interrogé par un lieutenant-colonel américain, l'Investigator-Examiner David G. Paston. Voici les passages portant sur la chambre à gaz de Mauthausen :

« Answer. — [...] Some [women] were killed in the gas chamber. [...]

Giessriegel — he had led the sicks to the gas-chamber. »[90]

« Altfudisch was Obersturmfuehrer and led the women to the room where they undressed, afterwards he brought the next 30. They had to go to the gas-chamber. »[91]

« Question. — Was a record made of the prisoners of CC Mauthausen who were killed by shooting, gasing (*sic*), cremating or by injections ?

Answer. — Yes. »[92]

[...]

« Question. — These notes do not show all the persons that were killed at Mauthausen ?

Answer. — They are true, that 2-3 000 were killed in the gas-chambers or on transports, we don't know the exact number. »[93]

[...]

Glücks, by whose orders the gas chambers were built. »[94]

[...]

---

[88] *TMI*, XI, p. 277.

[89] *Ibid.*

[90] *TMI*, XXXIII, p. 33.

[91] *Id.*, p. 234.

[92] *Ibid.*

[93] *Id.*, p. 235.

[94] *Id.*, p. 239.

« Kaltenbrunner went laughing in the gas-chamber. Then the people were brought from the bunker to be executed and then all three kinds of executions : hanging, shooting in the back of the neck and gassing were demonstrated. After the dust had disappeared, we had to take away the bodies. »[95]

Le 12 avril 1946, Ernst Kaltenbrunner est interrogé par le colonel Harlan Amen sur ce document (Kanduth) ainsi que sur un autre document (Tiefenbacher). Voici sa réponse :

« Je déclare que leur contenu entier est faux. S'ils m'avaient été soumis au cours des interrogatoires préliminaires (au procès), j'aurais immédiatement demandé, comme je l'ai fait dans d'autres cas, celui du témoin Zutter par exemple, à être confronté d'urgence avec lui (*sic*) »[96]

Malgré tous ses efforts, l'avocat de Kaltenbrunner n'obtiendra jamais la comparution de Kanduth. Le 8 juin 1946, le président du tribunal décidera que ce témoin est autorisé à comparaître[97], mais il ne comparaîtra pas. Dans sa plaidoirie finale, l'avocat ne mentionnera pas cette anomalie.[98] Le procureur général soviétique, Rudenko, prendra la parole après la défense, comme c'était l'usage au procès de Nuremberg pour tous les représentants de l'accusation ; il citera alors le témoignage de Kanduth, qu'il appellera "Kandutor"[99] »

Document PS-3845 : interrogatoire du détenu Albert Tiefenbacher. Le 7 décembre 1945, le détenu Albert Tiefenbacher est interrogé, comme Johann Kanduth, par David G. Paston. Voici les passages portant sur la chambre à gaz de Mauthausen ainsi que sur une voiture dans laquelle on mettait du gaz pour y tuer des détenus :

« Q. Did you know a Mrs. FUERTEL, and her daughter ?

A. There were Czech women gassed, but we did not get the list of their names. I did not have anything to do with the books.

[...]

Q. Do you remember the gas chamber camouflaged as a bath house ?

95 *Id.*, p. 241.
96 *TMI*, XI, p. 337-338.
97 *TMI*, XV, p. 594.
98 *TMI*, XVIII, p. 46-75.
99 *TMI*, XIX, p. 625.

A. Yes, we always helped to carry the dead from the gas chamber.

Q. There were no shower baths in the chamber ?

A. Yes. Cold and warm water was supposed to come out of them, but the flow of the water could be regulated from the outside of the room and mostly the water was turned off. On the outside of the room was the gas reservoir and two gas pipes led from the outside into the room. There was a slot at the back and the gas emanated from this slot.

Q. Gas never came from the showers ?

A. All the showers were plugged. It was just to make the effect that the prisoners were entering a bathroom.

Q. Was this gas chamber built by SS Hauptsturmfuehrer Dr KREBSBACH ?

A. I do not know.

Q. Do you remember a special car which was operated between MAUTHAUSEN and GUSEN, in which prisoners were gassed on the journey ?

A. Yes, the commander personally went with this car. WASICKI put the gas into this car.

Q. How many people could be put into this car ?

A. Twenty or thirty.

Q. Did this car belong to SS Untersturmfuehrer WASICKI ?

A. This car was just like a police car, only constructed air-tight.

Q. Did ZIEREIS drive this car ?

A. Yes, I saw him myself.

Q. ZIEREIS himself drove the car, but he did not put the gas into the car ?

A. The whole poison was in the hands of WASCHINSKI.

Q. But ZIEREIS knew that the prisoners were being gassed ?

A. Yes, he usually gave the orders.

Q. The gassing of prisoners was due to the urging of the SS KREBSBACH ?

A. I think that they both were in agreement about it, since they were the best of friends. If there were too many people, they simply got rid of them.

Q. Do you remember the last 800 people who were killed by a club or through drowing ?

A. Yes, I know how people were led into the gas chamber and hot and cold water applied on them, and then they had to line up and were beaten until they died.

> Q. Do you remember the gassing of 640 prisoners in block 31 in GUSEN ; ?
> A. No, I was only in MAUTHAUSEN. »[100]

Albert Tiefenbacher est ce témoin qui, à la fin du même interrogatoire, affirme avoir vu Himmler à Mauthausen et l'avoir reconnu « grâce à son monocle » (*sic*) : « I remember Himmler by his monocle »[101] !

Le 12 avril 1946, Ernst Kaltenbrunner est interrogé par le colonel Harlan Amen sur ce document ; seule une petite portion du document est lue ; elle ne porte pas sur les gazages (TMI, XI, p. 332). Kaltenbrunner déclare que ce qu'a dit Tiefenbacher est faux et fait à son propos la même déclaration que, ci-dessus, à propos de Johann Kanduth. Tiefenbacher sera amené à Nuremberg, mais, curieusement, il semble que l'avocat de Kaltenbrunner n'en demandera pas la comparution.[102]

Document F-274 : rapport officiel du gouvernement français. Ce rapport est de 1945 sans autre précision de date. Dans ses soixante-douze pages[103], on relève une simple mention des « chambres à gaz (pluriel !) de Mauthausen »[104] ainsi qu'un récit très confus que voici :

> « La chambre à gaz permettait des résultats beaucoup plus rapides. Ils furent considérés comme particulièrement satisfaisants à MAUTHAUSEN où, en 1943 et 1944, des autocars venaient chercher par groupes de 40 des malades désignés par les S.S. responsables. Ils déposaient leur chargement dans un château où l'on est certain, d'après les charniers retrouvés, que ces malheureux furent exterminés. Les camions "de convalescence" qui venaient chercher les malades étaient devenus la terreur du camp (31 MAU. 15).
>
> "L'auto-car" était plus expéditif que les piqûres mortelles intramusculaires pratiquées avant 1943. Un des auto-car était lui-même une chambre à gaz. Il accomplissait un circuit très rationnel : les malades, exterminés par les gaz dans l'auto-car pendant le trajet MAUTHAUSENGUSEN, étaient incinérés à l'arrivée à GUSEN. Un nouveau chargement repartait de GUSEN : gazage en cours de route et incinération à MAUTHAUSEN. Seuls, les raffinements d'une imagination dépravée peuvent expliquer cette horreur. C'est vers le château de HARTHEIM aux environs

---

[100] *TMI*, XXXIII, p. 226-228.
[101] *Id.*, p. 229.
[102] *TMI*, XVII, p. 250.
[103] *TMI*, XXXVII, p. 116-187.
[104] *Id.*, p. 118.

de LINZ, appartenant au Gauleiter de la Région, que l'autocar aurait emmené d'autres chargements.

« Au moment où des soupçons commencèrent à se répandre parmi les déportés, l'extermination par l'auto-car cessa. Il est curieux de constater que ce changement aurait coïncidé avec la destruction du château par bombardement. (Doc. LUT).[105]

Document PS-3870 : affidavit de Hans Marsalek. C'est le document le plus important. Hans Marsalek, ancien détenu, y raconte l'interrogatoire qu'il a fait subir à Franz Ziereis, commandant de Mauthausen. Celui-ci était grièvement blessé de trois balles dans le corps. L'interrogatoire dura 68 heures au bout desquels il mourut. Ce fut une séance de torture. On a souvent qualifié de « confession de Ziereis » ce document qui est, en fait, un rapport de Hans Marsalek. L'interrogatoire eut lieu dans la nuit du 22 au 23 mai 1945 et ne fut rapporté par Marsalek que onze mois plus tard, le 8 avril 1946. Voici le passage portant sur les gazages (c'est Ziereis qui est censé parler) :

> « Im K.-Z. Lager Mauthausen wurde auf Anordnung des ehemaligen Standortarztes Dr. Krebsbach eine Vergasungsanstalt gebaut unter der Tarnung eines Baderaumes ; in diesem getarnten Baderaum wurden Haeftlinge vergast. Ausserdem verkehrte von Mauthausen nach Gusen und umgekehrt, ein besonders konstruiertes Auto, in dem waehrend der Fahrt, Haeftlinge vergast wurden. Die Konstruktionsidee des Autos stammt von Apotheker SS-Untersturmfuehrer Dr. Wasiczki. Ich selbst habe in das betreffende Auto nie Gas hineingetan, ich habe lediglich das Auto gefuehrt, allerdings habe ich gewusst dass Haeftlinge vergast wurden. Das Vergasen der Haeftlinge geschah auf Draengen des Arztes SS-Haupsturmfuehrer Krebsbach.
>
> « All das, was wir exekutiert haben, wurde vom Reichssicherhauptamt, Himmler oder Heydrich, weiters von SS-Obergruppenfuehrer Mueller oder Dr. Kaltenbrunner, der letzte war der Chef der Sicherheitspolizei, angeordnet.
>
> « SS-Obergruppenfuehrer Pohl gab den Befehl, die Haeftlinge, weil sie schwach waren und keine Verpflegung hatten, in die Waelder zu treiben um dort Beeren zu pfluecken und Knospen zu fressen. Genannter hat mit der Verwaltung die Portion von 750 Gramm taeglich auf 350 Gramm gekuerzt. SS-Gruppenfuehrer Gluecks gab die Anordnung, schwache Haeftlinge als

[105] *Id.*, p. 176.

Geisteskranke zu bezeichnen und jene in eine Anlage, die in Schloss Hartheim bei Linz vorhanden war, mit Gas umzubringen.

« Dort wurden ungefaehr 1-1 1/2 Millionen Menschen umgebracht. Im Lager wurden jene Haeftlinge als Normal-Verstorbene gemeldet. Die Todesmeldungen der noch lebenden Haeftlinge, die sich bereits auf Transport befanden, wurden schon vorher in die jeweilige, politische Abteilung ausgestellt.

« Die Anzahl in der Landesanstalt Hartheim ermordeten Haeftlinge ist mir nicht bekannt, aber samt den Zivilpersonen, die in Hartheim eingeliefert wurden betraegt die Zahl der Opfer ungefähr 1-1 1/2 Millionen. An und fuer sich wurde die Vergasungsanstalt in Mauthausen auf Anordnung des SS-Obergruppenfuehrers Glueks gebaut, da dieser den Standpunkt vertrat, dass es menschlicher sei, Haeftlinge zu vergasen statt zu erschiessen. »[106]

À lui seul, le chiffre d'« environ un à un million et demi d'hommes tués » par le gaz au château de Hartheim ôte toute crédibilité au témoignage de Hans Marsalek et conduit même à s'interroger sur les capacités de discernement chez un homme qui avait eu onze mois pour réfléchir à ce qu'il allait dire aux Américains (ici le lieutenant-colonel Smith W. Brookhart Jr.). Plus loin, Hans Marsalek ira jusqu'à dire que ce chiffre lui paraissait trop élevé mais que Ziereis lui-même ne voulait pas en démordre et l'avait justifié.[107]

Le 12 avril 1946, soit quatre jours après sa rédaction, cet affidavit est partiellement lu devant le tribunal par le colonel Harlan Amen. En ce qui concerne les gazages, voici le passage retenu :

COLONELAMEN. — « Puis, je devais faire sauter cette issue à l'aide d'explosifs, ce qui aurait entraîné la mort des détenus. Je me refusai à exécuter cet ordre qui représentait l'extermination des détenus de ce qu'on appelait le « camp-mère » de Mauthausen et des camps de Gusen 1 et Gusen 2. Les détails de ces événements sont connus de M. Wolfram et du SS-Obersturmfuhrer Eckermann.

« On construisit au camp de concentration de Mauthausen, sur l'ordre de l'ancien Standortarzt, le Dr Krebsbach, une chambre à gaz camouflée en salle de bain. Les détenus étaient gazés dans cette salle de bains camouflée. D'autre part, une automobile spécialement construite circulait entre Mauthausen et Gusen, dans

---

[106] *TMI*, XXXIII, p. 281-282.
[107] *Id.*, p. 285.

laquelle les détenus étaient gazés pendant le voyage. L'idée de la construction de cette automobile était due au Dr Wasiczki, SS-Untersturmführer et pharmacien. Personnellement, je n'ai jamais fait entrer de gaz dans cette auto, je l'ai simplement conduite, mais je savais que les détenus y étaient gazés. Cette opération était faite à la demande du SS-Hauptsturmführer Dr. Krebsbach.

« Tout ce qui a été exécuté avait été ordonné par le RSHA, Himmler ou Heydrich et par le SS-Obergruppenführer Müller ou par le Dr. Kaltenbrunner ; ce dernier était chef de la Police de sûreté. »[108]

Parvenu à cet endroit de l'affidavit de Marsalek, le colonel Harlan Amen se trouvait devant l'alinéa commençant par : « SS-Obergruppenfuehrer Pohl gab den Befehl [...] ». C'est à partir de là qu'il est question d'un à un million et demi de gazés à Hartheim, présenté comme une dépendance de Mauthausen. Or, le Colonel Harlan Amen a arrêté sa lecture juste avant cet endroit qui aurait prouvé le caractère invraisemblable de l'affidavit. Il a dit : « Nous passons à la page 5, un peu plus bas que le milieu de la page [...] » et il a poursuivi sa lecture. Ce faisant, il a sauté la fin de la page 3 de l'affidavit, toute la page 4 et la première moitié de la page 5. Il n'a repris sa lecture que juste après le passage où, pour la troisième fois, il était question d'1 à 1 million 1/2 de gazés au château de Hartheim. Ni Ernst Kaltenbrunner, ni l'avocat de ce dernier, ni aucun membre du tribunal n'a signalé cette coupure. Cette coupure était, en soi, d'autant plus surprenante qu'elle revenait à supprimer ce qui aurait, en principe, le plus accablé Kaltenbrunner : sa responsabilité dans l'assassinat délibéré d'1 à 1 million 1/2 d'hommes dans un seul château d'Autriche ! Ernst Kaltenbrunner a protesté « avec la plus grande énergie »[109] contre la manière qu'avait eue Amen de présenter cette « confession de Ziereis », contre l'emploi d'un simple détenu pour mener un interrogatoire et contre le contenu même de l'affidavit. Il a demandé à être confronté avec Hans Marsalek. Il semble que les avocats allemands aient introduit une requête aux fins de comparution de Hans Marsalek par l'intermédiaire de l'un d'entre eux, le Dr Fritz Sauter, puis que ce dernier ait retiré sa requête.[110] Curieusement, une nouvelle requête sera introduite, puis admise par le tribunal[111], mais Hans Marsalek ne comparaîtra jamais.

---

[108] *TMI*, XI, p. 340.
[109] *TMI*, XI, p. 341.
[110] *TMI*, XII, p. 405-406,469.
[111] *TMI*, XIII, p. 447, 539.

*– Débats du TMI –*

Lors des débats du TMI, il a été question de gazages homicides à Mauthausen essentiellement aux dates suivantes :

20 novembre 1945 : dans la lecture de l'acte d'accusation figurent les mots « la chambre à gaz »[112] ;

29 novembre 1945 : dans le film américain sur les camps de concentration, on entend les mots "executed by gas […] by gas"[113] ;

2 janvier 1946 : l'affidavit de Guivante de Saint-Gast et de Jean Veith est lu par le colonel Robert G. Storey, avocat général américain et il est mentionné par le lieutenant-commander Samuel Harris, substitut du procureur général américain ; ce dernier lit l'affidavit d'Alois Hollriegl[114] ;

4 janvier 1946 : lors de la comparution d'Alois Hollriegl ;

29 janvier 1946 : un témoin de l'accusation française, François Boix, qui est réfugié espagnol en France, prononce les mots de « chambre à gaz »[115] ;

11 avril 1946 : lors de l'interrogatoire de l'accusé Ernst Kaltenbrunner par son avocat[116] ;

12 avril 1946 : lors de l'interrogatoire du même accusé par le colonel Harlan Amen, procureur adjoint américain, sur les documents Johann Kanduth, Albert Tiefenbacher et Hans Marsalek[117] ;

26 juillet 1946 : Robert Jackson, procureur général américain, mentionne en passant le document Marsalek mais il ne parle pas de chambre à gaz ou de gazage.[118]

27 juillet 1946 : Hartley Shawcross, procureur général britannique, mentionne « les chambres à gaz et les fours d'Auschwitz, Dachau, Treblinka, Buchenwald, Mauthausen, Maidanek et Oranienburg » et il mentionne en passant le document Marsalek mais il ne parle pas de chambre à gaz ou de gazage.[119]

29 juillet 1946 : le général R. A. Rudenko, procureur général soviétique, lit un court extrait du document Kanduth (qu'il appelle Kandutor) où figurent les mots suivants : « Kaltenbrunner a considéré en souriant les chambres à gaz […] empoisonnement par les gaz »[120] ; ce

---

[112] *TMI*, II, p. 59.
[113] *TMI*, II, p. 430.
[114] *TMI*, IV, p. 270, 301, 302.
[115] *TMI*, VI, p. 22-31.
[116] *TMI*, XI, p. 277.
[117] *TMI*, XI, p. 332-340.
[118] *TMI*, XIX, p. 423.
[119] *TMI*, XIX, p. 456, 538.
[120] *TMI*, XIX, p. 625.

pluriel de « chambres à gaz » est dû à une erreur soit du procureur soviétique, soit de la traduction officielle française.

En conclusion, voici comment on peut résumer ce qui a été dit au procès de Nuremberg sur les gazages homicides à Mauthausen :

L'acte d'accusation en a fait mention.

Lors des débats, il en a été question mais de façon si vague que, par exemple, à aucun moment il n'a été dit ni demandé quel était le gaz (ou les) employé(s).

À la fin des débats, lors des réquisitoires, il n'en a, pour ainsi dire, plus été question. Le procureur britannique se contente de mentionner la chambre à gaz de Mauthausen mais dans une énumération où figurent également les chambres à gaz de Dachau, de Buchenwald, d'Oranienburg, tous camps où il est admis par les historiens qu'en fin de compte il n'y a pas eu de gazages homicides. Le procureur soviétique mentionne les gazages en deux mots. Le procureur américain n'en parle pas. Les procureurs français (Auguste Champetier de Ribes relayé par Charles Dubost) n'en parlent pas non plus.

Le jugement final n'en parle pas.

## *II. Devant d'autres tribunaux que le TMI*

Devant d'autres tribunaux que le TMI il a pu être question de gazages homicides à Mauthausen, mais, pour autant que je sache, sans qu'on ait apporté d'élément de preuve. Par exemple, dans les procès américains de Nuremberg (Nuernberg Military Tribunal, *Trials of War Criminals*) ou dans ce qui a été dit sur les procès de Kempten (jugement rendu le 8 juillet 1960), de Hagen (jugement rendu le 24 juillet 1970)… on constate principalement des références à des affidavits comme ceux de Marsalek ou de Kanduth[121]) et, bien sûr, à des « aveux » de SS.

## *III. Dans les ouvrages d'historiens spécialisés*

Sur la question des gazages homicides, les principaux ouvrages consultés sont traditionnellement les suivants : Gerald Reitlinger, *The Final Solution* (1953), Raul Hilberg, *The Destruction of the European Jews* (1961), Olga Wormser-Migot, *Le Système concentrationnaire nazi, 1933-1945* (1968) et Lucy S. Dawidowicz, *The War Against the Jews, 1933-1945* (1975). Il y avait des détenus juifs à Mauthausen. Ces ouvrages de référence ne mentionnent aucun gazage homicide. Le cas de

---

[121] Voy. E. Kogon, H. Langbein, A. Rückerl et al., *NS-Massentötungen durch Giftgas*, p.245-254.

l'historienne O. Wormser-Migot est instructif. En 1954, dans *Tragédie de la déportation*, elle avait donné la légende suivante à une photographie de cadavres : « Corps des derniers gazés de Gusen ».[122] Gusen était un camp annexe de Mauthausen. Or, en 1968, dans sa thèse, elle ne fait plus mention de gazages, ni à Mauthausen, ni dans les dépendances de Mauthausen. Elle sait que des SS ont confessé ou admis auprès de tribunaux alliés ou allemands l'existence de gazages homicides à Mauthausen ; mais elle dit qu'il s'agit d'« affirmation de SS *post bellum* » et elle rappelle que, pour leur part, de nombreux détenus – qu'elle ne nomme pas – ont démenti l'existence de tels gazages. Pour elle, les affirmations selon lesquelles il y a eu des gazages lui « paraissent de l'ordre du mythe ».[123] Cette prise de position allait lui devoir de graves ennuis avec l'association des anciens détenus de Mauthausen. En 1972, cette association allait publier une brochure de Pierre-Serge Choumoff (ancien détenu de Gusen, situé à cinq kilomètres de Mauthausen, et spécialiste d'électricité) : *Les Chambres à gaz de Mauthausen*. Cette brochure prouvait surtout l'incapacité de son auteur à prouver l'existence de gazages. Pour commencer, elle ne montrait que deux photos de « l'arme du crime », des photos prises de telle sorte qu'elles ne permettaient de se faire qu'une très vague représentation de ladite chambre à gaz. L'auteur vient de confirmer involontairement son incapacité de fournir la moindre preuve scientifique[124]). D'ailleurs, il est généralement admis qu'il n'aurait existé de gazages homicides qu'en cinq ou six points, tous situés en Pologne. En 1982, le professeur israélien Yehuda Bauer a écrit que « no gassings took place at Mauthausen ».[125]

Le cas de l'historien Michel de Boüard montre comment on peut avoir honnêtement la certitude de l'existence d'une chambre à gaz qui, en fait, n'a jamais existé : celle de Mauthausen précisément. Michel de Boüard a été interné dans ce camp comme résistant. Après la guerre, il a été doyen de la faculté des lettres de l'Université de Caen (Normandie). Dès 1945, il a été membre du Comité d'histoire de la deuxième guerre mondiale. Il est membre de l'Institut de France (lequel comprend l'Académie française). Il porte de nombreuses décorations : croix de guerre, médaille de la Résistance, légion d'honneur (commandeur). En 1954, il a publié dans la *Revue d'histoire de la deuxième guerre mondiale* une étude sur le camp de Mauthausen. À deux reprises, il y parle d'une chambre à gaz homicide. Or, vingt-deux ans plus tard, dans une interview publiée par le

[122] H. Michel et O. Wormser-Migot, *Tragédie de la déportation*, p. 445.
[123] *Id.*, p. 541, n. 2.
[124] Voy. "Les assassinats par gaz à Mauthausen et Gusen", *Le Monde Juif*, juillet-septembre 1986, p. 104-137.
[125] Y. Bauer, *A History of the Holocaust*, p. 209.

journal *Ouest-France* (2-3 août 1986, p. 6), il allait reconnaître son erreur : cette idée d'une chambre à gaz s'était imposée à son esprit comme une « idée reçue ». Voici ses paroles :

> « Dans la monographie sur Mauthausen que j'ai donnée dans *La Revue d'histoire de la deuxième guerre mondiale* en 54, à deux reprises je parle d'une chambre à gaz. Le temps de la réflexion venu, je me suis dit : où ai-je acquis la conviction qu'il y avait une chambre à gaz à Mauthausen ? Ce n'est pas pendant mon séjour au camp car ni moi ni personne ne soupçonnions qu'il pouvait y en avoir, c'est donc un "bagage" que j'ai reçu après la guerre, c'était admis. Puis j'ai remarqué que dans mon texte – alors que j'appuie la plupart de mes affirmations par des références – il n'y en avait pas concernant la chambre à gaz. »

Des ouvrages sans valeur scientifique (de Gilbert Debrise, d'Evelyn Le Chêne, de Gisela Rabitsch…), et qui peuvent être parfois de grands succès de librairie, mentionnent une chambre à gaz homicide à Mauthausen.

## *IV. Sur place*

Sur place, dans le camp de Mauthausen, les touristes ou visiteurs peuvent voir un petit local qui leur est désigné comme étant une chambre à gaz homicide. Cette présentation est discrète. Parmi les nombreuses cartes postales qui sont en vente dans l'enceinte du camp aucune ne reproduit cette « chambre à gaz ». J'ai voulu savoir pourquoi. Le responsable du musée (un ancien interné espagnol) m'a répondu que la raison en était que « c'était trop cruel ». J'ai demandé s'il existait une expertise prouvant qu'il s'agissait là d'une chambre à gaz homicide. Le responsable m'a répondu que oui. J'ai demandé à voir cette expertise. Il n'a pas pu m'en montrer. J'ai examiné le local. Ma conclusion – mais je ne suis pas un expert en la matière – est la suivante :

« Il s'agit d'une petite salle de douches encore munie de son appareillage de douches. Les deux portes métalliques sont des portes étanches au gaz. Ce type de portes, d'un modèle courant, a été fabriqué en quantités industrielles par l'Allemagne en guerre. Il équipait tout local qui, par destination ou à l'occasion, pouvait servir de refuge en cas de guerre des gaz ou de bombardements aériens. Tous les pays belligérants semblent avoir eu de tels types de porte appelée, en allemand, « gasdichte Tür » et, en anglais, « gas-proof door ». Les deux portes de la prétendue chambre à gaz homicide de Mauthausen portent encore la marque de leur constructeur : la société CHEMA-OLOMUC-LUTIN devenue, après la guerre, la société CHEMOL de Linz (Autriche). Mauthausen est près de Linz. La petite pièce en question pouvait servir d'abri, vu qu'elle était construite en contrebas du niveau du sol, presque comme une cave. »

## *V. Conclusion générale*

Il n'existe aucun élément de preuve scientifique permettant d'affirmer qu'il y a eu des gazages homicides soit à Mauthausen, soit dans les annexes de Mauthausen (Gusen, Hartheim…), soit par le moyen de camions se déplaçant entre Mauthausen et ses annexes. Tous les historiens, ou bien ne mentionnent pas l'existence de tels gazages, ou bien stipulent expressément que ces gazages sont imaginaires.

***

22 décembre 1986

# PRÉFACE À UNE TRADUCTION EN ARABE DU MÉMOIRE DE MARIE-PAULE MÉMY ET DE MON *MÉMOIRE EN DÉFENSE*

La seconde guerre mondiale a suscité tant d'horreurs, de souffrances et de passions qu'il est encore difficile de nos jours d'en traiter avec sérénité.

Mais nous devons, néanmoins, appliquer les méthodes de routine de la critique historique à tous les aspects de cette guerre, même et surtout à l'examen des problèmes les plus controversés ;

Le problème historique que les auteurs révisionnistes (en France, Paul Rassinier ; aux États-Unis, Arthur Robert Butz ; en Allemagne, Wilhelm Staeglich ; en Italie, Carlo Mattogno…) ont spécialement étudié est le suivant :

- il est incontestable que Hitler a traité les juifs en ennemis déclarés ;
- il est incontestable qu'il a mis un certain nombre d'entre eux en camps de concentration ;
- mais Hitler a-t-il vraiment exterminé ou voulu exterminer les juifs européens ?

Ma réponse à cette question est identique à celle de tous ces auteurs révisionnistes dont le nombre s'accroît à travers le monde malgré la politique de silence ou de répression qui est menée contre eux depuis tant d'années. Notre réponse est la suivante :

- la prétendue politique d'extermination des juifs et l'emploi à cet effet de prétendues chambres à gaz homicides à Auschwitz ou ailleurs sont de ces aberrations qu'engendre toute guerre et qu'entretient toute propagande de guerre.

Nous pensons que cette propagande est nocive. À Auschwitz, on n'a gazé que les poux.

En effet, aussi longtemps qu'on croira à ces aberrations, on ne saura pas voir que le vrai crime, c'est la guerre elle-même avec son cortège d'horreurs vraies : des horreurs volontaires comme le terrorisme sous toutes ses formes ou bien des horreurs involontaires comme les épidémies de typhus ou de fièvre typhoïde qui ont ravagé les camps de concentration.

Beaucoup de gens croient sincèrement aux atrocités de fiction qui ont été forgées sur le compte de l'Allemagne. Ils s'imaginent que les monceaux de cadavres qu'on leur a si souvent montrés sont la preuve que les Allemands ont tué systématiquement des déportés. En réalité, il s'agit là de déportés morts principalement d'épidémies diverses et de sous-alimentation dans les conditions effroyables des dernières semaines de la guerre. Dans une Allemagne d'apocalypse, ruinée par la guerre, exsangue, au bord de la famine, écrasée sous un tapis de bombes, où ravitaillement, médicaments, transports divers ne parvenaient plus à destination, il est évident que les déportés, transférés de camp en camp devant l'avance des vainqueurs de l'Est et de l'Ouest, ont vécu un calvaire. C'est le résultat de ce calvaire que les Alliés ont filmé et montré au monde entier. Ils ont par-là excusé leurs propres abominations ou ils les ont même cachées.

Beaucoup de ces gens ont vu des fours crématoires dans ces camps libérés. Ces fours servaient à brûler des cadavres.

Beaucoup de gens ont vu des chambres à gaz de désinfection dans ces mêmes camps. Ces chambres à gaz servaient à la désinfection des vêtements.

Ces fours et ces chambres répondaient à un souci d'hygiène.

Il est significatif que, sous l'effet d'une certaine propagande, beaucoup de gens aient fini par croire que ces chambres et ces fours auraient été conçus pour un but exactement contraire : pour anéantir la vie !

Beaucoup de gens racontent qu'ils ont visité, dans certains camps, des chambres à gaz homicides. En réalité, ce qu'ils ont vu, ce sont des pièces inoffensives (des salles de douche, des chambres froides...) que des responsables de musées (à Auschwitz, au Struthof, à Mauthausen, à

Majdanek...) présentent fallacieusement comme des pièces où les Allemands auraient gazé d'innocentes victimes.

Les visiteurs de ces musées devraient ouvrir les yeux. Les lecteurs de livres ou de documents sur la déportation devraient se réveiller de cette léthargie où on cherche à les maintenir. J'ai personnellement cru à ces mythes. Je ne traite donc pas de menteurs les gens qui continuent d'y croire. Je les considère plutôt comme les victimes d'un mensonge historique : celui du « génocide », de l'« holocauste » ou de la « shoah ».

Ce mensonge est exclusivement d'origine juive. Il est né dans certains milieux juifs de Slovaquie et de Pologne, pendant la guerre. Il a transité, par l'intermédiaire de milieux juifs établis en Suisse, vers la Grande-Bretagne et les États-Unis. Les milieux juifs américains ont procédé à son lancement officiel avec, en novembre 1944, la publication d'un rapport mensonger du War Refugee Board sur Auschwitz. Ce rapport, émanant de la Maison blanche, a servi de support à un énorme édifice de mensonges que, par la suite, tous les Alliés, y compris les Soviétiques, ont contribué à édifier sur le compte de l'Allemagne vaincue. Le « procès de Nuremberg » vient en quelque sorte de là. Les Alliés ont pu disposer souverainement de l'Allemagne, laquelle a été amputée d'un tiers de son territoire, coupée en deux parties et occupée par quatre puissances victorieuses. Au « procès de Nuremberg », on a affirmé sans apporter le moindre commencement de preuve, que le nombre des victimes juives s'élevait à six millions. Devant une pareille hécatombe, qui aurait été effectivement tout à fait exceptionnelle dans l'histoire, on a estimé que les juifs avaient droit à une réparation tout à fait exceptionnelle, elle aussi, dans l'histoire : en conséquence, on leur a donné un territoire qui appartenait à un autre peuple. C'est ainsi qu'a été créé en 1948 l'État d'Israël. L'année suivante, Nahum Goldman, président du Congrès juif mondial, et Ben Gourion, chef du gouvernement israélien, ont exigé du chancelier Adenauer, chef du gouvernement allemand, de colossales réparations financières dont ils ont obtenu le principe par le « traité du Luxembourg » en 1952. Depuis cette date, le contribuable allemand, quel que soit son âge et même s'il est né longtemps après la guerre, verse à l'état d'Israël des sommes dont Nahum Goldmann lui-même a admis qu'elles étaient « astronomiques ». Ces réparations continueront d'être versées au-delà de l'an 2000.

Parfois on prête aux révisionnistes l'idée suivante : « Les juifs ont inventé ce mensonge du génocide, des chambres à gaz et des six millions pour extorquer de l'argent à l'Allemagne. » Les révisionnistes ne disent pas cela. Ils disent : « Des juifs ont inventé ce mensonge pendant la guerre. Il est normal, en temps de guerre, de mentir sur le compte de l'ennemi. Plus tard, plusieurs années après le conflit, d'autres juifs ont eu l'idée d'exiger de l'argent de l'Allemagne ; il se peut qu'ils l'aient fait de bonne foi ; il se peut que, se considérant comme les victimes d'un épouvantable massacre systématique, ils se soient dit : l'Allemagne nous doit réparation ». Comme on le voit, il n'y a là ni complot, ni conjuration, mais une sorte d'évolution naturelle des esprits à partir de la croyance en un mythe qu'on s'est soi-même forgé. C'est courant dans l'histoire. Les juifs ont leurs mythes comme toute communauté a les siens. Et tout le monde cherche normalement à tirer profit d'une situation donnée ; mais il arrive qu'à trop vouloir en tirer bénéfice, on se fasse du tort à soi-même. À mon avis, c'est ce qui arrive en ce moment aux juifs. Ils se sont intoxiqués de leur propre religion de l'holocauste et cherchent trop à en intoxiquer le reste du monde. Ils provoquent une réaction de scepticisme et de rejet. Ils sont, d'une certaine manière, responsables du phénomène révisionniste et de son succès croissant. L'arme n° 1 de l'état d'Israël, ce n'est pas sa bombe atomique, c'est sa propagande autour du prétendu « holocauste ». Or, cette arme va se révéler de plus en plus fragile. Elle n'est fondée après tout que sur un de ces phénomènes d'illusion collective comme l'Histoire en a déjà connu et qui se maintiennent par des moyens artificiels.

Il se trouve maintenant des juifs pour dénoncer la religion de l'« Holocauste ». Mais ils sont très peu nombreux et ne seront probablement jamais d'une grande efficacité pour un retour au bon sens et à la raison.

Dès 1932, les milieux juifs internationaux ont lancé une vigoureuse campagne contre Hitler. Ils ont appelé à la croisade contre l'Allemagne. Ils ont salué la guerre contre ce pays comme la guerre du Bien contre le Mal. Hitler a traité les juifs européens en ennemis déclarés. Il a mis au travail forcé ceux qui pouvaient travailler. Les autres ont été neutralisés par toutes sortes de mesures comme on en prend contre des « ennemis de l'État ». Certains ont dû végéter dans des camps de concentration ou de transit. Beaucoup de juifs sont morts et beaucoup de juifs ont survécu. Il n'y a pas eu d'ordre d'extermination des juifs et, dans les faits, il n'y a pas eu d'extermination. Bien entendu, comme dans toute guerre, il a pu se produire des massacres dont juifs et non-juifs ont été les victimes. Bref ce que les juifs ont vécu de 1939 à 1945 a été atrocement banal.

Aujourd'hui, il est facile de constater que les juifs sont loin d'avoir disparu. Même quarante ans après la guerre, les « survivants » juifs des camps et, en particulier, d'Auschwitz, font beaucoup parler d'eux. Chaque juif survivant est la vivante preuve qu'il n'y a pas eu d'extermination des juifs par Hitler.

Assurément, chacun d'entre eux a tendance à se présenter comme une exception et nous dit que c'est « par miracle » qu'il a personnellement échappé à un gigantesque massacre. Mais, quand les exceptions et les miracles se multiplient à ce point, on se trouve plutôt devant un phénomène naturel. Dans leur vaste majorité, ces « survivants » ont connu successivement plusieurs camps de concentration ; beaucoup y ont été des enfants, non astreints au travail ; ils étaient en quelque sorte des « bouches inutiles » ; les Allemands, selon la logique qu'on leur prête, auraient dû exterminer ces gens. Ils ne l'ont pas fait tout simplement parce qu'il n'y avait pas d'ordre en ce sens. Des juifs comme Simon Wiesenthal voudraient nous faire croire que Hitler les a placés successivement dans toute une série de camps pour les y tuer mais que, « par miracle », Hitler aurait à chaque fois oublié de les tuer. Là encore, on devrait se rendre compte d'une évidence : les camps où Hitler faisait mettre les juifs n'étaient pas des camps d'extermination, puisque tant de juifs en sont revenus.

Les responsables israéliens sont particulièrement anxieux, non pas devant le terrorisme, non pas devant les moyens militaires des pays arabes ou musulmans, mais devant les progrès du révisionnisme historique. Begin et Navon l'ont dit. Un sioniste a, pour ainsi dire, résumé leur pensée quand il a écrit : « *Were the Holocaust shown to be a hoax, the number one weapon in Israel's propaganda armoury disappears*. »[126]

***

1986

# DON QUICHOTTE CHEZ LES JUIFS

*Don Quichotte,* n.m. : Celui qui, comme le héros célèbre de ce nom, se fait à tout propos, *et même hors de propos*, le redresseur *des* torts, le défenseur des opprimés ; qui soutient, dans un esprit généreux *et chimérique*, une cause *qu'il n'a pas les moyens de faire triompher*. *Faire* le Don Quichotte. Il *s'est fait* le Don Quichotte de toutes les causes perdues *(Dictionnaire de l'Académie française,* 8e édition, 1932) [souligné par RF]

Néron n'a pas incendié Rome ; Bonaparte n'a pas fait empoisonner les pestiférés de Jaffa ; le *Lusitania* n'était pas un paquebot inoffensif ; les Uhlans n'ont pas coupé de mains

[126] Dr W. D. Rubinstein, School of social Sciences, Deakin University, Australie, dans *Nation Review,* 21 juin 1979, p. 639, « Si l'Holocauste apparaissait comme une imposture, l'arme n° 1 de l'arsenal de la propagande d'Israël disparaîtrait. »

aux enfants belges ; on ne gazait pas d'hommes à Auschwitz, on n'électrocutait pas de juifs à Belzec, on n'en tuait pas non plus à la vapeur d'eau à Treblinka ; pas de savon juif ou d'engrais juif. Le bombardement de Dresde n'a peut-être pas fait deux cent cinquante mille ou cent trente-cinq mille morts, mais peut-être de trente-cinq à soixante-dix mille morts. Les victimes de l'Épuration en France n'ont pas été cent cinq mille mais peut-être entre dix et quatorze mille. En 1982 la Pologne n'était pas couverte de camps de concentration. Quid de l'URSS ? L'idée selon laquelle les juifs auraient eu une histoire particulièrement tragique tiendrait-elle si on faisait le compte de tous les morts de tous les pogroms et si on comparait ce total au total des morts de tous autres groupements humains qui ont occupé une place dans l'Histoire ? Après tout, on pourrait raconter l'histoire de la France comme celle d'un pays avec lequel tous ses voisins, successivement, à travers les siècles ont été méchants, sans que la France, elle, y fût pour rien. Tous comptes faits, les juifs ne seraient-ils pas à envier plutôt qu'à plaindre ?

***

1986

# ILLUSTRATIONS[127] : LE MYTHE D'AUSCHWITZ EN IMAGES UNE EXTERMINATION IMPROBABLE, INVRAISEMBLABLE, IMPOSSIBLE, FICTIVE

## *I. Une extermination improbable*

### *1. Carte de la région d'Auschwitz [voy. p. 499[128]]*

Si les Allemands avaient vraiment voulu installer un gigantesque centre d'extermination, il est improbable qu'ils auraient choisi l'emplacement d'Auschwitz, c'est-à-dire une zone peuplée, industrielle, à grandes voies de circulation fluviales et ferroviaires. La ligne de chemin de fer passait exactement entre, d'une part, le camp de base d'Auschwitz-I, situé à mille cinq cents mètres à droite, et le camp auxiliaire

[127] [Le commentaire des illustrations, par R. Faurisson, est indépendant de l'étude critique de W. Stäglich.]

[128] Les numéros de page renvoient à l'édition française du livre de W. Stäglich. [N.d.é]

d'Auschwitz-II ou Birkenau situé à mille cinq cents mètres à gauche ; or, c'est dans ces deux camps que l'on gazait, paraît-il, chaque jour des milliers de juifs : à Auschwitz-I principalement dans le Krema-I et à Birkenau principalement dans les Kremas-II, III, IV et V. Il paraît aussi que les cheminées des Kremas de Birkenau rejetaient jour et nuit de formidables langues de flammes et des tourbillons de fumée noire visibles à des kilomètres à la ronde.

Si, au contraire, les Allemands et en particulier Himmler, avaient en réalité voulu développer un gigantesque centre industriel indispensable à la machine de guerre allemande, il est compréhensible qu'ils aient choisi cet emplacement de Haute-Silésie pour y exploiter, comme ils l'ont fait, un énorme ensemble de mines, de fonderies, d'usines (en particulier d'essence synthétique, de caoutchouc synthétique, d'armement, d'électricité) ainsi qu'un ensemble important d'exploitations agricoles et de centres de recherches. Les camps de concentration, tout proches, fournissaient ainsi une partie de la main-d'œuvre nécessaire. Les commandos de travail quittaient leurs camps le matin et le réintégraient le soir ; ils travaillaient aux côtés de civils allemands ou polonais, de prisonniers de guerre, de requis du Service du travail obligatoire. D'autres internés travaillaient dans l'enceinte des camps. Certains y purgeaient une peine provisoire. Beaucoup d'internés de Birkenau étaient soit en transit, soit en quarantaine, soit groupés par familles, soit hospitalisés. Beaucoup mouraient du fait des conditions d'hygiène ou de nourriture et surtout du fait de terribles épidémies de typhus, de fièvre typhoïde, de dysenterie et de malaria. Birkenau, en particulier, avait été aménagé dans une zone insalubre pleine de mares et d'étangs. Les travaux de drainage à eux seuls avaient coûté bien des vies. Il faut ajouter à cela les conditions ordinaires à tous les bagnes avec les disparités de situations personnelles ; le personnel d'encadrement, choisi parmi les internés eux-mêmes, était en général impitoyable. Les déportés avaient beaucoup moins de contacts avec les gardiens SS qu'avec les « capos ».

## *2. Plan du camp de base d'Auschwitz (appelé aussi : Auschwitz-Zasole ou Auschwitz-I ou Stammlager ou Stalag) [voy. p. 500]*

Le nom polonais d'Auschwitz est Oswiecim. Nous reproduisons ce plan de masse tel qu'il apparaît dans le guide officiel (communiste) du musée national à Oswiecim, sans y apporter de corrections dans les légendes. Le nord est en haut en direction de la ville d'Oswiecim. C'est dans la banlieue même d'Auschwitz que le camp a été créé en 1940. On nous dit que le premier gazage a été expérimenté – en l'absence et dans l'ignorance du commandant Rudolf Höss ! – dans les caves du bloc 11, en septembre 1941. Ce bloc était celui des interrogatoires criminels et de la prison du camp. Puis, de l'automne 1941 et jusqu'en août 1943, les gazages auraient été systématiques dans le Krema-I (h), par fournées de huit cents victimes la plupart du temps. On aurait utilisé l'insecticide Zyklon B qui est de l'acide cyanhydrique sur base poreuse inerte.

Il est improbable que les Allemands aient décidé de perpétrer un crime à la fois gigantesque et ultra-secret dans la banlieue d'une ville de douze mille habitants. Il est improbable que, dans le camp, ils aient choisi pour lieu exact du crime un bâtiment placé sous les fenêtres de l'hôpital SS *(e)* (les malades recevaient des visites de l'extérieur) et tout contre les bâtiments administratifs (*f* et *g*) Dans les cas de gazage de désinfection par Zyklon B, les règlements de sécurité exigent la surveillance des bâtiments proches du bâtiment à désinfecter et cela pour toute la durée de l'opération (de six à trente-cinq heures pour tuer la vermine et vingt heures au minimum pour l'aération) avec mise en place de sentinelles (doc. NI-9912). Des opérations de gazages répétées auraient empêché toute activité dans le secteur.

Les blocs 9, 19, 20, 21 et 28 servaient aux blessés, aux malades, aux opérations chirurgicales, aux convalescents. En 1942, au moment de l'épidémie de typhus, il y avait dans ce camp environ soixante médecins et trois cents infirmiers ou infirmières pour deux mille cinq cents malades. Il y avait des postes dentaires. Le bâtiment du théâtre (*l*) servait à des représentations théâtrales ou cinématographiques. Une piscine de vingt-cinq mètres, non indiquée sur ce plan, se trouvait vers le bloc 6. « Le dimanche après-midi, il y avait des séances de football, de basket-ball, de water-polo : il faut extrêmement peu de choses à l'homme pour le distraire des dangers les plus immédiats ! L'administration SS avait permis des distractions régulières pour les détenus, même les jours de semaine [...] cinéma [avec] actualités nazies et films sentimentaux [...] cabaret [...] orchestre très honorable [...] musiciens de toutes nationalités, en majorité juifs »[129] Cela n'empêchait pas d'atroces souffrances mais n'était-ce pas surprenant pour un camp d'« extermination » ?

### *3. Plan du camp auxiliaire de Birkenau (appelé aussi : Auschwitz-II ou Auschwitz-Birkenau) [voy. p. 500]*

Birkenau aurait été le haut lieu, par excellence, de l'extermination par Zyklon B. Nous reproduisons ce plan de masse tel qu'il apparaît dans le guide officiel susmentionné sans y apporter de corrections dans les

[129] M. Klein, *Observations et réflexions sur les camps de concentration nazis,* p. 31.

légendes. Nous serions là au cœur même d'un enfer avec bûchers à ciel ouvert, cheminées de quatre crématoires crachant feux et flammes, répandant des odeurs pestilentielles, le tout au milieu des hurlements des SS, des aboiements des chiens de garde, des coups de feu incessants et des cris des victimes au moment du gazage. Les proportions auraient été énormes : vastitude des crématoires, hauteur des cheminées, nombre des victimes (plusieurs dizaines de milliers par jour à certaines époques). C'est surtout là qu'auraient eu lieu les fameuses sélections à l'arrivée des trains : sur une colonne, les aptes au travail, et, sur l'autre, les victimes désignées des chambres à gaz.

Les quatre crématoires étaient effectivement, à gauche, les Kremas-II et III, qui se faisaient face symétriquement, comme en miroir, et, à droite, les Kremas-IV et V, eux aussi bâtis en miroir, l'appellation de Krema-I étant réservée au « vieux crématoire » du camp de base (Auschwitz-I).

Là encore on est surpris par l'emplacement choisi pour l'extermination. Tout autour de cet emplacement, il y avait : en haut, le *Zentralsauna*, vaste établissement de bains douches et de désinfection ; directement à gauche du Krema-IV, un ensemble de trente baraques servant de dépôt d'effets *(Effektenlager* et, en argot du camp, « Canada ») et, non indiqué sur ce plan, un ensemble de cinq autres baraques pour le personnel administratif et de surveillance ; dans la région des quatre Kremas, mais non indiquées ici, d'importantes stations d'épuration des eaux ; dans la zone (*f*) tout contre la cour du Krema-III, un stade pour les détenus qui n'est pas signalé sur ce plan et, à la droite de ce stade, près de vingt bâtiments servant d'hôpital pour les détenus. Il y avait un camp pour familles venues de Theresienstadt, un camp de quarantaine, des installations d'hygiène un peu partout, des bâtiments servant à la désinfection des objets par Zyklon B ou tout autre moyen, un orchestre de femmes en grande partie composé de juives [1], des cours de technique du bâtiment pour les douze à quinze ans, etc. Tout cela n'excluant pas pour certains internés d'indicibles souffrances, les châtiments, la mort, les exécutions. Mais tout ce qui précède se concilie mal avec la thèse selon laquelle Birkenau aurait été un camp d'extermination.

### *4. Une vue de Monowitz (ce camp de travail a formé à partir d'une certaine époque la capitale administrative d'un ensemble de 39 camps de travail appelé Auschwitz-III) [voy. p. 501]*

Auschwitz-III était pour les Allemands la partie la plus importante, celle de la production industrielle et agricole. C'est celle dont on parle le moins dans la légende où elle est éclipsée par Auschwitz-I et surtout Auschwitz-II ou Birkenau.

On a ici une vue extrêmement partielle du complexe industriel. Monowitz se trouvait à six kilomètres à l'est de la ville d'Auschwitz. Les liaisons avec le camp de base et celui de Birkenau étaient étroites. C'est probablement de Monowitz ou de camps identiques attachés directement à des usines que pouvaient venir les odeurs qui planaient sur une partie de la région et c'est là que, de leurs wagons, les voyageurs ont pu apercevoir flammes et fumées. À partir de décembre 1943, à cause de cette intense activité industrielle, toute la région d'Auschwitz deviendra l'objet d'une constante surveillance de l'aviation alliée, basée en particulier à San Severo, près de Bari, en Italie. Du 27 décembre 1943 au 14 janvier 1945, les Alliés occidentaux, à eux seuls, ont effectué trente-deux missions aériennes au-dessus de toute la vaste zone d'Auschwitz. Les rapports de ces sortes de missions prouvent que les aviateurs avaient l'ordre d'être particulièrement attentifs aux feux, aux fumées et aux vapeurs afin d'estimer le degré d'activité des usines, le déplacement et la fréquence des convois de chemins de fer à vapeur et le degré d'efficacité des bombardements. Il semble qu'aucune des nécessités physiques entraînées par une extermination massive comme celles décrites dans la légende n'aurait pu dans ce cas échapper à leur vigilance. Si les Alliés, qui ont à plusieurs reprises bombardé la région et même des camps de détenus, n'ont pas bombardé les crématoires, ne serait-ce pas parce qu'il s'agissait là de simples installations de crémation ? La crémation des cadavres était de toute façon d'autant plus nécessaire que des épidémies chroniques ravageaient les camps. En Allemagne et dans d'autres pays modernes, l'incinération en crématoires était déjà d'un usage courant. À Auschwitz, des Allemands, aussi bien parmi les gardiens ou le personnel médical que parmi les membres des familles de ces derniers, sont morts du typhus et ont été incinérés. Par exemple, un médecin-chef, le Dr Popiersch, est mort du typhus ainsi que la femme de Caesar, responsable des exploitations agricoles, ainsi qu'un enfant du photographe du camp, Walter.

## *II. Une extermination invraisemblable*

### *1. Auschwitz-I. Une rue du camp à sa libération par les Soviétiques (27 janvier 1945) [voy. p. 501]*

Les Allemands ont essentiellement utilisé, dans le faubourg de Zazole, des bâtiments d'une caserne de cavalerie et des bâtiments du Monopole des Tabacs. Encore aujourd'hui, certains de ces bâtiments, transformés et agrandis par les Allemands, sont, en raison de la crise du logement, habités par des familles polonaises. On les appelle « blocs ». Certains blocs sont consacrés aux diverses expositions du musée. Certains responsables du musée logent sur place. Du directeur du musée, Kazimierz Smolen, ancien détenu, on peut dire qu'il n'a pour ainsi dire jamais quitté les lieux depuis plus de quarante ans. Est-il vraisemblable qu'on se trouve là devant ou dans un ancien camp d'« extermination » ? Les Soviétiques, ainsi qu'on le verra plus loin, ont été manifestement déconcertés par leur découverte d'Auschwitz : les lieux se prêtaient mal à leur propagande à base d'atrocités planifiées par les « fascistes hitlériens ». Un musée a été très rapidement organisé. On a présenté aux touristes des amoncellements de cheveux ou de chaussures comme preuves d'une extermination. Mais partout dans l'Europe en guerre on avait ainsi récupéré tout ce qui était récupérable. Le comble est que les cheveux présentés aux touristes d'Auschwitz ne viennent pas du camp lui-même, mais d'une usine de peluches et pantoufles sise à Kietrz et transportés là sur la suggestion du juge d'instruction Jan Sehn, chargé d'instruire le dossier de Höss. Les amoncellements de chaussures qui, au musée du camp de Maidanek, sont considérables ont d'autant moins la signification, qu'on leur prête, d'avoir appartenu à des gazés que chaque camp avait son atelier de cordonnerie quand ce n'était pas une véritable usine à fabriquer des chaussures (avec cuirs récupérés, cheveux pour les talons compensés, etc.). La thèse de l'extermination est-elle vraisemblable s'il lui faut, dans le domaine des preuves matérielles, recourir à de tels arguments ?[130]

## *2. Birkenau [voy. p. 502]*

Femmes et enfants à leur libération du camp d'« extermination » (27 janvier 1945). Dès le 18 janvier, les Allemands avaient évacué vers l'ouest principalement les détenus susceptibles d'être enrôlés par l'adversaire soit dans l'armée, soit dans la main-d'œuvre. Ils laissaient sur place, avec du personnel médical et infirmier, environ huit mille personnes considérées comme faibles ou malades.[131] Ces femmes et ces enfants ont été filmés à leur sortie de Birkenau. Est-il vraisemblable que dans ce camp les Allemands aient cherché à exterminer par tous les moyens possibles les bouches inutiles ?[132]

---

[130] Archives du musée, nég. 878.

[131] Voy. J. Garlinski, *Volontaire pour Auschwitz,* p. 239.

[132] Archives du musée, nég. 14 254.

### *3. Birkenau [voy. p. 502]*

Autres personnes à leur libération du camp d'« extermination ». Même remarque que pour la photo précédente.[133]

### *4. Birkenau [voy. p. 503]*

Femmes trouvées à leur libération du camp d'« extermination ». Elles se prêtent ici à une « reconstitution » pour les besoins d'un film polonais. On nous dit que les Allemands gazaient systématiquement toutes les vieilles personnes.[134]

### *5. Birkenau [voy. p. 503]*

Enfants à leur libération du camp d'« extermination ». On nous dit que les Allemands gazaient systématiquement les petits enfants quand ils ne les assassinaient pas par d'autres voies. Il existait à Birkenau un jardin d'enfants et encore aujourd'hui on peut distinguer, inscrits dans le plâtre des murs, de nombreux dessins faits par des enfants. Dans *L'Anthologie (bleue) d'Auschwitz* il existe une surabondance de preuves que de nombreux enfants sont nés à Auschwitz (juifs, tsiganes ou autres) et y ont vécu. Parmi ces preuves figurent des études entreprises après la guerre sur ce qu'on appelle les « ex-enfants d'Auschwitz ». En 1984, il se formait une association d'anciens jumeaux d'Auschwitz comprenant cent huit membres.[135] À la fin de la guerre, on a trouvé dans les camps de concentration allemands de l'ouest, par exemple Buchenwald ou Dachau, beaucoup d'enfants juifs qui avaient été, eux, évacués d'Auschwitz dans des conditions effroyables, celles d'une débâcle en plein hiver.[136] Élie Wiesel, devenu un chantre de l'Holocauste, a fait partie de ces enfants. Un phénomène caractéristique du matraquage des esprits par la propagande de l'Holocauste vaut d'être ici mentionné : plus il se trouve de « survivants » pour attester de ce qu'ils ont été dans un camp d'extermination, dont ils n'auraient eux-mêmes réchappé que par un « miracle », plus nous sommes portés à croire à l'existence d'une extermination : n'est-ce pas plutôt notre scepticisme sur la réalité de cette extermination qui devrait s'accroître à la mesure du nombre des « survivants » et des « miracles » ? Autre phénomène de psychologie des

---

133 Archives du musée, nég. 564.

134 Archives du musée, nég. 522.

135 J. Anderson, « The Twins of Auschwitz », p. 2-7.

136 Voy., par exemple, J. Hemmendinger, *Les Enfants de Buchenwald.*

masses : au début de 1985, les Israéliens ont monté une sorte de procès fictif du Dr Josef Mengele ; d'anciens jumeaux sont venus témoigner des atrocités du « médecin maudit » d'Auschwitz : ils ont dit que les murs de son antichambre étaient tapissés d'yeux fixés comme des papillons (mais les yeux auraient crevé comme des poches d'eau !). Mengele aurait versé de l'acide sur des yeux pour les faire changer de couleur ! Il aurait cousu des jumeaux dos à dos, etc. ! Les journaux occidentaux ont rapporté ces accusations comme des faits avérés ; même le journal *Le Monde* s'est fait gravement le porte-parole de pareilles invraisemblances.[137]

## *III. Une extermination impossible*

### *1. Auschwitz-I [voy. p. 504]*

L'impossible chambre à gaz du Krema-I (1ère photo). À l'origine, cette construction flanquée de remblais de terre avait été une réserve de munitions. Transformée par les Allemands, elle est devenue un crématoire rudimentaire. On en voit ici la façade ouest. La cheminée ne sort pas de la terrasse mais directement du sol. Si l'on divise le bâtiment par le milieu, dans le sens de la profondeur, on a dans la moitié gauche la salle des fours de crémation avec une réserve de coke et une réserve d'urnes funéraires et, dans la moitié droite, une petite salle que suit une grande salle baptisée par les Polonais du nom de chambre à gaz, les deux salles étant séparées, comme on le verra plus loin, par une petite porte vitrée. Sur la terrasse on aperçoit des bouches d'aération disposées en quinconce. L'hôpital SS (non visible sur cette photo) se trouvait à vingt mètres à droite. À vent portant, le gaz cyanhydrique, au moment du dégazage, aurait facilement atteint les fenêtres de l'hôpital.[138]

### *2. Auschwitz-I. L'impossible chambre à gaz du Krema-I (deuxième photo) [voy. p. 504]*

Ici, la « chambre à gaz » est vue d'est en ouest. C'est dans cette pièce qu'on aurait gazé des dizaines de milliers de victimes par groupes de huit cents. Or, on notera l'absence totale d'herméticité. La vitre de la petite porte du fond aurait été facilement brisée, sinon la porte elle-même, et le gaz cyanhydrique se serait répandu par là. Il se serait également répandu dans la salle des fours par l'ouverture de communication à droite, tuant les employés des fours et provoquant peut-être une explosion, ce gaz

137 Photo soviétique : A66-23953 A.
138 Collection de l'auteur.

étant explosible à certaines concentrations. Deux questions : quelle serait dans une chambre à gaz la raison d'être d'une peinture courant en bas du mur gauche ? N'aperçoit-on pas la trace de cloisons abattues ? Les réponses viendront plus loin.[139]

### *3. Auschwitz-I. L'impossible chambre à gaz du Krema-I (troisième photo) [voy. p. 505]*

Ici, la chambre à gaz est vue d'ouest en est. La trace des cloisons abattues est nette. La porte de bois n'a aucune herméticité. Elle donne sur une petite antichambre qui, elle-même, a une porte de sortie (non visible sur cette photo) donnant sur l'est.

Cette pièce n'a pas pu être une chambre à gaz homicide, c'est-à-dire un local d'une parfaite herméticité, sans aucun danger pour les gazeurs, pourvu de moyens d'observation pour ces gazeurs, muni d'un système extrêmement sophistiqué pour procéder, après l'exécution, à la ventilation forcée d'un gaz connu pour son adhérence aux surfaces et même, dans certains cas, pour son pouvoir de pénétration.

Qu'était donc cette pièce dans la réalité ?

Une recherche dans les documents du musée d'Auschwitz permet de répondre à la question. Deux plans, dont on trouvera la reproduction dans le livre de Serge Thion[140], prouvent que le bâtiment tout entier a connu deux états successifs et deux états seulement à l'époque de l'occupation allemande :

a) de novembre 1940 à août 1943, la prétendue chambre à gaz a été une chambre froide *(Leichenhalle)* pour la conservation des cadavres, suivie, en progressant vers l'ouest, d'une salle d'eau *(Waschraum)* et d'une salle de mises en bière *(Aufbahrungsraum) ;* à l'est, il n'y avait ni porte, ni antichambre, ni porte de sortie ; la chambre froide se terminait, comme c'est souvent le cas pour les chambres froides, en cul-de-sac ;
b) de septembre 1943 à mars 1944, des travaux de transformation ont conduit les Allemands à abattre la cheminée extérieure, à démolir les fours, à renforcer le mur de séparation entre l'ancienne salle des fours et l'ancienne chambre froide, à créer une ouverture à l'est, à ménager une petite antichambre, à élever des cloisons ; bref, à faire de ce lieu un « abri antiaérien pour l'hôpital SS avec une salle d'opérations chirurgicales ». Les cloisons, placées en quinconce pour atténuer le souffle des bombes, servaient de

[139] Collection de l'auteur.
[140] S. Thion, *VHVP*, p. 317.

séparation à quelques pièces pour malades ainsi qu'à la salle d'eau et, enfin, à la salle d'opérations.

Les Polonais ont, après la guerre, reconstruit la cheminée et deux fours sur trois ; ils ont abattu toutes les cloisons sauf une ; ils ont précieusement conservé la porte ainsi que la petite antichambre et sa propre porte pour faire croire que les victimes entraient par là pour être gazées. Si les Polonais avaient rétabli le cul-de-sac originel, il leur aurait fallu expliquer que les victimes entraient par la porte ouest, celle donnant sur… leurs fours crématoires. On est donc là devant une supercherie caractérisée, qui a dû abuser des millions de touristes en quarante ans.[141]

## *4. Birkenau. L'arrivée au camp d'« extermination » [voy. p. 505]*

Un convoi vient d'arriver. Nous sommes en 1944. Il faut regarder de près les trois différentes catégories de personnages : les arrivants, les internés en tenue rayée, les soldats allemands. Rien n'est conforme aux récits dantesques de la littérature officielle selon laquelle le rituel de l'arrivée était hallucinant. Au fond, à gauche, on aperçoit le Krema II dont on nous dit que, situé dans la zone la plus secrète du camp, il était caché aux regards de tous. La « gigantesque » (!) cheminée dépassait la pente du toit de sept mètres environ ! Elle ne fume apparemment pas. En principe, une cheminée de crématoire ne rejette que très peu de fumée. Quant à rejeter des flammes, ce serait l'indice d'un feu de cheminée accidentel.

On trouve cette photo, ainsi que les deux suivantes, dans un ensemble de près de cent quatre-vingt-dix photos constituant *L'Album d'Auschwitz*. Cet album est en fait la propriété d'un photographe allemand. Pas une de ces photos, contrairement à ce qu'osait dire Hermann Langbein dans son livre sur le « procès de Francfort », bien avant la publication de l'album, ne nous montre une scène quelconque de gazage. Si ces photos montrent quelque chose, c'est plutôt que ces gazages n'ont pas pu exister dans un tel camp. Des femmes et de jeunes enfants vont traverser la voie à gauche et, passant entre les Kremas II et III, poursuivre leur route vers le *Zentralsauna.* Des hommes prendront un autre chemin pour se rendre aux douches et à la désinfection. Le rangement en deux colonnes sur le quai d'arrivée était ainsi en gros un rangement par sexe et non pas une sélection entre personnes à garder pour le travail et personnes à éliminer par les gaz !

---

[141] Collection de l'auteur.

## *5. Birkenau. Des femmes s'arrêtent en chemin [voy. p. 506]*

Des femmes s'arrêtent sur la « grand-rue » (*Hauptstrasse*). Des internés, les uns en tenue rayée, les autres en vêtements ordinaires, les regardent. En principe, la tenue rayée était plutôt portée par ceux qui, étant employés à l'extérieur pour leur temps de travail, devaient pouvoir être facilement distingués de tout autre civil polonais, allemand, etc., et ainsi être plus étroitement surveillés. Il y a eu six cent soixante-sept évasions d'Auschwitz, dont cent cinq de Birkenau. Il semble que deux cent soixante-dix évadés seulement aient été repris.[142]

## *6. Birkenau. Femmes et enfants passant entre les Kremas-II et III [voy. p. 506]*

Un groupe de femmes et d'enfants, sur la « grand-rue » passent entre le Krema-III, situé au fond, et la cour du Krema-II, où se trouve le photographe. Une fois de plus, on constate que les Allemands ne cherchaient pas à dissimuler ces Kremas à la vue de tous. S'ils ont commandé des arbres dont nous savons jusqu'à l'essence, la hauteur, la quantité et le prix (car il est resté une foule de documents, y compris sur les crématoires), c'est parce que l'usage est de clore ainsi l'espace occupé par un tel bâtiment et même parfois de l'agrémenter d'un jardin. Il ne faut pas oublier que les corps des soldats et des officiers allemands ainsi que les dépouilles des membres de leurs familles étaient aussi incinérés et parfois en cérémonie.

Bien d'autres photos de *L'Album d'Auschwitz* nous montrent le parcours complet des nouveaux arrivants jusqu'à la sortie des douches et les incorporations dans les différents camps de travail, dans le personnel médical, etc.

## *7 et 8. Birkenau [voy. p. 507]*

Maquette du musée montrant le processus du gazage au Krema-II. Cette maquette est exposée au bloc 4, celui de l'« extermination ».

Elle devrait en principe constituer la pièce maîtresse de la thèse selon laquelle il y a eu à Auschwitz-Birkenau des gazages homicides. On va voir qu'en réalité elle peut servir de pièce maîtresse à la démonstration du contraire.

---

[142] T. Iwaszko, « Häftlingsfluchten aus dem KL Auschwitz ».

Les plans et les photos qui nous sont restés des Kremas de Birkenau permettent de se faire une idée relativement précise de leur architecture. Les ruines elles-mêmes ne sont pas dénuées d'intérêt à cet égard.

La présente maquette reproduit approximativement l'architecture des deux plus grands Kremas : le Krema-II et le Krema-III, lesquels étaient bâtis en miroir. Nous avons affaire ici au Krema-II. Sur la droite se trouvait un long corps de bâtiment qui contenait principalement la grande salle des fours. Ces fours étaient au nombre de cinq et possédaient trois bouches chacun. On pouvait donc y incinérer quinze corps. L'incinération d'un cadavre devait durer environ une heure et demie. Il fallait, probablement une fois par semaine arrêter les feux et procéder au nettoyage de ces fours, lesquels, nous le savons par ailleurs, étaient sujets à des pannes. La fumée s'en allait par des conduits souterrains en direction d'un petit corps de bâtiment contenant un four pour l'incinération des ordures. La cheminée collectait les fumées de tous ces fours.

Disposées en équerre à l'extrémité gauche du long corps de bâtiment se trouvaient deux salles en sous-sol dont le plafond émergeait légèrement de terre. Il s'agissait de *Leichenkeller,* terme générique à traduire par « caves à cadavres » ou « chambres froides enterrées ». Si elles étaient enterrées, c'était précisément pour les protéger de la chaleur. À droite, se trouvait le *Leichenkeller*-1 qui mesurait trente mètres sur sept, possédait sept piliers de soutènement, aucune ouverture dans le toit et une porte à double battant s'ouvrant sur l'intérieur ; la pièce se terminait en cul-de-sac et elle bénéficiait d'un système de ventilation forcée assez rudimentaire avec évacuation de l'air vicié vers le bas. (Or, le gaz cyanhydrique est moins dense que l'air et il monte.) On ignore quelle était la disposition interne de cette pièce. À gauche, se trouvait le *Leichenkeller*-2 qui mesurait cinquante mètres sur huit et possédait onze piliers de soutènement ; il est probable qu'à l'origine il se terminait aussi en cul-de-sac à son extrémité gauche et que, plus tard, on a creusé un petit escalier d'accès à cette extrémité. Là non plus on ne connaît pas la disposition interne de la pièce. Les cadavres étaient amenés de l'extérieur par une porte du bâtiment de surface, porte qui est en quelque sorte à la jonction des deux *Leichenkeller.* Un plan incliné avec, pour les porteurs, des marches de part et d'autre permettait la descente du cadavre vers le point de jonction des deux *Leichenkeller.* C'est aussi vers ce point que se situait un petit monte-charge de 2,10 m x 1,35 m qui permettait de monter vers la salle des fours les cadavres qui venaient d'arriver ou les cadavres qui avaient été entreposés en chambre froide. Il est important de savoir qu'en ce point de jonction il n'y avait que très peu de dégagement.

Reportons-nous maintenant à la maquette et au guide du musée.

À les en croire, les Allemands auraient conçu là, en réalité, une installation de gazage pour des groupes de deux mille victimes à la fois, à raison de plusieurs groupes par jour. Les mots de *Leichenkeller* et quelques autres encore, visibles sur les plans, ne seraient que des mots fallacieux « à décoder ». C'est ainsi qu'à gauche « *Leichenkeller*-2 » désignerait en fait un « vestiaire » pour le déshabillage des victimes et, à droite, « *Leichenkeller*-1 » désignerait en réalité une « chambre à gaz homicide ».

La maquette représente donc, à droite, deux mille personnes qui viennent d'être gazées au Zyklon B ; les cadavres vont être transportés vers la salle des fours afin de faire place nette pour un nouveau groupe de victimes. Ce nouveau groupe finit actuellement d'entrer dans le « vestiaire » ; on lui a fait croire qu'il allait à la douche (et d'ailleurs la chambre à gaz est, nous dit-on, déguisée en salle de douches pour que jusqu'au bout l'illusion soit complète) ; les gens se déshabillent sans inquiétude et on leur précise même qu'ils doivent accrocher leurs effets à des patères numérotées dont il faudra se rappeler le numéro. Il y a des inscriptions en plusieurs langues. Une fois comprimées dans la chambre à gaz (deux mille personnes sur deux cent-dix mètres carrés, moins l'espace occupé par sept piliers), les victimes mourront de la façon suivante : un ou plusieurs SS verseront par les quatre ouvertures du plafond des granulés de Zyklon B desquels se dégagera le gaz mortel, le gaz cyanhydrique.

Écoutons la confession que ses geôliers polono-communistes nous disent avoir obtenue de Rudolf Höss, le premier des trois commandants successifs d'Auschwitz, le seul, semble-t-il, à avoir parlé des chambres à gaz. Höss est censé avoir écrit librement, de sa propre main, le récit suivant :

> « Une demi-heure après avoir lancé le gaz, on ouvrait la porte et on mettait en marche l'appareil d'aération. On commençait immédiatement [en allemand : *sofort*] à extraire les cadavres. »

Plus loin, il ajoute :

> « Le commando spécial [composé de juifs] s'occupait aussitôt d'extraire les dents en or aux cadavres et de couper les cheveux des femmes. Ensuite, on transportait les corps vers l'ascenseur devant les fours qu'on avait entre-temps allumés. »

Höss précise, par ailleurs, que les juifs du commando spécial « mangeaient ou fumaient tout en traînant les cadavres » vers les fours crématoires. Tout cela se lit dans *Auschwitz vu par les SS*[143].

Ce récit et tout autre du même genre sont inacceptables. On s'y heurte à un nombre considérable d'impossibilités dont voici quelques-unes :

1. La porte de la chambre à gaz s'ouvrant vers l'intérieur aurait été bloquée par l'amoncellement des cadavres.
2. À supposer que les membres du commando spécial aient pu entrer dans la pièce, ils seraient tombés morts et la besogne ne serait pas faite ; en effet, s'ils mangeaient ou fumaient parfois, c'est qu'ils ne portaient donc pas de masques à gaz ; ils n'auraient pas pu pénétrer dans une atmosphère pleine de gaz cyanhydrique pour y remuer des cadavres eux-mêmes dangereux à manipuler parce que porteurs de molécules de ce gaz sur leur peau, dans leurs humeurs et parce que des poches à gaz se seraient formées un peu partout ; d'ailleurs, même avec des masques à gaz, un effort physique de cette importance est impossible dans une atmosphère pareillement viciée par ce gaz qui adhère longuement aux surfaces.
3. La conception même des lieux est absurde ; comme la pièce est en cul-de-sac et comme il n'y a aucun dégagement sur trois côtés, les membres du commando se gêneraient les uns les autres à l'entrée de la pièce et mettraient un temps considérable à extraire deux mille cadavres.
4. Mais, surtout, où pourraient-ils entreposer ces cadavres en attendant leur crémation ? Il n'y a pas un endroit, ni en sous-sol, ni au rez-de-chaussée, c'est-à-dire au niveau de la salle des fours, pour entreposer deux mille cadavres que vont bientôt suivre deux mille autres cadavres et ainsi de suite. Au bout d'une heure et demie de crématoire seuls quinze cadavres auront été incinérés. Restent 1885 cadavres. Il faudrait huit jours et huit nuits pour en venir à bout, mais, pendant ce laps de temps, ils se décomposeraient, constituant à leur tour un danger. Et puis, il n'y aurait aucune chambre froide pour entreposer les cadavres des personnes mortes dans le camp, ces personnes pouvant d'ailleurs être des autorités allemandes dont on devait pouvoir venir visiter les corps en bière. Dans le cas des Kremas-IV et V, le non-sens est encore plus sensible. L'installation, plus rudimentaire, est toute en surface. Elle comprend : 1° une salle des fours avec deux fours à quatre bouches ; il est probable qu'il s'agissait de fours pour la crémation des cadavres mais certains pensent qu'il s'agissait de

[143] *Auschwitz vu par les SS*, p. 106, 140, 141.

fours d'incinération des ordures ; 2° un sas et une réserve à outils ; 3° une grande salle dont la destination n'est pas connue ; 4° une antichambre donnant sur la chambre du médecin et une réserve à charbon ; 5° un couloir donnant sur deux pièces, chacune avec un poêle à charbon : des douches, peut-être ? Il y a aussi, du côté de la salle des fours une cokerie, un sanitaire, une salle pour les manutentionnaires.

On nous explique que la grande salle de ces Kremas-IV et V était à la fois (!) une chambre froide pour entreposer les cadavres et un vestiaire pour le déshabillage des victimes. Il y aurait eu trois chambres à gaz : les deux pièces avec poêles à charbon et… le corridor (!). Quant à l'injection des granulés de Zyklon B, elle aurait été l'œuvre d'un SS qui, à l'extérieur du bâtiment, se serait déplacé avec une échelle pour atteindre à chaque fois les petites impostes des deux pièces et du corridor. Tout cela nous est sérieusement exposé dans le n° 107 du *Monde Juif*, et dans « Colloque de l'École des hautes études en sciences sociales (sous la direction de François Furet).[144] Le spécialiste de ces trouvailles, patronné par MM. Wellers et Klarsfeld, est Jean-Claude Pressac, l'auteur avec S. Klarsfeld, du plan tronqué de Birkenau qu'on trouvera plus loin.[145]

### *9. Birkenau. Ruines de la prétendue chambre à gaz du Krema-II [voy. p. 508]*

Telle est la superficie occupée par la « gigantesque chambre à gaz » où, d'après la confession de R. Höss, on mettait deux mille victimes à la fois mais où on aurait pu en mettre trois mille !

Il est possible de se glisser par un trou sous la voûte de béton et de photographier l'intérieur. Nulle trace de douches. Nulle trace d'un élément accusateur. Jamais l'endroit n'a fait l'objet d'une étude archéologique. Aucune expertise (ainsi que pour tous les locaux d'Auschwitz ou d'ailleurs présentés aux touristes comme chambres à gaz homicides, soit à l'état de ruines, soit en « l'état d'origine »). Il est à noter que, lors des visites de Birkenau par des personnalités officielles, on ne s'arrête jamais devant ces ruines qui sont pourtant exactement sur le chemin du monument aux morts. Jamais le plus petit bouquet.

À leur arrivée à Birkenau, les Soviétiques semblent avoir été perplexes sur la façon de présenter ce « camp d'extermination » aux lecteurs de la *Pravda*. Après un silence de quatre ou cinq jours, la

---

144 *Le Monde Juif*, juillet-septembre 1982, p. 91-131, et *L'Allemagne nazie et le génocide juif*, p. 539-584.
145 Collection de l'auteur.

*Pravda*du 1er février 1945 s'est contentée de mettre dans la bouche d'un ancien prisonnier les mots suivants :

> « Les hitlériens tuaient par le moyen de gaz les enfants, les malades ainsi que les hommes et les femmes inaptes au travail. Ils incinéraient les cadavres dans des fours spéciaux. Dans le camp, il y avait douze de ces fours. »

Mais, le lendemain, le grand reporter officiel du journal, Boris Polevoï, révélait que le moyen essentiel utilisé par les Allemands pour exterminer leurs victimes était… l'électricité :

> « Une chaîne électrique où des centaines de personnes étaient simultanément tuées par un courant électrique ; les cadavres tombaient sur une bande lentement mue par une chaîne et avançaient ainsi vers un haut-fourneau. »

Pour corriger la *Pravda* de la veille il était dit que les Allemands avaient emmené avec eux « les appareils mobiles spéciaux pour la mise à mort des enfants ». Quant aux chambres à gaz fixes, elles n'étaient guère reconnaissables car les Allemands les avaient « maquillées » en leur ajoutant « des tourelles et des ornements architecturaux pour qu'elles aient l'air de garages inoffensifs ». La presse américaine se fera immédiatement l'écho de l'extermination à l'électricité.[146] C'est seulement dans leur rapport officiel du 6 mai 1945 pour le TMI de Nuremberg que les Soviétiques élimineront totalement l'électricité au profit du gaz (doc. URSS-008). Depuis cette date, le monde entier leur a emboîté le pas.[147]

## *10. Birkenau. Photo aérienne prise par les Alliés le 25 août 1944 [voy. p. 508]*

Il a fallu attendre 1979 pour que les Américains publient un ensemble de photos aériennes d'Auschwitz, dont, dès 1976, Arthur Robert Butz, auteur révisionniste, affirmait qu'elles ne pouvaient pas ne pas exister. Pour beaucoup de personnes, ces photos ont été un choc. Elles infligeaient un total démenti aux légendes forgées sur Auschwitz et Birkenau.

---

146 Voy. H. Shapiro, *Washington News*.
147 Collection de l'auteur.

Cette photo est du 25 août 1944, c'est-à-dire d'une époque où l'extermination atteignait, paraît-il, son point culminant. Sur aucune des photos on n'aperçoit des foules humaines se pressant autour des crématoires ni des cheminées rejetant haut dans le ciel feux et flammes.

En haut et à droite on distingue le Krema-II avec, à droite le *Leichenkeller*-2, et, tout en haut, le *Leichenkeller*-1 ; ce dernier *semble* avoir quatre cheminées d'aération mais, dans la réalité, il n'en avait aucune. On remarquera une pelouse bien dessinée, ce qui exclut que les dizaines de milliers de personnes aient été concentrées dans la cour du Krema qui a commencé à fonctionner le 31 mars 1943. Le portail est resté ouvert : le lieu n'est pas secret.

En bas et à droite, on distingue le Krema-III avec, à droite son *Leichenkeller* 2 et, tout en bas, son *Leichenkeller*-1 ; ce dernier semble, lui aussi, avoir quatre cheminées d'aération, mais celles-ci sont disposées en quinconce comme l'étaient les bouches d'aération de la *Leichenhalle* du Krema-I à Auschwitz-I. On remarquera à gauche de la cour l'extrémité sud du stade *(Sportplatz)* : un stade qu'en général on évite de mentionner sur les plans.

On distingue par ailleurs la « grand-rue » du camp, la ligne de chemin de fer, un camion et, en marche et s'apprêtant à se diriger vers la « grand-rue », un groupe de personnes.

Cette photo fait partie d'un ensemble de photos aériennes publiées par Dino Brugioni et Robert G. Poirier : *The Holocaust Revisited : A Retrospective Analysis of the Auschwitz-Birkenau Extermination Complex*.

## *IV. Une extermination fictive*

### *1. Plan fictif de Birkenau (WRB Report, les deux juifs slovaques, le mythomane Dr Rudolf Vrba) [voy. p. 509]*

La source essentielle du mythe d'Auschwitz est le rapport publié en novembre 1944 à Washington par une officine, proche du président Roosevelt, le *War Refugee Board :* la Commission des réfugiés de guerre. Ce rapport est principalement constitué par le témoignage de deux juifs slovaques, échappés d'Auschwitz-Birkenau : Alfred Wetzler et Walter Rosenberg, alias Rudolf Vrba. Ce dernier, par son action après la guerre, a émergé au premier plan. Il est aujourd'hui citoyen canadien. On tient en sa personne l'homme qui peut se faire fort d'avoir été ainsi à l'origine d'un mythe qui aura compté parmi les plus importants de ce siècle.

Échappé de Birkenau en avril 1944 avec Alfred Wetzler il a fait parvenir son témoignage aussi bien en Suisse qu'au Vatican et à Washington. On voit ici le plan qu'il proposait du camp de Birkenau, camp qu'il a prétendu connaître à fond au point même de tout savoir du processus d'extermination et du nombre des gazés. Disposant de « moyens mnémotechniques particuliers », il a déterminé qu'en deux ans, d'avril 1942 à son évasion en avril 1944, les Allemands avaient gazé approximativement un million sept cent soixante-cinq juifs dont cent cinquante mille pour les seuls juifs venus de France. Or, d'après le *Mémorial* de Serge Klarsfeld, les Allemands auraient pendant *toute* la durée de la guerre *déporté* vers *tous* leurs camps environ soixante-quinze mille sept cent vingt-et-un juifs de France (français, étrangers, apatrides). Le nombre des *morts* n'a pas encore fait l'objet d'une recherche de caractère scientifique.

Le plan dressé par R. Vrba et son ami ne peut provenir de témoins oculaires. Les quatre crématoires sont dessinés sur le même modèle ; en réalité le modèle de Kremas-II et III (chiffres ici I et II) était d'un type très caractéristique avec ses deux *Leichenkeller* à angle droit et, de plus, la construction en miroir ne pouvait que frapper l'attention. Cette construction en miroir se répétait, mais d'une façon sensiblement différente, avec les Kremas-IV et V (chiffres ici III et IV). L'emplacement du *Zentralsauna (*ici : *Bath*) est aberrant. L'emplacement du fameux « Canada » avec ses 35 baraquements n'est pas du tout marqué (la construction en avait été terminée le 17 décembre 1943, soit plus de trois mois avant l'évasion). L'énorme « camp des hommes », à droite du « camp des femmes », n'est pas mentionné, etc. Seule la partie « II » est exacte et c'est dans cette partie que se trouvait R. Vrba. En 1985, au « procès Zündel », à Toronto, R. Vrba, sommé de s'expliquer sur certaines de ses inventions présentées comme des faits véridiques, a invoqué la *licentia poetarum.*

## *2. Plan fictif d'un crématoire de Birkenau (WRB Report) [voy. p. 509]*

R. Vrba, là non plus, n'a manifestement pas vu ce qu'il prétend décrire. Il n'y avait pas neuf fours ainsi disposés. Il y avait dans la réalité cinq fours à trois bouches. Ceux-ci n'étaient pas disposés autour de la cheminée ; ils étaient en ligne dans une salle tandis que la cheminée se trouvait dans un autre corps de bâtiment. Il n'y avait pas de « large hall ». Il n'y avait pas de voie ferrée pour le transport des cadavres entre la prétendue chambre à gaz et la salle des fours pour la raison que les fours étaient en surface et que la prétendue chambre à gaz homicide (en réalité :

*Leichenkeller I*) était... en sous-sol. L'un des deux *Leichenkeller* manque.

Le texte même du WRB Report est un tissu de fictions. Il n'a sans doute pas peu contribué à faire condamner à mort de nombreux Allemands. Il semble en effet que tout dossier de procureur américain chargé de la poursuite des crimes de guerre s'ouvrait sur ce rapport dont la première phrase était la suivante :

> « C'est un fait qui ne saurait être nié que les Allemands ont délibérément et systématiquement assassiné des millions de civils innocents – juifs comme chrétiens – à travers toute l'Europe. »

L'extermination était à considérer comme un fait établi dont il n'y avait pas lieu de rapporter la preuve. Ces mots ont été écrits en novembre 1944. Depuis cette date aucun tribunal n'a cherché à rapporter cette preuve, ce qui n'empêche pas historiens et magistrats de continuer à dire que les tribunaux ont, depuis longtemps, *établi* l'existence des chambres à gaz et la réalité de l'extermination.

## 3. À l'appui de la fiction, des trucages d'historiens

*a) Serge Klarsfeld tronque le plan de Birkenau* [voy. p. 510].

En 1983, S. Klarsfeld, en collaboration avec J.-C. Pressac, publiait aux éditions du Seuil *L'Album d'Auschwitz*. Parmi les trucages, on relève celui d'un plan de Birkenau où la route conduisant aux bains-douches du *Zentralsauna* est coupée en deux endroits : d'abord un peu après les Kremas-II et III, et, ensuite, un peu avant le *Zentralsauna*. La thèse tout entière développée dans le commentaire des photos est que les femmes et les enfants aperçus sur la « grand-rue » ne pouvaient aboutir qu'aux Kremas-II et III avec leurs prétendues chambres à gaz, alors qu'en réalité elles poursuivaient leur route jusqu'aux installations de douches.

Pour n'avoir pas à signaler l'existence d'un stade tout contre le Krema-III, ce qui cadre difficilement avec l'idée que dans ce Krema on gazait et brûlait des milliers de victimes par jour, les auteurs ont rempli l'espace occupé par ce stade avec les mots « Secteur hôpital » qui s'applique à un ensemble hospitalier qui se trouvait effectivement à la droite dudit stade.

Enfin, on a supprimé toute mention de l'existence du camp de quarantaine : ce camp est, dans le plan proposé par Klarsfeld et Pressac, le seul du secteur à ne porter aucune dénomination.

*b) Saul Friedländer fabrique un montage de chambre à gaz* [voy. p. 510].

Cette photo se trouve sur une double page du livre de S. Friedländer : *Kurt Gerstein ou l'ambiguïté du bien*. L'auteur situe cette chambre à gaz à Belzec (Pologne orientale). Il a utilisé une photo de la fausse chambre à gaz du Krema-I à Auschwitz-I ! Dans la photo du bas on distingue l'arrière d'un camion et l'arrière d'une Volkswagen ainsi que l'ombre inquiétante d'une sorte de gestapiste. Des tuyaux partent des pots d'échappement pour aboutir dans ce qui est censé être l'autre côté d'un mur de la chambre à gaz. On a donc sur une même photo une vue de la scène (la chambre à gaz) et une vue de la coulisse (le « gestapiste » surveillant la machinerie). La légende de la photo est en accord avec le montage.

Saul Friedländer est israélien et français. Professeur d'histoire contemporaine à l'Institut universitaire des hautes études internationales à Genève, il enseigne également à Tel-Aviv.

*c) Des gazés de fiction : Henri Krazucki et Simone Veil. Deux juifs français, parmi bien d'autres gazés, à Auschwitz.*

Henoch (dit Henri) Krasucki, né le 2 septembre 1924 à Wolonin (banlieue de Varsovie), a fait partie d'un convoi parti de Drancy le 23 juin 1943 et arrivé à Auschwitz le 26 juin. Jusqu'en 1977, selon la vérité officielle, établie par les soins des autorités communistes du musée à Oswiecim en collaboration avec les responsables scientifiques du Centre de documentation juive de Paris, le convoi tout entier avait été gazé.[148]

Simone Jacob, future Simone Veil, née le 13 juillet 1927 à Nice, a fait partie d'un convoi parti de Drancy le 13 avril 1944 et arrivé à Auschwitz le 16 avril. Jusqu'en 1977, selon la même vérité officielle, toutes les femmes de ce convoi avaient été gazées.[149]

En 1978, Serge Klarsfeld publiait *Le Mémorial de la Déportation des Juifs de France*. Il ne s'agissait pas d'une liste de morts mais de listes nominales de déportés, convoi par convoi. L'auteur ne pouvait faire autrement que de rappeler que ces deux déportés avaient survécu à la déportation. Leur notoriété était devenue telle en France qu'on ne pouvait pas dissimuler le fait. Klarsfeld ajoutait même que d'autres personnes de ces convois, hommes et femmes, avaient survécu. Il mentionnait aussi que le musée d'Osviecim et le CDJC de Paris avaient, par erreur, inventé des convois entiers de déportés gazés. Mais, pour sa part, Klarsfeld persiste à compter comme mortes ou gazées des personnes sans notoriété qui peuvent avoir survécu à leur déportation à Auschwitz. C'était le cas, sans aller chercher plus loin, de la mère d'Henri Krasucki qui, comptée comme morte ou gazée dans l'édition du *Mémorial* de 1978, reviendra en quelque sorte à la vie dans l'*Additif* au mémorial de 1980.

---

148 *Hefte von Auschwitz*, 4, 1961, p. 110.
149 *Id.*, 7, 1964, p. 88.

Il est vrai que, dès 1974, le fait avait été rendu public par les journalistes Harris et Sédouy dans leur livre *Voyage à l'intérieur du Parti Communiste Français* où Henri Krasucki déclare :

> « Ma mère est rentrée après moi [de déportation] et puis quelques oncles et tantes. »

De son père, déporté à Auschwitz et mort là-bas, Klarsfeld, qui semble avoir eu des renseignements par ailleurs assez précis, déclarait vers 1979 à Harris et Sédouy : « Je ne sais pas comment il est mort, gazé ou à l'infirmerie.[150] Cette confidence d'un instant mise à part, il déclare toujours son père « assassiné » ou le compte parmi les gazés.[151]

[Publié comme appendice à la traduction française de l'ouvrage de Wilhelm Stäglich, *Le Mythe d'Auschwitz, étude critique*, accompagné de cartes et de photographies, qui seront reproduite dans le cahier photographique, à paraître]

***

1986

# INTRODUCTION À LA RÉÉDITION, EN BROCHURE, DE L'INTERVIEW À *STORIA ILLUSTRATA*

La seconde guerre mondiale a suscité tant d'horreurs, de souffrances et de passions qu'il est encore difficile de nos jours d'en traiter avec sérénité.

Mais ne devons-nous pas appliquer les méthodes de routine de la critique historique à tous les aspects de cette guerre, même et surtout à l'examen des problèmes les plus controversés ?

Le problème historique que les auteurs révisionnistes (Paul Rassinier, Arthur R. Butz, Wilhelm Stäglich…) ont spécialement étudié est le suivant : s'il est incontestable que Hitler a traité les juifs en ennemis déclarés et qu'il a mis nombre d'entre eux en camps de concentration, Hitler a-t-il vraiment exterminé ou voulu exterminer les juifs européens ?

Ma réponse, comme celle de ces auteurs révisionnistes dont le nombre s'accroît à travers le monde, est que la prétendue politique

[150] Harris et Sédouy, *Juifs et Français,* p. 112.

[151] Voy. les dédicaces ou le contenu de trois de ses livres : en 1977, *Deutsche Dokumente…* en 1980, *Additif au mémorial* ; en 1984, *Les Enfants d'Izieu.*

d'extermination des juifs et l'emploi, à cet effet, de chambres à gaz homicides à Auschwitz ou ailleurs sont de ces aberrations qu'engendre toute guerre et qu'entretient toute propagande de guerre. Aussi longtemps qu'on croira à ces aberrations, on ne saura pas voir que le vrai crime, c'est la guerre elle-même avec son cortège d'horreurs vraies : horreurs volontaires comme le terrorisme sous toutes ses formes, horreurs involontaires comme les épidémies de typhus qui ont ravagé les camps. Ceux qui croient sincèrement aux atrocités de fiction forgées sur le compte de l'Allemagne – essentiellement à partir de photos de typhiques morts ou moribonds – ne sont évidemment pas des menteurs mais les victimes d'une erreur historique.

Les révisionnistes usent de documents et d'arguments. Ceux qui ne sont pas d'accord avec les révisionnistes doivent répondre par des documents et des arguments. La répression et la censure sont des crimes contre l'esprit.

# 1987

Janvier-février 1987

## CE SONT LES NAZIS QUI ONT INVENTÉ LE MENSONGE DES CHAMBRES À GAZ !

En France, dans les milieux tant soit peu informés, on ne croit plus guère aux chambres à gaz. Sur cette question, comme l'écrit G. A. Amaudruz, « les maximalistes juifs sentent la partie leur échapper ». Ils sont prêts à larguer les chambres à gaz pour mieux sauver le mythe du génocide ou de l'extermination des juifs. Leur thèse, qui inquiète beaucoup Pierre Vidal-Naquet pour qui abandonner les chambres à gaz, c'est « capituler en rase campagne »[152], peut se résumer ainsi : il y a eu une extermination des juifs à grande échelle ; nous ne savons pas comment cette extermination a été menée ; les Allemands, eux, le savaient mais, après la guerre, au lieu de révéler aux Alliés le moyen utilisé, ils ont dans leurs aveux inventé cette histoire de chambres à gaz ; dans leur esprit, c'était préparer contre les juifs une sorte de « bombe à retardement » ; les juifs croiraient à cette histoire et la défendraient jusqu'au jour où il éclaterait au grand jour que les juifs étaient en train de défendre un grossier mensonge.

Cette thèse est laborieuse ; elle est, cependant, bien moins laborieuse que les élucubrations de *Shoah* (film de Claude Lanzmann) ou des témoins de l'actuel procès Demjanjuk à Jérusalem. Deux enseignants d'origine juive, Ida Zajdel et Marc Ascione, l'expriment en ces termes :

> « Les nazis sont au fond bien placés pour savoir comment sont morts des millions de déportés, principalement de religion ou d'origine juive, dont les corps n'ont jamais été retrouvés. Ils savent aussi pourquoi ils ont truqué leurs « aveux ». Avec les chambres à gaz, ils croyaient détenir une « bombe » à retardement, un instrument de diversion et, pourquoi pas, de chantage. Visiblement, on s'est fait passer le mot : dans les années de guerre froide, Rassinier, ancien déporté socialiste que son anticommunisme avait conduit à l'extrême droite ; en 1978, Darquier de Pellepoix, ancien commissaire aux Questions juives de Vichy, relayé par Faurisson dans toute une campagne ;

[152] P. Vidal-Naquet, « Le Secret partagé », p. 80.

aujourd'hui l'extrême-droite, Roques et le rexiste belge Degrelle, tandis qu'aux U.S.A., dans un *Institute for Historical Review,* s'agite un essaim de « révisionnistes ». Ces messieurs doivent savoir qu'ils ont tué la poule aux œufs d'or et que leurs spéculations ont fait long feu : si les chambres à gaz n'ont pas existé, elles ne peuvent être la pièce maîtresse du génocide, de l'extermination des juifs à grande échelle, qui sont un fait historique que nul ne peut laisser contester.

Extrait du Courrier des lecteurs, « Sur Faurisson »,
*Article 31*, n° 26, janvier-février 1987, p. 22.

Cette publication paraît dix fois par an (BP 423, 75527 Paris cedex 11). Elle prône la répression contre ceux qui « ne respectent pas les termes » des trente articles de la Déclaration universelle des droits de l'homme. Elle suggère la création d'un « article 31 » qui permettrait cette répression.

Additif : Je rappelle ici que, dans une interview publiée par *VSD*, Serge Klarsfeld a reconnu que, jusqu'ici, on n'avait pas encore publié de vraies preuves de l'existence des chambres à gaz, mais seulement des « débuts de preuves ».[153] C'est dire en quelle estime il tient des ouvrages comme *Les chambres à gaz ont existé* ou *Chambres à gaz, secret d'État.* Si S. Klarsfeld a raison, il est du droit et même du devoir de chaque historien de douter de l'existence de ces chambres à gaz.

***

4 mars 1987

# L'HISTORIEN JUIF ANGLAIS MARTIN GILBERT EST UN FALSIFICATEUR

Martin Gilbert est le biographe officiel de Winston Churchill. Il a aussi écrit des ouvrages sur l'« Holocauste ». Il défend la thèse de la prétendue extermination des juifs, une extermination conduite en particulier par le moyen de prétendues chambres à gaz homicides ou de prétendus camions à gaz homicides. Pour défendre cette thèse absurde et populaire, il ne recule ni devant la falsification, ni devant la pure invention.

153 *VSD*, 29 mai 1986, p. 37.

**Un exemple de falsification :** ses manipulations du « document Gerstein » en 1979 et en 1986. L'ensemble des confessions du SS Kurt Gerstein, connues sous la dénomination de « document Gerstein », est totalement dénué de valeur scientifique ainsi que l'avait démontré Paul Rassinier dans les années soixante et ainsi que l'ont confirmé les études du Français Henri Roques et de l'Italien Carlo Mattogno. Mais Martin Gilbert, tout comme Léon Poliakov, a utilisé ces confessions à l'appui de sa thèse. Je vais montrer comment il l'a fait et, pour la clarté de la démonstration, je vais souligner tous les chiffres cités. Parlant de la prétendue chambre à gaz homicide de Belzec, Kurt Gerstein a écrit :

> « Die Menschen stehen einander auf den Füssen, 700-800 Menschen auf 25 Quadratmetern in 45 Kubikmetern […] 750 Menschen in 45 Kubikmetern. »[154]

Il est évident qu'on ne peut pas mettre sept à huit cents personnes debout sur une surface de vingt-cinq mètres carrés et dans un volume de quarante-cinq mètres cubes. Cela supposerait, en effet, qu'on puisse mettre vingt-huit à trente-deux personnes dans un mètre carré avec une hauteur d'un mètre quatre-vingts. Il est révélateur de l'état mental de Gerstein que celui-ci ait fait aux Alliés, dont il était le prisonnier, une pareille déclaration. Il a toujours maintenu ces chiffres et les a répétés avec insistance. Or, ces chiffres, Martin Gilbert les a complètement transformés pour rendre croyable le récit de Gerstein. Il les a même transformés d'une certaine façon en 1979 et d'une autre façon en 1986.

Voici comment il a cité Gerstein en 1979 :

> « The naked people stand on each other's feet. *About seven to eight hundred* people in an area of *about a hundred* square metres. »[155]

On remarque que Martin Gilbert, entre autres manipulations, a quadruplé la surface et supprimé la mention du cubage, a supprimé également le chiffre de 750 et a supprimé la répétition par Gerstein de la mention du cubage. S'il avait maintenu la mention, répétée, de 45 $m^3$, nous aurions eu une chambre à gaz d'environ 100 $m^2$ et de 45 $m^3$, c'est-

[154] Référence : p. 5 du document de Nuremberg PS-2170 ainsi que l'indique Martin Gilbert : « Les hommes et les femmes se tenaient les uns aux pieds des autres, 700-800 hommes et femmes sur 25 mètres carrés dans 45 mètres cubes […] 750 hommes et femmes dans 45 mètres cubes. »

[155] M. Gilbert, *Final Journey*, p. 91 : « Les gens nus se tenaient les uns aux pieds des autres. Environ *sept à huit cents* personnes sur une surface d'*environ cent* mètres carrés. »

à-dire que la pièce contenant environ sept à huit cents personnes debout aurait été d'une hauteur de… quarante-cinq centimètres !

Mais voici comment Martin Gilbert a cité Gerstein en 1986 :

> « Seven to eight hundred people in *ninety-three* square metres. »[156]

Cette fois-ci, le chiffre de vingt-cinq a été froidement remplacé par celui de quatre-vingt-treize qui, par sa précision, est bien fait pour donner l'impression de l'exactitude et de la rigueur. Une fois de plus, toutes les mentions du cubage ont disparu.

Il ne faudrait pas croire que Martin Gilbert a falsifié les écrits de Gerstein sur ce seul point. Il les a falsifiés sur une quantité d'autres points et, notamment, en coupant le texte de manière à dissimuler le plus possible les autres non-sens de Gerstein. C'est la méthode Poliakov.

**Un exemple de pure invention :** les juifs gazés à Belzec, Treblinka… En 1981, Martin Gilbert écrivait :

> « The deliberate attempt to destroy systematically all of Europe's Jews was unsuspected in the spring and early summer of 1942 : the very period during which it was at its most intense, and during which hundreds of thousands of Jews were being gassed every day at Belzec, Chelmno, Sobibor and Treblinka. »[157]

Mais ne regardons que les chiffres de Martin Gilbert. Admettons que des « centaines de milliers » représentent seulement « deux cent mille ». Cela ferait deux cent mille juifs gazés par jour, donc un million quatre cent mille par semaine. Si, pour le printemps et le début de l'été, on compte quatre mois, soit dix-sept semaines, cela fait 1.400.000 x 17 = 23.800.000 juifs gazés seulement dans quatre petits camps et seulement pour quatre mois.

---

156 « Sept à huit cents personnes dans *quatre-vingt-treize* mètres carrés. » *The Holocaust, the Jewish tragedy*, p. 427 ; à la page 864, Martin Gilbert indique comme source : « Kurt Gerstein, statement of 6 may 1945, Tubingen : International Military Tribunal, Nuremberg, document PS-2170. »

157 M. Gilbert, *Auschwitz and the Allies*, p. 26 : « La tentative délibérée d'anéantir systématiquement tous les juifs d'Europe resta insoupçonnée au printemps et au début de l'été 1942 : période précisément durant laquelle elle fut à son point culminant avec des centaines de milliers de juifs gazés tous les jours à Belzec, Chelmno, Sobibor et Treblinka. »

Il y aurait de nombreux commentaires à faire sur Martin Gilbert, sur son ignorance en matière d'histoire, sur sa malhonnêteté et, enfin, sur son productivisme : il écrit beaucoup et n'importe quoi.

Le 3 décembre 1986, je lui ai écrit pour lui demander des explications sur sa manière de reproduire les écrits de Gerstein. Il n'a pas répondu.

Je lui envoie le présent texte.

***

Printemps 1987

# COMMENT LES BRITANNIQUES ONT OBTENU LES AVEUX DE RUDOLF HÖSS, COMMANDANT D'AUSCHWITZ

Rudolf Höss fut le premier des trois commandants successifs du camp de concentration d'Auschwitz. Il est souvent appelé « *le* commandant d'Auschwitz » et le grand public connaît de lui des écrits qui ont été publiés sous le titre : *Le Commandant d'Auschwitz parle.* Il a comparu devant le TMI (Tribunal militaire international) en qualité de témoin, le 15 avril 1946. Sa déposition fit sensation. À la stupéfaction des accusés et en présence de la presse du monde entier, il confessa les crimes les plus affreux que l'Histoire eût jamais connus. Il disait avoir personnellement reçu l'ordre de Himmler d'exterminer les juifs. Il estimait qu'à Auschwitz on avait exterminé trois millions d'hommes dont deux millions et demi par le moyen de chambres à gaz homicides. Ces aveux étaient faux. Ils lui avaient été extorqués par la torture. Il a fallu attendre 1983 pour connaître l'identité des tortionnaires et la nature des tortures.

Le cœur même des aveux de R. Höss est constitué par quatre pièces qui, dans l'ordre chronologique, sont les suivantes :

1. Une déposition écrite signée le 14 mars (ou le 15 mars ?) 1946 à 2 h 30 du matin ; il s'agit d'un texte dactylographié de huit pages, rédigées en allemand ; je ne pense pas qu'en temps ordinaire une seule instance judiciaire des pays démocratiques accepterait de prendre en considération ces pages dépourvues de tout en-tête et de toute référence administrative imprimée et fourmillant de corrections diverses, soit dactylographiées, soit manuscrites, sans l'accompagnement du moindre paraphe et sans aucun rappel, à la fin, du nombre de mots corrigés ou supprimés. Höss a signé une première fois après avoir écrit : « 14.3.46 2 h 30 ». Il a procédé

de même après deux lignes qui auraient dû être manuscrites mais qui sont dactylographiées et qui disent :

> « J'ai lu le texte ci-dessus ; je confirme qu'il correspond à mes propres déclarations et que c'est la pure vérité. »

Suivent les noms et les signatures de deux témoins : deux sergents britanniques ; l'un n'a pas mentionné la date tandis que l'autre indique celle du 15 mars. Vient enfin la signature d'un capitaine de la 92e section de la sécurité militaire en campagne qui certifie que les deux sergents ont été présents durant toute la procédure où le prisonnier Rudolf Höss a fait volontairement sa déposition. La date est celle du 14 mars 1946. Rien n'indique le lieu !

La cote que les Alliés ont attribuée à ce document est NO-1210.

2. Une déclaration sous serment (en anglais : *affidavit*) signée le 5 avril 1946, soit vingt-deux jours plus tard. Il s'agit d'un texte dactylographié de deux pages et demie rédigées en anglais. Ce dernier point est surprenant. Höss a donc signé là une déclaration sous serment, non pas dans sa langue mais dans celle de ses gardiens. Sa signature apparaît à trois reprises : d'abord en bas des deux premières pages, puis, à la troisième et dernière page après un texte de quatre lignes, toujours en anglais, toujours dactylographiées et qui disent :

> « Je comprends l'anglais, langue dans laquelle est rédigé le texte ci-dessus. J'ai déposé selon la vérité ; j'ai fait cette déclaration volontairement et sans contrainte ; après avoir relu ma déposition, je l'ai signée et certifiée, à Nuremberg, Allemagne, le 5e jour d'avril. »

Suit la signature du lieutenant-colonel Smith W. Broockhart après la formule :

> « Après avoir prêté serment et signé en ma présence, le 5e jour d'avril 1946, à Nuremberg, Allemagne. »

Par la forme, ce texte est, s'il se peut, encore moins acceptable que le précédent. En particulier, des lignes entières sont ajoutées en capitales manuscrites à la manière anglaise tandis que d'autres sont biffées d'un trait de plume. Il n'y a aucun paraphe en marge de ces corrections, aucun rappel, en fin de document, du nombre de mots rayés nuls.

La cote que les Alliés ont attribuée à ce document est PS-3868.

Pour dissimuler le fait que Höss avait signé une déposition sous serment qui était en anglais alors qu'elle aurait dû être dans sa propre langue, c'est-à-dire en allemand, et pour faire disparaître les ratures, les ajouts et les corrections, voici la supercherie qui fut utilisée à Nuremberg : on retapa le texte au propre et on le présenta comme une *translation*, sous-entendu de l'allemand en anglais ! Mais le tricheur alla trop vite en besogne. Il crut qu'un ajout manuscrit au paragraphe 10 (dû à une main anglaise) était un ajout à la fin du paragraphe 9. Le résultat de cette méprise est que la fin du paragraphe 9 est rendue totalement incompréhensible.

Il existe donc deux documents différents sous la même cote PS-3868 : la pièce signée par Höss et le *remake*. C'est le *remake*, autrement dit le faux grossier, qui fut utilisé devant le tribunal de Nuremberg. Un ouvrage historique qui prétend reproduire la déclaration PS-3868 de Höss reproduira en fait le *remake* mais en supprimant sans le dire la fin du paragraphe 9 ainsi que le paragraphe 10 tout entier.[158]

3. La déposition orale, si spectaculaire, que j'ai déjà mentionnée et qui fut faite devant le TMI le 15 avril 1946, soit dix jours après la rédaction du document PS-3868. Paradoxalement, c'est un avocat de la défense qui a demandé la comparution de R. Höss : Kurt Kauffmann, défenseur d'Ernst Kaltenbrunner, dans l'intention manifeste de montrer que le responsable de l'extermination présumée était Himmler et non Kaltenbrunner. Quand vint le tour pour le représentant du ministère public (en la circonstance, le procureur adjoint américain, le colonel Harlan Amen) d'interroger Höss, il fit semblant de lire la déposition signée par ce dernier et, en réalité, il lut des extraits du *remake*. Harlan Amen donna un prétexte pour ne pas lire le paragraphe 9 (et, du même coup, le paragraphe 8). S'interrompant après la lecture de chaque fragment, il demanda à Höss si c'était bien là ce qu'il avait déclaré. Il reçut en tout et pour tout les réponses suivantes :

> « "Jawohl", "Jawohl", "Jawohl", "Ja, es stimmt", une réponse de deux lignes (contenant une énormité, à savoir que les juifs hongrois auraient été tués à Auschwitz à partir de 1943 alors que le premier convoi de ces juifs n'est arrivé à Auschwitz que le 2 mai 1944), "Jawohl", "Jawohl", "Jawohl", une réponse d'une ligne, "Jawohl", "Jawohl". »[159]

---

[158] Voyez H. Monneray, *La Persécution des Juifs dans les pays de l'Est présentée à Nuremberg*, p. 159-162.
[159] *IMG*, XI, p. 457-461.

Il y aurait eu normalement cent questions à poser sur cette extermination et ces chambres à gaz, c'est-à-dire sur un crime et sur un instrument du crime sans précédent dans l'Histoire, mais personne ne posa ces questions. En particulier, le colonel Amen ne sollicita aucune précision ni aucun complément sur le texte véritablement effrayant dont il donnait lecture ce jour-là en présence de journalistes qui, le lendemain, allaient en faire les grands titres de leurs journaux.

4. Les textes rassemblés généralement sous le titre *Le Commandant d'Auschwitz parle.*

Höss aurait rédigé ces textes au crayon sous la surveillance de ses geôliers polono-communistes, dans sa prison de Cracovie, en attente de son procès. Il fut condamné à mort le 2 avril 1947 et pendu quatorze jours plus tard dans le camp d'Auschwitz. Il fallut attendre 1958, soit onze ans, pour voir publier en allemand ce qu'on peut appeler ses mémoires. La publication en fut faite par l'historien allemand Martin Broszat sans respect pour les méthodes de routine des publications scientifiques. Broszat alla jusqu'à supprimer des fragments qui auraient fait trop clairement apparaître que R. Höss ou ses maîtres polonais avaient proféré des énormités, ce qui était dommageable pour la véracité de l'ensemble de ses récits.

Les quatre pièces que je viens d'énumérer ont un étroit rapport de filiation. À y regarder de près, les contradictions ne manquent pas dans leurs contenus respectifs, mais, pour l'essentiel, elles se confirment. Les huit pages de NO1210 sont en quelque sorte résumées dans les deux pages et quart de PS3868 ; ce dernier a servi de pièce centrale dans la déposition orale devant le TMI ; enfin, les mémoires rédigés à Cracovie couronnent le tout. La base et la matrice sont donc le document NO-1210. Je vais en reparler.

## *Révélations de Höss en Pologne, sur sa première confession (doc. NO-1210 du 14 ou 15 mars 1946)*

La guerre avait pris fin en Allemagne le 8 mai 1945. Höss tomba aux mains des Britanniques qui l'enfermèrent dans un camp pour SS. En sa qualité d'agriculteur professionnel, il obtint une libération anticipée. Ses gardiens ignoraient alors l'importance de leur proie. Il fut placé par un bureau de travail comme ouvrier agricole dans une ferme près de Flensburg, non loin de la frontière du Danemark. Il y resta huit mois. La police militaire le recherchait. Sa famille, avec laquelle il avait réussi à maintenir le contact, était strictement surveillée et soumise à des perquisitions fréquentes. Il raconte dans ses mémoires les circonstances de son arrestation et ce qui s'ensuivit. Le traitement qu'il subit fut particulièrement brutal. À première vue on s'étonne que les Polonais aient permis à Höss de faire ces révélations sur la police militaire britannique. À la réflexion, on découvre qu'ils ont pu être guidés par un ou plusieurs des motifs suivants :

- le désir de donner à cette confession une apparence de sincérité et de véracité ;
- l'intention de susciter chez le lecteur une comparaison, flatteuse pour les communistes polonais, entre les méthodes britanniques et les méthodes polonaises ; Höss dira, en effet, plus loin que, dans la première partie de sa détention à Cracovie, on faillit l'« achever » physiquement et surtout moralement mais que, par la suite, on le traita « avec tant de compréhension, tant d'humanité » qu'il consentit à écrire ses mémoires ;
- la nécessité de fournir une explication à certaines absurdités contenues dans le texte (NO-1210) que les policiers britanniques avaient fait signer à R. Höss, l'une de ces absurdités consistant à inventer l'existence d'un « camp d'extermination » en un lieu qui n'a jamais existé sur aucune carte de Pologne : « Wolzek près de Lublin » ; la confusion avec Belzec n'est pas à envisager puisque, aussi bien, Höss parle de trois camps : « Belzek (sic) », « Tublinka (sic) » et « Wolzek près de Lublin ». Plus loin, Treblinka sera correctement orthographié. Notons en passant que les camps de Belzec et de Treblinka n'existaient pas encore à l'époque (juin 1941) où Himmler, selon Höss, lui aurait dit qu'ils fonctionnaient déjà comme « camps d'extermination ».

Voici en quels termes Höss raconte successivement son arrestation par les Britanniques, sa signature du document qui deviendra le NO-1210, son transfert à Minden-sur-la-Weser où le traitement qu'il subit fut encore pire, son séjour à la prison du Tribunal de Nuremberg et, enfin, son extradition vers la Pologne.

> « Le 11 mars 1946, à vingt-trois heures, on vint m'arrêter.
>
> Deux jours avant cette date, ma fiole de poison s'était brisée.
>
> Réveillé en sursaut, je pensai être attaqué par des cambrioleurs qui étaient alors très nombreux dans la région : on n'eut donc aucune peine à m'arrêter. Le traitement que je subis de la part de la Field Security Police ne fut pas particulièrement clément.
>
> On m'emmena à Heide et je me retrouvai par hasard dans la caserne même d'où les Anglais m'avaient libéré huit mois plus tôt.
>
> Mon premier interrogatoire fut « **frappant** » au sens exact du terme. **J'ai signé le procès-verbal, mais je ne sais pas ce qu'il**

**contenait : l'alternance de l'alcool et du fouet était trop sensible, même pour moi.** Le fouet était ma propriété personnelle : il se trouvait par hasard dans les bagages de ma femme. Je ne crois pas que j'en aie frappé mon cheval et certainement pas les détenus. Mais l'homme qui m'interrogeait pensait probablement que je m'en servais pour battre des prisonniers à longueur de journée.

Au bout de quelques jours, je fus conduit à Minden-sur-la-Weser, centre des interrogatoires de la zone anglaise. Là, j'ai subi **un traitement encore plus brutal de la part du procureur militaire, un commandant anglais.** Le régime de la prison où je me vis enfermé correspondait à son attitude.

**Au bout de trois semaines,** je fus brusquement conduit chez le coiffeur qui me rasa la barbe et me coupa les cheveux ; **on m'autorisa aussi à me laver. Depuis mon arrestation, c'était la première fois qu'on m'enlevait mes menottes.**

Le lendemain, on me transporta en voiture spéciale à Nuremberg, en compagnie d'un prisonnier de guerre qu'on avait amené de Londres comme témoin à décharge pour Fritzsche.[160] Après mes expériences précédentes, mon séjour dans la maison d'arrêt me fit l'effet d'une cure en sana. Je me trouvais dans le même pavillon que les principaux accusés et je pouvais les voir constamment lorsqu'on les conduisait au tribunal. Des représentants de tous les pays alliés venaient presque tous les jours faire un tour dans notre prison : chaque fois on me montrait comme une "bête féroce" particulièrement curieuse.

On m'avait fait venir à Nuremberg comme témoin à décharge de Kaltenbrunner, sur demande de son défenseur. Jusqu'à ce jour, je ne suis pas parvenu à comprendre pourquoi c'était moi entre tous qu'on avait choisi pour ce rôle.

Les conditions de mon séjour étaient excellentes sous tous les rapports ; nous disposions d'une grande bibliothèque et je pouvais employer tout mon temps à lire. **Mais les interrogatoires étaient vraiment très pénibles : on ne m'infligeait pas de sévices, mais la pression morale était très dure à sup porter.** Je ne puis en vouloir à mes juges : ils étaient tous juifs.

Ce sont ces juifs désireux de tout savoir qui m'ont psychologiquement disséqué. Ils ne laissaient subsister aucun doute sur le sort qui nous attendait.

---

160 Hans Fritzsche, chargé de la radio et de la presse au ministère de l'Éducation et de la Propagande depuis 1938, acquitté à Nuremberg.

Le 25 mai, anniversaire de mon mariage, je fus conduit avec Bihler [*sic* pour Bühler] et von Burgsdorf à l'aérodrome où l'on me remit à des officiers polonais. Un avion US nous transporta par Berlin à Varsovie. »[161]

## *Révélations, en 1983, sur les tortionnaires britanniques de R. Höss*

Les révisionnistes ont, depuis longtemps, prouvé que les diverses confessions de R. Höss présentaient tant d'erreurs grossières, de non-sens et d'impossibilités de toute nature qu'il n'était plus possible de leur accorder le crédit que les juges de Nuremberg et ceux de Cracovie, ainsi que des historiens de rencontre, leur avaient accordé sans analyse préalable de leur contenu et des circonstances dans lesquelles ces confessions avaient été obtenues.

Selon toute vraisemblance, Höss avait été torturé par des Britanniques de la 92nd Field Security Section. Mais il fallait une confirmation à cette hypothèse. La confirmation allait venir avec la publication d'un livre anglais contenant le nom du principal tortionnaire (un sergent britannique d'origine juive) et décrivant les circonstances de l'arrestation de R. Höss ainsi que de son interrogatoire au troisième degré.

Le livre est de Rupert Butler. Il a été publié en 1983 (Hamlyn Paperbacks).

R. Butler est l'auteur de trois autres ouvrages : *The Black Angels, Hand of Steel* et *Gestapo*, publiés chez le même éditeur. Celui qui nous intéresse s'intitule : *Legions of Death.* Son inspiration est antinazie. R. Butler dit que, pour ce livre, il a fait des recherches auprès de l'*Imperial War Museum* de Londres, de l'*Institute of Contemporary History* (Wiener Library) et d'autres institutions aussi prestigieuses. Au début de son livre, il exprime sa gratitude à ces institutions et, par ailleurs, à deux personnes dont l'une est un « juif » du nom de Bernard Clarke « qui captura Rudolf Höss, le commandant d'Auschwitz » et dont il cite quelques fragments d'écrits ou bien de propos enregistrés.

Bernard Clarke n'éprouve aucun remords mais, au contraire, une certaine fierté d'avoir torturé un « nazi ». Rupert Butler, lui non plus, n'y voit aucun mal. Ni l'un ni l'autre ne mesurent l'importance de leur révélation. Ils disent que R. Höss a été arrêté le 11 mars 1946 et qu'il a fallu trois jours de torture pour obtenir « une déclaration cohérente ». Ils ne se rendent pas compte que cette prétendue « déclaration cohérente » n'est autre que la confession, véritablement folle, qui a été signée par leur

[161] R. Höss, *Le Commandant d'Auschwitz parle*, p. 248-250.

victime pantelante le 14 ou le 15 mars 1946 à 2 h 30 du matin et qui allait définitivement sceller le sort de R. Höss et marquer à jamais l'histoire du mythe d'Auschwitz, prétendu haut lieu de l'extermination des juifs, en particulier grâce à l'emploi de prétendues chambres à gaz homicides.

Le 11 mars 1946, B. Clarke et cinq autres spécialistes du renseignement, en uniforme britannique, de haute taille pour la plupart et l'air menaçant, pénètrent au domicile de Mme Höss et de ses enfants. Les six hommes, nous dit-on, sont tous « entraînés aux techniques les plus sophistiquées des interrogatoires soutenus et sans merci ». Clarke se met à crier :

> « Si vous ne nous dites pas où est [votre mari], nous vous livrerons aux Russes qui vous flanqueront devant un poteau d'exécution et votre fils ira en Sibérie. »[162]

Mme Höss craque et révèle, dit Clarke, l'emplacement de la ferme où se cache son mari. Elle révèle aussi son faux nom : Franz Lang. Et B. Clarke d'ajouter :

> « Une intimidation appropriée exercée sur le fils et la fille produisit des informations identiques. »

Le sergent juif et les cinq autres spécialistes de l'interrogatoire au troisième degré partent alors à la recherche de R. Höss qu'ils surprennent en pleine nuit, couché dans un recoin de la salle servant d'abattoir à la ferme.

> « Höss poussa un cri à la simple vue des uniformes britanniques. Clarke hurla : "Ton nom ?"
>
> À chaque fois que la réponse était "Franz Lang", Clarke écrasait de son poing la face du prisonnier. Au quatrième coup Höss craqua et reconnut qui il était.
>
> Soudain cet aveu déchaîna l'écœurement des sergents juifs venus l'arrêter, dont les parents étaient morts à Auschwitz en vertu d'un ordre signé de Höss. Tout là-haut le prisonnier fut arraché de sa couchette et on lui arracha son pyjama. Il fut ensuite traîné nu vers l'une des tables d'abattage et là Clarke crut que coups et cris n'auraient pas de fin.
>
> En fin de compte, l'officier de santé intervint avec insistance auprès du capitaine : "Dites-leur d'arrêter ou c'est un cadavre que

[162] R. Butler, *Legions of Death*, p. 235.

> vous ramènerez”. On jeta sur Höss une couverture et il fut traîné vers la voiture de Clarke où ce dernier lui déversa dans la gorge une bonne rasade de whisky. Höss essayant alors de s’endormir, Clarke lui plongea son stick de commandement sous les paupières et lui ordonna en allemand : « Tiens ouverts tes yeux de cochon, espèce de porc ! »
>
> Alors, pour la première fois, Höss débita une justification qu’il allait si souvent répéter : « Je recevais mes ordres de Himmler. Je suis un soldat comme vous. Il fallait obéir aux ordres ».
>
> L’équipe fut de retour à Heide vers trois heures du matin. La neige continuait de tourbillonner mais on arracha à Höss sa couverture et il lui fallut traverser complètement nu la cour de la prison jusqu’à sa cellule. »

C’est ainsi que Bernard Clarke révèle :

> « Il y fallut trois jours pour obtenir [de Höss] une déclaration cohérente. »

C’est cette déclaration, obtenue dans les conditions que l’on voit par des brutes de la Sécurité militaire britannique et sous l’inspiration du cerveau malade du sergent interprète Bernard Clarke, qui deviendra la première confession de Höss, la confession primordiale répertoriée sous la cote NO1210. Une fois que le prisonnier torturé eut commencé de parler, Clarke dit qu’il fut impossible de l’arrêter. Et Clarke, pas plus conscient en 1982 ou 1983 qu’en ces jours de 1946 de l’énormité de ce qu’il forçait Höss à confesser, rapporte alors une série d’horreurs fictives présentées ici comme réelles : Höss se mit en effet à raconter comment, ayant mis le feu aux monceaux de cadavres, on recueillait *(sic)* la graisse qui en coulait pour la reverser sur les cadavres (!). Il évaluait à deux millions le nombre des morts du seul temps où il avait été à Auschwitz (!) ; les tueries atteignaient parfois le nombre de dix mille victimes par jour (!).

Clarke était chargé de la censure des lettres adressées par Höss à sa femme et à ses enfants. Toutes les polices du monde savent que cette autorisation d’écrire à la famille constitue une arme psychologique. Pour faire chanter le prisonnier il suffit parfois de suspendre ou de supprimer cette autorisation. Clarke fait une intéressante remarque sur le contenu des lettres de Höss ; il nous confie :

> « Parfois le morceau était dur à avaler. Il y avait deux hommes dans cet homme. L'un était brutal et sans égard pour la vie humaine. L'autre était tendre et affectueux. »[163]

Rupert Butler termine son récit en disant que Höss ne chercha plus à nier ou à échapper à ses responsabilités. Il est de fait qu'au procès de Nuremberg Höss se conduisit avec une « apathie schizoïde ». L'expression est du juif américain G. M. Gilbert, le psychologue de la prison chargé de la surveillance psychologique des prisonniers, en relation avec le ministère public américain. On veut bien croire que R. Höss était « scindé en deux » ! Il avait l'air d'une loque parce qu'on en avait fait une loque. « Apathetic », dit Gilbert à la page 229 de son livre *Nuremberg Diary ;* « apathetic », répète-t-il à la page suivante ; « schizoid apathy », écrit-il à la page 239.

À la fin de son propre procès, à Cracovie, Höss accueillit la sentence de mort avec une indifférence apparente. Rupert Butler observe à ce propos :

> « [Höss] s'était fait la remarque que les Alliés avaient reçu des ordres et qu'il n'était absolument pas question que ces ordres ne fussent pas exécutés. »[164]

On ne saurait mieux dire. R. Höss, à l'instar de milliers d'accusés allemands rendus à la merci de vainqueurs totalement convaincus de leur bon droit, avait vite compris qu'il n'avait pas d'autre choix que d'en passer par la volonté de ces justiciers de l'Ouest ou de l'Est.

R. Butler évoque ensuite rapidement le cas de Hans Frank, l'ancien gouverneur de Pologne. Sur le même ton de satisfaction morale, il raconte les circonstances de la capture et le traitement subi :

> « La célébrité du personnage ne fut d'aucun effet sur les deux GI de couleur qui l'arrêtèrent et firent le nécessaire pour qu'il fût transporté à la prison municipale de Miesbach seulement après avoir été sauvagement battu puis flanqué dans un camion. On lui avait jeté dessus une toile goudronnée pour cacher les traces les plus marquantes du traitement qu'il avait subi ; Frank profita de cette couverture pour s'entailler l'artère du bras gauche. Il n'était évidemment pas question de le laisser s'en tirer si facilement : un officier de santé de l'armée américaine lui sauva la vie et Frank put

---

[163] *Id.*, p. 238.
[164] *Id.*, p. 238.

> comparaître devant le Tribunal militaire international de Nuremberg. »[165]

Hans Frank, on le sait, fut pendu.

Rudolf Höss et Hans Frank ne furent pas les seuls à subir des traitements de ce genre. Parmi les cas les plus célèbres on connaît ceux de Julius Streicher, de Hans Fritzsche, de Franz Ziereis, de Josef Kramer, d'Oswald Pohl…

Mais le cas de Höss est, de loin, le plus grave par ses conséquences. Aucun document ne prouve, de la part des Allemands, une politique d'extermination des juifs. Léon Poliakov en convenait dès 1951 :

> « En ce qui concerne la conception proprement dite du plan d'une extermination totale, les trois ou quatre principaux acteurs se sont suicidés en mai 1945. Aucun document n'est resté, n'a peut-être jamais existé. »[166]

En l'absence de tout document, les historiens à la Poliakov se sont rabattus principalement sur des confessions douteuses comme celles de Kurt Gerstein ou de Rudolf Höss, non sans modifier les textes à leur convenance.

Bernard Clarke est « aujourd'hui un businessman prospère établi dans le sud de l'Angleterre ». On peut bien dire que c'est sa voix, et son esprit malade, qui se sont fait entendre à Nuremberg, le 15 avril 1946, quand le procureur Amen donnait lecture, fragment par fragment, à un auditoire stupéfait et bouleversé, de la prétendue confession de R. Höss. Ce jour-là prenait véritablement son envol un mensonge aux dimensions planétaires : le mensonge d'Auschwitz. À l'origine de cette prodigieuse affaire médiatique : quelques sergents juifs de la Sécurité militaire britannique, parmi lesquels B. Clarke, aujourd'hui « businessman prospère établi dans le sud de l'Angleterre ».[167]

## *Le témoignage de Moritz von Schirmeister*

Moritz von Schirmeister avait été, pendant la guerre, le conseiller de presse personnel de Joseph Goebbels. Le 29 juin 1946, il fut interrogé devant le TMI en tant que témoin à décharge de Hans Fritzsche. Sa déposition fut particulièrement intéressante en ce qui concernait la

[165] *Id.*, p. 238-239.
[166] L. Poliakov, *Bréviaire de la haine…*, p. 171.
[167] R. Butler, *Legions of Death,* 1983, p. 235.

personnalité véritable du Dr Goebbels et l'attitude des services officiels allemands face au flot de récits d'atrocités déversés pendant la guerre par les Alliés sur le compte des camps de concentration. À la fin de la guerre, Moritz von Schirmeister avait été arrêté par les Britanniques et interné en Angleterre dans un camp où il avait été chargé de la « rééducation » politique de ses camarades prisonniers. Pour venir témoigner à Nuremberg, il fut d'abord transféré en avion de Londres en Allemagne. Il fut gardé à Minden-sur-la-Weser qui était le centre principal des interrogatoires de la police militaire britannique. De là il fut conduit en voiture (31 mars-1er avril 1946) à la prison de Nuremberg. Dans la même voiture se trouvait R. Höss. Moritz von Schirmeister est précisément ce « prisonnier de guerre qu'on avait amené de Londres comme témoin à décharge pour Fritzsche » dont parle Höss dans ses « mémoires » (voy. ci-dessus). Grâce à un document que je dois à l'obligeance de l'Américain Mark Weber qui m'en a remis copie en septembre 1983 à Washington, document dont je ne suis pas encore autorisé à indiquer la source exacte, nous savons que les deux Allemands ont pu librement converser dans la voiture qui les menait à Nuremberg. Dans ce document d'un peu plus de deux pages, Moritz von Schirmeister rapporte qu'à propos des charges qui pesaient sur lui, R. Höss lui confia :

> « Gewiß, ich habe unterschrieben, daß ich 2 1/2 Millionen Juden umgebracht habe. Aber ich hatte genausogut unterschrieben, daß es 5 Millionen Juden gewesen sind. Es gibt eben Methoden, mit denen man jedes Geständnis erreichen kann — ob es nun wahr ist oder nicht. »[168]

## *Un autre aveu signé de R. Höss*

Les tortionnaires britanniques de R. Höss n'avaient aucune raison de se gêner. Après lui avoir fait signer le document NO-1210 à 2 h 30 du matin le 14 ou le 15 mars 1946, ils obtinrent de lui une nouvelle signature le 16 mars, cette fois-ci au bas d'un texte en anglais, rédigé de la main d'un Anglais, avec un blanc à la place de l'endroit où aurait dû figurer le nom du lieu. Il fallait tout le cynisme, l'inconscience et la naïve rouerie de ses gardiens pour lui faire signer un simple billet où se lisait en anglais :

---

[168] « Assurément, j'ai signé que j'avais tué deux millions et demi de juifs. Mais j'aurais tout aussi bien signé qu'il y en avait eu cinq millions. Il y a précisément des méthodes pour obtenir n'importe quel aveu – que ce soit vrai ou non. »

Déclaration faite volontairement à la prison de [passage en blanc] par Rudolf Höss ancien commandant du camp de concentration d'Auschwitz le 16e jour de mars 1946.

J'ai personnellement organisé sur ordres reçus de Himmler en mai 1941 le gazage de deux millions de personnes entre juin-juillet 1941 et la fin de 1943, temps durant lequel j'ai été le commandant d'Auschwitz.

Signé : Rudolf Höss SS-Stubfhr.
Ancien Kdt. d'Auschwitz-Birkenau

Même le mot *signed* (« signé ») était d'une main anglaise.

## – *Conclusion* –

Le « témoignage » de Rudolf Höss était d'une importance primordiale pour les historiens défendant la thèse de l'extermination des juifs et de l'existence, à Auschwitz, de chambres à gaz homicides. Avec la publication de *Legions of Death* par Rupert Butler, ce « témoignage » s'effondre définitivement. Ainsi que le disaient les historiens révisionnistes, Rudolf Höss a rendu ce témoignage sous la torture. L'ironie veut que cette confirmation de la thèse révisionniste ait été involontairement apportée par un historien exterminationniste. Ce dernier ne soupçonnait certainement pas l'importance de sa découverte, que vient de corroborer en octobre 1986 une émission télévisée britannique : *Secret Hunters.* (Voyez Mike Mason, *In a cell with a Nazi war criminal – We kept him awake until he confessed* (« En cellule avec un criminel de guerre nazi – Nous l'avons tenu éveillé jusqu'à ce qu'il avoue »), *Wrexham Leader*, 17 octobre 1986.)

[Publié dans les *AHR*, n° 1, printemps 1987, p. 137-152.]

***

Février 1987

# LE SAVON JUIF

En 1942, le rabbin Stephen Samuel Wise, président du *World Jewish Congress* (Congrès juif mondial, ou Parlement juif mondial) déclara que les Allemands fabriquaient en quantités industrielles du savon à partir de cadavres de juifs[169]. Sa source pourrait avoir été Gerhard Riegner, représentant en Suisse du *World Jewish Congress* et de la *Jewish Agency*. Ce dernier se faisait, d'une façon générale, l'écho des informations ou rumeurs circulant dans les milieux juifs d'Europe centrale. Il a joué un rôle capital dans la transmission des informations ou rumeurs concernant l'extermination des juifs et l'emploi à cet effet de chambres à gaz homicides. Pendant toute la durée de la guerre, la Suisse et la Suède ont servi de tremplins aux informations et rumeurs en direction de Londres et de Washington.[170]

En 1945-1946, au procès des « grands criminels de guerre allemands » conduit à Nuremberg par le Tribunal militaire international (TMI), il a été question de savon fabriqué à partir de cadavres. Le 16 février 1946, l'avocat général soviétique L. N. Smirnov a présenté au tribunal la déposition sous serment d'un certain Sigmund Mazur, préparateur à l'Institut anatomique de Danzig, selon lequel on aurait, dans ledit institut, fabriqué du savon à partir de la graisse humaine ; la formule était même donnée. Smirnov faisait état également de déclarations sous la foi du serment de deux prisonniers de guerre britanniques et, en particulier, du soldat John Henry Witton, du régiment Royal Sussex. L'autre déclaration émanait du caporal William Anderson Neely, du Royal Signals. Ces documents avaient été transmis à Smirnov par le ministère public britannique.[171] À la page 601, Smirnov déclare :

> « Je dépose maintenant quelques fragments du savon en question, soit mi-fini, soit terminé : voici un petit morceau de savon qui est resté emmagasiné plusieurs mois, il rappelle le savon de ménage le plus ordinaire. »

Il est cependant à noter qu'il n'y a pas eu d'expertise chimique et que les auteurs des déclarations sous serment n'ont pas été convoqués ni interrogés puis contre-interrogés.

Le 27 juillet 1946, l'avocat général britannique Hartley Shawcross déclara dans son réquisitoire final à propos des Allemands :

169 Voyez *Paris-Soir,* 1er janvier 1943, p. 3.
170 Voyez W. Laqueur, *The Terrible Secret.*
171 Voyez *TMI*, VII, p. 597-601, pour les débats et *TMI*, XXXIX, p. 463-464, pour le document Mazur URSS-196. Les autres documents à consulter sont URSS-197, URSS-264, URSS-272.

> « A l'occasion, les corps de leurs victimes furent employés à pallier le manque de savon dû à la guerre (document URSS-272). »[172]

Le 1er octobre 1946, dans le jugement clôturant le procès, le tribunal dit que les Allemands avaient fait « des essais en vue de se servir de la graisse des victimes pour la production industrielle de savon ».[173]

Les juges du tribunal de Nuremberg ont donc tenu pour acquis que les Allemands avaient fabriqué ou tenté de fabriquer du savon à partir de graisse humaine.

Pendant la guerre, en 1943, des représentants du comité juif antifasciste, fondé en 1942 à Moscou, firent une tournée aux États-Unis en vue d'y récolter des fonds pour l'URSS. De grands meetings eurent lieu dans de nombreuses villes américaines. À chacun de ces meetings, l'acteur Salomon Mikhoëls « montrait au public une savonnette faite avec de la chair humaine juive et ramenée d'un camp de concentration ».[174]

Après la guerre, des morceaux de « savon juif » furent enterrés dans des cimetières juifs d'Europe ou d'Israël ou montrés dans des expositions : à Polticeni (Roumanie), au cimetière de Haïfa, à l'Institut historique de Varsovie, à la « Kaznelson House » du kibboutz des combattants du ghetto en Israël, à l'Institut Yivo de New York, à la cave de l'horreur (*Keller des Grauens*) au Mont-Sion. Voyez, pour Haïfa, un article de Pierre (Weil) Joffroy dans *Paris-Match*[175], et, pour le reste, les sources citées par Ditlieb Felderer.[176] Une pierre tombale porte l'inscription suivante en hébreu et en anglais :

> « Ci-gisent des morceaux de savon faits de la chair et du sang de nos frères que les barbares nazis ont inhumainement torturés à mort dans les années 1939-1945. »[177]

Simon Wiesenthal a raconté en détail l'histoire des morceaux de savon enterrés au cimetière de Polticeni. Il dit qu'avaient été recueillis tous les savons portant l'inscription « RIF », entendue comme étant le sigle de *Rein Jüdisches Fett*, soit : pur savon juif.[178]

---

[172] *TMI*, XIX, p. 530.
[173] *TMI*, I, p. 265-266.
[174] Voyez G. Israël, *Jid, les Juifs en URSS*, p. 203.
[175] *Paris-Match*, 3 novembre 1956, p. 93.
[176] D. Felderer, *Bible Researcher*, p. 1.
[177] *White Power*, nov.-déc. 1980, p. 11.
[178] Voy. S. Wiesenthal, « RIF » p. 4-5.

Du savon juif aurait été enterré dans le cimetière de la ville de Sighet, patrie d'Élie Wiesel.[179]

L'*Encyclopedia Judaica* présente à l'article « Poland » une photo dont la légende dit en anglais : « Une usine de savon allemande près de Danzig ».[180]

Le 11 avril 1983, à la cérémonie d'ouverture du rassemblement américain des survivants juifs de l'Holocauste (*American Gathering of Jewish Holocaust Survivors*), le rabbin Arthur Schneier, de New York, déclara :

> « Nous avons en mémoire les pains de savon marqués des initiales RJF – Rein Jüdisches Fett – faits des cadavres de nos bien-aimés. »

Ludo Van Eck reproduit une photo portant pour légende : « Vue extérieure de la savonnerie » et un récit « basé sur le témoignage de Zofia Nalkowska » dans lequel il est dit comment le professeur allemand Spanner fabriquait le savon auquel il donnait le nom de « Koïtek, nom de la fille avec laquelle il couchait ».[181]

Le 24 février 1986, en réponse à la lettre d'un particulier, la Fondation Auschwitz (Rue des Tanneurs 65, B-1000 Bruxelles), sous la signature de Yannis Thanassekos, répondait « évidemment par l'affirmative » : le savon humain était une réalité, d'ailleurs établie au procès de Nuremberg.

Raul Hilberg est le plus important des historiens juifs de l'Holocauste. Il ne croit pas à la réalité du savon juif. Pour lui, il s'agit d'une rumeur. Il dit que le document sur lequel Smirnov, puis Shawcross et enfin les juges du Tribunal militaire international de Nuremberg ont fondé leur accusation ne spécifiait nullement qu'il s'agissait de graisse *humaine*. Il dit aussi que la *rumeur du savon* est allée jusqu'à trouver la caution du juge SS Konrad Morgen qui, devant un tribunal américain, a prétendu que Dirlewanger avait fait tuer de jeunes juives par piqûres de strychnine, découper leurs corps en petits morceaux, mélanger ceux-ci avec de la viande de cheval et fait bouillir le tout pour en obtenir du savon. Il cite une source selon laquelle, après la guerre, les Polonais boycottaient le savon parce qu'ils croyaient que ce savon avait été fabriqué avec de la graisse humaine. Il rappelle que :

---

179 Voy. *The New York Times*, 9 décembre 1986, p. A9.

180 Vol. 13, p. 761-762.

181 Voy. *Le Livre des Camps,* p. 247-249.

> « Des pains de savon, prétendument fabriqués à partir de la graisse de juifs morts, ont été conservés en Israël et à l'Institut Yivo de New York. »[182]

De son côté, l'Institut d'histoire contemporaine de Munich considère, lui aussi, comme une légende l'histoire du savon fait à partir de cadavres des camps de concentration (voyez la lettre du Dr Lothar Gruchmann à Hans Drechsel en date du 11 mars 1983).

G. Wellers est le directeur scientifique du Centre de documentation juive contemporaine de Paris et le directeur du *Monde juif*, publication de ce centre. Dans une lettre en date du 31 août 1983 à un correspondant étranger, il écrit :

> « La fabrication du savon à partir de la graisse humaine appartient à la catégorie des « bobards » qui circulaient déjà dans les camps. Je l'ai entendu à Auschwitz, comme probablement Pioro. — Cependant il n'existe pas la moindre preuve de la réalité de cette sinistre légende [...] il s'agit d'un produit d'une imagination plus ou moins démentielle qui est exploitée par les néo-nazis et qui n'ajoute rien à la réalité déjà suffisamment folle et cruelle. »

S'il faut en croire Gitta Sereny, les responsables allemands de l'investigation des « crimes nazis » (*Zentrale Stelle der Landesjustizverwaltungen zur Aufklärung NS Verbrechen*), travaillant à Lüdwigsburg sous la direction du procureur Adalbert Rückerl, infirmaient dès avant 1974 l'histoire du savon juif.[183]

Les auteurs révisionnistes affirment que le savon juif est une légende qui ressemble à d'autres légendes comme celle des chambres à gaz homicides : pas de matérialité des faits, pas d'expertise technique, confusions de toutes sortes, à commencer par les initiales RIF qui signifiaient en fait : *Reichsstelle für industrielle Fettversorgung* (Office du Reich pour l'approvisionnement industriel en matières grasses).

Le 23 avril 1986, la même personne, qui avait reçu de la Fondation Auschwitz, sise à Bruxelles, confirmation de ce que le savon humain avait bien été une réalité, recevait de G. Wellers la réponse suivante :

---

[182] R. Hilberg, *The Destruction of the European Jews,* 1967, p. 623-624, et, 1985, p. 966-996.

[183] G. Sereny, *Into That Darkness,* p. 141.

> « La rumeur concernant la fabrication industrielle du savon à partir de la graisse humaine, qui circulait dans certains camps, est le produit d'une lugubre imagination sans aucun fondement réel, née au milieu des horreurs des camps. »

Deborah Lipstadt enseigne l'histoire juive moderne à l'Université de Californie de Los Angeles. Elle écrit :

> « Le fait est que les nazis n'ont jamais utilisé les cadavres de juifs ou de qui que ce fût d'autre en l'espèce, pour la production de savon. La rumeur du savon était courante à la fois pendant et après la guerre. Elle peut avoir eu son origine dans l'histoire d'atrocités, remontant à la première guerre mondiale, de l'usine à cadavres. Les lettres "RJF" (en réalité : "RIF", ndlr) représentaient probablement le nom de l'usine qui fabriquait le savon. Après la guerre, la rumeur du savon a été minutieusement étudiée et elle s'est révélée fausse. »[184]

Mais l'histoire du savon trouve encore ses défenseurs. C'est le cas du germaniste Joseph Rovan, professeur à l'université de Paris-III, qui déclarait encore en 1984 que, pour Hitler, les juifs étaient à Auschwitz « de la matière première pour savonnettes ».[185] Tout récemment le journal *Le Monde* reproduisait sous la signature de Pierre Drachline le fragment d'un poème censé résumer pour le poète juif Pierre Valet l'horreur de ce siècle :

> « Le vieux mourut dans la boue de Champagne. Le fils mourut dans la crasse d'Espagne. Le petit s'obstinait à rester propre : les Allemands en firent du savon. »[186]

## *Questions aux historiens*

1. L'histoire du savon juif est-elle vraie ou fausse ?
2. Cette accusation est-elle fondée ou constitue-t-elle une calomnie ?
3. D'où vient qu'aux procès de Nuremberg (aussi bien celui conduit par les Américains avec les Britanniques, les Soviétiques et les Français, que ceux conduits par les Américains seuls) personne n'ait exigé une expertise technique : ni les accusés, ni leurs

---

[184] *Los Angeles Times*, 16 mai 1981.
[185] J. Rovan, *Comment s'écrit l'Histoire,* p. 29.
[186] P. Drachline, « Le Moraliste du chaos », p. 15.

avocats, ni l'accusation, ni les juges et que personne ne semble avoir remarqué ce fait ni chez les journalistes, ni chez les historiens, ni chez les légistes ?

4. Comment se fait-il qu'à l'un de leurs procès les Américains aient trouvé un magistrat SS, Konrad Morgen, pour venir déposer en faveur de la réalité de l'histoire du savon ?[187] Il est à noter que c'est le même Konrad Morgen qui a attesté de l'existence des chambres à gaz d'Auschwitz, en les localisant à 7 (sept) reprises à Monowitz où il est maintenant clair pour tout le monde qu'il n'y eut jamais de chambres à gaz mais seulement de grandes usines.[188]
5. Pourquoi la Fondation Auschwitz, de Bruxelles, et le Centre de documentation juive contemporaine, de Paris, sont-ils en totale contradiction sur ce point d'histoire tout en présentant un trait commun : ni d'un côté, ni de l'autre, on ne propose vraiment de preuve à l'appui de sa réponse ? Est-ce à dire qu'à Bruxelles on aurait du mal à fournir des preuves et qu'à Paris on craindrait, en montrant comment s'est formée et maintenue une rumeur, de dévoiler comment se sont formées d'autres rumeurs comme, par exemple, celle des chambres à gaz ou des camions à gaz ?
6. Y a-t-il une différence entre, d'une part, les usines de cadavres transformés en savon ou en engrais par les chimistes « boches » de la première guerre mondiale (aujourd'hui on admet que c'était un mensonge des Alliés) et, d'autre part, les usines de mort par le gaz des chimistes « nazis » de la seconde guerre mondiale avec la transformation des cadavres en savon ou en engrais ?
7. Pourquoi nous demande-t-on de croire ou de ne pas croire sous peine d'être soupçonnés des plus noirs desseins (défendre les « Boches », les « Nazis »…) et ne nous permet-on pas de douter, de chercher, de trouver et de publier ce qui a été trouvé ?
8. La Fondation Auschwitz devrait-elle poursuivre le Centre de documentation juive contemporaine en justice, et vice-versa, pour « falsification de l'histoire » ?

**Conclusion :** À supposer que les chambres à gaz n'aient pas plus existé que le savon juif, faut-il le dire ou le cacher ?

[Publié dans les *AHR*, n° 1, printemps 1987, p. 153-159.]

***

[187] Procès XI, p. 4075-4076.
[188] *TMI*, XX, p. 535-536.

20 avril 1987

# LE MYTHE DE L'EXTERMINATION DES JUIFS

Les Allemands auraient procédé à l'extermination de millions de juifs (sans compter les Tziganes et les autres) sur toute la surface d'un continent et ce, pendant trois ans environ.

Or, on ne trouve aucune trace de cette gigantesque entreprise d'assassinat ordonnée, conçue, mise en œuvre, financée, administrée par les nazis. Ceux-ci auraient mis au point et utilisé pour perpétrer ce crime sans précédent une arme spécifique : la chambre à gaz homicide ou le camion à gaz homicide. Là encore aucune trace.

En résumé, on ne trouve : ni un ordre, ni un plan, ni un budget, ni une arme du crime (pas une seule expertise de « chambre à gaz » ou de « camion à gaz », ni un cadavre (parmi les innombrables autopsies, pas une seule prouvant un assassinat par gaz-poison).

Qu'est-ce qu'un assassinat, c'est-à-dire un meurtre commis avec préméditation, où l'on ne découvre ni préméditation, ni arme, ni cadavre ? Qu'est-ce que des millions d'assassinats de cette nature ? Passe pour un miracle, mais des millions de miracles ?

## *Les historiens exterminationnistes*

On appelle ainsi les historiens qui défendent la thèse selon laquelle il y a eu une politique d'extermination des juifs.

Depuis quelques années ces historiens se disputent, faute de trouver trace d'un ordre, d'un plan ou d'un budget. Ils échafaudent des théories. Pour les « intentionnalistes », il faut tout de même présupposer l'existence d'un ordre donné par Hitler tandis que, pour les « fonctionnalistes », ce n'est pas indispensable et cet ordre est même improbable : on peut supposer que cette extermination des juifs a été le résultat d'une multiplicité d'initiatives locales et individuelles.

Cette dispute prouve bien qu'on n'a trouvé ni ordre, ni plan, ni budget.

Ces mêmes historiens débattent du « problème des chambres à gaz ». Cette expression a été créée par Olga Wormser-Migot, historienne d'origine juive. Voyez sa thèse sur *Le Système concentrationnaire nazi (1933-1945),* p. 541-544. Elle a été reprise par la 1ère chambre civile (section A) de la cour d'appel de Paris dans son arrêt du 26 avril 1983 (affaire LICRA et tous autres contre R. Faurisson). S'il existait des expertises, ce problème n'existerait sans doute pas.

## *Le « mensonge d'Auschwitz »*

Les cinq principaux responsables de ce mensonge historique sont : Alfred Wetzler ou Weczler Walter Rosenberg, *alias* Rudolf Vrba Czeln Mordowicz, *alias* Petr Podulka Arnost Rosin, *alias* Jan Rohac et le rabbin Michael Dov Ber Weissmandel ou Weissmandl. Pour tout détail s'adresser à R. Faurisson.

Mensonge créé en avril 1944 en Europe centrale, transmis par Gerhard Riegner, représentant en Suisse du Congrès Juif Mondial, et officialisé à Washington en novembre 1944 par la publication du *War Refugee Board Report.*

Les Soviétiques, en un premier temps, n'en tiendront pas compte. C'est ainsi que dans la *Pravda* du 2 février 1945, ils défendront la thèse selon laquelle à Auschwitz les Allemands se servaient principalement d'électricité pour tuer leurs victimes en série. C'est seulement dans leur rapport du 6 mai 1945 (document URSS-008) qu'ils se rallieront à la thèse de l'extermination par gaz à Auschwitz.

## *Interviews de Pierre Vidal-Naquet, Georges Wellers et de quelques autres dans Zéro*

*Zéro* est un mensuel d'inspiration satirique. On y trouve les noms de Gébé, Gourio, Cavanna, Vuillemin, Wolinski. Il arrive qu'on y publie, comme dans *Lui,* des enquêtes ou des interviews sur des sujets austères. Michel Folco a entrepris une série d'enquêtes ou d'interviews sur la controverse qui se développe autour du problème des chambres à gaz. Il est prudent. Il se garde bien de donner son opinion personnelle, à supposer qu'il en ait une.

Dans la livraison d'avril figurent des interviews de Pierre Guillaume, de Robert Faurisson et de Pierre Vidal-Naquet.

Ce dernier considère que l'affirmation selon laquelle il n'a pas pu exister de chambres à gaz homicides a pris les proportions d'un « *phénomène mondial* ».[189] Ce qui paraît l'inquiéter particulièrement, c'est l'intervention de « *gens qui sont de gauche et même d'ultra-gauche* ». Il est très marqué par la lecture des livres ou des textes de Robert Faurisson, en particulier par *Mémoire en défense* (où ce dernier rappelait le faux témoignage circonstancié de l'abbé Hénocque sur la prétendue chambre à gaz de Buchenwald) et par le texte intitulé « Un grand faux témoin : Elie Wiesel » (où Faurisson faisait remarquer que,

---

[189] *Zéro*, avril 1987, p. 57.

dans son autobiographie *[La Nuit]*, ce dernier racontait n'importe quoi sur Auschwitz et s'était transformé en grand prêtre et en commerçant du « Shoah-business »). Voici les propos de Vidal-Naquet :

> « Vous avez donc ces petites sectes et, à l'autre extrémité de la gamme, si vous voulez, vous avez des gens qui sont de gauche, et même d'ultra-gauche, comme Serge Thion, Pierre Guillaume et quelques autres... y compris des juifs comme Gaby Cohn-Bendit... Il paraît qu'il a renoncé récemment au révisionnisme mais enfin... Vous avez des juifs en effet comme un nommé Karnoouh... Alors ces gens-là prétendent être des savants faisant une analyse soi-disant scientifique et politique...
>
> Tant que Faurisson et Rassinier n'avaient que trois ou quatre disciples, cela n'avait aucune espèce d'importance ; dans la mesure où se produit cette espèce de conjonction des extrêmes, il y a en effet un danger...
>
> Et je voudrais ajouter quand même deux ou trois autres choses : la première est qu'il faut bien voir que si ce genre d'élucubrations folles rencontre quand même un certain écho, c'est qu'on fait une utilisation politique du génocide hitlérien qui elle-même est dangereuse... Il suffit de mettre les pieds en Israël pour s'apercevoir qu'il y a là-bas une utilisation politique directe de la Shoah. C'est-à-dire que dès qu'un Arabe lance un caillou sur un camion israélien en Cisjordanie occupée, on dit que c'est la suite de la Shoah ! Ce dont Monsieur Begin s'était fait une spécialité... On court le risque de dévaloriser, de nier l'importance de la Shoah même... et ça je suis catégorique là-dessus.
>
> Par exemple, vous avez le rabbin Kahane, cet extrémiste juif, qui est moins dangereux qu'un homme comme Élie Wiesel qui raconte **n'importe quoi** (c'est lui qui souligne)... Il suffit de lire certaines de ses descriptions de « La Nuit » pour savoir que certaines de ses descriptions ne sont pas exactes et qu'il finit par se transformer en marchand de Shoah... Eh bien lui aussi porte un tort, et un tort immense, à la vérité historique.
>
> On a même répandu des faux témoignages sur la chambre à gaz de Buchenwald qui, à ma connaissance, n'a jamais existé. Or un homme qui a donné son nom à une place de Paris, l'abbé Georges Hénocque, a donné une description d'apparence convaincante de la chambre à gaz de Buchenwald...
>
> – *Vous avez connu Faurisson en classe, dans les années 60. Comment était-il ?*

– C'était un provocateur nazi. Qui était nazi moins par goût de l'idéologie nazie que par goût de la provocation...

*– Que répondez-vous à Faurisson qui réclame « une preuve, une seule preuve de l'existence des chambres à gaz » ?*

Pierre Vidal-Naquet sourit en haussant les épaules.

– Il réclame une seule preuve parce qu'il sait très bien qu'il en existe des milliers... Il réclame une seule preuve parce qu'il est décidé à n'en accepter aucune...

Je lui reparle du Shoah business. Je réclame des exemples.

– Regardez Christian Bernadac et des gens comme ça...

*– Ah oui, lui, c'est vrai, il a frappé très fort, il a dû écrire au moins une quinzaine de bouquins...*

– Il a inondé le marché de récits fabuleux qui étaient faits de témoignages non vérifiés... Il y a eu une fois un très bel article dans Le Monde d'une dame qui s'appelle Cynthia Haft et dans lequel elle parle de l'"avilissement du tragique" ("Certains auteurs, constatant que le sexe et la violence font recette en ce moment, se sont avisés qu'il y avait une mine inépuisable à Auschwitz, à Bergen-Belsen, à Mauthausen..." *Le Monde* du 25 février 1972).

*– Donnez-moi **une** preuve irréfutable du génocide juif et des chambres à gaz.*

– Si vous voulez, au-delà même de la question archéologique qui a son importance, bien sûr, il y a ce fait **massif**, si vous voulez, que lorsque les gens arrivaient à Treblinka ou à Auschwitz, on les **sélectionnait** ... Qu'une partie disparaissait tout de suite alors que d'autres étaient inscrits dans le camp... Alors la preuve de l'extermination, **elle est là !** Dans cette sélection ! Elle est dans le fait que les gens allaient à droite, si vous voulez, et qu'ils ne **réapparaissaient pas !** On a beau dire le contraire, c'est une donnée strictement objective.

*– Comment un historien de la Grèce antique peut-il se retrouver dans une pareille affaire ?*

– Ben, il fallait bien que quelqu'un fasse le boulot. Si vous voulez, le scandale en France, c'est que les historiens professionnels ne se sont pas intéressés à ça ! Ce sont des dossiers répugnants !... Et puis ce n'est pas non plus très glorieux pour la France... Pourquoi croyez-vous que ce sont MM. Paxton et Marrus qui ont fait le livre Vichy et les juifs ? Pourquoi est-ce M. Klarsfeld, un avocat, qui a écrit Vichy et Auschwitz ? Parce que les historiens **n'ont pas fait leur boulot** ... »

La « preuve irréfutable » de Vidal-Naquet n'a pas grande valeur. Auschwitz servait de plaque tournante à la déportation. Les nouveaux arrivants étaient rangés en deux colonnes sur la rampe de Birkenau : d'un côté, les hommes et, de l'autre, les femmes et les enfants (et non pas, d'un côté, les forts condamnés au travail et, de l'autre, les faibles condamnés aux chambres à gaz). Puis, avait lieu une *Ausssortierung*, c'est-à-dire un tri entre différents centres de travaux forcés (usines, mines, fermes...) tandis que les autres croupissaient dans de purs camps de concentration. Ainsi l'ensemble des arrivants étaient-ils envoyés dans près de quarante points différents dépendant du complexe d'Auschwitz, tandis que d'autres étaient, après un délai plus ou moins long, expédiés, par exemple, vers des camps d'Allemagne.

Quant aux historiens qui, selon Vidal-Naquet, « n'ont pas fait leur boulot », peut-être ont-ils médité sur ce qui est arrivé à ceux d'entre eux qui ont essayé de le faire mais qui l'ont cher payé. Dernier exemple en date : celui de Mme Mariette Paschoud, enseignante d'histoire à Lausanne. Dans *Le Monde* daté du 17 avril 1987 (p. 28), on lit cette « brève » :

> **Suisse : Mme Paschoud déchargée de ses cours.** – Le gouvernement du canton de Vaud a décidé, mercredi 15 avril, de retirer tous ses cours à Mme Mariette Paschoud, cette enseignante au lycée de Lausanne qui avait fait scandale en remettant publiquement en cause l'existence des chambres à gaz. (Corresp.)

L'enquête de Michel Folco se poursuit dans la livraison de *Zéro* datée de mai (en vente vers le 17 avril). Il s'est intéressé à la chambre à gaz de Ravensbrück. Il a interrogé sur le sujet Germaine Tillion, Olga Wormser-Migot et Georges Wellers. D'après la première, le camp de Ravensbrück aurait possédé une chambre à gaz : c'est même Mme Tillion mère qui l'aurait « étrennée » dans les derniers jours de la guerre. La seconde est l'auteur d'une thèse volumineuse sur le système concentrationnaire nazi ; elle déclare que les chambres à gaz ont bien évidemment existé, mais en Pologne uniquement, et n'ont servi que pour les juifs et les tziganes ; pour elle, la croyance de Germaine Tillion est le résultat « d'un mécanisme psychologique quasi hallucinatoire relevant plus de la psychanalyse que du témoignage historique ». Olga Wormser-Migot, qui est d'origine juive, appartient à la cohorte des historiens qui ont eu à souffrir d'une terrible répression pour avoir simplement parlé d'un « problème des chambres à gaz » et mis en doute l'existence de telles chambres dans tel ou tel camp (Ravensbrück, Mauthausen, Oranienburg-Sachsenhausen). Georges Wellers admet lui-même que « les filles de Ravensbrück » « l'ont attaquée durement ». Pour sa part, il pense qu'il a pu exister une telle chambre à Ravensbrück mais il n'en paraît pas sûr ! Il dit : « Vous savez, moi, je crois qu'il y a eu une chambre à gaz non pas à Ravensbrück (comme l'affirme Germaine Tillion), dans le camp, mais quelque part à côté ». D'après Germaine Tillion, même Serge Klarsfeld ne croit pas à cette chambre-là.

La partie la plus éclairante de l'interview de G. Wellers porte sur le grave différend qui l'oppose à Serge Klarsfeld. Dans une déclaration recueillie par *VSD*, ce dernier avait reconnu que jusque-là on n'avait pas encore publié de « vraies preuves » de l'existence des chambres à gaz, mais seulement des « débuts de preuve ».[190] Manifestement, Klarsfeld s'était rendu compte de l'inanité d'ouvrages tels que *Les chambres à gaz ont existé*[191] et *Les Chambres à gaz, secret d'État* (par Eugen Kogon, Hermann Langbein, Adalbert Rückerl et vingt-et-un autres auteurs dont G. Wellers, Éditions de Minuit, 1984). Pour sa part, il annonçait la publication d'un ouvrage de Jean-Claude Pressac fournissant « trente-sept preuves dont une définitive de l'existence d'une chambre à gaz homicide dans le crématoire-III de Birkenau ». Autrement dit, pour Klarsfeld, il s'agissait de trente-six preuves non définitives et d'une preuve définitive. Cette preuve, il la reproduisait dans *VSD*. Cette preuve, malheureusement pour lui, est grotesque. Il s'agit d'un bordereau de réception de marchandises pour le crématoire-III où on lisait qu'entre autres fournitures on avait livré à ce crématoire quatorze pommes de douches et une porte étanche aux gaz (*Gasdichtetür*). Klarsfeld disait en conclusion : « Alors, soyons logiques, s'il s'agit d'une salle de douches, pourquoi cette porte étanche au gaz ? » Klarsfeld fait simplement preuve d'ignorance : durant la dernière guerre, les Allemands ont fabriqué en quantités industrielles de telles portes à la fois en prévision de la guerre des gaz et à cause de la nécessité d'équiper tout abri (abri par destination ou abri de rencontre) contre les dégagements de gaz produits par l'éclat des bombes. Cette porte étanche au gaz était aussi inoffensive que peut l'être un masque à gaz. Georges Wellers a bien su voir la faiblesse de l'argumentation de Klarsfeld, il dit et répète dans son interview que « ce n'est pas une preuve définitive » ou « l'histoire des pommes de douches du bordereau, vous savez ce n'est pas la preuve de quoi que ce soit... Non, non, ça, c'est une déclaration **très** malheureuse et très gênante ».

Il n'est pas sûr que G. Wellers lui-même ait à se réjouir d'avoir donné cette interview. Il s'y confirme au passage, pour les connaisseurs, qu'il y a de solides raisons de douter de la valeur des titres universitaires de ce maître de recherches honoraire au Centre national de la recherche scientifique. Il est né en Russie (sans autre précision donnée ni dans

[190] *VSD*, 29 mai 1986, p. 37.
[191] G. Wellers, *Les chambres à gaz ont existé*.

l'interview ni dans la pièce déposée à la préfecture de police de Paris le 21 avril 1982 : « Statuts de l'Association pour l'étude des assassinats par gaz sous le régime national-socialiste (ASSAG) ». Il dit : « J'ai fait toutes mes études secondaires dans une ville de province au fin fond de la Russie là où les Allemands ne sont pas allés et, euh… j'ai fait mes études supérieures à l'université de Moscou à la faculté des Sciences et ma spécialité est la physiologie et la biochimie… J'ai quitté la Russie en 1925, j'avais vingt ans ». Wellers n'a pas fait ensuite d'autres études. La question est : quels diplômes universitaires possédait-il en 1925, à l'âge de vingt ans ? Dans un récent procès intenté par la LICRA contre *Le Monde* il été impossible d'obtenir de lui une réponse sur ce point malgré les efforts de la présidente du tribunal. Que nous cache là G. Wellers ? Il importe de trouver le fin mot de l'histoire, non pas pour les titres eux-mêmes, mais pour savoir à quoi s'en tenir sur l'homme et sa façon de traiter du passé.

La même livraison de *Zéro* contient une interview d'Henri Roques qui s'achève sur la déclaration suivante :

> « Si Faurisson, lui, nie l'existence des chambres à gaz, moi, je n'y crois pas beaucoup mais je les mets en doute… L'acharnement de mes adversaires et leur mauvaise foi à défendre ce témoignage suspect qu'est le rapport Gerstein ne peuvent dissiper mes doutes, au contraire ça ne peut que contribuer à les augmenter. »[192]

Cette enquête de *Zéro* s'inscrit dans tout un ensemble de déclarations qui donnent l'impression qu'on se met en France à brader les chambres à gaz. Voici trois exemples :

1. Deux enseignants d'origine juive, Marc Ascione et Ida Zajdel, dénoncent le mythe des chambres à gaz comme une invention de nazis, soucieux de glisser dans des confessions fallacieuses, une « bombe à retardement contre les juifs ».[193]
2. L'Amicale d'Oranienburg-Sachsenhausen défendait sa chambre à gaz avec d'autant plus d'âpreté que des responsables du camp avaient avoué après la guerre l'existence d'une telle chambre. Or, dans son bulletin de mars 1987, on peut lire :

> « C'était au tour de notre cher P. Couffault d'aborder un sujet douloureux, la contestation au sujet des chambres à gaz. Ce serait stupide de penser que tous les déportés aient eu l'occasion de voir

[192] *Zéro*, mai 1987, p. 75.
[193] *Article 31*, n° 26, janvier-février 1987, p. 22.

ces sinistres lieux. Malheureusement, ceux qui les ont vus ne sont plus là pour témoigner. Il est stupide et oiseux d'entamer une polémique sur une des plus sombres pages de l'histoire de la déportation. »

3. À l'émission télévisée d'« Apostrophes » du 17 avril 1987, Josef Rovan et J. Sommet, deux anciens déportés de Dachau, rendaient enfin clair pour quelques millions de Français qu'il n'y avait jamais eu de gazage homicide dans leur camp et, surtout, André Frossard, auteur d'un livre sur Maximilien Kolbe, mort à Auschwitz, procédait en termes alambiqués à la mise sous le boisseau des « chambres à gaz », lesquelles, selon lui, ne valaient pas qu'on s'appesantisse sur leur cas ; elles avaient certes existé, mais le crime des Allemands « commençait bien avant ».

Dans les milieux avertis, on solde les chambres à gaz tandis que, dans le commerce de l'Holocauste, on cherche par tous les moyens médiatiques à promouvoir un produit qui est en perte de vitesse.

***

20 avril 1987

## *Naissance de la légende d'Auschwitz*

En décembre 1941, le bruit courait en Pologne que des juifs étaient gazés… dans le ghetto même de Varsovie. Pour ce qui est des gazages de juifs dans le camp d'Auschwitz, il semble que de vagues rumeurs commencèrent à circuler durant l'été de 1942. C'est seulement deux ans plus tard, c'est-à-dire durant l'été 1944 que la légende prendra vraiment forme, sans pour autant atteindre la relative netteté qu'on lui connaîtra bien après la guerre.

### *Une invention de juifs slovaques*

En avril 1944, deux juifs slovaques s'évadèrent d'Auschwitz d'où, il faut le dire, les évasions étaient assez fréquentes. Selon la version généralement admise, ces deux évadés, Alfred Wetzler (ou Weczler) et Walter Rosenberg ou Rosenthal (plus connu sous le nom de Rudolf Vrba), firent des révélations, une fois de retour en Slovaquie, sur l'extermination des juifs par le gaz dans le camp d'Auschwitz. Une sorte de pot-pourri de témoignages fut fabriqué à partir de leurs déclarations et à partir d'autres déclarations de deux autres juifs et d'un « major polonais ». Nous sommes redevables de cette fabrication à un groupe clandestin de juifs slovaques (*Pracovná Skupina*, Groupe de travail) dont l'un des dirigeants était le rabbin Michael Dov Ber Weissmandel (ou Weissmandl). En collaboration étroite avec Gisi Fleischmann, ce dernier entreprit, à partir de juin 1944, la diffusion du produit en direction de toutes sortes d'organisations juives à l'étranger ainsi qu'en direction du Vatican.

## *Le relais des juifs suisses (ou vivant en Suisse)*

À Berne et Genève, des organisations juives déployaient une intense activité de propagande anti-allemande. Par leurs pressions sur les gouvernements britanniques et américains et en s'appuyant sur des personnalités ou des organisations juives résidant à Londres, Washington ou New York, elles entretenaient un climat de plus en plus fébrile de haine contre l'Allemagne à base de récits d'atrocités inventés de toutes pièces. Le 8 août 1942, Gerhart Riegner, représentant du Congrès juif mondial à Genève, avait envoyé à ses collègues Stephen Wise, aux États-Unis, et Sydney Silverman, en Grande-Bretagne, un télégramme délirant sur un prétendu projet de Hitler en vue d'exterminer « d'un seul coup » trois millions cinq cent mille à quatre millions de juifs. Mais le gouvernement des États-Unis refusa d'ajouter foi à la nouvelle. Près de deux ans plus tard, avec le produit Weissmandel, les juifs suisses eurent plus de chance. Le 8 juillet 1944, la légation américaine à Berne envoya au secrétaire d'État à Washington un télégramme résumant le contenu du produit. Après quoi, le produit lui-même fut envoyé à Washington.

## *Le rôle déterminant des juifs américains*

À force de pression, les juifs américains avaient obtenu la création par Roosevelt lui-même d'une agence pour les réfugiés de guerre (*War Refugee Board*) en janvier 1944. Henry Morgenthau Jr., juif, Secrétaire d'État au Trésor, avait forcé la main au président des États-Unis et ce fut lui qui, dans la réalité, dirigea le WRB. En novembre 1944, sous le timbre de la présidence des États-Unis, parut le produit Weissmandel dans sa version américaine. C'est donc à cette date que la légende d'Auschwitz commença de prendre son envol mais non sans mal, il faut le reconnaître.

## *Les juifs soviétiques suivent le mouvement*

Comme j'ai souvent eu l'occasion de le dire, les Soviétiques, nourris d'une formidable propagande anti-allemande due en particulier aux juifs Solomon Michaels, Ilya Ehrenbourg et Vassili Grossmann, semblent avoir été déconcertés par leur découverte du camp d'Auschwitz le 27 janvier 1945. Sur place, rien ne témoignait matériellement d'une extermination industrielle des prisonniers ; au contraire, le caractère moderne des installations hospitalières et sanitaires ne pouvait que frapper le moujik. Pendant plusieurs jours, la presse soviétique resta silencieuse. Aucun membre des armées alliées ne fut invité à venir constater sur place des horreurs... qui tout simplement n'avaient pas existé. C'est seulement le 2 février que la *Pravda*, sous la plume du journaliste juif Boris Polevoï, lança sa propre version de la légende : à Auschwitz, les Allemands exterminaient leurs prisonniers à l'électricité. Trois mois plus tard, les Soviétiques se rallièrent à la version judéo-slovaquo-américaine de l'extermination par le gaz.[194]

Dans la légende, le gaz l'avait emporté sur l'électricité, et l'invention des juifs européens et américains sur l'invention des juifs soviétiques.

Auschwitz, appelée à devenir un jour la capitale de l'« Holocauste », se vit ainsi doté de chambres à gaz homicides. À la source de cette légende se trouve donc le rabbin slovaque Weissmandel (1903-1956), un fanatique, soit dit en passant, de l'antisionisme. Pour cette dernière raison, au qualificatif de légende sioniste, à propos d'Auschwitz, je préfère celui de légende juive.

*NB. Ledit pot-pourri est généralement appelé le* War Refugee Board Report *; quelquefois il reçoit la dénomination pompeuse de « Protocole d'Auschwitz ». Pour plus de détails sur toute l'affaire, on se reportera aux pages éblouissantes d'Arthur Robert Butz dans* The Hoax of the Twentieth Century, *p. 89-99.*

***

20 avril 1987

## *Pierre Vidal-Naquet juge Élie Wiesel*

En décembre 1986, Elie Wiesel recevait le prix Nobel de la Paix. À cette occasion, je publiais un texte intitulé : « Un grand faux témoin : Elie Wiesel » dans lequel je montrais que ce dernier était un faux témoin qui avait pris l'habitude de raconter tout et n'importe quoi à propos du

---

[194] Voy., au procès de Nuremberg, le document URSS-008.

prétendu « Holocauste » des juifs et, en particulier, à propos d'Auschwitz. L'œuvre la plus connue de Wiesel est *La Nuit*, un best-seller préfacé par François Mauriac. Il s'agit d'une autobiographie où l'écrivain prétend rapporter son expérience d'Auschwitz et de Buchenwald. J'ajoutais que Wiesel avait pris les dimensions, par la suite, d'un grand prêtre de la religion de l'« Holocauste » et d'un marchand du « Shoah-business » (expression judéo-américaine).

Quelques mois plus tard, Pierre Vidal-Naquet qui est pourtant l'adversaire le plus résolu de Faurisson, de P. Guillaume, de S. Thion et des révisionnistes, faisait la déclaration ci-dessous dans le mensuel *Zéro*[195] :

> « Il suffit de mettre les pieds en Israël pour s'apercevoir qu'il y a là-bas une utilisation politique directe de la Shoah... c'est-à-dire que dès qu'un Arabe lance un caillou sur un camion israélien en Cisjordanie occupée, on dit que c'est la suite de la Shoah ! Ce dont Monsieur Begin s'était fait une spécialité... On court le risque de dévaloriser, de nier l'importance de la Shoah même... et ça, je suis catégorique là-dessus !
>
> « Par exemple, vous avez le rabbin Kahane, cet extrémiste juif, qui est moins dangereux qu'un homme comme Élie Wiesel qui raconte **n'importe quoi** (c'est lui qui souligne [dit M. Folco])... Il suffit de lire certaine description de « La Nuit » pour savoir que certaines de ses descriptions ne sont pas exactes et qu'il finit par se transformer en marchand de Shoah... Eh bien lui aussi porte un tort, et un tort immense, à la vérité historique. »

Comme *La Nuit* a été publié, dans sa version française, en 1958, on peut s'étonner qu'il ait fallu attendre près de trente ans pour qu'un historien juif dénonce l'escroquerie d'Élie Wiesel. Pourquoi a-t-il fallu, là encore et une fois de plus, que ce soit un révisionniste qui révèle la vérité ? La réaction de Vidal-Naquet s'expliquerait-elle, du moins en partie, par le fait suivant : j'ai découvert que dans son autobiographie, Wiesel ne parle pas un seul instant de l'existence de chambres à gaz à Auschwitz ? Du coup, Wiesel serait devenu un témoin encombrant !

***

14 mai 1987

[195] Interview recueillie par Michel Folco, avril 1987, p. 57.

## *Libres propos d'un révisionniste*

*Donner la parole à un révisionniste parmi d'autres, TATEFA s'est longuement interrogé sur les risques politiques que cela impliquait.*

*La décision de faire paraître les déclarations de Robert Faurisson fut adoptée à l'unanimité des membres de la rédaction.*

*Il n'était pas question pour TATEFA d'occulter un quelconque point de vue, si particulier ou extrémiste soit-il. Surtout et même si ces thèses ne reçoivent aucune considération de notre part.*

*Nous pensons tout simplement que le lecteur est suffisamment adulte et éduqué pour faire la part des choses.*

*La Rédaction*

TATEFA : Quelle utilité y a-t-il à juger Barbie quarante ans après ?

ROBERT FAURISSON : Je ne vois personnellement aucune utilité au procès Barbie. Je constate que certaines organisations, notamment les organisations juives groupées au sein du Congrès juif mondial, croient pouvoir utiliser ce procès dans le but – parfaitement illusoire – d'enrayer les progrès du révisionnisme historique.

Je ne sais ce qui se passera dans le prétoire. Hors prétoire, ce sera un échec de plus pour le Congrès juif mondial, pour Élie Wiesel, pour Marek Halter et autres chantres et marchands de l'« Holocauste ».

Rien n'arrêtera plus l'esprit fécond du doute en ce qui concerne la prétendue extermination des juifs et les prétendues chambres à gaz homicides d'Auschwitz. En ce sens, le procès Barbie, à Lyon, sera comme le procès Zündel à Toronto : il marquera le déclin du mythe et un progrès de plus du droit au doute et à la recherche, c'est-à-dire de l'élément indispensable à la recherche historique.

*T.* : Les hommes politiques insistent sur le caractère symbolique du procès, c'est-à-dire que le procès Klaus Barbie apparaît et est présenté comme un enseignement pour les générations actuelles et futures.

*R.F. :* Un procès devrait être un procès et rien de plus. Chercher à lui donner un sens symbolique ou une valeur d'enseignement, c'est le dénaturer, le vicier. Mais c'est dans l'ordre des choses. Depuis le grand procès de Nuremberg, tous les procès contre le grand vaincu de la seconde guerre mondiale sont des sortes de spectacles ou de shows. Le grand procès de Nuremberg a été une parodie de justice : « Le Tribunal ne sera pas lié par les règles techniques relatives à l'administration des preuves […]. Il tiendra pour acquis les faits de notoriété publique et ne demandera pas que la preuve en soit rapportée. »[196] Le Tribunal, composé uniquement de vainqueurs jugeant uniquement un vaincu, pratiquait la rétroactivité des lois et la responsabilité collective. Il est discrédité.

Ce que j'espère, c'est que les générations futures seront de plus en plus sensibles au caractère parodique de ces procès et qu'elles sauront que, s'il y a des guerres justes, il n'y a, de toute façon, pas d'armées propres et qu'aucun tribunal de vainqueurs ne saurait donner de leçon de morale ou de justice à aucun peuple. Un tribunal militaire qui se permet de donner des leçons de morale, c'est un comble.

*T. :* Me Vergès, dans sa tactique, assimile les exactions commises par les nazis, Barbie en l'espèce, à celles qui ont pu être pratiquées en Algérie ou au Cambodge.

*R.F. :* Me Vergès a raison de procéder à des comparaisons car juger, c'est comparer. Mais, personnellement, j'userais des comparaisons qu'il propose et, aussi, d'autres comparaisons.

Par exemple, je dirais ceci : la France a pris la décision de déclarer la guerre à l'Allemagne et Chaïm Weizmann, responsable de l'Agence juive et président de l'Organisation sioniste mondiale, a déclaré la guerre à l'Allemagne. Il y a eu une convention d'armistice et une occupation. Des Français que j'approuvais tout à fait à l'époque se sont livrés à des activités de terrorisme ou de résistance soit contre des soldats allemands, soit contre des Français favorables ou supposés favorables aux Allemands. Que devait faire le lieutenant Barbie ? Il a réprimé les ennemis effectifs ou potentiels de son peuple.

Occuper un territoire, c'est s'obliger un jour ou l'autre à réprimer. Les juifs qui occupent la Palestine en savent quelque chose. Comment réprimer ? Ces juifs répriment au chapelet de bombes de cinq cents kilos et s'exposent ainsi à tuer jusqu'à des enfants dans leur berceau. Si les Allemands avaient réprimé au chapelet de bombes de cinq cents kilos, que serait-il resté des villes de France où, jour après jour, s'accumulaient les attentats ? Non sans compter les bombardements anglo-américains qui ont tué environ soixante mille civils français. Je propose donc une comparaison des crimes allemands avec les crimes israéliens et aussi, bien sûr, avec les innombrables crimes français, anglais, américains, soviétiques, tchèques, polonais commis de 1939 à 1948, au moins. Il y a surtout les crimes de l'Épuration et non pas seulement le seul véritable holocauste – au sens propre du mot – que je connaisse et qui est celui des enfants allemands brûlés au phosphore.

---

196 Articles 19 et 21 du Statut. Cette phrase est corrigée par l'auteur, R.F., de la façon suivante : « Il n'exigera pas que soit rapportée la preuve de faits de notoriété publique mais les tiendra pour acquis. » [N.d.é]

*T. :* Lors de notre conversation téléphonique du 8 mai 1987, vous nous avez déclaré que le procès ne serait pas uniquement cantonné dans l'enceinte au prétoire.

*R. F. :* Hors du prétoire, il y aura une gigantesque mise en scène destinée principalement à porter l'accent sur les mythes dus aux religionnaires de l'« Holocauste ». M. Edgar Bronfman, président du Congrès juif mondial, a fait fortune dans la vente d'alcool. Il vaut, personnellement, neuf milliards de dollars. Il sait comment vendre la drogue alcoolique. Il croit pouvoir vendre de la même façon la drogue holocaustique. Il va apprendre, à ses dépens, que l'argent et les médias peuvent beaucoup mais non pas tout.

Sa religion va prospérer ainsi que la répression contre le révisionnisme historique, mais figurez-vous que c'est le révisionnisme historique qui l'emportera nécessairement. Connaissez-vous la Vieille Taupe ?

[Publié dans *TATEFA,* revue des étudiants de l'Institut d'études politiques de l'université Louis-Lumière (Lyon-II), hors-série, n°1, 14 mai 1987, p. 10-11]

***

25 mai 1987

## *Au procès Barbie, faux et usage de faux*

À l'exemple du TMI de Nuremberg, la cour d'assises ayant à juger Klaus Barbie pose en principe que les Allemands déportaient les juifs pour les exterminer. Pas plus que le TMI cette cour n'examine le point de savoir s'il s'agit là d'un fait matériellement exact !

La seule question qu'elle se pose est de savoir si Barbie avait conscience, quand il participait de près ou de loin à une déportation de juifs, de ce qu'il envoyait ces derniers à une mort atroce et automatique.

Pour avoir une idée de ce qui se passe au procès Barbie, je ne dispose personnellement que de ce qu'en rapporte le journaliste Jean-Marc Théolleyre dans *Le Monde.* Théolleyre, lui-même un ancien déporté de Buchenwald, évadé de ce qu'il appelle l'« enfer tudesque », ne cache guère sa haine des nazis ; il s'est même fait une spécialité de l'antinazisme. Dans les années d'après-guerre, ses comptes rendus de procès comme ceux du Struthof vibraient d'une haine fébrile pour les accusés.

Dans ses articles du 20 mai 1987 (p. 10) et du 21 mai 1987 (p. 10), il mentionne une pièce capitale de l'accusation : la note Dannecker du 13 mai 1942. Il dit que le président de la cour, André Cerdini, a fait état de cette note et qu'un témoin de l'accusation, le procureur allemand Holtfort a, lui aussi, rappelé l'existence de cette note. Cette note prouverait que Dannecker, supérieur de Barbie, savait que la déportation des juifs aboutissait à l'extermination physique. D'où s'ensuivrait que Barbie aussi faisait peut-être partie des « initiés » de la « solution finale » entendue au sens de programme d'extermination physique.

Il n'y a qu'un malheur pour André Cerdini, le procureur Holtfort et Jean-Marc Théolleyre, c'est qu'ils ne connaissent apparemment pas cette note sous sa forme intégrale, mais seulement sous la forme où elle est traditionnellement reproduite par les historiens favorables à la thèse exterminationniste. C'est ce que donne à penser la façon dont Théolleyre reproduit cette note et la commente. Il la reproduit sous une forme gravement tronquée et son commentaire en est, du même coup, fallacieux.

## *La vraie note Dannecker*

Le 13 mai 1942, Theodor Dannecker, spécialiste des questions juives à Paris, envoie une note au Dr Knochen et à Lischka. Celle-ci porte sur le stockage de matériel roulant pour les transports de juifs. Dannecker dit qu'il a eu un entretien sur le problème juif avec le général de division Kohl, chef de la section du transport ferroviaire en France. Il écrit précisément :

> « In der 1 1/4 Stunde dauernden Unterredung habe ich dem General einen Überblick über Judenfragen und Judenpolitik in Frankreich gegeben. Dabei konnte ich feststellen, daß er ein kompromißloser Judengegner ist und eine Endlösung der Judenfrage mit dem Ziel restloser Vernichtung des Gegners 100 % ig zustimmt. Er zeigte sich auch als Gegner der politischen Kirchen. »

Ce qui signifie :

> « Dans l'entretien qui dura une heure un quart j'ai donné au général une vue d'ensemble de la question juive et de la politique concernant les juifs en France. J'ai pu ainsi constater qu'il est un adversaire sans compromis des juifs ("*Judengegner*") et qu'il approuve à 100 % une solution finale de la question juive avec pour but un anéantissement sans réserve de l'adversaire ("*des*

> *Gegners*"). Il s'est aussi montré un adversaire ("*Gegner*") des Églises politiques. »

Ainsi que le prouve le contexte, il ne peut s'agir d'un anéantissement physique des juifs mais de l'anéantissement de leur influence. L'Office central de la sûreté du Reich était chargé, entre cent autres tâches, de la surveillance du catholicisme politique (bureau IV B 1), du protestantisme politique (bureau IV B 2), des autres églises et de la franc-maçonnerie (bureau IV B 3) ainsi que des affaires juives et des évacuations de juifs (bureau IV B 4). L'ennemi, par définition, est à anéantir. Mais il ne s'agit pas plus de *tuer* l'ennemi (« *Gegner* ») juif que de tuer l'ennemi catholique, protestant, franc-maçon…

L'entretien entre Dannecker et le général Kohl n'avait aucun caractère secret ou même confidentiel. Un major du nom de Weber, officier de liaison entre la Luftwaffe et la section des transports ferroviaires, était présent. Il avait fait savoir à Dannecker que le général Kohl était intéressé par le problème juif. Dannecker s'était alors déclaré prêt à rencontrer le général si ce dernier le souhaitait (« *falls der General es wünschte* ») pour lui parler de la question juive.

Dans la suite de sa note Dannecker rapporte :

> « En enchaînant, le général de division Kohl, en présence du major Weber, m'a textuellement déclaré :
>
> « Je me réjouis de ce que nous nous soyons rencontrés et de ce qu'un lien se soit ainsi établi entre nous. Au sujet des transports à venir vous pouvez en discuter avec mon rapporteur compétent. Si vous me dites : "Je veux transporter à l'Est dix ou vingt mille juifs de France", vous pouvez compter que dans tous les cas je mettrai à votre disposition le matériel roulant nécessaire et les locomotives.
>
> « Le général déclara ensuite qu'il considérait la solution prochaine de la question juive en France occupée comme une nécessité vitale pour les troupes d'occupation et que pour cette raison, même au risque de paraître brutal aux yeux de certaines personnes, il adoptait toujours un point de vue radical et en appuyait l'exécution. »

Le général Kohl, dans cette entrevue improvisée, exprime une vue banale à l'époque : les juifs sont hostiles au IIIe Reich ; leur simple présence en France occupée constitue un danger pour la troupe allemande ; il existait une « résistance juive » ou un « terrorisme juif » ; beaucoup de juifs, surtout parmi ceux qui venaient d'Europe centrale ou de Russie, étaient favorables aux communistes, lesquels menaient une guerre impitoyable contre l'occupant allemand. La façon radicale de se débarrasser de cette minorité hostile et dangereuse était de la déporter vers l'Est ; c'était le « refoulement vers l'Est » (« *Zurückdrängung nach Osten* »). Rien à voir avec une extermination physique.

## *La note Dannecker falsifiée par Billig, Klarsfeld, Wellers, Marrus, Paxton…*

La petite phrase de neuf mots (*Er zeigte sich auch als Gegner der politischen Kirchen* : « Il s'est aussi montré un adversaire des Églises politiques ») était si embarrassante pour la thèse exterminationniste qu'usant de la méthode du mensonge par omission les historiens officiels ont préféré l'escamoter.

C'est le cas en 1974 pour Joseph Billig qui remplace la phrase entière par trois points de suspension. Billig dit de la note Dannecker, telle qu'il la reproduit :

> « Elle a cette originalité de faire partie de l'unique *document de service* retrouvé à notre connaissance parmi ceux qui révèlent le sens de la « solution finale » globalement et explicitement à l'intérieur de la Sipo-SD. »[197]

En 1978, Serge Klarsfeld procède de même mais le cas est encore plus grave que pour J. Billig. En effet, S. Klarsfeld prétend, lui, reproduire tout le cœur de la note et sa citation est donc très longue. Il en a juste enlevé les neuf mots allemands qui l'embarrassaient pour les remplacer par trois points.[198] Il est manifeste qu'il n'a pas « par erreur » reproduit une malhonnêteté de J. Billig. Il a créé sa propre supercherie. Il est allé au texte allemand[199] et c'est en pleine conscience qu'il a sauté les neuf mots dans sa traduction. Nous avons la preuve que S. Klarsfeld connaissait de première main le texte allemand intégral : en 1977, il avait publié en allemand des documents relatifs au procès Lischka et tous autres ; il lui était impossible d'en donner une reproduction falsifiée et c'est ainsi qu'il avait livré dans son intégralité la note Dannecker.[200]

En 1980, Georges Wellers, directeur scientifique du *Monde juif*, emploie un subterfuge légèrement différent. Il utilise trois points placés

---

[197] J. Billig, « Le Cas du SS-Obersturmführer Kurt Lischka », p. 32.

[198] S. Klarsfeld, *Le Mémorial de la déportation…*, p. 28.

[199] Référence du CDJC : XXVb-29.

[200] *Deutsche Dokumente 1941-1944…*, p. 56.

entre guillemets qu'il fait suivre d'un fragment lointain de la même note.[201] En guise de commentaire, il écrit :

> « Il est frappant de voir avec quelle assurance et quelle franchise le jeune SS Dannecker parle avec un général de la Wehrmacht du sort des déportés, à savoir leur "*anéantissement total*" et l'empressement avec lequel le général se met à sa disposition pour atteindre ce but ».

En 1981, Michaël R. Marrus et Robert O. Paxton dénaturent à leur façon la note de Dannecker. Pour eux, le jeune *Judenreferent* était « impétueux et inexpérimenté » et c'est ce qui explique qu'il ait dévoilé ce qui devait être tenu caché ; ainsi a-t-il parlé spontanément d'« anéantissement total de l'adversaire » (« restloser Vernichtung des Gegners »).[202] Les auteurs donnent la référence du document telle qu'elle apparaît au CDJC.

## *Une autre note de Dannecker*

Dans son article du 20 mai, Théolleyre cite une autre note de Dannecker mentionnée par le président Cerdini. Il écrit :

> « Mais Dannecker, après une visite des camps en France où étaient rassemblés des juifs, écrit encore, le 20 juillet 1942, toujours à Knochen : "La communauté juive a parfaitement compris que les juifs vivant dans ces camps sont voués à l'extermination totale". »

En réalité, dans cette note Dannecker se félicite de ce que l'émigration des juifs hors d'Europe se poursuive encore en juillet 1942 (soit deux années entières après le début de l'occupation de la zone nord de la France) ; c'est le cas dans le sud de la France, bien que dans des conditions difficiles parce que l'émigration n'est plus possible par Lisbonne mais par Casablanca. Dannecker se réjouit de ce que la communauté juive internationale (« das Weltjudentum ») ait déboursé l'argent nécessaire pour cette émigration car, dit-il, cette communauté a bien compris que « les juifs se trouvant dans le territoire sous puissance allemande allaient au-devant de leur anéantissement sans réserve » (« dass die im deutschen Machtbereich befindlichen Juden ihrer restlosen

---

[201] *Le Monde juif,* juillet-septembre 1980, p. 97.
[202] M. Marrus et R. Paxton, *Vichy et les juifs,* p. 320.

Vernichtung entgegengehen »).[203] Dannecker reprend ici la formule qu'il employait dans sa note du 13 mai 1942. Pour lui, il ne s'agit pas de *tuer* les juifs mais de les obliger à décamper ; ils n'ont plus leur place en Europe, en tout cas dans les territoires dépendant de l'Allemagne ; c'en est fini pour eux, définitivement et sans réserve.

## Autres documents détournés de leur sens

Au procès Barbie deux autres documents au moins semblent, à lire Théolleyre, avoir été détournés de leur sens réel : le décret NN et le procès-verbal de la réunion de Wannsee.

Le décret NN n'a rien à voir avec une quelconque politique d'extermination. Pour commencer les lettres NN ne signifiaient pas à l'origine *Nacht und Nebel* (Nuit et Brouillard) mais *Nomen Nescio* (nom inconnu). En bien des pays du monde il désigne, au moins depuis le siècle dernier, un anonymat de fait. En Italie, au Danemark, en Argentine, ce sigle s'emploie ou s'employait là où on ne peut donner le nom de la personne. Par exemple, on écrit dans les registres d'état civil : « Untel, fils de NN » ou, dans un rapport, « le général NN ». Dans le dictionnaire allemand Grimm et Grimm, il est dit que NN signifie : *Nomen Nescio* ou *Nomen Notetur* (Nom inconnu ou nom à noter). En décembre 1941, les Allemands avaient dû prendre des mesures pour essayer d'enrayer la multiplication, depuis l'intervention des communistes dans la guerre, des attentats contre la troupe allemande et des sabotages. Les cours martiales prononçaient de nombreuses condamnations à mort dont l'effet était désastreux pour la politique de collaboration. Voici ce que le maréchal Keitel déclarait à ce propos devant le TMI le 4 avril 1946 :

> « ... [Hitler] me déclara qu'il lui était fort désagréable de constater l'augmentation du nombre des condamnations à mort prononcées contre les saboteurs et leurs complices et que cela nuisait sérieusement à l'établissement de la paix dans les pays occupés. Il désirait que cela cessât car, à son avis, de tels faits rendaient encore plus difficile l'apaisement des populations et l'entente avec elles. Il me dit alors que le seul moyen de modifier cet état de chose, au lieu de prononcer des condamnations à mort, dans les cas où une telle sentence ne pouvait être ni prononcée ni exécutée le plus rapidement possible comme le prévoit le décret, consistait à déporter en Allemagne les « personnes suspectes » ou coupables – si l'on peut employer ce terme –, à l'insu de leurs

[203] Document CDJC : XXVb-87.

> familles, pour les interner ou les emprisonner, en évitant ainsi l'emploi d'une longue procédure de cour martiale avec de nombreux témoins. »[204]

Ainsi prenait naissance le décret NN. Toute personne soupçonnée d'avoir participé à une action terroriste sur laquelle, par exemple, une décision judiciaire ne pouvait être prise dans les huit jours, devait être extradée en Allemagne et jugée par des instances judiciaires allemandes. Ces personnes ne pouvaient ni recevoir, ni envoyer du courrier. Elles semblent avoir été plus nombreuses dans les prisons que dans les camps. Dans les camps, elles portaient bien lisiblement en noir les lettres NN. Sur le sujet, on pourra consulter l'ouvrage suivant : Joseph de La Martinière, *Les N.N. Le décret et la procédure Nacht und Nebel (Nuit et Brouillard)*.

Quant au procès-verbal de la réunion de Berlin-Wannsee du 20 janvier 1942, il est inadmissible qu'on persiste en 1987 à le faire passer pour la preuve d'une quelconque extermination des juifs. Cette thèse s'est définitivement écroulée – il en était temps – au colloque de Stuttgart du 3-5 mai 1984. Voyez-en le compte-rendu dans *Der Mord an den Juden*. D'ailleurs, s'il existait un seul document prouvant une politique d'extermination des juifs, la querelle entre « intentionnalistes » et « fonctionnalistes » n'aurait tout simplement pas lieu d'être.

En France, l'establishment constitué *de facto* par les historiens officiels, les magistrats et la grande presse perpétue les croyances du passé et ne se tient pas informé des progrès de la recherche dans l'historiographie de la seconde guerre mondiale. Par exemple, le journal *Le Monde* continue de préserver le mythe de la conférence de Wannsee entendue comme une preuve de la politique d'extermination des juifs. Il ne tient aucun compte des travaux de Wilhelm Stäglich ou de Wigbert Grabert sur la question. Il fait mieux : pour préserver le mythe, il falsifie les textes. Voici un exemple récent de falsification dû au germaniste Jacques Nobécourt : dans un article intitulé : « Un livre de David Wyman. Les silences de Roosevelt devant l'Holocauste »[205], Jacques Nobécourt écrit :

> « À Wannsee, quartier résidentiel de Berlin, les représentants de toutes les administrations du Reich entendirent de Heydrich, chef des services de sécurité, la définition du plan qui systématisait *« la solution finale du problème »*. Il s'agissait de transférer à l'Est

[204] *TMI*, X, p. 563.
[205] *Le Monde*, 22 avril 1987, p. 1 et 7.

> onze millions de personnes *« de confession juive »* pour les y faire travailler, en particulier à la construction de routes. *« Une grande partie disparaîtra sans aucun doute par décroissance naturelle, c'est-à-dire excès de travail, maladies, sous-alimentation, etc. Ce qui finalement subsistera et représentera indubitablement la fraction la plus résistante devra être traité conformément au fait que, représentant une sélection naturelle, il constituerait le germe d'une renaissance juive s'il était libéré. »*
>
> « Telle fut la phrase clé, d'où prit son accélération tout le système d'une extermination jusqu'alors menée moins administrativement. Aucun des assistants ne critiqua la consigne, et, deux mois plus tard, en avril, les premiers camps de la mort (Belzec, Treblinka, Sobibor), entrèrent en fonction. »

Jacques Nobécourt a fait ici le maximum de ce que peut réaliser un falsificateur puisque, aussi bien, il a mené, sans en oublier une seule, les trois opérations possibles : d'abord retrancher, puis ajouter, enfin altérer ce qui reste.

La « décroissance naturelle » dont parle le texte original *(natürliche Verminderung :* doc. NG-2586, p. 7) est celle due au fait que les juifs et les juives, organisés à l'Est en colonnes de travail et construisant des routes en avançant vers l'Est, seront séparés d'après le sexe. C'est le cas pour tous les prisonniers du monde. Il y aura obligatoirement plus de décès que de naissances.

Pour mieux cacher le sens de « décroissance naturelle », J. Nobécourt a tout simplement forgé et ajouté au texte les mots suivants : (par décroissance naturelle) *c'est-à-dire excès de travail, maladies, sous-alimentation, etc*. Il a inséré ces mots dans sa citation du document et ils apparaissent, comme le reste du document, en caractère italique et entre guillemets. Comme on le voit, non seulement Nobécourt a faussé le sens réel de « diminution naturelle » mais il en a profité pour montrer les Allemands comme des êtres parfaitement cyniques, décidés à pratiquer la sous-alimentation de leurs prisonniers juifs.

Quant à ce qu'il appelle « la phrase-clé », il en dénature le sens au point de lui faire dire exactement le contraire de ce qu'elle dit. Cette phrase ne signifie pas du tout qu'il faudra exterminer ce qui subsistera de juifs, si on les libère ; elle dit, au contraire, qu'il faudra libérer ces juifs et les considérer comme la cellule germinative d'une renaissance juive. On retrouve là l'idée banale selon laquelle le travail physique régénère. Dans la mythologie antijuive, le juif est un parasite qui répugne au dur travail physique et, en particulier, à celui de la terre. Même dans la mythologie sioniste, les juifs se rachèteront du poids du passé par le travail physique. Il se produira alors une renaissance. Le terme allemand habituellement employé (*Aufbau*) est, d'ailleurs, celui qu'on trouve ici dans ce passage du procès-verbal de Wannsee. Il sert de titre à un fameux périodique juif américain. Voici le texte allemand du procès-verbal, suivi de la traduction de J. Nobécourt et de sa véritable traduction :

> « Der allfällig endlich verbleibende Restbestand wird, da es sich bei diesem zweifellos um den widerstandsfähigsten Teil handelt, entsprechend behandelt werden müssen, eine natürliche Auslese darstellend, bei Freilassung als Keimzelle eines neuen jüdischen Aufbaues anzusprechen ist. (Siehe die Erfahrung der Geschichte.) »[206]

Traduction de J. Nobécourt :

> « Ce qui finalement subsistera et représentera indubitablement la fraction la plus résistante devra être traité conformément au fait que, représentant une sélection naturelle, il constituerait le germe d'une renaissance juive s'il était libéré. »

Véritable traduction (en reprenant le plus possible les mots de J. Nobécourt) :

> « Ce qui finalement subsistera et représentera indubitablement la fraction la plus résistante devra être traité conformément au fait que, représentant une sélection naturelle, il constituera à sa remise en liberté le germe d'une renaissance juive (voyez la leçon de l'Histoire). »

J. Nobécourt, en plus de tout, a supprimé cette allusion à « la leçon de l'Histoire » qui montrait bien que, dans l'esprit des Allemands, cette renaissance ou cette régénération constituerait une renaissance ou une régénération de plus dans l'histoire.

Au journal *le Monde,* on ne chôme pas dans le travail de manipulation des textes avec le désir, légitime à ses yeux, d'éclairer les esprits. En tête d'un dossier sur l'antisémitisme, présenté par Jean-Marc Théolleyre[207], paraissait la phrase allemande :

---

[206] NG-2586, p. 8.
[207] *Le Monde. Dossiers et documents,* n° 103, juillet 1983.

> « Ohne Lösung der Judenfrage, keine Erlösung der Menschheit »

ainsi traduite : « Sans *l'extinction* de la *race* juive, pas de salut pour l'humanité » alors qu'en réalité la phrase signifiait : « Sans *solution* de la *question* juive, pas de salut pour l'humanité » (mots soulignés par nous). Prié de s'expliquer sur sa traduction, *Le Monde*, par l'intermédiaire de Daniel Junqua, répondait qu'il s'agissait certes d'une erreur « d'un point de vue strictement linguistique » mais que les Allemands employaient là un euphémisme « parfaitement traduit » *(sic)* et recouvrant une horrible réalité. Et d'ajouter : « C'est cette réalité que rend la traduction choisie pour que nulle équivoque ne puisse subsister à ce propos pour nos jeunes lecteurs » (lettre du 4 juillet 1983).

Nos faussaires œuvrent pour la jeunesse en toute bonne conscience ; c'est ce qu'on appelle « les pieux mensonges ».

Dans son article du 21 mai 1987, Théolleyre écrit à propos de la déposition d'un procureur allemand du nom de Streim, collègue du procureur Holtfort :

> « Il convenait aussi de revenir sur le sens de l'expression « *solution finale de la question juive* », apparue pour la première fois lors de la conférence dite de Wannsee, le 20 janvier 1942, sous la présidence de Heydrich, alors chef du RSHA, l'office central de la sécurité du Reich. »

Voilà qui est grave. Si le journaliste a raison et si le procureur Streim a vraiment dit cela et si le président Cerdini le croit comme le journaliste lui-même a l'air de le croire, nous sommes dans la complète falsification historique. L'expression de « solution finale de la question juive » est peut-être apparue dès 1935 ; en tout cas, bien avant la guerre, elle était d'un emploi courant ; elle désignait alors par exemple, le projet d'émigration des juifs à Madagascar ; même Léon Poliakov en convient.[208] Rechercher la solution, à la fin des fins, d'un problème à peu près aussi vieux que le peuple juif lui-même n'implique pas nécessairement une extermination de ce peuple. On cherchait une terre, un foyer national, une patrie pour les juifs européens. Beaucoup ont songé à Madagascar, à l'Ouganda, à une portion d'Amérique du Sud, à la Sibérie orientale, à la Palestine. Aujourd'hui, il existe deux foyers nationaux juifs : l'un se trouve en Israël et l'autre dans la région autonome juive de Birobidjan (Sibérie méridionale). Et puis, il faudrait

---

[208] L. Poliakov, *Le Procès de Jérusalem*, p. 152.

avoir l'honnêteté là encore de ne pas tronquer l'expression allemande qui, bien souvent, n'était plus seulement *« Endlösung »* (« solution finale ») mais « territoriale Endlösung » (« solution finale territoriale »), ce qui exclut l'idée d'une extermination. Encore sept mois après la conférence de Wannsee (une conférence où, d'ailleurs, aucune décision n'a été prise mais où Heydrich a annoncé le remplacement d'une émigration vers Madagascar par une émigration vers l'est de l'Europe), l'expression de « territoriale Endlösung » est employée dans le « Luther Memorandum ».[209] Encore le 24 juillet 1942, Hitler, tempêtant contre les juifs qui lui avaient déclaré la guerre en la personne Chaïm Weizmann, se promettait de les chasser d'Europe après la guerre et de les forcer à émigrer vers Madagascar ou quelque autre foyer national juif.[210]

Le procès Barbie agit comme un révélateur de la vaste mystification que constitue la thèse de l'extermination des juifs. Selon Théolleyre, le procureur Holtfort aurait déclaré à propos d'un prétendu ordre d'exterminer les juifs :

> « Il n'existe pas de document écrit, mais l'on part de l'hypothèse que des instructions orales furent données par Hitler et que l'on usa alors d'un langage codé, dont seuls les initiés connaissaient la signification. »

Il faut espérer qu'un lecteur attentif saura lire et relire ces mots pour en mesurer toute la signification involontaire. Les exterminationnistes ont pour seule ressource de bâtir des hypothèses, de supposer l'existence d'instructions dont on ne trouve pas la moindre trace, de « coder » le langage des Allemands pour mieux le « décoder » ensuite.

En réalité, les historiens n'ont trouvé aucun ordre d'aucune sorte d'exterminer les juifs : ni ordre, ni plan, ni budget pour ce qui est de la vaste entreprise criminelle ; aucune expertise de l'arme du crime (la chambre à gaz ou le camion à gaz) ; aucun rapport d'autopsie concluant à un assassinat par gaz-poison ; aucun témoin contre-interrogé sur sa prétendue connaissance oculaire de l'arme du crime.

Plus se multiplient les « miraculés » et plus on croit au miracle alors que c'est le contraire qui devrait se passer.

Plus les témoins de l'accusation parlent avec haine (et même garantissent qu'ils ont de la haine pour Barbie et pour ce qu'il représente) et plus ils sont écoutés avec confiance alors qu'ils devraient susciter la méfiance précisément parce qu'ils parlent avec haine.

---

[209] Doc. NG-2586-J du 21 août 1942, p. 4 ; rappelant une lettre de Heydrich du 24 juin 1940.

[210] *Hitlers Tischsgespräche im Führerhauptquartier*, p. 471.

« Ce n'est pas devant les tribunaux que l'Histoire peut trouver ses juges. » On connaît cet adage mais on l'oublie vite dès lors qu'il s'agit du « nazisme » ou d'un « nazi ». Car, en fin de compte, là est bien le nœud de l'affaire. Qu'on le veuille ou non on part du principe qu'« un nazi n'est pas un homme » et tout s'ensuit. À l'égard d'un nazi les règles habituelles ne jouent plus. L'appareil judiciaire, jamais embarrassé pour trouver des justifications à ses entreprises et entraîné de longue date à feindre un respect scrupuleux des lois, est prêt à se contenter de peu. De 1940 à 1944, les magistrats français ont fait fusiller dans un sens ; puis, de 1944 à 1950 au moins, ils ont fait fusiller dans l'autre sens. Et souvent il s'agissait des mêmes magistrats.

Un magistrat ne peut pas aller à contre-courant des grands mouvements d'opinion ; il lui faut communier, à sa façon. La grande presse l'observe. À la moindre incartade, il serait rappelé à l'ordre. Les magistrats qui ont à juger Barbie sont à plaindre. Barbie aussi, car il est un homme, tout simplement, un vaincu que juge son vainqueur. Qui accepterait de se laisser juger par son vainqueur ?

On n'en a pas fini au procès Barbie avec le faux et usage de faux. Le lecteur des *Annales d'histoire révisionniste* sera tenu au courant.

***

18 juin 1987

## *SHOAH*, FILM DE CLAUDE LANZMANN VERS UN KRACH DU SHOAH-BUSINESS...

« Shoah » est un mot hébreu qui signifie catastrophe. Il est devenu un synonyme d'extermination, de génocide, d'holocauste. Il sert de titre à un interminable film de Claude Lanzmann. Marek Edelman, l'un des anciens dirigeants du soulèvement, en 1943, du ghetto de Varsovie, a qualifié ce film d'« ennuyeux », de « peu intéressant » et de « manqué ».[211] En dépit d'une mobilisation générale des médias en sa faveur, les Français – y compris la communauté juive française prise dans son ensemble – ont résolument boudé ce pensum. En désespoir de cause, la secrétaire générale du prix de la Fondation du judaïsme français, attribué à *Shoah,* a déclaré : « Je terminerai par une exhortation, une supplication. Allez voir ce film, demandez à ceux qui vous entourent

[211] *Le Monde,* 2 novembre 1985, p. 3.

d'aller le voir. »[212] F. Mitterrand a cautionné ce film, Jean-Paul II aussi et bien d'autres grands de ce monde. Rien n'y a fait. Les chaînes de télévision ont longtemps résisté aux pressions mais les voici qui craquent : le gigantesque navet passera. Durée : près de neuf heures et demie. Lanzmann veut nous faire croire que les chambres à gaz homicides et l'extermination des juifs ont réellement existé. Or, ce que son film montre surtout, c'est qu'il n'y a ni preuves, ni témoins et que, comme le démontrent les révisionnistes, ces chambres et cette extermination sont un seul et même mythe. D'ailleurs, s'il s'agissait d'une vérité, on s'empresserait de nous le prouver par une émission spéciale sur toutes les chaînes de télévision un beau soir à 20 h 30, avec des documents et non avec *Shoah.*

La vérité est que Hitler a traité les juifs en ennemis déclarés, a voulu les chasser d'Europe, en a mis un grand nombre en camps de travail ou de concentration. Certains de ces camps avaient des fours crématoires pour l'incinération des cadavres. Aucun n'avait de chambre à gaz homicide. L'existence de ces prétendus abattoirs à gaz se heurte à des impossibilités d'ordre physique, chimique, topographique, architectural, documentaire. Le sort des juifs a été banalement atroce. Qu'on songe aux enfants allemands tués ou mutilés au phosphore ou encore, de 1945 à 1947, massacrés lors de leur « transfert » de l'Est vers l'Ouest !

## *Ni ordre, ni plan, ni budget*

Lanzmann savait parfaitement la fragilité de la thèse exterminationniste et la solidité des arguments révisionnistes. Voilà une colossale entreprise d'extermination pour laquelle on ne trouve trace ni d'un ordre, ni d'un plan, ni d'un budget ! Quant à l'arme spécifique de ce crime spécifique, elle a tout simplement disparu ! Même *Le Nouvel Observateur* a fini par se faire l'écho pour le grand public de l'aveu des spécialistes : « Il n'existe aucune photographie de chambre à gaz »[213], ce qui veut dire que ce qu'on persiste à présenter aux touristes en fait de chambres à gaz au Struthof, à Mauthausen, à Hartheim, à Dachau, à Majdanek, à Auschwitz, n'est que de l'attrape-nigaud. Lanzmann a participé au fameux colloque de la Sorbonne (29 juin 2 juillet 1982) où ces cruelles évidences étaient soudain apparues aux deux organisateurs, Raymond Aron et François Furet. Il s'est senti renforcé dans sa conviction : en l'absence de preuves et de documents, il allait rétorquer

[212] *Hamoré,* juin 1986, p. 37.
[213] *Le Nouvel observateur*, 26 avril 1983, p. 33.

aux révisionnistes par un film incantatoire et des montages de « témoignages ».

Pourquoi pas ?

## *Faire ce film avec du rien*

C'est ainsi que Lanzmann a filmé, jusqu'à la nausée, des rails de chemin de fer, des pierres ou des paysages ; il accompagne ces images lancinantes d'un commentaire lourdement lyrique et de jeux de caméra destinés à « évoquer » déportations et gazages. Il dit lui-même en son pathos : « À force de filmer ces pierres de Treblinka, sous tous les angles, elles ont fini par parler. »[214] Il affirme, sans preuves, que les nazis ont effacé les traces de leur gigantesque crime. Il déclare : « Il fallait faire ce film avec du rien, sans documents d'archives, tout inventer. »[215] Ou encore : « Il s'agissait donc de faire un film avec des traces de traces de traces. [...]. Avec le rien on revient au rien. »[216] Ses thuriféraires ne l'en admirent que plus. « Pas une seule image d'archive », s'exclame J.-F. Held.[217] « Ce film est un fantastique ressassement. »[218] Pour Glucksman, « La force de ce film est de montrer non ce qui s'est passé – il s'en garde bien – mais la possibilité de ce qui s'est passé. »[219]

C'est ainsi qu'au spectateur le cinéaste fait croire ce qu'il veut. Les imaginations ne demandent qu'à être mises en branle. Il arrive que le résultat dépasse toute espérance. Fier de son art de persuader, Lanzmann déclarait à un journal américain : « Un homme m'a écrit après avoir vu le film que c'était la première fois qu'il avait entendu le cri d'un petit enfant dans une chambre à gaz. C'est peut-être parce que son imagination avait été mise en branle. »[220] Au camp principal d'Auschwitz, Lanzmann a filmé le crématoire où l'on montre aux touristes, d'une part, la salle des fours et, d'autre part, une salle adjacente, baptisée chambre à gaz (en réalité : une chambre froide pour les cadavres). Or, sa caméra se maintient dans la première salle ; elle y multiplie les pirouettes et les virevoltes si bien que la brusque et infinitésimale apparition de la prétendue chambre à gaz, quasiment dans le noir, ne peut être décelée que par l'œil du spécialiste. Le spectateur non averti peut croire que Lanzmann lui a montré clairement une chambre à gaz. C'est de la pure

---

214 *Libération,* 25 avril 1985, p. 22.

215 *Le Matin de Paris,* 29 avril 1985, p. 12.

216 *L'Express,* 10 mai 1985, p. 40.

217 *L'Événement du jeudi,* 2 mai 1985, p. 80.

218 *L'Autre Journal,* mai 1985, p. 48.

219 A. Glucksmann, *Le Droit de vivre,* fév.-mars 1986, p. 21.

220 *New York Times,* 20 octobre 1985, sec. 2, p. H-l.

esbroufe. Quant à Lanzmann il peut indifféremment soutenir qu'il a montré ou qu'il n'a pas montré cette « vraie » ou cette « fausse » chambre à gaz. Tout est à l'avenant.

*Shoah* s'ouvre sur un mensonge par omission. Dans la liste de ceux qui ont rendu possible, notamment sur le plan financier, la réalisation de ce film, Lanzmann se garde bien d'indiquer le premier de ses commanditaires : l'État d'Israël ; Menahem Begin en personne avait commencé par débloquer quatre-vingt-cinq mille dollars pour ce qu'il appelait un « projet d'intérêt national juif ».[221] Lanzmann a utilisé des supercheries matérielles ou verbales de toutes sortes pour tromper soit certaines personnes interviewées, soit le spectateur. Auprès de ses « témoins » allemands, il s'est parfois présenté « au nom d'un institut désireux de rétablir la vérité sur le prétendu génocide des juifs européens. [...] L'argent a décidé les hésitants. »[222] Il semble avoir usurpé un titre de « docteur » et utilisé le nom de « Dr Sorel » auprès du « témoin » Walter Stier. Son « témoin » numéro 1 est le coiffeur Abraham Bomba ; dans une scène « criante de vérité », on voit Bomba officier dans sa boutique et reproduire sur la chevelure d'un client les gestes qu'il avait, paraît-il, pour couper « dans la chambre à gaz de Treblinka » les cheveux des victimes. Esbroufe là encore : Bomba était coiffeur à New York, il avait pris sa retraite en Israël et c'est là que Lanzmann avait loué une boutique et procédé à toute une mise en scène en accord avec Bomba.[223]

## *Un salon de coiffure dans la chambre à gaz*

Venons-en précisément aux « témoins » de *Shoah.* Il ne s'agit pas de témoins au sens juridique du terme. Aucun des « témoignages » n'est vérifié ni contrôlé. Aucun « témoin » n'est contre-interrogé. Aucun « témoignage » ne semble avoir été restitué sous sa forme intégrale et, sur trois cent cinquante heures de tournage, Lanzmann n'a de toute façon prélevé que près de neuf heures et demie. Les « témoignages » sont, de plus, systématiquement tronçonnés et on nous les livre par fragments, sur fond d'images arbitrairement choisies pour mettre le spectateur en condition.

Le témoignage qu'ont retenu, avant tout autre les promoteurs de *Shoah,* est celui d'Abraham Bomba. Il fourmille pourtant d'impossibilités matérielles et de graves obscurités. Bomba veut nous

---

221 *The Jewish Journal* (New York), 27 juin 1986, p. 3 et *Agence télégraphique juive,* 20 juin 1986.

222 Reportage d'Annette Lévy-Willard et Laurent Joffrin, *Libération,* 25 avril 1985, p. 22.

223 Jean-Charles Szurek, *L'Autre Groupe,* 10, 1986, p. 65 ; *The Times*, 2 mars 1986 ; *L'Autre Journal,* mai 1985, p. 47.

faire croire qu'il officiait à Treblinka dans une pièce qui était à la fois un salon de coiffure et une chambre à gaz ! La pièce mesurait quatre mètres sur quatre. Dans cet espace exigu, il y avait, dit-il, seize ou dix-sept coiffeurs et des bancs ; soixante ou soixante-dix femmes nues environ entraient avec un nombre indéterminé d'enfants ; pour que la totalité de ce groupe ait les cheveux coupés, il suffisait de huit minutes environ. Personne ne quittait la pièce ; entraient alors soixante-dix ou quatre-vingt femmes avec, à nouveau, un nombre indéterminé d'enfants ; pour tout ce nouveau groupe la coupe durait environ dix minutes. Donc, le total des présents était alors d'environ cent quarante-six à cent soixante-sept, sans compter les enfants et l'espace occupé par les bancs. C'est du pur non-sens. Les coiffeurs ainsi comprimés travaillaient sans répit ; ils ne quittaient la pièce, de temps en temps, que pendant cinq minutes : juste le délai nécessaire pour le gazage des victimes, l'enlèvement des cadavres et le nettoyage de la pièce : tout « était propre » alors. On ne nous dit pas quel était le gaz employé ni par où il était envoyé. Et puis, comment procédait-on à la dispersion du gaz après l'opération ? Lanzmann ne pose pas ces questions. Il faudrait un gaz à l'effet foudroyant, sans adhérence aux surfaces et sans rémanence dans les corps à manipuler. Bomba est un mythomane qui s'est vraisemblablement inspiré de la page 191 du *Treblinka* de J.-F. Steiner, un livre qui a été dénoncé même par un P. Vidal-Naquet comme une immonde fabrication[224] et qui a été rédigé au moins partiellement par le romancier Gilles Perrault.[225]

Le « témoin » Rudolf Vrba est à l'origine du mythe d'Auschwitz. Interné à Birkenau dans les meilleures conditions (il disposait d'une chambre personnelle), il a raconté sur Auschwitz, dès avril 1944, une telle somme d'inepties qu'il lui est arrivé en janvier 1985 au procès Zündel à Toronto une humiliante mésaventure : le procureur qui avait invoqué son témoignage contre un révisionniste avait brusquement renoncé à l'interroger plus avant, tant il était devenu évident que Vrba était un fieffé menteur. Il avait totalement inventé des faits et des chiffres. En particulier, il disait avoir personnellement dénombré cent cinquante mille juifs de France *gazés* en vingt-quatre mois à Birkenau ; or, pour toute la durée de la guerre, Klarsfeld avait démontré que les Allemands avaient *déporté* vers tous les camps environ 75.721 juifs de France. Sommé de s'expliquer sur une certaine visite de Himmler à Auschwitz pour

[224] P. Vidal-Naquet, *Les Juifs, la mémoire et le présent,* p. 212.
[225] *Le Journal du Dimanche*, 30 mars 1986, p. 5.

l'inauguration de nouvelles chambres à gaz, il en appelait, lui, l'homme de toutes les précisions les plus scrupuleuses, à la *« licentia poetarum ».*

## *Un témoin sauvé par de jeunes beautés nues*

Le « témoin » Filip Müller est de la même trempe. Il est l'auteur de *Trois ans dans une chambre à gaz d'Auschwitz.* Ce best-seller nauséabond est le résultat du travail d'un nègre allemand, Helmut Freitag, qui n'a pas hésité devant le plagiat ; voyez Carlo Mattogno, « The Filip Müller's Plagiarism » repris dans *Auschwitz : un caso di plagio*. La source du plagiat est *Médecin à Auschwitz,* autre best-seller signé de Miklos Nyiszli. Dans le film, il dit que dans la grande chambre à gaz de Birkenau on pouvait gazer jusqu'à trois mille personnes à la fois et qu'au moment du gazage « presque tous se précipitaient vers la porte » et, enfin, que « là où le Zyklon avait été versé, c'était vide ». Il se garde de dire que la pièce en question (en fait une chambre froide : *Leichenkeller)* mesurait tout au plus 210 $m_2$, ce qui aurait interdit tout déplacement. Il dit qu'à cette foule il fallait seulement trois ou quatre heures pour pénétrer dans le vestiaire (avec trois mille patères !), s'y déshabiller, passer dans la chambre à gaz, y être gazées, être transportées dans la salle des fours, y être brûlées et réduites en cendres. Il ne dit pas qu'il n'y avait que quinze bouches à feu ; à raison d'une heure et demie pour réduire un cadavre en cendres, il aurait fallu douze jours et douze nuits de fonctionnement ininterrompu pour accomplir cette prouesse technique. Et il y avait plusieurs fournées par jour de victimes à gazer et à brûler ! Dans le film, il raconte comment les victimes entonnèrent l'hymne national tchèque et l'hymne juif : la Hatikva. Il s'inspire ici d'un « témoignage » selon lequel des victimes entonnèrent l'hymne national polonais et la Hatikva jusqu'à ce que les deux chants se confondent dans… l'Internationale.[226] Dans le livre (p.154-155) mais non dans le film, il raconte comment, décidé à mourir dans la chambre à gaz, il en fut dissuadé par un essaim de jeunes beautés nues qui l'expulsèrent *manu militari* pour mourir toutes seules : lui servirait de témoin. À la page 83, il rapporte que les médecins nazis palpaient les cuisses et les parties génitales des hommes et des femmes encore en vie et qu'après la mort des victimes les morceaux prélevés étaient jetés dans un récipient (dans la version allemande originale, les récipients étaient pris de mouvements saccadés sous l'effet de la convulsion des muscles.[227] Tel est Filip Müller, le grand « témoin » de C. Lanzmann.

---

[226] Récit reproduit par B. Mark, *Des Voix dans la nuit,* p. 247.
[227] *Sonderbehandlung,* Steinhausen, 1979, p. 74.

Son « témoin » Karski parle avec emphase du ghetto de Varsovie mais pour ne rien en dire. Il est dommage que Lanzmann ne nous l'ait pas fait entendre sur sa prétendue expérience du camp de Belzec. Jan Karski racontait que les juifs y étaient tués à la chaux vive dans des wagons. « Je ne le mentionnerais pas, même dans une note en bas de page », devait dire Raul Hilberg.[228]

Le « témoin » Raul Hilberg, lui, a beaucoup plus de valeur. Lanzmann a été critiqué pour avoir fait place dans son film à ce professeur américain, d'origine juive autrichienne, qui n'a rien connu des camps. Hilberg est le pape de la théorie exterminationniste. Il est l'homme qui a fini par reconnaître qu'il n'avait existé ni ordre, ni plan, ni budget pour l'extermination des juifs. Il croit néanmoins désespérément à cette extermination. C'est son désespoir d'intellectuel qui est intéressant. Tout spectateur attentif du film verra à quel point Hilberg se livre à de pures spéculations pour défendre sa théorie. Cela saute aux yeux dans tout son développement sur les chemins de fer allemands qui, dit-il, emmenaient le plus ouvertement du monde les juifs de Varsovie vers Treblinka. Il rappelle les heures précises de départ et d'arrivée. Et il en conclut… que les juifs étaient ainsi envoyés aux chambres à gaz de Treblinka. À aucun instant il ne nous prouve que Treblinka possédait de telles chambres à gaz.

Le « témoin » Suchomel est un ancien sergent de Treblinka. Aussi longtemps qu'il parle d'autre chose que de gazage homicide il est relativement précis. Dès qu'il aborde le chapitre de ce gazage il devient nébuleux. Il ne précise ni l'emplacement, ni les dimensions, ni le fonctionnement. Tantôt il parle de « la chambre à gaz » et tantôt « des chambres à gaz » sans que Lanzmann lui demande de lever l'équivoque. Il ne révèle pas même la nature du gaz. Il parle de « moteurs ». La légende qui a force de loi est qu'il y avait un « moteur diesel » (Gerstein) ; or, le diesel est impropre à asphyxier. À aucun instant il ne dit avoir assisté à un gazage. Il dit que, le jour de son arrivée, « juste au moment où nous passions, ils étaient en train d'ouvrir les portes de la chambre à gaz… et les gens sont tombés comme des pommes de terre ». Il a donc, tout au plus, vu des cadavres. Rien ne lui permettait d'affirmer que le local était une chambre à gaz. Il venait d'arriver. Tout au plus rapporte-t-il un propos. Par ailleurs, tout ce qu'il dit implique que dans ce camp il y avait des juifs, des cadavres, un ou des bûchers peut-être et, probablement, des douches et des chambres à gaz de désinfection. Il montre le bas d'un plan mais dans l'obscurité. Quel est ce plan ? Il parle avec autorité des gazages d'Auschwitz où il n'a jamais mis les pieds. Il parle avec la même autorité

[228] E. Meyer, « Recording the Holocaust », p. 9.

des gazages de Treblinka mais jamais en témoin oculaire. Il ressemble à ces autodidactes qui débitent sur un sujet donné le résultat de leurs lectures et qu'une simple question directe et précise désarçonnerait. Mais jamais Lanzmann ne lui pose cette question.

Depuis que le mythe des chambres à gaz est en péril, on a tendance à se rabattre sur celui des fantomatiques camions à gaz. C. Lanzmann nous promène beaucoup en camion. C'est peut-être sur ce sujet que ses « témoins » sont les moins vraisemblables et les plus contradictoires. Pour sauver la mise, Lanzmann nous inflige la lecture d'un document (lui, qui ne voulait pas de document) sur les camions spéciaux Saurer. Il n'y a qu'un malheur pour lui : c'est qu'il a gravement manipulé le texte, cherchant notamment à lui enlever ses absurdités les plus voyantes. Les spécialistes trouveront l'intégralité du document dans *NS-Massentötungen durch Giftgas*.[229]

## *Treblinka : rien de secret*

Quant aux braves paysans polonais des environs de Treblinka et au mécanicien de locomotive, ils semblent avoir été surtout éblouis par la richesse des juifs arrivés en trains de voyageurs et, s'ils pensaient que les Allemands allaient tuer ces juifs, c'était surtout, croyaient-ils, en les étranglant ou en les pendant. Aucun n'a été le témoin de gazages homicides. Or, de tels gazages dans de telles quantités industrielles n'auraient pu leur échapper. Treblinka, situé à 100 km de Varsovie, n'avait rien de secret. Richard Glazar, interrogé par Lanzmann, ne dit pas dans le film ce qu'il a confié à l'historienne Gitta Sereny Honeyman : tous les Polonais entre Varsovie et Treblinka devaient connaître l'endroit, on y venait faire du troc avec les juifs du camp, les paysans en particulier ; il y avait de la prostitution avec les gardiens ukrainiens ; Treblinka était un vrai « cirque » pour les paysans et les prostituées.[230]

Lanzmann a peur des révisionnistes. Il a déclaré : « Je rencontre souvent des gens qui disent que *Shoah* n'est pas objectif parce qu'on n'y montre pas d'interviews avec ceux qui ont nié l'Holocauste. Mais, si vous essayez de discuter de ce point, vous vous retrouvez pris dans un piège. »[231] Effectivement, les rares fois où les révisionnistes ont pu attirer des exterminationnistes dans une discussion, ces derniers ont subi de cuisantes déconvenues. Mais le grand public comprend de moins en

[229] E. Kogon, H. Langbein, A. Rückerl *et al.*, *NS-Massentötungen durch Giftgas,* p. 333-337.

[230] G. Sereny Honeyman, *Into that Darkness*, p. 193.

[231] *Jewish Chronicle,* 6 février 1986, p. 8.

moins ce refus de la discussion à la radio et à la télévision. Si les révisionnistes disent des mensonges, pourquoi ne pas les confondre en public ? D'ailleurs, disent-ils des mensonges ? S. Klarsfeld n'a-t-il pas lui-même reconnu qu'on n'avait pas encore *publié* de « vraies preuves » de l'existence des chambres à gaz mais seulement des « débuts de preuves » ?[232]

La dernière guerre avec l'Allemagne a pris fin le 8 mai 1945. Mais certains considèrent apparemment qu'il faut continuer cette guerre en persistant à propager les horribles inventions de la propagande de guerre ; ils le font par la voie des procès ou par celle des médias qui, de plus en plus, augmentent le tam-tam holocaustique. Il faudrait s'arrêter. On en a déjà trop fait. La paix et la réconciliation exigent un autre comportement. Le Shoah-business nous mène dans une impasse. Les jeunes générations juives ont mieux à faire que de s'enfermer dans les croyances absurdes de la religion de l'Holocauste. Leur refus de s'intéresser au film *Shoah* serait, s'il se confirmait, un premier signe du rejet, par la nouvelle génération, de la mythologie officielle au moins en ce qui concerne la seconde guerre mondiale et ses suites.

[Sous le titre « Ouvrez les yeux, cassez la télé ! », ce tract a été distribué par Pierre Guillaume aux spectateurs qui se présentaient devant le cinéma où le film était projeté.]

***

1er juillet 1987

## *Une fédération groupant plus de deux mille journalistes français demande aux autorités judiciaires de faire taire le professeur Faurisson*

Le 1er juillet 1987, l'Agence France-Presse (AFP) a diffusé un communiqué, signé de Michel Castex, à l'occasion d'un texte du professeur Faurisson portant sur *Shoah*, film de Claude Lanzmann. Ce communiqué dit notamment :

> « Des individus comme Robert Faurisson, estime la Fédération [française des sociétés de journalistes], ne devraient pas pouvoir écrire impunément ce qu'ils écrivent et diffusent. L'infamie et le racisme ont des limites. La déontologie de l'information interdit

232 *VSD*, 29 mai 1986, p. 37.

qu'on puisse écrire n'importe quoi, les contre-vérités les plus folles, au mépris de la vérité et donc de la liberté de savoir, en connaissance de cause [...].

« En plein procès Barbie, et alors que les tentatives révisionnistes se multiplient, conclut la Fédération, il est urgent que les autorités judiciaires, au nom du respect de l'information et des Droits de l'homme, sanctionnent de tels tracts infamants et leurs auteurs, en les empêchant de récidiver.

« La Fédération française des sociétés de journalistes regroupe plus de vingt sociétés (notamment TF1, Antenne 2, FR3, l'Agence France-Presse, *Le Monde*, *Sud-Ouest*, *L'Équipe*...), soit plus de deux mille journalistes au total. »

Le 3 juillet, le professeur Faurisson ainsi que Pierre Guillaume et Carlo Mattogno, seront inculpés d'apologie de crimes de guerre et de propagation de fausses nouvelles en raison du contenu du premier numéro des *Annales d'histoire révisionniste*. Ce numéro, sorti le 9 mai, a été saisi dès le 13 mai [1987]. Le 25 mai, il a fait l'objet d'une ordonnance de référé du juge Pluyette (tribunal de Paris) interdisant d'en poursuivre actuellement la distribution, la diffusion et la vente ; Pierre Guillaume pourra seulement en poursuivre la vente auprès des abonnés.

Dans son numéro du 5-6 juillet, *Le Monde* publiera (p. 31) un article de Bruno Frappat sur *Shoah* où seront condamnés, selon les propres termes du journaliste, « les révisionnistes, les exclueurs de tout poil, les fortes têtes du mensonge et de la falsification, les gangsters de l'histoire. »

Une loi est en préparation contre ceux qui « auront tenté de nier l'existence d'éléments constitutifs de ces crimes » (« crimes de guerre » et « crimes contre l'humanité »). Ainsi ceux qui disent qu'il n'a pas existé de chambres à gaz homicides dans les camps de concentration du IIIe Reich pourront-ils être punis de prison.[233]

En préparation également : l'obligation pour les élèves de l'enseignement du second degré de suivre des cours dits d'« Instruction civique et (de) Droits de l'homme » sanctionnés par des examens et, à partir de 1990, par une épreuve au baccalauréat ; ces cours comprendront un enseignement anti-révisionniste ; c'est ce qui ressort de la lecture de divers journaux.[234]

[233] *Le Droit de vivre*, juin-juillet 1987, p. 1, 2, 3, 8, 13-15.

[234] *Information juive*, juillet 1987, p. 16, *Le Monde,* 2 juillet 1987, p. 8...

***

9 juillet 1987

# LE RÉVISIONNISME HISTORIQUE VU PAR LE JOURNAL *LE MONDE* (DU 12 MAI AU 9 JUILLET 1987)

12 mai – En page 9 : « Un tract néo-nazi » (« le désormais fameux tract attribué à un “collectif Lyon-Nancy-Strasbourg”, développant les thèses « révisionnistes » sur le génocide des juifs perpétré par les nazis »).

En page 10 : « *Annales d'histoire révisionniste.* Une revue met en cause l'extermination des juifs ».

13 mai – En page 13 : « Dans un lycée parisien. Qu'est-ce qu'une chambre à gaz ? »

14 mai – En page 12 : « Au tribunal de Paris/Des associations de déportés et la LICRA demandent la saisie des *Annales d'histoire révisionniste* ».

24-25 mai – En page 10 : « L'A.B.C. ”révisionniste” sera révisé ».

27 mai – En page 12 : « Les *Annales d'histoire révisionniste* interdites à la vente ».

30 mai – En page 13 : « Après la publication de lettres “révisionnistes”. Le rédacteur en chef de *Libération* a présenté sa démission ».

3 juin – En page 12 : « Les éternels malades de l'insulte anonyme » (à propos du « tract des lycéens » et d'un tract sur Élie Wiesel rédigé par (Robert Faurisson, non nommé) « un professeur révisionniste qui a récemment boxé un cameraman de nos confrères de FR3. Ce grand colérique [...] ».

En même page : « Un tract révisionniste provoque une polémique au lycée Voltaire » (à propos du « tract des lycéens »).

En page 48 : « Une “direction extraordinaire de la rédaction” est créée à *Libération* » (à propos des lettres révisionnistes publiées par ce journal).

16 juin – En page 2 : Pierre Vidal-Naquet (« Les degrés dans le crime ») dénonce « la petite bande abjecte qui s'acharne encore aujourd'hui à nier la réalité du crime de génocide ». Le journal publie son texte à la page « Débats » ; il n'y a pas de débat.

18 juin – En page 2, Jacques Baynac et Nadine Fresco (« Comment s'en débarrasser. Les révisionnistes nient la réalité qui les excède parce

qu'elle excède leur théorie ») dénoncent les révisionnistes. Les mots employés sont les suivants : Mentez, mentez… « Le mensonge »… trois mensonges… faux et mensonger… faux et mensonger… mensonge… mensonge… mensongère… pseudo-vérité… mensonge… redresseurs de morts. Le journal publie ce texte à la page « Débats » ; il n'y a pas de débat. Le titre de présentation porte en encadré : « Haine et révisionnisme » et parle de « pestilences ».

En page 14 : « Dans la file d'attente devant le palais de justice [de Lyon]. La mémoire et la rancune » (« un service d'ordre et des barrières métalliques qui débordent devant le palais de justice, juste assez sévère pour décourager des manifestants révisionnistes »).

25 juin – En page 33 : dans son compte rendu du procès Barbie, le journaliste rappelle que Me Henri Noguères dénonce « les révisionnistes de l'histoire ».

28-29 juin. – En page 17 : une journaliste écrit : « Programmé à la fin du procès Barbie, [*Shoah*] répond aussi à ceux qui voudraient aujourd'hui « réviser » l'histoire. »

En page 3 : un éditorial consacré au même film porte : « Cinq minutes du film, même prises au hasard, ruinent à elles seules au passage tous les volumes de l'indignité révisionniste ».

2 juillet – En page 8 : « En confiant une mission à M. Hannoun (RPR). M. Malhuret veut relancer l'action contre le racisme et les discriminations ». Cet article contient, en particulier, les deux passages suivants :

> « Pour M. Malhuret (chargé des droits de l'homme), la loi de 1972 interdisant toute incitation à la discrimination raciale ne suffit plus à la situation actuelle. "Depuis, nous savons que le prix du pétrole a triplé, le chômage s'est installé et les thèses révisionnistes niant l'existence des chambres à gaz se répandent." »
>
> « D'autres signes "concomitants" au procès Barbie inquiètent M. Malhuret. Il s'agit des tentatives d'interprétation de l'Histoire touchant à l'existence des chambres à gaz et au génocide juif, de la publication d'annales "*tendant à banaliser les actes du génocide ou à comparer le génocide nazi à l'attitude de la France en Algérie*", interprétation qu'il qualifie de proche des thèses révisionnistes. Il note également la multiplication des tracts racistes signés notamment "*La France propre*" ou "*Aigle noir* ". »

En page 14 : « Cinq millions de Français ont regardé *Shoah* ». Dans cet article, on peut lire :

« Un chiffre qui rend dérisoire la poignée d'irréductibles niant l'holocauste et cherchant à en convaincre les Français. Des tracts révisionnistes circulent en effet, actuellement à Paris, s'ingéniant à remettre en cause l'œuvre de Claude Lanzmann et l'existence des chambres à gaz. La LICRA (Ligue internationale contre le racisme et l'antisémitisme) « *scandalisée* » par la diffusion de ces documents « *demande aux autorités de prendre d'urgence toute disposition législative afin que les tentatives de falsification de l'holocauste tombent sous le coup de la loi antiraciste de 1972.* »

4 juillet – En page 1 : dans son compte rendu du procès Barbie, le journaliste dénonce « le chant des sirènes révisionnistes » et le révisionnisme.

5-6 juillet – En page 7 : « André Frossard : "Le juge silencieux" ». Le journal rapporte un article du *Figaro* où A. Frossard dit que depuis une vingtaine d'années « toute une jeunesse, remarquablement disposée à accueillir le vrai, n'entendait guère (sur Auschwitz et Treblinka) que le misérable discours du révisionnisme jetant sa pelletée de sarcasmes sur la tombe immense de tant de morts. »

En page 31, Bruno Frappat, rendant compte de *Shoah*, dénonce « les révisionnistes, les exclueurs de tout poil, les fortes têtes du mensonge et de la falsification, les gangsters de l'histoire ».

9 juillet – En page 10 : « Inculpation du directeur des *Annales d'histoire révisionniste*. »

***

Été 1987

## *Note de lecture Dachau : l'heure du vengeur*

Howard A. Buechner, *Dachau. The Hour of the Avenger. An Eyewitness Account*. (Dachau. L'heure du vengeur, compte rendu d'un témoin oculaire), Thunderbird Press (300 Cuddihy Drive, Metairie, Louisiana 70005, USA), 1986, XL-160 p., tirage limité à 500 exemplaires, broché : 13 dollars, relié : 16 dollars + frais de port.

L'armée américaine a libéré le camp de Dachau le 29 avril 1945, soit la veille du jour où Hitler s'est suicidé. Howard A. Buechner dit qu'il a été l'un des tout premiers Américains à pénétrer dans le camp et à en découvrir l'horreur. Il était officier de santé. Il raconte comment certains de ses compatriotes, bouleversés et indignés par leur découverte, ont procédé avec l'aide de certains détenus à l'assassinat de 520 soldats et officiers allemands désarmés. Il publie des photos à l'appui. À la page 99, il résume ainsi ce qu'il appelle « le destin de la garnison allemande de Dachau » :

> Abattus sur place : 122
> Tués par des détenus : 40
> Exécutés à la mitrailleuse par « Birdeye » : 12
> *Idem* par le lieutenant Bushyhead : 346
> Total des exécutions : 520
> Tués au combat : 30
> Évadés (temporairement) : 10
> Total : 560

Le principal « vengeur » aurait été Jack Bushyhead.

L'auteur ne cache pas son estime pour la figure de ce lieutenant, un Indien cherokee né en 1919 dans l'Oklahoma et mort en 1977.

Certains Allemands ont été tués à coups de pelles, de bâtons ou de crosses de fusil.

Le général Patton serait personnellement intervenu pour interrompre la procédure judiciaire entamée contre les Américains responsables de ces assassinats et pour détruire certaines pièces du dossier rassemblé par le conseil de guerre.[235]

Ces assassinats ne paraissent pas faire de doute ; les photos sont accablantes. En revanche, la détermination du nombre des victimes peut paraître contestable.

Le paradoxe veut que la plupart de ces victimes n'aient pas été à proprement parler des gardiens du camp, mais des hommes appartenant à une unité allemande venue relever les gardiens d'origine.

L'auteur croit, comme beaucoup d'Américains, aux gazages homicides de Dachau. Il ignore que, depuis plus de vingt ans, il est admis par les historiens qu'il n'y a eu en fait à Dachau aucun gazage homicide. La pièce qualifiée de « chambre à gaz » n'était probablement qu'une simple salle de douches.[236]

À la page 87, on voit l'auteur, peu après la tuerie, demander au lieutenant Bushyhead les raisons exactes d'un acte qui lui semble peut-être contestable. Étonné de cette question, le lieutenant répond notamment à celui qu'il appelle « Doc » (Docteur) :

---

[235] H. A. Buechner, *Dachau. The Hour of the Avenger*, p. 119.

[236] Voy. R. Faurisson, *Mémoire en défense…*, p. 200-222.

> « Doc, have you been to the crematorium ? Have you seen the gas chamber ? »[237]

Un détail en passant : l'auteur fait d'intéressantes remarques sur le caractère raciste de l'armée américaine pendant la dernière guerre.[238] Sur le chapitre du racisme, les Américains étaient malvenus à faire la leçon aux Allemands.

Les autorités de l'actuel musée de Dachau et celles du Comité international de Dachau (sis à Bruxelles) ne pourront pas passer sous silence les révélations de ce livre. Elles chercheront à les contester. Il sera intéressant de voir avec quels arguments. Leur situation devient critique. Elles sont déjà assaillies de questions sur le local dont elles prétendent qu'il est une chambre à gaz qui « ne fut jamais utilisée » ; elles ne parviennent pas à dire de quel droit elles affirment, sans aucune expertise technique à l'appui, qu'il s'agit d'une chambre à gaz. Si maintenant on vient leur demander compte de massacres qu'elles ont toujours passés sous silence, que vont-elles faire ?

D'une manière plus générale, il serait intéressant que tous les musées de tous les camps soient mis dans l'obligation de rappeler les horreurs survenues dans chacun de ces camps lorsque, libérés des malheureux qui s'y trouvaient, on y a concentré des Allemands ou des « collabos ». En particulier, il y aurait beaucoup à dire de ce point de vue sur le Struthof, Dachau, Buchenwald et Oranienburg-Sachsenhausen.

On notera qu'à aucun moment l'auteur n'est effleuré par l'idée que la situation sanitaire catastrophique des déportés à la libération, due à la famine et aux épidémies, pouvait en partie résulter du chaos de la débâcle allemande et ne pas refléter la situation permanente du camp.

On remarquera surtout que l'évocation des atrocités commises par l'ennemi (en l'espèce la prétendue chambre à gaz), loin de servir à éviter que de pareilles atrocités ne se reproduisent, sert au contraire à justifier de nouvelles atrocités, commises en toute bonne conscience.

[Publié dans les *AHR*, n° 2, été 1987, p. 27-29. Signé : Jessie Aitken.]

***

28 septembre 1987

---

[237] « Docteur, avez-vous été au crématoire ? Avez-vous vu la chambre à gaz ? », H. A. Buechner, *op. cit.* p. 87.

[238] *Id.*, p. 45.

# LETTRE À M. JACQUES CHANCEL

Concerne votre émission "Inforum" (Radio-France France-Inter) du 18 septembre 1987, 10 h 30 11 h 30, consacrée à Robert Faurisson.

Monsieur,

Le 18 septembre, vous m'avez consacré une émission qui devait être contradictoire mais qui ne l'a pas été. Sur votre invitation, que j'avais immédiatement acceptée, je m'étais rendu à Paris pour me voir opposer, en public, M. Gilbert Salomon qui, me disait-on, avait passé deux ans, jour pour jour, à Auschwitz (exactement du 11 avril 1943 au 11 avril 1945) et qui allait apporter des preuves de la réalité des chambres à gaz homicides. Arrivé à Paris, j'ai appris que ma présence à cette émission était jugée indésirable. En accord avec Roland Faure, directeur de votre station, vous estimiez inadmissible en fin de compte tout exposé, quel qu'il fût, de la thèse révisionniste.

Or, vous n'aviez lu aucun écrit révisionniste, ainsi que j'ai pu le constater d'abord lors de notre conversation téléphonique, puis au cours de l'émission elle-même où les rares citations que vous avez faites de mes ouvrages étaient soit fausses, soit de seconde main (soit coupées de leur contexte).

Le seul dédommagement que j'aie pu obtenir de vous, une heure avant l'émission, est l'enregistrement d'une courte déclaration, qui a été effectivement diffusée et dont voici le texte :

> « J'ai été invité à cette émission qui devait être un débat contradictoire. J'ai immédiatement accepté. Je me suis rendu à Paris. J'apprends maintenant que ma présence est indésirable. Une fois de plus, mes propres arguments seront présentés par la partie adverse. Je suis accusé et mis dans l'impossibilité de me défendre.
>
> Mes arguments pour soutenir qu'il n'a jamais existé de chambre à gaz homicide dans les camps du IIIe Reich sont essentiellement d'ordre **physique, chimique, topographique, architectural et documentaire.** Je constate que jusqu'ici on y a essentiellement répondu par **des insultes, des injures et des invectives**. J'ai une question à poser aux responsables et aux participants de cette émission :
>
> **À supposer que les chambres à gaz n'aient pas existé, faut-il le dire ou le cacher ? »**

Vous avez, à plusieurs reprises, interrompu le cours de cette déclaration. Vous n'avez pas répondu à ma question alors que je répondais aux vôtres. Les deux autres participants, M. Gilbert Salomon et le journaliste Michel Meyer, n'y ont pas plus répondu.

Les propos tenus sur mon compte à l'antenne soit par ces deux personnes, soit par M. Roland Faure, soit par vous-même ont été dans l'ensemble injurieux, diffamatoires et parfois d'une telle violence que vous avez pu dire, sans être démenti, que, si j'avais été là, M. Gilbert Salomon m'aurait probablement frappé.

M. Gilbert Salomon m'avait été présenté comme votre ami intime, « presque un frère ». Quand vous m'avez dit au téléphone qu'il avait été interné au camp d'Auschwitz jusqu'au 11 avril 1945, je vous ai tout de suite rétorqué que ce n'était pas possible. En effet, ce camp a été évacué de la plupart de ses internés le 18 janvier 1945 et il a été libéré par les Soviétiques le 27 janvier. Vous avez rapporté cette objection à votre ami. Ce dernier, non sans quelque embarras, a dû alors admettre qu'il avait été transféré d'Auschwitz à Buchenwald dans les derniers mois de la guerre ; c'est dans ce camp que les Américains l'avaient libéré le 11 avril 1945.

Votre ami intime et presque frère vous avait menti sur ce point. Je crains qu'il ne vous ait menti et qu'il n'ait menti aux auditeurs sur bien d'autres points.

Je vais supposer que M. Gilbert Salomon est bien aujourd'hui cet important homme d'affaires qui préside notamment la société d'import-export de bétail et de viande appelée SOCOPA International à [...] Clichy ; qu'il est né vers le 15 juillet 1929 à Liesdorf et que le « plus jeune frère », dont il nous parlait et qui aurait été gazé à Auschwitz le 11 avril 1943, s'appelait Fredy Salomon, né à Liesdorf vers le 4 juillet 1931. En ce cas, voici ce que j'ai à vous apprendre, sous réserve d'erreurs éventuelles que je vous demanderais de me signaler :

1. votre ami intime et presque frère vous a caché qu'il était arrivé à Auschwitz le 1er mai 194*4*, soit plus d'un an après la date indiquée ;
2. son convoi, d'après ce qu'il a dit à l'antenne, aurait compris mille cent personnes et il n'y aurait eu qu'un seul survivant : lui-même. En réalité, il semble que ce convoi ait compris mille quatre personnes et Serge Klarsfeld, dans son *Mémorial de la déportation des Juifs de France* (*Additifs* compris), donne les noms de cinquante-et-une personnes qui, dès 1945, sont revenues en France et sont venues spontanément se déclarer vivantes au ministère des prisonniers ; personnellement, j'ai des raisons de croire que le total des rescapés de ce convoi est nettement supérieur et j'ajoute qu'il y a des moyens d'en trouver le vrai chiffre ;
3. dans ledit *Mémorial*, Gilbert Salomon est comptabilisé comme mort ou gazé ; en conséquence, son nom figure comme tel sur le monument de Jérusalem.

À propos des gazages fictifs, il faut savoir que des personnes comme Simone Veil ou Henri Krasucki (et sa mère) ont été longtemps comptabilisés comme gazés jusqu'au jour où, à cause de la notoriété de ces personnes, il a fallu opérer une révision de leur histoire ; je connais des milliers d'autres cas de faux gazés pour les seuls 75.721 juifs français, juifs étrangers ou juifs apatrides qui ont été déportés de France.

Je souhaite savoir combien de temps Gilbert Salomon est resté à Auschwitz et ce qu'il y a fait exactement (il ne nous en a pas parlé). Que sont devenus les différents membres de sa famille ? Quel type de recherche a-t-il entrepris pour savoir le sort de son jeune frère ? Sur quoi se fonde-t-il pour affirmer que, dans les derniers jours de la guerre, un ordre est venu de Berlin prescrivant l'exécution du plus grand nombre possible de détenus et de témoins ?

On a dit lors de votre émission qu'aucun « bourreau » allemand n'avait osé nier l'existence des chambres à gaz homicides et qu'aucun historien allemand n'avait fait ce que je fais. Me sachant à l'écoute, vous avez lancé : « Vous entendez, M. Faurisson ? » J'ai cherché à vous joindre au téléphone, mais en vain.

Claude Malhuret, secrétaire d'État aux droits de l'homme, vient de déclarer que les chambres à gaz « sont une des clés de l'histoire du XXe siècle ».[239] Je suis d'accord avec lui. Il faut donc étudier cette « clé ». J'ai toujours été ouvert à un débat sur cette question et, contrairement à ce que vous avez insinué sur la foi, je pense, d'un reportage fallacieux d'Annette Lévy-Willard, je ne suis pas homme à me dérober.

Je vous réitère donc mon acceptation, en principe, de tout débat sur la question des chambres à gaz qui, comme l'a reconnu un arrêt de la cour de Paris, constitue un « problème historique » (Affaire LICRA et tous autres contre Faurisson, 1ère chambre civile (section A) de la cour d'appel de Paris, 26 avril 1983).La cour a admis que, contrairement à ce que prétendaient les parties adverses, j'avais une « démarche logique » et qu'on ne pouvait trouver dans mes travaux sur les chambres à gaz ni « légèreté », ni « négligence », ni « ignorance délibérée », ni « mensonge ». De cette constatation, elle a tiré la conséquence qu'il fallait garantir à tout Français le droit de répéter ce que je disais. Elle a prononcé :

> « La valeur des conclusions défendues par M. Faurisson [quant à ce problème] relève **donc** de la seule appréciation des experts, des historiens et du public. »

[239] *Le Monde,* 16 septembre 1987, p. 8.

Il est particulièrement significatif que ces mots viennent de magistrats qui m'ont, en définitive, condamné pour dommage à autrui ; ils l'ont fait en raison de propos qui n'avaient pas, à leurs yeux, de rapport étroit avec le problème des chambres à gaz.

Pour nous révisionnistes, les prétendues chambres à gaz homicides du IIIe Reich sont un mensonge historique, ce qui signifie que le nombre des menteurs est dérisoire par rapport au nombre des victimes de ce mensonge. J'ai moi-même, jusqu'en 1960, compté parmi ces victimes.

Je crois en votre bonne foi. Je ne crois pas en celle de M. Gilbert Salomon. Avec mon éditeur Pierre Guillaume et avec un nombre croissant de révisionnistes, j'ai la faiblesse de penser que, selon le mot de Me Pierre Pécastaing, « le révisionnisme est l'une des grandes aventures intellectuelles de la fin de ce siècle ».

***

28 octobre 1987

# LE PROFESSEUR FAURISSON TIENT ALBIN CHALANDON POUR UNE « CANAILLE POLITIQUE »

Le professeur Faurisson a été convoqué ce matin par l'inspecteur de police judiciaire Raboin au commissariat de police de Vichy dans le cadre d'une enquête demandée le 1er octobre par M. F. Canivet-Beuzit (tribunal de grande instance de Paris) ; ce dernier a requis une information contre X… du chef de diffamation raciale. M. Faurisson a été entendu sous serment sur son éventuelle participation à l'élaboration du « tract des lycéens » intitulé : « Info-Intox… Histoire-Intox… Ça suffit ! Chambres à gaz = Bidon ! » et signé d'un « Collectif Lycéens Lyon-Nancy-Strasbourg 1987 ».

Il a notamment répondu :

1. j'ai déjà répondu sur ce point à un commissaire du SRPJ de Lyon (par une lettre en date du 26 mai 1987) ;
2. je n'ai pas l'intention de collaborer, si peu que ce soit, avec la police et la justice dans la répression menée contre les révisionnistes ;
3. un arrêt en date du 26 avril 1983 (1re chambre civile, section A, de la cour d'appel de Paris) a jugé qu'il existait réellement, selon ses propres termes, un « problème historique » des chambres à gaz et,

en raison du caractère impeccable de mes travaux sur la question, les magistrats ont prononcé :

> « La valeur des conclusions défendues par M. Faurisson relève *donc* de la seule appréciation des experts, des historiens et du public. »

Pendant quatre ans, on a occulté cette décision d'importance historique et on a répandu complaisamment le bruit que j'avais été condamné pour dommage à autrui par… « falsification de l'Histoire ». Il a fallu attendre 1987 pour que MM. Vidal-Naquet et Wellers admettent, tout en le déplorant, que la cour d'appel avait rendu hommage au sérieux de mes travaux sur les chambres à gaz. M. Vidal-Naquet l'a fait dans les termes suivants :

> « Le procès intenté en 1978 [erreur pour : 1979] à Faurisson par diverses associations antiracistes a abouti à un arrêt de la cour d'appel de Paris en date du 26 avril 1983, qui a reconnu le sérieux du travail de Faurisson, ce qui est un comble, et ne l'a, en somme, condamné que pour avoir agi avec malveillance en résumant ses thèses en slogans »[240] ;

4. depuis le samedi 10 octobre 1987, date du vote à la sauvette des « amendements scélérats » (voy. documentation jointe) en lieu et place de la « lex Faurissonia », je tiens M. Chalandon, avec tout le respect qu'on peut devoir à un garde des sceaux français, pour une « canaille politique » ;
5. le révisionnisme historique est la grande aventure intellectuelle de la fin de ce siècle. À mes yeux, cela vaut la peine de continuer à subir la répression judiciaire et policière telle que je la subis depuis novembre 1978. Je répète que je suis prêt à aller en prison pour mes idées ;
6. dans le monde entier, les associations juives s'affolent. Elles sonnent le tocsin ou le shofar. Elles ont cautionné un énorme mensonge et cela commence à se savoir.

M. Faurisson a versé en complément à son procès-verbal d'audition un ensemble de six pièces et, en particulier, un supplément aux *Annales d'histoire révisionniste* intitulé : « Les amendements scélérats ». Dans une déclaration rapportée par *Le Figaro*, M. Albin Chalandon s'était déclaré hostile à l'institution de la loi anti-révisionniste (« lex

[240] P. Vidal-Naquet, *Les Assassins de la mémoire*, p. 182.

Faurissonia ») alors à l'étude. Il arguait de son attachement personnel à la liberté d'expression.[241] Or, dans la nuit du 9 au 10 octobre 1987, devant une Assemblée nationale largement dépeuplée, il glissait deux amendements à la loi contre la toxicomanie. Ces amendements n'avaient pas été soumis à la commission des lois. Ils permettent la saisie *administrative* des écrits révisionnistes. M. Chalandon, ministre de la Justice, a ainsi dessaisi les tribunaux du droit de juger de ces écrits. N'avait-il pas affirmé dans la même déclaration rapportée par *Le Figaro* que les tribunaux « ont tendance à interpréter la terminologie de la loi (antiraciste) de manière trop restrictive » ?

***

30 octobre 1987

# LETTRE À JACQUES WILLEQUET

Je voudrais vous poser quelques questions à propos de votre dernier livre : *La Belgique sous la botte*. Permettez-moi de vous demander des éclaircissements sur les points suivants :

1. p. 325 et 329. Ne pensez-vous pas qu'il faut dater la conférence de Wannsee de façon uniforme au 20 janvier 1942 ? Ne faut-il pas remplacer « trentaine d'agents ministériels et administratifs » par « quatorze » (Heydrich venait en plus) ? Vous dites que le seul mot prononcé a été celui d'« évacuation » (et non pas d'« extermination », par exemple). Je vous approuve mais ne croyez-vous pas qu'on peut aller beaucoup plus loin dans le sens d'une rectification de la légende de Wannsee et, en particulier, noter dans le « procès-verbal » la présence des mots *Freilassung* et *Aufbaues ?* Les Allemands envisageaient de traiter les juifs en ennemis déclarés. Ceux d'entre les juifs qui étaient capables de travailler allaient être astreints à un travail physique des plus durs : le *Strassenbau* [construction des routes] dans les territoires de l'Est. Bien sûr, hommes et femmes allaient être séparés ; c'est toujours le cas pour des prisonniers. Une grande partie d'entre eux disparaîtrait par diminution naturelle. Le restant serait remis en liberté (*Freilassung*) et à considérer comme la cellule germinative d'un renouveau (*Aubaues*) juif. En guise de commentaire : "voyez la leçon de l'Histoire". Autrement dit, n'aurait-on pas là une illustration de la vieille idée selon laquelle les juifs pullulent comme des parasites qui répugnent au dur travail physique ; il

[241] *Le Figaro,* 24 septembre 1987, p. 42.

faudra les contraindre au plus classique et au plus redoutable des labeurs, la construction de routes dans des territoires à civiliser. Ils souffriront ; ils ne se multiplieront pas ; les survivants seront les meilleurs d'entre eux, ainsi que l'enseigne l'Histoire (hum !), et, une fois rendus à la liberté, ils constitueront le noyau, le ferment d'un renouveau juif : les juifs seront enfin comme tout le monde ; ils auront une terre et une nation, etc. ;

2. p. 330, 332 et 343. Vous écrivez : « Six millions d'êtres humains allaient disparaître en fumée ou autrement » ; vous employez le mot de « génocide » à la page 332 et, à la page 343, vous parlez de « l'exemple hallucinant d'un génocide bureaucratique ». Cependant, ainsi que vous le savez sans doute, d'une part, les archives allemandes concernant les déportations et les camps de concentration ou de travail nous sont, dans l'ensemble et, spécialement pour Auschwitz, parvenues à peu près intactes et, d'autre part, dans ces mêmes archives (du RSHA et du WVHA), il n'existe pas la moindre trace d'un ordre, d'un plan ou d'un budget d'extermination. Cela pour « le crime spécifique ». Quant à l'arme spécifique dudit « crime spécifique », je veux dire la chambre à gaz homicide, vous savez peut-être qu'on n'en a pas trouvé la moindre trace ; les tribunaux n'ont fourni ni expertise de l'arme du crime, ni rapport d'autopsie attestant de l'existence d'un seul cadavre d'homme tué par gaz-poison ; aucun témoin n'a été contre-interrogé sur le point spécifique des chambres à gaz ; il n'y a eu aucune reconstitution. En conséquence, estimez-vous qu'il reste possible d'affirmer, surtout devant le nombre étonnant de « survivants » juifs, qu'il y a eu un génocide et même un génocide bureaucratique ? C'est au procès Zündel de Toronto que, pour la première fois, un témoin a été contre-interrogé sur les chambres à gaz d'Auschwitz et ce témoin s'est effondré ; il avait, de son propre aveu, utilisé la « licence poétique » dans son témoignage écrit ; ce témoin n'était pas n'importe qui ; il s'agissait du trop fameux Rudolf Vrba, l'homme qui, avec son ami Alfred Wetzler, était à l'origine du *War Refugee Board Report*, matrice officielle de ce qui allait devenir la thèse de l'extermination des juifs ;

3. p. 316. Vous écrivez : « On peut estimer à un petit tiers du total le nombre des juifs qui, à l'automne de 1940, n'étaient plus sur le sol belge. » Puis-je vous demander quel est ici ce total ?

4. P. 333. Vous écrivez : « 25.559 (juifs) passèrent par Malines, 1.244 rentrèrent de captivité en 1945 ». Cette affirmation est suivie de trois points de suspension qui paraissent donner à penser que les chiffres parlent d'eux-mêmes et qu'on est devant une hécatombe. Mais je voudrais savoir a) si la précision « en 1945 » signifie « en 1945 et au-delà de 1945 » ou s'il faut entendre qu'en plus des juifs rentrés en Belgique en 1945, il faut considérer qu'il y a eu après cette année-là d'autres

retours ; b/si vous avez fait des recherches pour vous enquérir du nombre de juifs qui, déportés de Belgique, sont allés s'installer après la guerre en d'autres pays et, en particulier, en Palestine ou en Israël (sans compter les quelque soixante-dix pays à communautés juives représentés au sein du Congrès juif mondial) ; c/si vous vous êtes avisé de l'extraordinaire **malhonnêteté** de Serge Klarsfeld dans sa comptabilité des survivants.

5. P. 330. Vous parlez de « l'intimité des camps » et vous estimez que les Allemands pouvaient dissimuler grâce à cette intimité des crimes énormes en quantité et en qualité. Est-ce tellement sûr ? Auschwitz était un camp assez mal gardé (six cent soixante-sept évasions), sillonné de passages de travailleurs libres et où il semble que tout était consigné par écrit dès lors qu'il s'agissait de morts ou d'exécution : une vingtaine de signatures pour une mort « naturelle » et une trentaine de signatures pour une mort « non naturelle » (exécution, assassinat, suicide). Les Soviétiques n'ont toujours pas communiqué les *Totenbücher* trouvés sur place ; les Polonais n'en possèdent qu'un ou deux volumes. Nous avons le registre des opérations chirurgicales et la preuve que les enfants juifs ou tziganes, parmi les autres, nés dans le camp, étaient normalement enregistrés. Quant aux barbelés d'Auschwitz, ils étaient très loin de valoir le mur de Berlin.

J'en ai terminé avec mes questions. J'ai constaté avec plaisir que, pour le lecteur attentif au choix de vos mots et de vos arguments, il y a beaucoup à glaner en fait de rectifications diverses. Vous employez un peu la même méthode, en la circonstance, qu'un Henri Amouroux. Ce dernier dissimule çà et là des informations dérangeantes, destinées au lecteur vigilant. Par exemple, il apporte des révélations sur la bataille dite du plateau de Glières (ou : des Glières). À la page 273 du tome 7 de *La Grande Histoire des Français sous l'occupation*, il écrit : « Ainsi hissera-t-on Glières à la hauteur de Bir Hakeim, hissé lui-même presque à la hauteur de Verdun » ; puis, à la page 291, il rappelle que pour Jean Rosenthal (« Cantinier »), ami intime de Maurice Schumann et source d'informations pour ce dernier, les maquisards de Glières ont tué quatre cent quarante-sept Allemands ; enfin, à la page 294, il révèle qu'en réalité ces maquisards ont tué en tout et pour tout deux Allemands ; du moins est-ce le chiffre donné comme probable après une enquête de longue haleine.

***

9 novembre 1987

# LETTRE À MME BERGOUGNAN, JUGE D'INSTRUCTION À AUCH

Madame le Juge,

J'ai l'honneur et le regret de vous annoncer que je ne me rendrai pas à vos convocations.

Si vous tenez à m'entendre, il ne vous restera, me semble-t-il, que deux solutions :

- ou bien vous me ferez venir à Auch entre deux gendarmes et je ne serai guère loquace, pour ne pas dire totalement muet ;
- ou bien, par voie de commission rogatoire, vous demanderez à un magistrat de Vichy-Cusset de m'entendre sur les faits qui me sont reprochés.

Je refuse d'entreprendre, encore une fois à mes frais, un nouveau voyage et un séjour à Auch.

Le 3 juillet, j'avais obtempéré à l'ordre de votre prédécesseur. J'ai eu tort. J'ai, en effet, perdu mon temps et mon argent pour, en définitive, rencontrer en la personne de M. Legname un juge d'instruction au comportement incorrect et manifestement hostile, sinon menaçant.

Vous m'êtes décrite comme une personne correcte et compréhensive. Mon avocat, Me Pierre Pécastaing, a insisté pour que j'accepte de vous voir. Je lui ai dit, et je vous confirme, qu'en dépit de vos qualités ma décision est irrévocable : si je devais à nouveau me rendre dans ce cabinet, ce ne serait que sous la contrainte.

M. Legname m'y a reçu comme un malfaiteur. D'un ton brutal et sans presque articuler ses mots tant le débit en était rapide, il m'avait fait savoir qu'en raison de deux articles publiés dans la première livraison des *Annales d'histoire révisionniste,* j'étais inculpé par ses soins et sur la demande du procureur (Robin) pour :

> « complicité d'apologie de crimes de guerre et de… ( ? ? ?) » ;

la suite de ses paroles était inintelligible.

Il m'inculpait, disait-il, « au nom des articles 23, 24… ( ? ? ?) » et, là encore, la suite de ses paroles était inintelligible.

Je lui demandais donc de vouloir bien répéter ses propos, afin d'en prendre note. Il refusait.

À force d'insistance, j'obtenais qu'il me répète –malheureusement sans rien changer au ton, à l'articulation et au débit – que j'étais inculpé de :

> « complicité d'apologie de crimes de guerre et de propagation de fausses nouvelles. »

En revanche, quand j'ai souhaité obtenir la liste complète des articles de loi, il m'a déclaré mot pour mot :

> Cela ne vous regarde pas : c'est une question de droit.

C'est seulement pour être revenu à la charge que j'ai obtenu qu'il me débite précipitamment et toujours sur le même ton la liste complète des articles en question.

Je lui ai fait observer que mes ressources financières, déjà mises à mal par les procès que m'avaient intentés les organisations juives, antiracistes et commémoratives, ne me permettaient guère d'envisager de nouveaux déplacements à mes frais et je lui demandais s'il n'était pas possible de m'interroger à Vichy-Cusset par voie de commission rogatoire. Il me répliquait que sa « philosophie » ne le lui permettait pas. Il m'entretenait alors de sa « philosophie », un bien grand mot pour de pauvres idées.

Je lui demandais de me convoquer, si possible, après la période des vacances, vu que je devais, pendant cette période-là, me rendre à l'étranger. Mais il ne voulait rien entendre : je serais, disait-il, convoqué précisément pendant les vacances.

Je le priais de vouloir bien m'indiquer une date approximative. Il me répondait qu'il n'en était pas question.

Je demandais enfin d'être, en tous les cas, convoqué dans un délai raisonnable. Là encore, il m'opposait un refus.

Je lui faisais remarquer que sa convocation pour le vendredi 3 juillet à 14 h 30 ne m'était parvenue que deux jours auparavant : exactement le mardi 30 juin à 11 h 30, quand, dès mon retour d'un voyage, j'étais allé retirer son pli à la mairie de Vichy. Il me rétorquait que ce point ne l'intéressait pas. Ma femme, disait-il, avait été prévenue deux jours auparavant de l'existence d'un pli qu'elle n'avait, en fin de compte, pas accepté de recevoir. Je précise que ma femme ignorait qu'il s'agissait de la convocation d'un juge d'instruction. Désormais, ajoutait-il, tout courrier qu'il m'enverrait serait réputé reçu, je devais me le tenir pour dit.

Aussi, pendant les deux mois de cet été, me suis-je trouvé immobilisé en France. Pendant deux mois, j'ai attendu jour après jour un courrier de M. Legname. Je n'ai donc pas pu me rendre à l'étranger comme j'en avais fait la promesse à une personne qui serait prête à témoigner en ce sens. Ultérieurement, je devais apprendre que M. Legname n'était plus juge d'instruction : il avait été promu à la fonction de substitut du même procureur (Robin) qui avait demandé mon inculpation.

J'apprenais aussi que vous lui succédiez et que vous alliez prendre connaissance de mon dossier.

Me Pécastaing allait, par la suite, me téléphoner à plusieurs reprises pour savoir si j'avais reçu une convocation, et pour quand. Le jeudi 22 octobre, je découvrais dans ma boîte aux lettres un énigmatique papillon sans indication de provenance précise, sans date, sans cachet (« sceau ») me demandant de me présenter à un « Bureau 02 » le vendredi 23 à 8 h 30. Le motif de la convocation n'était pas indiqué. À tout hasard, j'ai téléphoné au commissariat de police de Vichy. On m'y a dit qu'il s'agissait pour moi d'aller retirer une « convocation de juge ». Je n'ai posé aucune question. J'ai exigé une convocation régulière. C'est ainsi que le fonctionnaire de police, sur instruction de son supérieur hiérarchique, m'a envoyé une nouvelle convocation, à peu près régulière, pour le lundi 26 à 8 h 30. Et c'est ainsi que, le lundi 26 octobre 1987 à 8 h 30, j'ai pris connaissance de votre convocation pour le même jour à 14 h. Votre pièce était datée du 15 octobre. Vous voudrez bien, je vous prie, trouver ci-joint copie des deux papillons ; je vous signale qu'au recto figuraient mon nom et mon adresse, sans la moindre indication de provenance.

M. Legname me reproche deux articles des *AHR :* l'un ne fait qu'apporter une confirmation à la réalité des tortures que des bouvrils de la Sécurité militaire britannique avaient infligées à Rudolf Höss, le premier en date des commandants successifs d'Auschwitz et le seul dont on ait obtenu des aveux, d'ailleurs délirants, sur les prétendues chambres à gaz d'Auschwitz ; l'autre article porte sur le mythe bien connu du « savon juif ». En même temps que moi étaient inculpés mon éditeur Pierre Guillaume et Carlo Mattogno, citoyen italien résidant dans son pays et auteur d'une remarquable étude sur « le mythe de l'extermination des juifs » ; Carlo Mattogno, qui n'a que trente-cinq ans, est un chercheur d'une érudition exceptionnelle.

M. Legname, lui, de son propre aveu, ne savait absolument rien du révisionnisme historique. Il ignorait jusqu'à l'existence d'un mouvement de pensée qui remonte pour le moins au début des années vingt ! Un nombre croissant d'auteurs français ou étrangers ont su, par un nombre considérable d'écrits, prouver qu'après des conflits aussi abominables que les deux guerres mondiales, il faut sérieusement réviser ce que, dans le feu des passions et de la haine, on a pu inventer de faits et de chiffres. Tout récemment, du 9 au 11 octobre 1987, vient de se tenir à Los Angeles le huitième congrès international d'histoire révisionniste (de la seconde guerre mondiale essentiellement) sous l'égide de l'Institute for Historical Review, publicateur du *Journal of Historical Review* (vingt-huit livraisons trimestrielles à cette date).

Auch est une charmante petite ville où il est possible qu'on s'ennuie et dont je veux bien admettre avec M. Legname qu'elle est très isolée et, d'une certaine façon, coupée du monde. Admettons que la presse locale y vive à quelques années-lumière de Paris et que le révisionnisme, qui est peut-être « la grande aventure intellectuelle de la fin de ce siècle », n'ait pas frappé les imaginations locales. Mais un juge d'instruction, si jeune soit-il, ne devrait-il pas avoir à cœur de s'informer de ce qui se passe dans le monde ?

Il y a plus grave. M. Legname ne s'est pas préoccupé de savoir quelle était la jurisprudence en matière de révisionnisme. Grâce à une notule des petits livres rouges de la librairie Dalloz, peut-être avait-il une idée de l'affaire Maurice Bardèche. Voilà un professeur que des magistrats français ont envoyé pour onze mois fermes en prison parce qu'il avait dit, sur le procès de Nuremberg – ou, plutôt, la mascarade de Nuremberg – quelques vérités bien senties que personne parmi les historiens ne peut plus contester aujourd'hui. Mais M. Legname, qui avait décidé de nous entendre à titre d'inculpés, ignorait tout des affaires Faurisson, des affaires Roques et de quelques autres affaires comme la condamnation, obtenue par moi, du *Recueil Dalloz-Sirey* pour reproduction manipulée d'un jugement me concernant.

À l'en croire, M. Legname voulait savoir si les révisionnistes étaient, selon ses propres termes, « des charlatans ou des précurseurs ». Il lui échappe qu'ils pourraient n'être ni l'un ni l'autre mais peut-être les continuateurs d'une tradition historique qu'on fait habituellement remonter à Thucydide.

Pour assouvir sa soudaine curiosité, il a trouvé expédient de convoquer à Auch, en son cabinet, trois révisionnistes qu'il a inculpés. Il serait content que l'un d'eux veuille bien lui rédiger un mémoire sur « toute la question » du révisionnisme. Pour ma part, c'est une faveur que je ne ferai pas à M. Legname ou à tout autre juge d'instruction dans l'exercice de sa fonction. J'ai d'autres soucis que de mâcher ainsi sa besogne au premier venu. Je suis assailli de lettres, d'appels téléphoniques et de demandes de visites, sans parler d'aimables invitations à me rendre soit en France, soit à l'étranger. Beaucoup de ces importuns, au demeurant fort civils, voudraient s'épargner la peine de lire nos ouvrages, lesquels, j'en conviens, sont souvent austères. Il arrive qu'à l'intention de ces paresseux je rédige de courts exposés sur le révisionnisme, mais encore faut-il me demander ces résumés de manière correcte et sans me mettre d'emblée dans la position d'un coupable.

En matière de jurisprudence, je me contenterai de rappeler ici un arrêt d'une importance historique : l'arrêt rendu par la cour de Paris (1ère chambre civile, section A), en date du 26 avril 1983 dans l'affaire LICRA (et tous autres) contre M. Faurisson (et tous autres). Le recueil Dalloz-Sirey s'est bien gardé de reproduire cet arrêt qui infligeait un cruel démenti à ses assertions sur mon compte à propos du jugement antérieur à cet arrêt. Ledit arrêt est aujourd'hui connu de toutes les instances judiciaires du monde occidental qui, sur la plainte d'associations juives, ont eu à traiter du révisionnisme historique. Je lui ai moi-même consacré un opuscule intitulé *Épilogue judiciaire de l'affaire Faurisson* et publié en 1983 aux éditions de La Vieille Taupe sous le nom de plume de J. Aitken (il s'agit du prénom et du nom de ma mère, Écossaise née à Edimbourg).

En 1979, neuf associations, menées par la LICRA, avaient porté plainte contre moi en raison d'un article et d'un texte en droit de réponse que j'avais publiés dans le journal *Le Monde.* Elles m'accusaient de dommage à autrui par falsification de l'histoire. Pendant un bref instant, elles avaient envisagé une accusation d'apologie de crimes de guerre mais leurs avocats leur avaient fait valoir qu'une contestation (celle d'un crime : l'extermination des juifs et celle de l'arme spécifique de ce crime : la chambre à gaz homicide) n'est pas une apologie. Solliciter la révision du jugement de Nuremberg, ce n'est pas faire l'apologie des pendus de Nuremberg. Souhaiter la révision du procès d'un homme condamné pour assassinat, ce n'est pas prôner l'assassinat. Exiger, comme l'avait fait Zola, la révision du procès de Dreyfus, ce n'était pas se lancer dans l'apologie de la trahison. Ces associations avaient également envisagé contre moi l'accusation de diffamation raciale ou d'incitation à la haine raciale mais leurs avocats leur avaient conseillé de tenir cette arme en réserve pour une cause plus appropriée.

En 1981, le TGI de Paris balayait d'un revers de main l'accusation de falsification de l'histoire ; toutefois, en termes alambiqués, il me condamnait pour une légèreté non démontrée et pour ma dangerosité. La presse et le *Recueil Dalloz-Sirey* menaient alors grand tapage autour de ma condamnation. On lançait la rumeur selon laquelle j'avais même été condamné pour falsification de l'histoire. Le journal *Le Monde* et le *Recueil Dalloz-Sirey*, chacun à sa façon et sans se donner le mot (je suis peu porté à croire en la matière aux complots et aux conjurations) allaient jusqu'à falsifier le contenu du jugement.

En 1983, dans l'arrêt susmentionné, la cour de Paris, peut-être à contre-cœur, m'accordait une éclatante revanche. Tout en confirmant ma condamnation pour dangerosité, elle rendait hommage à la qualité de mes travaux sur les prétendues chambres à gaz homicides. Elle en tirait une conclusion pratique (que les médias allaient soigneusement cacher) : en raison directe du caractère apparemment impeccable de mes travaux, la cour prononçait :

> « La valeur des conclusions défendues par M. Faurisson [sur le problème historique des chambres à gaz] relève donc de la seule appréciation des experts, des historiens et du public. »

J'appelle votre attention sur ce « **donc ».** Si le 26 avril 1983 la cour a décidé de garantir à tout Français le droit de dire éventuellement que ces chambres à gaz sont un mythe, ce n'est pas au nom des nécessités de la liberté d'opinion mais en raison directe des moyens scientifiques par lesquels je suis, avec bien d'autres d'ailleurs, parvenu à cette conclusion.

Dans cet arrêt, la cour avait commencé par admettre qu'il existait bel et bien un problème des chambres à gaz. Elle parlait, en propres termes, d'un « problème historique ». Elle définissait ce problème comme portant sur

> « l'existence des chambres à gaz qui, à en croire de multiples témoignages, auraient été utilisées durant la seconde guerre mondiale [à des fins homicides]. »

La cour discernait que, pour moi, l'existence de ces chambres à gaz se heurtait

> « à une impossibilité absolue, qui suffirait à elle seule à invalider tous les témoignages existants ou à tout le moins à les frapper de suspicion. »

C'était là, je pense, une allusion à l'impossibilité chimique de ces prétendues chambres à gaz. Il faut cependant savoir que nos arguments ne sont pas seulement d'ordre chimique mais aussi d'ordre physique, topographique, architectural et documentaire. Les menteurs ont joué de malchance : sous quelque angle qu'on examine leur magique chambre à gaz, à Auschwitz ou ailleurs, elle ne tient tout simplement pas debout.

La cour me trouvait une « démarche logique ». Elle ne découvrait aucune trace de « légèreté », de « négligence », d'« ignorance délibérée » ou de « mensonge ». Je suggère qu'on s'arrête un instant sur ces mots. Combien d'hommes ou de femmes peuvent-ils prétendre que, des années durant, dans une sphère d'activité quelconque, ils n'ont apparemment fait preuve ni de légèreté, ni de négligence, ni d'ignorance délibérée ni de mensonge ? Ajoutons à cela que mes accusateurs formaient un ensemble particulièrement nombreux, puissant, riche et influent. Ils avaient passé au crible mes articles et mes livres. Ils avaient envoyé en Pologne et en Israël Maître Robert Badinter et l'un de ses confrères (Me Marc Lévy ?) afin d'y quêter une preuve, une seule preuve de l'existence d'une seule chambre à gaz homicide. Mes adversaires avaient alerté les instituts et les centres de recherches du monde entier et, en particulier, d'Allemagne et des États-Unis. En pure perte.

Je ne possédais, de mon côté, pas un sou.

Mais le chiendent est que j'avais dit une petite chose exacte. Cette chose, je la répéterai jusqu'à la fin de mes jours. En dépit des menaces de la LICRA, pour laquelle « Faurisson ne fera pas de vieux os », je répéterai que les prétendues chambres à gaz hitlériennes sont une invention de la propagande de guerre et un vertigineux mensonge, tout juste propre à entretenir la haine. Si, par ce même arrêt du 26 avril 1983, j'étais condamné pour dommage à autrui, c'était pour d'autres motifs que celui de mes conclusions sur les chambres à gaz. La cour prononçait, en effet, que par la suite j'étais

> « délibérément sorti du domaine de la recherche historique »

pour tenter de justifier des assertions d'ordre général qui – la formule vaut d'être notée – ne présentaient « plus aucun caractère scientifique ». Ces mots, soit dit en passant, prouvent que mes travaux sur les chambres à gaz relevaient du domaine de « la recherche historique » et présentaient « un caractère scientifique ».

La cour me reprochait d'avoir tiré un certain nombre de conclusions polémiques ou dangereuses pour autrui sans avoir

> « jamais su trouver un mot pour marquer [m]on respect aux victimes »

ce qui était une erreur puisque, aussi bien, j'avais su trouver un mot pour cela : celui de… « respect » précisément. La cour se demandait si, aux yeux de certains, je ne pouvais pas faire œuvre d'une tentative de réhabilitation du nazisme ; de ce point de vue, je lui paraissais peut-être « suspect d'être suspect ».

Que ces magistrats aient été hostiles à mes thèses, c'est probable pour qui analyse le texte de leur décision ; mais ce qui est tout à fait sûr, c'est qu'avec une clarté et une netteté de style qui tranchent sur le reste de l'arrêt ils ont rendu hommage au sérieux de mes travaux sur les chambres à gaz, c'est-à-dire sur le **problème qui est au centre des recherches actuelles du révisionnisme historique car, dans la religion de l'Holocauste, tout tourne autour de ce pilier central.**

Les associations juives ont été atterrées par l'arrêt du 26 avril 1983. Elles ont mis en branle tous les moyens possibles pour en masquer le sens et la portée. Le journal *Le Monde* a délibérément tronqué le texte de cet arrêt quand il a bien fallu en rendre compte. La LICRA l'a falsifié dans *Historia.* Tous les journaux qui à grand fracas titraient, jusque-là, sur « Faurisson faussaire » devenaient soudain muets. Lentement mais sûrement, dans les années suivantes, on allait, sans vergogne, insinuer puis écrire en toutes lettres que j'avais été condamné pour falsification de l'histoire. Je portais plainte. Les tribunaux répondaient que traiter Faurisson de faussaire c'était le diffamer, mais... de bonne foi.

Il m'a fallu attendre plus de quatre ans pour qu'un historien d'origine juive comme Pierre Vidal-Naquet et un polygraphe d'origine juive comme Georges Wellers, tous deux vibrant de haine antirévisionniste, en viennent à admettre, sur un ton plaintif, que la cour d'appel avait reconnu le sérieux de mon travail.

Voici leurs déclarations respectives en juin et en septembre 1987 :

> « [Faurisson] a été jugé deux fois. Mais en France le tribunal n'est pas qualifié pour se prononcer sur l'existence des chambres à gaz. Cependant il peut se prononcer sur la façon dont les choses sont présentées. En appel, la cour a reconnu qu'il s'est bien documenté. Ce qui est faux. C'est étonnant que la cour ait marché. »[242]
>
> « Le procès intenté en 197[9] à Faurisson par diverses associations antiracistes a abouti à un arrêt de la cour d'appel de Paris en date du 26 avril 1983, qui a reconnu le sérieux du travail de Faurisson, ce qui est un comble, et ne l'a, en somme, condamné que pour avoir agi avec malveillance en résumant ses thèses en slogans. »[243]

Dans ces derniers mois, il a été question de créer en France une loi antirévisionniste (« lex Faurissonia »). M. Charles Pasqua, ministre de l'Intérieur, s'y est déclaré favorable (*Europe n°1* « Club de la Presse », 20 septembre 1987, 19 h 15). Dès le lendemain de cette déclaration, *Europe n°1* diffusait ma réponse : si une telle loi devait passer, je déclarerais publiquement que ces chambres à gaz homicides n'ont jamais existé et, si un tribunal me condamnait pour cela à une peine de prison avec sursis, je réitérerais dans l'heure ma déclaration pour contraindre les magistrats à prendre leurs responsabilités et à envoyer en prison un professeur d'université en raison de ses idées. Quelques jours plus tard, s'affirmaient hostiles à une telle loi : Albin Chalandon, ministre de la

---

[242] Georges Wellers, directeur du *Monde juif,* revue du CDJC, *Le Droit de Vivre,* juin-juillet 1987, p. 13.

[243] P. Vidal-Naquet, *Les Assassins de la mémoire,* p. 182.

Justice, et Claude Malhuret, secrétaire d'État aux droits de l'homme[244], ainsi que Simone Veil et Joseph Rovan[245], sans compter Philippe Boucher[246] et surtout Théo Klein, président du Conseil représentatif des institutions juives de France (CRIF) et du Congrès juif européen (CJE), lequel estimait :

> « On ne peut édicter des vérités historiques par voie législative ou réglementaire. »[247]

Dans l'article précité du *Figaro*, le ministre de la Justice arguait de son attachement personnel à la liberté d'expression mais, en même temps, il glissait sur le compte des tribunaux une phrase qui aurait dû donner l'éveil. Il pensait que ceux-ci :

> « ont tendance à interpréter la terminologie de la loi [antiraciste] de manière trop restrictive. »

M. Chalandon préparait un coup bas contre les juges de France – « ses » juges – et contre la justice. Dans la nuit du 9 au 10 octobre 1987, devant une Assemblée nationale largement dépeuplée, il insérait dans une loi destinée à combattre la toxicomanie deux amendements scélérats contre les écrits révisionnistes. Ces amendements, qui n'avaient pas été soumis à la Commission des lois, permettent à M. Chalandon de dessaisir d'avance « ses » juges du droit de se prononcer sur ces écrits et instituent une censure préalable laissée à la discrétion du ministre de l'Intérieur. M. Chalandon est donc tellement soucieux de la liberté qu'il préfère en confier la protection aux policiers plutôt qu'aux juges.

Rendant compte de cette forme originale d'outrage à magistrat, Robert Schneider écrivait dans le *Nouvel Observateur :*

> « [Le 10 octobre] à 0 h 45, Albin Chalandon introduit deux amendements dans la loi sur la répression de la drogue qui, contrairement aux usages, n'avaient jamais été envoyés, ni au Sénat, ni en commission. « À la lutte contre l'incitation à l'usage, à la détention et au trafic de stupéfiants, le gouvernement a ajouté la lutte contre la discrimination et la haine raciale », déclare le ministre. C'est la fameuse loi condamnant le révisionnisme

---

[244] *Le Figaro*, 24 septembre 1987, p. 42.
[245] *L'Express*, 25 septembre 1987, p. 23 et 26.
[246] *Le Monde,* 27 septembre 1987, p. 8.
[247] *Le Monde,* 30 septembre 1987, p. 2.

annoncée par le gouvernement qui apparaît sous cette forme détournée. »[248]

Cette loi n'est pas encore promulguée. Quand elle le sera, nous aviserons. En attendant, elle constitue la preuve que, dans l'arsenal des lois existantes, rien n'est propre à combattre le révisionnisme. Ce qui existe jusqu'à nouvel ordre, c'est l'arrêt du 26 avril 1983.

Personnellement, je ne collaborerai ni avec la police ni avec la justice dans la répression du révisionnisme. « La grande aventure intellectuelle de la fin de ce siècle » vaut peut-être que pour elle on soit assassiné comme François Duprat, vitriolé comme Michel Caignet, roué de coups comme je l'ai parfois été (et encore, récemment, neuf jours après ma convocation par M. Legname), chassé de son emploi comme tant d'entre nous, dépossédé de ses titres ou grades universitaires comme Wilhelm Stäglich et Henri Roques, attaqué ignominieusement dans la vie de sa femme ou de ses enfants, couvert de boue, de crachats ou d'insultes, accablé d'amendes et de dommages-intérêts, perquisitionné, ruiné, et même, comme le Suédois Ditlieb Felderer, jeté en prison.

Vous prendrez donc, Madame, vos responsabilités **personnelles** comme je prends les miennes. Si vous êtes **personnellement** intéressée par le problème de fond qui me vaut cette outrageante inculpation, je me permets de vous soumettre deux sujets de réflexion :

1) À supposer que les chambres à gaz hitlériennes n'aient pas existé, faut-il le dire ou le cacher ?
2) Si elles n'ont pas existé, n'est-ce pas là, par hasard, une bonne nouvelle, à accueillir comme telle ?

Je suis convaincu, pour ma part, de propager une nouvelle qui est exacte et de ne faire l'apologie que de la justice. Ma conduite s'inspire de cette tranquille conviction et je n'en dérogerai pas.

[Publié dans les *AHR* n° 3, automne-hiver 1987, p. 189-201.]

***

16 novembre 1987

# LETTRE À RENÉ RÉMOND

[248] *Le Nouvel Observateur,* 16 au 22 octobre 1987, p. 41.

Je prends connaissance de vos « propos recueillis par Aimé Savard et Joseph Limagne » tels qu'ils sont parus dans le magazine *La Vie*.[249]

Si vos propos ont été correctement rapportés, vous tenez les révisionnistes pour « des polémistes ou des pamphlétaires ».

Puis-je me permettre de vous demander si vous me tenez pour tel ? N'est-il qu'un polémiste ou un pamphlétaire l'homme que vous avez reçu le 23 novembre 1978 et admis de revoir le 11 décembre 1979 ?

Je vous rappelle que le 27 septembre 1978, c'est-à-dire avant notre première entrevue vous m'aviez écrit :

> « Ne craignez rien, je relirai à l'avance l'ensemble des papiers que vous m'avez adressés. »

Lors de cette entrevue, vous m'avez dit d'emblée que, pour les chambres à gaz, vous étiez prêt à me suivre, mais qu'il y avait... le génocide, si bien que pendant une heure nous avons discuté du génocide, principalement, et, accessoirement, de la rétention par le Comité d'histoire de la deuxième guerre mondiale, des statistiques de la déportation. Vous m'avez dit que vous croyiez au génocide mais que vous reconnaissiez ne pas en posséder de preuves scientifiques. Pour terminer, vous avez jugé que mon enquête était « factuelle » et qu'en conséquence je ne pouvais pas être poursuivi pour « apologie de crimes de guerre ». Vous avez trouvé que je travaillais très sérieusement et que je savais analyser les textes.

Lors de notre seconde entrevue, vous avez été vivement frappé par les photos de la libération d'Auschwitz que je vous montrais à la visionneuse. Vous pensiez que ces femmes et ces enfants entraient dans le camp alors qu'ils en sortaient. Vous m'avez confirmé que je travaillais « BIEN ». Vous m'avez confié que vous aviez refusé de signer la fameuse déclaration des trente-quatre historiens. Je vous ai rappelé le mot de « factuel » et vous m'avez dit que vous vous souveniez de l'avoir employé. Vous avez été étonné d'apprendre que j'étais poursuivi pour « dommage à autrui ». Vous m'avez dit que vous n'aviez jamais vu cela. Je vous ai demandé de me venir en aide. Vous m'avez dit : « Pour le tribunal ? » Et comme je vous répondais « oui », vous m'avez dit que vous ne vouliez pas prendre de décision tout de suite et qu'il fallait que je vous écrive.

Je vous ai donc écrit les 19 février et 12 mars 1980. Je vous ai demandé de « lever le petit doigt ». Vous ne l'avez pas fait.

---

[249] *La Vie*, 25 septembre 1987, p. 25-27.

Le 8 septembre 1980, je vous ai écrit à propos d'une déclaration que vous aviez faite sur le compte des révisionnistes le 5 septembre à l'émission « Le téléphone sonne... » (Claude Guillaumin). Vous ne m'avez pas répondu.

De 1980 à 1987, les révisionnistes ont accumulé les arguments et les documents en faveur de leur thèse. Pendant ce temps, ceux qui ne sont pas d'accord avec eux ont été contraints à des admissions de plus en plus surprenantes aux colloques de la Sorbonne (1982), de Stuttgart (1984) et, pour autant que je sache, au colloque de Haifa (1985). Au Canada, le procès de Toronto (affaire Zündel) s'est transformé en un procès en révision du procès de Nuremberg et ses résultats ont été spectaculaires (notamment la déroute de Raul Hilberg). Dans un entretien publié par *VSD* le 29 mai 1986 (p. 37), Serge Klarsfeld a admis qu'on n'avait pas encore publié de « vraies preuves » de l'existence des chambres à gaz mais seulement « des débuts de preuves qui embarrassaient les faurissoniens ». Son démenti publié en mars 1987 dans *Le Monde Juif*, à la suite d'une réaction de G. Wellers, vaut pleine et entière confirmation. Le livre *Les Chambres à gaz, secret d'État* est une naïve compilation « où on nous assassine de références et où il n'y a pour ainsi dire pas de source » (Michel de Boüard dans une conversation que j'ai eue avec lui en présence d'Henri Roques). Sens de ce titre : « Ami lecteur, les chambres à gaz ayant été le plus grand des secrets possibles, le secret d'État, ne vous attendez pas à trouver des preuves ! » Au-dessous du titre, sur la page de couverture, figure une photo : la photo d'une boîte de Zyklon, c'est-à-dire d'un puissant insecticide inventé en 192[2] et en usage aujourd'hui dans le monde entier.

Le 13 septembre 1987, J.-M. Le Pen semble avoir émis des doutes sur l'existence de ces chambres à gaz. Le 15 septembre, on lui a répliqué à la télévision que, s'il n'avait pas vu de chambre à gaz, on allait lui en montrer. Jour après jour, depuis soixante jours, le téléspectateur français peut constater qu'aucune photo de chambre à gaz ne lui a été montrée, et surtout pas une photo des locaux présentés, à Auschwitz et ailleurs, à des foules de touristes comme étant des chambres à gaz. Pourquoi ?

Comment pouvez-vous cautionner de votre autorité ce qui apparaît, de façon de plus en plus manifeste, comme une invention de la propagande de guerre ? Et pourquoi traitez-vous si durement des auteurs ou historiens révisionnistes qui ont le courage d'affronter mille tempêtes pour affirmer, au terme de considérables recherches, quelques « petites choses exactes » ? Je suis votre collègue ; pourquoi faites-vous chorus avec des gens qui m'accablent d'injures, d'insultes et d'invectives ? Vous ne vous conduisiez pas ainsi il y a quelques années. Pourquoi avez-vous changé ?

***

10 décembre 1987

# LES RÉVISIONNISTES PROPOSENT UN DÉBAT PUBLIC

À la mémoire de Martin Heidegger et de Jean Beaufret, qui m'ont précédé en révisionnisme.

Du 11 au 13 décembre 1987 se tiendront à la Sorbonne des journées d'étude sur : « La critique historique et méthodologique des écrits « révisionnistes » sur la seconde guerre mondiale. »[250]

Les révisionnistes ne seront pas admis à présenter leur défense. Ils seront condamnés *more sorbonico.*

Au terme de cette grand-messe, l'université (Mme Ahrweiler) et le CNRS (Jacques Valade) fulmineront l'anathème contre l'impiété révisionniste. Le tout se fera sous la protection de la police et aux frais du contribuable.

Il y aura là Simone Veil, Alain Finkielkraut, Alfred Grosser et Claude Lanzmann. François Bédarida, François Furet, Léon Poliakov, Georges Wellers et Pierre Vidal-Naquet. Yehuda Bauer (Israël), Marlis Steinert (Suisse), Christopher Browning (USA), Michaël Marrus (Canada), Hans Mommsen (Allemagne de l'Ouest), Kurt Patzold (Allemagne de l'Est) et quelques autres encore.

On y réfléchira sur « la politique nazie d'extermination ». Désespérément, on cherchera un ordre de Hitler ou de quiconque d'exterminer les juifs. En vain. Puis, on se consolera en affirmant que, de toute façon, ordre ou pas, cela n'a pas d'importance. On ne trouvera pas non plus de « programme d'extermination » ; alors on parlera d'« engrenage » : c'est simple, l'extermination s'est faite toute seule, machinalement, sur des initiatives locales et par des improvisations individuelles. C'est ce que Raul Hilberg, grand prêtre de la religion de l'Holocauste, appelle : « *an incredible meeting of minds* ».[251] Pas un instant on ne commencera par le commencement : le crime spécifique (génocide ou extermination) a-t-il existé ? L'arme spécifique de ce crime (la chambre à gaz homicide) a-t-elle existé ? Existe-t-il une seule expertise de l'arme du crime établissant que tel local a bien été une

---

[250] *Valeurs actuelles*, 26 octobre 1987, p. 29.

[251] *Newsday* (Long Island), 23 février 1983, p. II-3 : déclaration qu'il a confirmée au procès Zündel à Toronto le 17 janvier 1985.

chambre à gaz homicide ? Existe-t-il un seul rapport d'autopsie prouvant un meurtre par gaz-poison ? D'où vient le chiffre de six millions de juifs morts du fait des Allemands ou de leurs alliés ? Existe-t-il un seul prétendu témoin qui ait subi l'épreuve du contre-interrogatoire sur la procédure même d'exécution par un gaz ? Une seule reconstitution d'un convoi de deux mille personnes arrivant à Birkenau et attendant que quinze fours crématoires les consument à raison d'une heure et demie par cadavre ?

Du 29 juin au 2 juillet 1982 s'était déjà tenu à la Sorbonne, sous la haute surveillance d'une organisation juive et de la police, un colloque international contre le révisionnisme. Annoncé à son de trompe, il devait, une fois pour toutes, faire taire les révisionnistes. Or, jamais peut-être un tel colloque n'allait connaître un tel fiasco. La conférence de presse sur laquelle il s'achevait révélait le total désarroi de Raymond Aron : il y avait eu de violentes disputes ; on n'avait pas pu, « malgré les recherches les plus érudites », trouver un ordre d'extermination ; quant aux chambres à gaz, on ne semblait pas en avoir parlé. Trois ans plus tard (!) paraissait un gros ouvrage se présentant de manière abusive comme le compte rendu de ce colloque : *L'Allemagne nazie et le génocide juif*. Aucune preuve d'un ordre d'extermination n'y figure, ni aucune preuve de l'existence de chambres à gaz autres que de désinfection.

D'autres colloques allaient se tenir à l'étranger, avec le même résultat : à Stuttgart en mai 1984 et à Haïfa en juin 1986.

Les historiens exterminationnistes ont sombré dans la métaphysique. Ils se partagent entre « intentionnalistes » et « fonctionnalistes ». Les premiers posent en principe qu'il y a eu une intention d'exterminer et les autres que l'extermination s'est faite spontanément. C'est le sexe des anges, c'est la dent d'or, c'est la génération spontanée. Les Allemands excellent dans ce genre de fumisteries philosophiques.

## *Que disent les révisionnistes ?*

Les révisionnistes demandent une révision de l'histoire de la seconde guerre mondiale. Ils estiment que les vainqueurs ont beaucoup exagéré ou menti sur le compte des vaincus. Un exemple anodin parmi d'autres : la bataille du plateau de (s) Glières de mars 1944 est trop souvent présentée comme l'équivalent de la bataille de Bir Hakeim, elle-même décrite, ou peu s'en faut, comme le pendant de la bataille de Verdun ; selon l'historiographie officielle (Jean Rosenthal et Maurice Schumann), le nombre des Allemands tués par le maquis dans cette bataille aurait été de quatre cents ou quatre cent quarante-sept ; en réalité, il a probablement été de deux ![252]

Les juifs européens n'ont pas été exterminés ; c'est d'une telle évidence qu'aujourd'hui même les historiens exterminationnistes parlent, non pas d'une extermination des juifs, mais d'une tentative d'extermination des juifs. Les révisionnistes pensent que Hitler a traité les juifs en ennemis déclarés, puis, à partir de septembre 1939, en représentants d'une minorité belligérante hostile. Comme toujours lorsqu'il y a une guerre, les civils, les femmes et les enfants paient durement leur tribut aux horreurs de la guerre (cela a été particulièrement le cas pour les Allemands). Hitler a voulu une « solution finale » du problème juif en Europe, et cela, par l'émigration si possible, par la déportation, si nécessaire. Pendant la guerre, il a envoyé un nombre important de juifs en camps de travail ou en camps de concentration. Pour l'après-guerre, il envisageait la création d'un foyer national juif à Madagascar ou ailleurs. « Beaucoup de juifs sont morts et beaucoup de juifs ont survécu ». Que veut dire « beaucoup » dans ces deux cas ? C'est aux historiens de le déterminer en toute indépendance et quiétude. Les moyens de déterminer ces chiffres existent ; il faut s'en servir au lieu de les dérober aux chercheurs comme le fait le Service international de recherches situé à Arolsen (Allemagne de l'Ouest) mais relevant du Comité international de la Croix-Rouge à Genève. Le chiffre de six millions a été reconnu comme « symbolique » par Martin Broszat, directeur de l'Institut d'histoire contemporaine de Munich.[253] Le vrai chiffre pourrait se situer aux environs d'un million de morts par tous faits de guerre. À ceux qui disent : « Quelle différence entre six millions et un million de morts ? », la réponse est : cinq millions ; cinq millions de personnes pour qui il y a donc eu la plus grande des différences possibles, celle qui sépare la vie de la mort. Et puis, il ne faut pas confondre mort et assassinat.

À la fin de la guerre, il survivait encore assez de juifs européens pour essaimer à travers le monde ainsi que pour fonder et peupler un État : celui d'Israël.

Au 31 décembre 1980, le nombre des personnes (victimes ou ayants cause) indemnisées par les contribuables allemands s'élevait « à 4.344.378, dont 40 % vivant en Israël, 20 % en RFA et 40 % dans le reste

---

[252] H. Amouroux, *La Grande Histoire des Français sous l'Occupation*, tome 7, p. 290-292.

[253] Procès contre Ervin Schönborn à Francfort, 50 Js 12 828/78 919 Ls, 3 mai 1979.

du monde ».[254] Le Congrès juif mondial a soixante-dix représentations nationales.

## *Un sujet de réflexion pour les historiens – Les récentes révélations du document Müller*

Le 27 octobre 1987, un ancien commandant autrichien, Emil Lachout, résidant à Vienne, révélait l'existence d'un document, daté du 1er octobre 1948 et signé par un commandant Müller, sujet autrichien, travaillant alors en collaboration avec la police militaire alliée, dans le cas présent en secteur russe et sous commandement russe *(Trostkaserne* de Vienne). Voici la traduction de ce document :

COPIE
Service de la Police Militaire

Vienne, 1.10.1948
10 e expédition

Circulaire n° 31/48

1. Les commissions d'enquête alliées ont établi à ce jour qu'il n'y a pas eu d'êtres humains tués par gaz-poison dans les camps de concentration suivants : Bergen-Belsen, Buchenwald, Dachau, Flossenburg, Gross-Rosen, Mauthausen et ses camps annexes, Natzweiler, Neuengamme, Niederhagen (Wewelsburg), Ravensbrück, Sachsenhausen, Stutthof, Theresienstadt.

Dans ces cas, on a pu prouver qu'il y avait eu aveux extorqués et faux témoignages. Il y a lieu d'en tenir compte lors des enquêtes et auditions de criminels de guerre. Ce résultat d'enquête devra être porté à la connaissance des anciens détenus des camps de concentration qui lors d'auditions font des déclarations sur l'assassinat de personnes, en particulier de juifs, par gaz-poison dans ces camps. Au cas où ils persisteraient dans leurs dires, on les assignera pour faux témoignage.

2. Dans la circulaire 15/48, annuler le point 1.

Le Directeur du SPM :
Müller, Commandant
Pour copie conforme de l'expédition :
Lachout, Sous-Lieutenant
*L.S. [Locus Sigillae = emplacement du cachet]*

pcc
République d'Autriche

[254] *Canadian Jewish News*, 11 décembre 1981, p. 4.

Bataillon de garde de Vienne
[Signature Bureau du Commandant […]

Tribunal cantonal « Favorites »
1101 Vienne, Angeligasse 35 Vienne
27 oct. 1987 [Signature]

Je soussigné atteste avoir, le 1er octobre 1948, en tant que membre du Service de la Police Militaire auprès du Quartier Général des Alliés, certifié conforme l'expédition de cette circulaire selon le paragraphe 18, al. 4, du code de droit administratif.

Vienne 27 octobre 1987 [Signature]

Onze jours plus tôt, soit le 16 octobre 1987, Emil Lachout avait rédigé une autre attestation (signature attestée par le même tribunal cantonal de Vienne) ; il y déclarait en substance notamment ceci :

1. dans de multiples cas, qui avaient fait l'objet de plaintes, on avait obtenu de soldats allemands, et en particulier de SS, des aveux qui, après enquête, se révélaient avoir été obtenus par torture ou par lavage de cerveau (appelé également menticide), quand ils n'étaient pas des faux (ou : des falsifications) ;
2. les dires de nombreux détenus s'étaient révélés erronés ou peu dignes de foi parce qu'ils provenaient, par exemple, de criminels de droit commun se présentant comme persécutés politiques ou raciaux et inventant des récits d'atrocités pour n'avoir pas à purger le reste de leur peine ; ils pouvaient aussi provenir de ressortissants de pays de l'Est qui, ayant été dans des camps de travail et non dans des camps de concentration, craignaient d'être accusés de collaboration avec les Allemands ;
3. les autorités alliées, découvrant ces pratiques, avaient pris toute une série de mesures pour le contrôle des interrogatoires ; en particulier, elles avaient décidé de s'adjoindre les services de certains Autrichiens. Sous la direction du commandant Müller (probablement un ancien des Brigades internationales), des Autrichiens, dont Emil Lachout et des médecins de l'administration publique, avaient fait des enquêtes sur les cas de torture et autres. Les rapports d'usage étaient rédigés. Ils étaient traduits en anglais, français et russe et remis aux Alliés. Lors de la dissolution de ce Service de la police militaire en 1955, les dossiers en allemand avaient été transmis au chargé d'affaires du gouvernement fédéral autrichien (Chancellerie).

## *Questions à propos du document Müller*

Si ce document est authentique, il pose de graves questions :

1. Pourquoi a-t-il fallu attendre 1987 pour que quelqu'un ait le courage d'en révéler l'existence ?

2. Pourquoi nous a-t-on caché – et avec tant de succès – l'existence de tels dossiers dans les archives américaines, britanniques, françaises, soviétiques, allemandes, autrichiennes ?

3. La vulgate exterminationniste prononce qu'il y a eu des gazages homicides dans les camps de Mauthausen (et son annexe de Gusen, sans compter le château de Hartheim), de Natzweiler-Struthof, de Neuengamme, de Ravensbrück, de Sachsenhausen-Oranienburg, de Stutthof-Danzig ; elle prétend posséder des preuves indiscutables et, en particulier, des aveux i ; par exemple, c'est apparemment à cause de la chambre à gaz de Ravensbrück que Germaine Tillion, Anise Postel-Vinay, Marie-Jo Chombart de Lauwe ont pu constater l'exécution ou le suicide de trois des principaux responsables du camp : Suhren, Schwarzhuber et le Dr Treite. Pour Dachau, on ne prétend pas posséder de « preuves indiscutables ». Tout cela peut se vérifier à la lecture d'un ouvrage rédigé par vingt-quatre auteurs dont trois participeront justement au colloque de la Sorbonne de 1987 : Willi Dressen, procureur à Ludwigsburg, Anise Postel-Vinay, licenciée ès lettres, et Georges Wellers, dont je ne parviens pas à savoir quels diplômes universitaires il possède et qui se prévaut du titre de « professeur de physiologie et de biochimie à la Sorbonne » : *Les Chambres à gaz, secret d'État* (en allemand *NS-Massentötungen durch Giftgas)*.[255] Comment concilier les affirmations, « les preuves, les témoignages, les aveux » de cette vulgate avec les révélations du document Müller ? Que penser des méthodes de travail de ces vingt-quatre auteurs ? Cet ouvrage est étrange : on nous y assomme de références mais il n'y a pour ainsi dire pas d'indication de sources ! Le titre semble signifier : « Lecteurs, ces chambres à gaz étaient le plus grand de tous les secrets possibles, le secret d'État ; aussi, ne vous attendez pas à trouver des preuves au sens ordinaire du mot mais plutôt des éléments de preuve à décoder selon une clé que nous vous livrons ». C'est le système bien connu des adminicules : 1/4 de preuve + 1/4 de preuve + 1/2 preuve = 1 preuve.

4. Restent bien sûr les cas d'Auschwitz-I, d'Auschwitz-II (ou Birkenau) et celui de trois petits camps : Treblinka, Sobibor et Belzec. Les Soviétiques et les Polonais sont, depuis la fin de la guerre, les propriétaires exclusifs et jaloux de l'emplacement de ces camps ; c'est surtout à eux que nous devons l'histoire officielle de ces prétendues usines d'extermination. Mais en quoi les preuves, les témoignages et les

---

[255] E. Kogon, H. Langbein, A. Rückerl *et al.*, *Les Chambres à gaz, secret d'État*. Voy, p.222-255, 299-300.

aveux dont nous sommes redevables à ces deux pays communistes auraient-ils plus de valeur que les preuves, les témoignages et les aveux que nous devons aux Américains, aux Britanniques et aux Français ? Je pose cette question depuis 1974 au moins, mais je ne parviens pas à obtenir de réponse.

5. Martin Broszat a, pour sa courte honte, publié en 1958 ce qu'il a osé nous présenter comme le journal authentique et sincère du commandant d'Auschwitz : Rudolf Höss. Soudain, en 1960, il a publié dans *Die Zeit* une courte lettre disant qu'il n'y avait pas eu de gazage homicide à Dachau ni, d'une façon générale, dans tous les camps de l'ancien Reich (Allemagne dans ses frontières de 1937), ce qui revenait à dire qu'il n'y avait pas eu non plus de gazage à Neuengamme, à Ravensbrück ni à Sachsenhausen-Oranienburg.[256] Il n'a jamais consenti à révéler sur quelles enquêtes, sans doute longues et délicates, il fondait pareille affirmation. Il refusait de me faire savoir si, à son avis, il avait existé des gazages homicides à Natzweiler-Struthof (Alsace) ou à Mauthausen (Autriche). Il ne voulait pas répondre à des questions « orientées » sur « le problème compliqué des chambres à gaz » (*zu dem komplizierten Problem der Gaskammern*, lettre du 23 août 1974). Le moment est venu de demander à Martin Broszat s'il n'avait pas tout simplement connaissance des rapports d'enquêtes dont parle le commandant Müller.

6. Ce document Müller n'apporte-t-il pas un supplément de crédit à une révélation faite en 1959 par Stephen Pinter ? Après la guerre, cet avocat américain avait travaillé en Allemagne pendant dix-sept mois au service de l'US War Department. Il n'avait trouvé qu'un hebdomadaire tout à fait obscur pour confier que, dans la position où il s'était trouvé, il pouvait affirmer qu'il n'y avait jamais eu de chambre à gaz homicide en Allemagne et en Autriche et que, pour ce qui était d'Auschwitz, les Américains n'avaient pas pu y conduire une enquête parce que les Soviétiques ne l'avaient pas permis.[257]

## *Autour des révisionnistes*

Beaucoup d'esprits libres reconnaissent que les révisionnistes ont soulevé un véritable problème historique.

Dès la fin de la guerre, George Orwell, qui croyait pourtant à l'extermination des juifs polonais et allemands, estimait que la

[256] *Die Zeit*, 19 août 1960, p. 16.
[257] *Our Sunday Visitor*, 14 juin 1959, p. 15.

propagande est capable de tous les mensonges et il se demandait ce qu'il y avait de vrai dans ces histoires de chambres à gaz situées en Pologne.[258]

En 1978, le célèbre historien allemand Helmut Diwald, professeur à l'université d'Erlangen, osait émettre de sérieux doutes sur l'histoire officielle d'Auschwitz. Son livre était retiré de la circulation et dans une édition remaniée, on transformait du tout au tout les trois pages litigieuses jusqu'à leur faire dire exactement le contraire de ce qu'avait écrit l'auteur.[259] Parmi les collègues qui allaient accabler H. Diwald se trouvait Alfred Grosser.[260]

En 1979, Jean-Gabriel Cohn-Bendit écrivait : « Battons-nous donc pour qu'on détruise ces chambres à gaz qu'on montre aux touristes dans les camps où l'on sait maintenant qu'il n'y en eut point sous peine qu'on ne nous croie plus sur ce dont nous sommes sûrs. »[261]

En 1986, Michel de Boüard, ancien déporté de Mauthausen, doyen honoraire de la faculté des lettres de Caen, membre du Comité d'histoire de la deuxième guerre mondiale, membre de l'institut, déclarait :

> « Dans la monographie sur Mauthausen que j'ai donnée dans *La Revue d'histoire de la Seconde guerre mondiale* en 54, à deux reprises je parle d'une chambre à gaz. Le temps de la réflexion venu je me suis dit : où ai-je acquis la conviction qu'il y avait une chambre à gaz à Mauthausen ? Ce n'est pas pendant mon séjour au camp car ni moi ni personne ne soupçonnions qu'il pouvait y en avoir, c'est donc un *bagage* que j'ai reçu après la guerre, c'était admis. Puis j'ai remarqué que dans mon texte, alors que j'appuie la plupart de mes affirmations par des références, il n'y en avait pas concernant la chambre à gaz… »[262]

Au journaliste lui disant :

> « Vous avez présidé l'Association des déportés du Calvados et vous en avez démissionné en mai 85 ; pourquoi ? »

il répondait :

---

258 G. Orwell, « Notes on Nationalism », p. 421.

259 *Geschichte der Deutschen,* Propyläen Verlag, Berlin, 1978 pour la 1re éd. et 1979 pour la 2e : comparer les pages 163-165 dans les moutures successives.

260 *Le Monde,* 5 juillet 1979, p. 3.

261 *Libération*, 5 mars 1979, p. 4.

262 *Ouest-France,* 2-3 août 1986, p. 6.

> « Je me trouvais déchiré entre ma conscience d'historien et les devoirs qu'elle me fait et l'appartenance à un groupe de camarades que j'aime profondément mais qui ne veulent pas reconnaître la nécessité de traiter ce fait historique qu'est la déportation selon les méthodes d'une saine Histoire. »
>
> Je suis hanté par la pensée que dans cent ans ou même cinquante les historiens s'interrogent sur cet aspect de la seconde guerre mondiale qu'est le système concentrationnaire et de ce qu'ils découvriront. Le dossier est pourri. Il y a, d'une part, énormément d'affabulations, d'inexactitudes, obstinément répétées, notamment sur le plan numérique, d'amalgames, de généralisations et, d'autre part, des études critiques très serrées pour démontrer l'inanité de ces exagérations. Je crains que ces historiens ne se disent alors que la déportation, finalement, a dû être un mythe. Voilà le danger. Cette idée me hante. »[263]

En 1981, puis en 1986, Edgar Morin, tout en refusant nettement le point de vue révisionniste, écrivait néanmoins :

> « Les pièces du dossier critique faurissonien font ressortir les contradictions, invraisemblances, insuffisances de ceux qui ont témoigné sur l'activité exterminatrice de ces chambres à gaz, les difficultés ou impossibilités techniques et matérielles concernant tant les locaux que l'emploi du Zyklon.B, l'absence de toute directive officielle nazie réglementant la chambre à gaz, l'absence même d'un texte hitlérien explicite précisant que la « solution finale » de la question juive n'est autre que la solution exterminatrice. »

Et il ajoutait : « Il importe, à mon avis, de revérifier la chambre à gaz dans les camps nazis. »[264] En 1986, à propos de l'affaire de la thèse d'Henri Roques, il récidivait à la fois dans son opposition à la thèse révisionniste et dans sa conviction que les révisionnistes avaient des arguments, notamment de nature chimique, à étudier. Il déclarait :

> « Quand le ministre de l'Éducation nationale [à l'instigation d'Alain Devaquet] annule le titre universitaire conféré à Henri Roques, j'inclus cela dans le jugement d'autorité et d'intimidation. On se sert d'un critère formel – un vice dans la soutenance – pour

---

[263] *Ibid.*

[264] E. Morin, *Pour sortir du XXe siècle,* p. 182-183, 192.

liquider le problème. Par ailleurs, une pétition dénonciatrice signée de noms éminents n'apporte pas en elle-même de preuve suffisante [3]. »

## *L'argumentation et les découvertes révisionnistes*

Ce n'est pas ici la place de rappeler, même succinctement, l'argumentation révisionniste. La bibliographie révisionniste est abondante, en France comme à l'étranger, mais il faut convenir que la diffusion en est difficile à cause de l'indigence des moyens financiers mis en œuvre et de la répression administrative, policière et judiciaire. Des organismes comme le Congrès juif mondial ou, en France, la LICRA de Jean Pierre-Bloch, se livrent à une véritable chasse aux sorcières. Des universitaires comme Pierre Vidal-Naquet, tout en faisant mine de réprouver cette politique, fomentent ces campagnes de haine et les exacerbent jusque devant les tribunaux. Pour eux, les révisionnistes sont des « assassins » d'autant plus méprisables que ces assassins-là s'en prennent à des morts. Le révisionnisme est dangereux pour ceux qui le pratiquent : François Duprat a été assassiné et Michel Caignet, vitriolé. Ditlieb Felderer a été jeté en prison. L'Institute for Historical Review (Los Angeles) a été détruit de fond en comble par un incendie criminel. Henri Roques a perdu son titre de docteur et Wilhelm Stäglich va perdre le sien. Les agressions physiques contre les livres et leurs auteurs ne se comptent plus. Les procès sont innombrables. Il y a les perquisitions, la confiscation de passeport, les mesures de contrôle par la police de l'air et des frontières, le refus de visa, la saisie de livres, de films, de cassettes (pas un seul intellectuel français n'a osé protester publiquement contre la saisie du premier numéro des *Annales d'Histoire Révisionniste*), la destruction par la police judiciaire du matériel d'impression et même, dans le cas d'Ernst Zündel au Canada, l'interdiction de recevoir ou d'envoyer du courrier (mesure rapportée au bout d'un an de lutte). Il y a la perte de l'emploi et du salaire, la saisie-arrêt sur salaire, la répression sur la femme ou les enfants, les atroces calomnies répandues à profusion par les médias (le 1er juillet 1987, la Fédération française des sociétés de journalistes, regroupant plus de deux mille journalistes et des sociétés comme TF 1, Antenne-2, FR 3, l'Agence France-Presse, *Le Monde*, *Sud-Ouest*, *L'Équipe*… en appelaient aux autorités judiciaires pour faire taire les révisionnistes « au nom du respect de l'information et des Droits de l'homme » [*sic*]). Le 10 octobre 1987, Albin Chalandon a fait voter à la sauvette un amendement anti-révisionniste à l'intérieur d'une loi contre la… toxicomanie. La commission Hannoun n'exclut pas la création d'une loi spécifique contre le révisionnisme.

Pour savoir ce que disent les révisionnistes, il faut les lire dans le texte. Leurs découvertes sont considérables. Les documents les plus importants qu'on ait publiés par exemple sur Auschwitz sont dus soit aux recherches révisionnistes elles-mêmes, soit aux exterminationnistes qui, poussés dans leurs retranchements, étaient contraints de publier des documents soigneusement cachés. Dans le seul domaine des photographies, j'ai été le premier – c'est un paradoxe – à publier les plans des crématoires d'Auschwitz, ces crématoires qui étaient censés contenir de fantastiques chambres à gaz homicides : en réalité de modestes dépositoires ou un abri anti-aérien ! En 1979, la publication des photos aériennes d'Auschwitz prises par les Alliés de 1943 à 1945 portaient le coup de grâce à la légende de l'extermination. En 1983, la publication de *l'Album d'Auschwitz* confirmait en tout point qu'il y avait eu tromperie et montrait ce qu'avait été la réalité du camp (pour essayer de sauver la mise, les publicateurs forcés, Serge Klarsfeld et le pharmacien Jean-Claude Pressac, n'hésitaient pas à falsifier le plan de Birkenau et à… couper la route des douches pour faire croire que les femmes et les enfants se rendaient aux crématoires alors qu'ils se rendaient au grand « Sauna central » !). Car les révisionnistes qu'on s'acharne à dénoncer comme des négativistes font une œuvre positive : ils montrent **ce qui s'est vraiment passé.** Ils font l'histoire, dans tous les sens du mot. Ils ne sont pas vétilleux mais épris d'exactitude et même d'exactitude matérielle. Leurs arguments sont souvent d'ordre physique, chimique, topographique, architectural et documentaire. Ils n'appellent vérité que ce qui est vérifiable. Le révisionnisme est la grande aventure intellectuelle de la fin de ce siècle. Sans le courage indomptable de Paul Rassinier, un ancien déporté qui parlait vrai, la France ne serait pas entrée dans cette aventure. Sans Pierre Guillaume et ses amis de la gauche libertaire, cette aventure n'aurait pas eu de suite après la disparition de Rassinier en 1967. P. Guillaume écrit, publie et diffuse avec des moyens dérisoires des ouvrages qui enlèvent le sommeil à la classe politique, aux lobbies de toutes sortes, à certains des puissants de ce monde et, pour finir, à des historiens de cour qui sentent la partie leur échapper. La religion de l'Holocauste repose sur un mensonge et cela commence à se savoir.

Le révisionnisme ne s'applique pas seulement à l'étude d'un passé récent. Il s'intéresse au présent. Il décrit une croyance largement répandue chez nos contemporains. Il démonte le mécanisme de cette croyance fallacieuse. Il démontre jour après jour et *in vivo* comment sont obligés de réagir ceux qui, se sentant menacés dans leurs tranquilles convictions et dans leurs intérêts, renient d'un seul coup le respect qu'ils professent par ailleurs pour la liberté d'opinion, pour les grands idéaux humanitaires, pour les droits imprescriptibles de la recherche scientifique.

Aujourd'hui, le révisionnisme ne peut que retenir l'attention du journaliste, de l'homme politique, du psychologue, du sociologue, de l'historien.

## *Les concessions grandissantes faites au révisionnisme*

Il ne se passe plus d'années que les exterminationnistes ne soient contraints à faire des concessions aux révisionnistes.

Ce qui s'appelle « fonctionnalisme » est déjà une concession de taille. On ne croit plus guère à une « intention exterminatrice ». Et pour cause ! On ne trouve ni un ordre, ni un plan, ni un budget pour l'extermination des juifs. Pourtant, les documents laissés par les Allemands se comptent en milliards de feuillets pour les seuls deux organismes qui sont censés avoir présidé à cette prétendue extermination : le RSHA (Office central de sécurité du Reich) et le SS-WVHA (Office central de gestion économique SS, chargé notamment des camps de concentration). Hilberg a admis au procès de Toronto (voy. ci-dessus) qu'on ne trouvait trace ni d'un ordre, ni d'un plan, ni d'un budget.

C'est ainsi qu'on a fini par admettre que le procès-verbal de la conférence de Wannsee ne prévoyait nullement une extermination comme on nous l'avait tant de fois ressassé. De fait, il prévoit le contraire : une libération des juifs qui survivraient à la guerre et un renouveau juif après une terrible épreuve.

Dans *Le Monde juif*, Jean-Claude Pressac, patronné non sans quelque gêne par Georges Wellers, défendait la thèse suivante[265] : à examiner les plans des crématoires de Birkenau (révélés par R. Faurisson), il fallait bien admettre que rien dans la disposition des lieux ne permettait de conclure que ces bâtiments avaient été construits pour contenir des chambres à gaz homicides mais, s'empressait-il d'ajouter, vu les témoignages, il faut imaginer que les Allemands ont « bricolé » les lieux pour en faire des usines de mort !!!

Le 29 mai 1986, dans un entretien accordé à *VSD* (p. 37), Serge Klarsfeld admettait qu'on n'avait pas encore publié de « vraies preuves » de l'existence des chambres à gaz mais seulement « des débuts de preuves qui embarrassaient les faurissoniens mais ne les avaient pas encore réduits au silence ». Ainsi, de l'aveu même de ce justicier, on nous avait fait l'obligation de croire à ces chambres à gaz, sans aucune preuve publiée, même pas par G. Wellers qui, en 1981, avait publié chez

[265] *Le Monde juif*, juil.-sept. 1982, p. 91-131.

Gallimard un ouvrage intitulé : *Les chambres à gaz ont existé. Des documents, des témoignages, des chiffres*, et même pas non plus par les vingt-quatre auteurs du salmigondis intitulé : *Les Chambres à gaz, secret d'État* et publié en 1984. Le journaliste Michel Folco s'avisait de l'affaire et consultait Wellers : déplorations de ce dernier qui connaissait l'entretien de S. Klarsfeld et grand remue-ménage au terme duquel ce dernier adressait le 23 mars 1987 à G. Wellers un démenti de l'entretien mais un démenti qui valait confirmation ! Au passage il écrivait :

> « Il est évident que dans les années qui ont suivi 1945 les aspects techniques des chambres à gaz ont été un sujet négligé parce que personne n'imaginait qu'un jour on aurait à prouver leur existence. »[266]

Effectivement les juges de Nuremberg ne s'étaient pas souciés de prouver l'existence de ces chambres à gaz ; les articles 19 et 21 du Statut étaient là pour les en dispenser :

> « Le Tribunal ne sera pas lié par les règles techniques relatives à l'administration des preuves [...]. Le Tribunal tiendra pour acquis les faits de notoriété publique et ne demandera pas que la preuve en soit rapportée. »

Le désarroi des exterminationnistes est riche d'enseignements. Le 23 mai 1986, au cours d'une émission d'*Europe n°1*, Claude Lanzmann reprenait le ministre Michel Noir et lui faisait observer qu'il commettait une erreur en parlant d'une chambre à gaz à Mauthausen. Quatre mois plus tard, il venait à résipiscence et, dans une lettre du 29 septembre à G. Wellers, il écrivait :

> « Contrairement à ce que j'ai paru déclarer sur l'antenne [...] il y a bien eu une chambre à gaz à Mauthausen. »[267]

C. Lanzmann parle tant qu'il finit par se trahir et trahir les siens. Son film *Shoah* démontre, s'il en était besoin, qu'on ne possède pas la moindre preuve du moindre homicide d'un juif par le gaz. Les « témoignages » sont ou vides ou vagues ou totalement absurdes comme c'est en particulier le cas pour Abraham Bomba, le « coiffeur de

---

[266] *Le Monde juif*, janv.-mars 1987, p. 1.
[267] *Le Monde juif*, juil.-sept. 1986, p. 97.

Treblinka ».[268] C'est le cas pour les témoins allemands ; d'ailleurs, très tardivement, C. Lanzmann a révélé sa filouterie. Il s'était inventé un nom : Claude-Marie Sorel, un titre : celui de docteur en histoire, un institut : le Centre de recherches et d'études pour l'histoire contemporaine, du papier à faux en-tête portant : « Académie de Paris » et, pour finir, il avait grassement payé ses témoins : trois mille deutschmarks par tête, soit environ dix mille francs.[269] Cet honnête homme participera au colloque de la Sorbonne organisé par Mme Ahrweiler, recteur de l'académie de Paris, et il prendra place le dernier jour au symposium sur « Histoire et mémoire » présidé par Mme Simone Veil.

Beaucoup de concessions ont été faites aussi à propos de la qualité des témoins. Deux exemples suffiront : plus personne ne conteste que Martin Gray est un faux témoin et que Max Gallo a participé activement à la confection de son faux témoignage. (M. Gallo sait qu'il a été payé par un homme qui avait édifié une fortune en faisant fabriquer industriellement des meubles qu'il vendait aux États-Unis comme d'authentiques antiquités.) Quant à Élie Wiesel, voici comment le juge Pierre Vidal-Naquet, éclairé, il est vrai, par un texte révisionniste sur « Un grand faux témoin : Élie Wiesel » :

> « Par exemple, vous avez le rabbin Kahane, cet extrémiste juif, qui est moins dangereux qu'un homme comme Elie Wiesel, qui raconte **n'importe quoi**... Il suffit de lire certaine description de *La Nuit* pour savoir que certaines de ses descriptions ne sont pas exactes et qu'il finit par se transformer en marchand de Shoah... Eh bien lui aussi porte un tort, et un tort immense, à la vérité historique. »[270]

Dans son dernier ouvrage, *Les Assassins de la mémoire,* Vidal-Naquet se voit contraint à toutes sortes de concessions : sur le caractère plus que suspect du témoignage attribué au SS Pery Broad[271] ; sur la valeur du « matériel engrangé à Nuremberg »[272] : sur le fait que Simone Veil ait été comptabilisée sous le nom de Simone Jacob comme gazée[273] (ce qui a été aussi le cas d'Henri Krasucki et de sa mère, de Gilbert Salomon, dit

---

[268] Voy. « Ouvrez les yeux, cassez la télé ! », 2e supplément du numéro 1 des *AHR* (texte reproduit ci-dessus, p. 699).
[269] *VSD*, 9 juillet 1987, p. 11.
[270] *Zéro,* avril 1987, p. 57. Pour « Un grand faux témoin : Élie Wiesel », ci-dessus.
[271] P. Vidal-Naquet, *Les Assassins de la mémoire,* p. 45.
[272] *Id.*, p. 47.
[273] *Id.*, p. 65.

aujourd'hui « le roi de la viande », et de quelques milliers d'autres juifs de France moins célèbres que ces personnages) ; sur la sacralisation du peuple juif grâce à Auschwitz et sur le profit qu'en tirent Israël et certains groupes juifs[274] ; sur le témoignage du SS Gerstein « bourré d'invraisemblances et de contradictions » [275] ; sur le chiffre des victimes d'Auschwitz : 4 millions d'après les Polonais, « autour de trois millions et demi » pour Lanzmann, mais un million pour Vidal-Naquet (personnellement, je croirais plutôt à cinquante à soixante mille morts mais aucune enquête n'a encore été vraiment faite) [**Rectification de 1997 :** Au vu des registres mortuaires (*Sterbebücher*), incomplets, le total des morts d'Auschwitz et de près de quarante sous-camps pourrait avoir été de cent cinquante mille. Quant au total des morts de tous les camps, il est encore impossible à déterminer.] ; sur les « chambres à gaz imaginaires ».[276] La plus intéressante concession est celle qui porte sur Auschwitz-I : Vidal-Naquet ne croit plus à l'authenticité de la chambre à gaz de ce camp, pourtant visitée par des millions de touristes à qui elle est présentée comme authentique ![277]

P. Vidal-Naquet veut bien admettre que la cour de Paris a reconnu le sérieux de mon travail sur les chambres à gaz. Il écrit :

> « La répression judiciaire est une arme dangereuse et qui peut se retourner contre ceux qui la manient. Le procès intenté en 197[9] à Faurisson par diverses associations antiracistes a abouti à un arrêt de la cour d'appel de Paris en date du 26 avril 1983, qui a reconnu le sérieux du travail de Faurisson, ce qui est un comble, et ne l'a, en somme, condamné que pour avoir agi avec malveillance en résumant ses thèses en slogans. »[278]

Il est de fait qu'en 1979 neuf associations, conduites par la LICRA, m'avaient assigné en justice pour dommage à autrui par falsification de l'histoire. La cour avait conclu que l'existence des chambres à gaz constituait un véritable problème historique malgré tous les témoignages. Elle se montrait sensible à l'argument de l'impossibilité chimique. Des documents sur le Zyklon B (qui est de l'acide cyanhydrique) et sur l'emploi de l'acide cyanhydrique dans les pénitenciers américains pour l'exécution des condamnés à mort avaient démontré cette impossibilité radicale dans le cas des prétendues chambres à gaz homicides

---

[274] *Id.*, p. 125, 130, 162, 214 (notes 90 et 93), 223 (note 90).
[275] *Id.*, p. 154.
[276] *Id.*, p. 219, note 44.
[277] *Id.*, p. 131-132 et note 94 de la p. 214.
[278] *Id.*, p. 182.

d'Auschwitz et d'autres camps. Je note d'ailleurs qu'en neuf ans de controverse on n'a jamais tenté de me répondre sur le chapitre des chambres à gaz américaines. La cour avait estimé que j'avais une « démarche logique » et elle n'avait pas trouvé trace des défauts que mes adversaires avaient essayé de découvrir ; il n'y avait dans mon travail ni légèreté, ni négligence, ni ignorance délibérée, ni mensonge. La cour était allée jusqu'à en tirer une conclusion spectaculaire. Au vu de la qualité de mes recherches et nullement pour les besoins de la liberté d'expression, elle avait prononcé :

> « La valeur des conclusions défendues par M. Faurisson [sur le chapitre des chambres à gaz] relève donc de la seule appréciation des experts, des historiens et du public. »

Et elle me condamnait là-dessus pour mes « slogans », ma dangerosité et autres motifs de même calibre.

## *L'inexorable essor du révisionnisme*

Cet arrêt de la cour de Paris garantissait pour tout Français le droit de proclamer que les chambres à gaz homicides du IIIe Reich n'avaient jamais existé. De 1983 à 1987, les médias ont dissimulé cette information, qui commence seulement à se faire jour.

Pourtant la répression s'aggrave. Plus le révisionnisme progresse, plus la situation des révisionnistes devient dangereuse.

En revanche, plus les exterminationnistes multiplient les livres, les films, les colloques, plus ils dévoilent la situation, tragique sur le plan intellectuel et moral, où ils se trouvent aujourd'hui. Plus ils en appellent à la police et à la justice, plus leur incapacité à répondre aux arguments révisionnistes est éclatante.

Cent fois les révisionnistes ont réclamé une confrontation au grand jour ct devant le grand public. Mais, en face, on a peur. Vidal-Naquet décrète :

> « On doit discuter sur les révisionnistes… On ne discute pas avec les révisionnistes. »[279]

C'est la politique de l'autruche. Pour prendre une comparaison avec le sport, Vidal-Naquet se juge infiniment plus fort au tennis que tel

[279] *Id.*, p. 10.

adversaire. Cet adversaire vient-il à lui proposer un match, Vidal-Naquet se ravise. Il veut bien jouer mais à condition de n'avoir aucun adversaire en face de lui. Et le public est prié de croire qu'il est le meilleur.

Autre comparaison : ce colloque de la Sorbonne est en fait destiné à prononcer la condamnation des révisionnistes mais *in absentia rei.* Imagine-t-on un colloque sur une association quelconque avec interdiction pour les membres de cette association d'y participer ?

On s'achemine vers des solutions absurdes. Sous la pression du Congrès juif mondial, le gouvernement français risque de voter une loi à l'allemande interdisant la mise en doute du dogme de l'extermination des juifs. Il sera vivement recommandé de dire que le nombre des morts juives s'est élevé à 6 millions. On tolérera une croyance en 5 millions de morts seulement. À 4 millions, on aura de graves ennuis. À 3 millions, c'est la condamnation assurée avec la perte probable de son emploi public. À 2 millions, c'est l'exclusion certaine. À 1 million, c'est la radiation à vie, sans compter la prison.

Un Français aurait le droit le plus strict d'ignorer combien il est mort de catholiques, de protestants, de musulmans, d'animistes, de shintoïstes, d'agnostiques durant la dernière guerre mondiale, ou bien il pourrait publier là-dessus les chiffres les plus fantaisistes. Personne n'y trouverait à redire devant les tribunaux. Mais, s'il s'agit des juifs, l'affaire est toute différente. Pourquoi ?

Les juifs souhaitent-ils cela ? J'en doute. Mais je ne doute pas que les organisations qui prétendent parler en leur nom soient prêtes à commettre cette ineptie après toutes celles que leur a inspirées la haine ou la peur du révisionnisme.

Les révisionnistes revendiquent simplement le droit au doute et à la recherche. Ils n'entendent pas respecter de dogme ou de tabou. Ils proposent **un débat ouvert et public.**

Le colloque « La politique nazie d'extermination » à l'intention duquel le texte ci-dessus avait été rédigé s'est effectivement tenu à la Sorbonne.

Les tentatives de filtrer l'assistance pour en exclure systématiquement les révisionnistes se sont heurtées à des protestations multiples, dont celle du révérend père Riquet qui exigea qu'un carton d'invitation fût remis au professeur Faurisson, et au fait que le nombre des révisionnistes augmente et qu'ils ne sont pas tous identifiés.

Le colloque s'est donc tenu en présence d'une dizaine de révisionnistes dont le Professeur Faurisson, son éditeur, Pierre Guillaume, et Alain Guionnet, auteur des tracts signés « L'Aigle Noir », pour ne citer que les plus connus. Cette présence conduisit les organisateurs à supprimer tous les débats prévus avec l'assistance aux termes des exposés et à censurer systématiquement les questions écrites.

Alors que le colloque de 1982 avait vu le lancement de l'école « fonctionnaliste » comme contre-feu, et que des concessions essentielles avaient été faites à la critique révisionniste cependant que l'étude hâtive de quelques documents présentés par le pharmacien « historien » autodidacte Pressac permettait de maintenir la croyance en la réalité des « gazages » prétendument effectués dans les crématoires de Birkenau, le remake de 1987 n'a été qu'un soliloque désespérant, voué à la réaffirmation obsessionnelle des fondements métaphysiques de la croyance holocaustique, sans documents nouveaux, sans référence à la documentation et à la critique acquise, où chacun des conférenciers ânonnait son texte et décernait aux autres un brevet de scientificité réciproque, sans parvenir à ébranler l'ennui consterné d'une assistance clairsemée, pourtant composée à quatre-vingt-dix pour cent de groupies et de fans de l'holocauste.

Au cours du colloque, M. Ovadia Sofer, ambassadeur d'Israël, Mgr Lustiger, archevêque de Paris, puis Mme Mitterrand, épouse du président de la République, sont venus apporter par leur présence symbolique fort brève l'appui de l'officialité

Non seulement aucune réponse n'a été apportée à la critique révisionniste mais ce soliloque a vu une capitulation de l'Histoire et de ses règles critiques au profit de la prééminence de la « Mémoire » qui a été affirmée avec brutalité par Simone Veil et Claude Lanzmann.

# 1988

Printemps 1988

## UNE ENQUÊTE DU *MONDE DIPLOMATIQUE* SUR LES CHAMBRES À GAZ (MARS 1988)

À la mémoire de Pierre Viansson-Ponté,
journaliste du *Monde*, qui a donné le signal de la
curée judiciaire contre le révisionnisme.[280]

Dans sa livraison de mars 1988, *Le Monde diplomatique* consacre trois pages (p. 4-6) à la question des chambres à gaz. L'essentiel consiste en une enquête d'Alexandre Szombati. Le titre porte : « La Mémoire sans défaillance des bourreaux. Des nazis parlent ». Il y a cinq photos et, en particulier, une photo publiée en exclusivité mondiale et qui prétend représenter une chambre à gaz (homicide) de Treblinka. Un encart porte sur « La loi *du mensonge »* ; on y fait état de la loi allemande de 1985 qui punit de prison quiconque met en doute l'existence des chambres à gaz ; on y rappelle que le général Otto-Ernst Remer a été récemment condamné pour avoir « notamment diffusé des bandes vidéo où il était affirmé qu'il n'existait pas de chambre à gaz sous Hitler » ; l'encart ne précise pas que cette bande vidéo est celle que j'ai réalisée sur « Le Problème des chambres à gaz » ; on la trouve en vente à la Vieille Taupe. En dernière page, un article de Jean-Michel Palmier porte sur « Un autre révisionnisme. La *polémique des historiens* ouest-allemands ».

Le sens général de ces trois pages du *Monde diplomatique* peut se résumer ainsi : les chambres à gaz homicides du IIIe Reich ont existé ; la meilleure preuve nous en est fournie par les aveux de certains nazis ; les révisionnistes qui contestent la réalité de ces chambres à gaz sont « des farceurs, qui s'attachent à falsifier l'histoire » ; il faudrait que la France, à l'exemple de la RFA, se dote d'une loi spéciale pour condamner ces faussaires ; les procureurs allemands nous montrent la voie ; les historiens allemands sont de bons révisionnistes : ils révisent tout, sauf l'existence des chambres à gaz.

Je me propose de passer en revue les aveux des nazis, les chiffres de gazés, les anomalies de cette enquête, la photographie de la chambre à

[280] *Le Monde,* 3-4 septembre 1978, p. 9.

gaz de Treblinka et j'en terminerai par une toute récente révélation sur le nombre des morts d'Auschwitz.

## *I. Les Aveux des nazis*

Si l'on veut accorder foi à un témoignage, encore faut-il l'examiner soigneusement et donner aux mots et aux phrases leur véritable sens. C'est ce que nous allons nous efforcer de faire, en passant en revue ce que dit le témoin, mais aussi ce qu'il omet de dire.

> **1) Othmar TRENKER :** « En ce qui me concerne, je n'ai rien eu à rechercher dans les camps d'extermination, j'ai constamment vu fonctionner les camions que nous appelions les « chambres à gaz roulantes ». Je n'ose pas mentionner de chiffres, mais il ne fait aucun doute que des dizaines de milliers de personnes sont passées de vie à trépas par ces camions. Hommes, femmes, enfants, jeunes et vieux étaient entassés dans ces véhicules hermétiquement fermés. Lorsqu'ils roulaient, le gaz introduit infligeait à ces gens une mort atroce. »

*Commentaire :* O. Trenker ne parle pas de chambres à gaz alors qu'il est interrogé sur les chambres à gaz. Il parle de camions à gaz. Il dit qu'il a « constamment vu fonctionner » de tels camions. Il n'en donne pourtant aucune description sinon qu'il les définit comme « hermétiquement fermés ». Il ne prétend pas avoir assisté à une exécution quelconque. Il ne décrit aucun résultat. Il ne fournit aucun chiffre sinon une estimation vague dont on ne voit pas sur quoi elle est fondée. Les Allemands possédaient des « camions à gaz » (« gazogènes »), des camions de désinfection, des camions pour le transport des cadavres, des « Entlausungswagen », des « Sonderwagen », des « Spezialwagen » : rien que de banal ;

> **2) Klaus HORNIG :** « L'isolation des chambres à gaz roulantes était parfaite avec de la tôle fixée par des rivets. La tôle brillait sous le soleil. On aurait dit des cercueils d'argent. Cela se passait derrière le front de Pologne, et j'ai vu de mes propres yeux des membres du service de sécurité (SD), en uniforme SS, avec le triangle SD sur le bras, pousser les malheureux à coups de crosse et de baïonnette dans les camions. Je n'ai pas assisté au déchargement des cadavres, mais certains de mes hommes l'ont vu et en ont fait le récit. C'était horrible. Des mères serraient si fort

leur bébé dans leurs bras qu'ils étaient comme soudés. C'est ainsi qu'on a brûlé leurs cadavres… Mais, du point de vue de Himmler, l'emploi des chambres à gaz roulantes était préférable aux massacres par fusillades. Quelques « durs » suffisaient pour le chargement, le déchargement étant exécuté, de force bien entendu, par les futures victimes qui, jusqu'à la dernière minute, espéraient un miracle. »

*Commentaire* : Klaus Hornig ne parle pas des chambres à gaz. Il dit avoir vu des véhicules dans lesquels des membres du SD ont poussé des malheureux à coups de crosse et de baïonnette. Il qualifie ces véhicules de chambres à gaz roulantes. Il n'a personnellement assisté à rien d'autre ; en particulier, il ne décrit aucun résultat, aucun déchargement de cadavres ; il rapporte ou prétend rapporter des propos sur la question.

**3) Kurt FRANZ :** « Je vous ai déjà déclaré au téléphone que les chambres à gaz [de Treblinka] dans lesquelles on a gazé les juifs ont bel et bien existé. J'ignore le nombre exact des gazés car je ne les ai pas comptés. D'autant moins que je n'ai pas participé à ces actions. Moi, je n'ai gazé personne, ni à Treblinka ni à Belzec, l'autre camp d'extermination où j'ai fait mon service auparavant. Dans les deux camps, j'étais le commandant des troupes de sécurité. Il y avait en effet des partisans dans les environs, qui menaçaient de nous attaquer… » « Un jour, une femme juive nue s'est approchée de moi et, se jetant à genoux, m'a dit qu'elle était prête à être gazée mais elle m'implorait de sauver sa fille. Celle-ci m'a supplié de sauver la vie de sa mère. Elles étaient très belles toutes les deux. J'ai donné l'ordre à mon ordonnance, l'Ukrainien Alexeiev Pior, de leur procurer des vêtements et de les placer dans les cuisines de SS, pour qu'elles épluchent des pommes de terre [Pior s'enfuit avec les deux femmes ; tous trois sont repris et ramenés au camp]. Les deux femmes furent immédiatement gazées et mon ordonnance tué sur place, d'une balle de revolver, par le commandant. […] »

**Q :** Avez-vous fait jouer des airs d'opérette afin que l'on n'entende pas les hurlements des gens suffoquant dans les chambres à gaz ?

**R :** C'est possible, mais je ne les ai pas gazés moi-même. Pourtant, on m'a condamné pour avoir gazé au moins 300.000 personnes […]. »

Le journaliste Alexandre Szombati poursuit en ces termes le récit de la visite de Kurt Franz dans sa prison :

> Je dépose devant lui un plan portant l'inscription « *camp d'extermination de Treblinka* », et lui demande de me décrire la procédure de l'extermination. Il me montre au bas de la feuille l'arrivée des transports. Je lui tends mon crayon et lui demande d'inscrire le mot « Arrivée ». Il met ses lunettes et écrit : « *Ankunft* ». Puis explique :
>
> – « *Voyez-vous, après cela, les femmes étaient dirigées à gauche, les hommes à droite...*
>
> – Et les enfants ?
>
> – *Avec les femmes. Les hommes passaient à côté du puits et entraient dans la baraque de déshabillage. Les femmes, nues, passaient dans la partie supérieure de la baraque pour que les coiffeurs leur coupent les cheveux. Ensuite, les hommes devaient passer par le corridor, le « Schlauch », surnommé « Himmelfahrtstraße », « le chemin du ciel ». Sa première partie avait 30 mètres de long. Puis le corridor tournait à droite et, 50 mètres plus loin, se trouvait l'entrée des chambres à gaz.*
>
> – Combien de temps durait le gazage ?
>
> – *De trente à quarante-cinq minutes.*
>
> – C'est une éternité, ne trouvez-vous pas ?
>
> – *En effet. Mais moi, je ne participais pas personnellement au gazage.*
>
> – Voulez-vous me le confirmer par écrit ?
>
> – *Volontiers...* »
>
> Sur le dos du plan, il écrit : « *Je n'ai rien eu à faire avec les gazages des juifs ni à Treblinka ni ailleurs. J'étais uniquement commandant de compagnie chargé d'assurer la sécurité dans ce territoire des partisans. – Kurt Franz.* »

*Commentaire* : Kurt Franz dit et répète : « Je n'ai gazé personne. [...] Je ne participais pas personnellement au gazage. [...] Je n'ai rien eu à faire avec les gazages des juifs ni à Treblinka ni ailleurs. » Le journaliste ne lui pose aucune question précise sur le gazage : quel gaz ? Fourni par quel moyen ? Nombre, nature et dimension des chambres à gaz homicides ? Arrivée du gaz ? Évacuation du gaz ? Qui a construit ces chambres ? Sur quels ordres ? Qui surveillait l'opération ? Nombre de participants ? Que faisait-on des cadavres ? On prétend ne posséder aucun plan original de Treblinka ou de Belzec et on ne nous fournit, en fait de plans, que de grossiers dessins, sans indication de dimension, qui nous sont présentés comme l'œuvre d'anciens détenus juifs, témoins de l'accusation. Ces dessins fourmillent de contradictions. À l'emplacement supposé des chambres à gaz homicides, ils montrent de naïfs petits rectangles affublés de la dénomination : « chambre à gaz ». L'occasion était donc belle pour le journaliste de faire dessiner à Kurt Franz un plan de Treblinka ou de Belzec. Il ne semble pas le lui avoir demandé. Pourquoi ? Ces camps étaient en réalité des camps de transit entre la Pologne et la Russie. Ils possédaient certainement des chambres à gaz de désinfection : pourquoi l'emplacement de ces chambres de désinfection n'est-il jamais indiqué ? Ou bien faut-il comprendre que les prétendues chambres à gaz homicides étaient, en réalité, des chambres à gaz de désinfection ? À leur arrivée dans les camps, la routine voulait qu'on conduise séparément à la douche, d'une part, les hommes et, d'autre part, les femmes et les enfants. Il est normal que Kurt Franz puisse désigner une « entrée » à ce camp. Il n'est pas normal qu'il ne désigne rien d'autre, sinon peut-être un corridor. La seule précision obtenue de lui serait que le gazage durait de trente à quarante-cinq minutes. Le journaliste, sensible au vague des réponses, fait précéder ces bribes d'interview par des fragments d'affirmations émanant de procureurs allemands selon lesquels à Treblinka « jusqu'à 18.000 (dix-huit mille) juifs furent tués chaque jour. Le massacre était effectué à l'aide de gaz émanant d'un moteur de char d'assaut russe du type T-34 ». Ce moteur aurait été un « moteur diesel ». Quand on sait qu'un moteur diesel est, par rapport à un moteur à explosion, impropre à gazer (il est pauvre en CO et riche en $CO_2$), on se trouve devant une incongruité technique et une invraisemblance chimique. Par ailleurs, le journaliste et ces procureurs passent sous silence le document de Nuremberg PS-3311, déposé en décembre 1945 par le procureur polonais Tadeusz Cyprian, membre de la Commission, à Londres, des Crimes de guerre pour le compte des Nations-Unies : selon ce document officiel, qui avait force de loi (article 21 du statut du Tribunal militaire international), c'était à la vapeur d'eau et non au gaz que les Allemands exterminaient leurs victimes à Treblinka ! Le « puits » dont parle Kurt Franz fournissait l'eau !

Les sorciers et les sorcières ne poussaient pas l'audace jusqu'à nier l'existence du diable. Ils disaient parfois pour leur défense qu'ils n'avaient personnellement pas eu de **contact** avec le diable. Ils percevaient au loin des bruits, des flammes et seules des odeurs leur parvenaient : c'était le diable. Kurt Franz et d'autres accusés ont été contraints d'utiliser le même subterfuge. Ce n'est pas à leur déshonneur mais au déshonneur d'un appareil judiciaire qui, en plein XXe siècle, a rétabli les procès de sorcellerie.

**4) Hans MÜNCH :** Ce témoin dit que, médecin à Auschwitz, il a « refusé la sélection. C'est-à-dire d'envoyer des êtres humains à la mort ». Il avait été envoyé dans ce camp parce qu'il s'agissait d'y « maîtriser les épidémies ». Un jour, son supérieur direct, le docteur Weber, à qui il demande de l'aider à retrouver un camarade juif récemment arrivé au camp, lui rétorque : « Folie ! Tu ne le retrouveras plus jamais. Dès que tu le chercheras, ses camarades le cacheront, certains que tu veux l'envoyer à la chambre à gaz. »

*Commentaire :* Cette occurrence est la seule où ce témoin parle de chambre à gaz ou de gazage. Hans Münch est ici aussi vague qu'il l'a été le 11 mai 1948 dans son témoignage devant un tribunal américain.[281]

## *II. Les chiffres de gazés*

Le journaliste en vient ensuite à parler des chiffres. « Les chiffres d'Eichmann et ceux de Himmler » : tel est le titre. Or, aucun chiffre d'Eichmann, ni aucun chiffre de Himmler ne sont donnés. Ce que rapporte le journaliste, c'est simplement la déclaration de Wilhelm Höttl selon laquelle son ami Eichmann lui aurait un jour confié à Budapest que « quatre millions de personnes avaient été tuées dans les camps, tandis que deux millions avaient été massacrés par les commandos de la mort, par fusillades ». Le journaliste dit de Wilhelm Höttl qu'il était un SS « en relation avec les Américains ». En réalité, Höttl collaborait activement avec les Américains et c'est grâce à cette collaboration qu'il a pu se tirer d'affaire. Le premier gage qu'il ait donné aux Américains est sa déclaration du 7 novembre 1945, d'après laquelle Eichmann lui aurait déclaré en août 1944 que, « dans les différents camps d'extermination, environ quatre millions de juifs [et non pas : de **personnes**] auraient été tués, cependant que deux autres millions auraient trouvé la mort d'une autre façon ; la plupart de ces derniers auraient été exécutés par les *Einsatz-kommandos* de la Police de Sûreté pendant la campagne de Russie ».[282] Autrement dit, dès août 1944, le total des **juifs tués** aurait été de six millions, ce qui donne à penser que le total des juifs **morts** pour la **durée totale** de la guerre aurait été bien supérieur au chiffre, partout répété et jamais prouvé, de six millions. Le journaliste passe sous silence ce qu'il est advenu au Tribunal de Nuremberg de cette déclaration de Höttl. Le 14 décembre 1945, le procureur adjoint américain, William

---

281 Procès contre l'I.G. Farben, *NMT*, sténogrammes en anglais, p. 14321-14345 ; sténogrammes en allemand, p. 14460-14481

282 Doc. de Nuremberg PS-2738, *TMI* XXXI, p. 85-87.

Walsh, avait tenté d'utiliser cette déclaration. L'avocat allemand, Kurt Kauffmann, surpris de ce chiffre de six millions, avait alors demandé la comparution de W. Höttl, comparution d'autant plus aisée à obtenir que le personnage était précisément détenu à Nuremberg. Le procureur Walsh avait battu en retraite : à l'en croire, s'il avait lu un extrait de cette déclaration, c'était « dans le seul but de montrer le nombre approximatif de juifs qui, selon lui [Höttl], sont morts de la main des Allemands ».[283] Le président du Tribunal n'allait pas convoquer Höttl mais, dans le jugement final, il allait retenir le chiffre de 6 millions en le mettant directement au compte d'Eichmann ![284]

Le journaliste ne rapporte pas non plus ce que Höttl a fini par confier en 1987 à un journal allemand. Eichmann, lors de sa visite d'août 1944, était dépressif : il était aussi alcoolique ; Höttl l'avait enivré avec un alcool d'abricots, le fameux « Barracks » des Hongrois, et c'est une fois ivre qu'Eichmann se serait répandu en confidences.[285] En 1960, interrogé par le juge d'instruction israélien, le capitaine Avner W. Less, sur les propos que lui avait prêtés Höttl, Eichmann avait répondu : « Les allégations de Höttl ne sont rien d'autre qu'un salmigondis de salades que ce type s'est fourrées dans la tête. »[286] Et, comme le juge A. W. Less insistait sur le nombre des juifs morts, Eichmann lui avait répondu : « Mon capitaine, après la guerre, les Alliés ont tout de même recensé – je crois – deux millions quatre cent mille juifs, comme je l'ai déjà dit. Et des centaines et des centaines de milliers sont ressortis des camps de concentration. »[287]

## *III. Les anomalies de cette enquête*

Cette enquête du *Monde diplomatique* présente d'autres points qui sont dignes d'intérêt :

1) Trenker, Franz et Münch adoptent, jusqu'au mimétisme, le langage du vainqueur puisque, aussi bien, ils parlent de « camps d'extermination », expression qui n'a jamais existé chez les nationaux-socialistes et qui a été créée, utilisée et imposée par les vainqueurs de la seconde guerre mondiale ;

---

[283] *TMI,* III, p. 574.

[284] *TMI,* I, p. 266.

[285] *Welt am Sonntag,* 8 mars 1987, p. 2.

[286] J. von Lang, *L'Interrogatoire,* Belfond, 1984, p. 137. [*Die Angaben von Höttl, das ist ein Sammelsurium von Durcheinander, das der Mann hier in seinem Kopf bekommen hat* (J. von Lang, *Eichmann-Protokoll,* p. 107)]

[287] *Ibid.* p. 138 ; version allemande, p. 108.

2) Les accusés allemands ont eu affaire à la justice de leurs vainqueurs, relayée, dans certains cas, par la justice de la RFA et, manifestement, ils ne pourraient pas, même s'ils en avaient l'extrême courage, affronter à nouveau l'appareil répressif. La loi dite « du mensonge d'Auschwitz » est là pour les dissuader ; *Le Monde diplomatique* a poussé l'ingénuité jusqu'à rappeler l'existence de cette loi. On comprend donc que des Allemands, interrogés sur le point de savoir si les chambres à gaz ont existé, préfèrent soit se réfugier dans le silence, soit répondre que ces chambres ont existé, surtout quand ces Allemands sont déjà en prison ;

3) Le cas de Kurt Franz est significatif. Cet officier allemand a été condamné à la prison à vie mais il nourrit l'espoir d'être libéré. Il est prêt à faire n'importe quelle déclaration sur le tabou du siècle. La visite du journaliste est une aubaine. Franz lui promet tout ce qu'il voudra sur les chambres à gaz pourvu que le journaliste écrive qu'il a été, lui Franz, injustement condamné. Franz lui dit : « De temps en temps, j'ai un congé de huit jours que je passe à Düsseldorf avec ma femme, gravement malade… Venez donc nous voir lors d'un de mes prochains congés… Je vous invite. » Kurt Franz vit donc dans la totale dépendance des procureurs, gardiens de la vérité officielle, et, moins que tout autre Allemand, il peut s'offrir le luxe d'affirmer qu'il n'y a jamais eu de chambres à gaz à Treblinka et à Belzec ; ses permissions de sortie et ses chances de libération sont en jeu ;

4) Le journaliste n'a consulté que des procureurs ou juges d'instruction et, en particulier, ceux de Ludwigsburg, dont l'emploi salarié est de pourchasser exclusivement les « criminels nazis » ; leur dévotion à la cause exterminationniste est totale ; c'est au point, par exemple, que le procureur Spiesz tient à dire « nous » lorsqu'il évoque ce que les Allemands sont censés avoir fait à Treblinka, Sobibor et Belzec. Le journaliste, notant ce point, écrit : « *Nous* et non pas *eux,* le visage reflète la douleur et la gêne ». Le journaliste n'a consulté aucun avocat ; il se comporte en accusateur ;

5) Le journaliste parle avec insistance de « l'action Reinhard », une « action d'extermination » ainsi appelée, nous dit-on, en hommage à Reinhard Heydrich et qui aurait consisté à conduire les juifs dans les « camps d'extermination » de Treblinka, Sobibor et Belzec. Le procureur Spiesz parle de cette action. Il dit : « Nous n'avons eu besoin que de cent vingt hommes au total pour réaliser l'action Reinhard, c'est-à-dire l'extermination d'au moins 1.750.000 personnes dans les trois camps de Treblinka, Sobibor et Belzec » : c'est-à-dire une moyenne de quarante personnes par camp. Dans le livre *Les Chambres à gaz, secret d'État*, un chapitre tout entier est consacré à cette action. Il n'y a qu'un malheur

pour les exterminationnistes, c'est qu'une telle action n'a jamais existé. Ce qui a existé, c'est une action « Reinhardt » (avec un « t »), du nom probablement du secrétaire d'État aux Finances, Fritz Reinhardt ; cette action semble avoir été une opération de confiscation de biens appartenant à des Polonais juifs ou non juifs.[288]

6) Le journaliste dit que Kurt Schwedersky, ancien juge d'instruction des procès de Treblinka, lui a fait la déclaration suivante :

> « Comme vous le savez, pendant le IIIe Reich, il était strictement interdit de parler ouvertement de l'extermination des juifs [...] Pourtant, à ma grande surprise, je suis tombé sur un document dans lequel il est ouvertement question du transport des juifs français à Auschwitz, ainsi que du but de cette déportation. Dans ce document, il est dit que « le lieutenant-général de la Wehrmacht K., stationné à Paris, se montre fort coopératif et se déclare d'accord avec l'extermination à 100 % des juifs. »

Ce document est très connu et il n'a nullement le sens que lui attribuent ce magistrat allemand ainsi que les historiens exterminationnistes qui en font état. Theodor Dannecker, représentant d'Eichmann à Paris, avait simplement dit, dans une lettre du 13 mai 1942, qu'il avait fait la connaissance du lieutenant-général de la Wehrmacht Kohl (homonyme du Chancelier Kohl). Celui-ci, au cours d'une conversation à bâtons rompus, s'était révélé comme très hostile aux juifs. Il était « d'accord à 100 % avec une solution finale de la question juive ayant pour but un anéantissement total de l'ennemi ». Coupée de son contexte, cette formule aurait pu signifier que ce général était en faveur d'un anéantissement physique des juifs ; rétablie dans son contexte, elle signifie que ce général est pour l'anéantissement de l'ennemi, ce qui n'a rien que de banal. D'ailleurs, ajoute Dannecker, « il s'est aussi montré un ennemi des églises politiques » ; ces derniers mots sont généralement supprimés parce qu'ils ont pour effet de relativiser la formule concernant l'ennemi juif. Au procès Barbie, ce fragment a été escamoté[289], et cela, pourrait-on dire, selon un usage établi par Joseph Billig, Georges Wellers, Raul Hilberg, Marrus et Paxton... ; ainsi a-t-on tiré argument de cette lettre de Dannecker, gravement tronquée, pour prouver que Barbie avait pu, lui aussi, savoir que la déportation équivalait à l'extermination ;

7) Les aveux, extrêmement vagues, que nous avons vus sont loin d'avoir la précision relative des aveux de nazis qui ont confessé

---

[288] Voyez U. D. Adam, « Les chambres à gaz », p. 259, n. 70.
[289] *Le Monde,* 20 mai 1987, p. 10, 4e colonne.

l'existence de gazages dans des camps où il a fallu admettre qu'il n'y avait eu, en fin de compte, aucun gazage : c'est le cas, notamment, pour Ravensbrück et Oranienburg-Sachsenhausen.

## *IV. Une photographie de chambre à gaz*

L'enquête se clôt sur une photographie dont voici la légende

> « Une chambre à gaz de Treblinka »
> Photo prise par les nazis au printemps 1944 avant l'arrivée des troupes soviétiques, et saisie par la justice allemande dans les affaires de Kurt Franz (Publication en exclusivité mondiale).

Dans le corps de l'article, cette photographie était ainsi annoncée :

> « A propos de Kurt Franz, M. Spiesz me rapporte l'incident suivant :
> *En automne 1943, l'action Reinhard achevée et les armées soviétiques se rapprochant, il fut décidé de faire disparaître les camps d'extermination de Treblinka, Sobibor et Belzec. Tous les prisonniers furent gazés, à l'exception de quelques-uns dont on avait besoin pour transformer ces camps de la mort en de paisibles paysages. On fit sauter le seul bâti ment construit en dur, celui des chambres à gaz, action que Franz a photographiée (voir photo page 6).* »

On ne sait donc pas au juste si la destruction a eu lieu « au printemps 1944 » ou « en automne 1943 », si la photo a été prise par les nazis ou par Kurt Franz et si ce que l'on nous montre est « une chambre à gaz [au singulier] » ou « le seul bâtiment construit en dur, celui des chambres à gaz [au pluriel] ». On est surpris de constater qu'un tel document, en possession de la justice allemande depuis tant d'années, n'ait jamais été révélé, vu qu'on ne possède aucune photographie des prétendues chambres à gaz de Treblinka, Sobibor et Belzec et pas le moindre plan ou document nous permettant de comprendre à quoi pouvaient ressembler ces étonnants abattoirs chimiques.

Mais il faut se féliciter de l'initiative du journal. Rien ne pouvait donner une plus juste idée de la thèse exterminationniste que cette photographie qui ne représente… **rien**, sinon un officier allemand, portant casquette, près de l'extérieur d'un bâtiment en briques !

Le journal *Le Monde* a beaucoup œuvré en faveur de la thèse de l'existence des chambres à gaz. Avec cette longue enquête du *Monde diplomatique* et avec cette photographie, il vient d'atteindre un sommet de l'aplomb journalistique. Désormais, quiconque voudra se faire une idée de l'honnêteté du *Monde* en général et du *Monde diplomatique* en particulier sur le chapitre des chambres à gaz n'aura qu'à se rapporter à la livraison de mars 1988 du *Monde diplomatique*, p. 4-6. La photographie de la page 6, publiée « en exclusivité mondiale », reflète idéalement le contenu de l'enquête tout entière, confiée au journaliste Alexandre Szombati : même les procureurs allemands de Ludwigsburg, pétris de néo-masochisme, même un Adalbert Rückerl et un Willi Dressen, n'avaient pas osé aller aussi loin dans la mystification.

Quant à la photographie d'Auschwitz-Birkenau sur laquelle s'ouvre l'enquête, elle est émouvante dans sa simplicité. Elle est due à Raymond Depardon. Derrière des barbelés, on aperçoit, dans un paysage de neige, les baraquements des internés. Ces barbelés sont tout à fait dérisoires par rapport au « mur de Berlin » et ils n'ont pu empêcher à Auschwitz quelque six cent soixante-sept évasions en quatre ans.[290] Ces baraquements sont comparables à tous les baraquements de tous les camps du monde. Cette neige est celle des hivers de Pologne. Là ont vécu, ont souffert et ont trouvé la mort, des hommes et des femmes qui ont droit au respect de leurs souffrances, et donc à la vérité sur les camps de concentration.

## *V. Le nombre des morts d'Auschwitz*

Le nombre des morts d'Auschwitz a été évalué par les exterminationnistes indifféremment à neuf millions, à huit millions, à six millions, à cinq millions, à quatre millions (c'est ce chiffre qu'on voit inscrit sur le monument de Birkenau), à trois millions, à deux millions et demi, à un million et demi, à un million, à huit à neuf cent mille.[291] Aucun de ces chiffres fantastiques n'a jamais été fondé sur une enquête scientifique. Nous avons toutes les raisons de penser que le vrai chiffre est connu des gouvernements alliés. Les Allemands semblent avoir laissé intactes les énormes archives d'Auschwitz. Parmi ces archives se trouvaient, en 1945, soit trente-huit, soit trente-neuf volumes nommés *Totenbücher* (registres mortuaires). Les Polonais possèdent soit deux,

[290] T. Iwaszko, « Häftlingsfluchten aus dem KZ Auschwitz ». Voy. aussi Himmler à Höss : « Le nombre d'évasions d'Auschwitz est exceptionnellement élevé et sans précédent dans un camp de concentration. » *(Kommandant in Auschwitz*, p. 178).
[291] G. Reitlinger, *The "Final Solution"*, p. 500.

soit trois de ces volumes ; le reste est à Moscou. Le 30 octobre et le 5 novembre 1964, le professeur Nikolaï Alexeïev, doyen de la faculté de droit de Léningrad, était venu déposer au « procès d'Auschwitz » à Francfort. Il avait été conduit à révéler l'existence de ces registres. Tout récemment, le 12 février 1988, le Suisse Charles Biedermann, directeur du Service international de recherches d'Arolsen (RFA), venait déposer à charge contre Ernst Zündel au « procès de Toronto » (Canada). Contre-interrogé de très près par l'avocat de ce dernier, il était conduit à dire que les Soviétiques refusaient toujours la consultation des registres en leur possession ; à la question de savoir combien de noms de morts étaient contenus dans les deux ou trois volumes détenus par les Polonais, il répondait qu'il ne savait pas, et pourtant son Service possède photocopie de ces volumes. En 1979, dans *Der Auschwitz Mythos,* Wilhelm Stäglich écrivait :

> « Jusqu'à ce jour, ces registres ne semblent pas avoir été utilisés. Peut-être les retient-on parce que les chiffres qu'ils indiquent contredisent le nombre exagérément élevé de décès que l'on a propagé partout ? »[292]

Il est symptomatique que pas un historien exterminationniste ne proteste contre l'attitude des Soviétiques et que pas un d'entre eux n'ait encore révélé le total des morts des deux ou trois registres polonais. Ce total permettrait une évaluation du total général des morts dans les trente-huit ou trente-neuf volumes. Je rappelle que le Service international de recherches est contrôlé par un ensemble de dix gouvernements, dont celui des États-Unis, du Royaume Uni, de la France, de la RFA et d'Israël. Ces gouvernements montent la garde et, par une série de mesures que Charles Biedermann a dû révéler à la barre des témoins au procès de Toronto, ils s'opposent à la divulgation de toute statistique sur le nombre des survivants des camps de concentration et à la révélation de tout apport de documents dans les archives du Service international de recherches. Ils savent certainement le nombre des morts d'Auschwitz, mais ils refusent de le révéler.

## *Conclusion*

Cette enquête du *Monde diplomatique* prouve d'abord qu'en mars 1988, à l'heure même où certains auteurs juifs ne croient plus aux chambres à gaz ou conseillent de ne pas trop s'appesantir sur un examen

[292] *Le Mythe d'Auschwitz*, p. 410, n. 85.

de l'existence de cette arme prodigieuse[293], le journal *Le Monde* déclare nettement que lesdites chambres à gaz ont existé. Du point de vue de l'histoire des croyances et, d'une manière plus précise, pour tout historiographe, cette enquête est donc précieuse. Car un jour viendra où l'on cherchera à contester que le mythe des chambres à gaz ait jamais été admis à ce point (le sondage sur les chambres à gaz publié par *Le Monde* du 4 novembre 1987 (p. 10) n'a malheureusement aucune valeur. La formulation des questions est entièrement captieuse). Grâce à cette enquête, nous serons en mesure de prouver qu'en mars 1988 *Le Monde* se battait encore pour assurer la survie d'un mythe en pleine agonie.

Plus on veut démontrer l'existence des chambres à gaz, plus on démontre, en fait, qu'on n'en possède aucune preuve. Nous sommes simplement invités à croire ce que disent des témoins qui croient et qui, de plus, n'ont le droit de parler que parce qu'ils croient.

Les exterminationnistes sont à bout de ressources. Il va leur falloir, d'une façon ou d'une autre, saborder la magique chambre à gaz. Qui en prendra l'initiative ? Les Soviétiques pourraient, un jour, mettre au compte de Staline le massacre de Katyn et, pour faire bonne mesure, le mensonge d'Auschwitz. Après tout, leur rapport mensonger sur Auschwitz (document URSS-008 du 6 mai 1945) ne porte-t-il pas la signature du fameux faussaire Lyssenko et d'un métropolite ? Et puis, les Soviétiques possèdent les registres mortuaires d'Auschwitz : une arme redoutable… Nul doute que les Israéliens le savent, et les Américains avec eux.

[Publié dans les *AHR*, n° 4, printemps 1988, p. 135-149.]

***

Été 1988

# LE RÉVISIONNISME AU CANADA : LES PROCÈS ZÜNDEL

Ernst Zündel a été condamné le 13 mai 1988 par le juge Ron Thomas (District Court of Ontario, Toronto, Canada) à neuf mois de prison ferme et immédiatement incarcéré pour avoir diffusé une revue révisionniste aujourd'hui vieille de quatorze ans : *Did Six Million Really Die ?*

---

[293] Lettre d'Ida Zajdel et Marc Ascione, *Article 31,* janv.-fév. 1987, p. 22 ; J. Gabel, *Réflexions sur l'avenir des juifs,* p. 135-136.

Ernst Zündel vit à Toronto où, jusqu'à ces dernières années, il exerçait la profession de graphiste et de publicitaire. Il est âgé de quarante-neuf ans. Né en Allemagne, il a conservé la nationalité allemande. Sa vie a connu de graves bouleversements du jour où, vers 1981, il a commencé à diffuser la brochure révisionniste de Richard Harwood : *Did Six Million Really Die ?* (En est-il vraiment mort six millions ?). Cette brochure avait été publiée pour la première fois en Grande-Bretagne en 1974 et elle avait suscité l'année suivante une longue controverse dans *Books and Bookmen.* Sur intervention de la communauté juive sud-africaine, elle allait être interdite en Afrique du Sud. Au Canada, lors d'un premier procès, en 1985, E. Zündel était condamné à quinze mois de prison ferme. Ce procès a été cassé en 1987. Un nouveau procès avait commencé le 18 janvier 1988. J'ai participé aux préparatifs et au déroulement de ces actions judiciaires. J'ai consacré des milliers d'heures à la défense d'E. Zündel.

## *Déjà François Duprat*

Dès 1967, François Duprat avait publié un article sur « Le mystère des chambres à gaz ».[294] Il allait s'intéresser à la brochure de R. Harwood et en assurer activement la diffusion. Le 18 mars 1978, il était tué par des assassins dotés de moyens trop complexes pour ne pas appartenir à un service secret. Cet assassinat fut revendiqué par un « Commando du Souvenir » et par un « Groupe révolutionnaire juif ».[295] Patrice Chairoff avait publié l'adresse de F. Duprat dans *Dossier néo-nazisme* ; il justifia l'assassinat dans les colonnes du *Monde* (26 avril 1978, p. 9) où le révisionnisme de la victime lui inspira la réflexion suivante : « François Duprat est responsable. Il y a des responsabilités qui tuent. » Dans *Le Droit de vivre,* organe de la LICRA, Jean Pierre-Bloch exprima une position ambiguë : il réprouvait le crime mais, en même temps, il laissait entrevoir qu'il n'y aurait pas de pitié pour ceux qui, à l'instar de la victime, s'engageraient sur la voie révisionniste.[296]

## *Pierre Viansson-Ponté*

Huit mois avant l'assassinat, le journaliste Pierre Viansson-Ponté avait lancé une virulente attaque contre la brochure de R. Harwood. Sa

[294] *Défense de l'Occident,* juin 1967, p. 30-33.
[295] *Le Monde,* 23 mars 1977, p. 7.
[296] *Le Monde,* 7-8 mai 1978.

chronique s'intitulait « Le mensonge ».[297] Elle était reprise avec un commentaire élogieux dans *Le Droit de vivre.* Six mois après l'assassinat, P. Viansson-Ponté repartait à l'attaque.[298] Il passait sous silence l'assassinat de F. Duprat ; il révélait les noms, prénoms et villes d'origine de trois lecteurs révisionnistes et il en appelait à la répression judiciaire contre le révisionnisme.

## *Sabina Citron contre E. Zündel*

En 1984, au Canada, Sabina Citron, responsable d'une association pour le souvenir de l'Holocauste, provoqua de violentes manifestations contre E. Zündel. Un attentat eut lieu contre le domicile de ce dernier. L'administration des postes canadiennes, assimilant la littérature révisionniste à la littérature pornographique, lui avait refusé tout envoi et toute réception de courrier et il n'avait recouvré ses droits postaux qu'au terme d'une année de procédures judiciaires. Entre-temps, son affaire avait périclité. À l'instigation de Sabina Citron, le procureur général de l'Ontario déposa une plainte contre E. Zündel pour « propagation de fausse assertion (ou allégation ou nouvelle). » L'accusation tenait le raisonnement suivant : l'inculpé avait abusé de son droit à la liberté d'expression ; en diffusant la brochure de R. Harwood, il propageait une assertion qu'il savait être fausse ; en effet, il ne pouvait pas ignorer que le « génocide des juifs » et les « chambres à gaz » sont un fait établi.

E. Zündel était également inculpé pour avoir personnellement écrit et diffusé une lettre de même inspiration que la brochure.

## *Le premier procès (1985)*

Le premier procès dura sept semaines. Le jury déclara E. Zündel non coupable pour sa propre lettre mais coupable pour la diffusion de la brochure. Il fut condamné par le juge H. Locke à quinze mois de prison ferme. Le consulat allemand de Toronto lui retira son passeport. La RFA prépara contre lui une procédure dite de déportation. Auparavant les autorités de la RFA avaient lancé sur tout le territoire allemand une gigantesque opération de descentes de police le même jour chez tous ses correspondants allemands. En 1987, les États-Unis allaient lui interdire l'accès de leur territoire. Mais E. Zündel avait remporté une victoire médiatique ; jour après jour, pendant sept semaines, tous les médias anglophones avaient couvert un procès aux révélations spectaculaires ; il

---

[297] *Le Monde,* 17-18 juillet 1977, p. 13.
[298] « Le mensonge (suite) », *Le Monde,* 3-4 septembre 1978, p. 9.

en était ressorti que les révisionnistes possédaient une documentation et une argumentation de première force tandis que les exterminationnistes étaient aux abois.

## *Leur expert : Raul Hilberg*

À ce premier procès, l'expert de l'accusation fut Raul Hilberg, un professeur américain d'origine juive, auteur d'un ouvrage de référence : *The Destruction of the European Jews* (1961) dont traite Paul Rassinier dans *Le Drame des juifs européens* (1964). R. Hilberg commença par développer sans encombres sa thèse de l'extermination des juifs. Puis vint son contre-interrogatoire, mené par l'avocat d'E. Zündel, Douglas Christie, avec l'assistance de Keltie Zubko et ma propre assistance. Dès les premières questions, il se révéla que R. Hilberg, qui était la plus haute autorité mondiale en matière d'histoire de l'Holocauste, n'avait pas examiné un seul camp de concentration, pas même Auschwitz. Il ne l'avait fait ni avant de publier son livre en 1961, ni depuis cette date. Encore en 1985, alors qu'il annonçait la sortie imminente d'une nouvelle édition en trois volumes, revue, corrigée et augmentée, il n'avait examiné aucun camp. Il s'était rendu à Auschwitz en 1979 pour une seule journée à l'occasion d'une cérémonie. Il n'avait eu la curiosité d'examiner ni les lieux ni les archives. De toute sa vie, il n'avait vu une « chambre à gaz », soit « en état d'origine », soit à l'état de ruines (pour l'historien, des ruines sont toujours parlantes). Il fut acculé à reconnaître qu'il n'avait existé, pour ce qu'il appelait la politique d'extermination des juifs, ni plan, ni organisme central, ni budget, ni contrôle. Il lui fallut admettre ensuite que, depuis 1945, les Alliés n'avaient procédé à aucune expertise de « l'arme du crime » concluant à l'existence d'une chambre à gaz homicide. Aucun rapport d'autopsie n'avait conclu à l'assassinat d'un détenu par gaz-poison. R. Hilberg affirma que Hitler avait donné des ordres pour l'extermination des juifs et que Himmler, le 25 novembre 1944 (quelle précision !), avait donné l'ordre de cesser cette extermination, mais il fut incapable de produire ces ordres. La défense lui demanda si, dans la nouvelle édition de son livre, il maintenait l'existence de ces ordres de Hitler. Il osa répondre oui. Il mentait. Et même il commettait un parjure. Dans cette nouvelle édition (dont la préface est datée de septembre 1984), R. Hilberg a supprimé systématiquement toute mention d'un ordre de Hitler.[299] Prié par la défense d'expliquer comment les Allemands, dépourvus de tout plan,

---

[299] Voy. à ce propos le compte rendu de Christopher Browning, « The Revised Hilberg », p. 294.

avaient pu mener à bien une gigantesque entreprise comme celle de l'extermination de millions de juifs, il répondit qu'il y avait eu dans les diverses instances nazies « une incroyable rencontre des esprits, une transmission de pensée consensuelle au sein d'une vaste bureaucratie » (*an incredible meeting of minds, a consensus mind-reading by a far-flung bureaucracy*).

## *Le témoin Arnold Friedmann*

L'accusation comptait sur le témoignage des « survivants ». Ces « survivants » avaient été choisis avec soin. Ils allaient prouver qu'ils avaient vu, de leurs yeux vu, préparatifs et procédures de gazages homicides. Depuis la guerre, dans une série de procès comme ceux de Nuremberg (1945–1946), de Jérusalem (1961) ou de Francfort (1963-1965), de tels témoins n'avaient pas manqué. Toutefois, ainsi que je l'ai souvent fait observer, aucun avocat de la défense n'avait eu le courage ou la compétence nécessaires pour contre-interroger ces témoins sur les gazages eux-mêmes. Or, pour la première fois, à Toronto, en 1985, un avocat, Douglas Christie, osa demander des explications ; il le fit [grâce à ma documentation] à l'aide de cartes topographiques et des plans de bâtiments ainsi qu'avec une documentation scientifique aussi bien sur les propriétés des gaz censément employés que sur les capacités de crémation soit en fours crématoires, soit sur bûchers. Pas un de ces témoins ne résista à l'épreuve, et surtout pas un certain Arnold Friedmann ; ce dernier, en désespoir de cause, finit par confesser qu'il avait bien été à Auschwitz-Birkenau (où, d'ailleurs, il n'avait jamais eu à travailler sauf une fois pour un déchargement de pommes de terre) mais que, pour ce qui était des gazages, il s'en était rapporté à des on-dit.

## *Le témoin Rudolf Vrba*

Le témoin Rudolf Vrba était de notoriété internationale. Juif slovaque, interné à Auschwitz et à Birkenau, il s'était, disait-il, échappé du camp en avril 1944 en compagnie de Fred Wetzler. De retour en Slovaquie, il avait dicté un rapport sur Auschwitz, sur Birkenau, sur leurs crématoires et leurs « chambres à gaz ».

Par l'intermédiaire d'organisations juives slovaques, hongroises et helvétiques, ce rapport parvint à Washington où il servit de base au fameux *War Refugee Board Report*, publié en novembre 1944. Tout organisme allié chargé de la poursuite des « crimes de guerre » et tout procureur allié responsable de procès de « criminels de guerre » allaient disposer ainsi de la version officielle de l'histoire de ces camps.

R. Vrba devint par la suite citoyen britannique et publia sa biographie sous le titre de *I Cannot Forgive* (Je ne puis pardonner) ; en réalité, ce livre, publié en 1964, avait été écrit par Alan Bestic qui, dans sa préface, rendait hommage au « souci considérable [de R. Vrba] pour chaque détail » et à son « respect méticuleux et quasi fanatique pour l'exactitude ». Le 30 novembre 1964, R. Vrba témoigna au procès de Francfort. Puis il s'établit au Canada et acquit la nationalité canadienne. Il figura dans divers films sur Auschwitz et en particulier dans *Shoah* de Claude Lanzmann. Tout souriait à ce témoin jusqu'au jour où, en 1985, au procès Zündel, il fut contre-interrogé sans ménagement. Il se révéla alors comme un imposteur. On découvrit que, dans son rapport de 1944, il avait inventé de toutes pièces le nombre et l'emplacement des « chambres à gaz » et des fours crématoires. Son livre de 1964 s'ouvrait sur une visite de Himmler à Birkenau pour l'inauguration, en janvier 1943, d'un nouveau crématoire avec « chambre à gaz » ; or, la dernière visite de Himmler remontait à juillet 1942 et, en janvier 1943, le premier des nouveaux crématoires était loin d'être terminé. Grâce, paraît-il, à des moyens mnémotechniques spéciaux, et grâce à un véritable don d'ubiquité, R. Vrba avait compté qu'en l'espace de vingt-cinq mois (d'avril 1942 à avril 1944) les Allemands avaient « *gazé* » dans le seul camp de Birkenau 1.765.000 juifs, dont 150.000 venus de France. Or, Serge Klarsfeld, en 1978, dans son *Mémorial de la déportation des juifs de France,* devait conclure que, pour toute la durée de la guerre, les Allemands avaient *déporté* vers tous les camps de concentration un total de 75.721 juifs de France. Le plus grave est que le chiffre de 1.765.000 juifs « gazés » à Birkenau avait été retenu dans un document (L-022) du Tribunal de Nuremberg. Cerné de tous côtés par l'avocat d'E. Zündel, l'imposteur n'eut d'autre ressource que d'invoquer, en latin, la *licentia poetarum*, la licence des poètes, le droit à la fiction. Son livre vient d'être publié en français ; il se présente comme un livre de « Rudolf Vrba avec Alan Bestic » ; il ne comporte plus la préface enthousiaste d'Alan Bestic ; dans la courte présentation d'Emile Copfermann, il est dit : « en accord avec Rudolf Vrba, les deux annexes de l'édition anglaise ont été supprimées ». On ne précise pas que ces deux annexes avaient, elles aussi, valu de sérieux ennuis à notre homme en 1985 au procès de Toronto.

## *Le second procès Zündel (1988)*

En janvier 1987, une cour composée de cinq hauts magistrats décida de casser le procès de 1985 pour des motifs de fond : le juge H. Locke n'avait permis aucune garantie à la défense dans le choix du jury et le jury avait été trompé par le juge sur le sens même du procès. Personnellement, j'ai assisté à bien des procès dans ma vie, y compris en France à l'époque de l'Épuration. Jamais je n'ai rencontré de magistrat aussi partial, autocratique et violent que le juge H. Locke. La justice anglo-saxonne offre beaucoup plus de garanties que la justice française mais il peut suffire d'un homme pour pervertir le meilleur des systèmes. Le juge H. Locke a été cet homme.

Le second procès commença le 18 janvier 1988 sous la conduite du juge Ron Thomas, qui est un ami, semble-t-il, du juge H. Locke. L'homme est colérique, franchement hostile à la défense mais il a plus de finesse que son prédécesseur, et puis les observations des cinq hauts magistrats sont là qui le tiennent un peu en lisière. Le juge H. Locke avait multiplié les entraves à la libre expression des témoins et des experts de la défense ; il m'avait, par exemple, interdit dans la pratique toute utilisation des photos que j'avais prises à Auschwitz ; je n'avais pas eu le droit d'employer des arguments d'ordre chimique, d'ordre topographique, d'ordre architectural (alors que j'avais été le premier au monde à publier les plans des crématoires d'Auschwitz et de Birkenau) ; je n'avais pu parler ni des chambres à gaz américaines, ni des photographies aériennes d'Auschwitz et de Birkenau. Même un éminent chimiste comme William Lindsey avait été bridé dans sa déposition. Le juge R. Thomas, lui, allait permettre plus de liberté à la défense mais d'emblée, sur requête de l'accusation, il prit une décision de nature à ligoter le jury.

## *La « notification judiciaire » du juge R. Thomas*

En droit anglo-saxon, tout doit être prouvé sauf certaines évidences (« La Grande-Bretagne est gouvernée par une monarchie », « sa capitale s'appelle Londres », « le jour succède à la nuit »...). Encore faut-il que le juge prenne « notification judiciaire » [« ou note d'office »] (*judicial notice*) de ces évidences sur requête de l'une ou de l'autre des parties en présence.

Le procureur John Pearson demanda au juge de prendre notification judiciaire de l'Holocauste. Restait à définir ce terme. Il est vraisemblable que, sans l'intervention de la défense, le juge aurait défini l'Holocauste comme on aurait pu le faire en 1945-1946. À cette époque, le « génocide des juifs » (on ne disait pas encore « l'Holocauste ») aurait pu être défini comme « la destruction ordonnée et planifiée de six millions de juifs, en particulier par l'emploi de chambres à gaz ». L'ennui pour l'accusation est que la défense avertit le juge que, depuis 1945-1946, il s'était produit de profonds changements dans l'idée que les historiens exterminationnistes eux-mêmes se faisaient de l'extermination des juifs. Pour commencer, ils ne parlaient plus d'une extermination mais d'une tentative d'extermination. Ensuite, ils avaient fini par admettre que, « malgré les recherches les plus érudites », on n'avait pas trouvé trace d'un ordre d'exterminer les juifs. Puis s'était produite la scission entre « intentionnalistes » et « fonctionnalistes » : tous s'accordaient à dire qu'on n'avait pas la preuve d'une intention exterminatrice mais les historiens de la première école estimaient qu'il fallait néanmoins supposer l'existence de cette intention, tandis que les historiens de la seconde école jugeaient que l'extermination avait été le fruit d'initiatives individuelles, locales et anarchiques : la fonction avait en quelque sorte créé l'organe ! Enfin, le chiffre de six millions avait été déclaré « symbolique » et il y avait bien des dissensions sur le « problème des chambres à gaz ». Le juge R. Thomas, manifestement surpris par ce flot d'informations, décida de jouer la prudence et, après un délai de réflexion, il opta pour la définition suivante : l'Holocauste était « l'extermination et/ou meurtre de masse de juifs » par le national-socialisme. Cette définition était remarquable à plus d'un titre : on n'y trouvait plus trace ni d'un ordre d'extermination, ni d'un plan, ni de « chambres à gaz », ni de six millions de juifs, ni même de millions de juifs. Elle était à tel point vidée de toute substance qu'elle ne correspondait plus à rien car on ne voit pas ce que pourrait être un « meurtre de masse de juifs » (le juge avait soigneusement évité de dire : des juifs). À elle seule, cette définition permettait de mesurer les progrès accomplis par le révisionnisme historique de 1945 à 1988.

## *R. Hilberg refuse de comparaître à nouveau*

Une déconvenue attendait le procureur J. Pearson : R. Hilberg, malgré des demandes réitérées, refusait de comparaître à nouveau. La défense, ayant eu vent d'un échange de correspondance entre J. Pearson et R. Hilberg, exigea et obtint la publication des lettres échangées et, en particulier, d'une lettre « confidentielle » de R. Hilberg où ce dernier ne cachait pas qu'il gardait un mauvais souvenir de son contre-interrogatoire de 1985. Il craignait de la part de Douglas Christie une récidive sur les points mêmes où il avait été interrogé. Pour reprendre les propres mots de cette lettre confidentielle, il redoutait, disait-il, « une tentative pour me piéger en signalant toute contradiction apparente, si léger qu'en fût le sujet, entre mon précédent témoignage et toute réponse que je pourrais faire en 1988 » (*every attempt to entrap me by pointing out to any seeming contradiction, however trivial the subject might be, between my earlier testimony and an answer that I might give in 1988*). En fait, ainsi que je l'ai dit plus haut, R. Hilberg avait commis un parjure caractérisé et il ne pouvait que craindre une accusation de parjure.

## *Christopher Browning, expert de l'accusation*

À la place de R. Hilberg vint son ami Christopher Browning, un professeur américain, spécialiste de l'Holocauste. Admis à titre d'expert (et payé pendant plusieurs jours à raison de six cents francs de l'heure par le contribuable canadien), il s'efforça de prouver que la brochure de R. Harwood était un tissu de mensonges et que la tentative d'extermination des juifs était un fait scientifiquement établi. Mal lui en prit. Lors du contre-interrogatoire, la défense se servit de ses propres arguments pour l'anéantir. Au fil des jours, on vit le grand et naïf professeur, qui plastronnait debout, s'asseoir et se ratatiner derrière le pupitre des témoins comme un élève pris en faute ; d'une voix éteinte et soumise, il finit par reconnaître que, décidément, ce procès lui en apprenait sur le plan de l'information historique. À l'exemple de R. Hilberg, il n'avait examiné aucun camp de concentration. Il n'avait visité aucun emplacement de « chambres à gaz ». Il ne lui était pas venu à l'idée de chercher ou de demander une expertise de « l'arme du crime ». Dans ses écrits, il faisait grand cas des camions à gaz homicides ; toutefois, il n'était en mesure de se référer à aucune vraie photographie, à aucun plan, à aucune étude technique, à aucune expertise. Il ignorait que des mots allemands comme *Gaswagen, Spezialwagen, Entläusungswagen* (camion d'épouillage) pouvaient avoir un sens parfaitement bénin. Ses connaissances techniques étaient nulles. Il n'avait jamais examiné les photographies aériennes d'Auschwitz. Il ignorait tout des tortures subies par les Allemands qui avaient, tel Rudolf Höss, parlé de gazages. Il ne savait rien des doutes émis sur certains discours de Himmler ou sur le journal de Goebbels.

Grand amateur de procès de criminels de guerre, il n'avait interrogé que les procureurs et jamais les avocats. Son ignorance du compte rendu du procès de Nuremberg était confondante. Il n'avait pas même lu ce que Hans Frank, ancien gouverneur général de Pologne, avait dit devant le tribunal de Nuremberg sur son « journal » et sur « l'extermination des juifs ». Faute impardonnable ! En effet, C. Browning prétendait avoir trouvé dans le « journal » de Hans Frank la preuve irréfutable de l'existence d'une politique d'extermination des juifs. Il avait découvert **une** phrase accusatrice. Il ne savait pas que H. Frank avait fourni devant le tribunal une explication à ce type de phrases, prélevées parmi les centaines de milliers de phrases d'un journal personnel et administratif de onze mille cinq cents pages. Hans Frank avait d'ailleurs spontanément remis ce « journal » aux Américains venus l'arrêter. La sincérité de l'ancien gouverneur général fait si peu de doute pour qui lit sa déposition que C. Browning, invité à en entendre le contenu, ne souleva pas la moindre objection.

Une dernière humiliation l'attendait.

Pour les besoins de sa thèse, il avait invoqué un passage du procès-verbal de la conférence de Wannsee (20 janvier 1942) ; il en avait donné sa propre traduction ; la traduction était gravement fautive. Du même coup, sa thèse s'effondrait. Enfin, quant à son explication personnelle d'une « politique d'extermination des juifs », elle valait celle de R. Hilberg : pour C. Browning tout s'expliquait par le « signe de tête » (*the nod*) d'Adolf Hitler. Entendons par là que le Führer du peuple allemand n'avait eu nul besoin de donner un ordre écrit ou un ordre oral pour l'extermination des juifs : il lui avait suffi de donner un « signe de tête » au départ de l'opération et, pour la suite, une série de « signaux » (signals). Et il avait été compris !

## *Charles Biedermann*

L'autre expert, appelé par l'accusation avant C. Browning, avait été Charles Biedermann, citoyen helvétique, délégué du Comité international de la Croix-Rouge (CICR) et, surtout, directeur du Service international de recherches (SIR) établi, en RFA, à Arolsen. Ce dernier organisme possède des informations d'une richesse inouïe sur le sort individuel des victimes du national-socialisme et, en particulier, sur les anciens concentrationnaires. Je prétends que c'est à Arolsen qu'on pourrait, si on le voulait, déterminer le véritable nombre de juifs morts durant la guerre.

L'accusation ne tira pour ainsi dire aucun profit de la déposition de cet expert. En revanche, le contre-interrogatoire permit à la défense de marquer de nombreux points. C. Biedermann reconnut que le CICR n'avait jamais trouvé de preuve de l'existence de chambres à gaz homicides dans les camps allemands. La visite de l'un de ses délégués à Auschwitz en septembre 1944 avait conclu tout au plus à l'existence d'une rumeur en la matière. À sa confusion, l'expert fut obligé d'admettre qu'il commettait une erreur en prêtant aux nationaux-socialistes l'expression de « camps d'extermination » ; il ne s'était pas rendu compte qu'il s'agissait là d'une expression forgée par les Alliés. Il prétendait que le CICR s'était montré impartial pendant et après le conflit ; on lui démontra le contraire. Après le conflit, le CICR avait fait chorus avec les

Alliés. C. Biedermann déclara ne pas connaître de rapports du CICR sur les atrocités subies par les Allemands vers la fin de la guerre et juste après la guerre ; en particulier, il ne savait rien du traitement affreux réservé à bien des prisonniers allemands. Le CICR ne possédait rien, paraît-il, sur les déportations massives des minorités allemandes de l'Est, rien sur les horreurs de « la grande débâcle », rien sur les exécutions sommaires et, en particulier, le massacre au fusil, à la mitrailleuse, à la pelle et à la pioche de cinq cent vingt soldats et officiers allemands qui s'étaient rendus aux Américains à Dachau le 29 avril 1945 (pourtant, Victor Maurer, délégué du CICR, était là). Le SIR classait au nombre des « persécutés » du nazisme même les prisonniers de droit commun qui s'étaient trouvés en camps de concentration. Il se fiait aux données du « musée d'Auschwitz » (organisme communiste). À partir de 1978, afin d'entraver toute recherche révisionniste, le SIR avait fermé ses portes aux historiens et chercheurs, sauf à ceux pourvus d'une autorisation spéciale de l'un des dix gouvernements (dont celui d'Israël) qui surveillent l'activité du SIR. Désormais, il fut interdit au SIR d'établir, comme il l'avait fait jusque-là, des évaluations statistiques du nombre des morts dans les différents camps. Les précieux rapports d'activité annuels ne devaient plus être communiqués au public sinon pour leur premier tiers, qui ne présente aucun intérêt pour le chercheur. C. Biedermann confirma une nouvelle qui avait filtré en 1964 au procès de Francfort : à la libération d'Auschwitz, les Soviétiques et les Polonais avaient découvert le registre mortuaire de cet ensemble de trente-neuf camps et sous-camps. Le registre se composait de trente-huit ou trente-neuf volumes. Les Soviétiques conservent à Moscou trente-six ou trente-sept de ces volumes tandis que les Polonais gardent au « musée d'Auschwitz » les deux ou trois autres volumes, dont ils ont fourni copie au SIR d'Arolsen. Mais ni les Soviétiques, ni les Polonais, ni le SIR n'autorisent la consultation de ces volumes.

C. Biedermann ne voulut pas même révéler le nombre des morts répertoriés dans les deux ou trois volumes dont le SIR possède la copie. Il est clair que, si le contenu du registre mortuaire d'Auschwitz était rendu public, c'en serait fini du mythe des millions de morts de ce camp.

## *Pas de « survivants » pour l'accusation*

Le juge demanda au procureur s'il appellerait des « survivants » à la barre des témoins. Le procureur répondit que non. L'expérience de 1985 avait été trop cruelle. L'épreuve du contre-interrogatoire avait été dévastatrice. Il est regrettable qu'en France, au procès Barbie (1987), et qu'en Israël, au procès Demjanjuk (1987-1988), aucun avocat n'ait suivi l'exemple donné par Douglas Christie au Canada lors du premier procès Zündel (1985) : D. Christie avait démontré qu'on pouvait, par un contre-interrogatoire sur la procédure même du « gazage », détruire à sa racine le mythe du « camp d'extermination ».

## *Les témoins et les experts de la défense*

La plupart des témoins et des experts de la défense furent aussi précis et matérialistes qu'un R. Hilberg ou un C. Browning avaient pu être imprécis et métaphysiques. Le Suédois Ditlieb Felderer projeta environ trois cent cinquante clichés d'Auschwitz et des camps de Pologne. L'Américain Mark Weber, dont l'érudition documentaire est impressionnante, procéda à des mises au point sur plusieurs aspects de l'Holocauste et, en particulier, sur les *Einsatzgruppen*. L'Allemand Tijudar Rudolph traita du ghetto de Lodz ; il donna aussi un témoignage personnel sur une tournée d'inspection du Comité international de la Croix-Rouge dans des camps de Silésie et du Gouvernement général de Pologne (Auschwitz, Majdanek…) en automne 1941, à la fin de laquelle le délégué du CICR remercia Hans Frank, gouverneur général de Pologne, pour sa coopération. Thies Christophersen avait commandé, en 1944, dans le secteur d'Auschwitz, une entreprise de recherches agricoles ; il se rendait souvent au camp de Birkenau pour y réquisitionner du personnel ; il n'y avait jamais constaté les horreurs habituellement décrites ; à la barre des témoins, il reprit point par point ce qu'il avait décrit dès 1973 dans un document de dix-neuf pages.[300]

La Canadienne Maria Van Herwaarden avait été internée à Birkenau dès 1942 ; elle n'y avait rien vu qui, de près ou de loin, ressemblât à un meurtre de masse mais beaucoup d'internés étaient morts du typhus. L'Américain Bradley Smith, membre d'un « Comité pour un débat public sur l'Holocauste », relata son expérience de près de cent débats aux États-Unis sur le sujet de l'Holocauste. L'Autrichien Emil Lachout commenta le fameux « document Müller » qui, depuis décembre 1987, met en émoi les autorités autrichiennes : ce document, daté du 1er octobre 1948, révèle que, déjà à cette date, les commissions d'enquête alliées ne croyaient plus aux « gazages » homicides dans toute une série de camps comme ceux de Dachau, Ravensbrück, Struthof (Natzweiler), Stuttof (Danzig), Sachsenhausen, Mauthausen (Autriche), etc. Le document précise que les confessions des Allemands avaient été extorquées par la torture et que les témoignages étaient faux.

---

300 *Kritik* n° 23, p. 14-32.

Le Dr Russel Barton retraça sa découverte horrifiée du camp de Bergen-Belsen à la libération ; sur le moment il avait cru à un massacre délibéré, puis il s'était rendu compte que, dans une Allemagne d'apocalypse, ces amoncellements de cadavres et ces squelettes ambulants étaient dus aux conditions affreuses d'un camp surpeuplé, ravagé par les épidémies, dépourvu d'eau à cause d'un bombardement des Alliés, presque entièrement dépourvu de médicaments et de ravitaillement. L'Allemand Udo Walendy fit le point de ses recherches révisionnistes. J.-G. Burg, juif mosaïque, vivant à Munich, relata son expérience de la guerre et prouva qu'il n'avait jamais existé de politique d'extermination des juifs par les nazis.

Des universitaires comme MM. Kuang Fu ou Gary Botting apportèrent leur contribution sur le plan de l'analyse à la fois des faits historiques, des opinions et des interprétations. Jürgen Neumann s'expliqua sur la nature des recherches qu'il avait menées aux côtés d'Ernst Zündel. Ernst Nielsen témoigna sur les entraves apportées, au sein d'une université canadienne, à une libre recherche sur l'Holocauste. Ivan Lagacé, responsable du crématoire de Calgary (Canada), démontra l'impossibilité pratique des chiffres retenus par R. Hilberg pour les crémations d'Auschwitz.

À mon tour, je déposais à titre d'expert pendant près de six jours. J'insistais particulièrement sur mes enquêtes à propos des chambres à gaz américaines. Je rappelais que le Zyklon B est essentiellement du gaz cyanhydrique et que c'est avec ce gaz que certains pénitenciers américains exécutent leurs condamnés à mort. En 1945, les Alliés auraient dû demander à des spécialistes des chambres à gaz américaines de venir examiner les locaux qui, à Auschwitz et ailleurs, étaient censés avoir servi à gazer des millions de détenus. Dès 1977, mon idée était la suivante : quand on a affaire à un vaste problème historique comme celui de la réalité ou de la légende de l'Holocauste, il faut s'efforcer de trouver le centre de ce problème ; en la circonstance, le centre est le problème d'Auschwitz et, à son tour, le cœur de ce problème-là peut se limiter à un espace de deux cent soixante-quinze mètres carrés, soit, à Auschwitz, les soixante-cinq mètres carrés de la « chambre à gaz » du crématoire-I et, à Birkenau, les deux cent dix mètres carrés de la « chambre à gaz » du crématoire-II. En 1988, mon idée restait la même : expertisons les deux cent soixante-quinze mètres carrés et nous aurons une réponse au vaste problème de l'Holocauste ! Je montrais au jury mes photos de la chambre à gaz du pénitencier de Baltimore ainsi que mes plans des « chambres à gaz » d'Auschwitz et je soulignais les impossibilités physiques et chimiques de ces dernières.

## *Un coup de théâtre : le rapport Leuchter*

E. Zündel, en possession de la correspondance que j'avais échangée en 19771978 avec six pénitenciers américains disposant de chambres à gaz, avait chargé l'avocate Barbara Kulaszka de se mettre en rapport avec les gardiens-chefs de ces pénitenciers afin de voir si l'un d'entre eux accepterait de venir expliquer devant le tribunal le mode de fonctionnement d'une vraie chambre à gaz. Bill Armontrout, gardien-chef du pénitencier de Jefferson City (Missouri), accepta de venir témoigner et signala que nul aux États-Unis ne connaissait mieux la question du fonctionnement de ces chambres à gaz qu'un ingénieur de Boston : Fred A. Leuchter. J'allais rendre visite à cet ingénieur les 3 et 4 février 1988. F. Leuchter ne s'était jamais posé de questions sur les « chambres à gaz » des camps allemands. Il croyait jusque-là à leur existence. Dès que je commençai à lui ouvrir mes dossiers, il prit conscience de l'impossibilité matérielle et chimique de ces « gazages ». Il accepta de se rendre à Toronto pour y examiner nos documents.

Puis, aux frais d'E. Zündel, il partit pour la Pologne avec une secrétaire (sa femme), son dessinateur, un vidéo-cameraman et un interprète. Il en revint pour rédiger un rapport de cent quatre-vingt-douze pages (annexes comprises) et avec trente-deux échantillons prélevés, d'une part, dans les crématoires d'Auschwitz et de Birkenau à l'emplacement des « gazages » homicides et, d'autre part, dans une chambre à gaz de désinfection de Birkenau. Sa conclusion était nette : il n'y avait eu aucun « gazage » homicide ni à Auschwitz, ni à Birkenau, ni d'ailleurs à Majdanek.

Les 20 et 21 avril 1988, F. Leuchter déposa à la barre du tribunal de Toronto. Il fit le récit de son enquête et développa sa conclusion. Je dis que, ces deux jours-là, j'ai assisté à la mort en direct du mythe des chambres à gaz, un mythe qui, pour moi, était entré en agonie au colloque de la Sorbonne sur « l'Allemagne nazie et l'extermination des juifs » (29 juin 2 juillet 1982).

Dans la salle du tribunal de Toronto, l'émotion était intense, en particulier chez les amis de Sabina Citron. Les amis d'E. Zündel étaient bouleversés mais pour d'autres raisons : ils voyaient enfin se déchirer le voile de la grande imposture. Pour moi, je ressentais soulagement et mélancolie : soulagement parce qu'une thèse que je défendais depuis tant d'années trouvait enfin sa pleine confirmation, et mélancolie parce que j'avais eu la paternité de l'idée ; j'avais même, avec la maladresse d'un littéraire, exposé des arguments d'ordre physique, chimique, topographique et architectural que je voyais reprendre par un scientifique étonnamment précis et didactique. Se rappellerait-on un jour le scepticisme que j'avais rencontré, y compris auprès de certains révisionnistes ?

Juste avant F. Leuchter, B. Armontrout était venu à la barre et il avait, en tout point, confirmé ce que j'avais dit au jury sur les difficultés extrêmes d'un gazage homicide (à ne pas confondre avec un gazage suicidaire ou accidentel). De son côté, un spécialiste des photographies aériennes, Ken Wilson, avait montré que les « chambres à gaz » homicides d'Auschwitz et de Birkenau ne possédaient pas les cheminées d'évacuation des gaz qui auraient été indispensables. Il montrait aussi que j'avais eu raison d'accuser Serge Klarsfeld et J.-C. Pressac d'avoir falsifié le plan de Birkenau dans *L'Album d'Auschwitz.*[301] Ces auteurs, pour faire croire au lecteur que les groupes de femmes et d'enfants juifs surpris par le photographe entre les crématoires -I et III ne pouvaient pas aller plus loin et allaient donc finir dans les « chambres à gaz » de ces crématoires, avaient tout bonnement coupé là un chemin qui, en réalité, se poursuivait jusqu'au grand établissement de douches (situé au-delà de la zone des crématoires) où se rendaient ces femmes et ces enfants. James Roth, directeur d'un laboratoire du Massachusetts, vint ensuite à la barre pour y rendre compte de l'analyse des 32 échantillons, dont il ignorait la provenance : tous les échantillons prélevés dans les « chambres à gaz » homicides contenaient une quantité de cyanure qui était soit indécelable, soit infinitésimale tandis que l'échantillon de la chambre à gaz de désinfection de Birkenau, prise pour référence, contenait, par comparaison, une quantité vertigineuse de cyanure (la quantité infinitésimale détectée dans le premier cas peut s'expliquer par le fait que les prétendues chambres à gaz homicides étaient en fait des chambres froides pour la conservation des cadavres ; de telles chambres froides avaient pu faire l'objet de désinfections au Zyklon B).

## *David Irving*

L'historien britannique David Irving jouit d'un grand prestige. E. Zündel songeait à lui demander son témoignage. Mais une difficulté se présentait : D. Irving n'était qu'à moitié révisionniste. La thèse qu'il défendait, par exemple dans *Hitler's War*, pouvait se résumer ainsi : Hitler n'a jamais donné un ordre d'extermination des juifs ; au moins jusqu'à la fin de 1943, il a été tenu dans l'ignorance de cette extermination ; seuls Himmler et un groupe probable de soixante-dix personnes étaient informés ; en octobre 1944, Himmler, qui cherchait

---

[301] J.-C. Pressac, *L'Album d'Auschwitz* p. 42.

désormais à entrer dans les bonnes grâces des Alliés, avait donné l'ordre de cesser l'extermination des juifs.

J'avais personnellement rencontré D. Irving à Los Angeles en septembre 1983 au congrès annuel de l'Institute for Historical Review et je l'avais mis dans l'embarras en lui posant quelques questions sur les preuves dont il disposait à l'appui de sa thèse. Puis j'avais publié dans *The Journal of Historical Review* un article intitulé : « A Challenge to David Irving » (Un défi à David Irving).[302] J'essayais d'y convaincre ce brillant historien qu'en bonne logique il ne pouvait plus se contenter d'une position semi-révisionniste et, pour commencer, je le mettais au défi de nous montrer cet ordre de Himmler qui, en réalité, n'avait jamais existé. Par la suite, j'apprenais de diverses sources que D. Irving subissait une mutation dans un sens favorable au révisionnisme.

En 1988, E. Zündel acquérait la conviction que l'historien britannique n'attendait plus qu'un événement décisif pour franchir un dernier pas en notre direction. Arrivé à Toronto, D. Irving découvrit coup sur coup le rapport Leuchter et une somme impressionnante de documents qu'E. Zündel, ses amis et moi-même nous avions accumulés au cours des années. Les dernières réserves ou les derniers malentendus se dissipaient au cours d'une réunion. Il acceptait de témoigner à la barre. De l'avis de ceux qui ont assisté aux deux procès (celui de 1985 et celui de 1988), pas un témoignage, sauf celui de F. Leuchter, n'allait provoquer une telle sensation. Pendant plus de trois jours, D. Irving, se livrant à une sorte de confession publique, revint sur tout ce qu'il avait dit de l'extermination des juifs et se rallia sans aucune réserve à la position révisionniste. Avec courage et probité, il montra comment un historien peut être conduit à réviser profondément ses vues sur l'histoire de la seconde guerre mondiale.

## *La victoire d'E. Zündel*

E. Zündel avait promis que son procès serait « le procès du procès de Nuremberg » ou « le Stalingrad des exterminationnistes ». Le déroulement de ces deux longs procès lui a donné raison, et cela même si le jury, « instruit » par le juge et sommé de tenir l'Holocauste pour un fait établi « que nulle personne raisonnable ne peut mettre en doute », en est venu à le déclarer coupable. E. Zündel a déjà gagné. Il lui reste à le faire savoir au Canada et au monde entier. Pour le procès de 1988, le black-

---

302 Dans le désir de ménager David Irving, Willis Carto, responsable à l'époque du *Journal of Historical Review*, avait, sans mon consentement, pratiqué des coupures dans ce texte dont on retrouvera l'intégralité dans le volume I, p. 455.

out des médias a été à peu près complet. Les organisations juives avaient fait campagne pour obtenir ce black-out et avaient été jusqu'à dire qu'elles ne voulaient pas d'un compte rendu impartial. Elles ne voulaient d'aucun compte rendu. Le paradoxe est que la seule publication qui se soit fait l'écho du procès dans des conditions relativement honnêtes soit l'hebdomadaire *The Canadian Jewish News.*

Ernst Zündel et le rapport Leuchter sont entrés dans l'Histoire ; ils ne sont pas près d'en sortir.

[Publié dans les *AHR*, n° 5, été-automne 1988, p. 31-49.]

***

[23 avril 1988]

## *Préface au Rapport Leuchter sur Auschwitz*

*[Le rapport original remis à la Cour de Toronto comporte cent quatre-vingt-douze pages dont des annexes techniques destinées aux spécialistes. Nous publions ici la traduction des vingt-six premières pages qui constituent la synthèse des recherches conduites par Fred A. Leuchter. Les spécialistes se reporteront au texte du rapport original complet, dont photocopie (reliée) peut être obtenue sur simple demande accompagnée d'un chèque de trois cents francs. Nous donnons ci-dessous la préface du professeur Faurisson à l'édition anglaise du rapport. Note des* AHR.*]*

Fred A. Leuchter est ingénieur ; il est âgé de quarante-cinq ans ; il vit à Boston où il s'est spécialisé dans l'étude et la fabrication des systèmes d'exécution capitale dans les pénitenciers américains. Il vient notamment de mettre au point un projet pour la modernisation de la chambre à gaz du pénitencier de Jefferson City (Missouri).

En janvier 1988, je me trouvais à Toronto où je participais à la défense d'Ernst Zündel, un Allemand établi au Canada, actuellement poursuivi en justice pour avoir « propagé une fausse assertion » en publiant une brochure intitulée : *Did Six Million Really Die ?* (En est-il vraiment mort six millions ?). Cette brochure conteste l'opinion généralement reçue selon laquelle les Nazis auraient tué six millions de juifs durant la seconde guerre mondiale, principalement à l'aide de « chambres à gaz » fonctionnant à l'acide cyanhydrique (Zyklon B).

Déjà en 1985, E. Zündel était passé en jugement pour le même motif. Le procès avait duré sept semaines et il s'était achevé par une condamnation à quinze mois de prison ferme. En janvier 1987, la cour d'appel de l'Ontario cassa le jugement pour de graves motifs de fond et un nouveau procès fut décidé, qui commença le 18 janvier 1988 et se poursuit encore à l'heure qu'il est.

Mes premiers entretiens avec Fred Leuchter eurent lieu à Boston les 3 et 4 février 1988. Je fus étonné par la pertinence et la concision de ses réponses à mes questions et par son aptitude à justifier tout détail des procédures d'exécution par le gaz. Il me confirma le caractère particulièrement dangereux d'une exécution par le gaz cyanhydrique.

C'est aux États-Unis, en 1924, qu'on procéda pour la première fois à des exécutions au moyen de ce gaz ; mais, encore en 1988, la construction des chambres à gaz se heurte à de graves difficultés et, en particulier, au problème de l'étanchéité. Je remarquais en passant que F. Leuchter ne s'était pas posé de question sur l'opinion qu'on a généralement de l'Holocauste des juifs.

Dès mon retour de Boston à Toronto et après le compte rendu que je lui fis de mes entretiens avec F. Leuchter, E. Zündel décida de demander à ce dernier une expertise des « chambres à gaz » d'Auschwitz, de Birkenau et de Majdanek.

E. Leuchter accepta la mission après un week-end passé à Toronto, où il examina des photographies aériennes de camps de concentration prises pendant la guerre, des plans des crématoires et des « chambres à gaz », des documents sur le Zyklon B et des diapositives prises sur place par un chercheur suédois, Ditlieb Felderer.

Le 25 février 1988, F. Leuchter partit pour la Pologne avec une secrétaire (sa femme), son dessinateur (Howard Miller), un vidéo-cameraman (Jürgen Neumann) et un interprète de polonais (Tijudar Rudolph). Il en revint une semaine plus tard, le 3 mars.

À son retour, il écrivit un rapport de cent quatre-vingt-douze pages, annexes comprises. Sa conclusion était claire : la preuve était là, écrasante, qu'il n'y avait pas eu de chambre à gaz homicide à Auschwitz, à Birkenau et à Majdanek ; on ne pouvait pas sérieusement considérer « qu'aux emplacements inspectés les présumées chambres à gaz aient été autrefois utilisées ou puissent aujourd'hui fonctionner comme des chambres à gaz pour exécution ».

Les 20 et 21 avril 1988, il témoigna à la barre du tribunal de Toronto. Il répondit d'abord aux questions que lui posait l'avocat d'E. Zündel, Douglas H. Christie, assisté de Keltie Zubko. Puis il eut à répondre au contre-interrogatoire du procureur de la Couronne, John Pearson, représentant le ministère public et assisté durant tout le procès par un autre procureur et un clerc, non sans de fréquentes consultations avec des conseillers juifs qui se tenaient derrière lui dans la salle du tribunal.

L'interrogatoire par l'avocat et le contre-interrogatoire par le procureur se déroulèrent devant un juge et un jury de onze membres. Dans la salle, la tension était extrême. J'étais aux côtés d'un certain nombre d'experts révisionnistes, dont William Lindsey, un chimiste qui, avant de prendre sa retraite en 1986, dirigeait un laboratoire de recherches du groupe Du Pont. Il me semble que toutes les personnes présentes, indépendamment des opinions personnelles sur le sujet de l'Holocauste, avaient pleinement conscience d'assister à un événement de portée historique. Le mythe des « chambres à gaz » touchait à sa fin.

La veille, le directeur du pénitencier de l'État du Missouri, Bill Armontrout, avait expliqué au cours de son témoignage la procédure de préparation et le mode d'opération d'une chambre à gaz fonctionnant à l'acide cyanhydrique. Tout auditeur attentif découvrait alors que, s'il était si difficile d'exécuter de la sorte une seule personne, la prétendue exécution de centaines de milliers de personnes par les Allemands avec du Zyklon B équivalait à la quadrature du cercle.

Le témoin qui succéda à F. Leuchter fut James Roth (docteur ès sciences de l'Université Cornell), administrateur des Laboratoires Alpha situés à Ashland (Massachusetts). Son exposé porta sur l'analyse d'échantillons prélevés sur les murs, les sols, les plafonds et autres emplacements des prétendues chambres à gaz d'Auschwitz I et de Birkenau. Les examens révélaient une absence totale, ou bien un niveau infinitésimal de quantités décelables de cyanure, à une exception près : l'échantillon de référence n° 32 prélevé dans le bâtiment de désinfection n°1 de Birkenau. Ces résultats, qu'on trouvera reproduits sous la forme d'un graphique dans l'annexe I du rapport Leuchter, furent projetés sur écran devant le jury. La différence était spectaculaire entre, d'une part, la quantité énorme de cyanure décelée dans le bâtiment de désinfection et, d'autre part, la quantité nulle ou infinitésimale trouvée dans les prétendues « chambres à gaz ». (À mon avis, les quantités infinitésimales décelées dans certains crématoires résultent probablement de la désinfection de ces locaux pendant la guerre.)

Qu'on me permette, à ce point, un retour sur le passé et quelques observations d'ordre personnel.

Je crois avoir été le premier à dire que toute étude des prétendues « chambres à gaz » allemandes fonctionnant au Zyklon B devrait commencer par un examen des chambres à gaz américaines. Dès 1977, par l'intermédiaire d'un ami américain, Eugene C. Brugger, avocat à New York, j'avais commencé une enquête en ce sens. Six pénitenciers américains avaient bien voulu répondre à mes questions : ceux de San Quentin (Californie), de Jefferson City (Missouri), de Santa Fe (Nouveau Mexique), de Raleigh (Caroline du Nord), de Baltimore (Maryland) et de

Florence (Arizona). À l'époque, force me fut de conclure que seul un expert en technologie des chambres à gaz américaines pourrait en fin de compte déterminer si les « chambres à gaz » allemandes pouvaient avoir été utilisées comme on nous le décrit dans la littérature de l'Holocauste.

Dans les années qui suivirent, mes articles sur les « chambres à gaz » allemandes firent toujours référence aux chambres à gaz américaines. Au nombre de ces articles figurèrent « La Rumeur d'Auschwitz ou “le Problème des chambres à gaz” », paru dans *Le Monde* du 29 décembre 1978, et une longue interview (écrite) publiée en août 1979 dans le mensuel italien *Storia Illustrata.* En septembre 1978, j'avais visité la chambre à gaz de Baltimore (Maryland) et j'en avais rapporté huit photographies ainsi qu'une documentation. Lors d'une conférence tenue à New York sous les auspices de Fritz Berg, je fis état de la « feuille de contrôle de la marche à suivre pour une exécution par le gaz » au pénitencier de Baltimore et j'en montrai les implications. En 1980, dans la première livraison du tout jeune *Journal of Historical Review,* je publiai un article intitulé « The Mechanics of Gassing », au cours duquel je décrivais les procédures d'exécution en chambre à gaz aux États-Unis. La même année, je publiai dans *Vérité historique ou vérité politique ?* les huit photographies de la chambre à gaz de Baltimore. En 1982, mon vidéo-film sur « Le Problème des chambres à gaz » s'ouvrait sur une analyse des chambres à gaz américaines. En 1983, je préparai pour notre Institute for Historical Review (Los Angeles) un livre en anglais sur la controverse à propos de l'Holocauste ; là encore, je revenais sur le sujet des chambres à gaz américaines. Pour la première fois allaient être publiées la liste des questions posées aux responsables des pénitenciers et les réponses que j'avais reçues. Mais ce livre ne devait pas voir le jour ; le 4 juillet 1984, le jour de l'Indépendance américaine, un incendie criminel détruisait entièrement les archives de l'institut. Ce fut une catastrophe financière et un certain nombre de projets, dont celui de mon livre, furent abandonnés.

L'Holocauste peut apparaître comme un sujet d'énormes proportions.

Mais, ainsi que l'a dit Arthur R. Butz, auteur de *The Hoax of the Twentieth Century* (L'Imposture du XXe siècle), il s'agit là d'un « géant aux pieds d'argile ». Pour en apercevoir les pieds d'argile, il suffit de se rendre en Pologne au camp de concentration d'Auschwitz. Wilhelm Stäglich l'a dit : « C'est là que la thèse d'une extermination planifiée des juifs résiste ou s'écroule. » À mon tour, je prétends que tout le mystère d'Auschwitz est concentré dans les soixante-cinq mètres carrés de la prétendue « chambre à gaz » d'Auschwitz-I et dans les deux cent dix mètres carrés de la prétendue « chambre à gaz » de Birkenau. Les Alliés auraient dû expertiser ces deux cent soixante-quinze mètres carrés tout de suite après la guerre, mais rien ne fut fait à l'époque et rien ne l'a été depuis. Jan Sehn, le juge d'instruction polonais, ordonna quelques expertises mais aucune ne porta sur les « chambres à gaz » elles-mêmes.

Certaines études révisionnistes ont montré que les emplacements réputés avoir servi de « chambres à gaz » homicides n'ont pas pu être utilisés à cette fin. Ditlieb Felderer a publié des photographies qui révèlent la pauvreté de construction des orifices d'aération et des portes des « chambres à gaz » et l'absence de toute marque bleue d'acide cyanhydrique (ou : prussique). J'ai moi-même découvert en 1975 dans les archives du Musée d'État d'Auschwitz (des archives autour desquelles les autorités communistes montent bonne garde) les plans de ces prétendues « chambres à gaz » et j'ai été le premier à les publier dans une série de livres et d'articles. J'ai montré ces plans au premier congrès de l'*Institute for Historical Review* à Los Angeles en 1979.

E. Zündel était présent. Ces « chambres à gaz » avaient été, en réalité, ainsi qu'on pouvait le lire sur les plans, des chambres froides pour les cadavres : *Leichenhalle* pour le crématoire-I et *Leichenkeller* pour le crématoire II (la première ayant été ultérieurement transformée en un abri anti-aérien). Toutefois, pour apporter une confirmation totalement scientifique à ce que le simple bon sens faisait apparaître et à ce que révélaient les recherches et les documents des révisionnistes, il fallait un spécialiste des chambres à gaz américaines. Je désespérais de trouver un tel spécialiste et, à vrai dire, j'avais peu d'espoir de découvrir un homme qui, non content d'être versé dans la technologie des chambres à gaz, aurait assez de courage pour mener ce type d'enquête dans un pays communiste et pour en publier les résultats si ceux-ci venaient à confirmer les conclusions révisionnistes.

Heureusement, je me trompais.

Fred Leuchter allait être le spécialiste en question. Il s'est rendu en Pologne, il y a conduit une enquête technique, a rédigé un rapport et a témoigné en faveur d'E. Zündel devant un tribunal canadien. Ainsi est-il, sans éclat, entré dans l'Histoire.

F. Leuchter est un homme d'apparence modeste et d'une tranquille détermination ; il s'exprime avec précision. Il aurait pu être un excellent professeur et il possède un don réel pour vous faire saisir les moindres détours d'un problème compliqué. Je lui demandai s'il ne redoutait pas quelques suites dangereuses ; il eut cette réponse : « Un fait est un fait. »

À la suite de sa lecture du « Rapport Leuchter », le fameux historien britannique David Irving déclara, le 22 avril 1988, à la barre des témoins du tribunal de Toronto, qu'il s'agissait là d'un document « accablant », appelé à devenir essentiel pour tout historien de la seconde guerre mondiale.

Sans E. Zündel, à peu près rien de ce qui s'est passé là n'aurait été concevable. E. Zündel sacrifie tout à sa recherche de l'exactitude historique.

Il vit aujourd'hui dans des conditions difficiles face à des ennemis influents et puissants. La répression qu'il subit est incessante et prend parfois les formes les plus vicieuses. Mais il possède une forte personnalité et un indéniable charisme. Il s'entend à analyser les situations, à évaluer les rapports de force, à tirer avantage de ce qui l'accable. Des quatre coins du monde il appelle à lui et il mobilise les compétences requises. L'homme est profond ; il est un génie où se combinent le sens commun et une vue pénétrante des êtres et des situations.

Peut-être va-t-il, une nouvelle fois, être envoyé en prison à cause de ses recherches et de ses convictions ; la procédure dite de déportation l'attend peut-être. Tout est possible. Tout peut arriver quand vient à se produire une crise de l'esprit et une révision aussi vaste de certains concepts historiques. Le révisionnisme est la grande aventure intellectuelle de la fin de ce siècle. Dans tous les cas, E. Zündel aura gagné. Il aura été ce pacifiste et cet activiste qui l'emporte par les seules vertus de la raison et de la persuasion.

[Publié dans les *AHR*, n° 5, été-automne 1988, p. 53-59.]

***

1er septembre 1988

# RAUL HILBERG EXPLIQUE MAINTENANT LE GÉNOCIDE PAR LA TÉLÉPATHIE !

Raul Hilberg, le plus prestigieux des auteurs qui défendent la thèse de l'extermination physique des juifs par les Allemands durant la seconde guerre mondiale, a commencé son enquête sur le sujet en 1948.

En 1961, soit au terme d'un travail d'une douzaine d'années, il a publié *The Destruction of the European Jews*. Dans cet ouvrage, il présente ce qu'il appelle « la destruction des juifs d'Europe » comme une vaste entreprise ordonnée par Hitler en personne qui donna, dit-il, deux ordres en ce sens ; puis, diverses instances administratives, policières et militaires, en conformité avec ces ordres, coordonnèrent leurs efforts pour dûment préparer, organiser, contrôler et mener à bien cette vaste entreprise criminelle.

En 1976 paraît l'ouvrage du plus prestigieux des auteurs révisionnistes : *The Hoax of the Twentieth Century.* Arthur Robert Butz, qui enseigne dans une université proche de Chicago, y montre que la prétendue extermination des juifs constitue la mystification du XXe siècle.

En 1978-1979, je publie dans *Le Monde* deux textes où je démontre que les prétendues chambres à gaz nazies n'ont pas pu exister, et cela pour des raisons essentiellement physiques et chimiques.[303] L'affaire fait quelque bruit. En France, Raymond Aron et François Furet annoncent la tenue d'un colloque international de spécialistes pour démontrer à la face du monde que l'extermination des juifs et les chambres à gaz nazies ont réellement existé. Parmi les spécialistes figurera R. Hilberg.

Peu avant le colloque, Guy Sitbon, correspondant permanent du *Nouvel Observateur* aux États-Unis, a un long entretien avec R. Hilberg.[304] Ce dernier tient des propos étonnants. Il en ressort essentiellement que, pour ce qui est de la destruction des juifs européens et des chambres à gaz nazies, on n'a pas vraiment de documents mais seulement des témoignages qui « concordent à peu près ». Même si R. Hilberg maintient, bien entendu, sa thèse générale, ses explications sont radicalement différentes de celles qu'on lui connaissait jusqu'ici. Il est manifeste que la thèse révisionniste n'est pas pour rien dans ce changement. D'ailleurs, l'intéressé le concède, même si c'est du bout des lèvres, lorsqu'il déclare :

> « Je dirai que, d'une certaine manière, Faurisson et d'autres, sans l'avoir voulu, nous ont rendu service. Ils ont soulevé des questions qui ont eu pour effet d'engager les historiens dans de nouvelles recherches. Ils ont obligé à rassembler davantage d'informations, à réexaminer les documents et à aller plus loin dans la compréhension de ce qui s'est passé [3]. »

Le colloque international prévu se tient à huis clos à la Sorbonne, du 29 juin au 2 juillet 1982. On attend la conférence de presse qui rendra compte des débats et des conclusions. C'est alors qu'à la surprise générale seuls Raymond Aron et François Furet se présentent pour déclarer, d'une part, que, « malgré les recherches les plus érudites », on n'a pu trouver aucun ordre de Hitler pour l'extermination des juifs et, d'autre part, que poursuivre les révisionnistes en justice s'apparente à la

---

[303] *Le Monde*, 29 décembre 1978 et 16 janvier 1979.

[304] R. Hilberg, « Les Archives de l'horreur », p. 70-73, 75-77. 3. *Id.*, p. 71, A.

chasse aux sorcières. PAS UN MOT N'EST PRONONCÉ SUR LES CHAMBRES À GAZ.

Sept mois plus tard, à New York, devant une assistance de près de deux mille sept cents personnes à l'Avery Fischer Hall, R. Hilberg résume sa nouvelle thèse : l'entière politique allemande de destruction physique des juifs s'explique par… la transmission de pensée. Puisqu'on ne trouve aucun document attestant de cette politique criminelle, c'est qu'il n'a existé aucun document de ce genre. Toute la machinerie bureaucratique allemande a, pendant des années, fonctionné à la transmission de pensée ou télépathie. Il déclare en propres termes :

> « Mais ce qui commença en 1941 fut un processus de destruction non planifié à l'avance, non organisé et centralisé par une agence quelconque. Il n'y eut pas de projet et il n'y eut pas de budget pour des mesures de destruction. [Ces mesures] furent prises étape par étape, une étape à chaque fois. C'est ainsi qu'apparut moins un plan mené à bien qu'une incroyable rencontre des esprits, une transmission de pensée consensuelle au sein d'une vaste bureaucratie. »[305]

Notons ces derniers mots : « une incroyable rencontre des esprits, une consensuelle transmission de pensée au sein d'une vaste bureaucratie » (*an incredible meeting of minds, a consensus-mind reading by a far-flung bureaucracy*).

Le 16 janvier 1985, R. Hilberg a confirmé ces propos et cette explication au procès d'Ernst Zündel à Toronto. Il l'a fait sous serment lors de son contre-interrogatoire par l'avocat d'E. Zündel, Douglas Christie, que j'assistais.[306]

Dans le courant de la même année 1985 paraît la nouvelle édition, « révisée et définitive », de son livre. Il n'y use pas de l'expression « *consensus-mind reading* » (consensuelle transmission de pensée ou télépathie) mais il écrit :

> « En dernière analyse, la destruction des juifs ne fut pas tant accomplie par l'exécution des lois et des ordres que par suite d'un état d'esprit, d'une compréhension tacite, d'une consonance et d'une synchronisation. »[307]

---

305 George DeWan, « The Holocaust in Perspective », p. II-3.

306 Voy. la transcription du procès, p. 846-848.

307 R. Hilberg, *La Destruction des juifs d'Europe*, 1988, p. 53.

Il parle de « décisions prises par d'innombrables bureaucrates au sein d'une vaste machine administrative », sans « plan préétabli ». Il évoque des « directives écrites non publiées », des « directives et autorisations orales », des « accords implicites et généralisés entre fonctionnaires, aboutissant à des décisions prises sans ordres précis ni explications ». Il dit qu'il n'y a pas eu d'« agence unique », pas d'« organisme central chargé de diriger et coordonner à lui seul l'ensemble du processus ». Il conclut que la destruction des juifs fut « l'œuvre d'une très vaste machine administrative » et que « ne fut créé ni organisme spécial, ni budget particulier. Chacune des branches devait jouer dans le processus un rôle spécifique, et chacune trouver en elle-même les moyens d'y accomplir sa tâche ».[308]

Pour moi, c'est expliquer par l'opération du Saint Esprit ce qui aurait été une formidable entreprise criminelle aux proportions industrielles grâce, en particulier, à une arme (l'abattoir chimique à base d'insecticide) qui aurait été conçue et créée par un phénomène de génération spontanée.

Je refuse de croire à l'incroyable. Je refuse de croire à ce que R. Hilberg lui-même appelle « une incroyable rencontre des esprits ». Je refuse de croire à la transmission de pensée ou télépathie de même qu'à l'opération du Saint Esprit et à la génération spontanée. Je récuse toute thèse historique, tout système d'explication historique, qui fait appel à de telles billevesées. R. Hilberg n'est pas un historien.

Le 23 novembre 1978, l'historien René Rémond me déclarait : « Pour ce qui est des chambres à gaz [nazies], je suis prêt à vous suivre ; pour ce qui est du génocide, j'ai la conviction intime que le nazisme est en soi suffisamment pervers pour que ce génocide ait été dans ses intentions et dans ses actes, mais je reconnais que je n'ai pas de preuves scientifiques de ce génocide. » C'est bien le moins qu'on puisse dire, quand on se soucie de la vérité historique.

***

Septembre 1988

## LE DOUBLE JEU DES PERSÉCUTEURS DU RÉVISIONNISME

[308] *Id.*, p. 51, 53, 60.

Pierre Vidal-Naquet a dit et écrit qu'il était opposé à la persécution judiciaire des révisionnistes mais il a toujours prêté main forte aux responsables de cette persécution et il est allé jusqu'à témoigner à charge contre R. Faurisson, en 1981, dans le « procès Poliakov ».

En 1988, l'historien juif américain Raul Hilberg a déclaré qu'il préférait « et de loin », laisser les révisionnistes s'exprimer librement et il a ajouté : « Sans doute est-ce la conception américaine en matière de liberté d'opinion. »[309] Pourtant, en janvier 1985, R. Hilberg est venu à la barre d'un tribunal de Toronto charger le révisionniste Ernst Zündel, coupable d'avoir diffusé au Canada une brochure révisionniste anglaise : *Did Six Million Really Die ?*

R. Hilberg a, pour l'occasion, été payé par le procureur de l'État d'Ontario pendant plusieurs jours à raison probablement de 150 US dollars de l'heure. En septembre 1988, la très puissante association juive américaine « Anti-Defamation League of B'nai B'rith' », qui se pique de respecter la liberté d'expression et s'abstient en conséquence de poursuivre ou de faire poursuivre les révisionnistes américains aux États-Unis, vient de se joindre aux associations françaises dans l'action judiciaire réclamée par le procureur d'Auch (Gers) contre les *Annales d'histoire révisionniste.*[310]

Cette association se joint donc à une action au cours de laquelle le juge d'instruction Legname a lancé un mandat d'arrêt international contre Carlo Mattogno, citoyen italien, avec demande d'enquête sur la personne et sur les opinions politiques de ce dernier. Les trois inculpés (sans audition préalable) sont Pierre Guillaume, Robert Faurisson et Carlo Mattogno. Ils sont accusés d'apologie de crime de guerre (sans spécification dudit crime) et de propagation de fausse nouvelle (sans spécification de ladite fausse nouvelle).

> « Voilà les faits. Si certains prétendent les remettre en question, je suis prêt à répondre. Je préfère, et de loin, qu'on les laisse s'exprimer. Sans doute est-ce la conception américaine en matière de liberté d'opinion. Ceux qu'on essaie de contraindre au silence gagnent souterrainement une audience pernicieuse – qu'il est moins facile de combattre. »[311]
>
> « Resolutions »

---

309 Propos recueillis par Luc Ferry et Sylvaine Pasquier, *L'Express*, 20-26 mai 1988, p.118.

310 *ADL Bulletin* (Anti-Defamation League of B'nai B'rith'), septembre 1988, p. 15.

311 Propos de Raul Hilberg recueillis par Luc Ferry et Sylvaine Pasquier, *L'Express*, 20-26 mai 1988, p. 118.

« In a resolution passed at the meeting, ADL voted to join in a criminal action instituted by the French government against Holocaust revisionists in France. The League will accept the invitation of two participants in the French suit – the International League for Human Rights and the National Federation of Deportees – to join the action against Robert Faurisson, Carlo Mattogno and Pierre Guillaume, who are associated with a new Holocaust denial publication entitled "Annals of Revisionist History". »[312]

***

14 novembre 1988

# CONCLUSIONS EN DÉFENSE

Paris, le 14 novembre 1988 Aux Président et Juges composant la XVIIe chambre correctionnelle du tribunal de grande instance de Paris

## *CONCLUSIONS*

Pour : Monsieur Pierre Guillaume, éditeur, de nationalité française, né le 22 décembre 1940 à Rambervillers (Vosges) et demeurant… à Paris, Prévenu, ayant pour avocat Me Delcroix, du Barreau de Paris,

Contre : le Ministère public, pris en la personne de M. le procureur de la République.

PLAISE AU TRIBUNAL

Attendu que, selon exploit de Me Genna, huissier de Justice à Paris, en date du 3 juin 1988, le Ministère public a cité Pierre Guillaume à comparaître en qualité de prévenu, du chef de diffamation publique envers un groupe de personnes (article 32, deuxième alinéa, de la loi du 29 juillet 1881, modifié par celle du 1er juillet 1972) ;

Attendu que la prévention vise, en l'espèce, M. Guillaume en sa qualité de directeur de publication du périodique intitulé *Annales d'Histoire Révisionniste (AHR),* et ce en raison d'écrits publiés dans le numéro 3 dudit périodique (automne-hiver 1987, dépôt légal décembre 1987) ;

Attendu que le Parquet, dans l'acte introductif d'instance et sans aucun exposé des motifs susceptible d'esquisser une quelconque

[312] *ADL Bulletin, op. cit., ibid.*

justification, soutient que cinq passages des textes publiés dans le numéro incriminé des *AHR,* numérotés de 1 à 5, seraient constitutifs du délit susmentionné ;

Attendu que ces cinq passages sont les suivants :

1) – (p. 137, dernier alinéa, jusqu'à la fin de la p. 138) :

> « Non, mon Révérend, ce ne sont pas les révisionnistes qui sont inspirés par la recherche d'un avantage personnel mais plutôt ceux qui entretiennent la légende de l'Holocauste. Les politiciens, les hommes d'affaire et – mais oui ! – les hommes d'Église qui soutiennent la campagne holocaustique reçoivent acclamations et louanges de la part d'organisations puissantes et influentes. Vous écrivez que vous êtes « fier d'exercer la fonction » de membre du Comité directeur du Centre d'études de l'Holocauste de Dallas. Eh bien, cela ne demande aucun courage, de se joindre à ce « monde merveilleux » de gens riches et importants qui cautionnent les richissimes comités, conseils et centres holocaustiques qui parsèment le pays.
>
> Il n'est pas de campagne médiatique plus inspirée par la recherche d'un avantage personnel que ce savant bombardement holocaustique si bien financé. Les dirigeants sionistes considèrent avec franchise que ce perpétuel effort est d'une importance cruciale pour leurs propres intérêts. C'est ainsi, par exemple, que le gouvernement israélien a fourni 850.000 dollars pour la production de *Shoah,* un film que vous cautionnez. Il n'est pas étonnant non plus que les organisations sionistes soient aussi décidées à réduire au silence toute personne qui mettrait en péril leur représentation de l'histoire. Comme l'a naïvement reconnu, en septembre 1979, le professeur australien W. D. Rubinstein : « Si l'on peut montrer que l'Holocauste est un "mythe sioniste" la plus forte de toutes les armes de l'arsenal de la propagande d'Israël s'effondrera. »[313]
>
> *L'Holocauste – Une nouvelle religion*
>
> Chez les juifs américains, l'holocauste est devenu à la fois une affaire florissante et une sorte de nouvelle religion. Dans son livre *The Longest War,* l'auteur juif Jacobo Timerman, journaliste-éditeur, s'exprime ainsi : « Bien des Israéliens sont choqués par la manière dont l'Holocauste est exploité dans la Diaspora. Ils ont même honte que l'Holocauste soit devenu une religion civile pour les juifs aux États-Unis. Ils respectent les travaux d'Alfred Kazin,

[313] *Quadrant,* septembre 1979, p. 27.

d'Irving Howe et de Marie Syrkin. Mais des autres écrivains, directeurs de publication, historiens, bureaucrates et universitaires, ils disent, en utilisant le mot Shoah qui signifie Holocauste en hébreu : "Il n'y a pas de business qui vaille le Shoah-business". Un autre écrivain juif, Leon A. Jick, a fait ce commentaire : « La boutade dévastatrice selon laquelle "Il n'y a pas de business qui vaille le Shoah-business" est, il faut bien le dire, une vérité incontestable. ». Eh bien au moins y a-t-il quelques juifs perspicaces pour reconnaître cette vérité, même s'il y a beaucoup de non-juifs qui ne la reconnaissent pas. »

2) – (les trois dernières lignes de la p. 159) :

« il n'y a pas d'autres vérités que celles estampillées « Kasher » par le judaïsme officiel »

3) – (p. 124, lignes 6 à 9) :

« dénoncer une imposture perpétrée par ceux qui, avides de propagande à n'importe quel prix, ont exploité les situations troubles et inévitables de la guerre »

4) – (p. 158, au début de l'alinéa commençant par : « Et je pensais à Kadmi Cohen [...] » :

« la grande majorité des accusateurs du professeur Faurisson étaient juifs »

5) – (p. 186, dans le dernier alinéa) :

« les prétendues chambres à gaz homicides du IIIe Reich sont un mensonge historique »

Attendu qu'ainsi le procureur poursuit Pierre Guillaume pour avoir fait paraître 5 textes dont le total est de 505 mots (441 + 16 + 25 + 10 + 13) tandis que le total des mots composant l'ouvrage en question est d'environ 66.000 mots, si bien que 99,2 % de cet ouvrage serait en conformité avec la loi tandis que seulement 0,8 % contreviendrait à la loi ;

Attendu que P. Guillaume aurait ici commis le délit de diffamation publique envers un groupe de personnes, en raison de leur origine ou de leur appartenance ou de leur non-appartenance à une ethnie, une nation, une race ou une religion déterminée mais qu'à aucun moment ni d'aucune façon le procureur ne précise ni de quel groupe de personnes il s'agit, ni si la diffamation est faite en raison de l'origine de ce groupe indéterminé (et alors de quelle origine il s'agit), ni si la diffamation est faite en raison d'une appartenance ou d'une non-appartenance à quatre entités différentes, lesquelles peuvent s'exclure mutuellement ou ne pas s'exclure, ni quelle peut être cette ethnie ou bien cette nation ou encore cette race ou cette religion ;

Attendu que, par l'effet de cette sorte de livraison en vrac d'éléments disparates, le procureur (qui a le devoir de discerner avec prudence, vigilance et scrupule ce qui, en l'espèce, caractérise un délit que le législateur lui demande de déterminer exactement) s'est livré avec imprudence, légèreté et négligence à une forme de pratique qui, dans le monde du commerce, s'appelle de nos jours une « livraison en kit », étant entendu par là que c'est à qui le voudra de procéder librement à tel ou tel type de montage : ici, un montage accusatoire contre l'éditeur d'un ouvrage de critique historique ; Attendu que le procureur n'a fourni aucune des précisions élémentaires propres à éclairer le tribunal et à permettre au prévenu de se défendre ;

Attendu que toute précision de sa part rendrait manifeste que l'accusation de diffamation n'est pas fondée, vu que le concluant ne critique aucun groupe de personnes en raison de leur origine ou de leur appartenance ou de leur non-appartenance à une ethnie, une nation, une race ou une religion **déterminée ;**

Attendu que, pour sa part, le concluant tient, par déférence pour le tribunal, à lui apporter des analyses, des commentaires et surtout des éléments d'appréciation de nature, espère-t-il, à éclairer son jugement ;

Attendu que le concluant développera les trois points suivants :

I. Les cinq fragments, pris un à un, n'ont rien de diffamatoire ;
II. La thèse générale (critique du Shoah-business et de ses prétentions totalitaires) n'a rien de diffamatoire ;
III. Les tribunaux français admettent la légitimité des recherches et des publications révisionnistes ;

Pour mieux appeler l'attention du tribunal sur ce que le concluant estime important dans une citation, certains mots ou groupes de mots seront ci-dessous reproduits en caractères gras ;

## *I. Les cinq fragments pris un à un n'ont rien de diffamatoire*

Attendu que la loi et la jurisprudence la plus constante disposent que :

> « celui qui se prétend lésé par une publication ne peut isoler, pour la retenir seule, une partie de celle-ci, ce qui pourrait en dénaturer le véritable sens et la portée : l'écrit doit être envisagé dans son ensemble comme un tout indivisible […] » (Dijon, 25 février 1931, D.H. 1931, 214) ;

Attendu, cependant, qu'on peut légitimement extraire d'un ouvrage ne fût-ce qu'une phrase, à condition toutefois de respecter le véritable sens et la portée de cette phrase ;

Attendu qu'en la circonstance le procureur n'a respecté ni la loi, ni la jurisprudence la plus constante, ni les règles de la probité et qu'il a eu recours à des procédés qui s'analysent ainsi : dans cette publication des *AHR*, il a isolé, pour les retenir seuls, cinq fragments dont le total représente 0,8 % de ladite publication ; par suite de manipulations diverses – qui vont être démontrées ci-dessous – il a prélevé cinq fragments différents dans quatre articles différents, fragments qui forment un ensemble obscur, disparate, décousu, chacun des cinq fragments étant le résultat de diverses coupures qui altèrent ou dénaturent le sens des textes ;

Attendu que, pour en faire la démonstration, le concluant va, pour commencer, reproduire ces cinq fragments avec leur contexte immédiat, c'est à-dire en se contentant d'insérer lesdits fragments dans l'ensemble de mots dont il ne fallait pas les détacher si on voulait les comprendre dans leur véritable sens et leur portée ;

Attendu que, pour ne prendre d'ores et déjà qu'un exemple, le fragment n° 3, tel qu'il a été délimité par le procureur n'a aucun sens logique, sinon grammatical, faute d'être inséré dans la phrase d'origine ; que ce groupe de mots commençant ici par l'infinitif « dénoncer » n'a aucun sens par lui-même et qu'il est donc indispensable de reproduire ce qui le précède et ce qui le suit ; Attendu qu'en se limitant de manière stricte à la reproduction des seuls mots indispensables, pour tout le monde, à la compréhension du contenu des cinq fragments, on se trouve devant les cinq extraits suivants :

1) – (Sous la plume de l'auteur américain Mark Weber ; de la p. 137, à partir de l'alinéa intitulé « Quels avantages personnels ? » jusqu'à la fin de la p. 138) :

> *Quels avantages personnels ?*
>
> « Mon Révérend, vous dites des travaux révisionnistes qu'ils sont « largement inspirés par la recherche d'un avantage

personnel ». En réalité, un grand nombre de révisionnistes ont terriblement souffert pour avoir osé écrire ce qu'ils considèrent comme la vérité cachée sur ce chapitre si sensible de l'histoire contemporaine. Un révisionniste français, l'enseignant François Duprat, a été tué dans l'explosion de sa voiture. Le professeur Robert Faurisson, de l'université de Lyon en France, a subi toutes sortes d'épreuves, y compris des agressions brutales. Les habitations ou les bureaux des révisionnistes américains ont été détruits par des explosifs incendiaires. Le magistrat ouest-allemand Wilhelm Stäglich a fait le récit de ses expériences à Auschwitz pendant la guerre ; en conséquence de quoi, on l'a obligé à une retraite anticipée et sa pension a été réduite ; plus tard, parce qu'il avait écrit une analyse critique des thèses exterminationnistes sur Auschwitz, le gouvernement ouest-allemand lui retirait son grade de docteur en droit.

Non, mon Révérend, ce ne sont pas les révisionnistes qui sont inspirés par la recherche d'un avantage personnel mais plutôt ceux qui entretiennent la légende de l'Holocauste. Les politiciens, les hommes d'affaire et – mais oui ! – les hommes d'Église qui soutiennent la campagne holocaustique reçoivent acclamations et louanges de la part d'organisations puissantes et influentes. Vous écrivez que vous êtes « fier d'exercer la fonction » de membre du Comité directeur du Centre d'Études de l'Holocauste de Dallas. Eh bien, cela ne demande aucun courage, de se joindre à ce « monde merveilleux » de gens riches et importants qui cautionnent les richissimes comités, conseils et centres holocaustiques qui parsèment le pays.

Il n'est pas de campagne médiatique plus inspirée par la recherche d'un avantage personnel que ce savant bombardement holocaustique si bien financé. Les dirigeants sionistes considèrent avec franchise que ce perpétuel effort est d'une importance cruciale pour leurs propres intérêts. C'est ainsi, par exemple, que le gouvernement israélien a fourni 850.000 dollars pour la production de Shoah, un film que vous cautionnez. Il n'est pas étonnant non plus que les organisations sionistes soient aussi décidées à réduire au silence toute personne qui mettrait en péril leur représentation de l'histoire. Comme l'a naïvement reconnu, en septembre 1979, le professeur australien W.D. Rubinstein : « Si l'on peut montrer que l'Holocauste est un "mythe sioniste", la plus forte de toutes les armes de l'arsenal de la propagande d'Israël s'effondrera ».

*L'Holocauste – Une nouvelle religion*

Chez les juifs américains, l'holocauste est devenu à la fois une affaire florissante et une sorte de nouvelle religion. Dans son livre The Longest War, l'auteur juif Jacobo Timerman, journaliste-éditeur, s'exprime ainsi : « Bien des Israéliens sont choqués par la manière dont l'Holocauste est exploité dans la Diaspora. Ils ont même honte que l'Holocauste soit devenu une religion civile pour les Juifs aux États-Unis. Ils respectent les travaux d'Alfred Kazin, d'Irving Howe et de Marie Syrkin. Mais, des autres écrivains, directeurs de publication, historiens, bureaucrates et universitaires, ils disent, en utilisant le mot Shoah qui signifie Holocauste en hébreu : « Il n'y a pas de business qui vaille le Shoah-business ». Un autre écrivain juif, Leon A. Jick, a fait ce commentaire : « La boutade dévastatrice selon laquelle "Il n'y a pas de business qui vaille le Shoah-business" est, il faut bien le dire, une vérité incontestable ». Eh bien, au moins y a-t-il quelques Juifs perspicaces pour reconnaître cette vérité, même s'il y a beaucoup de non-juifs qui ne la reconnaissent pas. »

2) – (Sous la plume de F. Thencrey ; de la p. 159, dernier alinéa, à la fin du premier alinéa de la p. 160) :

« Mais ce septième argumentaire pose un problème grave : comme il faut bien reconnaître que les travaux du professeur Faurisson s'attaquent à des mythes encouragés par le judaïsme officiel, faut-il comprendre que tous ceux qui osent contredire les thèses officielles du judaïsme ne sont que des suppôts du cléricalisme, voire du nazisme ? L'inconvénient de ce genre d'accusation, c'est qu'elle revient à frapper d'anathème toute conclusion contraire à celles du judaïsme officiel et donc à affirmer qu'il n'y a pas d'autres vérités que celles estampillées « Kasher » par le judaïsme officiel, comme au Moyen Âge il n'y avait pas de vérité en dehors de la « Sainte Église » ! Cette Sainte Église qui dictait au monde entier des « vérités » en fonction de « l'Histoire Sainte », c'est-à-dire d'une histoire arrangée par le judaïsme à son profit, et il faudrait recommencer aujourd'hui avec une néo-Histoire Sainte ? »

3) – (sous la plume d'Henri Roques ; à la p. 124, de la ligne 4 à la ligne 9 du premier alinéa) :

« La patience ? Je l'ai exercée pendant quarante ans, en attendant qu'une occasion me soit offerte de dénoncer une imposture perpétrée par ceux qui, avides de propagande à n'importe quel prix, ont exploité les situations troubles et inévitables de la guerre. »

4) – (Sous la plume, à nouveau, de F. Thencrey ; p. 158, de la ligne 1 à la ligne 5 du troisième alinéa) :

« Et je pensais à Kadmi-Cohen en constatant, en ce dimanche de juin, que la grande majorité des accusateurs du professeur Faurisson étaient juifs et voulaient nous imposer « l'autorité de la chose jugée »… par le tribunal de Nuremberg. »

5) – (Sous la plume de Robert Faurisson ; le dernier alinéa de la p. 186) :

« Pour nous révisionnistes, les prétendues chambres à gaz homicides du IIIe Reich sont un mensonge historique, ce qui signifie que le nombre des menteurs est dérisoire par rapport au nombre des victimes de ce mensonge. J'ai moi-même, jusqu'en 1960, compté parmi ces victimes. »

Attendu que, si on compare les cinq **fragments** du procureur avec les cinq **extraits** dont il a tiré ces fragments, on aboutit aux constatations suivantes :

1) Du premier extrait, qui compte 609 mots formant un tout, le procureur n'a retenu qu'un fragment de 441 mots, **décapitant** ledit extrait de ses 168 premiers mots ;
2) Du deuxième extrait, qui compte 152 mots formant un tout, le procureur n'a retenu qu'un fragment de 16 mots, **décapitant** ledit extrait de ses 82 premiers mots et le **mutilant** ensuite d'un ensemble final de 54 mots ;
3) Du troisième extrait, qui compte 43 mots formant un tout, le procureur n'a retenu qu'un fragment de 25 mots, **décapitant** ledit extrait de ses 18 premiers mots ;
4) Du quatrième extrait, qui compte 38 mots formant un tout, le procureur n'a retenu qu'un fragment de 10 mots, **décapitant** ledit extrait de ses 13 premiers mots et le **mutilant** ensuite d'un ensemble final de 15 mots ;
5) Du cinquième extrait, qui compte 45 mots formant un tout, le procureur n'a retenu qu'un fragment de 13 mots, **décapitant** ledit extrait de ses trois premiers mots et le **mutilant** ensuite d'un ensemble final de 29 mots.

Attendu qu'au total le procureur a procédé à **cinq décapitations** et à **trois mutilations** de texte, que les décapitations ont abouti à la suppression de 168 + 82 + 18 + 13 + 3 = 284 mots tandis que les mutilations ont provoqué la suppression de 54 + 15 + 29 = 98 mots, que les cinq extraits représentaient une somme de 609 + 152 + 43 + 38 + 45 = 887 mots, mais que le procureur, par décapitations et mutilations, a supprimé 284 + 98 = 382 mots et n'a recueilli que 505 mots, c'est-à-dire **qu'il n'a retenu et reproduit que 58 % de ce qu'il aurait dû retenir et reproduire** ;

Attendu que les 5 fragments ont été prélevés dans 4 textes traitant de sujets différents et qu'ils ont été présentés en désordre ou, à tout le moins, dans un ordre que rien ne vient expliquer, pas même celui de la succession des pages ; vu, en effet, que :

- le premier fragment a été prélevé, à la p. 137, dans la traduction en français d'une réponse de l'Américain Mark Weber à une mise en cause publiée par le périodique Christian News au sujet de l'attitude des révisionnistes devant l'Holocauste ;
- le deuxième fragment a été prélevé à la p. 159, dans une lettre de F. Thencrey à propos d'un congrès, à Paris, de l'Union des Athées où le révisionnisme avait fait l'objet d'une vive controverse ;
- le troisième fragment a été prélevé à la p. 124, dans la traduction en français d'une communication d'Henri Roques sur l'affaire Gerstein au congrès tenu en 1987 à Los Angeles par l'Institute for Historical Review ; rien n'explique pourquoi le procureur, allant d'abord de la p. 137 (premier fragment) à la p. 158 (deuxième fragment), a ici rétrogradé à la p. 124 ;
- le quatrième fragment a été prélevé à la p. 158, dans la lettre susmentionnée de F. Thencrey ; rien n'explique d'abord ce retour à un article déjà utilisé par le procureur, puis, comme pour aggraver cette anomalie, la remontée à une page précédant la page déjà utilisée (p. 159, puis, p. 158) ;
- le cinquième fragment a été prélevé à la p. 186, dans une lettre de R. Faurisson à Jacques Chancel à propos d'une émission radiophonique où le professeur, d'abord invité, avait été décommandé au dernier instant et où, in absentia, il allait être copieusement insulté sans aucune possibilité de se défendre ;

Attendu que cette **dislocation** générale, ajoutée à tant de **décapitations** et de **mutilations,** ne peut vraisemblablement aboutir qu'à ôter toute forme naturelle et originelle aux productions de l'esprit révisionniste telles qu'elles apparaissent vraiment dans cette livraison n° 3 des *AHR ;*

Attendu qu'en effet, ainsi qu'on pouvait légitimement le craindre, le procureur est parvenu à donner un sens totalement faux aux propos respectifs de Mark Weber, François Thencrey, Henri Roques, à nouveau François Thencrey et, enfin, Robert Faurisson ;

Attendu qu'il faut replacer les mots dans leur contexte immédiat et vu que, désormais, on appellera « fragments » les seuls groupes de mots abusivement isolés par le procureur et « extraits » ces mêmes groupes de mots **avec leur contexte immédiat ;**

Attendu qu'on aboutit alors aux cinq conclusions suivantes :

*(I) Sens du premier fragment comparé avec sens du premier extrait :*

Le sens du premier fragment (arbitrairement et abusivement découpé par le procureur) est que, pour le révisionniste M. Weber, les exterminationnistes, c'est-à-dire ceux qui affirment que génocide et chambres à gaz ont existé, soutiennent et entretiennent cette légende parce qu'ils sont inspirés par la recherche d'avantages personnels, par le goût de l'argent et par la nécessité de défendre les intérêts du sionisme. Ainsi, M. Weber apparaît-il comme un personnage qui, spontanément et sans motif, prend l'initiative d'agresser un exterminationniste, le provoque, le diffame et n'explique au fond l'exterminationnisme que par des mobiles plus ou moins sordides.

La réalité est toute autre. Encore faut-il, pour saisir la pensée de M. Weber, ne pas citer sa lettre seulement à partir des mots « Non, mon Révérend […] » ; en effet, ces trois mots et le reste de la phrase qu'ils commencent ne sont pas d'une clarté suffisante. Pour éclairer le sens de ces mots, il convient de remonter simplement à l'alinéa précédent, lequel commence par les mots « Mon Révérend […] » ; mieux, il convient de commencer sa lecture à l'intertitre lequel, juste au-dessus de « Mon Révérend […] », consiste en une interrogation, claire et directe, où M. Weber, s'adressant à son correspondant, lui demande « Quels avantages personnels ? ». On s'aperçoit alors que c'est ce correspondant exterminationniste, le révérend Herbener, qui a pris l'initiative de dire des travaux révisionnistes qu'ils sont « largement inspirés par la recherche d'un avantage personnel ». C'est le révérend Herbener qui avait choisi de placer le débat sur ce terrain. M. Weber, surpris, lui réplique en deux temps : en un premier temps, il écrit :

> « En réalité, un grand nombre de révisionnistes ont terriblement souffert pour avoir osé écrire ce qu'ils considèrent comme la vérité cachée sur ce chapitre si sensible de l'histoire contemporaine. »

Le ton est mesuré : M. Weber ne parle pas de la vérité cachée mais de ce que les révisionnistes et lui-même « considèrent comme la vérité cachée » et il précise que ce chapitre de l'histoire contemporaine est sensible, « si sensible ». Puis, il énumère avec sobriété trois exemples de ce qu'il en coûte de défendre des vues révisionnistes (il aurait pu citer plusieurs dizaines d'exemples).

En un second temps, se tournant vers le révérend Herbener, il lui fait observer combien son sort de croyant en l'Holocauste est enviable, pour autant qu'il convienne, dans un débat historique, de s'attarder à ce type de remarque. À ce pasteur, il sert ici, peu ou prou, la parabole bien connue de la paille et de la poutre. Enfin, prenant la hauteur de vue de l'historien, il développe les raisons pour lesquelles, à son avis, la légende de l'Holocauste a ouvert la voie à une exploitation médiatique, politique et religieuse que même des juifs ont sévèrement dénoncée ; l'Holocauste ou la Shoah sont une nouvelle religion avec – comme il faut toujours s'y attendre en pareil cas – des « marchands du Temple ».

Jamais, ni dans ces lignes ni dans toutes ses œuvres, M. Weber n'a défendu la thèse infantile selon laquelle les juifs auraient inventé la légende de l'Holocauste afin d'en tirer un profit médiatique, politique, religieux ou financier. Il ne croit pas plus au complot juif qu'au complot nazi, pas plus à une conjuration des Gentils contre les juifs qu'à une conspiration des juifs contre les Gentils. La Shoah est un phénomène religieux tandis que le Shoah-business n'est qu'un épiphénomène de caractère médiatique et mercantile ;

*(2) Sens du deuxième fragment comparé avec le sens du deuxième extrait :*

Le sens du deuxième fragment (arbitrairement et abusivement découpé par le procureur) est que, pour le révisionniste F. Thencrey, « Il [avec un i majuscule comme si ce mot commençait une proposition indépendante] n'y a pas d'autres vérités que celles estampillées "Kasher" par le judaïsme officiel », étant entendu qu'il s'agirait là d'un état de fait à déplorer. Le judaïsme officiel revêtirait de son sceau certaines vérités qu'il imposerait ainsi à tout le monde. À ce pouvoir exorbitant il n'y aurait pas de limites, ni dans le temps ni dans l'espace. À l'exemple de M. Weber, – tel, du moins, qu'il apparaît dans le fragment découpé par le procureur – F. Thencrey dénoncerait une sorte de complot juif permanent, un complot qui aurait d'ores et déjà réussi.

La réalité est toute autre. Encore faut-il, pour saisir la pensée de F. Thencrey, ne pas citer sa lettre seulement à partir des mots « il n'y a pas d'autres vérités » en mettant une majuscule abusive à la lettre i pour faire croire que la phrase commence là où le procureur nous dit qu'elle commence ; il ne s'agit nullement d'une proposition indépendante ni même d'une proposition principale, mais d'une proposition complément d'objet direct, dépendant elle-même d'une proposition infinitive qui, à son tour, dépend d'une proposition principale ; mieux encore, le fragment du procureur est suivi d'une proposition comparative qui est d'importance pour relativiser, précisément par une comparaison, le sens de ce fragment. Il convient donc, pour renouer la chaîne des propositions et pour saisir le raisonnement de F. Thencrey dans son entier déroulement, de lire tout l'alinéa d'où le procureur a prélevé ledit fragment.

Le raisonnement de F. Thencrey est le suivant :

Le professeur Faurisson s'attaque à des mythes encouragés par le judaïsme officiel (le procureur ne conteste pas cette affirmation) ou bien le professeur Faurisson ose contredire les thèses officielles du judaïsme (autre affirmation non contestée par le procureur) ; en conséquence de quoi, ses adversaires, un certain jour de juin 1987, lors d'un congrès de l'Union des Athées, ont vu en lui (comme en Paul Rassinier, comme en chaque révisionniste) un suppôt du cléricalisme, voire du nazisme.

F. Thencrey critique cet amalgame sans en déduire pour autant que le professeur est **effectivement** frappé d'anathème et qu'il n'y a d'autres vérités que celles estampillées « Kasher » par le judaïsme officiel. Il **déplore** ce genre d'accusation ; il en souligne l'**« inconvénient » ;** pour lui, l'inconvénient de ce genre d'amalgame et d'accusation, c'est que cela **revient à** frapper d'anathème toute conclusion contraire à celles du judaïsme officiel et que donc cela **revient à** affirmer qu'il n'y a pas d'autres vérités que celles estampillées « Kasher » par le judaïsme officiel. Puis, il utilise une comparaison puisée dans l'histoire : loin d'isoler cette **éventuelle** intolérance du judaïsme officiel, il rapproche celle-ci d'une intolérance **effective :** celle du christianisme officiel dans un lointain passé. Autrefois, pour le christianisme officiel, il n'y avait pas de vérité en dehors de la Sainte Église ; cette Sainte Église dictait au monde entier des « vérités » en fonction d'une histoire qu'elle déclarait « sainte » ; elle traitait de suppôts du diable ceux qui n'acceptaient pas ces vérités-là ; F. Thencrey n'ajoute pas, mais il aurait pu le dire aussi, que la Sainte Église n'autorisait l'impression, la diffusion et la vente que des produits qui avaient reçu son estampille (dans le cas des ouvrages de l'esprit, cette estampille s'appelait *l'imprimatur).* Il ne faut pas perdre de vue que la lettre de F. Thencrey s'adresse tout entière au président de l'Union des Athées et que les références à l'intolérance des chrétiens y sont nombreuses ; F. Thencrey met en garde contre un retour à cette intolérance ; christianisme et judaïsme ont des points communs ; il ne faudrait pas qu'aujourd'hui, ou dans l'avenir, le judaïsme officiel nous dicte ce qu'il faut croire ou ne pas croire comme au Moyen Âge l'avait fait le christianisme officiel. L'adjectif « Kasher » fait image. Peut-être, de l'avis d'un procureur mué en scrutateur des consciences et en détecteur de péchés mortels ou véniels, ce mot fleure-t-il le soufre. Peut-être le procureur succomberait-il à la tentation d'invoquer ici un récent arrêt de la cour de Paris condamnant François Brigneau pour avoir parlé de « sœur Sinclair-Levaï, la pulpeuse charcutière casher ». Dans l'un de ses considérants, la cour prononce :

> « Considérant que le caractère injurieux du mot charcutière, renforcé comme il vient d'être dit du qualificatif pulpeuse, s'attache également au mot casher en ce que ce terme au-delà de son sens strictement technique qui se trouve ici hors de cause, donne à l'expression injurieuse une résonance raciste parce qu'elle peut faire naître dans l'esprit du lecteur mal informé le plus souvent des préceptes religieux israélites, l'image de pratiques ésotériques, voire à la limite déplaisantes ou inquiétantes… »[314]

En ce cas, il conviendrait de remarquer que ce considérant n'est pas en lui-même d'une clarté parfaite et que le contexte immédiat du mot « Kasher » est sensiblement différent chez F. Brigneau. La cour pose en principe qu'elle en sait plus sur les préceptes religieux israélites que le commun des lecteurs, qui, lui, est « mal informé le plus souvent » ; ensuite, elle évoque ce qu'elle appelle la « résonance » d'un mot, ce qui est plutôt du domaine de la subjectivité ; enfin, elle affirme que cette « résonance » **peut** faire naître telle ou telle **image**. Rien de cela n'est bien clair. En revanche, ce qui ne fait pas de doute, c'est que la cour, examinant l'ensemble « pulpeuse charcutière casher » a commencé par conclure que « pulpeuse » était injurieux et que « charcutière » l'était aussi ; il lui était, par conséquent, difficile, sur une telle lancée, de ne pas trouver à « casher » une « résonance » d'injure : ici une injure raciste. C'est le 5 avril 1986 que F. Brigneau avait employé ce mot de « charcutière » accompagné des adjectifs « pulpeuse » et « casher ». C'est le 30 septembre 1987 que F. Thencrey emploie, dans un autre contexte, l'adjectif « Kasher ». Entre ces deux dates, le mot avait fait florès, probablement non à cause de son emploi par F. Brigneau mais simplement parce que, dans le monde du commerce, en France, on avait assisté à une spectaculaire envolée des produits « casher » (bordeaux casher, champagne casher, conserves casher dans les magasins à grande surface, etc.). Les lexicologues de l'avenir apporteront sans doute la preuve qu'à la fin des années quatre-vingt la langue française s'est enrichie de nombreux vocables hébraïques tandis que d'autres vocables de même origine et depuis longtemps notés dans le *Petit Larousse* ont

---

[314] 15 février 1988, d'après *Le Droit de Vivre,* sept.-oct. 1988, p. 4.

repris force et vie : c'est le cas de l'adjectif « casher » devenu si courant qu'il est synonyme de « juif » ; aux États-Unis et au Canada, l'emploi du mot est depuis longtemps aussi répandu que les produits « kosher » (viandes, laitages, tabac, boissons, détergents, cirage, papier d'aluminium,…) ; le produit « kosher » a cours forcé mais il est prévu que, si l'on ne veut pas acquitter de « taxe religieuse » sur un tel produit, on peut obtenir le remboursement de cette taxe ; et, pour dire « c'est O.K. », les Nord-Américains, juifs ou non juifs, disent couramment « it's kosher » ; l'expression est familière (voy. *Le Robert-Collins,* 1978). Albert Vorspan, vice-président de l'*« Union of American Hebrew Congregations »*, écrit au sujet de la politique d'Israël en Palestine :

> « Certains d'entre nous s'inquiètent de la position de la *Conference of Presidents of Major American Jewish Organizations.* Son président général, Morris Abram, semble mettre une **estampille casher** (*seems to be putting a kosher stamp*) sur tout : tirs à vue, déportations, excès. »[315]

Cela dit, le mot tel qu'il est employé par F. Thencrey a indéniablement la même implication que « Shoah-business » (voy. ci-dessous).

Sur le fond, la mise en garde de F. Thencrey s'apparente à celle de Théo Klein, président du Conseil représentatif des institutions juives de France (CRIF) et, à ce titre, président du Congrès juif européen (CJE), déclarant à propos d'éventuelles sanctions pénales contre les révisionnistes :

> « On ne peut pas édicter des vérités historiques par la voie législative ou réglementaire. »[316]

Théo Klein, qui n'éprouve aucune sympathie pour les révisionnistes, ne veut pourtant pas – au moins jusqu'à ce jour – que certains juifs obtiennent du législateur une loi et des règlements qui donneraient une estampille juive ou casher à certaines « vérités » historiques officielles ;

*(3) Sens du troisième fragment comparé avec sens du troisième extrait :*

Le sens du troisième fragment (arbitrairement et abusivement découpé par le procureur) est tout à fait obscur, puisque, aussi bien, il consiste en une proposition infinitive qui s'énonce ainsi : dénoncer une

---

[315] *The New York Times Magazine,* 8 mai 1988, p. 40.
[316] *Le Monde,* 30 septembre 1987, p. 2.

imposture perpétrée par ceux qui, avides de propagande à n'importe quel prix, ont exploité les situations troubles et inévitables de la guerre.

L'infinitif est le mode du verbe qui « exprime l'action de manière indéterminée ». Le procureur n'a pas déterminé qui exerce ici l'action de « dénoncer une imposture », ni où, ni quand, ni de quelle manière. Il n'indique pas non plus en quoi l'ensemble formé par les mots « ceux qui, avides de propagande [...] » concernerait « un groupe de personnes » diffamées

> « en raison de leur origine ou de leur appartenance ou de leur non-appartenance à une ethnie, à une nation, une race ou une religion déterminée. »

Pour saisir la pensée d'Henri Roques, auteur de ces lignes, il faut remonter au début de la proposition principale où cet infinitif ne fait que s'insérer. Ainsi lit-on :

> « La patience ? Je l'ai exercée pendant quarante ans, en attendant qu'une occasion me soit offerte de dénoncer une imposture [...]. »

À la fin des années 50, H. Roques avait été lié d'amitié avec le révisionniste Paul Rassinier. Personnellement, il avait attendu quelque quarante ans pour publier un ouvrage révisionniste, *Les « Confessions » de Kurt Gerstein, étude comparative des différentes versions, édition critique,* deux tomes, doctorat d'université, 1985. L'imposture dont il est ici question est celle du prétendu « rapport Gerstein ». Deux pages plus haut (p. 122), il s'en expliquait :

> « On ne peut trouver d'explication au comportement de nos adversaires que si l'on a pleinement conscience qu'il s'agit chez eux d'un comportement religieux. Une religion repose sur un dogme ; un dogme a l'impérieux besoin de s'appuyer sur de Saintes Écritures. Or, le « *Gerstein Bericht* » est considéré comme une Sainte Écriture. En conséquence, l'exercice de mon esprit critique à l'égard du « *Gerstein Bericht* » est apparu comme une sorte de profanation. »

À la suite d'une campagne médiatique et politique, H. Roques a vu annuler son grade de docteur pour des motifs de forme ; le fond de la thèse n'a pu être sérieusement mis en cause ; la démonstration est dirimante : le prétendu témoignage écrit de Gerstein n'a aucune valeur et l'on était donc en présence d'une imposture.

Qui a perpétré cette imposture ? H. Roques met en cause l'ensemble de ceux qui, « avides de propagande à n'importe quel prix, ont exploité les situations troubles et inévitables de la guerre ». Avec la prudence de l'historien qui sait à quel point il est parfois difficile de préciser les responsabilités de chacun soit dans le déclenchement d'un conflit, soit dans la victoire ou la défaite, soit dans l'exploitation des situations en temps de guerre, où mensonges et propagande sont la cause de rumeurs, de fausses nouvelles, d'impostures diverses, H. Roques ne s'est pas attardé à ce type d'investigations. On peut raisonnablement penser que ces gens avides de propagande étaient, indifféremment et tous ensemble, les futurs vainqueurs de l'Allemagne.

À titre documentaire, on notera qu'en réponse à une lettre du professeur Faurisson lui signalant la mise en cause de ce fragment de phrase par un procureur, H. Roques, le 1er août 1988, écrivait :

> « J'ignorais qu'une de mes phrases avait été "épinglée" par nos adversaires. Cette phrase, dont j'assume toute la responsabilité, n'est pas entièrement… de moi ! J'avais écrit : "dénoncer une imposture perpétrée par les vainqueurs de la Seconde guerre mondiale" (ou quelque chose d'approchant). Or, mon traducteur, Ronald Percival, qui est très légaliste et chauvin anglais, m'a fait remarquer que la France était au nombre des vainqueurs et qu'en conséquence on pouvait m'accuser d'antipatriotisme. Avec mon accord, c'est donc Percival qui a modifié ma phrase. »

*(4) Sens du quatrième fragment comparé avec sens du quatrième extrait :*

Le sens du quatrième fragment (arbitrairement et abusivement découpé par le procureur) est que, pour F. Thencrey, au texte duquel le concluant se voit revenu, « la grande majorité des accusateurs du professeur Faurisson étaient juifs ». Cet imparfait est obscur. En quel temps se place-t-on ? et où ? Ainsi détachée de tout contexte, cette phrase donne à croire qu'une fois de plus un révisionniste se plaint d'une sorte de complot juif qui, à un moment situé dans le passé, s'acharnait à accuser le professeur Faurisson ; ce passé pouvait avoir couvert un espace de plusieurs années et s'étendre, qui sait, à l'échelle d'un pays, d'un continent ou de la terre entière.

La lettre de F. Thencrey dont ces quelques mots sont tirés porte sur un événement qui a duré quelques heures, le dimanche 7 juin 1987, à Paris, dans une salle et dans les couloirs de l'hôtel Nikko, à l'occasion du congrès annuel de l'Union des Athées. Pour F. Thencrey, c'est ce jour-là, et ce jour-là seulement, que

> « la grande majorité des accusateurs du professeur Faurisson étaient juifs. »

F. Thencrey se contente ici de rapporter un fait. Ici, comme ailleurs, en ce jour de 1987 et en ce lieu, tout comme en d'autres jours et en d'autres lieux, la grande majorité des accusateurs du professeur Faurisson, loin de cacher leur qualité de juifs, en ont fait un argument contre ses thèses. Et puis, il n'y a aucun déshonneur à se porter en **accusateur** du professeur Faurisson. Il n'existe aucune association juive, en France ou à l'étranger, qui n'ait **accusé** le professeur pour ses prises de position révisionnistes. Si, pour ne prendre que cet exemple, depuis dix ans, le Congrès juif mondial ne cesse d'**accuser** le révisionnisme et si, pour invoquer un exemple qui intéresse de plus près le professeur, celui-ci ne peut plus exercer son activité d'enseignement à l'université Lyon-II, c'est parce que son principal **accusateur** est le Dr Marc Aron, président du comité de coordination des institutions et des organisations juives de Lyon et membre du Congrès juif européen. Il ne saurait y avoir de diffamation à traiter quiconque, et surtout pas des Français d'origine juive, d'**accusateurs** du professeur Faurisson, le procureur lui-même faisant aujourd'hui partie de ces accusateurs. Le 12 décembre 1987, dans un colloque tenu au grand amphithéâtre de la Sorbonne, sous le patronage du ministre chargé de la recherche scientifique, sous l'égide de Mme le Recteur Chancelier de l'Académie de Paris et en présence de sommités du monde universitaire français et étranger, le professeur Vidal-Naquet a traité les révisionnistes (interdits de parole et totalement silencieux) d'« excréments », tandis que Mme Simone Veil les a qualifiés de « clowns » et cela aux applaudissements nourris de l'assistance. Par conséquent, assimiler quelques juifs présents au congrès de l'Union des Athées à des personnes de la qualité du professeur Vidal-Naquet ou de Mme Simone Veil, venus honorer de leur présence un solennel colloque de trois jours en Sorbonne contre le révisionnisme ne saurait raisonnablement être tenu pour diffamatoire. Au sein de l'Union des Athées, la campagne contre le professeur Faurisson avait été déclenchée par la démission du président d'honneur, lequel se trouvait être d'origine juive.

Tout au plus pourrait-on faire grief à F. Thencrey de n'avoir pas noté – mais peut-être ce « détail » lui a-t-il échappé – que, le 17 juin 1987, cependant que la majorité des accusateurs du professeur étaient juifs, un juif est venu, discrètement il est vrai, apporter son soutien au professeur :

le Dr Georges Valensin, qui a tenu à lui remettre personnellement l'un de ses ouvrages.

Il n'est guère d'exemple que, dans les situations les plus critiques et alors que se déchaînaient contre le professeur les coryphées des associations juives, celui-ci n'ait reçu l'appui de quelques individualités juives, outrées de le voir accusé ou même frappé avec tant de violence.

*(5) Sens du cinquième fragment comparé avec sens du cinquième extrait :*

Le sens du cinquième fragment (arbitrairement et abusivement découpé par le procureur) est que, pour R. Faurisson, « ... les prétendues chambres à gaz homicides du IIIe Reich sont un mensonge historique... ». Ainsi R. Faurisson paraît-il traiter de menteurs ceux qui disent que ces chambres à gaz ont existé ; lui aussi, ferait œuvre de diffamation dans un style agressif, brutal, et, de plus, sans donner de raison à ce qu'il affirme.

La réalité est tout autre. Encore faut-il, pour saisir la pensée de R. Faurisson, ne pas décapiter ni mutiler la phrase où apparaissent ces mots (on notera en passant que, pour la première fois, le procureur a discrètement indiqué par des points de suspension qu'il procédait à une coupure de texte ; pourquoi ne l'a-t-il pas fait ailleurs, pour les fragments 2, 3 et 4 ?).

En réalité, R. Faurisson avait écrit :

> « Pour nous révisionnistes, les prétendues chambres à gaz homicides du IIIe Reich sont un mensonge historique, ce qui signifie que le nombre des menteurs est dérisoire par rapport au nombre des victimes de ce mensonge. J'ai moi-même, jusqu'en 1960, compté parmi ces victimes. »

R. Faurisson ne fait ici que répéter ce qu'il a eu souvent l'occasion d'écrire : il ne faut pas confondre un banal mensonge avec un mensonge historique. Dans le premier cas, on a affaire à un ou des menteur (s), tandis que, dans le second cas, le nombre des éventuels menteurs devient avec le temps de plus en plus dérisoire par rapport au nombre toujours croissant de ceux qui, reprenant de bonne foi à leur propre compte ce mensonge, ne sont tout au plus que des victimes d'un mensonge. R. Faurisson ne traite pas de menteurs ceux qui affirment que Néron a incendié Rome ou que Napoléon a incendié Moscou. Pour sa part, jusqu'en 1960 il lui arrivait de dire que les Allemands avaient utilisé des chambres à gaz homicides ; aujourd'hui, il ne considère pas pour autant qu'en agissant ainsi il mentait : il était la victime d'un mensonge historique. Si les révisionnistes n'avaient pour tous adversaires que des menteurs, leur combat pour l'exactitude historique en serait facilité ; en fait, les révisionnistes pensent qu'ils ont en face d'eux des croyants et que rien n'est dangereux et difficile comme de lutter contre une croyance communément reçue : une religion.

Il est inadmissible que le procureur ait délibérément supprimé après les mots « mensonge historique » la définition même de ces mots, définition introduite par l'expression « ce qui signifie […] ».

Attendu qu'au total, le procureur a, par diverses manipulations, forgé de toutes pièces une fausse image des révisionnistes et qu'il sied, pour mesurer à quel point cette image est contraire à la réalité, de résumer en un tableau, d'une part, ce que les révisionnistes sont censés avoir dit et, d'autre part, ce qu'ils ont réellement dit :

**Ce que les révisionnistes SONT CENSÉS AVOIR DIT (d'après les FRAGMENTS découpés par le procureur)** (Mark Weber agressant les juifs spontanément et sans raison) Les juifs ont inventé la légende de l'Holocauste pour leur intérêt personnel afin d'en tirer un profit médiatique, politique, religieux et financier. (François Thencrey agressant les juifs spontanément et sans raison) Les juifs sont parvenus à ce résultat qu'aujourd'hui il n'y a pas d'autres vérités que celles estampillées « Kasher par le judaïsme officiel.

(Henri Roques agressant les juifs spontanément et sans raison) Les juifs ont perpétré une imposture en gens qui sont avides de propagande à n'importe quel prix et qui ont exploité les situations troubles et inévitables de la guerre.

(François Thencrey à nouveau agressant les juifs spontanément, et sans raison) La grande majorité des accusateurs du professeur Faurisson étaient juifs.

(Robert Faurisson agressant les juifs spontanément et sans raison) Les juifs, qui sont des menteurs, ont inventé l'histoire des chambres à gaz.

**Ce que les révisionnistes ONT RÉELLEMENT DIT (d'après les EXTRAITS d'où le procureur a tiré ses fragments)**

1) (Mark Weber répondant à une attaque injustifiée) Quels sont les avantages personnels recherchés et obtenus par les révisionnistes ? Ceux-ci ont terriblement souffert. Mais, au fait, en matière d'avantages personnels, les adversaires du révisionnisme, gardiens et défenseurs de la croyance en l'Holocauste, sont abondamment pourvus ; qu'ils soient non pas exclusivement juifs (car de toute façon des juifs dénoncent eux-mêmes cet état de fait) mais politiciens, hommes d'affaires, gens d'Église, juifs, ils peuvent avoir honneurs, argent, considération (tous avantages que n'ont certes pas les révisionnistes).

2) (François Thencrey répondant à des accusations injustifiées contre le professeur Faurisson) Cela revient à porter des accusations, à frapper

d'anathème, à décréter des vérités juives comme on décrétait des vérités chrétiennes.

3) (Henri Roques, ne parlant nullement des juifs mais de l'imposture, patente, du « document Gerstein ») Cette imposture a été perpétrée par la propagande de guerre (des vainqueurs de 1945).

4) (François Thencrey assistant à un congrès d'athées le 17 juin 1987 et faisant une constatation) Ce jour-là, la grande majorité des accusateurs du professeur Faurisson étaient juifs (constatation qui ne saurait être diffamatoire vu qu'on se fait généralement un point d'honneur d'accuser ce faussaire, ce nazi ou ce fou).

5) (Robert Faurisson ne parlant nullement des juifs) Les prétendues chambres à gaz homicides du IIIe Reich sont un mensonge historique, ce qui signifie qu'on y croit très généralement de bonne foi, comme lui-même y a cru jusqu'en 1960.

Attendu que, par l'entremise de son procureur, la Chancellerie a probablement voulu faire des révisionnistes des antisémites qui croient à un « complot juif » et que rien n'est plus contraire à l'esprit des *AHR* que cette ineptie ;

Attendu que, le procureur ayant gravement dénaturé le sens et la portée des cinq extraits dans lesquels il a prélevé des fragments de phrases (qui, dans les quatre derniers cas, sont plutôt des bribes que des fragments à proprement parler), on peut dire, pour emprunter une expression courante en phonie, qu'il a « reçu » la voix des révisionnistes non pas « 5 sur 5 » mais « 0 sur 5 » et qu'en conséquence il vaudrait mieux pour lui ne pas accuser des personnes qu'il n'a, au fond, ni lues, ni entendues ;

Attendu que sa manière de guillotiner, d'amputer, de disloquer les textes rappelle au mieux l'aventure survenue, dit-on, à l'aliéniste Pinel (1745-1826) connu pour avoir substitué aux chaînes et aux brutalités un régime de douceur et de bonté à l'hôpital de la Salpétrière où il soignait les fous : corrigeant les épreuves typographiques de l'un de ses écrits, il avait porté en marge à l'intention de l'imprimeur la note suivante :

« Il faut guillemeter tous les alinéas »

et cette note, mal comprise, avait été insérée par l'imprimeur dans le corps même du texte sous la forme suivante :

« Il faut guillotiner tous les aliénés » ;

Attendu qu'à force de guillotiner tous les écrits des révisionnistes, le procureur en est venu à présenter ces derniers en dangereux antisémites comme ledit imprimeur en était venu (mais, lui, par étourderie sans doute) à présenter le plus doux des hommes en apôtre enthousiaste de la guillotine ;

Attendu que les pratiques du procureur ressemblent à s'y méprendre à celle de l'avocat Bernard Edelman, disciple du professeur Vidal-Naquet et qui, chargé par les responsables du *Recueil Dalloz-Sirey* de reproduire et de commenter, en une note sous jugement, un jugement rédigé par M. Pierre Drai et condamnant le professeur Faurisson (TGI, 8 juillet 1981), avait écrit que ce dernier apparaissait comme un adepte de « la méthode du mensonge absolu » ; attendu qu'afin d'accréditer ce propos et quelques autres de même nature Me B. Edelman avait pris soin de ne reproduire le texte du jugement qu'au prix de toutes sortes d'adultérations et, en particulier, au prix de 5 (cinq !) amputations ; Attendu que, par un véritable tour de force, il était même parvenu à ne reproduire que 47 % du jugement (et à remplacer 317 lignes par 7 lignes), ce qui est proche des performances du procureur ne retenant que 58 % de ce qu'il aurait dû retenir ;

Attendu que les responsables du *Recueil Dalloz-Sirey* ont, en conséquence, été condamnés pour de telles pratiques (condamnation du 23 novembre 1983, confirmée en appel le 8 mars 1985 ; pourvoi adverse en cassation rejeté le 15 décembre 1986) ;

Attendu qu'en vue de poursuivre dans la voie où il s'est témérairement engagé, le procureur, adepte de la méthode qui consiste à prélever, ici et là, dans tous les coins et recoins d'un texte, juste ce qu'il lui faut pour essayer d'obtenir une condamnation du directeur de cette publication, pourrait choisir les mots suivants dans le n° 3 des *AHR :*

- à la première ligne de la p. 5, l'article « le » dans la phrase « le spectre du révisionnisme [...] » ;
- –à la première ligne de la p. 156, le mot « procureur » dans la phrase commençant par « un autre procureur [...] » ;
- à la première ligne de la p. 80, les mots « a pu écrire » dans la phrase commençant par « Alain Daniélou a pu écrire » ;
- à la p. 174, dans la lettre d'Hubert Picard, président du Comité de pensée juive, les phrases suivantes :

> « La puissance de nos institutions est sans limites, et je ne peux donc que vous inviter à arrêter de nier l'existence des chambres à gaz. – Cordial Shalom » ;

Attendu que, de cette manière, le procureur pourrait attribuer à cette livraison des *AHR* le texte suivant :

> « Le procureur a pu écrire : « La puissance de nos institutions est sans limites, et je ne peux donc que vous inviter à arrêter de nier l'existence des chambres à gaz – Cordial Shalom »

et ainsi poursuivre M. P. Guillaume pour diffamation d'un magistrat dans l'exercice de sa fonction ;

Attendu que cette poursuite serait abusive comme l'est la présente poursuite, toutes deux étant fondées sur des propos imaginaires ;

## *II. La thèse générale (critique du Shoah-business et de ses prétentions totalitaires) n'a rien de diffamatoire*

Attendu, pour entamer ce chapitre, que M. Weber n'agresse personne mais qu'il se contente, ainsi qu'il a été dit plus haut, de répondre à une attaque qui lui semble injustifiée et de répliquer au pasteur Herbener :

> « Il n'est pas de campagne médiatique plus inspirée par la recherche d'un avantage personnel que ce savant bombardement holocaustique si bien financé » ;

Attendu que le Shoah-business est une réalité aisément démontrable comme telle, qui ne représente qu'un aspect parmi d'autres des conséquences politico-financières de l'Holocauste ou Shoah ;

Attendu que, pour bien saisir la signification du Shoah-business, il convient d'avoir une idée des « réparations financières » versées par la RFA soit à l'État d'Israël, soit aux soixante-dix communautés juives réparties à travers le monde et regroupées au sein du Congrès juif mondial, soit aux juifs ou à leurs ayants cause qui sont considérés comme victimes du IIIe Reich, et vu qu'il convient de rappeler au moins les faits suivants :

– que dans son autobiographie *(Le Paradoxe Juif,* Stock, 1976) Nahum Goldmann, ancien président du Congrès juif mondial et aussi de l'Organisation sioniste mondiale, écrit :

> « Sans les réparations allemandes, qui ont commencé à intervenir au cours des dix premières années d'existence de l'État, Israël n'aurait pas la moitié de son infrastructure actuelle : tous les trains en Israël sont allemands, les bateaux sont allemands, ainsi que l'électricité, une grande partie de l'industrie... sans même parler des pensions versées aux survivants [...]. Certaines années, les sommes d'argent qu'Israël recevait de l'Allemagne dépassaient

le montant des collectes du judaïsme international – les multipliant par deux ou par trois » (p. 152) ;

« En vérité, l'Allemagne a versé à ce jour [1976] soixante milliards de marks et le total lui reviendra à quatre-vingts milliards – soit de douze à quatorze fois plus que ce que nous avions calculé à l'époque [des tractations avec Adenauer et de la signature en 1952 de l'« Accord de Luxembourg »] » (p. 156) ;

– que, dans cette même autobiographie, Nahum Goldmann ne fait pas mystère des moyens utilisés pour extorquer à la RFA des sommes qu'il a lui-même qualifiées ailleurs d'« astronomiques » (« Profil Nahum Goldmann », Antenne 2, 18 août 1981, transcription, p. 1) : chapitre intitulé « Comment gagner des millions en racontant des histoires », (p. 160-162), chantage (épisode de la même somme extorquée du chancelier Raab, d'Autriche, à plusieurs reprises (p. 165-167)... ;

Attendu qu'à s'en tenir à l'« Accord de Luxembourg », le seul gouvernement de la R.F.A. aura versé d'ici l'an 2000 environ cent milliards de DM et qu'il versera encore des « réparations » au-delà de cette date ; Attendu que, selon la formule consacrée, « l'Allemagne paiera » et qu'encore au-delà de l'an 2000 le jeune Allemand devra expier et payer pour les fautes réelles ou supposées de ses aïeux ;

Attendu qu'il faut également savoir ceci :

– que, d'après *The Canadian Jewish News* (11 décembre 1981, p. 4), le gouvernement de la RFA avait déjà versé des « réparations », à la date du 1er janvier 1981, à 4.344.378 personnes victimes du nazisme ; parmi ces personnes, 40 % se trouvaient en Israël, 20 % en RFA, 40 % dans le reste du monde ;

– que les organisations juives réintroduisent des demandes d'indemnisations auprès de toutes les firmes qui, pendant la guerre, ont employé de la main-d'œuvre juive (voy. récemment les cas du groupe Flick et de Daimler-Benz) ;

– que l'usage s'est établi pour tout pays de l'Est qui souhaite obtenir faveurs ou avantages économiques des États-Unis de satisfaire au préalable les exigences financières du Congrès juif mondial (voy. récemment le cas de la République démocratique allemande) ;

– que le fait qu'un pays quelconque ait signé un accord censé mettre un terme au paiement de « réparations » n'exclut pas qu'au bout d'un certain temps cet accord ne soit remis en cause par les organisations juives ou israéliennes désireuses d'obtenir un complément financier (voy. récemment le cas de la Suisse obligée de réexaminer l'accord d'indemnisation de 1974 pour les dépôts sous comptes numérotés, le système de ces comptes ayant été institué avant la guerre au profit des juifs qui transféraient leurs capitaux d'Allemagne en Suisse) ;

– que, de façon chronique, des scandales financiers révèlent l'ampleur des sommes versées de toutes les façons possibles aux victimes juives (voy. récemment le scandale Werner Nachmann et Alexander Ginsburg ; le contrôle des sommes par les agents du fisc allemand ayant été rendu pratiquement impossible par le fait que les documents comptables étaient entreposés dans une synagogue) ;

– qu'on est en droit de considérer que la solidité du DM est garantie par l'intérêt que portent à la bonne santé de cette devise les bénéficiaires principaux des « réparations » (voy. la déclaration de David Horowitz, directeur de la Banque d'Israël, à l'occasion de l'une des nombreuses réévaluations du DM : « La majorité des devises d'Israël est composée de marks [...]. Après la réévaluation, ce montant sera augmenté de 8,50 % » – *La Tribune des Nations,* 31 octobre 1969) ;

– qu'on est en droit d'établir ainsi le bilan, pour la RFA, des « réparations » : sur le plan économique, financier et politique, il est probable que la RFA y a, d'une certaine façon, trouvé son compte, mais, sur le plan moral, le résultat est le suivant : une partie de l'argent versé va à des organismes juifs, sionistes ou israéliens, dont la principale activité est d'entretenir le mythe de l'Holocauste, c'est-à-dire, en l'espèce, de la culpabilité de l'Allemagne, de la monstruosité, sans aucun précédent, de ses crimes, et, enfin, de la nécessité morale de poursuivre devant les tribunaux, encore aujourd'hui, au nom de lois rétroactives, des soldats, des officiers, des fonctionnaires allemands ; ainsi l'argent allemand sert-il à entretenir ou à réinjecter constamment le poison de la haine de l'Allemand et de l'esprit de vengeance ;

– que le cas d'Élie Wiesel illustre cette contradiction entre la haine qu'il voue aux Allemands et la réponse que lui font les hommes politiques de la RFA puisque, en 1968, ce chantre de l'Holocauste écrivait :

> « Tout juif, quelque part en lui, devrait se ménager une zone de haine – une haine saine et virile – pour ce que l'Allemand personnifie et pour ce qui persiste dans l'Allemand. Agir autrement serait trahir les morts »[317]

et, au début de 1986, quatre-vingt-trois députés du Bundestag prenaient l'initiative de proposer Élie Wiesel pour le Prix Nobel de la Paix ; ce serait, affirmaient-ils, un grand encouragement pour tous ceux

[317] É. Wiesel, « Rendez-vous avec la haine », p. 177-178.

qui con courent activement à la réconciliation (RFA, *The Week in Germany,* 31 janvier 1986, p. 2) ;

– que la haine de l'Allemand se donne partout libre cours (affectant parfois de se donner pour la haine du SS ou du nazi) et que Vladimir Jankélévitch peut écrire :

> « Un regard fuyant ou évasif, un regard qui évite notre regard, un regard de mauvaise conscience ou de mauvaise foi, un regard de menteur ou de bourreau, un regard de tortionnaire allemand, ce regard est justement une vision sans intention et un refus de l'« acte commun ». Nous avons connu ces prunelles de cadavres, ces regards d'Allemand et de faussaire, ces yeux qui ne regardent pas [...] »[318] ;

– que, de l'autre côté, les Allemands sont conviés à encore et toujours plus de repentance et que c'est ainsi, par exemple, que la puissante organisation juive appelée « Anti-Defamation League of B'nai B'rith » présente comme un heureux effet de la propagande en faveur de l'Holocauste le fait que « Rudolf von... », fils d'un nazi, en est venu à écrire :

> « D'abord, je dois vous le dire, je suis hanté par le sentiment de culpabilité. Né dans la culpabilité, j'ai été laissé dans la culpabilité [...]. Je ne dois pas avoir d'enfant. Ma lignée [de noble] doit s'éteindre avec moi »[319] ;

Attendu que M. Weber a raison de parler des avantages personnels trouvés par des politiciens ainsi que par des organisations puissantes et influentes ;

Attendu que, même en France, ces avantages se traduisent quelquefois par de véritables privilèges moraux ou matériels dont il suffira de prendre deux exemples, à savoir :

– que, pour un responsable juif comme Jean Kahn, vice-président du CRIF, il existe une sensibilité particulière qui fait que l'électeur juif est un électeur avec un supplément d'âme[320] tandis que Mme Françoise Castro, épouse du premier ministre Laurent Fabius, peut révéler que :

---

[318] V. Jankélévitch, *Le Je ne sais quoi et le Presque rien*, p. 99.

[319] Office of the Secretary of Defense, *Days of Remembrance,* avril 1988, p. 85.

[320] *Le Quotidien de Paris*, 11 février 1986, p. 6.

> « Extraordinaire nouveauté dans le comportement politique, la gauche a permis à des milices juives de s'installer dans des quartiers à Paris, mais aussi à Toulouse, à Marseille, à Strasbourg [et d'avoir] des contacts réguliers avec le ministre de l'Intérieur »[321] ;

Attendu que les faits allégués par M. Weber sont exacts et que toutes ses citations sont également exactes et ne dénaturent pas la pensée de leurs auteurs ;

Attendu que la première citation provient de *The Jewish Journal* (New York City) du 27 juin 1986, p. 23 ; que ce journal dit effectivement que le gouvernement israélien a fourni 850.000 dollars pour la production de *Shoah ;* qu'il précise que la décision est venue de M. Begin en personne parce que celui-ci voyait en ce film « un intérêt national juif » : propos rapporté par Eliahu Ben Elissar, membre de la Knesset et proche collaborateur de M. Begin ; que M. Ben Elissar avait d'ailleurs, par la suite, fait appel pour le financement du film à d'autres sources, non gouvernementales ; que l'article de *The Jewish Journal* ajoute que, dans certains cercles israéliens, on s'est étonné de ce que C. Lanzmann n'ait pas mentionné l'État d'Israël dans la longue liste des remerciements qui paraît au début de son film ;

Attendu que la deuxième citation est tout aussi exacte et ne dénature pas la pensée du professeur australien Rubinstein ; attendu que celui-ci a bien dit que :

> « si l'on peut montrer que l'"Holocauste" est un mythe sioniste, la plus forte de toutes les armes de l'arsenal de la propagande d'Israël s'effondrera »[322] ;

Attendu que, trois mois auparavant, le même professeur avait déjà écrit :

> « si l'Holocauste apparaissait comme une imposture, l'arme n° 1 de l'arsenal de la propagande d'Israël disparaîtrait. »[323] ;

Attendu que Me Bernard Jouanneau exprime une opinion du même genre lorsqu'il déclare :

---

321 *Le Monde,* 7 mars 1986, p. 8.

322 *Quadrant,* septembre 1979, p. 27.

323 *Nation Review,* 21 juin 1979, p. 639.

> « Si les chambres à gaz ont existé, la barbarie nazie n'est égale à aucune autre. – Si elles n'ont pas existé, les juifs ont menti et l'antisémitisme s'en trouverait justifié. Voilà l'enjeu du débat »[324] ;

et que ce propos révèle que, pour Me Jouanneau, l'antisémitisme peut éventuellement se trouver justifié, ce que P. Guillaume conteste ;

Attendu que la troisième citation est tout aussi exacte et ne dénature pas la pensée du journaliste-éditeur américain [argentin, NDE] Jacobo Timerman, lequel dénonce le fait que des directeurs de publication, des historiens, des bureaucrates et des universitaires exploitent, chacun dans son domaine, le Shoah-business (il convient d'insister ici sur le fait que, pour lui, des **historiens** et **universitaires** s'adonnent à ce business) ;

Attendu que la quatrième citation est tout aussi exacte et ne dénature pas la pensée d'un autre écrivain juif, Leon A. Jick, qui, lui aussi, a flétri, dans les mêmes termes, le Shoah-business ; que l'article, daté de 1981, ajoute que l'Holocauste tourne à l'« obsession » dans les médias et chez les politiciens et donne lieu à une « exploitation » en un nombre croissant d'» Holocaust Centers » ; qu'il dit que certains de ces centres « font un usage éhonté » (« *blatantly misuse* ») de cette appellation pour réunir des fonds à des fins qui, au mieux, sont vagues et, au pire, indignes ; que Leon A. Jick écrit :

> « L'Holocauste est devenu une "bêche à déterrer". La boutade dévastatrice selon laquelle "il n'y a pas de business qui vaille le Shoah-business" est, c'est triste à dire, une vérité incontestable. »[325] ;

Attendu que le procureur connaît probablement beaucoup moins bien que l'Américain M. Weber la situation américaine et qu'il serait bon en conséquence de porter à sa connaissance les faits suivants :

– dans *Voice* (publication new-yorkaise, 26 janvier 1986), J. Hoberman consacre un long article au *Shoah* de Claude Lanzmann ; il l'intitule « Film-Shoah Business » ; ce journaliste juif en vient à écrire :

> « La première fois que j'ai entendu l'amer calembour "Il n'y a pas de business qui vaille le shoah-business", c'est du temps que je travaillais à [l'institut de documentation juive] *Yivo,* une institution dont le personnel était presque exclusivement composé

[324] *La Croix,* 23 septembre 1987, p. 2.

[325] L. Jick, « The Holocaust: its Use and Abuse within the American Public », p. 316.

> de survivants de l'Holocauste ou de leurs enfants. La plaisanterie traduisait l'appétit – apparemment illimité – pour de la documentation sur l'Holocauste, principalement en tant qu'instrument pour lever des fonds mais aussi en tant que source d'une identité – et même pour satisfaire un pervers orgueil ethnique – ainsi que comme un antidote à la fascination exercée par le nazisme » [...] (p. 62) ;

– dans *Commentary* (février 1981, p. 48-54), Robert Alter, professeur d'hébreu à Berkeley, lançait un cri d'alarme contre la transformation de l'Holocauste en marchandise ; son article s'intitulait « Deformations of the Holocaust » ; il visait en particulier le *Simon Wiesenthal Center* de l'Holocauste mais il faut savoir qu'aujourd'hui, en 1988, il existe aux États-Unis des milliers de centres distribuant la marchandise de l'Holocauste comme toute autre marchandise « Kosher » ; plus d'un millier d'universités ont des chaires d'Holocauste avec des cours dispensés par des docteurs en Holocauste qui délivrent des diplômes d'histoire de l'Holocauste ; l'annuaire des institutions de l'Holocauste est une luxueuse publication officielle du gouvernement américain[326] ; les monuments de l'Holocauste se multiplient aux États-Unis et, chaque année, les Américains célèbrent le *Memorial Day* de l'Holocauste ; les fêtes, banquets, expositions, films, congrès de l'Holocauste sont innombrables ; dans certaines écoles juives, les enfants sont soumis à des expériences d'Holocauste (enfermés dans des placards, musique allemande, cris en allemand, fumée, pelures de pommes de terre, etc.) ;

– dans la bibliographie critique *Genocide*, une étude de Deborah Lipstadt, datant de 1981, est ainsi présentée :

> « un avertissement contre l'exploitation contemporaine de l'Holocauste dans les domaines de l'éducation, de la vie communautaire, de la religion et de la politique »[327] ;

– dans *The Jewish Chronicle* (4 octobre 1982), Michael Adams publiait un article intitulé « About Use and Misuse of the Holocaust by the State of Israël », consacré à une étude de Boaz Evron parue dans la revue israélienne *Yiton 77 ;* en voici le contenu : l'holocauste est utilisé

---

326 *Directory of Holocaust Institutions,* Government Printing Office, Washington, février 1988.

327 *Genocide*, p. 79.

comme un moyen de propagande ; en monopolisant l'extermination, on renforce

> « la réaction paranoïaque de certains juifs à traiter les non juifs comme des sous-hommes » ;

l'holocauste est utilisé pour accentuer le sentiment de culpabilité des Allemands et pour en tirer plus d'argent tout en insistant sur le fait que cela ne peut compenser les souffrances des juifs :

> « [Israël a] le statut d'un éternel mendiant, incapable de subvenir à ses propres besoins » ;

les pays occidentaux ont cédé à ce « chantage moral » et ont soutenu Israël parfois bien au-delà de leurs intérêts légitimes mais aucun leader israélien ne sait comment s'y prendre avec le Tiers Monde, faute de savoir comment agir avec des pays qui n'éprouvent pas de sentiment de culpabilité à l'égard des juifs :

> « le stock des sentiments de culpabilité est comme un compte bancaire limité sur lequel on continue de tirer » ;

– dans le *Journal d'Israël* du 15 avril 1983, p. 2, est paru un article intitulé « La Banalisation de l'Holocauste ? ». Cet article a été également publié dans *Information juive*. Il porte sur une étude parue dans la revue américaine *Judaism.* Il y est dit :

> « La communauté juive américaine a le sentiment de plus en plus marqué que l'Holocauste a été et continue d'être « banalisé » et commercialisé [...] un nombre croissant de juifs estime que beaucoup trop d'argent, de temps, d'énergie sont investis dans son évocation [...]. D'autres juifs [...] prétendent que l'Holocauste a été « commercialisé » par divers groupes et institutions pour des objectifs qui leur sont propres et que les carrières de certains groupements et même individus ont été édifiées sur l'exploitation grossière de l'intérêt suscité par l'Holocauste [...] l'holocauste comme moyen en vue de réveiller le sentiment d'une identité juive latente [...] utilisé comme le moyen de rassembler les segments d'un tribalisme périmé [...] un moyen de favoriser l'observance des pratiques religieuses [...] politisations et exploitations de l'Holocauste » ;

– dans *The Jewish Monthly,* juin-juillet 1983, p. 22, Marc Silver rend compte d'un gigantesque rassemblement de survivants de l'Holocauste à Washington ; il ne peut se défendre, dit-il, de jeter sur son carnet de notes, à l'instar de plus d'un « reporter cynique », les mots suivants :

> « Politisation, commercialisation, vulgarisation, trivialisation » ;

– dans le *Wall Street Journal* du 12 juillet 1985, p. 20, Damon Darlin consacre un article au musée de l'Holocauste de Detroit ; il dit que rabbin Rosenzweig avait autrefois le plus grand mal à rassembler des fonds pour ce musée mais, heureusement, alors même que les rangs des survivants s'éclaircissaient, est apparu le phénomène révisionniste, ce qui lui a permis de se procurer les sept millions de dollars nécessaires ;

– en première page de *The Jerusalem Post* du 26 novembre 1987 paraissait un article sur une prise de position du grand rabbin de Grande-Bretagne, Sir Immanuel Jakobovits, dénonçant en particulier l'« industrie de l'Holocauste » :

> « toute une industrie avec de riches profits pour des écrivains, des chercheurs, des producteurs de films, des architectes spécialistes de la construction de monuments et de musées, et même des hommes politiques » ;

Sir Immanuel ajoutait que des rabbins et des théologiens étaient parties prenantes dans ce « big business » ;

– dans *Tribune Juive* du 3 décembre 1982, p. 18-19, sous le titre « Contre le mauvais usage de l'Holocauste », il était fait état de déclarations du rabbin Schulweis, de Los Angeles ; selon ce dernier :

> « [...] c'est faire un mauvais usage de la mémoire collective du peuple juif que d'invoquer l'Holocauste pour tenter de culpabiliser de nouvelles générations de juifs et de non-juifs [...]. Le monde ne peut être éternellement divisé entre juifs victimes et non-juifs bourreaux [...]. Pour notre génération, l'holocauste a été et demeure l'argument définitif contre les mariages mixtes, contre la faible natalité, contre les menaces des conversions, contre les négligences en matière de religion et d'éducation [...]. Auschwitz nous sert d'argument définitif quand tout a échoué. C'était le moyen le plus sûr pour collecter des fonds pour les *yeshivoth* ou l'enseignement du judaïsme, pour des foyers de vieillards ou des orphelinats et pour Israël. Ne pas donner, ce n'était pas faire preuve

d'avarice : c'était trahir les six millions [...]. Si nous enseignons à nos enfants que le monde entier cherche notre destruction, si nous leur enseignons que le monde entier nous a toujours détestés, nous déteste encore et nous détestera à jamais, nous insufflerons jusqu'aux troisièmes et quatrièmes générations un cynisme paralysant [...] cette idée d'une victimisation sans fin constitue-t-elle réellement une interprétation juive ? [...] Nous ne pouvons pas construire une identité juive saine sur les terreaux de la peur, de la colère, de la culpabilité » ;

Attendu que M. Weber a pleinement raison de rétorquer au pasteur Herbener que :

> « [...] cela ne demande aucun courage de se joindre à ce "monde merveilleux" de gens riches et importants qui cautionnent les richissimes comités, conseils et centres holocaustiques qui parsèment le pays »

et d'ajouter que l'Holocauste est à la fois une affaire florissante et une sorte de nouvelle religion ; c'est vrai des États-Unis, mais c'est aussi vrai de bien d'autres pays ainsi que l'illustre à lui seul le congrès holocaustique d'Oxford et de Londres qui s'est tenu en juillet 1988 sous le titre de « Remembering for the Future » (« Se souvenir pour l'avenir ») ; ce congrès, rassemblant plus de deux cent cinquante auteurs de communications diverses, sous l'égide de Mme Maxwell, épouse du magnat Robert Maxwell (né Avram Ludvik Hoch), était préparé depuis huit ans au moins et a manifestement nécessité de considérables dépenses ; le professeur Faurisson a pu, sur place, constater un énorme déploiement de moyens dont un article de la revue *Regards* (périodique de la communauté laïque juive de Bruxelles) rend partiellement compte (n° 213, p. 26-27) sous la plume de Bernard Suchecky qui écrit :

> « Bien sûr, il y eut des mondanités. On ne rassemble pas à Oxford quelque six cents professeurs et chercheurs universitaires sans un minimum d'apparat et de protocole. Mais ne pouvait-on éviter ces mouvements de Rolls Royce et de Jaguar qui, sous les projecteurs de la BBC, déposaient les « vedettes » aux abords des *Colleges* prestigieux, alors qu'on allait réfléchir à la Shoah ? Ne pouvait-on éviter les soirées artistiques et les concerts symphoniques, pour commémorer, un peu anticipativement, les cinquante ans de la *Kristallnacht ?* D'où le malaise ressenti par plusieurs participants : faisons-nous de la figuration dans un show

notamment destiné à parfaire l'image de financier et d'humaniste de Robert Maxwell ? »

Attendu que dans le même article se remarquent des passages sur le « surgissement galopant de la Shoah dans la conscience américaine » :

> « Aux USA, les universités dispensent aujourd'hui plus de mille cours consacrés à l'Holocauste ; les *Holocaust Studies Centres,* les archives, les bibliothèques et vidéothèques spécialisées y poussent comme des champignons [...] batailles à couteaux tirés pour les subsides et la notoriété médiatique » [...] ;

Attendu que les congrès et colloques de la Shoah se multiplient ainsi que les symposiums de « victimologie », l'argent se trouvant instantanément si l'on fait valoir qu'il s'agit d'une réponse aux révisionnistes et que tel fut le cas du colloque de la Sorbonne en 1982 qui inspirait à l'historien belge Jean Gotovitch ces commentaires admiratifs :

> « Pour étudier un problème [portant sur l'Allemagne nazie et l'extermination des juifs], vous sélectionnez quelque trente ouvrages essentiels écrits à travers le monde sur le sujet. Et par un coup de baguette magique (ici de généreux subsides ministériels) vous en réunissez les auteurs pour en débattre. C'est bien cette extraordinaire performance que, sous la présidence de Raymond Aron et François Furet, l'École des Hautes Études en Sciences Sociales a réussie à Paris du 29 juin au 2 juillet 1982 »[328] ;

Attendu que tel a été le cas d'un autre colloque antirévisionniste tenu à la Sorbonne en décembre 1987, puis d'un autre colloque au Palais du Luxembourg au début de novembre 1988, en concurrence avec un colloque tenu à la même époque à Bruxelles ; d'un bout à l'autre du monde, à peu près les mêmes personnes tiennent ainsi des colloques qui deviennent de plus en plus des soliloques, richement dotés ; attendu à cet égard que, dans *Information Juive* de juillet 1988, en p. 16, on lit :

> « La fringale de déplacements qui s'empare de tant de leaders juifs, laïcs ou religieux, israéliens ou diasporiques, en charge des instances de direction de tels ou tels organismes juifs centraux [...] a toujours été pour nous un sujet d'étonnement. Certains se promènent si fréquemment, à longueur d'année, à travers le

[328] Ministère de l'Éducation Nationale (Belgique), *Bulletin*, n° 12, décembre 1982, p. 8.

monde, sous les prétextes les plus divers (visites de communautés, congrès en tous genres – où l'on retrouve d'ailleurs toujours les mêmes –, colloques et j'en passe) qu'on peut se demander vraiment à quel moment ils s'occupent sur place des problèmes de leur communauté. Ajoutons que nombre d'entre eux estiment que seuls les hôtels quatre ou cinq étoiles sont dignes de les accueillir (lorsqu'ils n'exigent pas une suite dans un palace) et que voler en première classe – voire en Concorde – leur paraît indispensable à leur standing. Tout cela évidemment aux frais de la princesse (l'épouse étant, dans certains cas, elle aussi, prise en charge) » ;

Attendu qu'à la lumière de tout ce qui vient d'être dit sur le Shoah-business, il est hors de question pour un révisionniste de bénéficier du millième des avantages et des honneurs auxquels peut prétendre ou aspirer un exterminationniste, juif ou non juif, et vu que la réplique de M. Weber au pasteur Herbener permet d'imaginer en quelque sorte l'incident suivant :

– M. Weber, révisionniste, se déplace en piéton dans une rue d'Oxford ; il est reconnu et physiquement pris à partie par un groupe d'exterminationnistes ; une Jaguar vient à passer (comme celle dans laquelle se déplaçait effectivement Mme Ahrweiler, avec chauffeur ganté et officier chamarré) ; le révérend Herbener fait stopper sa voiture, s'enquiert, apprend l'identité de M. Weber auquel il ne manque pas alors d'adresser de vives critiques pour ses idées révisionnistes et, notamment, il lui fait grief de tenir des propos « largement inspirés par la recherche d'un avantage personnel ». À quoi M. Weber rétorque en un premier temps qu'ainsi qu'on peut le voir il arrive aux révisionnistes de « terriblement souffrir » ; en un second temps, il se permet de noter à l'adresse du pasteur confortablement installé dans sa luxueuse voiture qu'il y a des personnes, opposées aux révisionnistes, qui, elles, n'ont pas l'air de trop souffrir et bénéficient à coup sûr de merveilleux avantages personnels ;

Attendu qu'on voit s'édifier des fortunes avec les films de style hollywoodien qui illustrent la Shoah et qu'à ce titre il suffit peut-être de citer *Holocaust, Au nom de tous les miens* et le *Shoah* de C. Lanzmann, et de rappeler que le second de ces films provient d'un récit mensonger forgé par Martin Gray, escroc notoire, et par le journaliste-romancier-ministre Max Gallo ;

Attendu la connexion qui s'est établie entre le Shoah-business, le Charity business et le Télévangélisme à grand spectacle comme dans le cas de Jimmy Swaggart, champion exacerbé de la Shoah et de l'État d'Israël ;

Attendu que le magnat du Shoah-business ou, en tout cas, l'un de ses commis-voyageurs les plus actifs n'est autre qu'Edgar Bronfman, président du Congrès juif mondial : sa fortune personnelle est évaluée par la revue *Fortune* à 36 milliards de dollars ; il est l'» empereur de l'alcool » dans le monde ; Attendu que, pour s'en tenir à l'exemple de la France, le contribuable français, bon gré mal gré, contribue de différentes façons à la propagation de la pensée antirévisionniste : au sein du secrétariat d'État chargé des Anciens Combattants, tout un service, celui de la Direction de l'information historique, dépense efforts et argent pour essayer de contrecarrer l'avancée du révisionnisme ; attendu que récemment (voy. *Le Monde,* 30-31 octobre 1988, p. 8) le budget du secrétariat d'État, bien que réduit de 2,5 % – ce qui a provoqué un fort mécontentement des anciens combattants – prévoit pour ladite direction un supplément d'un million et demi de francs :

> « Une telle mesure, a précisé le ministre, s'impose d'autant plus que la lutte contre le révisionnisme historique, contre le racisme et contre les falsificateurs de l'histoire est plus que jamais à l'ordre du jour » ;

Attendu que, toujours pour s'en tenir au cas de la France, l'enseignement de l'Holocauste a maintenant cours forcé grâce, en particulier, à la vigilance du Comité des enseignants amis d'Israël et qu'un véritable chantage financier est exercé sur les éditeurs et auteurs de manuels d'histoire à l'usage de l'enseignement des enfants ; attendu que, dans la revue *Sens,* Bernhard Blumenkranz consacre une étude à « L'Holocauste dans l'enseignement public en France » (décembre 1986, p. 323-329) et s'y félicite des progrès accomplis dans les dix dernières années :

> « […] dans ces presque dix ans, les enseignants avaient acquis une plus grande conscience de leur responsabilité et de la vigilance nécessaire pour le choix du manuel à imposer à leurs élèves : **les éditeurs scolaires n'ont pas dû rester insensibles à d'éventuelles remarques critiques ou suggestions dont l'inobservance risquait de peser sur la diffusion de leurs publications** … » (p. 325) ;

Attendu que M. Ovadia Soffer, ambassadeur d'Israël en France, conduit personnellement dans notre pays une croisade en faveur de la Shoah et contre le révisionnisme et que son activisme ne saurait être sous-estimé ; et que c'est ainsi qu'on lit dans *Tribune Juive* (30 novembre 1984, p. 7) :

> « Les délégations ministérielles et parlementaires françaises en Israël se suivent à un tel rythme qu'un journaliste communiste [israélien] se plaignait récemment : "Le nouvel ambassadeur d'Israël Ovadia Soffer a transformé la France en de nouveaux États-Unis d'Amérique où l'influence d'Israël et du vote juif sont sans proportion avec leur poids réel". La critique est exagérée car l'intérêt de la France, comme celui d'Israël, commande de bons rapports dans tous les domaines » ;

Attendu que M. Ovadia Soffer a, aux côtés de Mme Mitterrand, tenu à honorer de sa présence le colloque de la Sorbonne 1987 où les révisionnistes ont été traités (voy. ci-dessus) d'« excréments » et de « clowns » ;

Attendu que la chambre à gaz et la Shoah font l'objet d'un véritable culte religieux et que M. Weber est on ne peut plus fondé à parler à ce propos d'une « religion » et qu'à ce point de vue on voudra bien prendre en considération les quelques éléments suivants :

– que le professeur Ady Steg a déclaré à propos de l'affaire du Carmel d'Auschwitz :

> « Ne voit-on pas que rien n'est plus spécifique de la Shoah que les gaz ? [...] Qui donc ne comprendrait que, si Auschwitz est le symbole de la Shoah, le "théâtre d'Auschwitz" est le symbole du symbole et "les gaz" le symbole chimique de la shoah : on dit O pour oxygène, H pour hydrogène, "gaz" pour Shoah ! » *(Sens,* septembre-octobre 1986, p. 275) ;

Qu'Élie Wiesel qualifie ainsi la Shoah :

> « [...] un secret, un mystère à comparer avec la Délivrance de la Loi sur le Mont Sinaï »

et qu'il définit la Shoah comme « le royaume de la Nuit, avec sa théologie propre » *(The Jewish Chronicle,* 30 juin 1978) ;

– que Seymour Siegel, directeur du Conseil pour l'Holocauste des États-Unis, dit que le monument de l'Holocauste prévu à Washington sera édifié pour « sanctifier » les victimes du « martyre » juif *(The Jewish Monthly,* avril 1983, p. 13) ;

– que Michel Sarazin écrit que chaque rencontre entre survivants est :

> « comme une prise de voile pour le sacerdoce du témoignage » *(Une Femme, Simone Veil,* Robert Laffont, 1987, p. 203) ;

– que, dans *Le Droit de vivre* d'octobre 1988, on lit :

> « Hourban, Shoah, Holocauste. Est-il possible de donner un nom à l'indicible, à l'innommable ? [...] Le langage courant se dérobe et débouche sur la mystique » (p. 8) ;
>
> « En plus, il faut constater qu'après des années de tâtonnements, s'est élaborée une véritable liturgie de la Shoah » (p. 9) ;
>
> « Certains historiens, avec le professeur Bédarida, affirment : la déportation et l'extermination des juifs est un objet de science historique qui défie complètement la compréhension historique [...]. Incommensurable, la Shoah reste inexplicable. Karl Barth, un philosophe allemand antinazi, a affirmé : "Expliquer le crime d'Auschwitz, c'est effacer le crime. Or, c'est un crime inexplicable et ineffaçable. Il faut donc admettre sa monstruosité et ne pas chercher à l'expliquer" » (p. 11) ;

– qu'au programme des enseignements 1988-1989, l'École des hautes études en sciences sociales annonce un séminaire de M. Ouriel Resheff sur « L'Interpellation d'Auschwitz », où il est dit :

> « [Il s'agit d']une interpellation incontournable face à laquelle l'approche strictement historique se révèle impuissante. Aussi fera-t-on appel tour à tour à la littérature, à la philosophie et à la théologie (de tous bords) pour sonder les approches diverses et les perceptions extrêmement multiformes face à ce que tous les survivants s'accordent à désigner comme "l'incommunicable absolu" » (p. 124) ;

– qu'au colloque susmentionné d'Oxford et de Londres le nombre des communications délivrées par des religieux, ou sur des sujets religieux, a été considérable, ainsi qu'on peut s'en rendre compte à la seule lecture de la table des matières où les mots de « Dieu », de « théologie » et de « christologie » sont d'un emploi courant ; que dans l'article de *Regards* déjà mentionné et où se trouve résumé le colloque on rencontre les mots suivants : « théologie », « théologies », « théologiens », « théologies », « théologies », « théologiques », « théologies », « théologiens », « christianisme substitutionniste », le « substitutionnisme et le triomphalisme chrétiens, qui contribuèrent à tracer les voies ferrées menant aux centres d'extermination », « théologiens », etc. ; Attendu qu'il y avait donc indécence et impudence chez le pasteur Herbener à prétendre que les révisionnistes sont inspirés dans leurs travaux par la recherche d'avantages personnels et qu'il n'y a pas moins d'indécence et d'impudence chez un procureur français à venir accuser les révisionnistes de diffamation ;

Attendu qu'en réalité les révisionnistes, dans leur légitime désir de mettre l'histoire en accord avec les faits, ont jusqu'à ce jour rectifié sur des points essentiels l'histoire de la seconde guerre mondiale et que des historiens comme Michel de Boüard rendent hommage à la qualité exceptionnelle de leurs travaux *(Ouest-France,* 2-3 août 1986, p. 6) considérés comme des « études critiques très serrées » en contraste avec « énormément d'affabulations, d'inexactitudes obstinément répétées, notamment sur le plan numérique, d'amalgames, de généralisations » ;

Attendu que, sur le chapitre essentiel de ce que la cour de Paris, dans un arrêt du 26 avril 1983, a elle-même appelé « le problème des chambres à gaz », il se révèle que les révisionnistes avaient pleine et entière raison, ainsi qu'il vient d'être démontré de façon éclatante par le rapport technique de l'ingénieur américain Fred Leuchter sur « les présumées chambres à gaz d'Auschwitz, de Birkenau et de Majdanek », un rapport d'importance mondiale et dont les répercussions seront dans l'avenir comparables à celles du fameux « rapport Krouchtchev » ; attendu que ce rapport de cent quatre-vingt-douze pages, comportant une analyse d'échantillons prélevés sur place, conclut qu'il n'a jamais existé de chambres à gaz homicides dans ces camps ;

Attendu qu'il faut, une fois pour toutes, en finir avec une atroce campagne de diffamation contre les révisionnistes, campagne qui fait en particulier la honte de la France, campagne qui s'est accompagnée d'une répression politique, judiciaire, médiatique qui restera comme une tache dans l'histoire de notre pays mais qui a son pendant, il faut en convenir, dans l'histoire de quelques autres pays comme la RFA, l'Afrique du Sud, le Canada, la Suède et la Suisse ;

Attendu qu'il importe de rappeler les faits suivants qui prouvent que les révisionnistes ne sont certes pas « inspirés par la recherche d'un avantage personnel » :

– qu'en France Maurice Bardèche a effectivement accompli une peine de onze mois de prison pour avoir publié le chef-d'œuvre intitulé *Nuremberg, terre promise* (Les Sept Couleurs, 1948) ;

– qu'en France François Duprat a été assassiné pour avoir, a laissé clairement entendre *Le Monde* (23 mars 1978, p. 7 ; 26 avril, p. 9 ; 7-8 mai, p. ?), fait du prosélytisme révisionniste ; Michel Caignet a été vitriolé ; les agressions physiques contre le professeur Faurisson, contre

P. Guillaume et ses amis, contre le professeur Allard, contre bien d'autres révisionnistes (qui encore aujourd'hui ne veulent pas voir publier leurs noms) ont été innombrables mais, pas une seule fois, même quand les agresseurs ont été pris sur le fait ou leurs noms communiqués à la police ou au procureur, les plaintes n'ont abouti à une sanction contre ces agresseurs ;

– que, toujours en France, le Dr Marc Aron, président du Comité de coordination des institutions et des organisations juives de Lyon, a pris la tête de manifestants juifs qui sont venus à l'université Lyon-II, jour après jour, pour empêcher le professeur Faurisson de dispenser ses cours, pour le poursuivre et le frapper, pour exiger qu'il soit définitivement chassé de son université ;

– que, toujours en France, Henri Roques a été dépossédé de son grade de docteur et les trois professeurs constituant son jury de doctorat ont été sanctionnés de différentes manières, sans compter qu'ils ont été la cible d'une campagne de presse exacerbée ;

– qu'en RFA l'ancien magistrat Wilhelm Stäglich, après avoir été obligé d'écourter sa carrière, s'est vu retirer son grade de docteur en droit qui lui avait été décerné par l'université de Göttingen en 1953 ; que de nombreux révisionnistes ont été condamnés en justice ; que beaucoup ont perdu leur emploi et que certains ont été contraints à l'exil ; qu'une loi spéciale, dite « loi du mensonge d'Auschwitz », réprime toute tentative de révisionnisme ;

– qu'au Canada Ernst Zündel a été la victime de plusieurs attentats et agressions ; que ses droits postaux lui ont été retirés pendant un an jusqu'à restitution par une décision de justice ; qu'il a été mis en prison ; que son passeport lui a été retiré par le consulat allemand de Toronto ; que son compte bancaire en RFA a été saisi ; qu'il n'a plus le droit de parler de l'Holocauste de quelque façon que ce soit ; que certains des témoins qui ont eu le courage de déposer en sa faveur au « procès de Toronto » (celui de 1985 comme celui de 1988) en ont subi de graves contrecoups : par exemple, le professeur Gary Botting a été chassé de son collège ; James Keegstra, professeur dans un collège de l'Alberta et maire de sa commune, a perdu son emploi de professeur et son poste de maire ; sa femme, ses enfants et lui-même ont failli périr dans l'incendie criminel de leur maison ; Hollywood a produit trois films haineux contre James Keegstra (dont un film avec Raquel Welch) ; aujourd'hui J. Keegstra est mécanicien garagiste mais il reste la cible d'attaques incessantes ; attendu que la police canadienne poursuit et saisit les ouvrages révisionnistes jusque dans les rayons des bibliothèques de certaines universités ; que l'existence de l'Holocauste vient d'être déclarée au Canada vérité officielle qu'il n'y a pas lieu de démontrer (« *judicial notice* ») ; que tout ouvrage, tout article, toute cassette (audio ou vidéo) qui est contraire à cette vérité est menacé(e) d'être saisi(e) par la douane ou mis(e) à l'index ;

– qu'en Suède Ditlieb Felderer a accompli six mois de prison dans des conditions proches, semble-t-il, de celles des QHS ;

– qu'en Suisse Mme Mariette Paschoud, professeur de français et d'histoire, a d'abord été privée du droit d'enseigner l'histoire, puis on lui a fait défense d'enseigner le français et le rabbin Vadnaï a obtenu qu'elle n'ait plus le moindre contact avec des élèves ; que son mari a perdu l'un de ses deux emplois ; lorsqu'il a retrouvé un emploi, une campagne de presse particulièrement violente, comme cela avait été le cas pour sa femme, s'est déclenchée ; que P. Guillaume et H. Roques sont interdits de séjour pour trois ans en Suisse et au Lichtenstein ;

– qu'aux États-Unis l'*Institute for Historical Review* a été l'objet de nombreuses attaques jusqu'au jour où, en 1984, il a été détruit de fond en comble par un incendie criminel ; de nombreux professeurs ont dû donner leur démission ou prendre une retraite anticipée ; dans l'État de Californie, un juge a décidé que l'Holocauste était une vérité officielle qui n'avait pas besoin d'être démontrée ; l'entrée des États-Unis a été refusée à trois révisionnistes étrangers ; l'ancien président Reagan est intervenu à deux reprises pour stigmatiser, d'abord à mots couverts puis plus clairement, les écrits révisionnistes *(Holocaust : The Obligation to Remember,* An Anthology by the Staff of *The Washington Post,* 1980, p. 20 ; *Chicago Tribune*, 6 octobre 1988, section 1, p. 3) ; Georges Bush, de son côté, avait déjà clairement affirmé à l'adresse des révisionnistes : « L'Holocauste n'est pas une métaphore. Il est la vérité. » *(Spotlight,* 25 avril 1983, p. 20) ;

Attendu qu'aux États-Unis et en Grande-Bretagne, des organismes consacrent temps et argent à lutter contre le révisionnisme par tous les moyens possibles ; c'est le cas d'organismes qui publient le *Bulletin* de l'*Anti-Defamation League of B'nai B'rith*, *Patterns of Prejudice, Research Report* (de l'*Institute of Jewish Affairs*, sis à Londres, en association avec le Congrès juif mondial) et *Present Tense ;* la revue de droite *Instauration,* dans son premier numéro de 1983, rapporte que, dans un article de *Present Tense,* Jonathan D. Sarna énumère quatre moyens de combattre les révisionnistes : le battage autour des thèmes de l'holocauste, le silence organisé autour des révisionnistes, l'instruction des esprits et l'obstruction :

> « [Il faut] traiter les révisionnistes comme des ennemis et entreprendre un travail de sape. Passer à l'offensive. Couper les principales sources financières de ces marchands de haine.

> Ostraciser ces gens avec l'aide des médias. Les poursuivre en justice. Mettre la pression sur quiconque leur loue salles de conférences ou lieux de réunion. Toutefois, pour ce qui est des inconvénients, la persécution et la violence comportent certains risques. Elles peuvent échouer et susciter de la sympathie pour les victimes » ;

et que le mieux, pense J. D. Sarna, est un mélange de ces quatre éléments : « un peu de battage, un peu de silence, un peu d'instruction, un peu d'obstruction » ;

Attendu que l'Américain Noam Chomsky, petit-fils d'un rabbin, intellectuel prestigieux, était intervenu en 1980 pour réclamer en faveur des révisionnistes le droit au doute et à la recherche ; que, depuis huit ans, il doit faire face à de constantes attaques, bien plus graves que toutes celles que lui avaient jusqu'ici values ses prises de position contre l'impérialisme américain ; que, quant au professeur Butz, il a chèrement payé l'excellence de son travail sur « Le Mythe du siècle » ;

Attendu que d'autres pays, en particulier les Pays-Bas, l'Autriche, l'Australie luttent à leur façon contre le révisionnisme ;

Attendu que, pour en revenir à la France, le cas du professeur Faurisson est significatif ; que, dès que ce dernier est apparu comme un révisionniste, il a été la cible d'incessantes attaques physiques, de campagnes médiatiques forcenées, de condamnations judiciaires exorbitantes ; que depuis dix ans il n'a pu tenir aucune réunion publique et certaines des rares réunions privées qu'il a tenues ou essayé de tenir n'ont pu avoir lieu normalement, soit à cause de pressions sur les propriétaires des salles de réunion, soit par l'effet d'annulations abusives (à Bordeaux, sur intervention de M. Chaban-Delmas ; à Périgueux sur intervention de M. Guéna,...) alors que, pourtant, une décision de la cour de Paris avait stipulé en 1983 que, sur « le problème des chambres à gaz »,

> « la valeur des conclusions de M. Faurisson relève donc de la seule appréciation des experts, des historiens et **du public** » ;

que M. Bernadet, président de l'université de Lyon-II, avait organisé en collusion avec le Dr Marc Aron une campagne de protestations contre R. Faurisson ; que ce dernier portait plainte pour coups et blessures, pour entraves à la liberté du travail, mais en vain ; qu'il portait également plainte contre le fait que M. Bernadet avait bloqué le déroulement normal de sa carrière ; attendu que le Conseil d'État demandait à M. Bernadet de s'expliquer ; que, pris de court, ce dernier avait le front de prétendre que, s'il avait agi ainsi, c'était parce que R. Faurisson était un étrange professeur qui n'avait aucune publication à son actif, et cela de son propre aveu ; que le mensonge était d'autant plus éhonté que les publications du professeur étaient passablement connues en France et à l'étranger et que R. Faurisson soumettait alors au Conseil d'État une liste de ses ouvrages ; que le Conseil d'État concluait néanmoins qu'il n'y avait rien de matériellement inexact dans ce qu'avançait pour sa défense M. Bernadet et qu'il déboutait le professeur (décision, en date du 20 octobre 1978, de MM. Chardeau, Gazier, Grévisse, Mottin, Darnaud, Théry et Durand-Viel) ; que cette décision sans appel s'explique peut-être ainsi : à cette époque les magistrats jugeaient en leur âme et conscience que R. Faurisson ne pouvait être qu'un malade mental pour aller prétendre que les chambres à gaz n'avaient pas existé et M. Bernadet, de son côté, s'était trouvé dans l'obligation d'inventer un motif pour se débarrasser d'un enseignant qui l'encombrait ; au fond, M. Bernadet avait été « de bonne foi » (nécessité faisant loi, il lui avait fallu mentir) ;

Attendu que, pour bien mesurer combien le cas du professeur Faurisson est significatif, il faut avoir connaissance des faits suivants :

– En novembre 1978, des milliers de manifestants étaient descendus dans les rues des grandes villes de France pour associer dans la même réprobation M. Darquier de Pellepoix et R. Faurisson qui « assassinait les morts ». Toutes les tentatives de ce dernier pour obtenir dans la presse lyonnaise un droit de réponse allaient se heurter au refus des tribunaux. À cette époque et pour quelques années encore, aussi bien à Paris qu'à Lyon, les tribunaux et cours estimaient que le simple fait de mettre des guillemets à l'ensemble « chambre à gaz » constituait une atteinte à des tiers ou une atteinte à l'ordre public ou même une atteinte à « l'ordre moral ». Invariablement, les directeurs de publications qui avaient violemment attaqué le professeur tout en déformant sa pensée étaient implicitement ou explicitement déclarés « de bonne foi » ;

– En 1980, le professeur écrivait que Léon Poliakov était un manipulateur et même un fabricateur de textes attribués à Kurt Gerstein, ce qui entraînait un procès qui, comme d'autres procès par la suite, allait se dérouler dans des circonstances dramatiques : la haine suscitée par le professeur, l'insécurité qui régnait dans la salle et aux alentours s'ajoutaient au fait que le président Cabié installait Mme Madeleine Jacob dans un siège de magistrat à un mètre cinquante en face du professeur Faurisson, de sorte que cette journaliste, telle la Némésis des sanglants procès d'Épuration, fusillait du regard l'homme qui avait osé profaner le temple. Le 3 juillet 1981, M. Cabié concluait que M. Poliakov avait certes pu commettre des « erreurs fautives » et même avait pu « sur des points de détails enfreindre la rigueur scientifique » mais qu'il avait agi « de bonne foi », vu qu'il avait été, paraît-il, « animé du désir passionné et légitime d'informer le public sur une période et des faits particulièrement tragiques de l'histoire contemporaine ». En appel, comme en cassation, le jugement était confirmé ;

– Au long des années 1981 et 1982, le professeur allait faire face à une avalanche de procès et de condamnations. Les attaques dont sa famille et sa personne étaient l'objet s'aggravaient de mois en mois. Il était hospitalisé à trois reprises et, à chaque fois, pour une longue durée. Les campagnes de presse et les manifestations de rues avaient repris ; son nom était cette fois-ci associé à celui de Marc Fredriksen, présenté comme le responsable d'un attentat contre la synagogue de la rue Copernic. Sans la moindre preuve, la grande presse à l'unanimité mettait sur le compte de l'extrême droite un crime qui, en fait, allait se révéler comme provenant d'activistes du Proche-Orient. L'hystérie générale atteignait un tel degré que M. Fredriksen était quasiment lynché, sous le regard de la police, par un groupe de juifs. Michel Caignet était atrocement vitriolé et la justice laissait le temps à son principal agresseur de prendre le large. Un vieillard du nom de Bousquet était également vitriolé à son domicile, et là se produisait un événement révélateur : les deux fils Bousquet, tous deux universitaires, dissuadaient leur père de porter plainte, de peur, semble-t-il, d'avoir l'air hostiles aux « Israélites » (*sic*) ;

– Le professeur Faurisson ne pouvait en définitive assister à aucun de ces procès-là et il ne pouvait pas non plus collaborer avec ses avocats à sa propre défense. Ceux-ci n'étaient, bien entendu, pas en mesure de développer les arguments scientifiques de la position révisionniste. Des universitaires venaient à la barre accabler le professeur, en particulier au sujet d'une phrase de soixante mots dont il leur était facile de caricaturer la signification. Surtout, ils développaient l'absurde thèse selon laquelle R. Faurisson dénonçait un complot juif et reprenait à son compte de vieux slogans et des lieux communs chers aux antisémites. En juin 1982, R. Faurisson était condamné comme certainement aucun professeur ne l'avait jamais été : riche de son seul salaire unique, il devait notamment prévoir de payer environ 3.600.000 (trois millions six cent mille) nouveaux francs d'amendes, de frais de publications judiciaires dans les journaux, à la radio et même à la télévision à heures de grande écoute ;

– En juin 1982, la santé du professeur étant un peu moins critique, la situation internationale prenait une tout autre tournure avec les événements du Liban et la grande presse se hasardait à mettre en cause la politique israélienne et ceux qui, en France, s'acharnaient à défendre cette politique. R. Faurisson faisait une courte apparition au Palais pour essayer de défendre en appel sa phrase de 60 mots. On ne lui permettait que quelques minutes d'explication. Sa condamnation était confirmée mais non sans de profonds changements. En particulier, l'énorme sanction financière disparaissait presque totalement ;

– Là-dessus allait se tenir en Sorbonne un colloque antirévisionniste présidé par Raymond Aron et François Furet. Ce colloque tournait à la débâcle. Dans la conférence de presse qui lui faisait suite, il apparaissait que les deux éminents universitaires étaient encore sous le coup d'une découverte : « malgré les recherches les plus érudites », on n'avait trouvé aucun ordre de Hitler d'exterminer les juifs (en fait, ni de Hitler, ni de quiconque) ; quant aux chambres à gaz, ni R. Aron ni F. Furet n'en soufflaient mot. En revanche, interrogés sur les procès Faurisson, tous deux se déclaraient hostiles à de tels procès et R. Aron allait jusqu'à trouver « absurde » le comportement des associations juives ;

– Le vent tournait. Quelques individualités juives (par exemple, MM. Claude Karnoouh et Jacob Assous) avaient, avec un extrême courage, pris, en 1981, la défense de la thèse du professeur Faurisson jusque devant les tribunaux, au milieu d'une assistance violemment hostile. Deux ans plus tard, les violences et les passions s'étant quelque peu calmées, la cour de Paris allait rendre un arrêt de portée historique sur l'ensemble des positions du professeur, c'est-à-dire aussi bien sur le problème des chambres à gaz que sur le contenu de la phrase de soixante mots ;

## *III. Les tribunaux français admettent la légitimité des recherches et des publications révisionnistes*

Attendu que les juges, ayant à se prononcer sur une demande de condamnation de P. Guillaume pour le contenu d'un ouvrage révisionniste paru en décembre 1987, auront vraisemblablement à s'enquérir des décisions judiciaires rendues sur le même sujet, à tout le moins au cours des dix dernières années, et vu qu'il convient de leur apporter quelques informations à ce propos ;

Attendu qu'il y a lieu d'observer avec un soin particulier le sort du révisionnisme devant les tribunaux français à partir du tournant du 26 avril 1983 ;

Attendu qu'il sera question ci-dessous d'abord de cet arrêt, puis des décisions judiciaires qui lui ont fait suite, et, enfin, du projet d'une éventuelle répression légale du révisionnisme, ou projet d'une « *Lex Faurissonia* » ; Attendu qu'ainsi qu'on le verra les tribunaux, après une période de sévérité extrême contre le révisionnisme (1979-1982), ont amorcé, à partir de l'arrêt du 26 avril 1983 (année charnière), un mouvement qui les a conduits progressivement à admettre, par un jugement en date du 16 décembre 1987, la légitimité des recherches et des publications révisionnistes ;

Attendu que la première question à examiner est donc celle de l'arrêt du 26 avril 1983 et qu'on peut en dire ceci :

– En 1979, neuf associations conduites par la LICRA de Jean Pierre-Bloch avaient porté plainte contre le professeur Faurisson pour dommage à autrui par « falsification de l'histoire ». Par un jugement en date du 8 juillet 1981 (M. Caratini, P. Drai, Mme Martzloff ; rédaction : P. Drai), le professeur était condamné pour dommage à autrui mais le tribunal récusait l'idée d'une « falsification de l'histoire ». P. Drai, rédacteur du jugement, écrivait :

> « M. Faurisson, universitaire français, manque aux obligations de prudence, de circonspection objective et de neutralité intellectuelle qui s'imposent au chercheur qu'il veut être »

et il précisait qu'un « devoir élémentaire de prudence » s'impose au chercheur car :

> « [l'Histoire se doit] d'attendre que le temps permette une étude sans agressivité de certains problèmes d'horreur » ;

à aucun moment, P. Drai ne mentionnait que le professeur avait remis au tribunal (et, d'ailleurs, à P. Drai lui-même) un mémoire en défense de deux cent quatre-vingts pages imprimées, et le tribunal, ne se fondant apparemment que sur son intime conviction, prononçait :

> « [M. Faurisson a permis], avec une légèreté insigne mais avec conscience claire, de laisser prendre en charge par autrui son discours dans une intention d'apologie des crimes de guerre ou d'incitation à la haine raciale » ;

– Ce jugement allait paraître sous une forme falsifiée d'abord dans *Le Monde* (voy. 18 juillet 1981, p. 10 et 23 juillet 1981, p. 10) comme s'il s'agissait d'une publication judiciaire forcée, ce qui n'était pas le cas, puis dans le *Recueil Dalloz-Sirey* sous une forme également falsifiée qui allait entraîner la condamnation des responsables dudit recueil (voy. ci-dessus) ;

– R. Faurisson, pour les motifs exposés plus haut, n'avait pas pu assister à l'audience extrêmement houleuse de son propre cas et n'avait pas pu, en conséquence, s'expliquer sur la phrase de soixante mots, qu'il avait entretemps prononcée en décembre 1980 ; aussi, dans ses conclusions en cause d'appel, décidait-il de s'en expliquer par écrit. On trouvera ci-dessous d'abord le texte de cette phrase, puis son exégèse en 1982 :

PHRASE DE SOIXANTE MOTS :

*(avertissement préalable aux auditeurs de la station radio concernée : aucun de ces mots n'est dicté par une sympathie ou une antipathie politique ; au reste, M. Faurisson n'est ni antisémite, ni même antisioniste)*

Les prétendues chambres à gaz hitlériennes et le prétendu génocide des juifs forment un seul et même mensonge historique, qui a permis une gigantesque escroquerie politico-financière, dont les principaux bénéficiaires sont l'État d'Israël et le sionisme international et dont les principales victimes sont le peuple allemand – **mais non pas ses dirigeants** – et le peuple palestinien tout entier ;

ÉXÉGÈSE :

*(telle que celle-ci apparaissait dans les conclusions de 1982)*

Attendu [...] que l'appelant fait observer que cette phrase constitue un résumé dont chaque mot, bien pesé, trouve son explication dans les ouvrages susmentionnés (*Vérité historique ou vérité politique ?, Mémoire en défense contre ceux qui m'accusent de falsifier l'Histoire, Réponse à Pierre Vidal-Naquet) ;*

Attendu, en particulier, que, comme l'appelant a eu l'occasion de le préciser le 17 décembre 1980 sur les ondes de Radio-Europe n° 1, avant même d'entamer la lecture de cette phrase, pas un seul des soixante mots qui la constituent ne lui est dicté par une sympathie ou une antipathie politique ; qu'au reste il n'est ni antijuif, ni même antisioniste et que, pour ce qui est de la dernière guerre mondiale, il ne prend parti ni pour les vainqueurs ni pour les vaincus ; qu'il estime n'avoir aucune compétence pour déterminer les torts ou les raisons de quelque parti que ce soit et qu'il entend seulement se limiter à des faits vérifiables ;

Attendu que, lorsqu'il parle d'un seul et même mensonge historique, il fait allusion à cent autres mensonges de l'Histoire qu'il s'agit toujours, pour un esprit libre, de débusquer et de dénoncer ;

Attendu que, pour ce qui est de l'« escroquerie politico-financière », elle est celle d'un Nahum Goldmann face au Chancelier Adenauer pour la conclusion du Traité de Luxembourg et que cette escroquerie est expliquée de façon circonstanciée aux pages 198 et 199 de *Vérité*... ainsi qu'à l'importante note 61 de la page 212 ;

Attendu que l'expression de « sionisme international », loin d'être une formule vague du langage antijuif, n'est que la traduction de « World Zionism », le même Nahum Goldmann ayant d'ailleurs été président de la World Zionist Organization (Organisation sioniste mondiale) ;

Attendu que, pour ce qui est de la distinction opérée entre, d'une part, le peuple allemand victime du mensonge, et, d'autre part, ses dirigeants qui n'en sont pas les victimes, cette distinction est expliquée à la page 196 du même ouvrage ;

Attendu que, en effet, l'Allemagne amputée d'un tiers de son territoire, scindée en deux états, occupée par quatre armées, est dirigée depuis 1945 par des hommes politiques qui, on peut le supposer, sont bien obligés de faire passer les contingences politiques avant le souci, propre au chercheur, de la vérité historique ; que la survie de ces deux états respectifs exige apparemment que l'Allemagne de l'Est fasse entendre la voix de ses libérateurs de l'Est et que l'Allemagne de l'Ouest fasse entendre la voix de ses libérateurs de l'Ouest ;

Attendu que nulle part la répression contre le nombre croissant des auteurs révisionnistes n'est plus déterminée qu'en Allemagne ; que quiconque y soutient la thèse révisionniste est poursuivi en justice pour y être condamné, selon les cas, à des peines de prison, à de lourdes amendes, à l'inscription de ses livres à l'index, à la saisie des ouvrages et même des plombs de composition (cas de l'ouvrage scientifique du Dr Wilhelm Stäglich sur *Le Mythe d'Auschwitz – légende ou réalité ?) ;*

Attendu que le mythe de l'Holocauste a largement contribué à la possibilité de création d'un état comme l'État d'Israël et que le peuple palestinien tout entier est en droit de se considérer comme victime de cette création ;

Attendu que l'appelant n'a pas précisé quels étaient à ses yeux les bénéficiaires « non principaux » du mensonge historique mais qu'il est prêt à le faire maintenant en disant qu'il s'agit de l'ensemble des vainqueurs de la seconde guerre mondiale ; qu'en effet, si les chambres à gaz homicides des Allemands n'ont pas existé, le « crime de guerre » par excellence pourrait être Dresde, Hiroshima ou Katyn ;

Attendu que l'appelant n'a pas non plus précisé quelles étaient à ses yeux les victimes « non principales » mais qu'il est prêt à le faire maintenant, en disant qu'il s'agit par exemple du Vatican et du Comité international de la Croix-Rouge, tous deux accusés de n'avoir pas vu et dénoncé les « chambres à gaz » et l'Holocauste ;

Attendu qu'à propos des victimes « non principales », il convient de souligner particulièrement que les jeunes juifs sont, eux aussi, à leur manière, les victimes de cette religion ténébreuse et aberrante de l'Holocauste ;

Attendu que cette religion de l'Holocauste donne naissance à tout un monde de phénomènes du genre de la « victimologie », avec ses congrès et ses symposiums internationaux en Israël, en Allemagne, aux États-Unis (voy. « The Reparations Agreements : A New Perspective », par Leslie Sebba, dans *The Annals of the American Academy of Political and Social Science,* Philadelphie, juillet 1980, p. 202-217), à la création de « chaires universitaires d'Holocauste », détenues par des « docteurs en Holocauste », à des cours d'Holocauste dans les écoles primaires et secondaires des États-Unis accompagnés d'« expériences en Holocauste », etc. ;

Attendu que, selon l'appelant, le rappel incantatoire d'horreurs mythiques ne semble pas constituer un moyen de lutte efficace contre les haines raciales (p. 6, deuxième alinéa) ; que de telles incantations risquent de dissimuler la réalité des conflits et de rendre banales les atrocités réelles ; que la mise en spectacle de bons sentiments, la bonne conscience qui en résulte, enfin la conviction d'avoir acquis des droits particuliers alimentent une propagande de haine et de guerre qui est toujours actuelle ;

Attendu que (p. 6, premier alinéa), pour l'appelant, l'« extermination » (c'est-à-dire le crime) et les « chambres à gaz » (c'est-à-dire l'arme du crime par excellence) constituent non pas une vérité établie dont la LICRA cherche à obtenir en justice l'institutionnalisation, mais un mensonge historique qu'il appartient au chercheur de réfuter ;

– Le 5 novembre 1982, en réponse à des conclusions déposées par la partie adverse, le professeur Faurisson se voyait contraint d'apporter les précisions suivantes dans de nouvelles conclusions :

Attendu que, à en croire les intimées, le professeur Faurisson nierait qu'il y ait eu des victimes raciales de la barbarie nazie et soutiendrait qu'il ne s'agit là que d'un mensonge ;

Attendu qu'en fait en aucun point de ses écrits Monsieur Faurisson n'a proféré de telles contre-vérités et que, pour lui, il y a eu indiscutablement des victimes juives de l'Allemagne hitlérienne et qu'il s'agit là d'une vérité historique établie sur des faits vérifiables ;

Attendu qu'à en croire les intimées le professeur Faurisson présenterait le « génocide » et les « chambres à gaz » comme une sinistre escroquerie réalisée consciemment par tout un peuple dans un but lucratif ;

Attendu qu'en fait en aucun point de ses écrits Monsieur Faurisson n'a proféré une telle ineptie et qu'il y a là une falsification de son texte et de sa pensée ;

Attendu que les « chambres à gaz » et le « génocide » (ce dernier terme étant pris dans le sens originel et propre du mot, c'est-à-dire une politique consciente visant à l'extermination de tout un peuple) n'ont d'abord été, à l'origine, qu'une rumeur de guerre parmi bien d'autres ;

Attendu que le professeur Faurisson n'a jamais mis en doute le caractère spontané de cette rumeur née, comme bien d'autres rumeurs, des souffrances réelles et de l'acharnement du conflit ;

Attendu que, progressivement, cette rumeur s'est acquis la force d'une vérité officielle qui a ensuite « permis » (c'est là le propre terme du professeur Faurisson) une exploitation politique au profit des vainqueurs en général et, à partir de 1948 (« Accord de Luxembourg », 10 septembre 1952), une exploitation politico-financière au profit de l'entité sioniste (voyez les révélations de Nahum Goldmann, ancien président de la World Zionist Organization ; réf. dans *Vérité historique ou vérité politique ?*, pages 198-199, et note 61 de la page 212) ;

PAR CES MOTIFS…

– Au terme d'un marathon judiciaire de quatre ans, la cour de Paris rendait son arrêt : R. Faurisson était certes condamné pour dommage à autrui mais le jugement du tribunal était à tel point réformé sur le fond que cet arrêt jetait la consternation chez les adversaires du professeur. Malgré la puissance des moyens mis en œuvre, les associations intimées avaient été en fin de compte incapables de produire devant la cour :

- une seule preuve de l'existence d'une seule chambre à gaz ;
- un seul exemple d'une seule falsification de la part de R. Faurisson.

– Il n'y avait décidément eu chez ce dernier ni falsification, ni mensonge. La cour admettait qu'il existait, selon ses propres mots, un « problème des chambres à gaz » (et par là, ajouterons-nous : un problème du génocide des juifs) : celui de leur réalité ou de leur fiction, et elle écrivait :

> « […] les recherches de M. Faurisson ont porté sur l'existence des chambres à gaz qui, à en croire de multiples témoignages, **auraient** été utilisées durant la seconde guerre mondiale […] »

– Apparemment, la cour avait été surtout sensible aux arguments chimiques du professeur et elle écrivait que, pour R. Faurisson,

> « l'existence des chambres à gaz, telles que décrites habituellement depuis 1945, se heurte à une impossibilité absolue,

qui suffirait à elle seule à invalider tous les témoignages existants ou à tout le moins à les frapper de suspicion » ;

– La cour trouvait chez le professeur une « démarche logique » et elle ne découvrait dans ses travaux sur ce problème historique :

- aucune trace de légèreté,
- aucune trace de négligence,
- aucune trace d'ignorance délibérée,
- aucune trace de mensonge ;

– Au vu du sérieux de ces travaux et nullement au nom des nécessités de la liberté de pensée ou d'expression, la cour tirait la conclusion que tout Français devait avoir désormais le droit de dire que ces chambres à gaz étaient une fiction. En propres termes, la cour prononçait :

> « la valeur des conclusions défendues par M. Faurisson [sur le problème des chambres à gaz] relève **donc** de la seule appréciation des experts, des historiens et du public. »

– Si le professeur était néanmoins condamné, c'était en somme pour sa dangerosité ; il avait notamment agi avec malveillance en résumant ses thèses sous la forme de « slogans » et il n'avait jamais su trouver un mot pour marquer son respect pour la souffrance des déportés, en conséquence de quoi il était condamné à payer au moins soixante mille francs pour des publications forcées ;

Attendu que la LICRA allait falsifier le texte des publications, obtenir une saisie sur le salaire du professeur, répandre *urbi et orbi* que R. Faurisson était un faussaire, ce dernier se voyant contraint à une série d'actions judiciaires d'une part contre M. Jean Pierre-Bloch, d'autre part contre *Le Droit de vivre,* organe de la LICRA, et aussi contre le journal *L'Humanité* qui, à l'exemple de la LICRA, le traitait de « faussaire » ;

Attendu que c'était là peine perdue puisque les magistrats finissaient par conclure, invariablement, que traiter Faurisson de « faussaire », c'était certes le diffamer, mais… « de bonne foi » ; que, triomphalement, *Le Droit de vivre* pouvait titrer ainsi une pleine page (février 1985, p. 7) :

« TRAITER FAURISSON DE FAUSSAIRE, C'EST LE DIFFAMER MAIS "DE BONNE FOI" » (arrêt du 16 janvier 1985) ;

Attendu que, de façon non moins arrogante, Georges Wellers, dans *Le Monde Juif* (janvier-mars 1985, p. 25-29) publiait cet arrêt (11e chambre : MM. Dupuy, Schewin, Florio) sans un mot de présentation ni de commentaire comme s'il s'agissait d'une publication judiciaire forcée, payée par R. Faurisson ;

Attendu que la « bonne foi » des adversaires, en particulier celle de Jean Pierre Bloch, était dès lors judiciairement inépuisable ;

Attendu que, pendant des années, l'équation « Faurisson = Faussaire » allait proliférer dans une certaine presse, le professeur n'ayant plus aucun recours contre une calomnie qui avait maintenant force de loi ;

Attendu que les calomniateurs avaient conscience de répandre une calomnie et qu'ainsi Georges Wellers et Pierre Vidal-Naquet finissaient par révéler en 1987 qu'ils avaient parfaitement compris le sens de l'arrêt du 26 avril 1983, lequel leur interdisait de traiter R. Faurisson de faussaire ; que le premier écrivait dans *Le Monde Juif* (juin-juillet 1987 – en fait septembre 1987, p. 13) :

> « En appel, la cour a reconnu que [Faurisson] s'était bien documenté. Ce qui est faux. C'est étonnant que la cour ait marché »

tandis que le second affirmait dans *Les Assassins de la mémoire* (éditions de la Découverte, septembre 1987, p. 182) :

> « La répression judiciaire est une arme dangereuse et qui peut se retourner contre ceux qui la manient. Le procès intenté en 197 [9] par diverses associations antiracistes a abouti à un arrêt de la cour d'appel de Paris en date du 26 avril 1983, qui a reconnu le sérieux du travail de Faurisson, ce qui est un comble, et ne l'a, en somme, condamné que pour avoir agi avec malveillance en résumant ses thèses en slogans. »

Attendu que la cour s'était trompée en affirmant que le professeur Faurisson n'avait jamais su trouver un mot pour marquer son respect aux victimes des camps de concentration ; que le professeur avait à deux reprises marqué publiquement ce respect, en employant d'ailleurs le mot même de « respect », et que les magistrats avaient sous les yeux, en qualité de *corpus delicti,* un article du *Matin de Paris* (16 novembre 1978, p. 17) où il était rapporté qu'au cours d'un colloque d'historiens R. Faurisson avait eu les mots suivants :

> « J'éprouve respect et sympathie pour tous ceux que leurs idées ont conduits en camps de concentration » ;

et que, dans le film vidéoscopique qui avait été réalisé pour la cour mais que celle-ci avait refusé de visionner, R. Faurisson disait :

> « Je dois dire que, pour tous ceux qui ont eu à subir ces souffrances, j'ai du respect et de la compassion, et je vous demande de me croire » ;

Attendu que les thèses révisionnistes avaient été systématiquement condamnées par les tribunaux français de 1978 à 1982 ; qu'en 1983 elles étaient autorisées au moins pour l'essentiel, c'est-à-dire relativement au problème des chambres à gaz ; et que, le 16 décembre 1987, elles étaient enfin pleinement autorisées par un jugement du TGI de Paris (MM. Diet, Desjardins, Breillat) qui ordonnait la mainlevée de l'interdiction du premier numéro des *AHR,* numéro, ainsi que le disait le tribunal,

> **« consacré à la négation de l'existence du génocide juif »** (p.8) ;

et que le tribunal prononçait :

> « Attendu que l'exposé même des thèses développées dans la revue de M. Guillaume et la controverse susceptible de naître à leur sujet relèvent, en l'absence de toute action en responsabilité, de **la libre expression des idées** et d'un **débat public entre historiens ;** que le Tribunal n'a pas, en l'état, à exercer un contrôle sur une discussion de cette nature ;
>
> Attendu qu'il y a **donc** lieu d'ordonner la mainlevée sollicitée » (p. 9) ;

Attendu que, deux jours plus tard, sous le titre de « Criminel verdict », Arnaud Spire écrivait dans *L'Humanité* du 18 décembre 1987 :

> « Le tribunal de grande instance de Paris vient de commettre une intolérable atteinte à la mémoire des victimes du nazisme. Aucune argutie sur la séparation des pouvoirs et la prétendue indépendance des juges ne saurait justifier l'inertie de Matignon et de l'Élysée » ;

et que, soit dit en passant, cet outrage à magistrat ne suscitera aucune réaction d'aucun procureur ;

Attendu qu'appel était interjeté de ce jugement sur la demande des adversaires de P. Guillaume ; que, le 27 juin 1988, la cour de Paris décidait une confirmation partielle du jugement et, pour le surplus, un sursis à statuer ; et que l'affaire devrait connaître son dénouement dans quelques mois, « le pénal tenant le civil en l'état » ;

Attendu qu'il convient de savoir au préalable quelle suite sera donnée au dépôt d'une plainte, en juillet 1987, par le procureur d'Auch (Gers) contre le même numéro 1 des *AHR*, le 16 novembre 1988 la chambre d'accusation de la cour d'appel d'Agen se voyant soumettre la procédure d'information suivie au parquet d'Auch contre MM. Guillaume, Mattogno et Faurisson du chef d'apologie de crimes de guerre et de propagation de fausses nouvelles ; Attendu que le juge d'instruction a introduit une requête en annulation d'acte de procédure vu le caractère **indéterminé** des motifs de cette inculpation, ce cas ressemblant donc au présent cas d'inculpation du concluant pour une présumée diffamation d'un groupe de personnes… **indéterminé,** par l'effet d'écrits **mal déterminés** par le procureur ou **fallacieusement déterminés ;**

Attendu que les adversaires du révisionnisme sont désormais unanimes à considérer, au vu des décisions judiciaires jusqu'ici rendues, qu'il existe ce qu'ils appellent un « vide juridique », certains estimant qu'il faut combler ce vide et créer précisément une « Lex Faurissonia » mais d'autres étant, toute réflexion faite, hostiles à l'idée même d'une telle loi qui, à leurs yeux, présenterait des inconvénients et même des risques ;

Attendu que, pour chacune de ces deux catégories, il est possible d'établir un échantillonnage d'une demi-douzaine de personnalités, à savoir que :

– se sont déclarés **pour** une loi à l'allemande visant les révisionnistes :

- Claude Malhuret, *Libération,* 16 septembre 1987, p. 4 ;
- Charles Pasqua, 20 septembre 1987, rapporté dans *Le Figaro* du lendemain, p. 7 (le professeur Faurisson devrait être en prison) ;
- Michel Hannoun, dans le « Rapport Hannoun », p. 100101 mais avec quelques réserves provisoirement ;
- Pascal Arrighi ;
- Georges Sarre et le groupe socialistes et apparentés, proposition de loi du 2 avril 1988 ;
- Jean Pierre-Bloch, *Le Droit de vivre,* mai-juin 1988, p. 6 ;

– se sont déclarés **contre** une loi à l'allemande visant les révisionnistes :

- Simone Veil et Joseph Rovan, *L'Express,* 25 septembre 1987, p. 23 et 26 ;
- Jacques Julliard, *Le Nouvel Observateur,* 25 septembre 1987, p. 39 ;
- Philippe Boucher, *Le Monde,* 27 septembre 1987, p. 8 ;
- Théo Klein, *Le Monde,* 30 septembre 1987, p. 2 ;

- Yves Jouffa, *Le Monde,* 10 octobre 1987, p. 6, et dans « Lettre au ministre de l'Intérieur », *Après-demain* (organe de la Ligue des Droits de l'Homme), non paginé ;
- Jacques Chirac, *Le Monde,* 10 novembre 1987, p. 11, et
- *L'Arche,* novembre 1987, p. 46 ;

Attendu que le cas d'Albin Chalandon est particulier ; que, dans une déclaration rapportée par *Le Figaro* du 24 septembre 1987, p. 42, le Garde des Sceaux se déclarait hostile à la création d'une loi antirévisionniste alors à l'étude en arguant de son attachement personnel à la liberté d'expression ; Attendu que, quelques semaines plus tard, il se révélait que, lors de ladite déclaration, Albin Chalandon avait à l'esprit un autre moyen de répression contre le révisionnisme, puisque, dans la nuit du 9 au 10 octobre 1987, devant une Assemblée nationale largement dépeuplée, il glissait à l'intérieur d'une loi « contre la toxicomanie » deux amendements, non soumis à la commission des lois, permettant la saisie administrative des écrits révisionnistes ; ce faisant, le Garde des Sceaux dessaisissait les tribunaux du droit de juger ces écrits car, à son gré, ces tribunaux avaient :

> « tendance à interpréter la terminologie de la loi [antiraciste] de manière trop restrictive » ;

Attendu que, quelques semaines plus tard, Robert Pandraud démentait que ces amendements fussent dirigés contre les révisionnistes *(Le Monde,* 22 décembre 1987, p. 10) mais, toutefois, ne précisait pas contre qui ils étaient dirigés ;

Attendu que, dans leur proposition de loi du 2 avril 1988, « en vue de combattre les thèses révisionnistes », les socialistes et apparentés estiment que les amendements Chalandon visaient bien les révisionnistes et que :

> « C'est un pas important, et qui a été reconnu comme tel » ;

proposant, pour leur part, que :

> « [ceux qui] auront porté atteinte à la mémoire et à l'honneur des victimes de l'holocauste nazi en tentant de nier ou d'en minimiser la portée [soient] punis d'un emprisonnement d'un mois à un an et d'une amende de 2.000 à 300.000 F ou de l'une de ces deux peines seulement, et à la publication, à leurs frais, du jugement par voie de presse » ;

Attendu que les organisations juives internationales souhaitent en général l'instauration, partout dans le monde, d'une loi à l'allemande ; que, cependant, *Patterns of Prejudice* juge que cette loi est impossible en France (été 1987, p. 11) ;

Attendu que la riche et puissante Anti-Defamation League of B'nai B'rith a passé une résolution aux fins de s'associer, sur invitation de la Ligue des Droits de l'Homme (dirigée par Yves Jouffa qui se dit contre une loi antirévisionniste !) et de la Fédération Nationale des Déportés à l'action pénale entreprise à Auch (Gers) contre le premier numéro des *AHR ;* et qu'il ne fait pas de doute que cette contribution sera au moins financière *(ADL Bulletin,* septembre 1988, p. 15) ;

Attendu qu'à en croire un communiqué de l'Agence France-Presse en date du 1er juillet 1987 et provenant de la Fédération française des journalistes, les journalistes français seraient dans leur ensemble favorables à une répression judiciaire urgente du révisionnisme ; que cette fédération regroupe plus de vingt sociétés (notamment TF1, A2, FR3, l'Agence France-Presse, *Le Monde*, *Sud-Ouest*, *L'Équipe*,...), soit plus de deux mille journalistes au total et que, pour sa part, le journaliste Bruno Frappat dénonce, selon ses propres termes :

> « les révisionnistes, les exclueurs de tout poil, les fortes têtes du mensonge et de la falsification, les gangsters de l'histoire » *(Le Monde,* 5-6 juillet 1987, p. 31) ;

Attendu, en conclusion de ce chapitre, qu'on peut dire que les pouvoirs établis souhaitent une répression du révisionnisme mais admettent que les juges de France ne disposent pas actuellement des moyens nécessaires à cette répression ; qu'il faudrait une loi spécifique : est-ce possible ? est-ce souhaitable ? on en dispute encore ;

Attendu que, si l'on s'en tient aux lois existantes et à leur application, il n'est peut-être pas sans intérêt de rappeler ici deux affaires récentes où les juges ont eu à se prononcer sur des « révisions » de l'histoire : l'affaire Roger Garaudy – père Michel Lelong – pasteur Etienne Mathiot et l'affaire Laurent Wetzel ;

Attendu que la première affaire portait sur une déclaration du philosophe Roger Garaudy ainsi que d'un père dominicain et d'un pasteur, intitulée « Après les massacres du Liban – Le sens de l'agression israélienne », publiée dans *Le Monde* du 17 juin 1982, p. 12 ; que cette déclaration, longue de plus de trois mille mots, dénonçait la politique de l'État d'Israël et le soutien que celle-ci recevait, à travers le monde, du « lobby sioniste » ; que tout un passage portait sur « Le financement d'Israël » par les États-Unis ; que l'influence du « lobby sioniste » sur les médias était dénoncée dans les termes suivants :

> « La même profusion financière explique l'extraordinaire hégémonie du lobby sioniste sur l'ensemble des médias dans le monde, de la presse à la télévision, du cinéma à l'édition. Le général de Gaulle, en 1969 déjà, dénonçait cette "influence excessive" » ;

qu'un autre passage porte sur « L'argument de l'Holocauste » :

> « L'on exploite ainsi sans vergogne la mauvaise conscience des Européens à qui l'on fait croire, selon la plus pure tradition colonialiste, que l'on doit expier indéfiniment les crimes d'Hitler aux dépens des Arabes » ;

qu'il est plus loin question d'

> « une politique colonialiste et raciste d'appui aux revendications territoriales de l'État d'Israël au nom de la mythologie sioniste »

ainsi que d'

> « un dossier écrasant et jusqu'ici étouffé au niveau des médias de masse par le réseau sioniste » ;

Attendu que la LICRA a poursuivi le directeur du *Monde* et les trois signataires pour provocation (raciale) en raison de trois passages et pour diffamation (raciale) en raison d'un passage ; que le tribunal a pris une décision de relaxe **(votre** chambre, le 24 mars 1983) confirmée par la cour (XIe chambre, le 11 janvier 1984) ;

Attendu que la seconde affaire portait sur un texte de M. Laurent Wetzel mettant en cause M. Marcel Paul ; que le texte s'inscrivait dans la tradition du révisionnisme français inauguré par les écrits de Paul Rassinier, lequel, en son temps, avait dû soutenir une longue et rude bataille devant les tribunaux français avant d'être relaxé sur des poursuites intentées par la FNDIRP ; Attendu que, trente ans plus tard, M. L. Wetzel voyait confirmer par un tribunal le droit de réviser l'histoire même sur un point particulièrement sensible de l'historiographie des camps de concentration et même à l'occasion de la mise en cause d'une personne **déterminée ;**

Attendu que le tribunal concluait en ces termes :

> « Attendu, en conclusion, que rentrer en voie de condamnation envers Wetzel équivaudrait à dire qu'il existe en France une thèse « officielle » de l'histoire ; que la France s'honore d'être un pays démocratique où la liberté d'expression, surtout lorsqu'elle repose sur une recherche historique, doit pouvoir jouer sans contrainte, [attendu que] la critique est indispensable à la liberté de pensée dans une démocratie véritable ;
>
> Attendu que la critique historique tout particulièrement ne peut être enserrée dans des limites trop étroites et exige souvent l'emploi d'« imputations diffamatoires », [attendu] que l'historien qui agit en conscience, après avoir vérifié ses informations sans les déformer, ne peut être condamné ;
>
> Attendu qu'il échet dès lors d'entrer en voie de relaxe » [...] (TGI Versailles, 17 janvier 1985) ;

## *EN CONCLUSION*

Attendu, en conclusion, que les cinq fragments incriminés n'ont rien de diffamatoire ;

Attendu qu'à traiter du sujet de l'Holocauste ou de la Shoah on en vient obligatoirement à parler des juifs ;

Attendu, cependant, que dans les cinq fragments les juifs ne sont aucunement diffamés :

– dans le premier fragment, M. Weber dénonce chez les juifs américains une exploitation de l'Holocauste que certains juifs américains dénoncent eux-mêmes ; il critique les sionistes ; il loue certains juifs pour leur perspicacité ; s'il s'en prend à quelqu'un, c'est à un pasteur **protestant,** le révérend Herbener, qui l'avait attaqué ;

– dans les deuxième et quatrième fragments, F. Thencrey met le judaïsme officiel en garde contre la tentation d'imiter le christianisme officiel d'autrefois ; s'il s'en prend à une religion, c'est à la religion des **chrétiens,** et cela dans une lettre adressée au président de l'Union des **Athées ;**

– dans les autres fragments (le troisième et le cinquième), on ne mentionne ni les juifs, ni les chrétiens, ni en particulier les protestants, ni les athées ; Attendu que, la thèse générale (critique du Shoah-business et de ses prétentions totalitaires) n'ayant rien de diffamatoire, on ne voit pas pourquoi un tribunal français sanctionnerait ce qui, en la circonstance, est autorisé aux États-Unis (voy. *Christian News,* 27 avril 1987, p. 1, 12-13) ;

Attendu que les tribunaux français admettent la légitimité des recherches et des publications révisionnistes ;

Attendu, en effet, que pour citer la cour de Paris (arrêt du 26 avril 1983) « la valeur des conclusions défendues par M. Faurisson [sur le problème des chambres à gaz] relève donc de la seule appréciation des experts, des historiens et du public » et que, pour citer un jugement du tribunal de Paris (jugement du 16 décembre 1987), celui-ci estime que :

> « l'exposé même des thèses développées dans la revue de M. Guillaume [« consacrée à la négation de l'existence du génocide juif »] et la controverse susceptible de naître à leur sujet relèvent, en l'absence de toute action en responsabilité, de la libre expression des idées et d'un débat public entre historiens ; que le Tribunal n'a pas, en l'état, à exercer un contrôle sur une discussion de cette nature » ;

Attendu que P. Guillaume, dans ce numéro des *AHR* comme dans les autres, ne diffame personne et que l'accusation de diffamation n'est qu'un subterfuge inspiré par le désir – illusoire – d'arrêter les progrès du révisionnisme historique ;

Attendu que, grâce à P. Guillaume, l'historiographie française apporte à la réflexion de la communauté mondiale des historiens une contribution à laquelle même l'Américain Raul Hilberg, la plus haute autorité en matière d'histoire de l'Holocauste, a rendu hommage quand il a déclaré :

> « Je dirai que, d'une certaine manière, Faurisson et d'autres, sans l'avoir voulu, nous ont rendu service. Ils ont soulevé des questions qui ont eu pour effet d'engager les historiens dans de nouvelles recherches. Ils ont obligé à rassembler davantage d'informations, à réexaminer les documents et à aller plus loin dans la compréhension de ce qui s'est passé. » *(Le Nouvel Observateur,* 3-9 juillet 1982, p. 71) ;

Attendu que le tribunal ne peut rester insensible aux mérites de P. Guillaume qui, loin de rechercher des « avantages personnels », de toute façon introuvables, est en butte à la calomnie, à la diffamation, aux coups, aux procès, et sacrifie tout, avec courage et désintéressement, au maintien d'une modeste et brillante publication : les *AHR ;*

Attendu que P. Guillaume ouvre largement cette publication à toute personne qui s'estimerait lésée ou diffamée, et cela en dehors même du cadre étroit du « droit de réponse » ; qu'en effet il a affirmé, dans le « Liminaire » du n° 1 des *AHR* (p. 13), puis répété dans le n° 5 des *AHR* (p. 113*)* que :

> « Les *Annales [AHR]* se donnent pour tâche de faire connaître et de soumettre à l'épreuve du débat et de la confrontation [les travaux révisionnistes] » ;

Attendu que, dans une « Réponse à M. Georges Wellers » (*ibid.*), P. Guillaume écrit :

> « Comme je le lui ai indiqué, en présence de Monsieur le Juge Pluyette, à l'audience de référé du 20 mai 1987 où il était venu appuyer la demande de saisie du n° 1 des *Annales,* les colonnes de cette revue lui sont largement ouvertes, même en dehors du cadre limité de l'exercice judiciaire du droit de réponse, puisque « les *Annales* se donnent pour tâche de faire connaître et de soumettre à l'épreuve du débat et de la confrontation [les travaux révisionnistes] » *(AHR* n° 1, Liminaire, p. 13) ;

Attendu qu'il recherche le dialogue avec l'adversaire et vient encore de publier un article intitulé « Les Révisionnistes proposent un débat public » *(AHR* n° 4, p. 9-24) ;

Attendu que, à l'inverse, le fait d'en appeler à l'autorité judiciaire pour condamner, par tel ou tel subterfuge, l'expression des idées révisionnistes trahit chez les défenseurs de la théorie de l'Holocauste à la fois trop de confiance en leur propre jugement et trop peu de confiance dans le jugement des autres : « nous voyons la vérité mais nous voyons aussi que les autres ne la voient pas ; par conséquent, nous demandons la censure » ;

Attendu que condamner P. Guillaume pour diffamation tiendrait du paradoxe – un stupéfiant paradoxe – vu que, si quelqu'un depuis dix ans a été abreuvé d'outrages et de diffamations, c'est bien le responsable des éditions de La Vieille Taupe et publicateur des *AHR ;*

Attendu qu'il ne faudrait pas inverser les rôles ;

Attendu que P. Guillaume serait en droit d'attendre des excuses au moins de la part de ceux qui l'ont accusé de mentir ou d'être un nazi quand il concluait de ses multiples recherches que les chambres à gaz homicides du camp d'Auschwitz sont un mythe, ce qui vient d'être démontré par le rapport technique de l'ingénieur américain Fred Leuchter ;

Attendu que plus le temps passe et plus se confirme l'exceptionnel rayonnement du révisionnisme français ;

Attendu que, selon le mot d'un avocat français, décidément « le révisionnisme est la grande aventure intellectuelle de la fin de ce siècle » et qu'il n'est pas logique de prétendre admirer les aventures intellectuelles du passé et en même temps de prétendre ignorer celles d'aujourd'hui ;

Attendu, enfin, qu'aucun tribunal au monde ne pourra désormais plus arrêter les progrès de la recherche révisionniste et que freiner cette recherche en France aboutirait seulement à faire perdre à notre pays le rang qui est le sien dans le renouveau des études historiques ;

PAR CES MOTIFS

Dire irrecevables et en tous cas non fondées les poursuites intentées à l'encontre de Pierre Guillaume ;

Libérer M. Guillaume des liens de la prévention, et en tout cas, prononcer sa relaxe ;

Dire que les dépens resteront à la charge du Trésor.

SOUS TOUTES RÉSERVES

[Publié dans les *Annales d'histoire révisionniste*, n° 6, hiver 1988-1989, p. 95-159.]

***

1er décembre 1988

# PRIX STALINE À GUY HONTARRÈDE

À l'occasion du cinquantième anniversaire de la signature du pacte germano-soviétique et du protocole d'accord secret sur le partage de la Pologne et sur la livraison à la glorieuse Patrie des Travailleurs d'un certain nombre de territoires dont celui des Pays baltes, notre camarade Georges Marchais, Facharbeiter du Grand Reich Allemand, remettra un certain nombre de prix Staline à des historiens français et, parmi ceux-ci, à Guy Hontarrède.

Guy Hontarrède est universellement connu et apprécié pour son splendide ouvrage de référence sur l'Occupation et la Résistance en Charente : *Ami, entends-tu ?* publié par la prestigieuse Université populaire de Ruelle. L'establishment sioniste (Jean-François Kahn, Jean Daniel, Anne Sinclair-Levaï, Philippe Bouvard-Ginsburger) n'a bien sûr pas manqué de se gausser de l'auteur qui est, rappelons-le, « Enseignant,

Maître des Sciences de l'Éducation », ami de Mme Viger-Vandeputte et de Monsieur Guy Krivopissko.

Sans doute l'ouvrage frappe-t-il à première vue par la qualité uniformément détestable de la documentation photographique mais, avec les yeux du cœur et les légendes, tout s'éclaire et se déchiffre parfaitement à l'exception peut-être de quelques photographies résolument noires.

Le texte se recommande par son impartialité et sa sérénité. L'auteur, enfin, fait preuve d'une louable discrétion sur les prétendues bavures des maquis Bernard et Chabanne : tortures, exécutions sommaires, « récupérations ».

Tous nos compliments à notre camarade et ami Hontarrède et rendez-vous le 23 août place du colonel Fabien où notre camarade Georges Marchais, nous le savons de bonne source, nous révélera enfin qui a commis le massacre de Katyn!

Pour *Le Patriote Résistant du Confolentais*, pcc RF

***

Hiver 1988

# UNE CORRESPONDANCE WELLERS-FAURISSON

*[La Rédaction des Annales avait] indiqué, dans le précédent numéro des Annales, que les colonnes de cette revue étaient largement ouvertes à M. Georges Wellers, président de la commission historique du CDJC Nous sommes donc tenus de respecter cet engagement.*

*Nous avions par ailleurs indiqué les conditions dans lesquelles nous avions été conduits à nous interroger sur les diplômes que possédait ou non M. Wellers (AHR, n° 5). Nous avions également indiqué combien cette question de fait nous semblait subalterne et manifesté notre étonnement que ce sujet ait été le seul sur lequel M. Wellers ait choisi de s'adresser aux lecteurs des Annales par la voie du* **droit de réponse** *(publié dans AHR, n° 4). La question nous semblait simple, et par conséquent la réponse nous semblait devoir l'être également. Tel ne fut pas le cas.*

*Le professeur Faurisson ayant écrit le 15 octobre 1988 à M. Wellers pour lui dire son espoir de le voir révéler quels diplômes il possédait lors de l'émission « Les dossiers de l'écran » à laquelle il devait participer le 18 octobre, il en est résulté un échange de lettres que nous publions ci-dessous.*

*Nous n'imaginions pas que la question de l'existence des diplômes de M. Wellers fût presque aussi difficile à résoudre que celle de l'existence des chambres à gaz ; aussi renonçons-nous à élucider ce point d'histoire. Nous réitérons cependant à M. Wellers notre offre de participer dans nos colonnes au débat historique en cours.]*

De M. Wellers à M. Faurisson
21 octobre 1988

Incapable de réfuter mes arguments qui montrent votre incompétence et votre mauvaise foi au sujet du génocide des Juifs sous le régime nazi, vous brûlez d'envie de me présenter à votre clientèle comme un « escroc » parce que vous jugez que je n'ai pas les diplômes nécessaires pour arriver au grade de « Maître de Recherches » en Physiologie au CNRS (grade équivalent à celui de « Maître de Conférences » dans les Facultés des Sciences, et de « Professeur agrégé » dans les Facultés de Médecine).

En insinuant que je suis un « escroc », ce n'est pas moi que vous injuriez, mais les membres de la Commission de Physiologie au CNRS, le Directeur du CNRS et les Ministres de l'Éducation Nationale et des Universités, qui m'ont jugé autrement que vous, sans parler des membres de l'Académie des Sciences et de l'Académie Nationale de Médecine qui m'ont attribué des prix. En effet, je ne me suis pas attribué moi-même le titre de « Maître de Recherches » au CNRS ni les grades de l'échelle hiérarchique normale, précédents celui-ci au cours d'une longue carrière, pas plus que l'honorariat, après ma mise à la retraite par limite d'âge.

Croyez à mes sentiments de profond mépris.

Robert Faurisson à Georges Wellers
Le 28 octobre 1988

Cher Monsieur,

Votre réponse du 21 octobre à ma question du 15 octobre témoigne d'une méprise de votre part.

Je n'ai pas mis en doute que vous ayez fait une carrière universitaire.

Je vous demandais quels **diplômes** universitaires vous possédiez. À trois reprises, j'ai souligné le mot de **diplôme(s)** (lignes 2, 5 et 7).

Vous me répondez en parlant de **grade(s)** et de **titre.** Ce(s) grade(s) et ce titre ne vous sont pas contestés. Ce que nous voulons savoir, c'est de quels diplômes universitaires vous avez pu faire état pour entamer une carrière universitaire au cours de laquelle on vous a, de bonne foi, accordé grades ou titres.

Il serait intéressant de savoir, par exemple, s'il est possible en France de devenir un « "Maître de Recherches" en physiologie au CNRS (grade équivalent à celui de "Maître de Conférences" dans les Facultés des Sciences, et de "Professeur Agrégé" dans les Facultés de médecine) » sans même posséder le certificat d'études, le baccalauréat, une maigre licence ou leurs équivalents.

Aussi vous demanderais-je de vouloir bien me répondre.

Bien à vous.

Robert Faurisson à Georges Wellers
Le 25 novembre 1988

Cher Monsieur,

À ma question du 28 octobre, qui ne faisait que reprendre ma question du 15 octobre, sur la nature des **diplômes** que **vous** posséderiez, vous venez de répondre (carte de visite, non datée) :

> « A une question idiote, une réponse intelligente : pour savoir quels diplômes il faut posséder pour faire une carrière honorable au CNRS, il faut s'adresser au Directeur du CNRS. »

Je me permets de vous dire que je ne suis pas intéressé par la question de « savoir quels diplômes il faut posséder pour faire une carrière honorable au CNRS » ; ce qui m'intéresse, c'est de savoir quels **diplômes** **vous** possédez.

Aussi vous demanderai-je de bien vouloir me répondre.

Bien à vous.

[Publié dans les *AHR*, n° 6, hiver 1988-89, p. 172-175.]

***

12 décembre 1988

# LETTRE À ROGER BRUGE

[…]

Les Polonais se refusent à autoriser tout prélèvement, quel qu'en soit la matière. Aussi Fred Leuchter ne leur a-t-il, bien entendu, demandé aucune autorisation et il s'est bien gardé de donner l'éveil aux autorités communistes. Dans le film vidéo, on le voit – et on l'entend ! – prélever des fragments de briques, de pierres, etc., ramper dans les ruines du Krema II…

Une autorité neutre et impartiale ? Il ne faut pas rêver ! Avez-vous visité ces camps, n'importe lequel de ces camps en Pologne, en Allemagne, en France, en Autriche ? On y monte bonne garde, croyez-moi.

Le rapport Leuchter ne sera certainement pas « à l'abri d'une contestation ». D'abord parce que tout est imparfait, tout se conteste et tout a ses zones d'ombre. Et puis il y a les erreurs.

On ne manquera pas de dire tout et n'importe quoi : que Leuchter n'est pas sorti d'une grande école, qu'il était payé par Zündel, qu'il a été recruté par R. Faurisson, qu'il a agi subrepticement, qu'il cherchait à gagner de l'argent, qu'il est antijuif, que les pénitenciers ne veulent plus de ses services… et qu'il travaille à la fois pour la CIA et le KGB.

Eh ben voyons !

Nous attendons toujours votre intervention en faveur du droit au doute et à la recherche.

J'ai pensé à vous en lisant le tome 8 d'Amouroux : à la p. 437, il parle de « ce camp [du Struthof] où étaient morts environ vingt mille déportés » [apparemment à la date du 10 septembre 1944].

Pour en revenir à Leuchter, ma réponse aux critiques à venir sera la suivante : « Si ce rapport ne vous plaît pas, établissez-en un vous-mêmes ! Et commencez par nous dire pourquoi de 1945 à 1988, vous n'en avez pas établi du tout (sauf pour des histoires de cheveux, de tuyaux…). »

Réponse orale de Smolen, responsable du camp : « Nous n'avons pas fait de véritables fouilles parce que, si nous ne trouvions pas de preuves de gazages, les juifs diraient que nous avons supprimé ces preuves. » À moi rapporté par le journaliste Michel Folco qui s'est rendu là-bas avec l'inénarrable Pressac.

# 1989

1er janvier 1989

## LE RÉVISIONNISME FRANÇAIS APRÈS LE RAPPORT LEUCHTER

Le rapport Leuchter (cent quatre-vingt-douze pages) a été déposé et commenté par son auteur les 20 et 21 avril 1988 devant un tribunal de Toronto (Canada) à l'occasion d'un procès intenté au révisionniste Ernst Zündel. Il émane d'un ingénieur de Boston, Fred Leuchter, spécialiste de la conception et de la construction de chambres à gaz destinées à l'exécution de condamnés à mort. Ce rapport technique conclut formellement qu'il n'a pas pu exister de chambres à gaz homicides à Auschwitz, à Birkenau et à Majdanek. Il contient les résultats d'une analyse, par un laboratoire américain, de trente-deux échantillons prélevés sur place.[329]

### *Par son importance historique ce rapport est comparable au rapport Khrouchtchev.*

Il prouve que les révisionnistes avaient raison.

Il confirme que les organisations juives et, en particulier, le Congrès juif mondial ont eu tort de cautionner le mythe des chambres à gaz et du génocide.

Les responsables de ces organisations ont été les mauvais bergers de la communauté juive mondiale. Aujourd'hui, cette dernière se trouve dans une impasse avec, devant elle, un mur infranchissable : celui du mensonge de l'Holocauste.

Il aurait fallu écouter les mises en garde d'un certain nombre d'individualités juives qui avaient eu la clairvoyance et le courage d'apporter sous diverses formes leur contribution à une révision de l'histoire de la seconde guerre mondiale. Dès 1968, Olga Wormser-Migot avait dénoncé l'existence de chambres à gaz purement mythiques. Edgar Morin, à diverses reprises, avait signalé qu'il fallait réexaminer la

---

329 *Engineering Report on the Alleged Gas Chambers at Auschwitz, Birkenau & Majdanek (Poland)*, Foreword by Dr Robert Faurisson, Institute for Historical Review, Costa Mesa, California, USA. Pour l'essentiel du rapport dans sa traduction française, voy. *Annales d'histoire révisionniste*, n° 5, p. 51-102.

question des chambres à gaz et se méfier, en la matière, des tabous et du sacré. Noam Chomsky était intervenu en faveur du droit au doute et à la recherche. Jean-Gabriel Cohn-Bendit avait pris le parti des révisionnistes sur les chambres à gaz. Gabor Tamas Rittersporn était intervenu volontairement aux côtés des révisionnistes assignés en justice par des organisations juives. Claude Karnoouh et Jacob Assous avaient affirmé, jusque devant un tribunal, leur ralliement à la cause révisionniste.

Les responsables des organisations et des institutions juives ont préféré user contre les révisionnistes, juifs et non juifs, de l'outrage verbal, de l'agression physique et de la répression policière et judiciaire. C'est ainsi qu'on a pu assassiner ou vitrioler les révisionnistes, les emprisonner, les priver de leur emploi, incendier leurs demeures, s'en prendre à leurs femmes ou à leurs enfants, les accabler de procès, de condamnations, de publications judiciaires au coût exorbitant, saisir leurs salaires, les acculer soit à la rétractation publique, soit même au suicide. Les médias, en la circonstance, ont multiplié les appels à la haine à l'égard des révisionnistes. Le 1er juillet 1987, la Fédération française des sociétés de journalistes, groupant plus de deux mille journalistes des trois principales chaînes de télévision ainsi que des plus importantes stations de radiodiffusion et des plus importants journaux, a lancé un appel à la répression judiciaire immédiate contre les révisionnistes. Sous la signature de Bruno Frappat, le journal *Le Monde* en a alors appelé à l'indignation générale contre les révisionnistes, ces « fortes têtes du mensonge et de la falsification », ces « gangsters de l'histoire ».[330]

Ces mêmes responsables des organisations et des institutions juives ont finalement vu se retourner contre eux leur arme favorite : la répression judiciaire.

Durant ces dix dernières années (1978-1988), leur tactique a consisté – et consiste encore – à refuser tout débat avec les révisionnistes, à leur interdire les médias et à les assigner en justice. Mais, comme devait le constater avec amertume Pierre Vidal-Naquet,

> « la répression judiciaire est une arme dangereuse et qui peut se retourner contre ceux qui la manient. »[331]

En France, les révisionnistes ont fini par ébranler les seules personnes devant lesquelles ils pouvaient s'exprimer : les magistrats. Tandis que les journalistes avaient tout loisir de persister dans une attitude qui revenait à condamner les révisionnistes sans même les entendre, les magistrats,

---

[330] *Le Monde,* 5-6 juillet 1987, p. 31.

[331] P. Vidal-Naquet, *Les Assassins de la mémoire*, p. 182.

eux, étaient bien obligés d'entendre les arguments des révisionnistes ; ainsi découvraient-ils peu à peu le vrai sens du révisionnisme, lequel n'a rien à voir avec le racisme ou une quelconque idéologie politique mais repose sur des travaux scientifiques et techniques.

Il faut reconnaître que jusqu'en 1982, c'est-à-dire à une époque où pour de multiples raisons les révisionnistes n'ont guère pu développer leur argumentation devant les magistrats, les condamnations judiciaires ont été particulièrement lourdes, mais l'année 1983 a vu le vent tourner.

Le changement de 1983 a surtout été marqué par un arrêt de la première chambre civile de la cour de Paris en date du 26 avril 1983. Ce jour-là, un long procès commencé en 1979 s'est terminé par un arrêt qui, de l'avis du même P. Vidal-Naquet,

> « a reconnu le sérieux du travail de Faurisson, ce qui est un comble, et ne l'a, en somme, condamné que pour avoir agi avec malveillance, en résumant ses thèses en slogans. »[332]

Par cet arrêt, *les magistrats sont allés jusqu'à garantir pour tout Français le droit de dire que les chambres à gaz sont un mensonge historique.* La décision était prise non pas en raison de la nécessité de la liberté d'expression mais vu le sérieux des recherches et des conclusions révisionnistes à propos de ce que la cour elle-même décidait d'appeler « le problème des chambres à gaz » : car il y avait un problème !

De la fin de 1983 à la fin de 1988, le mouvement allait s'accélérer. Passant à la contre-offensive, les révisionnistes obtenaient la condamnation du Recueil Dalloz Sirey (en première instance, en appel et en cassation). Eux qu'on avait accusés, sans preuves, d'être des falsificateurs, ils démontraient, preuves irréfutables à l'appui, que leurs adversaires, qui avaient trouvé refuge jusque dans les colonnes de la vénérable revue juridique, avaient gravement falsifié les textes (tout comme le journal *Le Monde* sur le même sujet).

Le 16 décembre 1987 éclatait un coup de tonnerre judiciaire. Pierre Guillaume, directeur des *AHR*, obtenait par une décision du tribunal de grande instance de Paris la mainlevée de l'interdiction prononcée en référé (et en catastrophe) par le juge Gérard Pluyette au moment du procès Barbie (mai 1987) contre le premier numéro de la nouvelle revue. Et, cette fois-ci, les magistrats allaient jusqu'à garantir le droit pour tout Français de dire que *non seulement les chambres à gaz mais aussi le génocide sont un mensonge historique* (à vrai dire, un seul et même mensonge puisque, aussi bien, crime spécifique et arme spécifique ne

---

332 *Ibid.*

peuvent aller l'un sans l'autre). Pour ces magistrats, il s'agissait là « de la libre expression des idées et des opinions et d'un débat public entre historiens ».

La qualité d'« historiens » reconnue aux auteurs révisionnistes et cette constatation d'un « débat public » semaient la consternation chez les exterminationnistes, lesquels décidaient d'interjeter appel.[333]

En 1988, à Paris, deux procureurs (MM. Bilger et Domingo) étaient successivement déboutés des plaintes qu'ils avaient déposées contre Pierre Guillaume pour diffamation raciale (jugements du 7 novembre et du 20 décembre).

Toujours en France, les hommes politiques, de droite ou de gauche, avaient fait jusqu'ici surenchère d'exterminationnisme. Le 20 septembre 1987, Charles Pasqua, alors ministre de l'Intérieur, avait affirmé que, s'il ne dépendait que de lui, « le professeur Faurisson irait en prison ». Le 2 avril 1988, Georges Sarre avait déposé au nom du groupe des députés socialistes une proposition de loi qui prévoyait contre les tenants des « thèses révisionnistes » une peine d'emprisonnement d'un mois à un an, une amende de 2.000 à 300.000 F et les frais afférents de publication judiciaire forcée. Cette « lex Faurissonia » serait revenue à créer une vérité officielle, protégée par la police et la justice françaises. Elle prouvait ingénument que, pour l'heure, les adversaires du révisionnisme reconnaissent se trouver devant un vide juridique. Les actions tentées au nom du gouvernement par le pouvoir en place ne sont que des coups de loterie : des procureurs, dont la plume est serve par définition, espèrent tomber sur des magistrats malléables.

Charles Pasqua et Georges Sarre observent maintenant un profil bas. Les journalistes sentent venir l'heure du changement : dans son *starting-block*, chacun attend qu'un audacieux confrère donne le signal du départ et accorde vraiment la parole à un révisionniste.

Les historiens français brillent par leur silence ou leur lâcheté, selon la tradition millénaire des historiens de cour.

Quant à la communauté juive, il va lui falloir exiger des comptes de ceux qui l'ont si effrontément trompée : les milliardaires de la souffrance et du *Shoah Business :* Élie Wiesel, Edgar Bronfman, Robert Maxwell, Samuel Pisar et tous autres.

Le révisionnisme, on l'a dit, « est la grande aventure intellectuelle de la fin de ce siècle ».

---

[333] La cour d'appel a, pour l'instant, pris une décision à surseoir vu que « le pénal tient le civil en l'état » et qu'on en est toujours à attendre les suites d'une plainte – biscornue – déposée en 1987 par un procureur d'Auch (Gers) contre le premier numéro des *AHR* pour… « apologie de crimes de guerre et propagation de fausses nouvelles ».

Pour ce qui est des adversaires du révisionnisme, où qu'ils se recrutent, ils passeront à l'histoire mais à la place, pour chacun, que leur assigneront les révisionnistes.

# 1989 MARQUERA-T-IL L'AN I DE LA RÉVOLUTION RÉVISIONNISTE ?

***

9 janvier 1989

## *Est-il normal qu'en France les révisionnistes ne puissent pas tenir de réunion publique ?*

Depuis plus de dix ans, je n'ai pas pu tenir en France une seule réunion publique sur le problème historique des chambres à gaz et du génocide.

« L'affaire Faurisson » a éclaté en novembre 1978. Pendant plus de dix ans, j'ai été, à l'exemple d'autres révisionnistes français, abreuvé d'outrages par la grande presse, accablé de procès par certaines associations, et victime de multiples agressions physiques. On ne me laisse plus exercer mon métier de professeur d'université parce qu'on se déclare incapable d'assurer ma sécurité. Il est arrivé qu'on saisisse mon salaire. On s'en est pris à ma femme et à mes enfants. Le journal *Le Monde* répète à satiété que je suis un faussaire, un nazi, un « gangster de l'histoire ». En décembre 1987, dans le grand amphithéâtre de la Sorbonne, Pierre Vidal-Naquet a traité les révisionnistes d'« excréments » tandis que Simone Veil les a traités de « clowns ». On n'a de scrupule ni à droite, ni à gauche. Charles Pasqua, ministre de l'Intérieur, a déclaré que ma place était en prison. Georges Sarre a déposé une proposition de loi condamnant à une peine d'emprisonnement d'un mois à un an et à une amende de 2.000 à 300.000 F les tenants des thèses révisionnistes.

Encore aujourd'hui, agressions, outrages et procès continuent.

Récemment, s'est créée une Association pour la défense de la libre recherche historique (ADLRH). Cette association, à laquelle je refuse d'adhérer pour des motifs d'ordre personnel, se donne pour tâche de permettre un débat public sur le problème des chambres à gaz et du génocide. Il importe de noter qu'à deux reprises les instances judiciaires ont déclaré légitime un débat sur ces questions (arrêt Grégoire du 26 avril 1983 et jugement Diet du 16 décembre 1987).

Peine perdue.

L'ADLRH a d'abord voulu tenir une réunion publique le 23 décembre 1988. Dès qu'il l'a su, *Le Canard enchaîné* a donné l'alerte et c'est ainsi que la salle a été refusée à l'association.

Quelques semaines plus tard, la même association a retenu une salle pour le 10 février 1989. Cette fois-ci, la LICRA de Jean Pierre-Bloch sonnait l'alerte et publiait une protestation dans *Le Monde*. Le propriétaire de la salle, devant le flot des menaces (en particulier, des menaces de mort), décidait de retirer la salle.

En France, *Le Canard enchaîné, Le Monde* et la LICRA de Jean Pierre-Bloch ont toujours été à la pointe du combat contre les révisionnistes.

Les antirévisionnistes manifestent une anxiété croissante. Ils redoutent qu'un jour ou l'autre le grand public ne découvre l'existence du « rapport Leuchter », du nom de cet ingénieur américain dont l'étude, présentée devant le tribunal de Toronto les 20 et 21 avril 1988, vient de prouver péremptoirement qu'il n'a pas pu exister de chambre à gaz homicide à Auschwitz, à Birkenau et à Majdanek.

Le 26 avril 1983, la première chambre civile, section A, de la cour d'appel de Paris rendait un arrêt sur ce qu'elle appelait elle-même « le problème des chambres à gaz ». Considérant le sérieux des travaux de M. Faurisson sur le sujet, elle concluait :

> « La valeur des conclusions défendues par M. Faurisson relève DONC de la seule appréciation des experts, des historiens et du public. »

Le 16 décembre 1987, la première chambre, 1ère section, du tribunal de grande instance de Paris prononçait un jugement sur, disait-elle, « le premier numéro des *AHR* consacré à [la] négation de l'existence du génocide juif. » Attendu que l'exposé des thèses révisionnistes relevait à ses yeux « de la libre expression des idées et des opinions et d'un débat public entre historiens », elle concluait :

> « Le Tribunal n'a pas, en l'état, à exercer un contrôle sur une discussion de cette nature. »

On se rappellera enfin deux déclarations, bien connues, sur la liberté d'expression :

1. « Nul ne doit être inquiété pour ses opinions, même religieuses, pourvu que leur manifestation ne trouble pas l'ordre public établi par la loi. La libre communication des idées et des opinions est un des droits les plus précieux de l'homme. Tout citoyen peut donc parler, écrire, imprimer librement, sauf à répondre de l'abus de cette liberté, dans les cas déterminés par la loi. »[334]

2. « Tout individu a droit à la liberté d'opinion et d'expression, ce qui implique le droit ne pas être inquiété pour ses opinions et celui de chercher, de recevoir et de répandre sans considération de frontières, les informations et les idées par quelque moyen d'expression que ce soit. »[335]

Il convient de souligner que, dans ces dernières années et sous l'impulsion de son président, l'avocat Yves Jouffa, la Ligue [française] des droits de l'homme s'est portée en tête de la répression judiciaire et extra-judiciaire contre les révisionnistes.

***

13 janvier 1989

## *Lettre à Henri Amouroux*

Dans votre huitième volume de *La Grande Histoire des Français sous l'occupation,* paru en octobre 1988, j'ai reconnu la trace de pas mal d'informations que je vous avais communiquées du début de 1977 au début de 1988 et pourtant mon nom n'apparaît pas parmi les cinq cent soixante-quinze noms de personnes que vous remerciez à la fin de votre livre pour l'aide qu'elles vous ont apportée.

Puis-je me permettre de vous demander pourquoi ?

Ce n'est, en particulier, pas sans mal et sans risque que je m'étais procuré, par exemple, le document que vous reproduisez partiellement à la page 481. Les informations chiffrées sur les exécutions sommaires du maquis Bernard et du maquis Chabanne, c'est à moi que vous les devez. Elles vous servent d'ailleurs peut-être de levier d'Archimède pour obtenir ou essayer d'obtenir auprès de l'Institut d'histoire du temps présent accès aux fameuses archives dont je vous parlais pour la suite de vos travaux.

---

[334] *Déclaration des droits de l'homme et du citoyen*, 26 août 1789, articles X et XI.

[335] *Déclaration universelle des droits de l'homme*, 10 décembre 1948, article 19.

Je me réserve de vous fournir, le moment venu, une fiche de lecture de votre livre. D'ores et déjà, je voudrais vous mettre en garde contre les erreurs suivantes :

- à la page 23, vous donnez un aperçu erroné du décret « NN » (*Nomen Nescio* ), couramment appelé le décret « *Nacht und Nebel* » ; les appellations ne sont peut-être pas d'une grande importance mais c'est le contenu du décret et sa mise en pratique qui comptent le plus et, en l'espèce, je ne vois pas qu'on puisse reprocher à Keitel une décision et une pratique qui sont communes, je pense, à toutes les armées du monde qui, dans le territoire qu'elles occupent, cherchent à protéger la vie de leurs soldats ou de leurs fonctionnaires contre les actions des « francs-tireurs », des « résistants » ou des « terroristes » ;
- à la page 437, vous qualifiez le camp du Struthof de « camp d'extermination » ; cette dénomination, je crois vous l'avoir dit, contient un jugement de valeur et implique que les Allemands pratiquaient une politique d'extermination dans ce camp ou dans d'autres camps ; or, il s'agit là d'une accusation non fondée et même controuvée par une abondance de faits et de documents (rappelez-vous ma courbe de mortalité du camp de Dachau, aussi).

Vous dites qu'au Struthof « étaient morts environ vingt mille déportés » (voulez-vous dire à la date du 10 septembre 1944, déjà ?). Or, dans un mot que je vous avais adressé le 3 juin 1986, je vous avais déjà mis en garde contre cette exagération et je vous avais dit que, dans l'acte d'accusation du lieutenant-colonel Guyon contre les gardiens du camp, il était question de près de trois mille morts. À la page 13, il est exactement dit :

> « En trois ans et demi d'existence, le camp du Struthof qui est à classer parmi les plus redoutables, a été le tombeau de deux mille cent cinquante-six victimes dénombrées, abstraction faite d'une trentaine d'exécutions clandestines et de tous les Russes, Polonais, juifs, décédés entre mi-septembre 1943 et le 29 mai 1944. Le nombre des décès doit approcher de trois mille. L'effectif moyen des déportés pendant la même période a été de 1983. »

À propos du réseau Alliance vous rapportez une affirmation de Mme Marie-Madeleine Fourcade comme s'il s'agissait d'une vérité historique.

J'ai un assez bon dossier du Struthof et, en particulier, de sa « chambre à gaz ».

***

Printemps 1989

# *Les écritures d'Anne Frank*

Une récente découverte vient de remettre au premier plan le problème de l'authenticité du *Journal* d'Anne Frank et cela au moment même où les défenseurs de la thèse de l'authenticité pensaient avoir marqué un point avec la publication dite « scientifique » de ce journal par le RIOD : *Rijksinstituut voor Oorlogsdocumentatie* (Institut d'État pour la documentation de guerre) d'Amsterdam.

Avant d'en venir à cette découverte, je voudrais rappeler comment, à la fin des années soixante-dix, j'ai été conduit à penser que le *Journal* n'était pas dû à la fillette mais à son père, Otto Heinrich Frank (mort en 1980), peut-être en collaboration avec une amie hollandaise.

En 1978, dans une étude destinée à un avocat allemand qui défendait Ernst Römer, coupable d'avoir manifesté un doute quant à l'authenticité du *Journal,* j'avais exposé mes arguments qui, pour l'essentiel, étaient de l'ordre de la critique interne. J'avais découvert dans la version originale hollandaise d'incroyables absurdités physiques tout au long d'un récit auquel on nous demandait de croire comme à une expérience vécue. J'avais aussi visité, étudié et photographié la « Maison Anne Frank » à Amsterdam et j'y avais noté d'autres impossibilités physiques. Je m'étais rendu à Bâle pour y interroger longuement Otto Heinrich Frank et là je m'étais rendu compte que j'avais affaire à un trompeur, au demeurant plein de charme et très habile à circonvenir ses auditeurs. Enfin, j'avais remarqué qu'Otto Heinrich Frank se portait garant aussi bien de la version hollandaise que de la version allemande ; or, ces deux versions sont à ce point contradictoires qu'il n'est pas exagéré de dire qu'elles présentent deux Anne Frank radicalement différentes : dans un cas on a affaire à une fillette un peu niaise et, dans l'autre cas, à un bas-bleu d'une stupéfiante érudition et aux mœurs délurées. La version allemande avait été manifestement fabriquée, avec la collaboration d'une Allemande, pour un public allemand et dans l'intention d'appâter un peu plus la clientèle germanique.

Sur requête du tribunal qui avait à juger le cas d'Ernst Römer, le laboratoire de la police fédérale, sis à Wiesbaden, entreprenait une analyse chimique de l'encre et du papier du manuscrit. Sa conclusion, publiée en 1980, laissait apparaître que des corrections avaient été portées sur l'ensemble appelé « feuilles mobiles »

> « à l'encre bleu-noir, rouge et au crayon, mais en partie aussi à l'encre de stylo à bille noire, verte et bleue. Les encres de stylo à

bille de ce type ne sont apparues sur le marché que depuis l'année 1951. »

Le rapport d'expertise ajoutait :

> « On peut exclure avec certitude que les corrections effectuées à l'encre de stylo à bille sur les feuilles mobiles ont été apportées avant 1951. »

Une expertise d'écriture remontant à 1961 avait conclu que l'écriture de tout le manuscrit, y compris les ajouts et les corrections, était de la même main. Du rapprochement entre l'expertise chimique et l'expertise d'écriture, il fallait donc conclure que la personne qui avait rédigé le manuscrit du journal vivait encore dans les années cinquante ; or, Anne était morte du typhus en mars 1945 au camp de Bergen-Belsen, peu après sa sœur Margot.

En 1980, la version française de mon étude du *Journal* était publiée dans l'ouvrage de Serge Thion intitulé *Vérité historique ou vérité politique ?* Pierre Vidal-Naquet la commentait en ces termes :

> « Il arrive d'ailleurs à Faurisson d'avoir raison. J'ai dit publiquement et je répète ici que, lorsqu'il montre que le journal d'Anne Frank est un texte trafiqué, il n'a peut-être pas raison dans tous les détails, il a certainement raison en gros et une expertise du tribunal de Hambourg vient de montrer qu'effectivement ce texte avait été pour le moins remanié après la guerre, puisque utilisant des stylos à bille qui n'ont fait leur apparition qu'en 1951. Ceci est net, clair et précis. »[336]

Je ne m'étais pas attardé à l'analyse de l'écriture ou des écritures que l'on nous donnait pour être celle(s) d'Anne Frank. Dans mon ouvrage, je m'étais contenté de reproduire deux spécimens qui, aux yeux du profane que j'étais en la matière, ne paraissaient pas pouvoir provenir de la même personne, d'autant moins qu'une écriture d'apparence « adulte », datée du 12 juin 1942, était suivie quatre mois plus tard, le 10 octobre 1942, d'une écriture d'apparence « enfantine ».

Alarmé par le scepticisme grandissant au sujet de l'authenticité du *Journal,* l'Institut d'Amsterdam pour la documentation de guerre faisait savoir qu'une édition complète et non remaniée serait publiée par ses

---

336 P. Vidal-Naquet, Interview dans *Regards,* hebdomadaire du Centre communautaire laïc juif de Bruxelles, 7 novembre 1980, p. 11.

soins et qu'une expertise technique établirait la bonne foi du père d'Anne Frank.

Les préparatifs allaient se révéler laborieux et il ne fallut pas moins de six ans pour voir paraître l'édition tant attendue et remise d'année en année. En 1986 parut l'édition hollandaise et en 1988 l'édition allemande. Nous en sommes toujours à attendre la traduction française. Le moment venu, je confronterai les trois textes comme je l'avais fait pour les trois anciens textes dans les années soixante-dix. Je rouvrirai alors le dossier Anne Frank.

Dans l'ouvrage « scientifique » de 1986, je tombais en arrêt devant la photographie d'une lettre censée avoir été écrite par Anne le 30 juillet 1941 alors que la fillette n'avait qu'un peu plus de 12 ans. Cette écriture « adulte » ressemblait à l'écriture « adulte » du 12 juin 1942 alors qu'Anne avait exactement 13 ans. En quelque sorte, le RIOD répliquait aux sceptiques qu'il ne fallait pas s'étonner d'une telle écriture à l'âge de 13 ans vu qu'on avait la preuve qu'à 12 ans Anne Frank écrivait déjà de cette façon.

En juillet 1988 éclatait dans la presse du monde entier une nouvelle à sensation : on venait de découvrir tout à fait par hasard deux lettres et une carte postale rédigées par Anne Frank et sa sœur Margot en 1940, un mois avant l'occupation d'Amsterdam par les Allemands. Margot, qui avait alors 14 ans, et Anne, qui avait 11 ans, avaient envoyé les lettres et la carte postale à deux correspondantes américaines du même âge, résidant dans une ferme de l'Iowa : Betty Ann et Juanita Wagner, aujourd'hui âgées de 63 et de 59 ans.

L'ensemble était authentifié par J. F. Westra, directeur de la « Fondation Anne Frank » d'Amsterdam.

J'ignore comment il a été possible d'authentifier ainsi la lettre signée « Annelies Marie Frank ». L'écriture me paraît radicalement différente des écritures jusqu'ici attribuées à Anne Frank. Mais, encore une fois, je ne suis qu'un profane en la matière et, pour terminer, je me contenterai de reproduire ci-dessous quatre spécimens d'écriture qui s'étalent sur une période de deux ans et demi et je demande aux spécialistes si on peut attribuer ces quatre écritures à la même fillette aux âges suivants : presque 11 ans, plus de 12 ans, exactement 13 ans et un peu plus de 13 ans.

Le 25 octobre 1988, un acheteur anonyme emportait pour 150.000 dollars, dans une vente aux enchères de Swann Galleries à New York, les deux lettres, la carte postale, deux petites photos-passeport de Margot et d'Anne ainsi qu'une enveloppe d'expédition partie d'Amsterdam. Selon ses déclarations, il remettrait le tout au « Simon Wiesenthal Center » de Los Angeles.

– Spécimen n° 1. 29 avril 1940. Anne avait presque 11 ans. Source : *The New York Times,* 22 juillet 1988, p. A1.

– Spécimen n° 2. 30 juillet 1941. Anne avait un peu plus de 12 ans. Source : *De Dagboeken van Anne Frank,* Amsterdam, RIOD, p. 126.

– Spécimen n° 3. 12 juin 1942. Anne avait exactement 13 ans. Source : *Journal de Anne Frank,* Calmann-Lévy, 1950, hors-texte.

– Spécimen n° 4. 10 octobre 1942. Anne avait un peu plus de 13 ans. Source : *Journal de Anne Frank,* Livre de Poche, 1975, hors-texte.

Annelies Marie Frank est née le 12 juin 1929 à Francfort.

[Publié dans les *AHR*, n° 7, printemps-été 1989, p. 45-50. Pour les fac-similés d'écriture, voy. le cahier photographique, à paraître.]

***

Printemps 1989

# LE RÉVISIONNISME DEVANT LES TRIBUNAUX FRANÇAIS PREMIÈRE PARTIE : 1979-1983

*(Communication présentée à la cinquième conférence internationale révisionniste, septembre 1983, et publiée en anglais dans* The Journal of Historical Review, *été 1985, p. 33-181)*

Pendant quatre ans (1979-1983), nous avons, mon éditeur Pierre Guillaume, ses amis et moi-même affronté des difficultés considérables en raison de notre opinion commune sur le mythe des chambres à gaz et du génocide. Parmi ces difficultés figure au premier plan la répression judiciaire. Cette répression n'est d'ailleurs pas terminée. Pour prendre une image, nous avons été pendant ces quatre années de lutte comme des nageurs qui nageaient à contre-courant. Nos forces, par moments, étaient tellement faibles par rapport à la force des éléments, que nous aurions dû raisonnablement abandonner la lutte. Nous suffoquions. Nous n'en pouvions plus. Nous avions l'impression que notre entreprise était aussi désespérée que celle d'un nageur qui, comme le dit Céline, voudrait remonter le Niagara à la nage.

Nous étions attaqués en justice par des forces impressionnantes. Nous aurions peut-être dû adopter une attitude de pure défense. Au lieu de cela, estimant que la meilleure des défenses est l'attaque, nous contre-attaquions. Nous faisions des procès à ceux qui nous faisaient des procès. Parfois, nous aggravions notre cas par des déclarations ou des initiatives qui nous attiraient de nouveaux ennuis.

Je ne parlerai ici que des trois principaux procès qui nous ont été intentés : un procès civil et deux procès pénaux. Le procès civil m'a été intenté pour un « dommage à autrui » que j'aurais causé par une prétendue « falsification de l'histoire ». Le premier des deux procès pénaux nous a été intenté, à mon éditeur et à moi-même, par Léon Poliakov pour diffamation. L'autre procès pénal m'a été intenté pour diffamation raciale et pour incitation à la haine raciale en raison d'une phrase de soixante mots que j'ai prononcée sur les ondes d'*Europe n°1* le 17 décembre 1980.

Le plus important de ces procès est le procès civil. Il touchait à la question de fond, une question tabou : celle de la réalité ou non des chambres à gaz et du génocide. La question corollaire était : Faurisson, qui soutient qu'il s'agit là d'un seul et même mensonge historique, est-il lui-même un menteur, un faussaire, un falsificateur ?

La réponse des magistrats à cette question a été claire et elle ne souffre aucun malentendu.

Jamais, je dis bien jamais, un tribunal quelconque ne m'a condamné pour falsification de l'histoire ou pour un motif approchant, et même, en fin de compte, la cour d'appel de Paris, dans son arrêt du 26 avril 1983, a rendu hommage au sérieux de mes recherches sur le problème des chambres à gaz. En raison directe du sérieux de ces recherches elle a prononcé :

> « La valeur des conclusions défendues par M. Faurisson [sur le problème des chambres à gaz] relève **donc** de la seule appréciation des experts, des historiens et du public. »

Gitta Sereny Honeyman, qui a assisté à mes procès, a osé écrire et insisté sur le fait que j'avais été condamné pour falsification de l'histoire. C'est là de sa part un froid mensonge.[337]

Je parlerai assez longuement du procès civil, qui a duré quatre ans et qui s'est donc terminé le 26 avril 1983 devant la première chambre de la cour d'appel de Paris. J'ai été effectivement condamné pour « dommage à autrui », mais nullement dans le sens où l'auraient souhaité mes

337 G. Sereny Honeyman, « The Judgment of History »: « Long-standing notions about academic freedom have been challenged by this month's conviction of a French writer for "falsifying history". [...] Two Paris courts found Robert Faurisson [...] guilty of libel, provocation to hate, incitement to murder, and falsification of history [...] falsification of history. » (p. 16) « The 17-page judgment which finds that he "falsified history" » (p. 19). Voy. aussi *Searchlight,* vol. X, 1981, « Revisionism. The Myths and the Lies »: « As an MRAP spokesman put it, 'It is a simple fact that the Holocaust happened and that Faurisson is a falsifier of history'. The court agreed [...] » (p. 12).

adversaires. Loin de me considérer comme un falsificateur ou un menteur, la cour d'appel de Paris a écrit ces mots à mon propos :

> « Personne ne peut, en l'état, le convaincre de mensonge… »

Je replacerai tout à l'heure ces mots dans leur contexte. En attendant, je dédie ces mots à Gitta Sereny Honeyman, à Pierre Vidal-Naquet, à Georges Wellers, à Léon Poliakov et à quelques autres exterminationnistes français et étrangers ; je pense qu'ils seraient heureux qu'un tribunal français puisse en dire autant à leur propos. Ce n'est pas moi qui ai eu l'idée de demander à un tribunal de se prononcer en matière d'histoire. Ce sont eux et leurs puissants amis qui ont pris cette initiative. Il est normal que ces gens récoltent les fruits de ce qu'ils ont semé. Pendant quatre ans ils se sont évertués à me convaincre de mensonge et, au bout de quatre ans, les magistrats leur ont, en quelque sorte, répondu : « Vous vous plaignez de ce professeur. Vous dites qu'il vous a fait du tort. Soit ! Il vous a fait du tort, et c'est pourquoi nous le condamnons. Il vous a fait du tort de toutes les façons que vous voudrez, mais certainement pas en mentant. Il est tout ce que vous voudrez, mais, sur la question des chambres à gaz, il n'est certainement ni un menteur ni un falsificateur. Il est un chercheur sérieux. Nous en concluons que tout Français doit se voir garantir le droit d'affirmer que ces chambres à gaz n'ont pas existé ».

Le résultat de ces trois procès a été paradoxal : on m'a à chaque fois condamné et mes adversaires ont obtenu le droit de publier à mes frais, comme c'est l'usage, les textes de mes condamnations ; cependant, ces textes n'ont jamais été publiés à l'exception d'un jugement et d'un arrêt, aux frais d'ailleurs de mes adversaires, non sans de graves falsifications sur les points qui ne répondaient pas à leur attente. À chaque fois leurs victoires n'ont été que des victoires à la Pyrrhus.

# *I. Le procès civil*

## *1. Ce que disaient mes accusateurs*

Mes accusateurs formaient un ensemble de neuf associations. La première de ces associations était la LICRA, présidée par M. Jean Pierre-Bloch. La deuxième était le MRAP, présidé par M. Pierre Paraf. Parmi les sept autres associations se trouvaient, en particulier, l'Amicale des Déportés d'Auschwitz et des Camps de Haute-Silésie, présidée par Mme Marie-Élisa Cohen, et l'Association des fils et filles des déportés juifs de

France, présidée par M. Serge Klarsfeld. L'initiative de ce procès a été prise et conservée par la LICRA. M. Jean Pierre-Bloch en faisait une affaire personnelle et la LICRA aurait, d'après une déclaration de son président, investi des sommes très importantes dans ce procès-marathon. Pour ne prendre que cet exemple, la LICRA, constatant sans doute que ses amis de France et de l'étranger étaient incapables de lui fournir pour le procès une preuve de l'existence des chambres à gaz, avait envoyé en Pologne et à Jérusalem ses trois meilleurs avocats (sous la houlette de Me Robert Badinter). Mais ces trois pèlerins sont revenus de leur pèlerinage sans la preuve recherchée. Robert Badinter a plaidé contre moi en première instance ; après quoi il est devenu le ministre de la justice de François Mitterrand. Dès lors, nous n'avons pu entendre sa voix que par l'intermédiaire des différents représentants du ministère public dans nos différents procès. Robert Badinter a manifesté à notre égard une hostilité fébrile.

Selon mes accusateurs, j'étais un faussaire, un falsificateur, un menteur ; j'avais utilisé un habile mécanisme falsificateur ; j'avais falsifié des traductions ; j'avais dénaturé des faits historiques ; j'avais écarté des documents qui contredisaient ma thèse ; j'avais utilisé des arguments techniques fallacieux. Cependant, toutes ces accusations restaient aussi vagues que péremptoires. Sur deux points seulement mes accusateurs étaient relativement précis. Selon eux, j'avais :

1) volontairement tronqué certains témoignages tels que celui de Johann-Paul Kremer (il s'agit de ce professeur de médecine qui avait été mobilisé pendant quelque temps comme médecin au camp d'Auschwitz) ;
2) écarté sans justification sérieuse un certain nombre de preuves retenues jusqu'alors par des instances judiciaires nationales et internationales.

## *2. Le jugement de première instance*

Le 8 juillet 1981, le tribunal de grande instance de Paris rendait son jugement. Il me condamnait pour « dommage à autrui ». La question était de savoir si j'avais commis ce dommage par le fait d'une falsification de l'histoire. Cette formule de « falsification de l'histoire » n'existe pas dans la loi française, mais le tribunal aurait pu reprendre à son compte cette invention lexicale de la LICRA. Il ne l'a pas fait, sinon pour dire qu'il n'avait pas à rechercher si ce que j'avais écrit, en particulier dans *Le Monde* (29 décembre 1978 et 16 janvier 1979), constituait ou non une falsification de l'histoire. Sur le point essentiel de leurs accusations, mes adversaires n'obtenaient donc pas satisfaction. Néanmoins, le reste du jugement pouvait les satisfaire. Les juges disaient que, par une sorte de jeu intellectuel, je m'étais amusé à tout nier. Par ce jeu d'une négation systématique je m'étais révélé comme un universitaire d'une légèreté coupable. Par ailleurs, le tribunal estimait que j'avais manqué de prudence, de circonspection objective et de neutralité intellectuelle, en ce sens que j'avais, d'une manière irresponsable, traité trop tôt d'un problème historique trop récent, trop douloureux, trop brûlant. J'aurais dû attendre que le temps fasse son œuvre et calme les esprits. Enfin, le tribunal m'adressait un reproche plus curieux encore. Il n'allait pas jusqu'à dire que je m'étais rendu coupable d'apologie des crimes de guerre ou d'incitation à la haine raciale, mais il disait que j'avais laissé d'autres personnes – il ne précisait pas lesquelles – se servir de ma thèse révisionniste en vue de l'apologie des crimes de guerre ou d'incitation à la haine raciale. Le tribunal précisait même que j'avais fait cela

> « avec une légèreté insigne mais avec une conscience claire. »

Pour ma part, j'avoue que je ne saisis pas bien comment on peut concilier « une légèreté insigne » avec « une conscience claire », surtout quand il s'agit non pas de tomber soi-même dans le péché mais d'aider des inconnus à tomber dans un péché où l'on n'est pas soi-même tombé.

[Ce jugement, dont la rédaction est de M. Pierre Drai, créait donc en France un nouveau type de délit civil (et non pénal) : l'apologie **indirecte** des crimes de guerre et l'incitation **indirecte** à la haine raciale **par l'effet d'une légèreté insigne accompagnée d'une conscience claire.]** Je me permets de penser que, si de pareils juges avaient cru pouvoir déceler chez moi, au lieu d'une âme légèrement diabolique, la preuve tangible d'un quelconque mensonge ou d'une quelconque falsification, ils se seraient empressés de montrer cette preuve, de la souligner et de la condamner en des termes compréhensibles pour tout le monde.

[Il existe en France un vénérable recueil juridique qui s'appelle le *Recueil Dalloz-Sirey.* On y trouve habituellement les textes des jugements les plus intéressants. Les textes sont reproduits avec une exactitude scrupuleuse et, si jamais une coupure est introduite dans un texte, le fait est soigneusement signalé. Après chaque texte se trouve un commentaire. Ces commentaires sont normalement empreints d'une certaine gravité propre au monde judiciaire. Dans mon cas, le vénérable recueil a innové : il a – à plusieurs reprises et de la façon la plus cynique – gravement dénaturé le texte du jugement du 8 juillet 1981 ; quant au commentaire, il a été signé d'un avocat à la cour de Paris du nom de Bernard Edelman. Ce commentaire d'un ami de Pierre Vidal-Naquet est bien ce que j'ai lu de plus insultant sur ma personne. C'est simple : pour

Bernard Edelman, ce jugement prouvait que Faurisson pratiquait la « méthode du mensonge absolu » : « il mentait à tout le monde ». — Nous sommes en procès contre le directeur du *Recueil Dalloz-Sirey*.]

### *3. Le déroulement du procès en cour d'appel*

Je décidais de faire appel du jugement du 8 juillet 1981. Dix-huit mois plus tard, l'affaire était plaidée devant la première chambre de la cour d'appel de Paris.

La salle de la cour d'appel où allait se dérouler notre affaire était celle même où le maréchal Pétain avait été jugé en première et dernière instance, sans appel possible. Juste après la guerre, du temps où j'étais étudiant à la Sorbonne, j'étais venu là assister à quelques procès dits de « collaborateurs ». Je n'éprouvais pas de sympathie pour les collaborateurs (et j'avais été élevé dans la haine de l'Allemagne). Mais, peu à peu, je m'étonnais du genre de justice qu'on prétendait leur appliquer. Je ne m'étendrai pas sur ce point. Je n'ai pas le temps de détailler ce qui s'est passé dans cette impressionnante salle les 13 et 14 décembre 1982. Il y avait un contraste frappant entre nos avocats et ceux de la partie adverse. J'avais deux avocats : Me Éric Delcroix, réputé de droite, et Me Yvon Chotard, ami personnel de Jean-Gabriel Cohn-Bendit et réputé de gauche. Un troisième avocat, Me François Berthout, représentait les sept personnes qui s'étaient courageusement portées à mes côtés comme « intervenants volontaires » ; ces personnes, toutes de gauche, étaient, pour certaines d'entre elles, d'origine juive ; deux des sept intervenants appartenaient au CNRS (Centre national de la recherche scientifique). Ce point a toujours inquiété Gitta Sereny Honeyman qui a écrit :

> « Ce qu'il y a de curieux avec Faurisson, c'est qu'il a réussi à obtenir le concours actif de la Gauche. »[338]

Un autre point, à vrai dire secondaire, inquiétait aussi cette dame. Ce point, le voici :

> « Au Palais de Justice de Paris, Faurisson et ses amis étaient entourés d'acolytes jeunes, passionnés et même attrayants. »[339]

---

[338] G. Sereny Honeyman, « The Judgment of History », p. 16.

[339] *Id.*, p. 17.

Les avocats de la partie adverse (je rappelle qu'il y avait neuf associations coalisées) offraient le spectacle d'une foule de robes noires surmontées par des visages manifestement anxieux. Ils avaient déposé des conclusions écrites d'une grande pauvreté et ils ne pouvaient que le sentir. De notre côté, nous avions déposé des conclusions écrites quatre fois plus longues qu'il n'est d'usage, et solidement charpentées. Nous avions également mis à la disposition de la cour mon *Mémoire en défense contre ceux qui m'accusent de falsifier l'histoire* et une vidéo-cassette sur « Le problème des chambres à gaz ». Alors que la procédure civile, en France, est essentiellement écrite et que l'intéressé n'a pas le droit, en principe, à la parole, j'avais fait demander à être entendu et interrogé. Malheureusement, la cour n'allait pas juger utile de visionner la cassette ni de m'interroger. Depuis quatre ans, nous avions eu le temps de prendre la mesure de l'extrême faiblesse historique et scientifique de la partie adverse. Nous avions été amenés, pour faire apparaître cette faiblesse, à dire et à répéter que, ce que nous attendions de la partie adverse, se réduisait à ce :

1) qu'elle présente aux magistrats une preuve, une seule preuve de l'existence d'une seule chambre à gaz homicide ;
2) qu'elle fournisse un exemple, un seul exemple de falsification de ma part.

Nous ne voulions surtout pas d'une prétendue abondance de preuves ou d'exemples. Nous n'attendions qu'une preuve et qu'un exemple. Cette exigence revenait comme un leitmotiv : « Une seule preuve, un seul exemple ». Les avocats de la partie adverse en étaient paralysés dans leurs mouvements. Ils savaient que les magistrats de la cour attendaient, eux aussi, cette seule preuve et ce seul exemple. Tout le reste allait apparaître comme du vide et du vent. Le cou tendu, les trois magistrats de la cour attendaient la seule preuve, le seul exemple. Nos avocats attendaient. Nous attendions. La salle attendait la seule preuve et le seul exemple. Une telle attente durant deux après-midi entières a un effet dévastateur. Un fils de Simone Veil, avocat de l'une des neuf associations, était accablé et passait le plus clair de son temps à citer dans sa plaidoirie des extraits de mes écrits ; on aurait pu croire qu'il plaidait pour moi. Une succession d'autres avocats venaient débiter des propos sans conviction. Un seul arrivait à construire sa plaidoirie : Me Immerglik. Son argumentation était la suivante : « En Allemagne, il n'y a pas de pitié pour des gens tels que Faurisson ; on les frappe comme ils le méritent et ainsi on les élimine ; frappez Faurisson ; éliminez-le ». Puis vint le tour de Me Bernard Jouanneau, qui était le ténor de la LICRA en l'absence de Robert Badinter – devenu ministre. Dans le procès Poliakov, Me Jouanneau s'était tourné vers moi et s'était écrié : « M. Faurisson, vous hantez mes nuits ! » Devant la cour d'appel il allait commencer sa plaidoirie en ces termes :

> « Faurisson ! Ah ! Encore Faurisson ! À la maison, mes enfants me demandent : "Mais quand donc aurons-nous fini d'entendre parler de Faurisson ?" »

Me Jouanneau allait parler pendant deux heures. On attendait la preuve et on attendait l'exemple. D'exemple de falsification, il ne chercha même pas à en proposer. Quant à la preuve de l'existence d'une seule chambre à gaz, il en présenta plusieurs mais en ajoutant à chaque fois sur un ton plaintif : « Oui. Je sais. Vous me direz que ce n'est pas vraiment une preuve ». La fin de la plaidoirie allait marquer cette journée d'une note dramatique ou mélodramatique. Me Jouanneau, accablé, baissait de plus en plus le ton ; il donnait l'impression qu'il allait éclater en larmes ; c'est effectivement ce qui se passa : sa dernière phrase fut :

> « En tout cas, pour moi, c'en est fini de l'affaire Faurisson. »

Sortant de la salle, il s'effondrait en larmes sur l'épaule d'un confrère. On dut faire venir sa femme. À ce moment-là, je me rappelais ce que nous avions dit dans nos conclusions de quarante-quatre pages : nous avions décrit par avance le drame des avocats de la LICRA. À l'origine, ces gens croyaient partir en croisade contre des impies. Ils étaient sûrs de leur bonne cause. Ils étaient convaincus que les preuves et les témoignages leur arriveraient en foule. Peu à peu, ils s'étaient retrouvés tout seuls, en rase campagne, avec une foule de papiers sans valeur, des traductions que leurs propres amis avaient falsifiées, des photographies qui ne prouvaient rien, des témoignages écrits inconsistants et pas un seul témoin prêt à venir témoigner de l'existence des chambres à gaz, pas même Filip Müller, l'auteur d'un livre qui, dans sa version française, porte le titre suivant : *Trois Ans dans une chambre à gaz d'Auschwitz,* préface de Claude Lanzmann.

L'avocat général, Mme Flipo, demandait deux mois pour soumettre ses réquisitions. Elle représentait son ministre, Robert Badinter. Elle prenait la parole le 15 février 1983. Renonçant à toute tentative d'argumentation, Madame Flipo se laissait aller à des développements lyriques. Elle évoquait la canonisation du Père Kolbe, l'agenouillement de Willy Brandt à Varsovie et, pour terminer, elle citait Élie Wiesel. Voici sa péroraison :

> « Élie Wiesel qui fut, avec Samuel Pisar, le plus jeune rescapé des camps, a écrit : “Après la nuit et l’aube, le jour se lève : les morts cherchent des cœurs ouverts, qui les accueillent et soient leurs messagers.” »

Et Mme Flipo, se tournant vers la cour, ajoutait pour finir :

> « Soyons ces messagers-là. »

La cour, elle aussi, demandait deux mois pour rendre son arrêt.

## *4. L’arrêt de la cour d’appel (26 avril 1983)*

Le 26 avril 1983, la première chambre de la cour d’appel de Paris rendait son arrêt. Elle confirmait le jugement du tribunal de première instance, mais en réformant à tel point les motifs de ma condamnation que j’accepterais d’être dix fois condamné de cette façon, si je devais être dix fois condamné sur la demande de la LICRA. Je n’entrerai pas dans le détail de cet arrêt. Mon éditeur Pierre Guillaume a publié une brochure intitulée *Épilogue judiciaire de l’affaire Faurisson.* On peut y trouver le texte intégral de l’arrêt ainsi qu’une analyse commentée des dix alinéas essentiels de cet arrêt : cinq alinéas sont pour et cinq alinéas sont contre la thèse révisionniste, telle que les magistrats l’ont comprise et interprétée.

*Cinq alinéas en faveur de la thèse révisionniste*

Le tribunal de première instance avait posé l’existence des chambres à gaz comme une sorte de réalité implicite et il ne s’était pas interrogé un seul instant sur le crédit qu’il convient d’accorder aux témoignages de ceux qui prétendent que les chambres à gaz ont existé. La cour d’appel procède tout autrement. En effet, non seulement elle se pose la question de savoir si les chambres à gaz ont existé, mais elle se demande quelle valeur accorder aux témoignages multiples de l’existence de celles-ci.

Elle commence par une phrase sacrilège. Utilisant une formulation dubitative et le mode conditionnel, la cour écrit :

> « Les recherches de M. Faurisson ont porté sur l’existence des chambres à gaz qui, **à en croire** de multiples témoignages, **auraient été** utilisées durant la seconde guerre mondiale pour

> mettre à mort de façon systématique une partie des personnes déportées par les autorités allemandes. »

La LICRA m'accusait d'avoir abordé la question des chambres à gaz avec, au moins, de la légèreté, une légèreté coupable qu'elle prétendait démontrer. La cour répond :

> « À s'en tenir provisoirement au problème historique que M. Faurisson a voulu soulever, il convient de constater que les accusations de légèreté formulées contre lui **manquent de pertinence et ne sont pas suffisamment établies.** »

Je rappelle ici que la LICRA et les huit autres associations avaient eu quatre années pour tenter d'établir leurs accusations, dont celle de légèreté coupable. Elles me reprochaient, par ailleurs, de n'avoir ni démarche logique, ni argumentation. La cour répond que j'ai une démarche logique et que j'ai une argumentation. En un premier mouvement, elle va même jusqu'à écrire que j'ai une argumentation « scientifique » ; puis, se ravisant et pensant peut-être qu'elle n'a pas de compétence pour qualifier ainsi mon argumentation, elle procède sur la page dactylographiée à une correction manuscrite et, prudemment, elle dit que M. Faurisson a « une argumentation – qu'il estime – de nature scientifique » ; mais, plus loin, ainsi qu'on le verra, le mot de « scientifique » me sera en quelque sorte restitué par un sous-entendu. Pour l'instant, la cour dit :

> « La démarche logique de M. Faurisson consiste à tenter de démontrer, par une argumentation – qu'il estime – de nature scientifique, que l'existence des chambres à gaz, telles que décrites habituellement depuis 1945, se heurte à une impossibilité absolue… »

La cour précise – et cette précision est grave – qu'il s'agit d'une impossibilité absolue

> « qui suffirait à elle seule à **invalider** tous les témoignages existants ou, à tout le moins, à les **frapper de suspicion.** »

Je suppose que la cour songe ici à l'impossibilité de nature physico-chimique que j'ai souvent signalée dans mes écrits, mais il faut savoir que la thèse de l'inexistence des chambres à gaz repose, y compris pour moi, sur un vaste ensemble de toute nature, et non pas seulement sur un argument de nature physico-chimique.

La LICRA demandait à la cour de condamner ma méthode et mes arguments. Là encore, la cour refuse de porter condamnation et elle déclare :

> « Il n'appartient pas à la cour de se prononcer sur la légitimité d'une telle méthode ni sur la portée des arguments exposés par M. Faurisson. »

Quant à la question si importante des témoignages, la LICRA avait affirmé que j'avais écarté ces témoignages par légèreté ou négligence ou que j'avais délibérément choisi de les ignorer. À cela la cour répond :

> « Il n'est pas davantage permis d'affirmer, eu égard à la nature des études auxquelles il s'est livré, que [M. Faurisson] a écarté les témoignages par légèreté ou négligence, ou délibérément choisi de les ignorer. »

En bon français, cela veut dire que j'ai étudié ces témoignages et que, si je les ai écartés, c'est pour de bonnes raisons qui sont apparues au terme des études auxquelles je me suis livré.

Nous en arrivons maintenant au point central : celui du mensonge. La LICRA me traitait de menteur à tout propos. En particulier, elle me traitait de menteur quand je disais avoir étudié des documents pendant plus de quatorze ans et avoir consulté des organismes de recherches comme le CDJC de Paris et bien d'autres organismes ou personnalités pendant tout ce temps-là. La LICRA avait raison de porter son accusation de mensonge sur ce point. En effet, si la loi française ne permet pas aux magistrats de se faire juges de la vérité historique, elle les autorise néanmoins à décider si le chercheur a vraiment manifesté ou non, dans ses recherches, le souci de s'informer. Si, pour les magistrats, Faurisson n'avait pas manifesté le souci de s'informer comme il prétendait l'avoir fait, du même coup Faurisson pouvait être déclaré faux chercheur et menteur, c'est-à-dire, en définitive, faussaire. La partie adverse avait eu quatre ans pour prouver que j'étais un menteur sur ce point essentiel. Au bout de quatre ans, la cour d'appel fait le bilan. Parlant de l'état présent de la situation et des tentatives faites pour prouver que Faurisson est un menteur, la cour constate :

> « En outre, personne ne peut, en l'état, le convaincre de mensonge lorsqu'il énumère les multiples documents qu'il affirme

avoir étudiés et les organismes auprès desquels il aurait enquêté pendant plus de quatorze ans. »

Puis, la cour en vient à la conclusion logique de tout ce qu'elle vient de dire et sa sentence tombe comme un couperet pour la LICRA, pour les huit autres associations et pour tous ceux qui osaient dire que le problème des chambres à gaz ne se posait pas et qui estimaient que mes écrits ne relevaient que des tribunaux. Voici cette sentence en forme de conclusion :

> « La valeur des conclusions défendues par M. Faurisson relève donc de la seule appréciation des experts, des historiens et du public. »

C'est exactement là ce que les exterminationnistes du monde entier veulent éviter à tout prix. À aucun prix ils ne voudraient voir le problème des chambres à gaz et surtout celui des prétendus témoignages devenir un sujet dont débattraient des **experts** et des **historiens.** Par-dessus tout, il ne faudrait absolument pas pour eux que le **public** soit mis au courant de ce problème et qu'il en débatte librement.

Je ne pense pas nécessaire d'insister davantage sur l'importance historique de cette dernière phrase de la cour d'appel de Paris. Tout le reste de l'arrêt de la cour ne peut avoir après cela qu'un intérêt mineur. Je m'y arrêterai cependant quelques instants.

*Cinq alinéas contre Robert Faurisson*

Ces trois magistrats français ne pouvaient guère aller plus loin. Si, poursuivant dans la voie qui aurait été logique, ils avaient débouté la toute-puissante LICRA (organisation où figurent François Mitterrand et Robert Badinter ainsi que tant de personnalités diverses de tous les milieux influents), ils auraient créé un scandale. La question devenait donc pour eux : comment faire pour confirmer le jugement du tribunal de première instance condamnant Faurisson ? Il est manifeste, pour quelqu'un qui a l'habitude de faire des analyses logiques et grammaticales de textes français, que les trois magistrats ont sué sang et eau pour bâtir la suite de leur arrêt. J'aimerais faire toucher du doigt le caractère laborieux de leur style et de leur pensée. J'ai rarement lu une copie d'élève aussi pathétique. Je n'ai pas le temps de montrer ces curiosités-là et je ne peux même pas montrer les arguments du texte et les réponses que j'y ferais. Une fois de plus, je renvoie à la brochure intitulée *Épilogue judiciaire.* Je ne livrerai ici que quelques éléments.

Les magistrats me reprochent de ne m'en être pas tenu à ce qu'ils appellent mon « travail critique » sur les chambres à gaz et les témoignages ; ce travail avait selon eux un « caractère scientifique » ; c'est du moins ce qu'on peut déduire d'une phrase où ils me font grief d'« assertions qui **ne** présentent **plus** aucun caractère scientifique et relèvent de la pure polémique ». Cependant, ils ne donnent aucun exemple de ce genre d'assertions-là. Ils me blâment d'avoir écrit : « les prétendus massacres en chambres à gaz et le prétendu génocide sont un seul et même mensonge. » Ils ne disent pas que c'est faux. À aucun moment ils ne me disent : « Vous avez peut-être raison sur les chambres à gaz et les témoignages, mais vous avez tort sur le génocide. » Ils savent que le génocide et les chambres à gaz sont dans un rapport aussi étroit qu'un crime spécifique peut l'être avec l'arme spécifique qui a permis ce crime ; ils voient bien sans doute qu'il est difficile de continuer à prétendre qu'un crime spécifique (le génocide) a eu lieu, s'il se révèle que l'arme spécifique (la magique chambre à gaz) n'a pas existé. Ce que me reprochent ces dignes magistrats, c'est d'avoir ainsi résumé ma pensée sous la forme de ce qu'ils appellent un « slogan ». Selon eux, il n'aurait pas fallu de slogan. Un slogan, pour eux, est ici déplacé. Le piquant de l'affaire, c'est que ce slogan a été fabriqué sur mesure à la fois par un journaliste du *Matin de Paris* et par nos trois magistrats. En effet, la brièveté de ce groupe de 19 mots s'explique ainsi : j'avais écrit au *Matin de Paris* en 1978 une lettre, à publier, dont la première phrase était longue, argumentée et comprenait 65 mots. Le journaliste avait reproduit cette phrase en l'amputant de toute sa fin. Puis sont venus les magistrats qui, trouvant cette phrase amputée de sa fin, l'ont, à leur tour, amputée de tout son commencement. C'est ainsi que soixante-cinq mots sont devenus dix-neuf mots et qu'une longue phrase argumentée a pris le caractère bref et un peu vulgaire d'un slogan. En réalité, j'ai tendance à résumer ma pensée sous une forme plus longue et en lui donnant un poids d'histoire grâce à certains mots qui font référence à l'histoire ; c'est ainsi que j'écris :

> « Les prétendues chambres à gaz **hitlériennes** et le prétendu génocide des **juifs** forment un seul et même mensonge **historique** [...]. »

Un mensonge historique n'est pas à confondre avec un vulgaire mensonge. C'est un mensonge où il y a forcément un nombre dérisoire de menteurs ou d'imposteurs par rapport aux foules de dupes ou de victimes qui lui sont nécessaires pour exister durablement.

La cour dit que je cherche en toute occasion à atténuer le caractère criminel de la déportation et que, dans cet esprit, j'ergote, mais, ainsi qu'on le verra dans *Épilogue judiciaire,* les exemples qu'elle donne prouvent surtout que la cour ne m'a pas toujours lu de bien près et qu'elle a des connaissances un peu vagues de certains sujets historiques.

Enfin, la cour en vient à toute une série de reproches sentimentaux. Elle dit que je n'ai jamais su trouver un mot pour marquer mon respect aux victimes des persécutions et des déportations. La cour se trompe ; j'ai, à plusieurs reprises, marqué mon respect pour cette catégorie de victimes des Allemands et, à deux reprises, il se trouve que j'ai employé le mot, précisément, de « respect ». Je dois dire qu'à la différence de ces magistrats, j'ai pensé que je devais marquer mon respect pour toutes les catégories de victimes, y compris quand il s'agissait des victimes de persécutions et de déportations pratiquées par les Alliés, y compris aussi quand il s'agissait des victimes du grand mensonge et de la grande imposture historiques.

La cour dit que « mon révisionnisme » **peut... faire figure**... d'une **tentative** de réhabilitation... **globale** du nazisme. Je ne vois là que des spéculations. Si je comprends bien, je ne suis pas un nazi, mais il se pourrait, pour la cour, que se profile derrière moi l'ombre-de-l'ombre d'un nazi.

M'ayant ainsi décrit, c'est-à-dire d'une façon à faire peur aux petits enfants, la cour tire toute une série de conséquences aussi arbitraires que leur point de départ ; elle noircit de plus en plus le trait ; j'en deviens une créature quasi diabolique ; c'est ce qu'insinuait le tribunal de première instance.

La cour affirme qu'« ainsi », c'est-à-dire tel qu'elle me présente, je suis aussi blessant pour les survivants qu'outrageant pour les morts ; à cause de moi (une ombre de nazi et une sorte de diable), le grand public se trouve incité à méconnaître les souffrances sinon à les mettre en doute (la cour continue à ne songer aux souffrances que d'une seule partie de ceux qui ont souffert, par dizaines de millions, pendant la guerre).

Dans sa dernière phrase, la cour fait tellement vibrer la corde sensible que, sans le vouloir, elle crée un moment d'humour. Elle écrit :

> « [les positions ainsi adoptées par M. Faurisson] sont évidemment de nature, ainsi que l'a justement relevé le tribunal, à provoquer des réactions passionnelles d'agressivité contre tous ceux qui se trouvent ainsi implicitement accusés de mensonge et d'imposture. »

J'explique cette phrase de la cour. Dans la première partie de son arrêt, la cour avait bien vu que c'était au terme d'un travail sérieux que j'avais conclu au mensonge des chambres à gaz et à l'imposture des prétendus témoins. La cour avait dû admettre mon droit à parler ainsi d'un mensonge et d'une imposture. Mais, dans la seconde partie de son arrêt, ce qui chagrine la cour, c'est qu'elle s'aperçoit qu'un mensonge implique l'existence de menteurs et qu'une imposture implique l'existence d'imposteurs. Et là, pense la cour, c'est grave. Il va y avoir des gens qui vont se sentir visés. Faurisson est décidément un personnage inquiétant. Punissons-le !

Mes intervenants volontaires et moi, nous avons accepté la punition, c'est-à-dire la condamnation pour « dommage », et nous n'avons pas voulu aller en cassation. Je déplore cependant que le tribunal et la cour n'aient jamais eu le courage d'examiner ce que nous, de notre côté, nous appelions les supercheries de la LICRA (supercheries portant sur des textes, des photographies, des traductions). Et puis, il aurait été instructif que la cour réponde à la question que voici : « S'il est vrai que M. Faurisson n'est pas un falsificateur et si, pour démontrer que les chambres à gaz n'ont pas existé, il a pendant quatre ans (de 1979 à 1983) utilisé des arguments et des documents sans se rendre coupable de légèreté, de négligence, d'ignorance délibérée, de mauvaise foi ni de mensonge, les magistrats de la cour peuvent-ils nous dire comment, à leur avis, ont pu travailler pendant près de quarante ans (19451983) ceux qui, de leur côté, soutiennent que les chambres à gaz ont existé ? Où en sont ces gens-là, qui font la leçon aux autres, pour ce qui est de la légèreté, de la négligence, de l'ignorance délibérée, de la mauvaise foi ou du mensonge et, comme ils disent, de la falsification de l'histoire ? » La cour n'a pas répondu à cette question.

## *5. Le dossier de la partie adverse était énorme et vide*

Les magistrats de la cour n'ont pu qu'être sensibles à la façon dont nos adversaires avaient constitué leur dossier. Ceux-ci avaient démesurément prolongé les délais dans lesquels on a le droit de verser des pièces au dossier. Ils avaient déversé d'abord des pièces totalement indigentes, puis des pièces disparates avec, le plus souvent, des traductions falsifiées.

### *Des traductions falsifiées, des récits suspects*

Nous avions montré ces falsifications au juge Pierre Drai qui était chargé de surveiller la préparation du procès. Pierre Drai, malgré son hostilité contre nous, avait été obligé de demander à la LICRA des traductions par experts agréés. Je précise que les experts agréés choisis par la LICRA n'ont guère fait mieux et qu'en particulier l'un de leurs experts, M. Victor Borten, allait être tourné en ridicule devant les magistrats par l'un de mes avocats pour la rare sottise de ses expertises. C'était lui, notamment, qui avait longuement expliqué que le mot de *Leichenkeller* n'avait pas pu exister dans la langue allemande et qu'il était un vocable du fameux langage secret des SS, un vocable utilisé seulement, ajoutait-il, de 1942 au début de 1945, pour désigner une chambre à gaz homicide. Il nous avait fallu expliquer à cet expert que le mot existait déjà dans le grand dictionnaire Grimm et Grimm de 1886 et que, de nos jours encore, à Berlin-Ouest, le crématoire de Ruheleben possède des *Leichenkeller,* c'est-à-dire des chambres froides situées en soussol et prévues pour la conservation de cinq cents corps. L'autre experte, Mme Magaly Heesch, traduisait, par exemple, *Absetzgrube,* qui veut dire « fosse de décantation », par « fosse à cadavres ». Trouvant la phrase suivante dans une lettre de Himmler au statisticien Richard Korherr à propos des juifs : *Es wurden durchgeschleust durch die Lager im General gouvernement,* au lieu de traduire « *durchgeschleust* » par « sassés » ou « transitant par », elle traduisait ce mot, censé appartenir à un langage codé, par « acheminés secrètement » (dans une intention homicide, bien sûr).

La LICRA avait déversé en vrac une confession de Gerstein, le livre de Filip Müller et même celui de Martin Gray, *Au nom de tous les miens.* Je signale ici, en passant, que le nègre de l'escroc Martin Gray s'appelle Max Gallo et que Max Gallo, qui a entièrement fabriqué l'épisode de la chambre à gaz de Treblinka, est devenu le porte-parole officiel de François Mitterrand.

*L'argument du langage secret des SS : « Sonderaktion », « Solution finale »*

La LICRA ne cessait d'invoquer le caractère secret du langage des SS : un langage à clé ; une clé que possédait, paraît-il, la LICRA. La LICRA ne craignait pas les contradictions : pour elle, selon les besoins de la cause, tantôt le langage secret de la SS ne trompait personne et n'était qu'un secret de Polichinelle, tantôt ce langage était d'un secret à défier les plus malins, sauf la LICRA ; tantôt, on ne sait trop pourquoi, le langage de la SS ne s'embarrassait plus d'aucun code ou « surcode » et il devenait, paraît-il, clair, transparent et cynique. La LICRA naviguait à vue : tantôt pour elle, tout le monde **savait,** tantôt personne ne pouvait **savoir,** tantôt aussi tout le monde se donnait le mot pour faire semblant de ne rien **savoir** mais pour indiquer en même temps, par un clin d'œil, qu'on **savait** très bien.

La LICRA tenait beaucoup au mot de *Sonderaktion* (« action spéciale », ou « opération spéciale »). Pour elle, ce mot était un vocable SS de la catégorie « Top secret ». Il est bien vrai que le sens de ce mot, comme de la plupart des mots d'ailleurs, est variable ; toutefois, ce sens varie, non dans l'absolu, mais dans un contexte. Par exemple, *Sonderaktion* pouvait désigner toute action militaire ou policière sortant de la routine militaire ou policière. Il s'appliquait alors à une opération spéciale d'un temps déterminé qui pouvait aboutir, par exemple, à des arrestations, suivies ou non d'internement, suivies ou non d'exécution, suivies ou non d'une simple interpellation. Il est faux de dire que le mot ou l'action que désignait *Sonderaktion* était nécessairement secret. Le 25 juin 1942, soixante-quatre juifs étaient arrêtés par les Allemands dans la région d'Orléans. Il s'agissait là d'une *Sonderaktion,* nous dit Serge Klarsfeld.[340] Puis ces juifs ont été déportés mais les Allemands évitaient, en général, le mot de « déportation » et l'expression d'« envoi vers l'Est ». Nous possédons des documents où il est dit que le mot de « déportation » doit être évité parce que « rappelant trop directement les expulsions en Sibérie de l'époque des Tsars »[341] ainsi que l'expression d'« envoi vers l'Est » « pour éviter tout conflit avec l'action en cours concernant les ouvriers français pour l'Allemagne ».[342] Mais parfois, en dépit des recommandations, ces mots ou ces expressions persistaient dans les documents. Dans son journal personnel, le Dr Johann-Paul Kremer a utilisé l'expression de « *Sonderaktion aus Holland* » qui signifiait « action spéciale en provenance de Hollande ».[343] Il est vrai que *Sonderaktion* pouvait servir d'euphémisme, mais non au point de signifier « extermination » ou « gazages » ! Il en va de même pour *Sonderbehandlung* (« traitement spécial ») ; par exemple, dans les fameux « rapports Korherr », ce mot signifiait « *Aussiedlung* », ce qui répond bien à une transplantation forcée.[344]

La LICRA avait aussi usé contre nous de l'argument éculé de la « solution finale », euphémisme, disait-elle, pour « extermination ». Je ne m'attarderai pas à cette ineptie. La solution finale du problème juif n'impliquait pas plus l'extermination des juifs que la solution finale du problème des Palestiniens ou du problème des chômeurs n'implique

---

340 S. Klarsfeld, *Mémorial* ..., p. 62.
341 Doc. RF-1215 cité dans *TMI*, VII, p. 43.
342 Doc. RF-1219, *id.*, p. 45.
343 Et non pas « mission spéciale » comme je disais dans mon article « Confessions of SS men who were at Auschwitz », p. 103.
344 Lettre de Richard Korherr à *Der Spiegel,* n° 31, 1977, p. 12.

l'extermination des Palestiniens ou des chômeurs. Une solution finale peut être favorable, malgré toutes les épreuves à subir éventuellement pour y aboutir. Je dois, à ce propos, une précieuse indication à un ami belge, Pierre Moreau, que certains d'entre nous connaissent pour son érudition révisionniste. Émile Vandervelde, président du Parti ouvrier belge, était très favorable aux socialistes sionistes. En 1929, il a publié un livre intitulé *Le Pays d'Israël Un marxiste en Palestine*. À la page 184 de ce livre, il écrit qu'il croit avec toute l'ardeur de ses convictions socialistes « à des solutions finales favorables » pour les juifs de Palestine. L'année suivante, en 1930, une traduction de ce livre en allemand était publiée sous le titre de *Schaffendes Palästina. Der jüdische Aufbau heute und morgen, von einem Sozialisten*. À la page 174 de cette traduction, le pluriel des « solutions finales favorables » est devenu en allemand un singulier et c'est ainsi qu'on lit : « *eine günstige Endlösung* ». Précisons ici que cette solution finale (« *Endlösung* ») à laquelle songeait l'auteur belge, c'était l'entente entre les fils d'Israël et les fils d'Ismaël ; il ajoutait que la solution finale ne devrait pas être le fait de « soumettre la population arabe à des forces nouvelles de domination et d'exploitation ».

### *Le témoignage de Johann-Paul Kremer (il avait rétracté ses aveux)*

La LICRA me reprochait d'avoir « volontairement tronqué certains témoignages tels que celui de Johann-Paul Kremer ». Je ne reviendrai pas sur ce sujet. Je l'ai déjà traité dans ma conférence de 1980 ; le texte en a été reproduit dans *The Journal of Historical Review* sous le titre de « Confessions of SS Men who were at Auschwitz ». J'ai démontré que c'étaient, au contraire, les Poliakov, les Wellers et les Klarsfeld qui avaient gravement dénaturé le texte original des carnets intimes de Johann-Paul Kremer pour faire dire à ce dernier qu'Auschwitz était un camp d'extermination avec des chambres à gaz. J'ai également montré l'absurdité des prétendues confessions obtenues par la justice militaire polono-stalinienne. J'avais dit que le professeur Kremer avait confirmé devant le tribunal de Münster (Westphalie), en 1960, la confession qu'avait obtenue de lui le juge d'instruction communiste Jan Sehn en 1947 et qu'au procès de Francfort (1963-1965) il avait été convoqué comme témoin à charge contre ses compatriotes. Ce que je ne savais pas encore en 1980 et que j'ai appris par la suite, c'est la raison pour laquelle le malheureux, après dix ans de prison en Pologne (1947-1957), et de retour dans sa ville de Münster, était passé devant un tribunal allemand. J'ai découvert cette raison en lisant, dans sa version française, l'*Anthologie* (bleue) *d'Auschwitz.*[345] Cette raison est la suivante : de retour à Münster en 1957, Kremer s'était mis à protester contre le traitement qu'il avait subi de la part de la justice polonaise et, je reprends ici les mots employés par les communistes polonais eux-mêmes dans l'*Anthologie :*

> « [par ses protestations et par sa demande de retrouver sa chaire de professeur, Kremer attira l'attention] de certains cercles et de certaines personnes qui le firent comparaître à nouveau devant la justice. »[346]

Kremer, en effet, s'était plaint de ce qu'en Pologne, « seule la haine avait eu voix au chapitre ».[347] Mieux que cela, nous apprenons grâce à cette publication communiste que, de retour à Münster, Kremer **avait rétracté ses confessions**. Dans le pieux jargon communiste, cela donne :

> « [Kremer] contesta les explications qu'il avait fournies pendant l'enquête à Cracovie et dont on lui donna lecture [au tribunal de Münster]. »[348]

Le fait le plus dégradant pour les juges du tribunal de Münster est la complaisance avec laquelle ils écoutèrent les explications fournies par Jan Sehn venu de Cracovie. Il faut lire le compte rendu communiste de cette séance. Il faudrait le citer dans son intégralité. À Cracovie, en 1947, Kremer n'avait pas eu le choix. Il lui avait fallu avouer. Le plus étonnant est que Jan Sehn a fini par le dire lui-même devant les magistrats allemands. Pour lui, Kremer, d'avance, n'avait pas eu le droit de plaider non coupable. Jan Sehn dit avec une belle inconscience :

> « Une déclaration de non-culpabilité aurait été incompatible avec ce que l'accusé avait écrit [dans son journal intime]. »[349]

Autrement dit, le communiste Jan Sehn avait décidé que le journal intime de Kremer était écrit en une sorte de langage codé dont lui, Jan Sehn, possédait la clé. Le prisonnier Kremer n'avait eu qu'à s'incliner

---

345 *Anthologie* (bleue) *d'Auschwitz,* tome I, 1re partie, p. 239-261.
346 *Id.*, p. 239.
347 *Id.*, p. 240.
348 *Id.*, p. 242.
349 *Id.*, p. 246.

devant l'oukase du juge d'instruction Jan Sehn. Dans ma conférence de 1980, j'avais dit, pour finir, à propos du drame de Kremer :

> « Je pense souvent à ce vieil homme. Je pense parfois aussi à ses bourreaux. »[350]

Il m'arrive d'y penser encore plus souvent depuis que j'ai eu ainsi la confirmation du drame vécu par le professeur Johann-Paul Kremer. Ses bourreaux polonais et allemands ont profité de lui jusqu'au bout. Kremer a été utilisé comme une marionnette. Il est venu au procès de Francfort pour y faire de la figuration forcée. Selon ses propres paroles, il a connu « un dilemme qui n'est pas simple pour l'entendement humain ». Écoutons sa déclaration finale au procès de Münster en 1960, et qu'on me dise si cette déclaration est celle d'un abominable criminel qui aurait participé à d'horribles gazages homicides ou bien celle d'un malheureux universitaire, une sorte de vieux garçon inoffensif, qui s'est trouvé pris, comme tant d'Allemands autrefois et aujourd'hui encore, dans une situation tragique où il faut avouer ou faire semblant d'avouer des crimes immondes qui, en réalité, n'ont jamais été commis. Écoutons Kremer et, à travers sa voix, écoutons la voix de tant d'Allemands humiliés, offensés et suppliciés :

> « Si, en vertu des critères humains, j'ai accompli quelque chose de mal, je ne puis que prier de prendre en considération mon âge et mon tragique destin. Je n'ai connaissance d'aucune faute dans le sens juridique et pénal. Je confie au juge suprême de tous les mondes le soin de trancher un dilemme qui n'est pas simple pour l'entendement humain »[351]

Le professeur Kremer, en fin de compte, a été moins habile et moins prudent que son confrère, le professeur Wilhelm Pfannenstiel dans l'affaire Gerstein. Pfannenstiel, père de cinq enfants, a su se ménager une belle carrière grâce à des aveux d'un vague extrême.

*La chambre à gaz du Struthof-Natzweiler (Alsace) (désormais fermée aux visites)*

La LICRA m'accusait d'avoir « écarté sans justification sérieuse un certain nombre de preuves retenues jusqu'alors par des instances

[350] R. Faurisson, « Confessions of SS Men Who Were at Auschwitz », p. 127.
[351] *Anthologie* (bleue) *d'Auschwitz*, tome I, 1re partie, p. 258.

judiciaires nationales et internationales ». Pour le prouver, elle demandait que soit versé aux débats le dossier constitué par la justice militaire française pour le procès des gardiens du camp de concentration du Struthof-Natzweiler situé en Alsace. Or, le dossier allait apporter la preuve qu'il n'y avait pas eu de chambre à gaz homicide au Struthof mais une petite pièce qui, à l'origine, était une chambre frigorifique. Celle-ci avait été transformée ensuite en une chambre à gaz pour l'entraînement des jeunes recrues au port du masque à gaz. Le professeur Bickenbach avait profité de l'existence de cette chambre à gaz pour y faire des essais d'antidote au gaz phosgène. En effet, les Allemands avaient appris que les Alliés, dès la fin de 1942, entreposaient de grandes quantités de gaz phosgène en Afrique du Nord et ils craignaient un bombardement des villes allemandes par ce gaz. Le professeur avait fait des essais d'un antidote (l'urotropine) sur sa propre personne, puis sur la personne de détenus du camp qui s'étaient, dit-on, portés volontaires en échange de quelques récompenses en nourriture ou en cigarettes. Il en était résulté soit deux, soit trois décès accidentels après hospitalisation, et non pas quatre, comme nous l'avons écrit par erreur dans nos conclusions en justice. Le professeur avait alors abandonné ses recherches. Dans cette pièce, Josef Kramer (à ne pas confondre avec le Dr Johann-Paul Kremer) est supposé avoir gazé des détenus avec de mystérieux sels qui, mélangés à de l'eau, tuaient en une minute. L'ineptie des deux confessions – contradictoires – de Josef Kramer peut, elle, s'expliquer par les sévices dont il avait été l'objet de la part de ses gardiens britanniques. Ceux-ci l'avaient, par exemple, enfermé toute une nuit dans une chambre frigorifique (peut-être parce qu'il avait précisément dit que la prétendue chambre à gaz homicide du Struthof avait d'abord été une chambre frigorifique). Ces sévices sont rapportés avec une certaine délectation par un résistant français présent sur les lieux, le médecin Dr J.-L. Fréjafon, dans son livre intitulé *Bergen-Belsen.*[352]

Dans le même dossier de la justice militaire figurait une expertise du Dr René Fabre, doyen de la Faculté de pharmacie de Paris. Ce dossier a disparu mais, grâce à une autre pièce, nous savons que le docteur Fabre avait été chargé de dire si les cadavres trouvés à l'Institut d'anatomie de Strasbourg et censés être les cadavres de gens « gazés » au Struthof avaient des traces de poison. La conclusion de l'expertise avait été négative. Il n'y avait trace d'acide cyanhydrique ni dans les cadavres, ni dans les produits de raclage de la prétendue chambre à gaz homicide, ni dans les plâtras (bocaux W et X).

---

[352] J.-L. Fréjafon, dans son livre intitulé *Bergen-Belsen*, p. 22.

Je rappelle que, d'une façon plus générale, on a dû faire des centaines d'enquêtes sur les camps de concentration allemands. On peut dire avec certitude qu'aucune de ces enquêtes n'a contenu :

- soit une expertise complète prouvant que telle pièce baptisée du nom de chambre à gaz homicide était effectivement une chambre à gaz homicide ;
- soit un rapport d'autopsie prouvant que tel cadavre était le cadavre d'une personne tuée par un gaz ou tout autre produit.

Aujourd'hui, la prétendue chambre à gaz homicide du Struthof ne se visite plus. Une affichette laisse croire aux touristes que la visite est possible sur demande. C'est faux. Les Français ont maintenant honte de leur chambre à gaz nationale, pourtant classée « monument historique ».

*Les manuscrits miraculeusement découverts à Auschwitz (L'Internationale dans la chambre à gaz)*

Un autre argument de la LICRA était, bien entendu, constitué par les témoignages. La LICRA invoquait en particulier les fameux témoignages découverts à Auschwitz-Birkenau grâce à des fouilles miraculeuses. Je dis bien : miraculeuses. Certains connaissent peut-être la photo du trou où les Polonais disent avoir trouvé le récipient contenant le manuscrit d'un certain Salmen Lewenthal. Autour du trou il n'y a pas trace de fouilles ! Les fouilleurs sont tombés juste sur l'endroit où il y avait quelque chose à découvrir ! Saluons ici un miracle de la radiesthésie exterminationniste.[353]

Le plus connu de ces témoignages est celui du « manuscrit de l'auteur inconnu ». Le texte original est en yiddish à caractères hébraïques. Il a été publié en allemand par les Polonais.[354] La LICRA avait bien pris soin de ne pas révéler cette édition en yiddish. Elle avait fourni des extraits en polonais avec une traduction en français. Le traducteur avait notamment choisi un passage où l'action se déroulait dans la (!) chambre à gaz de Birkenau. Nous ignorons où se trouvait le témoin pour décrire la scène suivante. Les victimes sont donc entassées dans la chambre à gaz. Tout à coup, une jeune Polonaise, nue comme tous ceux qui se trouvent là, adresse une allocution à l'assemblée des victimes ainsi qu'aux juifs du commando spécial chargé de mettre à mort ces victimes. Cette allocution enflammée et patriotique se termine par ces mots :

---

[353] Voyez *Handschriften von Mitgliedern des Sonderkommando*, p. 135, première photo.
[354] *Id.*, p. 118-128.

> « À bas la barbarie de l'Allemagne de Hitler ! Vive la Pologne ! »

Puis, la jeune Polonaise se tourne vers les juifs du commando spécial. Elle ne les invective pas ; au contraire, elle les invite à survivre pour témoigner plus tard du courage des victimes et pour venger ces victimes. Là se place une scène intéressante. Les Polonais se mettent à genoux par terre. Le texte dit qu'ils prononcent « une prière dans une attitude qui a fait une grande impression ». Le texte de la LICRA ne dit pas sur qui. Le texte original disait : « sur tous ». Puis les Polonais se lèvent tous ensemble dans la chambre à gaz où apparemment la place ne manquait pas puisqu'on pouvait ainsi s'agenouiller et se relever. Tous ensemble ils chantent en chœur l'hymne national polonais et les juifs, eux, en même temps chantent la Hatikva. Ici, la LICRA avait coupé son texte par trois points placés entre crochets. Et, selon elle, le texte se poursuivait ainsi :

> « Pendant qu'ils chantaient, la voiture de la Croix-Rouge est arrivée ; on jeta le gaz dans la chambre et ils ont tous rendu l'âme dans des chants et l'extase, rêvant de la fraternité et d'un meilleur monde. »

Le narrateur ne nous révèle pas comment il savait lire ainsi dans l'esprit des victimes. Quant à la LICRA, si elle avait coupé le texte, c'est parce que celui-ci recélait une précision gênante. Voici la précision telle que l'édition du musée d'Auschwitz nous la donne[355] : les deux hymnes avaient été chantés en même temps ; les « tons lyriques » des deux hymnes s'étaient fondus en un tout ; puis, les Polonais et les juifs, tous ensemble, avaient entonné *l'Internationale !* C'est ce que l'esthétique soviétique appelle, je pense, du « réalisme socialiste ». Nous devons la découverte et le déchiffrement de ce « manuscrit de l'auteur inconnu » au professeur Bernard Mark, directeur de l'Institut historique juif de Varsovie. En 1962, son coreligionnaire Michel Borwicz, devenu citoyen français après la guerre, a écrit dans la *Revue d'histoire de la Deuxième Guerre mondiale* que le professeur Bernard Mark était un fabricateur de textes.[356] Les faux de Bernard Mark continuent de se publier et de se vendre. En 1982, sa veuve a publié en France un ouvrage intitulé *Des Voix dans la nuit*. Le fameux « auteur inconnu » a cette fois-ci perdu son anonymat et il s'appelle maintenant Leib Langfus. Dans cet ouvrage, le faux pullule. La presse française a néanmoins accueilli cette production

---

[355] *Id.*, p. 121.
[356] M. Borwicz, « Journaux publiés à titre posthume », p. 93.

comme un recueil de témoignages d'une vérité criante.[357] La préface est signée d'Élie Wiesel.

*Le témoignage d'un actuel survivant des Sonderkommandos (au moment des gazages, ceux-ci, enfermés dans les cokeries (!), n'ont rien pu voir)*

La LICRA recherchait un survivant des fameux *Sonderkommandos*. Il y avait bien Filip Müller qui habitait et habite peut-être encore à Mannheim, Hochufenstrasse 31. La LICRA lui avait accordé à l'unanimité des votants le prix Bernard Lecache pour son livre *Trois ans dans une chambre à gaz d'Auschwitz,* préfacé par Claude Lanzmann. Inexplicablement, F. Müller n'a pas fait de déposition ni écrite, ni orale pour la LICRA. Juste au dernier moment, alors qu'arrivait la date fatidique de la fin du dépôt des pièces pour le procès, la LICRA remettait un maigre texte d'environ deux pages : la déposition par devant notaire, le 29 septembre 1980, d'un certain Alter Szmul Fajnzylberg, retraité, demeurant 37, avenue Jean Jaurès, 75019 Paris. Il s'agissait là pour moi d'une vieille connaissance. En 1972, dans le numéro spécial des *Hefte von Auschwitz* que j'ai cité plus haut, les Polonais avaient publié en allemand la déposition faite par ce militant communiste devant la justice polonaise le 13 avril 1945.[358] À l'époque, son nom était Stanislas Jankowski. Cet ancien garçon de café, juif, athée et communiste, avait fait partie des brigades internationales en Espagne. À la fin de la guerre d'Espagne, il fut interné par les Français dans les camps de Gurs et de Saint-Cyprien. Puis il travailla pour les Allemands en zone occupée. Il fut arrêté par la police française et interné à Drancy et à Compiègne. Il fut déporté à Auschwitz où il arriva le 27 février 1942. Il quitta Auschwitz avec la majorité des déportés, sous la surveillance des Allemands, le 18 janvier 1945. Il prit alors la fuite. Tel est du moins son récit.

Jankowski, alias Fajnzylberg, demeura donc à Auschwitz pendant près de trois ans. Jusqu'en octobre 1942, il fut employé comme menuisier, ce qui avait été sa première profession. Il passa aussi cinq semaines à l'hôpital du camp. De novembre 1942 au mois de juin 1943, il fut employé au bâtiment du crématoire d'Auschwitz-I, appelé Krema-I. De juillet 1943 au 17 janvier 1945, il fut employé au bâtiment de Birkenau appelé Krema V.

---

357 *Le Figaro,* article de Gilles Lambert du 13-14 novembre 1982, p. 25 ; *La Quinzaine littéraire,* article de Pierre Pachet du 16 décembre, p. 25 ; *Le Monde,* article d'Éric Roussel du 26 novembre, p. 23.

358 *Handschriften von Mitgliedern des Sonderkommando*, p. 32-71.

Nous tenions donc là l'oiseau rare : l'un de ces fameux membres des *Sonderkommandos*.[359] Son expérience était longue, puisqu'elle avait duré plus de deux ans dans cette terrible fonction. On sait que, selon une légende, c'étaient les juifs eux-mêmes qui étaient obligés par les SS d'accueillir les victimes, de les faire se déshabiller, de les faire pénétrer dans la chambre à gaz, de les y enfermer. Puis des SS versaient le gaz selon un processus qui n'a jamais pu faire l'objet du moindre accord chez les narrateurs de la saga des chambres à gaz. Enfin, les membres du *Sonderkommando* venaient rouvrir les portes ou la porte, et la suite est connue. Une autre légende veut que les SS aient liquidé chroniquement – tous les trois mois, semble-t-il – les membres du *Sonderkommando*. Ce qui est intéressant dans le cas du témoin finalement choisi par la LICRA, c'est qu'il reconnaît implicitement n'avoir jamais assisté à une opération de gazage. En effet, nous dit-il, à chaque fois que les Allemands voulaient gazer des gens, ils prenaient le soin d'**enfermer les membres du *Sonderkommando* dans la cokerie** avant l'arrivée des futures victimes. Au Krema-I d'Auschwitz, les membres du *Sonderkommando* étaient enfermés dans la petite cokerie et, au Krema-V de Birkenau, dans la grande cokerie de ce grand Krema. Autrement dit, pendant plus de deux ans, notre oiseau rare (le meilleur témoin que la LICRA ait pu trouver au monde) a passé toute une partie de sa détention dans une cokerie près du tas de coke. Ensuite, nous dit-il, les SS, qui avaient fait cela pour leur dissimuler le crime, rouvraient la porte de la cokerie pour que Jankowski et ses compagnons s'occupent des cadavres de la chambre à gaz.

Les Allemands ne chômaient pas. À en croire notre homme, les Allemands auraient ainsi en deux ans gazé deux millions de personnes dans les crématoires et les « bunkers » de Birkenau. En juillet 1944, ils auraient tué une moyenne de dix-huit mille juifs hongrois par jour. Je suppose que pour brûler ensuite dix-huit mille cadavres il fallait, à quarante kilos de coke par cadavre, 720.000 kilos de coke par jour, ce qui ne devait pas laisser grand place dans les cokeries pour y enfermer Jankowski et ses compagnons. Au fait, combien pouvaient-ils être pour s'occuper de dix-huit mille cadavres ?

En 1980, Jankowski-Fajnzylberg a répété cette histoire de séquestration dans les cokeries. Mais, entre 1945 et 1980, sa mémoire avait dû s'améliorer. En effet, en 1980, il ajoutait une précision dont on

---

359 L'Américain Mark Weber m'a fait remarquer que *Sonderkommando* devrait probablement se traduire en anglais par « Special Detail » (détachement spécial), expression qui s'applique aux éboueurs. Les Krema-II et III de Birkenau possédaient un four pour y brûler les détritus *(Müllverbrennungsofen)*. Les membres des *Sonderkommandos* étaient chargés de collecter et de brûler à la fois les détritus et les cadavres. En somme, Filip Müller était une sorte d'éboueur.

s'étonne qu'il ne l'ait pas donnée en 1945. Un jour, une fois, au Krema-V, il a pu voir, affirme-t-il,

> « l'injection du gaz par un SS qui versait le contenu d'une boîte métallique noire, ronde, d'un diamètre d'environ douze à quinze centimètres et haute d'environ vingt-cinq centimètres dans une espèce de petite cheminée ou tube qui ressortait de quelques dizaines de centimètres du toit de la chambre à gaz. Le SS portait un masque. Il a refermé aussitôt l'ouverture par laquelle il versait le contenu de la boîte. »

Il n'y a qu'un malheur pour ce témoin, c'est que, selon la légende, il n'y avait pas une chambre à gaz au Krema-V, mais deux petites pièces et un couloir : ce qui fait un ensemble de trois petites chambres à gaz. Quant au gaz, la version aujourd'hui accréditée est qu'il était versé par des impostes situées sous le toit et auxquelles un SS accédait du dehors par une échelle, à chaque fois.

## II. le procès pénal intenté par L. Poliakov (affaire Gerstein et Baron von Otter)

Dans mon *Mémoire en défense contre ceux qui m'accusent de falsifier l'Histoire* j'avais, à la page 119, cité Léon Poliakov parmi ceux qui avaient manipulé le texte original des carnets du professeur Johann-Paul Kremer. Songeant également aux extraordinaires manipulations et fabrications de textes auxquelles s'était livré le même Poliakov à partir des confessions de Kurt Gerstein et dont Paul Rassinier ne nous avait livré que quelques exemples, j'avais écrit cette phrase :

> « Conscient de la gravité de mon accusation, j'affirme être en mesure de prouver que M. Léon Poliakov est un manipulateur et même un **fabricateur** de textes. »

Je pensais, en écrivant ces mots, que je risquais d'être poursuivi en diffamation. En effet, la diffamation est à bien distinguer du mensonge ou de la calomnie. Diffamer, c'est porter atteinte à la réputation de quelqu'un. On peut diffamer quelqu'un par la proclamation sur son compte d'une vérité vérifiable. Je pensais que L. Poliakov ne porterait pas plainte. Il était forcément le premier à savoir comment il avait fabriqué et manipulé des textes de Gerstein. Or, L. Poliakov portait plainte. La suite des événements me donne à penser que, s'il l'a fait, c'est sous la vive pression d'amis qui lui garantissaient qu'on trouverait un moyen de le tirer d'affaire.

La loi française prévoit la possibilité, rarement utilisée, de présenter dans les dix jours suivant la plainte une « offre de preuve » de la part de celui qui est accusé de diffamation. En moins de dix jours, je présentais une offre de preuve : il s'agissait d'un simple tableau montrant, d'une part, les textes que Gerstein était censé avoir écrits et, d'autre part, les incroyables manipulations et fabrications que L. Poliakov avait tirées de ces textes, au fil des ans, de 1951 à 1979. C'était matériel ; aucune réplique n'était possible.

La loi française prévoit que l'accusateur a cinq jours pour répondre à l'offre de preuve. Je devais constater sans surprise que L. Poliakov ne proposait pas de réponse à mon offre de preuve dans le délai prévu. C'est alors que L. Poliakov et ses amis mettaient au point un stratagème qui, encore aujourd'hui, me laisse admiratif. Ils savaient que devant la XVIIe chambre correctionnelle de Paris (présidée par Émile Cabié) il est toujours bon de plaider qu'on est une victime de l'antisémitisme. Il semble que, jusqu'à ces dernières années, ladite chambre distribuait les condamnations pour antisémitisme comme on distribue des condamnations pour conduite en état d'ivresse. L. Poliakov allait jouer cette carte avec l'aide de son compère Pierre Vidal-Naquet qui venait à la barre me dénoncer comme un antisémite de toujours. Poliakov avait fabriqué, de son côté, une photocopie quasi illisible d'un texte de Gerstein pour prouver qu'il lui avait été très difficile de déchiffrer ce texte : d'où des conjectures et des erreurs possibles, disait-il.

Mais j'en arrive au stratagème lui-même.

Les avocats firent valoir que celui que j'avais voulu attaquer n'était pas L. Poliakov, mais, à travers lui, Gerstein en personne ! Or, Gerstein était un saint ! De cela, des témoins venus de Hollande, de Suisse ou de Suède allaient attester. Les avocats de Poliakov avaient décidé d'organiser toute leur défense autour de ce point : Kurt Gerstein a réellement existé ; il a été un espion de Dieu ; son témoignage gêne M. Faurisson ; M. Faurisson est un diffamateur de Gerstein à travers la personne d'un grand honnête homme : M. L. Poliakov, ancien directeur d'études au CNRS.

C'est ainsi qu'au cours de cet étrange procès nos contestations sur des textes allaient prendre l'allure de vétilles par rapport au défilé de témoins tels que le baron von Otter venus dire qu'ils avaient connu Gerstein pendant la guerre et que celui-ci leur avait raconté d'effroyables histoires sur les camps de concentration allemands. Mon avocat crut pouvoir traiter cet expédient avec un haussement d'épaules. Pour lui, les magistrats ne pourraient pas être dupes de la manœuvre. Le baron von

Otter et les autres témoins n'étaient pas des spécialistes des textes de Poliakov et, par conséquent, mon avocat ne voulut pas poser la moindre question aux témoins, pas même celles-ci : « Avez-vous une idée de ce qui est ici en cause ? Savez-vous ce que M. Faurisson reproche à M. Poliakov ? Savez-vous que la personne de Gerstein n'est pas en cause et ne nous intéresse pas ici ? Estimez-vous avoir une compétence en ce qui regarde les différentes versions que M. Poliakov a données des différentes confessions de Gerstein ? » J'eus beau insister, mon avocat ne voulut pas sortir de son silence. Il faut dire à sa décharge qu'il connaissait bien ce qui était le sujet précis du procès : les textes de Gerstein et de Poliakov et qu'il ignorait à peu près tout de Gerstein, de Pfannenstiel, du camp de Belzec et du baron von Otter. Si j'avais eu droit à la parole, voici comment j'aurais procédé pour prendre la partie adverse à son propre jeu. J'aurais d'abord dit à chacun des témoins que je croyais à sa sincérité. Oui, chacun d'eux avait pu rencontrer Gerstein pendant la guerre. Oui, Gerstein leur avait fait de terribles récits. Mais ces gens avaient-ils pris ces récits au sérieux ? Je dis que non. Si ces gens-là avaient pris au sérieux ces révélations absolument sensationnelles, ils en auraient fait rapport soit, pour le baron von Otter, à ses supérieurs hiérarchiques à Stockholm, soit, pour les autres témoins, à leurs mouvements de résistance. Or, il semble aujourd'hui bien établi que personne n'est capable de montrer un rapport de ce genre, soit – comme j'ai tendance à le penser – que ces rapports n'aient jamais été rédigés, soit qu'ils aient été rédigés mais ne soient pas présentables parce que Gerstein y était décrit comme l'auteur de récits totalement impossibles à croire. Nous ne possédons par ailleurs aucun document, aucun écrit de Gerstein qui aurait été remis sur le sujet de Belzec à une personne quelconque des pays neutres ou des mouvements de résistance. Pourtant, Gerstein avait considérablement voyagé pendant la guerre en Allemagne et à l'étranger et rien ne l'empêchait de dicter un rapport ou de poster un pli, même anonyme. J'ai une hypothèse à suggérer en ce qui concerne Otter et les autres. Pour moi, pendant la guerre ils n'ont pas cru aux énormités racontées par Gerstein et cela pour une raison bien simple : ces énormités n'étaient pas croyables. Elles étaient et restent totalement grotesques pour quiconque les lit avec un minimum d'attention. Mais, après la guerre, Otter et les autres se sont probablement mis à croire à ce qui leur avait été raconté par Gerstein. J'imagine, dans l'atmosphère d'hystérie qui a accompagné ce qu'on a appelé la découverte des prétendus camps d'extermination, que le baron von Otter a été saisi d'un moment d'effroi rétrospectif. Il s'est rappelé ce SS et ses récits délirants. Von Otter a dû se dire qu'il avait eu à l'égard de ce SS une conduite impardonnable. Et c'est pour cette raison qu'il s'est mis en quête de Gerstein après la guerre et que, depuis 1945, pris à son jeu, il s'est, bon gré, mal gré, institué le défenseur de saint Gerstein. Pour moi, Goran von Otter doit souffrir de ce que j'appelle le complexe de Sean McBride, le fondateur d'Amnesty International. Pendant la guerre, Sean McBride n'avait pas voulu croire aux récits d'horreur mais, après la guerre, il s'était mis à y croire d'autant plus fort qu'il avait été d'abord sceptique. Dans *Le Monde* du 13 février 1982, en page 2, sous le titre de « L'Avertissement », voici ce qu'écrivait Sean McBride :

> « Au milieu de la deuxième guerre mondiale, j'entretenais des relations extrêmement amicales avec l'ambassadeur des États-Unis en Irlande, David Gray, un intime de Roosevelt. Un jour, je le vis perplexe. « J'ai reçu du Département d'État », me dit-il, « des documents troublants qui font état d'une politique d'extermination menée par les nazis dans des camps spécialement aménagés à cet effet ». Je regardais les papiers qu'il détenait et, ce qui est évidemment le plus atroce, je dois l'avouer, c'est qu'ils n'apparaissaient pas très convaincants. Mes démarches pour obtenir plus de précision, puis pour alerter l'opinion, se heurtèrent à l'indifférence et au scepticisme. Ceci est resté pour moi fondamental : le génocide le plus monstrueux de l'histoire de l'humanité avait pu se développer durant cinq années dans l'ignorance la plus totale. »

Soit dit en passant, cette dernière phrase de Sean McBride témoigne d'aveuglement : comment Sean McBride peut-il croire que, si le génocide le plus monstrueux de l'histoire de l'humanité avait pu se développer durant cinq années à la dimension d'un continent, il aurait précisément pu passer inaperçu ? Sean McBride devrait lire l'histoire de l'éléphant telle qu'Arthur R. Butz nous la racontait dans sa conférence de l'an dernier.[360] Sean McBride s'imagine qu'il a manqué de clairvoyance

[360] A. R. Butz, « Context and Perspective in the 'Holocaust' Controversy », p. 398. Dans cette conférence, A. R. Butz énumérait huit instances qui, s'il y avait eu une politique d'extermination physique massive de millions de juifs en Europe pendant trois longues années, n'auraient pas manqué de s'en apercevoir, d'en parler et d'agir en conséquence. Et il écrit : « Voilà pour conclure la discussion des "huit simples observations […] qui établissent la non-historicité d'[…] un programme d'extermination physique massive des juifs d'Europe". L'allégation ne répond à aucun des critères historiques appropriés et elle implique un degré d'impudence ou de "chutzpah" qui, avant la guerre, aurait stupéfié les imaginations. Ce qu'on **exige** de nous, c'est que nous allions croire que ces "événements de la dimension d'un continent au point de vue de la géographie, d'une durée de trois ans au point de vue du temps, et de plusieurs millions au point de vue du nombre des victimes", ont tous pu se passer sans qu'aucune des parties à l'affaire en ait eu

pendant la guerre et que ses yeux se sont ouverts après la guerre, alors que c'est le contraire qui s'est passé : pendant la guerre il avait été libre de son jugement et donc clairvoyant, tandis qu'après la guerre son jugement n'était plus en mesure de résister aux pressions de la plus fantastique propagande qu'ait jamais connue l'humanité. C'est un peu de la même façon qu'après la guerre des généraux ou des dignitaires nazis se sont frappé le front – et la poitrine – et ont pensé : « Maintenant je vois clair, mes yeux s'ouvrent, mes oreilles se débouchent. Je comprends, maintenant qu'on me l'explique, ce que Himmler avait dit à Posen et Hitler à Berlin ».

Pour ma part, je ne mets pas en doute la sincérité de Hans Frank, de Baldur von Schirach, du général SS Karl Wolff, ni celle du baron von Otter ou de Sean McBride. Pour ce qui est d'Albert Speer, on me permettra d'être un peu plus sceptique. À propos de ce dernier, un détail. Une association juive sud-africaine avait obtenu sa collaboration pour faire interdire en Afrique du Sud la brochure *Did Six Million Really Die ?* Dans la brochure en réplique, intitulée *Six Million Did Die. The Truth shall prevail*[361], on trouve le facsimilé de l'attestation originale en allemand signée par Albert Speer où ce dernier déclare à la fin :

> « La faute principale, je persiste à la voir dans mon approbation de la persécution des juifs et dans le meurtre de millions d'entre eux. »[362]

C'est ce qu'écrivait Albert Speer le 15 juin 1977, mais, dans un livre paru deux ans plus tard (*Technik und Macht)* il reproduisait cette attestation en mettant après le mot « *Billigung* » (approbation) un renvoi en bas de page où se lisait le texte suivant :

> « Une approbation, pour en avoir détourné les yeux et non parce que j'aurais eu connaissance d'un ordre [d'extermination] et de son

---

connaissance. Autant me raconter que, alors que je n'avais aperçu aucun éléphant en regardant dans ma cave, il s'y trouvait quand même un éléphant. Et puis, alors que j'étais assis dans mon salon, je n'ai pas remarqué que l'éléphant avait trouvé le moyen de monter à l'étage et de s'y ébattre un moment : les escaliers à emprunter, les ouvertures des portes, les parquets étaient soudain devenus, par miracle, compatibles avec ces mouvements. Puis l'éléphant s'était précipité dehors dans un quartier commerçant, en pleine activité, en plein jour, et, à quelques kilomètres de là, il avait réintégré son zoo, mais personne ne s'en était aperçu. »

[361] Par A. Suzman et D. Diamond.

[362] A. Suzman et D. Diamond, *Six Million Did Die. The Truth shall prevail,* p. 109 112.

> accomplissement. La première chose est aussi grave que la seconde. »[363]

Speer parlait dans son *Journal de Spandau* de sa propension à l'autoaccusation.[364]

On peut dire que cette propension est assez générale dans ce que Heinrich Härtle a appelé l'Allemagne du « national-masochisme ».[365]

Dans le procès Poliakov, les juges eux-mêmes ont été amenés à croire, selon leur propre formule, que « le témoignage [de Gerstein] sur le fonctionnement des camps nazis est capital ». C'est là une phrase qui fait mal à entendre pour qui connaît tant soit peu l'affaire Gerstein. Partant de là, et devant le défilé de quatre témoins, que pouvait peser notre démonstration technique sur les manipulations et fabrications de Poliakov ? Nous avions pourtant de notre côté un excellent témoin [Henri Roques] qui prépare actuellement une thèse sur les différentes confessions de Gerstein et qui avait pu prouver, textes en main, que Poliakov était un fabricateur et un manipulateur. Peine perdue. J'étais condamné pour diffamation ; le jugement devait être publié, à mes frais ; il ne l'a pas été et je pense que Poliakov n'en demandera jamais la publication. Ce jugement contient en effet des passages gênants pour un ancien directeur de recherches au CNRS. On sait que Poliakov, trouvant que chez Gerstein la chambre à gaz de Belzec était d'une superficie de 25 $m_2$ pour sept à huit cents personnes (ce qui fait de 28 à 32 personnes debout au $m_2$), avait supprimé froidement le chiffre de 25 $m_2$ pour le remplacer par celui de 93 $m_2$ : dans le jugement, il est dit qu'on « ne s'explique pas comment M. Poliakov peut fixer à 93 $m_2$ la superficie des chambres à gaz ». Le tribunal va jusqu'à dire : « Il y a là une erreur qui pourrait bien être fautive ». Et il ajoute : « D'autres erreurs ont pu être commises », et, enfin, il dit que « M. Poliakov a pu, sur des points de détail, enfreindre la rigueur scientifique ». Mais, pour le tribunal, tout cela était contrariant sans être grave et je n'avais pas le droit de traiter M. Poliakov comme je l'avais fait. En effet, ce qui comptait aux yeux du tribunal, c'est que L. Poliakov

> « [avait été] animé du désir passionné et légitime d'informer le public sur une période et des faits particulièrement tragiques de l'histoire contemporaine. »

---

363 A. Speer, *Technik und Macht*, p. 73-75.

364 « *meine Selbstbezichtigungen* », A. Speer, *Spandauer Tagebuch,* p. 432.

365 H. Härtle, « "Holocaust" und keine End », p. 28.

[Autrement dit, le tribunal l'acquittait au bénéfice de « la bonne foi ».]

L'affaire Poliakov est allée en appel et en cassation sans plus de résultat. Je n'ai pas pu, pour des raisons de santé, me rendre à ces audiences. Le texte de l'arrêt de la cour d'appel et celui de l'arrêt de la cour de cassation sont très brefs et prouvent que ces deux instances judiciaires n'ont nullement repris l'examen de l'affaire dans le sens où elle aurait dû se présenter, c'est-à-dire dans un sens purement technique et sous la forme suivante : « Voici, d'une part, ce qu'on lit dans les textes de Gerstein et voilà, d'autre part, ce que Poliakov prétend y avoir lu ; comment ces différences s'expliquent-elles ? Et comment, d'autre part, peut-on expliquer que Poliakov lui-même ait pendant près de trente ans osé présenter sous des formes aussi différentes des textes censés être identiques ? »

J'attends avec curiosité la réaction de Poliakov et de ses amis quand sera soutenue, puis publiée, la thèse dont j'ai parlé plus haut. Le chercheur en question [Henri Roques] a fait des découvertes tout à fait intéressantes sur les écrits de Gerstein. Je préviens les amateurs de ne rien écrire sur Gerstein avant la publication de cette thèse qui sera très technique. L'affaire Gerstein apparaît de plus en plus comme une histoire de fou. L'histoire des confessions de Gerstein est très difficile à débrouiller, même sans tenir compte des reproductions malhonnêtes de ces confessions.

## *III. Le procès pénal contre mon résumé de soixante mots*

En plein déroulement de l'affaire civile dont j'ai longuement traité, de graves événements s'étaient produits pour Pierre Guillaume, pour ses amis et pour moi-même. Pendant quatre ans, nos adversaires ont conduit contre nous une série d'opérations (physiques et autres) qui étaient d'autant plus éprouvantes pour les santés et pour les nerfs que nous n'avions pour ainsi dire aucun moyen de répliquer. La presse, notamment, débordait d'un flot de haine à peine concevable. C'était de l'hystérie à répétition. Noam Chomsky était intervenu dans l'affaire, de façon pourtant bien anodine. M. Jean Pierre Bloch, président de la LICRA, le 16 décembre 1980, venait parler de l'affaire sur les ondes d'*Europe n°1*. Il était reçu par son ami Ivan Levaï, responsable de l'émission intitulée *Expliquez-vous*.... M. Jean Pierre-Bloch se livrait d'entrée de jeu à de violentes attaques contre nous. Il déclarait que cette affaire coûtait des sommes considérables à la LICRA. Il prétendait que, de mon côté, j'étais payé par le colonel Khadafi et que mes ouvrages étaient traduits dans toutes les langues du monde, et qu'il avait sur sa table des traductions de mes œuvres en chinois ! Il me traitait, bien entendu, de faussaire. Ivan Levaï, de son côté, disait que l'aide que Noam Chomsky m'avait apportée était « un baiser au lépreux » ; « Noam Chomsky, expliquait-il, petit-fils de rabbin et juif lui-même, avait voulu "embrasser sa propre mort" ». Grâce aux qualités manœuvrières de mon éditeur Pierre Guillaume, j'obtenais de passer le lendemain sur les ondes de la même radio. Ivan Levaï, surexcité, me coupait constamment la parole. C'est alors que je prenais une grave décision. Je décidais que, puisque, pour une fois, j'avais le droit à la parole pendant quelques minutes, j'allais en profiter pour prononcer une phrase de soixante mots que j'avais depuis longtemps en tête et qui résumait le fond de ma pensée sur toute cette question des chambres à gaz et du génocide.

Si j'ai tant étudié autrefois la question des chambres à gaz, ce n'est évidemment pas en vertu d'une curiosité morbide pour le sujet. La chambre à gaz, la magique chambre à gaz, est la clé de voûte d'une immense construction qui s'appelle le mensonge de l'Holocauste. Si je me suis intéressé à cette clé de voûte, c'est parce qu'elle était le meilleur point par lequel je pouvais m'attaquer à cet immense édifice. Je crois pouvoir dire que maintenant, dans les milieux scientifiques, on ne croit plus guère aux chambres à gaz. Je pense ici à des historiens comme Raul Hilberg et non à des individus comme Élie Wiesel. Selon une formule employée par Céline en 1950, à la sortie d'une lecture du *Mensonge d'Ulysse* de Paul Rassinier, « C'était tout, la chambre à gaz ! Ça permettait TOUT ! »[366] Aujourd'hui, la clé de voûte du mensonge de l'Holocauste s'effrite et, par conséquent, l'immense construction est en péril. La chambre à gaz est l'arme du crime ; le génocide est le crime ; tous deux forment un seul et même mensonge historique ; s'il y a mensonge, il faut dire qui sont les bénéficiaires et qui sont les victimes ; en notre siècle tout devient rapidement une question d'argent et de politique ; il faut donc dire si ce mensonge a ouvert la voie à une escroquerie politico-financière, et à laquelle.

Il ne faut pas longtemps pour se rendre compte que l'affaire de l'Holocauste est principalement utilisée par l'État d'Israël ; c'est le mythe fondateur de cet état et l'arme n° 1 de sa propagande ; je ne le reproche pas à ce pays ; je fais là une constatation. Je n'ai pas la naïveté d'oublier que tous les États se fondent en partie sur le crime, le sang, l'expropriation, l'injustice, la force, le mythe et le mensonge. Ici je désigne le mythe fondateur de l'État d'Israël ; cela ne veut pas dire que je sois hostile à cet état et à ses citoyens. À l'inverse, je constate le mal

366 « Céline devant le mensonge du siècle [suite] », p. 5-6. Ce texte est reproduit dans le volume I, p. 322.

que ce grand mensonge fait au peuple allemand et ce qu'il a permis de faire au peuple palestinien ; et je suis bien obligé de constater que l'Allemagne, amputée d'un tiers de son territoire, scindée en deux parties, occupée par quatre armées, a des dirigeants qui, apparemment, sont obligés de pratiquer de la *Realpolitik :* c'est ainsi que les voix des dirigeants de l'Allemagne de l'Ouest font entendre la voix de leurs libérateurs de l'Ouest et que les dirigeants de l'Allemagne de l'Est font entendre la voix de leurs libérateurs de l'Est. C'est ce que j'ai voulu résumer dans ma phrase de soixante mots que j'ai, à la radio, fait précéder de l'avertissement suivant :

Attention ! Aucun de ces mots ne m'est inspiré par une sympathie ou une antipathie politique !

Voici cette phrase que j'ai, par la suite, si souvent entendu lire devant les tribunaux, dans un silence et une attention extrêmes :

> « Les prétendues chambres à gaz hitlériennes et le prétendu génocide des juifs forment un seul et même mensonge historique qui a permis une gigantesque escroquerie politico-financière, dont les principaux bénéficiaires sont l'État d'Israël et le sionisme international, et dont les principales victimes sont le peuple allemand – **mais non pas ses dirigeants** – et le peuple palestinien tout entier. »

Je savais d'avance que cette phrase serait l'objet de toutes sortes de malentendus sincères ou feints. En tout cas, je sais quelle en est la partie la plus sacrilège et la plus terrible à entendre : c'est la partie où je distingue le peuple allemand de la masse de ses dirigeants. Il faut croire que j'ai ouvert là une boîte de Pandore. Beaucoup de journaux ont censuré les cinq mots « **mais non pas ses dirigeants** ». Gitta Sereny Honeyman l'a fait en coupant ma phrase à cet endroit et en remplaçant les cinq mots par trois points de suspension. Arrivée à cet endroit, je suppose que, si elle est chrétienne, elle a dû faire son signe de croix.[367]

L'escroquerie financière n'a jamais été à l'origine du grand mensonge. Le grand mensonge aurait pu ne pas avoir ce prolongement-là, mais il se trouve qu'il l'a eu et que je vise très particulièrement ici le sioniste Nahum Goldmann et l'Israélien Ben Gourion. Je défie un honnête homme de garder son sang-froid à la lecture du livre où N. Goldmann raconte comment il est arrivé à extorquer d'un Adenauer paralysé les formidables réparations de l'Accord dit de Luxembourg du

[367] G. Sereny Honeyman, "The Judgment of History", p. 16.

10 septembre 1952.[368] C'est du racket de grand style ; c'est le summum du poker tricheur, tout cela sur un fond de sentimentalité préfabriquée.[369]

Les bénéficiaires non principaux de toute cette affaire sont l'ensemble des vainqueurs de la seconde guerre mondiale ; en effet, si les chambres à gaz homicides des Allemands n'ont pas existé, le « crime de guerre » par excellence pourrait être le gigantesque crématoire pour vivants de Dresde, ou Hiroshima ou Katyn.

Les victimes non principales sont le Vatican, le Comité international de la Croix-Rouge, tous deux accusés par les exterminationnistes de n'avoir pas vu et dénoncé les chambres à gaz et le génocide ; à propos des victimes non principales, il convient de souligner que les jeunes juifs sont, eux aussi, à leur manière, les victimes de cette religion ténébreuse et aberrante de l'Holocauste.

La LICRA, le MRAP et l'Amicale des anciens déportés d'Auschwitz déposaient, à la suite de l'audition de cette phrase, une plainte pour diffamation raciale (ce qui n'est pas bien grave) et une plainte pour incitation à la haine raciale (ce qui est grave).

Je n'ai pas pu assister au procès de première instance devant la même XVIIe chambre correctionnelle. La description m'a été faite de l'atmosphère détestable dans laquelle tout s'est déroulé. Je dois ici rendre un hommage particulier à Claude Karnoouh et à Jacob Assous, tous deux traités de renégats par leurs coreligionnaires juifs. Tous deux sont allés sensiblement plus loin que J.-G. Cohn-Bendit dans leur soutien à la thèse révisionniste.

C. Karnoouh, membre du CNRS, parlait devant le tribunal de la « révolution » apportée dans le travail de recherche historique par les découvertes révisionnistes et J. Assous déclarait, pour sa part, qu'il ne croyait plus maintenant ni aux chambres à gaz, ni au génocide. Des scènes pénibles se produisirent.

Quant au tribunal, il rendit un jugement qui restera dans les annales de la justice française. J'étais condamné pour les deux motifs de diffamation raciale et d'incitation à la haine raciale et cela à deux reprises car le procès était double (d'un côté la LICRA, et, de l'autre, le MRAP et l'Amicale d'Auschwitz). On me condamnait à trois mois de prison avec sursis (ce qui n'était pas grave) et à une peine d'amende (ce qui est

---

[368] N. Goldmann, *Le Paradoxe juif*, p. 152-165.

[369] Le 18 août 1981, le même Nahum Goldmann allait déclarer à propos des « réparations » payées à Israël : « On a obtenu du gouvernement allemand de la nouvelle Allemagne des réparations pour les victimes du nazisme. Ce sont des sommes astronomiques du point de vue de l'histoire juive, qui ont été très importantes pour le développement d'Israël. L'Israël d'aujourd'hui aurait été impossible sans les réparations allemandes. » (« Profil Nahum Goldmann », une émission proposée par Jean-François Chauvel, TF 1, 18 août 1981, 22 h, transcription, p. 1).

banal), à payer des insertions du jugement dans la presse (ce qui est rituel), mais aussi – fait sans précédent en France – à payer le temps de lecture du jugement à la radio et à la télévision à heure de grande écoute. Le prix m'en serait revenu à l'époque à la somme astronomique pour moi de 3.600.000 F. Pour son honneur, un journal français réagit assez vivement contre cette avalanche de procès, de condamnations et d'amendes : il s'agit du journal de gauche *Libération.* La plupart des journaux, sans doute gênés d'avoir à rapporter pareille nouvelle, cachèrent le fait que le tribunal avait institué une nouvelle peine : ces lectures dispendieuses à la radio et à la télévision d'un jugement de tribunal.[370]

En seconde instance, je pus assister au procès et m'expliquer. Il se produisit un fait inattendu : la cour d'appel maintint la condamnation à trois mois de prison avec sursis mais elle supprima le motif d'incitation à la haine raciale ; par-dessus tout, elle supprima toute mesure de publication, même dans la presse ; je pense qu'elle s'était rendu compte que les journaux, la radio et la télévision avaient déjà fait suffisamment de tapage autour de mes condamnations.

Pour la première fois dans ces années de lutte, je crus trouver un peu d'oxygène. Ainsi, par cet arrêt du 23 juin 1982, j'apprenais que je n'aurais pas à payer trois millions six cent mille francs. C'est dix mois plus tard, le 26 avril 1983, que j'apprenais une autre bonne nouvelle : celle de l'arrêt qui déclarait à mon propos : « Personne ne peut, en l'état, le convaincre de mensonge… » Sans doute s'agissait-il, dans les deux cas, comme dans le cas Poliakov, de condamnations, mais il faut bien admettre que ces condamnations allaient en s'allégeant considérablement.

## *IV.– Quelques événements en marge des trois procès*

Au fil des années 1981, 1982 et 1983, mes condamnations s'allégèrent progressivement de façon notable au point de provoquer le désarroi de la LICRA et des exterminationnistes. Pour finir, la première chambre de la cour d'appel avait presque fini par dire : « Les révisionnistes ont raison de nier l'existence des chambres à gaz et de refuser toute valeur aux témoignages en sens contraire ». Pour m'en tenir strictement à ce que cette cour d'appel a décidé le 26 avril 1983, je crois pouvoir dire que cet arrêt, appelé à faire jurisprudence, a permis de marquer au moins deux points :

---

370 Voy. *Le Matin de Paris,* 26 juin 1981, p. 13 et 27-28 juin, p. 12 ; *Le Monde,* 30 juin, p. 15 ; *Libération*, 9 juillet, p. 12.

1. Il ne semble plus permis en France de nous traiter, comme on l'a fait de toutes parts pendant plus de quatre ans, de menteurs, de faussaires, de falsificateurs, ou encore de nous accuser de mauvaise foi, de légèreté, de négligence et d'ignorance délibérée ;
2. Il semble désormais permis, en se fondant sur les travaux révisionnistes, de dire que les chambres à gaz homicides des Allemands n'ont pas eu d'existence dans la réalité et de suspecter tous les témoignages émis en sens contraire depuis quarante ans ; toutefois, ces opinions, contraires à la vérité officielle, peuvent être émises sous réserve de marquer, encore mieux que je ne l'ai fait, du respect pour les victimes des persécutions et des déportations et à condition de veiller, avec encore plus de soin que je n'en ai eu, à ne paraître outrageant ou blessant pour personne.

J'ignore à quoi attribuer cette évolution favorable des tribunaux français. Je croirais volontiers que nous en sommes en partie redevables à l'action politique de Menahem Begin telle qu'elle a été perçue en France et dans le monde. Il y a aussi les crises de délire collectif que la presse et les pouvoirs publics ont déclenchées ou laissé se déclencher en France à propos de la projection du docu-drame *Holocauste,* de l'attentat contre la synagogue de la rue Copernic, de l'attentat contre un restaurant juif de la rue des Rosiers, de l'affaire Papon, de l'affaire Barbie ou de l'affaire des carnets de Hitler. Selon la formule de Dominique Jamet, un éditorialiste du journal *Le Quotidien de Paris* (publication qui a pourtant tendance à voir des antisémites partout), les Français ont pu finir par avoir l'impression que les sionistes cherchaient finalement « à tirer des chèques en blanc sur l'Holocauste ».

Mais, sur le sujet même des chambres à gaz et du génocide, il y a en France un doute manifeste des esprits quant à la doctrine officielle. Ce trouble s'est traduit par les quelques faits suivants :

*P. Vidal-Naquet publie « Un Eichmann de papier » ; je publie ma* Réponse à P. Vidal-Naquet.

En 1980, Pierre Vidal-Naquet eut la maladresse de publier contre moi un travail d'amateur intitulé « Un Eichmann de papier », avec un complément de Pitch Bloch ; le tout a été repris avec des changements et des additions dans *Les Juifs, la mémoire et le présent*). Je répondis à cette publication dans ma *Réponse à Pierre Vidal-Naquet.* Toute question de polémique mise à part, il est intéressant de constater à quel point P. Vidal-Naquet a été obligé de faire des concessions au révisionnisme historique : sur le *Journal* d'Anne Frank à l'authenticité duquel il ne croit plus, sur les aveux extorqués aux nazis, sur Pery Broad, sur le procès de Nuremberg, sur les faux témoignages et impostures concernant le chapitre des chambres à gaz, etc.

*Georges Wellers publie* Les chambres à gaz ont existé.

En 1981, Georges Wellers publiait un livre intitulé *Les chambres à gaz ont existé. Des documents, des témoignages, des chiffres*. Ce livre a beaucoup servi notre cause, d'abord par son titre, ensuite par son contenu. Il est consacré à Auschwitz. L'auteur n'a pas osé y faire paraître une seule photo de la chambre à gaz qu'on visite à Auschwitz-I, ni une photo des ruines de chambres à gaz d'Auschwitz-Birkenau, ni une photo des diverses reconstitutions et maquettes du musée d'Auschwitz. En revanche, il a reproduit les photos aériennes publiées par Brugioni et Poirier qui, si elles prouvent quelque chose, c'est bien l'impossibilité de l'existence de chambres à gaz à Auschwitz. Wellers n'a fourni que des photos de plans de crématoires. Il n'a pas osé produire une seule des nombreuses photos qu'on possède des crématoires eux-mêmes. Il a tronqué des textes. Je recommande toujours son ouvrage à ceux qui croient que les chambres à gaz ont existé.

*Même dans* Le Monde juif *l'exterminationnisme bat en retraite*

Georges Wellers aggravait son cas l'année suivante. Devant les progrès des révisionnistes, il semble avoir eu une réaction de panique. Il s'est mis à battre en retraite d'une façon subite et déconcertante. Dans la revue qu'il dirige, il a préfacé une longue et fastidieuse étude dont la thèse, tout à fait inattendue, est la suivante : à considérer les plans des Krema-IV et V d'Auschwitz-Birkenau et à considérer les reconstitutions matérielles que nous pouvons opérer à partir des ruines, il faut bien se rendre à l'évidence : ces bâtiments n'ont jamais été conçus ni construits autrement que comme de vulgaires crématoires et non pour contenir des chambres à gaz homicides. Cependant, comme il y a des témoignages qui disent que ces bâtiments ont servi au gazage, puis à la crémation de milliers de gens, il faut croire que les Allemands ont, par la suite, procédé à des transformations ; cependant, dit l'auteur, il faut admettre que tout cela respire, de la part des Allemands, l'improvisation hâtive et le « bricolage ».[371] C'est dans cette étude qu'il apparaît que les seules mentions ou les seuls vestiges matériels de chambres à gaz qu'on ait pu trouver à Auschwitz concernent des chambres à gaz de désinfection.

*21 avril 1982 : Les exterminationnistes créent une association pour la recherche des preuves de gazages*

Rien ne montre mieux l'évolution de la situation que le fait que je vais maintenant rapporter. On se souvient de la fameuse déclaration des trente-quatre historiens dans *Le Monde* du 21 février 1979. Vidal-Naquet et Poliakov en avaient pris l'initiative. Dans cette déclaration, il était dit que le génocide était une vérité d'évidence et qu'il ne fallait pas se

---

371 J.-C. Pressac, « Les "Krematorien" IV et V de Birkenau et leurs chambres à gaz, construction et fonctionnement ».

demander comment un tel meurtre de masse avait été **techniquement** possible :

> « Il ne faut pas se demander comment, **technique ment,** un tel meurtre de masse a été possible. Il a été possible techniquement puisqu'il a eu lieu. Tel est le point de départ obligé de toute enquête historique sur ce sujet. Cette vérité, il nous appartenait de la rappeler simplement : il n'y a pas, il ne peut y avoir de débat sur l'existence des chambres à gaz. »

C'est de cette mémorable déclaration, due à trente-quatre historiens dont pas un seul, sauf L. Poliakov, n'était spécialiste de la période considérée, que Lucy S. Dawidowicz pensait qu'elle « pouvait bien servir de guide aux historiens américains ».[372]

Vidal-Naquet s'est mis personnellement trois fois en contradiction avec une telle affirmation. D'abord, en invitant les signataires à se mettre au travail sur la question des chambres à gaz ; c'est ce qu'il devait involontairement et ingénument reconnaître dans l'ouvrage susmentionné, *Les Juifs, la mémoire et le présent,* sorti des presses en janvier 1981 et où on lit en page 196 :

> « Bon nombre d'historiens ont signé la déclaration publiée dans *Le Monde* du 21 février 1979 ; très peu se sont mis au travail, une des rares exceptions étant F. Delpech. »

Puis il s'est mis en contradiction avec lui-même en publiant « Un Eichmann de papier ». Mais, surtout, il est parvenu au summum de la contradiction le 21 avril 1982. Ce jour-là, une étrange association déposait ses statuts à la préfecture de police de Paris : l'ASSAG (Association pour l'étude des assassinats par gaz sous le régime national-socialiste). Cette association se donnait pour objet, selon son propre statut, de :

> « rechercher et contrôler les éléments apportant la preuve de l'utilisation des gaz toxiques par les responsables du régime national-socialiste en Europe pour tuer les [*sic*] personnes de différentes nationalités ; contribuer à la publication de ces éléments de preuve ; prendre à cet effet tous les contacts utiles au

[372] Citée par K.Stimely, *The Journal of Historical Review,* printemps 1984, p. 6.

plan national et international [en particulier avec le groupe de travail international animé par Hermann Langbein]. »

Parmi les membres de cette association figurent Vidal-Naquet, Wellers, Bernard Jouanneau, Geneviève de Gaulle-Anthonioz, Germaine Tillion, le chef de cabinet du ministre des Anciens Combattants, un membre du ministère de la Culture, un ancien membre du ministère de l'Intérieur, le directeur de la Documentation française et quelques autres célébrités. La responsable est Mme Postel-Vinay. L'ASSAG sera dissoute quand elle aura fini son travail. Aux dernières nouvelles, elle est devenue une sorte d'association clandestine ; elle cherche à se cacher ; si on l'interroge sur son travail, Mme Postel-Vinay répond que l'ASSAG « en est au stade de la réflexion ».

*Une grande exposition officielle antirévisionniste ; un tract révisionniste en dénonce les supercheries ; la poursuite de l'exposition est annulée*

En même temps était mise sur pied par le ministère des Anciens Combattants une opération annoncée à son de trompe comme devant répliquer à la « banalisation du nazisme ». Cette expression, qui semble avoir été lancée par Simone Veil, a d'abord le sens suivant : on tend aujourd'hui à faire du nazisme un phénomène banal en minimisant ses horreurs, lesquelles auraient été sans précédent dans l'histoire de l'humanité. Mais cette expression est aussi employée pour éviter le mot de « négation » (négation de l'Holocauste). En 1981, Alain Finkielkraut publiait contre le révisionnisme un livre intitulé *L'Avenir d'une négation* (je ne peux parler de ce livre ; je ne comprends pas la langue de M. Finkielkraut).

La vaste et coûteuse opération montée par le ministère des Anciens Combattants et, en particulier, par une Melle Jacobs, était une exposition de la déportation. Dressée sur la place du Trocadéro à Paris, elle devait ensuite faire le tour de toutes les grandes villes de France. Je visitais attentivement cette exposition qui disposait de moyens sophistiqués. J'y relevais quelques belles supercheries. Avec Pierre Guillaume je rédigeais un tract où étaient décrites ces supercheries. Seuls quelques tracts allaient être distribués (clandestinement, à cause de la présence de la police). Le résultat ne se fit pas attendre. À sa fermeture, l'exposition était transférée dans une ville de l'ouest de la France (le ministère des Anciens Combattants n'avait pas eu le temps de revenir sur la décision prise) ; après quoi la coûteuse exposition disparaissait définitivement du circuit. Elle a probablement été remisée dans le garde-meubles du ministère. Melle Jacobs répond officiellement que cette exposition est l'objet de retouches ; la date de la fin des retouches n'est pas prévisible, ajoute-t-elle.

*Un colloque international de la Sorbonne de sens antirévisionniste se termine sur un constat d'échec.*

L'offensive antirévisionniste allait connaître son apogée avec le colloque international sur « L'Allemagne nazie et l'extermination des juifs ». Le colloque se tint à la Sorbonne sous l'égide de la Sorbonne, de l'École des hautes études en sciences sociales et… de la Fondation du judaïsme, du 29 juin au 2 juillet 1982. Vidal-Naquet, professeur d'histoire de l'antiquité à l'École des hautes études en sciences sociales, en était la cheville ouvrière. Les présidents étaient Raymond Aron et François Furet, tous deux d'origine juive comme Vidal-Naquet lui-même et comme une bonne partie des participants. Je demandais de participer à ce colloque ou à y assister avec l'engagement, si nécessaire, de ne pas y prendre la parole. F. Furet me refusa cette présence même muette, parce qu'il avait lu certains de nos ouvrages, qu'il savait que je niais l'existence des fours crématoires *(sic)* et parce que j'étais tenu pour un imposteur par la communauté scientifique. J'eus beau lui faire remarquer que le meilleur moyen de démasquer un imposteur était de le faire venir s'expliquer en public, F. Furet maintint son refus. R. Aron, homme pourtant plein de finesse, me répondait : « Vous comprenez, il y a des vérités qui sont établies pour toujours ».

Le colloque se tint dans un étonnant contexte de mesures policières et de fouilles individuelles par des jeunes gens de la Fondation du judaïsme. Le stationnement le long des trottoirs de la Sorbonne était interdit. Malgré cela, Pierre Guillaume et moi-même nous parvenions à faire une brève incursion dans le hall, le temps de distribuer quelques exemplaires de ma *Réponse à P. Vidal-Naquet* (brochure qui venait juste de paraître), y compris à l'intéressé lui-même qui me croyait mort. Les vigiles vécurent pendant plusieurs jours dans la hantise d'une apparition de ceux qu'ils appelaient les « faurissonniens ». Le colloque, ainsi que nous devions l'apprendre par diverses voies, allait tourner au fiasco et à la dispute. D'abord apparut la pittoresque division entre « intentionnalistes » et « fonctionnalistes » de la solution finale ; ce phénomène de transformation d'historiens en métaphysiciens prouvait la déliquescence de la thèse exterminationniste. P. Vidal-Naquet se fit insulter et traiter de « faurissonnien » – suprême injure – parce qu'il avait écrit « Un Eichmann de Papier ». R. Aron et F. Furet qui, au fond, ne connaissaient rien de l'histoire du prétendu génocide découvrirent progressivement que la thèse exterminationniste reposait en grande partie sur des spéculations et des supputations plutôt que sur des faits historiquement établis. Il était prévu que, pour donner plus de retentissement à ce colloque, ce dernier serait suivi d'une conférence de presse. Vidal-Naquet n'y parut pas. Les professeurs Furet et Aron furent seuls à tenir cette conférence qui, avec leur accord, fut enregistrée par un Australien de nos amis. Il en ressortit que les deux professeurs venaient de découvrir que, « malgré les recherches les plus érudites », on n'avait jamais pu trouver un ordre de Hitler d'exterminer les juifs. Mieux, Raymond Aron déclarait : « Dans le déroulement, on n'a pas trouvé l'activité personnelle de Hitler ». Interrogé sur les procès intentés à Faurisson, les deux professeurs répondaient qu'à titre personnel ils trouvaient ces procès absurdes et Raymond Aron commençait une phrase qui est la suivante :

> « Je trouve absurde que des organisations juives fassent des, des... [inaudible] »

Le contexte donne à entendre que le mot manquant était celui de « procès » ou un terme approchant. Les deux professeurs se risquaient jusqu'à dire qu'il leur semblait que Vidal-Naquet lui-même était peut-être hostile à ces procès. Or, Vidal-Naquet avait, en fait, de 1979 à 1982, joué le rôle d'un procureur ou d'un commissaire politique dans tous mes procès.

*Deux interviews de Raul Hilberg montrent son désarroi*

Avant ce colloque, le journaliste français, d'origine juive, Guy Sitbon, correspondant permanent du *Nouvel Observateur* aux États-Unis, avait eu un entretien avec Raul Hilberg. Je souhaiterais la publication de cet entretien en anglais. Guy Sitbon appartenait à l'hebdomadaire qui m'avait le plus vivement attaqué en 1979, mais cela avait été l'occasion pour moi de prendre contact avec certains journalistes du *Nouvel Observateur* et, en particulier, avec son directeur, Jean Daniel ; j'avais eu avec ce dernier un échange de lettres qui l'avait, je pense, indigné, bouleversé et instruit. Dans son entretien avec R. Hilberg, G. Sitbon ne ménageait pas l'historien et, sur la question des chambres à gaz, on peut dire qu'il le mettait au pied du mur. C'est depuis la lecture de cet entretien que les Français ont pu se rendre compte que Hilberg ne possède aucun argument en faveur de l'existence des chambres à gaz. Du moins n'a-t-il visiblement pas été en mesure, à mon avis, d'en fournir un seul à Guy Sitbon. Au passage, Hilberg déclarait à propos des révisionnistes :

> « Je dirai que, d'une certaine manière, Faurisson et d'autres, sans l'avoir voulu, nous ont rendu service. Ils ont soulevé des questions qui ont eu pour effet d'engager les historiens dans de nouvelles recherches. Ils ont obligé à rassembler davantage

d'informations, à réexaminer les documents et à aller plus loin dans la compréhension de ce qui s'est passé »[373]

Un autre entretien avec Hilberg est intéressant, mais à un moindre degré parce que l'interrogateur ne connaissait pas son sujet aussi bien que Guy Sitbon. Voyez tout de même : « The Holocaust in Perspective », par George DeWan, où on lit notamment ceci à propos du génocide :

> « But what began in 1941 was a process of destruction not planned in advance, not organized centrally by any agency. There was no blueprint and there was no budget for destructive measures. They were taken step by step, one step at a time. Thus came about not so much a plan being carried out, but an incredible meeting of minds, a consensus–mind reading by a farflung bureaucracy. »
>
> (Mais ce qui commença en 1941 fut un processus de destruction [des juifs] non planifié à l'avance, non organisé ni centralisé par une agence quelconque. Il n'y eut pas de schéma directeur et il n'y eut pas de budget pour les mesures de destruction. Celles-ci furent prises étape par étape, une étape à la fois. Le résultat fut qu'il se réalisa non tant un plan qu'une incroyable rencontre des esprits – un consensus télépathique au sein d'une vaste bureaucratie.)

Bien sûr, on aimerait que R. Hilberg récrive maintenant son ouvrage sur la destruction des juifs européens à la lumière de la nouvelle vision qu'il nous donne ainsi. Le « step by step » (le processus étape par étape) serait intéressant à examiner et, notamment, le « step » qui aurait vu des bureaucrates allemands décider de la construction des chambres à gaz, lesquelles, étant des réalités physiques, auraient eu besoin, pour être conçues, réalisées et mises en œuvre, d'études techniques novatrices, de plans de masse et de plans de détails, de concertations purement techniques entre ingénieurs, architectes, médecins spécialisés en toxicologie et militaires, sans compter les autorisations de livraison de matériel en temps de guerre, les missions de travail ou d'inspection, un énorme budget, une entente avec les chemins de fer allemands, avec les usines productrices de coke, avec la maison Topf & Söhne, avec la DEGESCH, la DEGUSSA et bien d'autres entreprises chimiques, et tout cela, bien entendu, avec des mesures draconiennes pour assurer le secret des préparatifs (ce qui n'est peut-être pas du tout impossible), le secret du fonctionnement (ce qui est redoutablement difficile) et la disparition, en cas de défaite militaire suivie d'une ouverture de toutes les archives

---

[373] R. Hilberg et G. Sitbon, « Les Archives de l'horreur », p. 71.

par l'ennemi, de la moindre trace du plus formidable crime de tous les temps (ce qui est humainement impossible). Hilberg a du travail en perspective, ne serait-ce que sur le « step » des chambres à gaz ; il devrait suspendre toute autre recherche au bénéfice de cette recherche-là.

*Signes de progrès du révisionnisme historique en France*

Edgar Morin, sociologue de grande réputation, d'origine juive, écrivait dans son livre *Pour sortir du XXe siècle*, p. 192, la simple phrase suivante :

> « Il importe, à mon avis, de revérifier la chambre à gaz dans les camps nazis. »

Ce singulier de « la chambre à gaz » a son importance. Edgar Morin a étudié en spécialiste le phénomène des rumeurs. S'il parle de « la chambre à gaz », c'est qu'il s'agit pour lui de la chambre à gaz comme représentation (possible) de l'esprit.

August von Kageneck est correspondant de *Die Welt* à Paris. Dans ses apparitions à la télévision française, il n'est pas tendre pour les nazis. Or, il publiait en janvier 1983 dans *Le Quotidien de Paris* un article intitulé « Le danger révisionniste » dans lequel il écrivait notamment :

> « Des "révisionnistes" font leur apparition et mettent en doute le caractère criminel du régime hitlérien [...]. Pour eux, il n'y avait pas de plan d'extermination pour les juifs ; leur drame (si drame il y avait car les camps de la mort sont une invention des juifs) était la conséquence de la guerre imposée à l'Allemagne. – De tels arguments sont dangereux car ils contiennent une part de vérité [...]. Il serait donc sage d'examiner sérieusement certains de ces arguments et de séparer le bon grain de l'ivraie. »[374]

Le 27 avril 1983, pour la première fois, je suppose, une publication en langue arabe de bonne tenue publiait une interview très soignée et ornée de photos d'une vraie chambre à gaz américaine et de la fausse chambre à gaz d'Auschwitz sous le titre :

> « Le professeur Faurisson : "Les chambres à gaz nazies et le génocide des juifs : mensonge historique". »[375]

---

374 A. von Kageneck, « Le danger révisionniste », p. 4.

375 R. Faurisson, entretien avec *Kol Al Arab* [Tous les Arabes], n° 35, 27 avril 1983, p. 47-53.

Le 15 juin 1983, *Le Monde,* en page 10, rapportait qu'à l'occasion de l'affaire Barbie Monseigneur Albert Decourtray, archevêque de Lyon, dénonçait

> « le puissant et inquiétant courant contemporain de banalisation du nazisme, auquel les chrétiens ne sauraient consentir. »

Le révisionnisme a fait son entrée dans un récent manuel d'histoire destiné aux élèves préparant le baccalauréat. Il est, bien entendu, dénoncé comme un danger. Voici en quels termes :

> « **L'impossible oubli.** – Près de quarante ans après la libération des camps par les Alliés, les « révisionnistes » continuent de nier le génocide et cherchent à réhabiliter les nazis, malgré les nombreux témoignages, documents et travaux historiques qui en attestent la véracité. Il convient donc de rappeler avec force que **les chefs nazis ont bien ordonné, organisé et fait exécuter l'Holocauste à partir de 1941.** Dès 1942, le monde entier disposait d'informations sur l'extermination en cours. Les Allemands savaient : "Il ne faut pas croire ceux qui prétendent qu'ils ne savaient pas", a déclaré le **Dr Frank** au procès de Nuremberg. Les pays neutres, la Croix-Rouge, les Églises, le Vatican, les alliés savaient, mais le "terrifiant secret" a été étouffé jusqu'à la Libération. »[376]

Parfois, les journalistes semblent éprouver de la gêne à employer l'expression de « chambre à gaz ». Le journaliste André Wurmser, dans le journal communiste *L'Humanité*, cite « les fours crématoires et les chambres de torture ».[377]

Un phénomène significatif, du côté de ce qu'on appelle l'extrême droite, laquelle représente environ 2 % de l'électorat français, est qu'elle vient de sortir de la réserve et de la crainte où elle se tenait. Un hebdomadaire de qualité comme *Rivarol* a fini par parler des révisionnistes et même avec des révélations intéressantes. Dans un article intitulé « La vérité au compte-gouttes », l'éminent critique Robert Poulet écrit :

> « Je connais des historiens de premier plan, spécialistes de l'époque 1933-1945, qui se déclarent "dans l'impossibilité de dire

[376] *Histoire* pour Classes Terminales, ABC éditions, 1983, p. 36.
[377] « Grandes manœuvres », 3 mai 1983, p. 1.

> dès à présent le fond de [leur] pensée, parce qu'elle ne serait pas acceptée du public, même le plus cultivé. Ils ont pris leur parti de le « préparer progressivement » à une évolution dont ils n'escomptent pas l'aboutissement – au-delà des mensonges et des préjugés qui remplissent les journaux et les bibliothèques – avant de longues années. »[378]

Jacques Benoist-Méchin, récemment décédé, avait écrit une monumentale *Histoire de l'armée allemande* ; en 1966, il en avait publié le sixième tome qui s'arrêtait en septembre 1939. *Rivarol,* juste après la mort de l'historien, publiait un texte de l'avocat Charles Filippi. Ce dernier y révélait pourquoi J. Benoist-Méchin disait avoir interrompu son œuvre à cette date. Voici la réponse qu'il aurait donnée par écrit à son ami Charles Filippi :

> « C'est que, pour la première fois dans l'histoire, on en est arrivé à un point où l'on **ne** peut **plus** écrire l'histoire sans se faire complice d'un énorme mensonge [...] Maurice Bardèche fut incarcéré pour avoir dénoncé la mascarade de Nuremberg. — Trente-cinq ans après, c'était le Professeur Faurisson qui non seulement était voué à l'exécration populaire, mais encore privé de sa chaire d'enseignement [ici, J. Benoist-Méchin fait erreur] pour ne pas admettre la seule version autorisée des camps et des chambres à gaz. Telle est l'explication de mon silence. »[379]

J. Benoist-Méchin était-il trop pessimiste ?

Un historien français, courageux mais d'une grande prudence, vient de publier dans *Le Figaro* (8 juillet 1983, p. 2) un habile compte rendu du récent ouvrage de Serge Klarsfeld sur Vichy et les juifs (*Vichy-Auschwitz*) ; il y démasque subtilement en Klarsfeld un « justicier » qui essaie de se faire passer pour un historien et dont l'éditeur ne recule pas devant la manipulation photographique, « subterfuge de librairie ». Cet historien, à qui il est arrivé de commettre lui-même de graves erreurs dans le sens exterminationniste, est Henri Amouroux, auteur d'une remarquable série non encore achevée et intitulée *La Grande Histoire des Français sous l'Occupation* (éd. Robert Laffont). Mais Klarsfeld lui-même se met par moments à suivre l'exemple révisionniste et il commence une ébauche de vérification de ce qu'il publie. Dans *Vichy-Auschwitz*, il s'avise de reconnaître que les photos dont on prétend

---

[378] *Rivarol,* 25 février 1983, p. 11.

[379] *Rivarol,* « Les raisons d'un silence », 11 février 1983, p. 9.

qu'elles représentent les juifs parqués au Vélodrome d'hiver en 1942 (des photos qui ont fait le tour du monde et qui sont dans une quantité d'ouvrages et de musées) représentent en réalité des « collaborateurs » des Allemands parqués au Vélodrome d'hiver en 1944. Il reste à Klarsfeld à ne plus tronquer des photographies de Drancy pour les faire apparaître pitoyables. Il lui reste surtout à éventuellement ressusciter tous les juifs qu'il a présentés comme morts dans son *Mémorial de la Déportation des Juifs de France* sans vérifier sérieusement s'ils étaient morts.

Même les duettistes Michaël R. Marrus, de l'université de Toronto, et Robert O. Paxton, de Columbia University, tous deux spécialistes d'histoire française contemporaine, sont en progrès révisionniste ; leur récente étude sur « The Nazis and the Jews in Occupied Western Europe, 1940-1944 » laisse l'impression que la prétendue volonté d'extermination des juifs a été un échec relatif. Ils reconnaissent qu'en France, un pays si longuement occupé par les Allemands, seul environ un cinquième des juifs (français, étrangers, apatrides, indéterminés) ont été déportés, ce qui implique que les quatre autres cinquièmes environ ne l'ont pas été : étrange résultat d'une prétendue volonté d'extermination systématique. Cela dit, leur étude regorge encore d'inventions de la propagande de guerre. Par exemple, si, à la page 714, ils écrivent qu'à la date du 24 octobre 1944 « l'usine de mort située en Pologne n'allait plus fonctionner que quelques jours encore », ce ne peut être que par allusion à l'ordre de Himmler de mettre fin à l'extermination des juifs par le gaz : un ordre purement mythique daté avec précision du 22 (ou du 25) novembre 1944. Il y a longtemps que les historiens savent que cet ordre n'a jamais pu être produit.[380]

Un certain courage commence à se manifester en France. Le fait le plus spectaculaire à ce propos ne manque pas de pittoresque. La revue *Lui*, qui est l'équivalent français de *Play-Boy* et qui, à côté d'articles lestes et de photos de nus, a l'habitude de reproduire des interviews de personnalités politiques sur des sujets graves, vient de publier une remarquable interview de Léon Degrelle et ce dernier, comme s'en doutent ceux qui le lisent, a su trouver des formules suggestives pour exprimer son scepticisme, sinon son incroyance totale, à propos des chambres à gaz.[381]

Ce courage est communicatif. Dans un domaine sensiblement différent, l'avocat de Klaus Barbie, Me Jacques Vergès, au lieu de jouer le jeu habituel des avocats depuis la Libération qui consiste à ne lever aucun lièvre, vient de faire remarquer que son client était en prison en

---

[380] O. Wormser-Migot, *Le Système concentrationnaire nazi, 1932-1945,* p. 13.
[381] *Lui*, n° 233, juin 1983, *passim* entre p. 73 et 178.

vertu d'une loi qui n'existe pas en France ; en effet, jamais, semble-t-il, le parlement français n'a voté de loi sur les crimes dits « contre l'humanité » ; il n'existe donc aucune échelle de peines et Barbie n'est en prison qu'au titre des crimes qu'il aurait commis « contre l'humanité ». Il semble qu'un des milieux les plus touchés par l'influence encore bien modeste du révisionnisme historique soit celui des avocats et des magistrats de Paris et de Lyon.

*Inquiétude grandissante de Simone Veil pour elle, il n'y a ni preuve, ni témoins des chambres à gaz parce que les nazis auraient tout fait disparaître*

Simone Veil montre une inquiétude grandissante devant ce qu'elle appelle la « banalisation du nazisme ». Deux semaines après l'arrêt de la cour d'appel de Paris du 26 avril 1983 paraissait dans *France-Soir magazine* une interview de Simone Veil ; le titre en était : « La mise en garde de Simone Veil à propos des carnets de Hitler : "On risque de banaliser le génocide". »[382] Voici en quels termes elle rattachait mon procès civil à l'affaire des carnets de Hitler. La liaison des idées n'est pas trop claire mais on voit tout de même bien l'inquiétude de la personne :

> « Ce qui me frappe aujourd'hui, c'est le paradoxe de la situation : on publie un journal attribué à Hitler avec un grand renfort de publicité et beaucoup d'argent sans, semble-t-il, prendre de grandes précautions pour s'assurer de son authenticité, mais, dans le même temps, au cours d'un procès intenté à Faurisson pour avoir nié l'existence des chambres à gaz, ceux qui intentent le procès sont contraints d'apporter la preuve formelle de la réalité des chambres à gaz. Or, chacun sait que les nazis ont détruit ces chambres à gaz et supprimé systématiquement les témoins. »

Sur cette réaction au procès civil, je ferai quelques remarques :

1) « Chacun sait » n'est pas un argument sérieux ;
2) Il est paradoxal que S. Veil, magistrat de formation, s'étonne de ce qu'on demande à un accusateur d'essayer de fournir la preuve de son accusation ;
3) Les avocats de la partie adverse, parmi lesquels figurait un fils de S. Veil, avaient pendant quatre ans soutenu qu'il existait une foule de preuves et une abondance de témoignages sur l'existence des chambres à gaz ; selon une déclaration de M. Jean Pierre-Bloch, « les meilleurs avocats » de la LICRA, « Mes Jouanneau, Badinter et Marc Lévy », avaient été envoyés en Pologne et à Jérusalem

[382] 7 mai 1983, p. 47.

pour recueillir de telles preuves ; le tribunal de première instance et la cour d'appel avaient été inondés d'un flot de pièces ; la partie adverse avait demandé et obtenu communication, par la direction de la justice militaire française, d'un énorme dossier : celui d'un des procès du Struthof ; nous avions démontré le caractère fallacieux de ces prétendues preuves et de ces prétendus témoignages ; Simone Veil nous donnerait-elle implicitement raison ?

4) La parade que croit trouver Simone Veil à cette absence de preuves et de témoins est illusoire ; elle consiste, en effet, à substituer à une accusation sans preuve une autre accusation sans preuve, car où sont les preuves que les Allemands aient détruit ces chambres à gaz et supprimé systématiquement les témoins ?
5) On serait curieux de savoir ce que pense maintenant S. Veil des locaux aujourd'hui présentés comme chambres à gaz (« en état d'origine » ou même à l'état de ruines) et quel crédit elle accorde aux innombrables témoignages écrits et oraux, à commencer par celui de Filip Müller, intitulé *Trois ans dans une chambre à gaz d'Auschwitz*, qui a obtenu à l'unanimité des votants le prix Bernard Lecache décerné par la LICRA ?
6) Enfin, et surtout, s'il n'y a ni preuves, ni témoignages, devant quoi nous trouvons-nous ?

# *Conclusion*

## *L'avenir prévisible : il est sombre pour la thèse exterminationniste et en particulier pour Élie Wiesel*

Pour autant qu'on puisse prévoir l'avenir d'un phénomène qui est en pleine transformation, je dirais que l'avenir du phénomène révisionniste dépendra en grande partie de la situation politique internationale et, en particulier, de la situation au Proche-Orient. L'État d'Israël est obligé de trouver une parade à l'effritement accéléré de son mythe fondateur. Nous ignorons encore si des parties du monde arabo-musulman vont prendre à leur compte les découvertes du révisionnisme historique. Il est certain que, dans les pays occidentaux, le vacarme fait autour de l'Holocauste ira en s'aggravant. Encore plus de milliards vont être consacrés à une tentative d'assourdissement de la rumeur révisionniste. Échaudé par l'échec de la tentative de répression judiciaire en France, le lobby holocaustique va hésiter à employer de nouveau cette arme de façon directe. Il faut s'attendre plutôt à une série ininterrompue de

Hollywooderies en tout genre. J'attends personnellement avec curiosité la construction du Mémorial de l'Holocauste à Washington. Comment ces gens vont-ils essayer de nous faire croire aux chambres à gaz ? La France a été pour eux un terrain de manœuvres et d'essais ; ils ont, sur tous les points, subi de graves revers. Pour ne prendre que cet exemple, si les responsables du Mémorial s'avisent de présenter aux visiteurs un document quelconque, une photo quelconque prétendant établir l'existence d'une seule chambre à gaz homicide, il sera facile par l'effet d'un seul tract de montrer les supercheries. Ils seront obligés de battre en retraite sur ce point comme l'ont fait ceux qui, à Paris, avec beaucoup d'argent et cent appuis officiels, ont été forcés de renoncer à leur exposition [partie du Trocadéro en avril 1982].

Nous avons, en France, subi l'épreuve du feu et les thèses révisionnistes ont prouvé leur solidité, mais il ne faut pas se cacher la partie négative du bilan : l'usure des nerfs, des santés, les pertes d'argent et la considérable perte de temps pour la continuation de nos recherches. Depuis deux ans au moins, les chambres à gaz sont, comme le dit le Dr Butz, « overkilled » (plus que tuées). Depuis deux ans, on m'a fait perdre mon temps. Je n'éprouve plus de curiosité intellectuelle pour ce sujet. Je voudrais me tourner vers la question suivante : « Combien est-il mort de juifs pendant la dernière guerre du fait des Allemands ? » J'entreprendrais cette enquête sur d'autres bases que celles qui ont été jusqu'ici généralement employées, en particulier par Paul Rassinier et Walter N. Sanning.

Nous essaierons enfin de trouver le moyen de publier trois livres : celui d'A. R. Butz, qui inquiète beaucoup Vidal-Naquet ; celui de Wilhelm Stäglich et, enfin, la thèse du spécialiste de Gerstein [Henri Roques]. La preuve des difficultés que nous rencontrons se trouve illustrée par le fait que le livre d'A. R. Butz aurait déjà dû être publié il y a cinq ans, et celui de W. Stäglich, il y a trois ans.

En France, on ne s'ennuiera pas en 1983-1984 : une importante rencontre va avoir lieu entre Élie Wiesel et François Mitterrand qui, ensemble, et avec Max Gallo probablement, échafauderont, je pense, une vaste opération de propagande exterminationniste. Élie Wiesel vient parler à peu près tous les dimanches aux téléspectateurs français. On dirait que sa pensée ne quitte pas les révisionnistes. En 1982, il publiait en français *Paroles d'étranger*. Aux pages 23, 91-94 et 103, pour parler des révisionnistes, il usait des termes suivants :

> « pamphlétaires indécents à l'esprit moralement dérangé ; [auteurs de] pamphlets ; pseudo-historiens ; ces personnages haineux et hargneux ; c'est à y perdre la raison ; toute cette affaire

relève de la démence ; vulgarité ; laideur écœurante ; accusateurs indécents… »

Élie Wiesel s'est installé dans un rôle qu'il ne quittera pas de sitôt : celui du témoin professionnel. Appliqué à cet homme, le mot de témoin est à prendre dans un sens particulier. Les témoins que, de son côté, il affirme avoir rencontrés sont, eux aussi, d'une espèce particulière. Dans le même ouvrage, il évoque Babi-Yar, cet endroit où les Allemands ont fusillé des Soviétiques, juifs ou non juifs. Pour lui, Babi-Yar est avant tout un haut lieu du martyre juif. Là-bas, la terre elle-même, nous assure-t-il, a su protester contre le sang juif versé. C'est ainsi qu'il en vient à écrire :

> « Plus tard, j'appris par un témoin que [après une exécution massive de juifs], pendant des mois et des mois, le sol n'avait cessé de trembler ; et que, de temps en temps, des geysers de sang en avaient giclé » (p. 86).

Ces mots n'ont pas échappé à Wiesel dans un moment d'hallucination. Ils ont d'abord été manuscrits, puis vérifiés sur épreuves et enfin imprimés. Tel est le président de la Commission présidentielle de l'Holocauste choisi par Jimmy Carter.

É. Wiesel, si l'on me passe cette expression familière, souffre d'une terrible épine au pied : l'épine révisionniste. Par tous les moyens il a essayé de s'en débarrasser. Il n'y est pas parvenu. Il voit de moins en moins comment il pourra s'en débarrasser. En cela, il est comme les révisionnistes qui, eux non plus, ne voient pas du tout comment Élie Wiesel se débarrassera de l'épine révisionniste.

En conclusion, ce qui importe et ce qui restera des événements de ces quatre dernières années (1979-1983), ce ne sont pas les aléas judiciaires ni les questions de loi et de droit ; ce qui s'est trouvé en jeu, ce n'est pas la loi mais l'histoire. (Que peut-on écrire en la matière ? Comment l'écrire ? Qui a le droit de le faire ? Quelles preuves et quels témoignages peut-on utiliser ?) Nos adversaires ont eu, tout autant que nous, conscience de ce fait. Ce sont eux qui ont choisi les lieux de la discussion. Dès que leur position a été en butte aux premières contestations, ils ont obstinément refusé que la controverse sur ce point d'histoire se déroule sur la place publique comme il est normalement d'usage en pareil cas. Ils ont refusé le face à face. Ils ont même purement et simplement refusé les discussions d'ordre privé et en toute civilité avec leurs contradicteurs. Ils n'ont pas voulu défendre leur position en face de contradicteurs qui les auraient forcés à répondre à des questions et à prendre, sans l'esquiver, la responsabilité de leurs réponses ou de leurs non-réponses.

Et c'est ainsi que le débat s'est trouvé porté au prétoire. Ce sont les exterminationnistes qui ont pris cette initiative. Pas nous. Ils ont cherché une enceinte où les jeux étaient à coup sûr faits d'avance. Nous n'avons eu d'autre choix que de nous battre sur ce terrain, d'abord pour la raison que nous y étions littéralement contraints par voie de justice et aussi parce qu'on nous refusait toute autre rencontre. Nous nous sommes inclinés devant la force, quel qu'ait pu être notre désir d'une autre issue. Il nous fallait nous battre et nous nous sommes battus. Le résultat est là : sur le terrain même de nos adversaires et avec les armes de leur choix, nous l'avons emporté. Cette victoire est à mettre au crédit non tant de la jurisprudence que de l'historiographie, et les historiens se souviendront de la manière dont cette controverse historique a été débattue et comment elle a trouvé sa conclusion. Si les exterminationnistes n'ont pas pu l'emporter et s'ils n'ont pas pu se défaire des révisionnistes dans une situation où tous les avantages leur étaient acquis, qu'en sera-t-il pour eux dans le débat qui va maintenant progressivement s'ouvrir, au plein jour et en pleine lumière ?

## *Annexes*

### *1. La tactique de mes avocats*

Dans le procès civil qui m'était intenté pour « dommages à autrui » par le fait d'une prétendue « falsification de l'histoire », j'étais défendu par deux avocats d'opinions différentes : Éric Delcroix, qui était de droite, et Yvon Chotard, qui était de gauche et ami de Jean-Gabriel Cohn-Bendit. Je leur dois beaucoup. L'un comme l'autre ont rencontré de graves difficultés dès qu'ils ont osé assumer ma défense.

En première instance, je leur ai laissé le choix du système de défense. Ils avaient à leur disposition mon *Mémoire en défense contre ceux qui m'accusent de falsifier l'histoire* ainsi qu'un certain nombre d'études techniques et scientifiques que j'avais rédigées en réponse aux arguments de nos adversaires. La tactique d'Éric Delcroix consista à utiliser cette documentation avec laquelle il s'était familiarisé, dans l'intention de défendre l'idée suivante : un tribunal n'est pas compétent en matière d'histoire. Yvon Chotard ne voulait pas débattre de technique mais simplement développer l'argument que voici : même si le professeur Faurisson se trompe, le tribunal doit protéger son droit à la libre expression.

En appel, je demandais à mes deux avocats d'adopter une position plus agressive et de s'inspirer de la phrase suivante :

> « Le professeur Faurisson dit que chambres à gaz et génocide n'ont pas existé pour la bonne et simple raison que chambres à gaz et génocide n'ont pas existé. »

Éric Delcroix se déclara d'accord mais Yvon Chotard refusa. Je pense qu'il n'était pas convaincu de mon honnêteté et qu'à force d'entendre mes adversaires me traiter de faussaire il se demandait si je n'en étais pas un. Il alla jusqu'à m'envoyer une étude, rédigée de sa main, sur le journal de Johann-Paul Kremer, l'homme qui pendant plusieurs semaines avait été médecin à Auschwitz. Dans cette étude, il concluait que Kremer avait été le témoin de gazages ! Je lui retournai son étude après l'avoir corrigée. Au terme de longues discussions et, en partie, grâce à des arguments trouvés par Jean-Gabriel Cohn-Bendit en faveur de mon interprétation, Yvon Chotard opéra sa conversion. Le résultat de ce changement du tout au tout fut important. En fait, il se prit à développer la thèse révisionniste avec tant de conviction devant la cour d'appel qu'un avocat de la partie adverse, Me Rappaport, ne put s'empêcher de marquer sa surprise en commençant sa plaidoirie par les mots suivants :

> « Vous avez beaucoup changé, Maître Chotard, depuis la dernière fois ; vous avez vraiment beaucoup changé ! »

Les magistrats de la cour comprirent ainsi qu'en première instance Yvon Chotard avait manifesté son scepticisme au regard de la thèse révisionniste mais qu'avec le temps il s'était convaincu de la justesse de cette thèse.

Je dois aussi bien des remerciements à l'avocat de la Vieille Taupe, Me François Berthout, qui, pour sa part, était pleinement convaincu de la justesse de la thèse révisionniste et sut le montrer, non sans humour, dans sa plaidoirie.

## *2. Intervention volontaire de Pierre Guillaume et de ses amis de « La Vieille Taupe » et appuis venus de l'étranger*

En France, j'affrontais une si puissante coalition d'intérêts divers que, sans Pierre Guillaume et ses amis, j'aurais été écrasé. Parmi ses amis, j'ai une dette particulière à l'égard de Serge Thion, de Jacob Assous, Denis Authier, Jean-Gabriel Cohn-Bendit, Maurice Di Scuillo, Jean-Luc

Redlinski, Gabor-Tamas Rittersporn, Claude Karnoouh, Jean-Louis Tristani, José Benhamou, Marc R. ; à l'égard de mes anciens étudiants, Cécile D., Dominique M., Jean-Pierre C. et de bien d'autres Français dont je ne peux pas révéler les noms. À l'étranger, j'ai une dette particulière à l'égard de mes amis hollandais, belges, allemands et autrichiens. En Australie, j'ai trouvé deux appuis d'importance auprès de John Bennett et de William S. Aux États-Unis, je dois beaucoup à Arthur R. Butz et à Mark Weber, sans oublier, bien sûr, d'autres membres de l'*Institute for Historical Review*. C'est à M. Weber qu'est revenue l'initiative de rédiger la pétition suivante qui, en 1979, allait rapidement recueillir six cents signatures :

> « Dr. Robert Faurisson has served as a respected professor of twentieth century French literature and document criticism for over four years at the University of Lyon-II in France. Since 1974 he has been conducting extensive independent research into the « Holocaust » question.
>
> Since he began making his findings public, professor Faurisson has been subject to a vicious campaign of harassment, intimidation, slander and physical violence in a crude attempt to silence him. Fearful officials have even tried to stop him from further research by denying him access to public libraries and archives.
>
> We strongly protest these efforts to deprive professor Faurisson of his freedom of speech and expression, and we condemn the shameful campaign to silence him.
>
> We strongly support professor faurisson's just right of academic freedom and we demand that university and government officials do everything possible to ensure his safety and the free exercise of his legal rights. »
>
> (Pendant plus de quatre ans, Robert Faurisson s'est attiré le respect par son enseignement, à l'université Lyon-II (France), de la littérature française du XXe siècle et de la critique de textes et documents. À partir de 1974, il a entrepris à titre personnel des recherches approfondies sur la question de l'« holocauste ».
>
> Du jour où il a rendu public le résultat de ses recherches, le professeur Faurisson est devenu la cible d'une haineuse campagne de harcèlement, d'intimidation, de diffamation et de violences physiques dans le cadre d'une grossière entreprise pour le réduire au silence. Dans leur peur, certaines instances sont allées jusqu'à lui interdire l'accès à des bibliothèques publiques ou à des archives publiques pour l'empêcher de poursuivre ses recherches.

Nous élevons une vive protestation contre ces tentatives destinées à retirer au professeur Faurisson sa liberté de parole et d'expression et nous condamnons cette scandaleuse campagne qui vise à le réduire au silence.

Nous soutenons énergiquement le professeur Faurisson et son juste droit à la liberté d'enseignement ; nous demandons que les responsables de l'université et du gouvernement assurent par tous les moyens possibles sa sécurité et le libre exercice de ses droits de citoyen.)

Noam Chomsky signa cette pétition. Par la suite, il prit ma défense sans se laisser ébranler, et cela malgré son désaccord avec la thèse révisionniste.

[Publié dans les *AHR*, n° 7, printemps-été 1989, p. 51-115.]

***

Mai 1989

# POUR QUI NE CROIRAIT PAS AUX CHAMBRES À GAZ : LA PRISON !

Une proposition de loi Laurent Fabius–Georges Sarre du 2 avril 1988 tend expressément à « combattre les thèses révisionnistes » ; elle prévoit contre les Français qui ne croient pas aux chambres à gaz et au génocide une peine d'emprisonnement d'un mois à un an, une amende de deux mille à trois cent mille francs et les frais afférents de publication judiciaire forcée. Jacques Chirac vient de se rallier au principe d'une telle loi.

L'année même du bicentenaire de la Déclaration des droits de l'homme et du citoyen, on s'apprête à embastiller des Français pour cause de blasphème.

Laurent Fabius a prononcé son allocution en présence d'Harlem Désir, de Mmes Ahrweiler et Maxwell, de Harlem Désir, de rabbins et de nombreuses personnalités juives. Les débats étaient organisés par l'association des « Enfants de la Mémoire » censée représenter les « enfants de la troisième génération » après Auschwitz (la deuxième génération étant représentée par l'organisation de Serge Klarsfeld : « Fils et Filles des Déportés juifs de France »). L. Fabius a commencé par déclarer que, dans la vie politique, on oscillait nécessairement entre l'oubli et la mémoire. L'oubli peut être nécessaire ; parfois, l'amnistie s'impose ; par exemple, l'Édit de Nantes recommandait à propos des dissensions du passé « que nul n'en parle plus entre les Français ». Mais, selon L. Fabius, il ne peut en être de même pour la seconde guerre mondiale et, en particulier, pour les souffrances des juifs. Là, il faut se souvenir, ne rien oublier, parler, servir la Mémoire :

> « Il faut laisser ouverte la plaie de la Shoah pour qu'elle serve à la Mémoire. »

L. Fabius a dit qu'il avait personnellement proposé une loi contre les « négateurs » des chambres à gaz et de l'Holocauste. Cette loi est nécessaire parce que les « verrous » sont en train de sauter sous nos yeux. Il a ajouté qu'il connaissait les objections à cette loi mais que ces objections devaient céder. Aux applaudissements de la salle, il a affirmé qu'il ne s'agissait pas de proscrire une opinion – car cela n'avait rien à voir avec une opinion – mais un mensonge. Il a conclu : « Le Parlement doit se faire Mémoire ».

Le cas de J. Chirac est intéressant. En novembre 1987, dans une interview avec des journalistes de *L'Arche,* mensuel juif, il avait confié qu'à titre personnel il ne croyait pas « qu'il faille aller jusqu'à transformer la négation du génocide en délit passible de sanctions pénales, car cela pourrait s'apparenter au délit d'opinion ».[383]

Seize mois plus tard, son sentiment a changé. Pourquoi ?

Le 20 septembre 1987, Charles Pasqua, alors ministre de l'Intérieur, avait annoncé que, s'il ne dépendait que de lui, « le professeur Faurisson irait en prison » (*Le Figaro*, 21 septembre 1987, p. 7). À la même époque, Claude Malhuret, secrétaire d'État aux droits de l'homme dans le même gouvernement, travaillait depuis quelques mois « sur la possibilité d'inclure dans le code pénal un article réprimant les fauteurs du révisionnisme qui contestent la réalité de l'Holocauste ».[384] Le 10 février 1989, lors d'une rencontre fortuite à Vichy, je lui demandais personnellement compte de cette initiative ; il me répondait à deux reprises : « C'est pas moi [*sic*], c'est Pasqua ! » et il se défendait d'avoir voulu une répression quelconque du révisionnisme. Sur les partisans et les adversaires d'une « lex Faurissonia », c'est-à-dire d'une loi à l'allemande visant les révisionnistes, on consultera les *AHR*.[385]

Il est possible que cette loi soit adoptée.

Les tenants de la chambre à gaz sont dans une telle impasse qu'ils ne voient plus d'autre recours que dans une répression judiciaire accentuée.

---

383 *L'Arche,* p. 46, repris dans *Le Monde,* 10 novembre 1987, p. 11.

384 *Libération,* 16 septembre 1987, p. 4.

385 *AHR,* n° 6 (hiver 1988-1989), p. 151-153.

Toutes les tactiques et tous les expédients jusqu'ici utilisés pour freiner l'essor du révisionnisme ont échoué : pendant des années, le silence concerté, puis le déferlement de campagnes de presse particulièrement haineuses et violentes qui étaient de véritables appels au meurtre et aux voies de fait, l'assassinat, le vitriolage, les coups et blessures, l'incendie criminel, l'interdiction professionnelle, l'assimilation du révisionnisme à des idéologies d'extrême droite et d'extrême gauche, à l'antisémitisme, au racisme, l'interdiction de tenir la moindre réunion publique en plus de dix ans, une propagande holocaustique forcenée, un matraquage télévisuel délirant, la mise en condition de la jeunesse française par la transformation progressive des manuels d'histoire jusqu'à complète satisfaction des « enseignants amis d'Israël ». Rien n'y a fait : le révisionnisme s'est développé avec la force d'un mouvement naturel de l'esprit qu'aucun obstacle ne peut entraver.

Les procès en cascade ont tourné à la confusion des accusateurs. Pour commencer, on a déployé des trésors de fourberie dans les accusations portées contre les révisionnistes. Procureurs et plaignants, et souvent les magistrats aussi, ont eu l'aplomb de prétendre que le révisionnisme lui-même n'était pas en cause. C'est ainsi que les révisionnistes se sont vu reprocher au gré des circonstances les délits les plus variés : l'atteinte à l'ordre public (et même à l'ordre moral !), la diffamation simple, la diffamation raciale, l'incitation à la haine raciale, le dommage à autrui, l'apologie de crimes de guerre, la propagation de fausses nouvelles, la dégradation de monument public, l'outrage à agent… Mais, pour finir, les magistrats rendaient hommage à la qualité des travaux révisionnistes sur les chambres à gaz (arrêt du 26 avril 1983) ou autorisaient la mise en doute de l'existence des chambres à gaz et du génocide vu qu'il y avait manifestement là-dessus un « débat public entre historiens » (jugement du 16 décembre 1987).

Sans doute aurait-il mieux valu accéder à la demande insistante des révisionnistes en vue d'obtenir un débat devant le grand public. Peut-être aussi aurait-il fallu procéder à une contre-expertise des locaux désignés à Auschwitz, Birkenau et Majdanek comme « chambres à gaz homicides » pour essayer de répondre à la redoutable expertise de l'ingénieur américain Fred Leuchter déposée devant un tribunal de Toronto le 20 avril 1988 et concluant de façon formelle à l'impossibilité d'existence de telles chambres à gaz en ces lieux…

Il reste aujourd'hui à observer, en France et à l'étranger, la réaction ou l'absence de réaction des milieux intellectuels qui se disent attachés à la liberté d'expression.

On proposera à leur méditation l'article suivant du *Monde*[386] :

**MM. Chirac et Fabius se prononcent pour l'interdiction de la propagande « révisionniste »**

L'Union des étudiants juifs de France (UEJF) et l'association Les Enfants de la mémoire ont organisé, le jeudi 23 mars, à l'Assemblée nationale un colloque consacré au problème de la transmission du souvenir du Génocide des juifs pendant la Seconde Guerre mondiale, alors que la génération qui a vécu ces événements s'approche du soir de sa vie.

Placé sous le patronage de M. François Mitterrand, ce colloque parrainé notamment par MM. Laurent Fabius, Alain Poher, Jacques Chaban-Delmas et le grand rabbin de France, M. Joseph Sitruk, a été ouvert par une réception à l'Hôtel de Ville de Paris, au cours de laquelle M. Jacques Chirac s'est prononcé pour des mesures législatives permettant de poursuivre et de condamner la littérature dite révisionniste, qui nie la réalité du génocide Mme Simone Veil a souligné elle aussi, la nécessité de préserver la mémoire de la Shoah de l'oubli et des tentatives de falsification. Pour M. Jean Pierre-Bloch, dont l'intervention, jeudi, a suscité une vive émotion parmi les jeunes participants au colloque, il faut étendre les dispositions de la loi de 1972 contre le racisme, de telle sorte que « *les faussaires puissent être poursuivis et mis au ban de l'opinion publique* ». Le président de l'Assemblée nationale, qui a clos les débats, s'est prononcé dans le même sens. M. Fabius a indiqué que les députés socialistes avaient déposé une proposition de loi à cette fin.

***

24 mai 1989

## AUX ÉTATS-UNIS, UN UNIVERSITAIRE JUIF S'ENGAGE DANS LA VOIE RÉVISIONNISTE

Dans sa livraison du 15 mai 1989, l'hebdomadaire *Newsweek* annonce une « tempête autour d'un nouveau livre » consacré

[386] *Le Monde*, 26-27 mars 1989, p. 18.

à « l'extermination des juifs durant la seconde guerre mondiale »[387] :

*Why Did the Heavens not Darken ? The « Final Solution » in History*, New York, Pantheon Books, 1988, XVIII-193 p. (Pourquoi les cieux ne se sont-ils pas obscurcis ? La « solution finale » dans l'histoire.)

## *Un ami de Pierre Vidal-Naquet*

Son auteur, Arno J. Mayer, est né en 1926 au Luxembourg au sein d'une famille juive. Il est professeur à Princeton où il enseigne l'histoire européenne. Dans un livre paru en 1987, Pierre Vidal-Naquet l'appelait son « collègue et ami » et le nommait à neuf reprises.[388] Il écrivait par exemple : « Je dois beaucoup à Arno J. Mayer que je remercie chaleureusement. »[389] Il disait avoir lu en manuscrit l'ouvrage que ce dernier allait publier en 1988 sous le titre probable de *The "Final Solution" in History*. Il semble qu'en 1982 le professeur américain avait provoqué de violentes réactions de la part d'un collègue israélien au cours du colloque international de la Sorbonne présidé par François Furet et Raymond Aron (29 juin-2 juillet). Déjà à cette époque, il avait sans doute eu le courage d'exprimer des réserves sur le dogme de l'Holocauste et des chambres à gaz. En tout cas, curieusement, son propre exposé ne figure pas dans l'ouvrage publié trois ans plus tard et censé livrer le résultat de ce colloque.[390] De 1982 à 1988, nous avons donc été tenus dans l'ignorance de la thèse d'Arno J. Mayer. Si l'on en croit l'auteur, il a soumis son manuscrit à trois sommités de l'historiographie juive : Raul Hilberg (États-Unis), Hans Mommsen (RFA) et Pierre Vidal-Naquet (France).[391] En quatrième de couverture, on peut lire cette appréciation en anglais :

> « Le plus important effort jamais fait par un historien pour penser l'impensable en termes critiques » (Pierre Vidal-Naquet, École des Hautes Études en Sciences Sociales, Paris).

## *Les chambres à gaz ? Des sources rares et douteuses*

Arno J. Mayer dit qu'il croit qu'il a existé une politique d'extermination des juifs et que les chambres à gaz homicides ont été une

[387] *Newsweek*, p. 64-65 de l'édition US ; p. 57 de l'édition européenne.
[388] P. Vidal-Naquet, *Les Assassins de la mémoire*, p. 203, n. 21.
[389] *Id.*, p. 216, n. 12.
[390] *L'Allemagne nazie et le génocide juif.*
[391] A. J. Mayer, *The "Final Solution"*..., p. XIV.

réalité mais, en même temps, il écrit des pages et se permet des observations que contresigneraient bien des révisionnistes. Dans sa bibliographie, il n'hésite pas d'ailleurs à mentionner deux ouvrages révisionnistes : *Le Mensonge d'Ulysse* de Paul Rassinier dans l'édition qu'en avait donnée la Vieille Taupe en 1979 ainsi que la magistrale étude d'Arthur Robert Butz : *The Hoax of the Twentieth Century* (L'Imposture du XXe siècle). Pour lui, il n'existe aucune trace d'un quelconque plan d'extermination des juifs et, à propos des chambres à gaz, il a, dans son chapitre sur Auschwitz, cette phrase, fort étonnante de la part d'un ami de Pierre Vidal-Naquet :

> « Sources for the study of the gas chambers are at once rare and unreliable. »[392]

On a bien lu :

> « Les sources pour l'étude des chambres à gaz sont à la fois rares et douteuses. »

Il ajoute :

> « En général, ce qu'on sait [sur ce chapitre] est fondé sur les dépositions des fonctionnaires et des bourreaux nazis dans des procès d'après-guerre et sur la mémoire des survivants et des spectateurs. Il s'agit là de témoignages à tester soigneusement, car ils peuvent être influencés par des facteurs subjectifs d'une grande complexité. »[393]

Peut-on mieux dire qu'il faut se méfier des prétendus aveux, confessions, témoignages dont les exterminationnistes osent se prévaloir avec impudence ? Et puis, ajoute l'auteur à propos desdites sources : « on ne saurait nier les nombreuses contradictions, ambiguïtés et erreurs dans les sources actuellement existantes » (p. 363). On aimerait voir Arno J. Mayer passer en revue quelques-unes de ces contradictions, ambiguïtés et erreurs ; nul doute qu'il vise les « sources » auxquelles s'abreuvent depuis plus de quarante ans les mêmes exterminationnistes.

Il mentionne des « gazages » à Chelmno, Belzec, Sobibor et Treblinka mais ces mentions sont fugaces et noyées dans un flot de considérations étrangères au sujet. D'une manière générale, tout au long du livre, le sujet

---

[392] *Id.*, p. 362.
[393] *Id.*, p. 362-363.

central, c'est-à-dire le prétendu génocide des juifs (ici appelé « judéocide ») et les prétendues chambres à gaz, est littéralement enfoui sous des amas de digressions, en particulier sur l'antisémitisme au Moyen Age ou sur la campagne de Russie.

C'est ce que les universitaires appellent complaisamment l'étude du contexte : on préférerait une étude du texte, autrement dit du sujet.

## *Plus de morts naturelles que de morts non naturelles*

A. J. Mayer s'engage aussi dans la voie révisionniste quand il souligne avec insistance les ravages causés dans les communautés juives orientales et dans les camps de concentration par les épidémies de typhus. On oublie qu'un des principaux motifs de la création par les Allemands de certains ghettos était la hantise de voir le typhus se répandre un peu partout dans cette région du monde déjà en proie à la guerre. Autant l'auteur est vague au sujet des prétendus « gazages », autant il est précis et circonstancié sur le typhus. Pour la période de 1942 à 1945, soit pour celle où, selon les historiens exterminationnistes, il y aurait eu de fantastiques « gazages », il estime, sans malheureusement fournir de chiffres, que plus de juifs ont été tués par des causes dites naturelles (faim, maladies, épidémies, épuisement au travail) que par des causes « non naturelles » (exécutions en tous genres). Il précise que tel a été « certainement le cas à Auschwitz » et « probablement » le cas partout ailleurs.[394] Cette remarque n'est pas passée inaperçue et elle alimente une vive controverse. Par ailleurs, Mayer élimine un à un tous les documents ou arguments jusqu'ici invoqués pour faire croire que les Allemands pratiquaient une politique d'extermination des juifs (lettre de Göring à Heydrich du 31 juillet 1941, procès-verbal de Wannsee, conduite des *Einsatzgruppen* en Russie, discours de Himmler, etc.). Il qualifie souvent d'incertains ou de peu sûrs des faits qu'on nous présentait comme définitivement établis. Les chiffres et les statistiques qui avaient fini par prendre en quelque sorte un caractère officiel et sacré lui inspirent une grande méfiance. Distinguant, d'une part, la « mémoire » juive – pour ne pas dire la légende ou la mythologie juive – et, d'autre part, l'« histoire », il déplore l'existence d'un culte de la mémoire qui, avec les déformations que celle-ci impose à la réalité historique, est devenu « trop sectaire ».[395] La mémoire, estime-t-il, tend à « rigidifier » tandis que l'histoire appelle

394 *Id.*, p. 365.
395 *Id.*, p. 16.

à « réviser ».[396] Les historiens ont aujourd'hui « la tâche urgente de penser l'impensable en termes critiques ».[397]

## *Deux suggestions pour l'avenir*

À propos des chambres à gaz d'Auschwitz, Mayer écrit :

> « Une fois ouvertes, les archives soviétiques pourraient bien livrer des indices significatifs et des preuves. De plus, des fouilles à l'emplacement des lieux du crime et de leurs environs immédiats pourraient produire de nouvelles informations. »[398]

On me permettra de rappeler qu'il s'agit là de deux idées révisionnistes pour lesquelles j'ai personnellement combattu. Au début de 1988, au second des deux procès Zündel, par l'intermédiaire de l'avocat Douglas Christie, j'ai obtenu d'un expert de l'accusation, Charles Biedermann, la confirmation de ce que les « registres mortuaires » d'Auschwitz, laissés intacts par les Allemands, se trouvaient bien pour la plupart à Moscou ; le scandale est que ces registres soient tenus cachés ainsi que les quelques volumes restés au musée d'Auschwitz ; les Américains, les Britanniques, les Français, les Allemands et les Israéliens participent à cette dissimulation de documents et vont jusqu'à refuser de dire combien de noms contiennent les quelques registres du musée d'Auschwitz dont il existe la photocopie au Service international de recherches d'Arolsen (organisme du Comité international de la Croix-Rouge, situé en RFA mais placé sous l'étroite surveillance des Alliés et des Israéliens par crainte d'une intrusion de chercheurs révisionnistes). Mayer serait-il d'accord pour demander l'ouverture de ce « dossier secret » ? Quant aux fouilles, là encore ce sont des révisionnistes qui en ont pris l'initiative malgré les interdits ; je renvoie là-dessus à ma préface au « rapport Leuchter », du nom de cet ingénieur américain qui a étudié les prétendues chambres à gaz homicides d'Auschwitz, de Birkenau et de Majdanek.[399] Le 19 février 1989, à Los Angeles, lors de la neuvième conférence internationale de notre Institut d'histoire révisionniste, Fred Leuchter a demandé la création d'une commission internationale d'enquête sur les chambres à gaz homicides censées avoir été utilisées par les Allemands. Mayer accepterait-il de

---

[396] *Id.*, p. 18.
[397] *Id.*, p. 363.
[398] *Ibid.*
[399] *AHR*, été-automne 1988, p. 51-102.

trancher sur ses collègues exterminationnistes et de répondre au « rapport Leuchter » autrement que par un silence gêné ou par une fumisterie à la manière de Serge Klarsfeld et de ses acolytes ? Que pense-t-il d'une commission internationale d'experts ?

## *Progrès en dix ans*

Il y a dix ans, P. Vidal-Naquet avait pris l'initiative avec L. Poliakov de rédiger contre moi une déclaration publique où l'on pouvait lire que, vu l'abondance et la solidité des preuves, « il n'y a pas, il ne peut y avoir de débat sur l'existence des chambres à gaz ».[400] Parmi les trente-quatre signataires de cette déclaration figuraient les noms de Philippe Ariès, Fernand Braudel, Pierre Chaunu, François Furet, Jacques Le Goff, Emmanuel Le Roy Ladurie… Mais René Rémond, lui, avait refusé sa signature. Il aura fallu attendre 1988 pour qu'un historien patenté, comme l'est Arno J. Mayer, reconnaisse dans un chapitre sur Auschwitz que les preuves de l'existence des chambres à gaz, loin d'être **abondantes** et **solides**, comme on nous le ressassait, n'étaient que **rares** et **douteuses.** On a là un exemple parmi d'autres des progrès considérables du révisionnisme historique dans la communauté scientifique. Le professeur juif de Princeton va apprendre ce qu'il en coûte de toucher au tabou du siècle. Il l'a fait avec mille précautions, sans agressivité ni provocation, mais déjà il déclenche, à côté de certaines réactions favorables dans la presse américaine, de véritables anathèmes. C'est ainsi que, sous le titre de « *False Witness* » (faux témoin), Daniel Jonah Goldhagen, de Harvard, l'accuse de falsification, de distorsion, de révisionnisme et d'avoir « tourné en dérision la mémoire et l'histoire ».[401] Air connu. Heureusement pour lui, A. J. Mayer vit et enseigne aux États-Unis et non pas en France comme Faurisson ou en Allemagne comme Stäglich.[402]

[Publié dans *Rivarol* du 9 juin 1989, p. 9. Reproduit ici d'après le manuscrit.]

***

23 juillet 1989

---

[400] *Le Monde,* 21 février 1979, p. 23.

[401] *The New Republic*, 17 avril 1989, p. 39-44.

[402] Son ouvrage, fort de plus de cinq cents pages, ne comporte pas une seule note de référence. Aussi beaucoup de citations sont-elles invérifiables à moins de recherches personnelles de la part du lecteur.

# LETTRE À MGR ALBERT DECOURTRAY

Monseigneur,

Vous voudrez bien, je vous prie, trouver ci-joint une documentation qui porte sur les mesures législatives que la droite comme la gauche menacent de prendre en France contre ces révisionnistes que vous avez vous-même tant attaqués sans qu'ils puissent répondre à vos attaques.

Nous aimerions, nous révisionnistes, bénéficier du millième de l'écoute que vous accordez aux puissants de ce monde qui s'acharnent sur nos personnes sans même avoir lu nos écrits. Un homme d'Église devrait se faire un point d'honneur de ne jamais hurler avec les loups. Assiste-t-il à une curée générale de la part des médias et constate-t-il que l'homme désigné, semaine après semaine, pendant onze ans, à la vindicte publique n'a jamais eu la possibilité de présenter sa défense, cet homme d'Église devrait songer que la prudence, sinon la charité, lui conseille de se taire d'abord, de se renseigner ensuite, de juger enfin. Pourquoi m'avez-vous condamné sans m'entendre ?

Vous siégez à Lyon. J'enseigne à Lyon. En réalité, je n'y suis professeur qu'en titre et en droit. Depuis 1978-1979, le Dr Marc Aron, président du Comité de coordination des institutions et des organisations juives de Lyon, a déclaré qu'il ne tolérerait plus que j'exerce ma fonction de professeur. Cela, vous le savez et vous vous taisez. J'ai été l'objet de nombreuses attaques physiques et verbales. Vous n'avez, là encore, rien dit. Le président de mon université me refuse le droit de revenir enseigner à Lyon parce que, dit-il, il n'a pas les moyens d'assurer ma sécurité physique. Qu'en pensez-vous ?

J'ai beaucoup travaillé avant de conclure que chambres à gaz et génocide forment un seul et même mensonge historique. Vous ne pourriez me contester cette conclusion que si vous aviez vous-même beaucoup lu et travaillé sur le sujet, sans négliger les arguments révisionnistes. Pour cent raisons, vous ne pouvez pas avoir fait ce travail. Alors, abstenez-vous de nous juger.

Dans l'affaire du Carmel d'Auschwitz, vous cautionnez le mensonge des chambres à gaz et du génocide. Parmi les victimes de ce mensonge, de cette calomnie, de cette diffamation figurent Pie XII et les catholiques. Selon la propagande officielle, les Allemands ont *assassiné* à Auschwitz (voyez le monument devant lequel s'inclinent les grands de ce monde) quatre millions de personnes, notamment dans des chambres à gaz fonctionnant à l'insecticide Zyklon B. Selon nous, il est *mort* peut-être soixante mille personnes à Auschwitz, notamment par le fait du typhus, et, si les Allemands avaient eu plus de Zyklon B, il y aurait eu moins de morts. Il importe grandement de savoir si la vérité d'Auschwitz est proche des affirmations de la propagande officielle ou des conclusions des travaux révisionnistes.

Qui vous permet, sans avoir étudié la question, de porter contre les Allemands, vos frères humains, et contre les nationaux-socialistes, vos adversaires politiques, une aussi horrible accusation ? Et, puisque juger, c'est comparer, avez-vous comparé les souffrances qui leur ont été infligées (et, en particulier, les plus terribles déportations qui aient jamais existé dans l'histoire des hommes) avec les souffrances réelles qu'ils ont eux-mêmes infligées à leurs ennemis ?

Vous voici avec cette affaire du Carmel d'Auschwitz au centre d'une querelle d'un autre âge. Tout ce que vous avez cru faire de bien se retourne contre vous. Ce n'est le résultat ni de la malchance, ni de la fatalité. C'est parce que vous êtes parti d'un mauvais pas. Croyant défendre des faibles, vous défendiez les forts. Croyant défendre la vérité, vous défendiez le mensonge. Il ne fallait pas croire ; il fallait étudier.

Veuillez recevoir, je vous prie, mes salutations attristées.

*[La lettre ci-dessus date du 23 juillet 1989. Le 16 septembre 1989, le professeur Faurisson était la victime d'une agression particulièrement grave (la sixième en onze ans). La presse en a parlé. Mgr Decourtray s'est tu.]*

[Publié dans les *AHR*, n° 8, printemps 1990, p. 157-158]

***

16 septembre 1989

# PÉTITION

*Objet : Attentat du 16 septembre 1989 contre le professeur Faurisson*

Le 16 septembre 1989, le professeur Robert Faurisson a été la victime d'un grave attentat à Vichy. Cet attentat a été revendiqué par « les Fils de la mémoire juive » et il a été justifié par l'avocat Serge Klarsfeld, par l'épouse de ce dernier, Beate Klarsfeld, et par François Léotard, député du Parti Républicain.

Je proteste contre le manque de moyens et l'inefficacité de la police. Dans une équipe de trois policiers, deux seulement s'occupent du « dossier Faurisson » parmi… une vingtaine d'autres dossiers. Ils n'agissent qu'avec lenteur et timidité.

Cet attentat, le sixième en onze ans contre un professeur laissé sans protection, a été précédé d'une atroce campagne de presse, menée depuis

1978, en particulier par le journal *Le Monde* qui s'acharne à dénoncer les révisionnistes comme des « gangsters de l'Histoire » (accusation portée le 56 juillet 1987, p. 31, et réitérée le 24-25 septembre, p. 31).

Depuis 1979, le professeur Faurisson ne peut plus assurer de cours à son université (Université Lyon-II) parce qu'ainsi en a décidé le Dr Marc Aron, président du comité de coordination des communautés et organisations juives de Lyon ; ce dernier a, en outre, conduit contre le professeur de telles actions de commando que, selon les présidents successifs de cette université, « il est impossible d'assurer la sécurité de M. Faurisson. »

Je demande la dissolution des milices juives qui, en toute impunité, font régner la terreur et ont accumulé crimes et délits. En France, les milices sont interdites sauf… pour les juifs. Les milices juives bénéficient de la protection du ministre de l'Intérieur (actuellement le socialiste Pierre Joxe). Dans *Le Monde* du 7 mars 1986, p. 8, Mme Fabius-Castro, épouse du socialiste Laurent Fabius, avait révélé dans les termes suivant l'existence de ces milices : « Extraordinaire nouveauté dans le comportement politique, la gauche a permis à des milices juives de s'installer dans des quartiers à Paris, mais aussi à Toulouse, à Marseille, à Strasbourg [et d'avoir] des contacts réguliers avec le ministre de l'Intérieur. »

Le 2 avril 1988, Laurent Fabius et Georges Sarre ont déposé, au nom du groupe socialiste de l'Assemblée nationale, une proposition de loi « en vue de combattre les thèses révisionnistes », loi selon laquelle ceux qui tenteraient de nier ou de minimiser la portée de l'Holocauste juif encourraient une peine d'un mois à un an de prison et/ou une amende de deux mille à trois cent mille francs. Une telle loi déshonorerait la France.

Les adversaires du révisionnisme, et en particulier des membres de la communauté juive, proposent aux révisionnistes le choix entre le tribunal, la prison, l'asile, l'hôpital et la morgue. Les révisionnistes proposent, eux, un débat public.

***

10 octobre 1989

## LETTRE À *RIVAROL*

Robert Poulet était chevaleresque, sans illusion et sans donquichottisme.

À plus de quatre-vingt-dix ans, il a pris le risque de se ranger sous la bannière révisionniste et je l'ai vu se porter à mon secours comme, en d'autres temps, Albert Paraz l'avait fait pour Paul Rassinier.

À quatre-vingt-seize ans, peu de jours avant sa mort, épuisé par la maladie, il est sorti de son silence pour envoyer un dernier article à *Rivarol ;* il y flétrissait mes agresseurs du 16 septembre 1989 (la sixième agression en onze ans) et, une nouvelle fois, il affirmait ses convictions révisionnistes.

Les esprits libres ne manquent pas mais, avec l'âge, il leur arrive de faiblir. Ils ont tendance à s'enfermer dans la défense d'idées qui ont fait leur temps. Tel, qui a brillé par son courage, estime qu'il n'a plus à en fournir une nouvelle preuve par la défense d'une idée nouvelle. Robert Poulet, lui, aura prouvé sa liberté d'esprit et son ouverture d'esprit jusqu'au dernier jour d'une très longue vie. Je l'admire.

***

10 octobre 1989

# [AUTRE] LETTRE À *RIVAROL*

## *Le révisionnisme, la droite et la gauche*

Robert Poulet vient de nous quitter. J'étais encore à l'hôpital quand est paru son article du 22 septembre 1989. Je n'aurai pas eu le temps de lui exprimer ma gratitude.

En passant, il formulait un jugement qu'il ne m'en voudrait sans doute pas de redresser. Il écrivait : « Et quant à l'"extrême droite", Robert Faurisson la déteste et elle le vomit. » En matière de politique, je n'ai pas d'opinion tranchée et je n'ai donc pas celle qui m'est ici prêtée.

Pendant de longues années, certaines fractions de ce qu'on appelle l'« extrême droite » ont manifesté quelque méfiance à l'égard du révisionnisme parce qu'il est vrai qu'en France le révisionnisme à la façon de Paul Rassinier a pris naissance chez des libertaires et qu'aujourd'hui encore des libertaires le propagent ou l'illustrent. Je rappelle cependant que *Rivarol* a ouvert ses colonnes au « père du révisionnisme français », quand ce dernier s'est trouvé mis au ban de la société par les puissants de ce monde. Il a aussi existé un révisionnisme à la manière de Maurice Bardèche qui, dès 1948, publiait aux « Sept Couleurs » *Nuremberg ou la Terre Promise*, l'un des plus grands livres de la littérature française du XXe siècle. L'ouvrage avait été saisi et interdit ; son auteur avait croupi pendant onze mois dans les prisons françaises. Il m'intéresse peu de savoir combien un auteur est payé pour ses écrits ; il m'intéresse plus de savoir combien il lui en a coûté ou combien il a payé. Je juge de même ceux qui professent des opinions politiques.

Parmi mes avocats, j'ai compté Me Tixier-Vignancour que l'on classe à l'« extrême droite », Me Yvon Chotard (du barreau de Nantes) qui est de gauche, et Me François Berthout, dont j'ignore l'opinion politique. Enfin, l'avocat que j'ai toujours trouvé à mes côtés et qui persiste à me défendre en toute occasion est Me Eric Delcroix, qui est d'« extrême droite », tandis que mon éditeur est Pierre Guillaume venu d'un milieu libertaire.

Dans le phénomène révisionniste, j'ai cru noter que le sympathisant de gauche perçoit une sorte de révolution nécessaire et le sympathisant de droite, une réaction salutaire. Pour moi, je pratique le révisionnisme comme une recherche de l'esprit et aussi, je dois le confesser, comme une forme de devoir civique.

***

18 octobre 1989

## LETTRE À MAX CLOS DU *FIGARO* (NON PUBLIÉE) RÉPONSE À MES INTERROGATEURS ALLEMANDS

De jeunes Allemands me demandent :

> « Pourriez-vous m'expliquer la mort de tous les juifs ? Rien que soixante-dix mille juifs de France pendant la seconde guerre mondiale ? Vous avez pourtant visité les camps de concentration. Quelle a été la raison qui vous a engagé à prendre cette position fausse ? »

[N.d.é : Voici le texte complet paru dans *Le Figaro* du 13 octobre 1989, en p. 2 :

> « Je suppose que je ne suis pas la première qui vous écris au sujet de votre opinion concernant les chambres à gaz et le génocide. Je suis tout à fait du côté de M. le maire de Vichy qui a

condamné sans réserve l'action agressive des « Fils de la mémoire juive ». Néanmoins, je souligne que je n'approuve pas du tout votre déclaration. Pourriez-vous m'expliquer la mort de tous les juifs ? Rien que 70.000 juifs de France pendant la seconde guerre mondiale ? Vous avez pourtant visité les camps de concentration. Quelle a été la raison qui vous a engagé à prendre cette position fausse ? [...] »

Inamarie Brüning (16 ans), Cologne (RFA).

Il s'agit d'une lettre adressée à M. Robert Faurisson par un groupe d'élèves de la section franco-allemande du lycée Kreuzgasse et transmise par leur professeur de français, M. Werner Kronenberg, ancien étudiant de M. Faurisson à Lyon (1975).]

Voici ma réponse en trois points.

## *Juifs de France*

Les Allemands, considérant les juifs comme des ennemis réels ou potentiels, ont *déporté* de France environ soixante-quinze mille juifs, soit entre un quart et un cinquième des juifs qui vivaient alors dans notre pays. Ces soixante-quinze mille déportés comprenaient des juifs français (en minorité), étrangers et apatrides, ainsi que des « volontaires » ou « optants ». Beaucoup ont été déportés vers la Pologne, d'où ils provenaient. Il est faux que soixante-dix mille d'entre eux soient morts. Ce chiffre résulte de spéculations – que j'ai analysées dans mes écrits – et qui sont si fantaisistes qu'on en est venu à comptabiliser comme « gazées » des personnes telles que Simone Jacob (en fait Simone Veil) et Henoch et Laia Krasucki (en fait Henri Krasucki et sa mère). Le vrai chiffre est connu depuis 1973 mais il est tenu caché par les autorités gouvernementales, lesquelles, de temps à autre, produisent des chiffres fictifs. À la suite d'une enquête de vingt ans terminée en 1973, le Comité d'histoire de la deuxième guerre mondiale, organisme rattaché au Premier Ministre, a pris la décision de cacher ces chiffres, dont celui des déportés raciaux morts et vivants. Les motifs invoqués ont été les suivants :

– « les chiffres auxquels on arrive sont inférieurs à ceux qui ont été avancés. [Il est à craindre] que ces chiffres ne soient mis en cause par certaines associations d'anciens combattants, qui sont parfois tentées de condamner le système concentrationnaire nazi par des critères plus quantitatifs que qualitatifs » ;
– « pour éviter des heurts possibles avec certaines associations de déportés » ;

– « [une telle publication] risquerait de susciter des réflexions désobligeantes pour les déportés. »[403]

Les chiffres, ainsi que les archives, de ce comité sont en la possession du Comité d'histoire du temps présent, qui ne les a toujours pas publiés.

## *Juifs européens*

À la fin de la guerre, les juifs européens étaient encore là ; ils n'ont donc pas été exterminés. Chaque survivant juif des camps de concentration est la preuve vivante de ce qu'il n'y a eu ni une politique d'extermination physique, ni des « camps d'extermination » (expression forgée par la propagande des Alliés). S'il avait existé une pareille tuerie systématique, notamment dans de monstrueux abattoirs chimiques, Simone Veil, Élie Wiesel, Simon Wiesenthal ne seraient pas là, non plus que les nombreuses associations d'anciens déportés juifs, non plus que les rassemblements des anciens de l'« Holocauste », non plus qu'une bonne partie des quelque quatre millions quatre cent mille personnes qui ont touché ou touchent des indemnités financières de la part de la RFA [République fédérale allemande] ; 40 % de ces personnes sont domiciliées en Israël, 20 % en RFA et 40 % dans le reste du monde, où le Congrès juif mondial possède 70 représentations nationales. Il est probable que 3.500.000 juifs ont été ou sont indemnisés.[404] Nul n'est mieux armé pour déterminer le nombre approximatif des juifs européens morts durant la guerre, et surtout dans les camps où tout était enregistré, que le Service international de recherches (SIR) d'Arolsen-Waldeck. Situé en RFA, cet organisme est censé dépendre du Comité international de la Croix-Rouge (CICR). Il détient des archives colossales. Jusqu'en 1978, il possédait une « Section historique » à laquelle les chercheurs avaient accès et il publiait de très intéressantes statistiques sur les décès dans les camps. Dès qu'il apparut que recherches et statistiques pouvaient, d'année en année, confirmer la thèse révisionniste, le SIR fut verrouillé : la « Section historique » fut dissoute, l'accès aux chercheurs interdit, la publication de statistiques prohibée, le rapport d'activité annuel devint secret (sauf pour une infime partie, dénuée d'intérêt) et dix gouvernements, dont celui d'Israël, établirent un strict contrôle. Contrairement à ce qui se dit complaisamment, jamais le CICR ni le SIR n'ont vraiment cherché à consulter les « Totenbücher » (registres

[403] *Bulletin*, ronéotypé et à diffusion restreinte, de ce comité, mai-juin 1973, p. 3-4 ; janvier-février 1974, p. 1 ; août-octobre 1974, p. 3.

[404] Pour le chiffre de 4.344.378 indemnisés en 1981, voy. *The Canadian Jewish News*, Toronto, 11 décembre 1981, p. 4 ; *Die Wiedergutmachung* […] Munich, Beck, 6 vol., 1974-1987.

mortuaires) détenus depuis 1945 par les Soviétiques à Moscou. Toutes les morts d'Auschwitz étaient scrupuleusement consignées par les Allemands, jour après jour. Je rappelle, par ailleurs, que « pour une mort naturelle, il fallait vingt et une signatures et pour une mort non naturelle [meurtre, suicide, exécution], trente-trois. »[405] Ce sont les révisionnistes qui ont fait éclater le scandale de la rétention générale des registres. Le musée d'Auschwitz cachait ses deux ou trois volumes, dont le SIR possédait une copie qu'il cachait également. Le 8 août 1989, nous adressions une lettre ouverte à Gorbatchev pour demander accès aux « Totenbücher » de Moscou. Un mois et demi plus tard, la présidente de la « Croix-Rouge » soviétique annonçait au CICR de Genève que la consultation était autorisée. Le chiffre des morts d'Auschwitz serait de soixante-quatorze mille et non pas de quatre millions comment l'indiquent le monument de Birkenau et le rapport de Nuremberg URSS-008. Reste à savoir si ce chiffre n'inclurait pas aussi les soldats, officiers, médecins allemands et membres de leurs familles décédés à Auschwitz, en particulier à cause du typhus et de la fièvre typhoïde ; c'est à cause de ces épidémies que les Allemands avaient installé dans ce camp, comme dans bien d'autres, des unités de désinfection au Zyklon B et des fours crématoires pour l'incinération des cadavres.

## *Les arguments révisionnistes*

Mes jeunes correspondants décrètent que la « position » révisionniste est « fausse ». Qu'en savent-ils ? Avant de juger, il faut lire. Or, dans leur pays, les écrits révisionnistes sont « streng verboten » et spécialement « pour la jeunesse ». Il existe en RFA une loi qui permet d'envoyer les révisionnistes en prison, et un office spécial de censure des ouvrages dangereux pour la jeunesse, lequel assimile les écrits révisionnistes à la pornographie. Nos ouvrages sont saisis et mis au pilon. Le matériel de composition est détruit. Un Allemand ne peut lire ni *Der Auschwitz Mythos*, de Wilhelm Stäglich, cet ancien magistrat à qui l'université de Göttingen a fait retirer son titre de docteur en droit pour « indignité » au nom d'une loi de Hitler du 7 juin 1939, ni l'extraordinaire « rapport Leuchter ». Fred Leuchter, ingénieur à Boston et spécialiste des chambres à gaz d'exécution dans les pénitenciers américains a publié en 1988 un rapport de cent quatre-vingt-douze pages, avec analyse des fragments prélevés sur place à Auschwitz et Birkenau, démontrant qu'il est

---

405 Dr Tadeusz Paczula (ancien détenu), « L'Organisation et l'administration de l'hôpital d'Auschwitz I », Comité international d'Auschwitz, *Anthologie*, Varsovie, 1969, tome II, 1re partie, p. 45.

totalement exclu que des chambres à gaz homicides aient été utilisées à Auschwitz, à Birkenau et à Majdanek.

Mes jeunes correspondants ne peuvent avoir pris connaissance de la masse de nos arguments, qui sont essentiellement d'ordre physique, chimique, topographique, architectural, documentaire et s'appuient sur l'étude des témoignages. Je leur suggérerais bien de m'inviter à Cologne pour un débat ; mais, dans leur pays, même un débat sur cette question est « streng verboten ».

Ce qui m'a engagé dans la périlleuse voie révisionniste ? C'est, vers 1960, la curiosité devant les mystères de la magique chambre à gaz. La politique n'a rien à voir. Je constate qu'on est révisionniste à droite (Maurice Bardèche) comme à gauche (Paul Rassinier et mon éditeur Pierre Guillaume). Dans le phénomène révisionniste, le sympathisant de gauche croit percevoir une sorte de révolution nécessaire et le sympathisant de droite, une forme de réaction salutaire. Pour moi, je pratique le révisionnisme, cette « grande aventure intellectuelle de la fin du XXe siècle », comme une recherche de l'esprit et comme un devoir civique.

## *Lettre de R. Faurisson parue dans* **Le Figaro** *du 1er novembre 1989, page 2*

Dans votre « Courrier des lecteurs » du 13 octobre, vous avez publié la lettre d'une lycéenne allemande qui me demandait : « Pourriez-vous m'expliquer la mort de tous les juifs. Rien que soixante-dix mille juifs de France, pendant la seconde guerre mondiale ? Vous avez pourtant visité les camps de concentration. Quelle a été la raison qui vous a engagé à prendre cette position fausse ? »

Le 18 octobre, je vous ai envoyé ma réponse. Le 25, vous m'avez dit que vous ne pouviez pas la publier. Le 26, j'ai envoyé copie de mon texte à l'intéressée, avec ma carte, ainsi rédigée : « Robert Faurisson présente ses compliments à ses interrogateurs de la section franco-allemande du lycée Kreuzgasse [...], les prie de trouver ci-jointe une réponse que *Le Figaro* déclare ne pas pouvoir publier, au moins dans les circonstances actuelles, et leur demande de ne jamais juger un auteur, quel qu'il soit, sans l'avoir lu dans le texte et avec soin. »

*Commentaire du journal* : [Par lettre du 25 octobre, nous avons informé M. Faurisson que son article du 18 octobre, de toute façon beaucoup trop long, pourrait être publié ultérieurement dans le cadre d'une page « Opinions » sur le thème du révisionnisme. À condition qu'il veuille bien raccourcir son texte. M. C.]

[*Le Figaro* n'a évidemment jamais publié de page « Opinion » sur le thème du révisionnisme – N.d.é].

***

30 octobre 1989.

## *Lettre à Marc Laudelout, éditeur du* Bulletin célinien

Cher ami,

Mon état de santé ne me permettra pas de participer à notre première assemblée générale.

Je vous félicite du travail accompli. Pour ce qui est de l'avenir, je suis tranquille.

Quant aux écrits de Céline où il est question des juifs à titre principal ou accessoire, permettez-moi de vous donner mon opinion.

Ou bien Céline a vu clair et juste sur ce chapitre, ou bien il s'est trompé. Ce n'est pas à nous d'en décider.

S'il a été juste et clairvoyant, son œuvre est salutaire et nous avons tous besoin de ce médecin et de son diagnostic.

S'il s'est trompé, Céline rejoindra la cohorte des intellectuels qui, sur cent sujets d'ordre identique, ont fait fausse route.

Je voudrais m'adresser maintenant à ceux qui, de bonne foi, soutiennent qu'il y aurait du danger, pour les juifs en particulier et pour notre société en général, à diffuser ce qu'on appelle les « pamphlets » de Céline. Il me semble que le principal argument de ces personnes se résume en une phrase qu'on entend souvent et qui est la suivante : « On sait où cela a mené… »

Cette phrase contient une allusion à une idée qu'à son tour j'exprimerais en ces termes :

Tout au long de son histoire, la communauté juive a connu des épreuves particulièrement tragiques avec les persécutions, les massacres et les pogroms que l'on sait ; au XXe siècle, le comble de cette tragédie a été atteint avec, en particulier, le génocide (un crime sans précédent qu'on appelle aussi « Holocauste » ou « Shoah »), et une arme sans précédent : la chambre à gaz homicide.

M'adressant toujours aux personnes de bonne foi, je voudrais appeler leur attention sur le fait que ces termes ne répondent peut-être pas à la réalité historique. Il n'est pas du tout sûr que, de toutes les communautés humaines, la communauté juive ait souffert plus que d'autres. Si nous devions calculer en nombre de morts violentes ce que chaque communauté humaine s'est infligé à elle-même ou a infligé aux autres, je me demande si, somme toute, les juifs ne s'en sont pas tirés à moindres frais que les communautés française, allemande, polonaise, russe, chinoise, africaine, catholique, protestante, musulmane, bouddhiste, shintoïste, athée, etc., sans compter les communautés qui ont définitivement disparu. Les juifs ont peut-être plus souffert dans ce qu'ils appellent leur « mémoire » (c'est-à-dire, pour une bonne part, leurs croyances et leur légende) que dans la réalité vérifiable.

Céline et ses pareils sont surtout jugés en rapport avec le génocide et la chambre à gaz. C'est sur la même toile de fond que se dressent tous les tribunaux publics ou privés qui jugent Hitler et la Collaboration, sans compter ceux qui, tels Roosevelt, Staline, Churchill, Pie XII, le Comité international de la Croix-Rouge et bien d'autres sont accusés de s'être tus sur le sujet pendant la guerre et de s'être ainsi comportés en complices du plus grand crime de l'histoire.

Mais si cette toile de fond était factice ? Si génocide et chambre à gaz constituaient une seule et même illusion ? Si le « rapport Leuchter » était vrai ? Si Élie Wiesel, Simone Veil et des quantités d'autres survivants passés par Auschwitz et qui se présentent en témoins vivants de l'« Holocauste » n'étaient pas surtout les preuves vivantes de ce qu'il n'y a jamais eu chez les Allemands de politique d'extermination des juifs comme on nous le répète à satiété ? Si des réparations financières avaient été ou étaient encore versées à environ trois millions et demi de juifs sur quatre millions quatre cent mille personnes indemnisées jusqu'à présent ?

Céline n'avait jamais entendu parler de la chambre à gaz jusqu'au jour où la presse des vainqueurs en a été envahie. J'ignore ce qu'il en a pensé de 1945 à 1950. Je sais qu'en 1950, dès les premiers écrits de Rassinier, il a, avec sa fulgurance coutumière, senti qu'il s'agissait d'un affreux bobard de guerre ou, pour emprunter cette expression à *Science et vie,* d'une BLURG (Baliverne lamentable à l'usage réservé aux gogos). Il a qualifié cette chambre à gaz, qui défie toutes les lois de la physique et de la chimie, de « magique » et, en une formule que je voudrais qu'on médite, il a écrit, en usant de l'imparfait comme s'il s'agissait d'un mythe blessé à mort : « C'était tout la chambre à gaz ! Ça permettait TOUT ! »

Pour moi, je me contenterai d'ajouter que ce symbole d'un affreux mensonge permettait de calomnier Céline, de le condamner, de le censurer. Il faut mettre un terme à la censure de ses écrits. Ce qui était permis hier ne doit plus l'être aujourd'hui.

PS. — Il faut une publication sans avertissement, sans préface, sans rien. Ou alors dans les deux sens : la version autorisée de l'histoire et la version proscrite. Un avertissement de la LICRA ? J'ai pu montrer que celui de *Mein Kampf* était fait d'un montage frauduleux des textes du

« Tribunal de Nuremberg ». Reste la solution d'Albert Speer, lequel avait obtenu le droit de publier ses livres sous la condition de « faire fifty-fifty, après déduction de l'impôt, avec les organisations juives, notamment françaises » (*sic*).

Je suis contre cette solution.

[Publié dans les *AHR*, n° 8, printemps 1990, p. 162-164]

***

11 décembre 1989

## *Identités successives du ghetto-boy, de 1960 à 1982 :*

1. David Rabinovitch, *Paris-Match*, 23 avril 1960, p. 22 ; il serait mort ;
2. David X…, in programme du cinéma bruxellois « Arenberg » (17 mars 1961) pour le film *Opération Eichmann ;* présenté comme devant témoigner au procès Eichmann (1961) ;
3. Arthur ou Artek Chimiontek ou Chmontiak, *Le Soir* (de Bruxelles), 4 août 1978 ; il serait mort en déportation ; il est parfois appelé, à tort, à mon avis, Arthur Domb (nom de sa tante) ;
4. Anonyme (plus tard, se révélant être Israël ou Izzy Rondel), *The Jewish Chronicle,* 11 août 1978, p. 1-2. Il vivrait à Londres ;
5. Dr [Tsvi C.] Nussbaum, *The New York Times*, 28 mai 1982, p. B1-B2. Il est aujourd'hui oto-rhino-laryngologiste à Rockland, N.Y.

***

Décembre 1989

## AGRESSÉ EN SEPTEMBRE, LE PROFESSEUR FAURISSON PERSISTE : « POUR ME FAIRE TAIRE, IL FAUDRA ME TUER »

*Vichy, novembre 1989. Victime d'une agression d'une violence inouïe le 16 septembre dernier, le professeur Faurisson est en convalescence, mais poursuit avec toujours autant de minutie ses recherches historiques. La récente édition de « l'intégrale » des journaux d'Anne Frank lui en fournit la matière. Il nous reçoit chez lui.*

**Le Choc du mois :** *L'agression dont vous avez été victime est la sixième en onze ans. Quel est votre état d'esprit ?*

**Robert Faurisson :** Mon état d'esprit est celui d'un homme qui a échappé de peu au lynchage. Mon état physique reste médiocre et j'aurai à subir une opération chirurgicale complémentaire, à la jambe droite. Parmi les révisionnistes, je ne suis pas le plus mal loti. François Duprat a été assassiné ; son assassinat a été revendiqué par un « commando du Souvenir » et un groupe révolutionnaire juif, puis ce crime a été justifié par Patrice Chairoff, en fait Dominique Calzi, un ami du couple Klarsfeld.[406] Michel Caignet a été vitriolé par le juif Yves Aziza que l'on a laissé s'enfuir. Notre Institut d'histoire révisionniste de Los Angeles a été détruit de fond en comble par un incendie volontaire en juillet 1984 et, le lendemain, des juifs sont venus danser sur les ruines.

Ceux qui m'ont agressé et qui, sans l'arrivée de trois pêcheurs, m'auraient achevé à coups de pied dans la tête, n'avaient-ils pas un rapport avec les milices juives chères à M. Joxe ? Je vous rappelle à ce propos la déclaration de Mme Françoise Castro, épouse de Laurent Fabius : « *Extraordinaire nouveauté dans le comportement politique, la gauche a permis à des milices juives de s'installer dans des quartiers à Paris, mais aussi à Toulouse, à Marseille, à Strasbourg [et d'avoir] des contacts réguliers avec le ministre de l'Intérieur.* »[407]

J'ai vu ces milices à l'œuvre en décembre 1987 à la Sorbonne lors d'un colloque antirévisionniste où Simone Veil nous avait traités de « clowns » et Pierre Vidal-Naquet d'« excréments ». Ces jeunes juifs se promenaient en bandes sous les yeux de la police. Dix d'entre eux ont « massacré » un jeune de vingt ans, à coups de pied, rue Saint-Jacques. Pierre Guillaume, Michel Sergent et moi-même, nous avons été attaqués par un autre groupe. Un appariteur a saisi l'un de nos agresseurs. Le responsable des appariteurs a refusé de nous donner le nom de l'agresseur et l'a fait relâcher cependant qu'il m'empoignait par le manteau et me jetait *manu militari* hors de la Sorbonne. Aucune suite ni policière, ni judiciaire.

Dans les cas que je connais de crime ou de délit commis par des agresseurs juifs dans de telles circonstances, il n'y a jamais eu de véritables suites policières ou judiciaires, même quand les auteurs étaient connus.

Un cas particulièrement révoltant est celui d'un membre de l'INSERM, âgé d'environ soixante ans – j'ai moi aussi soixante ans –, et qui, grièvement blessé par un collègue pour cause de révisionnisme, a vu son affaire se clore sur un non-lieu.

---

[406] Voy. *Le Monde,* 23 mars 1978, p. 7 et 26 avril 1978, p. 9.

[407] *Le Monde,* 7 mars 1986, p. 8.

Mon agression du 16 septembre 1989 est la sixième depuis le 20 novembre 1978 à l'université Lyon-II : deux agressions à Lyon, deux à Paris et deux à Vichy. (*Le professeur Faurisson, le jour même de notre entretien, venait d'échapper à une menace d'agression dans une librairie vichyssoise. Nous avons obtenu confirmation sur place,* NDLR.)

***Choc :*** *Vous n'êtes donc pas surpris ?*

**R.F. :** Nullement. Nous autres révisionnistes, nous avons toujours pensé que notre engagement était celui d'une aventure intellectuelle avec les risques de toute nature que cela comporte. J'ai souvent déclaré : « Je suis optimiste pour le révisionnisme ; je suis pessimiste pour les révisionnistes. » Il est trop tard pour arrêter le révisionnisme, qui a acquis l'élan et la force d'un mouvement naturel. Mais ceux qui sont en première ligne vont le payer cher.

## *Arrêt de mort*

***Choc :*** *Qui mettez-vous en cause ?*

**R.F. :** Je ne peux pas vous le révéler. Je peux seulement vous dire que ma première pensée est allée à un jeune homme que, la veille de l'attentat perpétré contre moi, j'ai eu la surprise d'apercevoir dans mon quartier, le long du parc. Le 12 juillet 1987, celui-ci m'avait violemment frappé au Sporting Club de Vichy.

Je voudrais surtout insister sur la responsabilité intellectuelle du couple Klarsfeld. Exemple : en 1978, Serge Klarsfeld voulait obtenir le jugement de Kurt Lischka par le tribunal de Cologne. Je cite *Le Monde* : « Et si le tribunal de Cologne refuse de juger Lischka ? Me Klarsfeld répond sans détour : "Ce serait en quelque sorte signer son arrêt de mort." »[408]

Voici quelques extraits du Chicago Tribune (29 juin 1986) qui donnent une idée des moyens auxquels les Klarsfeld envisagent de recourir lorsqu'il se sentent dans leur bon droit :

> « Beate Klarsfeld raconte comment elle a harcelé au moins trois anciens nazis jusqu'à ce qu'ils se suicident ou meurent ; comment elle a organisé, dans d'autres cas, des tentatives d'enlèvement […] ; un jour, avec des amis, elle a cherché à kidnapper Kurt Lischka ; […] Ernst Ehlers […] harassé par des manifestations que les Klarsfeld organisaient devant sa maison, démissionna d'abord de son emploi, puis se suicida. […] Quant à Walter Rauch, nous fîmes le siège de sa maison. Quelques fenêtres furent brisées. Nous

[408] *Le Monde,* 24 juillet 1978, p. 4.

le bousculâmes dans la rue, dit Klarsfeld. Il est mort quelques mois plus tard. J'en fus heureux parce que, aussi longtemps que vivent ces gens, ils sont une offense à leurs victimes [...]. Un jour, mon mari, dit Beate, mit un pistolet sur la tempe de Rauch, juste pour lui montrer qu'il pouvait le tuer mais il n'appuya pas sur la détente. »

Dans *Life*, Klarsfeld confie qu'en 1982 il avait loué les services d'un spadassin pour assassiner Barbie ; il s'agissait d'un socialiste bolivien, d'origine indienne, se faisant appeler Juan Carlos.[409] Quant à Alois Brunner, réfugié en Syrie et affreusement mutilé par des lettres explosives, *« l'éventualité d'envoyer quelqu'un pour le liquider n'est pas exclue »*. Pour ce qui est de Le Pen : *« Personne ne s'est vraiment mobilisé contre Le Pen. Il aurait fallu provoquer des affrontements pour [...] qu'il aille jusqu'au bout de ses positions extrémistes. »*[410] Depuis le 14 mars 1989, Serge Klarsfeld est officier de l'Ordre national du Mérite.

***Choc :*** *Ne pensez-vous pas que, s'ils avaient réellement voulu vous tuer, vos agresseurs l'auraient fait d'une façon plus discrète et efficace ?*

**R.F. :** Cela, c'est pour l'avenir. Le 16 septembre, mes agresseurs ont reçu pour mission de me « corriger » publiquement quitte à me laisser sur le carreau. Il leur importait peu de savoir si je n'étais pas, par hasard, cardiaque ou diabétique ; les coups de pied m'ont été administrés à toute force, sans aucune retenue, je vous prie de le croire. C'est la méthode pratiquée couramment en Palestine. C'est le procédé biblique de la lapidation. Bien malin qui peut dire quelle est la pierre ou quel est le coup de pied qui a achevé la victime. L'avantage tient à ce que, en cas d'arrestation et de jugement, l'affaire pourra aller en correctionnelle pour coups et blessures et non aux assises pour tentative d'assassinat. Le message publié par l'AFP était là pour faire croire à une simple intention de « corriger le négateur Faurisson ».

## *Dialogue impossible*

***Choc :*** *Ne craignez-vous pas que ce genre de pratiques n'aille en s'amplifiant ?*

**R.F. :** Il ira en s'amplifiant à cause du rôle criminel de la grande presse et parce que certains milieux juifs s'affolent des progrès du révisionnisme. Lorsque la communauté juive s'apercevra qu'elle a ajouté foi à d'abominables inventions, qu'on dirait recyclées des horreurs de

409 *Life,* février 1985, p. 65.
410 *Le Soir* [de Bruxelles], d'après *Rivarol,* 1er juillet 1988, p. 5.

l'Ancien Testament, elle criera plus que jamais à la persécution contre elle et elle exigera la persécution tous azimuts des révisionnistes. Les responsables des organisations juives ne préconiseront peut-être pas la violence physique, comme le font les Klarsfeld ou tel conseiller d'ambassade israélien, mais il est aisé d'échauffer les esprits, et de susciter l'action de justiciers.

***Choc :*** *Peut-on imaginer que ces violences, tant physiques que verbales, s'estomperaient si une confrontation entre vous et des intellectuels juifs avait lieu ?*

**R.F. :** Voilà longtemps que nous proposons un débat public à des gens qui, de leur côté, nous proposent, au choix, le tribunal, la prison, l'asile, l'hôpital ou la morgue. Nos contradicteurs, eux, refusent tout débat avec les sous-hommes ou les non-personnes que nous sommes à leurs yeux. Voyez dans les *AHR* « Les révisionnistes proposent un débat public ».[411] La position de Vidal-Naquet a toujours été : « On doit discuter sur les révisionnistes… on ne discute pas avec les révisionnistes. »[412]

Les seules confrontations possibles ont eu lieu lors d'un débat télévisé à Lugano en 1979 (télévision suisse italienne), qui a tourné à la complète déconfiture des représentants de l'orthodoxie holocaustique, et lors des procès qui nous ont été intentés à Paris ou à Toronto. À Toronto, d'abord en 1985, puis en 1988, à l'occasion de deux procès intentés par la communauté juive à Ernst Zündel, la débâcle des témoins et des experts de l'accusation a pris des proportions spectaculaires. Le témoin numéro un, Rudolf Vrba, et l'expert mondial numéro un, l'historien Raul Hilberg, ont été confondus. Il faut dire qu'ils ne s'attendaient pas à rencontrer des arguments d'ordre physique, chimique, topographique, architectural et documentaire. En 1988, l'ingénieur américain Fred Leuchter, appelé par les révisionnistes, a pu prouver qu'il n'avait jamais existé de chambres à gaz homicides à Auschwitz, Birkenau et Majdanek. L'expertise de ce spécialiste des chambres à gaz américaines et l'analyse des échantillons prélevés sur place sont irréfutables. Nos adversaires le savent bien.

## *Simone Veil dans la nasse*

***Choc :*** *Croiriez-vous à un complot juif ?*

**R.F. :** Non. J'ai toujours qualifié d'infantile cette idée d'un complot. Et je ne crois pas non plus à un complot antijuif. Il y a des croyances. Rien n'est plus difficile à combattre qu'une croyance. J'estime, en

---

[411] *AHR*, printemps 1988, p. 9-24. Ce texte est reproduit dans le présent volume à la p.733.

[412] P. Vidal-Naquet, *Les Assassins de la mémoire*, 1987, p. 10.

revanche qu'il existe un terrorisme juif ; il est « gémissant » ; les gémissements couvrent le bruit des coups et les cris des victimes.

***Choc :** Êtes-vous antijuif ?*

**R.F. :** Est antijuif celui qui hait les juifs et qui est haï par les juifs. Je ne les hais pas, mais je dois malheureusement admettre que je suis haï par la communauté juive dans son ensemble, qui ne se gêne pas, d'ailleurs, pour me le faire savoir de toutes les façons possibles. Je suis, dans mon pays, traité en Palestinien. Aussi mes écrits sont-ils mes pierres, mon Intifada. Je témoignerai devant les tribunaux en faveur de Claude Autant-Lara et je révélerai pourquoi Simone Veil ne pouvait pas porter plainte contre lui. La presse a brodé sur le thème du danger que représentait mon agression… pour la communauté juive et sur ce nouveau malheur, dont celle-ci se serait bien passée. Pierre Joxe a réagi en créant au ministère de l'Intérieur « une nouvelle cellule chargée de lutter contre le racisme et l'antisémitisme ».[413]

***Choc :** Qu'est-ce qui vous a conduit à vous lancer dans cette aventure et pourquoi persistez-vous ?*

**R.F. :** La curiosité m'a conduit à étudier les prouesses de la magique chambre à gaz. Quand j'ai découvert l'imposture des prétendues chambres à gaz et du prétendu génocide, j'ai estimé que je me devais de dénoncer cette calomnie qui permet à de nombreux juifs d'accuser la terre entière ; pour eux, il y a eu, pendant la seconde guerre mondiale, d'un côté, les juifs et, de l'autre, tous les responsables du monde entier : Hitler les a massacrés et les autres responsables ont été complices par le silence et l'inaction (Roosevelt, Churchill, Staline, Pie XII, le Comité international de la Croix-Rouge, etc.). J'ai pensé : « Comme le roi est nu, je vais le dire. » J'ai décidé : « J'appellerai un chat un chat, et Élie Wiesel un fripon. » J'ai mis mes actes en conformité avec mes pensées. C'était en quelque sorte pour moi un devoir civique. Plus on a cherché à me faire taire, plus je me suis débattu, avec mes faibles moyens. Pour reprendre la formule de Pierre Guillaume, je vous assure que les chambres à gaz ne sont pas indispensables à mon bonheur. En revanche, je constate malheureusement qu'elles sont indispensables au bonheur de beaucoup de juifs et au récit de leurs malheurs. Pour me faire taire, il faudra me tuer. Une foule de révisionnistes, en France et à l'étranger, prendra alors la relève.

*Propos recueillis par Christian Ville*

[Publié dans *Le Choc du mois*, décembre 1989, p. 42-43.]

---

[413] 1. *Le Monde,* 6 octobre 1989, p. 15.

# DÉJÀ PARUS

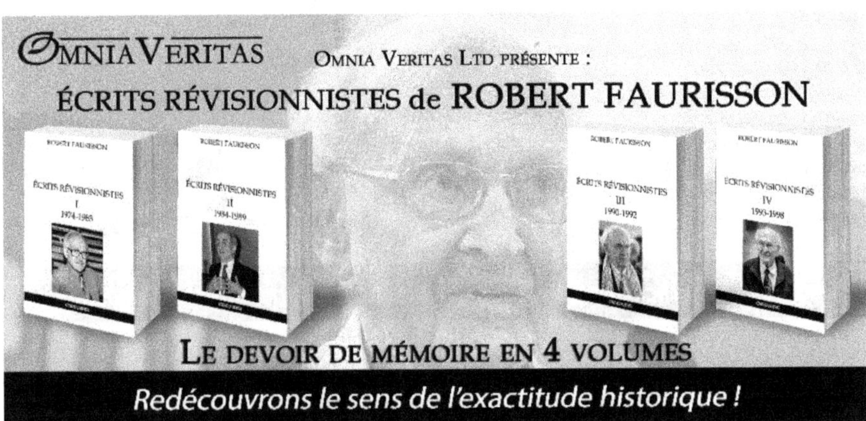


OMNIA VERITAS

OMNIA VERITAS LTD PRÉSENTE :

*"Il ne nie pas mais il vise à affirmer avec plus d'exactitude. Les révisionnistes ne sont pas des «négateurs» ou des «négationnistes » ; ils s'efforcent de chercher et de trouver là où, paraît-il, il n'y avait plus rien à chercher ni à trouver"*

ROBERT FAURISSON

ÉCRITS RÉVISIONNISTES

I

1974-1983

**Le révisionnisme est une affaire de méthode et non une idéologie**

OMNIA VERITAS

OMNIA VERITAS LTD PRÉSENTE :

ROBERT FAURISSON

*"Par sa nature même, le révisionnisme ne peut que troubler l'ordre public ; là où règnent les certitudes tranquilles, l'esprit de libre examen est un intrus et il fait scandale."*

ÉCRITS RÉVISIONNISTES

III

1990-1992

**Tout Français a le droit de dire que les chambres à gaz n'ont pas existé**

OMNIA VERITAS
Omnia Veritas Ltd présente :
LA
CONTROVERSE
DE SION
de
Douglas Reed
Les racines
multiséculaires et
l'agenda caché
du sionisme.
L'ouvrage-clef non-censuré
enfin disponible en français !

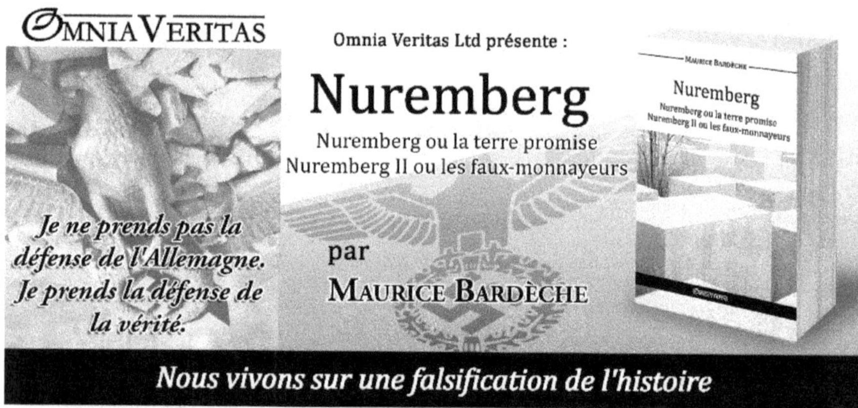
OMNIA VERITAS
Omnia Veritas Ltd présente :
Nuremberg
Nuremberg ou la terre promise
Nuremberg II ou les faux-monnayeurs
par
MAURICE BARDÈCHE
Je ne prends pas la
défense de l'Allemagne.
Je prends la défense de
la vérité.
Nous vivons sur une falsification de l'histoire

OMNIA VERITAS
Omnia Veritas Ltd présente :
MON TESTAMENT
POLITIQUE & PRIVÉ
Un homme ne doit jamais
perdre contact avec le sol sur
lequel il a eu le privilège de
naître. Il ne doit s'en éloigner
que temporairement et
toujours avec l'idée d'y
revenir.
1933
MON TESTAMENT
POLITIQUE & PRIVÉ
Un peuple qui veut prospérer doit rester lié à sa terre

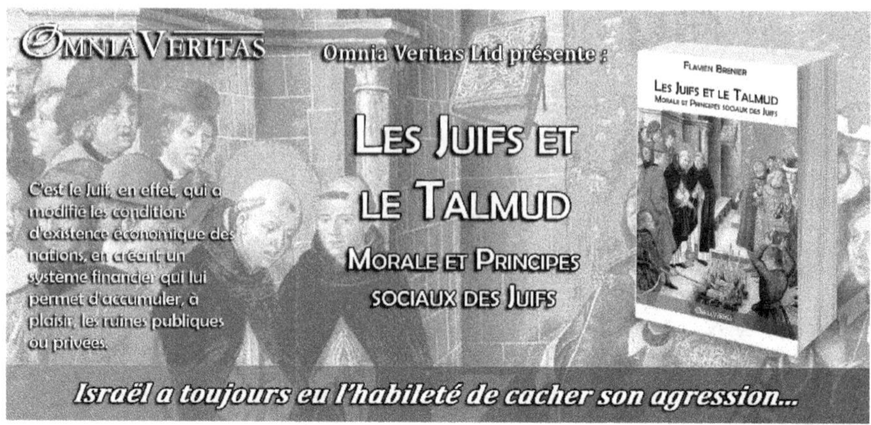

**www.omnia-veritas.com**

www.ingramcontent.com/pod-product-compliance
Lightning Source LLC
Chambersburg PA
CBHW060321100426
42812CB00003B/843
*9781913890704*